语言理解中语义加工的认知和神经机制

王穗苹　朱祖德　著

科学出版社

内 容 简 介

语言文字是人类获取知识、传承文明的重要途径，语言文字的使用也是人类最独特、最复杂的认知活动。国际上近年来陆续将语言的脑机制、"语言脑"的发育、语言障碍的诊断与矫治等课题列为重大脑科学计划的重点。语言研究又是一个高度学科交叉的领域，尤其需要社会科学和自然科学的交叉与融合。

本书集理论构建和实证研究于一体，结合中文独特的语言学特性，将语义加工分为语义提取与整合两个基本认知成分，采用不同的研究技术和范式，从时空的视角对语义加工的进程和独特神经通路进行探索，构建了语义加工的双通路神经模型。这些创新性的探索，为未来思考怎样结合中文的特性构建兼具语言普适性和特异性的语言认知理论提供了重要思路。

本书适合语言学、心理学、认知神经科学等专业的师生和从事语言认知研究的学者阅读与参考。

图书在版编目（CIP）数据

语言理解中语义加工的认知和神经机制 / 王穗苹, 朱祖德著. — 北京：科学出版社，2023.5

（国家哲学社会科学成果文库）

ISBN 978-7-03-075020-4

Ⅰ．①语… Ⅱ．①王… ②朱… Ⅲ．①认知语言学－研究 Ⅳ．① H0–06

中国国家版本馆 CIP 数据核字 (2023) 第 037128 号

责任编辑：孙文影　高丽丽　冯雅萌　崔文燕　/ 责任校对：贾娜娜
责任印制：师艳茹　/ 封面设计：黄华斌　润一文化

科 学 出 版 社 出版

北京东黄城根北街 16 号

邮政编码：100717

http://www.sciencep.com

北京中科印刷有限公司 印刷

科学出版社发行　各地新华书店经销

*

2023 年 5 月第 一 版　开本：720×1000　1/16
2023 年 5 月第一次印刷　印张：32 1/2　插页：2

字数：498 000

定价：298.00 元

（如有印装质量问题，我社负责调换）

《国家哲学社会科学成果文库》
出版说明

为充分发挥哲学社会科学优秀成果和优秀人才的示范引领作用，促进我国哲学社会科学繁荣发展，自 2010 年始设立《国家哲学社会科学成果文库》。入选成果经同行专家严格评审，反映新时代中国特色社会主义理论和实践创新，代表当前相关学科领域前沿水平。按照"统一标识、统一风格、统一版式、统一标准"的总体要求组织出版。

全国哲学社会科学工作办公室

2023 年 3 月

前　言

　　语言文字是人类用于精准表达意义的符号系统，对这种符号系统的深入掌握和精熟运用使人类能够快速而准确地获取外部信息，建构个人独特的知识背景，发展潜能。对语言文字的处理是人类有别于其他物种的独特的高级功能。也正是由于这种能力的存在，人类的文明才得以有效传承，人与人之间的交流得以跨越时空，碰撞出极其灿烂的思想火花。由于语言文字在人类及人类社会发展中的独特性和重要性，科学家对这一领域的研究倾注了极大的热情。对语言加工过程的探索，不仅可以揭示人类高级心理功能的运作机制，同时也可以理解人类最独特的心智功能，为揭示人类文明的演化提供重要的视角。

　　尽管一个成熟的人类个体在语言符号的使用上极为自如，但语言内部所涉及的机制却相当复杂。从信息接收（如眼睛看到文字、耳朵听到语音）开始，小到对一个词意义的精准识别，大到对一段话或一本书的意义的获得、思想情感的体验，都需要人类整个认知系统的高速运作。从文字符号的感知、字词的识别、意义的整合，到对语言材料所描述的事件形成一个清晰的心理表征，准确推断字里行间的意义和语言发出者想传达的情绪、意图等，每一个加工流程都相当复杂。在这些加工流程中，个体自身的知识经验、文字材料特性，以及交流所处的外部环境都会产生直接的影响，表现出瞬息万变的动态性。其间，语言理解者的根本目的就是获得意义的连贯性表征，其中，语义加工又起着最为核心的作用。

　　近二十年来，我们在语义加工，尤其是中文语义加工的认知和神经机制方面进行了系统的探索，在国家社会科学基金重点项目的资助下，我们对这些相关的研究工作进行了系统整理，形成了本书。

从内容上看，本书结合了汉语独有的语言学特性，从语义加工的时间进程与大脑机制两个角度，对语义加工的两个最基本的核心成分——词汇语义提取以及语义整合——的认知和神经机制进行了论述。从研究技术上看，本书所整理的相关研究，采用了多种研究技术和研究范式相结合的技术路线，既包括传统的行为研究技术和方法，也包括能精准探测加工时间进程的、具有高时间分辨率的眼动追踪和事件相关电位技术；既采用了适合于探索认知神经基础的、具有高空间分辨率的功能磁共振成像技术，也使用了可以全面描述动态大脑机制的快速光学成像技术，以及对时空因素有不同侧重的多种研究技术的同步结合（如事件相关点位技术与功能磁共振技术的结合）。因为对时空因素关注的差异，不同的技术适合于研究语义加工的不同侧面，同时，不同的技术在研究设计和研究范式的使用上也有所不同。我们希望读者从书中不仅能了解到语言认知研究关注的理论问题有哪些，也能理解不同的方法如何单独或综合地使用，以深入地说明同一问题。

本书成稿之际，我们尤其要感谢香港中文大学荣休讲座教授陈烜之先生。陈烜之先生是中文认知研究领域德高望重的先驱者和引路人。本书所涉及的许多研究工作，陈先生都提供了详尽的指导和帮助，尤其是关于快速光学成像相关的一系列研究多是在他的支持下，于香港中文大学认知与脑研究实验室中完成。此外，书中涉及的其他许多研究，陈先生也是重要的合作者和直接的贡献者。在此谨向陈烜之先生表示最衷心的感谢。

还要感谢我所在的华南师范大学和相关部处、心理学院的领导和同事以及众多合作者对我们研究工作的支持。特别要感谢心理学国家重点学科带头人、我本硕博时的导师莫雷教授。在他的引领下，我从硕博连读时就开始集中于语言认知问题探索。在过去的二十余年里，莫雷教授所带领的心理学科为我们提供了良好的平台，使我和我们研究组得以心无旁骛地开展自由探索，最终形成这一系列工作成果。

　　本书在申请《国家哲学社会科学成果文库》资助的过程中，评审专家提出了许多极为中肯的建议。根据他们的建议，我们对书的部分内容和体例也进行了修改和调整，感谢他们的建议和指导，使得本书在专业性与科学性方面都有了质的提升。

　　书中快速光学成像部分研究工作的整理得到了黄健博士的帮助，涉及本书第四篇以及结篇的第十一章；此外，他在全书的统稿工作中也付出了许多辛勤的汗水。研究组的博士生赖恺瀛、李昀松、靳伟琼，硕士生哈斯巴根、刘杨、史文静、吴梦、左笑怡，以及实验室助理李淦棠等同学在文字和文献校对、录入和格式整理方面提供了许多帮助。本书的顺利出版也离不开科学出版社孙文影、冯丽萍等编辑的辛勤付出，在此一并致谢。最后，本书的出版还得到华南师范大学出版基金的支持，受益于该基金的支持，书中图片得以用彩色印刷，极大地提高了全书的可读性。

　　本书能入选《国家哲学社会科学成果文库》，是对我们整个工作的极大肯定。但我们也深知，受视野所限，本书所涉及的内容还有诸多不完善的地方，同时，由于语言加工的复杂性，这些研究工作也只是极其初步的探索，必然存在一些瑕疵，恳请读者提出宝贵意见。我们也希望这一系列相关工作能引发同行对这一领域的深入思考，能对未来的研究起到抛砖引玉的作用。

王穗苹

于华南师范大学心理学院

"儿童青少年阅读与发展"

教育部哲学社会科学实验室

目　录

前　言 / i

绪　论　语言理解中语义加工的相关理论与争议
　　一、语言理解中语义的提取与整合　/ 001
　　二、语义加工机制研究关注的几个重要问题　/ 006
　　三、语义加工研究常用的范式与技术　/ 010
　　四、语义提取和整合加工的时间进程　/ 017
　　五、语义提取和整合的大脑机制　/ 024
　　六、解释语言理解认知神经机制的一些代表性模型　/ 030
　　七、本书的框架　/ 038

第一篇　高度实时的语义加工

第一章　高度实时的语义加工：词汇直接注视的证据
　　一、语义理解的时间进程：印欧语言的证据　/ 043
　　二、中文句子和语段中的词：语言的独特性　/ 044

三、中文阅读理解中语义整合的时间进程 / 047

四、中文词汇的特性对语义信息整合过程的影响 / 069

五、小结 / 075

第二章 高度实时的语义加工：语义预视的证据

一、预视信息的处理：序列模型与并行模型的视角 / 076

二、预视加工的研究范式 / 081

三、阅读中的预视加工：印欧语言的证据 / 083

四、阅读中的预视加工：中文的证据 / 085

五、中文句子阅读中语义预视加工的特点 / 110

第二篇 语义加工的脑功能定位

第三章 左侧额下回与句子语义整合加工

一、从传统的失语症研究到认知神经科学研究的转变 / 120

二、句子处理中语义整合相关的大脑功能定位 / 120

三、句子加工中语义整合的功能网络 / 124

四、左侧额下回参与语义整合的机制：共性与分歧 / 127

五、左侧额下回激活与语义整合关系再探：范式的改进及时空信息的同步采集 / 135

第四章 左侧额下回与语义加工：认知负载与认知控制的影响

一、语义违背加工中左侧额下回的参与：语义整合抑或认知控制？ / 151

二、语义整合中认知负载的影响：内隐与外显语义加工的对比 / 152

三、语义加工中左侧额下回的激活：功能亚区的假设与

检验　/ 171

四、小结：左侧额下回在语义整合中的功能　/ 181

第五章　语义提取和整合的大脑机制：不同类型启动效应的证据

一、不同类型的语义关系　/ 184

二、语义相关和整合关系启动在行为模式上的分离　/ 185

三、整合启动和语义启动在神经模式上的分离　/ 187

四、概念间的整合与激活扩散：机制与启示　/ 196

第三篇　语义加工的大脑动态机制

第六章　句子理解中词汇语义提取和整合加工的大脑动态激活

一、词汇语义提取和语义整合：时间进程及重要争议　/ 208

二、词汇语义提取和语义整合：大脑空间定位及重要争议　/ 211

三、语义加工的大脑动态过程：重要理论及相关争议　/ 214

四、语义加工的大脑动态过程研究：可能的突破　/ 223

五、句子理解中语义加工的 EROS 研究　/ 227

第七章　词汇语义信息的快速提取：左侧颞中回早期激活的证据

一、词汇语义提取速度：行为学和眼动研究的证据　/ 243

二、单一词汇加工中的语义提取　/ 244

三、语境下词汇语义的快速提取　/ 254

四、左侧颞中回的早期激活与词汇语义的快速提取：讨论与
　　　启示　/ 265

第八章　晚期时窗语义加工的动态大脑机制
　　一、晚期时窗中语义加工的 ERP 指标　/ 270
　　二、不同的语义变量在晚期时窗造成的效应　/ 273
　　三、晚期时窗下语义加工的主要理论和相关争议　/ 278
　　四、晚期时窗下语义加工的两种基本类型　/ 282
　　五、晚期时窗下语义加工的动态脑机制：EROS 的探索　/ 286

第四篇　语义加工的预期视角

第九章　语言理解中的预期效应及其作用机制
　　一、语境信息的作用：预期抑或整合　/ 302
　　二、语义理解中的预期加工理论　/ 305
　　三、语言预期领域中重要的研究问题　/ 313
　　四、未来研究的方向　/ 322

第十章　语境限制性对语言预期加工的影响
　　一、预期加工的模块性与灵活性　/ 328
　　二、不同信息的预期进程：语境约束的作用　/ 342
　　三、预期加工中语境信息的作用：作用的方式与时间进程　/ 355

结　篇　理论思考、启示与展望

第十一章　理论思考与启示
一、高时间／空间分辨率的研究技术对理解语义加工过程的启
示　/ 362

二、语义加工双通路神经模型的建构　/ 363

第十二章　未来研究展望
一、语义整合概念的进一步精确界定　/ 372

二、语义加工过程的再思考：过程与结果的分离　/ 373

三、语义加工和句法加工之间的关系　/ 375

四、自然语言交流中的意义加工：生态性的考虑　/ 378

五、对个体差异研究日益关注　/ 380

六、对计算建模方法的强调　/ 383

参考文献　/ 387

附　录　术语表：重要术语及简称　/ 477

索　引　/ 493

CONTENTS

PREFACE

INTRODUCTION：THEORIES AND CONTROVERSIES RELATED TO SEMANTIC PROCESSING IN LANGUAGE COMPREHENSION

1. Retrieval and Integration of Semantics in Language Comprehension　/ 001

2. Key Issues in Semantic Processing Mechanisms　/ 006

3. Research Paradigms and Techniques for Semantic Processing Study　/ 010

4. Time Course of Semantic Retrieval and Integration　/ 017

5. Brain Mechanisms of Semantic Retrieval and Integration　/ 024

6. Representative Models for Cognitive Neural Mechanisms in Language Comprehension　/ 030

7. Framework of this Book　/ 038

PART I   HIGHLY REAL-TIME SEMANTIC PROCESSING

CHAPTER 1　HIGHLY REAL-TIME SEMANTIC PROCESSING: EVIDENCE FROM DIRECT FIXATION

1. Time Course of Semantic Processing：Evidence from Indo-European Language　/ 043

2. Word in Chinese Sentences and Paragraphs：Features of Language Uniqueness　/ 044

3. Time Course of Semantic Integration in Chinese Reading Comprehension　/ 047

4. Influence of the Chinese Word Properties on Semantic Integration　/ 069

5. Conclusion　/ 075

CHAPTER 2　HIGHLY REAL-TIME SEMANTIC PROCESSING: EVIDENCE FOR SEMANTIC PREVIEW

1. Preview Processing：Perspectives of Sequential Models and Parallel Models　/ 076

2. Research Paradigms of Preview Processing　/ 081

3. Preview Processing in the Reading of Indo-European Language　/ 083

4. Preview Processing in the Reading of Chinese Sentence　/ 085

5. Semantic Preview Processing in the Reading of Chinese Sentence　/ 110

PART II　BRAIN FUNCTIONAL LOCALIZATION OF SEMANTIC PROCESSING

CHAPTER 3　THE LEFT INFERIOR FRONTAL GYRUS AND SENTENCE-LEVEL SEMANTIC INTEGRATION

1. The Shift from Traditional Aphasia-Based Research to Cognitive Neuroscience Research　/ 120

2. Functional Localization of Semantic Integration in Sentence Processing　/ 120

3. Functional Networks of Semantic Integration in Sentence Processing　/ 124

4. Contribution of the Left Inferior Frontal Gyrus in Semantic Integration：Commonalities and Divergence　/ 127

5. Revisit of the Relationship between the Left Inferior Frontal Gyrus and Semantic Integration：Paradigm Improvements and Concurrent Collections of Spatio-temporal Information　/ 135

CHAPTER 4　LEFT INFERIOR FRONTAL GYRUS AND SEMANTIC PROCESSING: EFFECTS OF COGNITIVE LOAD AND COGNITIVE CONTROL

1. The Involvement of Left Inferior Frontal Gyrus in Semantic Violation Processing：Semantic Integration or Cognitive Control ?　/ 151

2. The influence of Cognitive Load in Semantic Integration：Comparisons between Implicit and Explicit Semantic Processing　/ 152

3. Activation of the Left Inferior Frontal Gyrus in Semantic Processing： Testing of the Sub-regions Hypothesis　/ 171

4. Summary: The contribution of LIFG in Semantic Integration　/ 181

CHAPTER 5　NEURAL MECHANISMS OF SEMANTIC RETRIEVAL AND INTEGRATION: EVIDENCE FROM DIFFERENT TYPES OF PRIMING EFFECTS

1. Different Types of Semantic Relations　/ 184

2. Behavioral Dissociation between Integrative and Semantic Priming　/ 185

3. Neural Dissociation between Integrative and Semantic Priming　/ 187

4. Inter-Conceptual Integration and Spread Activation：Mechanisms and Implications　/ 196

PART III　DYNAMIC BRAIN MECHANISMS OF SEMANTIC PROCESSING

CHAPTER 6　CORTICAL DYNAMICS OF LEXICAL-SEMANTIC RETRIEVAL AND SEMANTIC INTEGRATION IN SENTENCE COMPREHENSION

1. Lexical-Semantic Retrieval and Semantic Integration：Time Course and Key Controversies　/ 208

2. Lexical-Semantic Retrieval and Semantic Integration：Function Localization and Key Controversies　/ 211

3. Cortical Dynamics of Semantic Processing：Important Theories and Related Controversies　/ 214

4. Research on Cortical Dynamic of Semantic Processing：Potential Breakthroughs　/ 223

5. EROS Research of Semantic Processing in Sentence Comprehension　/ 227

CHAPTER 7　RAPIDLY RETRIEVAL OF LEXICAL-SEMANTIC INFORMATION: EVIDENCE FROM EARLY ACTIVATION OF THE LEFT MIDDLE TEMPORAL GYRUS

1. The Speed of Lexical-Semantic Retrieval：Evidence from Behavioral and Eye Movement Research　/ 243

2. Semantic Retrieval in Single Word Processing　/ 244

3. Rapidly Lexical-Semantic Retrieval in Context　/ 254

4. Early Activation of the Left Middle Temporal Gyrus and Rapidly Lexical-Semantic Retrieval：Discussions and Implications　/ 265

CHAPTER 8　CORTICAL DYNAMICS OF SEMANTIC PROCESSING IN LATE TIME WINDOWS

1. Indicators of Semantic Processing in Late Time Windows　/ 270

2. Effects of Different Semantic Variables in Late Time Windows　/ 273

3. Main Theories and Controversies of Semantic Processing in Late Time Windows　/ 278

4. Two Types of Semantic Processing in Late Time Windows　/ 282

5. Cortical Dynamics of Semantic Processing in Late Time Window：Evidence from EROS　/ 286

PART IV　PREDICTION IN SEMANTIC PROCESSING

CHAPTER 9　PREDICTION EFFECTS AND THEIR MECHANISMS IN LANGUAGE COMPREHENSION

1. Role of Contextual Information：Prediction or Integration　/ 302

2. Theories of Predictive Processing in Semantic Comprehension　/ 305

3. Key Research Issues in Language Prediction　/ 313

4. Future Directions　/ 322

CHAPTER 10　EFFECTS OF CONTEXTUAL CONSTRAINTS ON LANGUAGE PREDICTIVE PROCESSING

1. Modularity and Flexibility of Predictive Processing　/ 328

2. The Time Course of Predictive Processing for Different Kinds of Information:
The Role of Contextual Constraints / 342

3. Contextual Constraints and Their Effects on Language Predictive Processing:
How and When / 355

CONCLUSION THE ORETICAL THINKING, IMPLICATIONS, AND FUTURE PERSPECTIVES

CHAPTER 11 THEORETICAL THINKING AND IMPLICATIONS

1. The Implications of Understanding Semantic Processing by Using High Temporal/
Spatial Research Methods (Implications of High Temporal and/or Spatial
Resolution Research Methods for Understanding Semantic Processing) / 362

2. Dual Neural Pathway Model of Semantic Processing / 363

CHAPTER 12 FUTURE DIRECTIONS

1. A More Refined Definition of Semantic Integration / 372

2. Rethinking Semantic Processing: Separation of Process and Results / 373

3. The Relation Between Semantic and Syntactic Processing / 375

4. Meaning Processing in Natural Language Communication: Ecological
Considerations / 378

5. Increasing Attention to Individual Differences in Semantic Processing / 380

6. Growing Emphasis on Computational Modeling Approaches / 383

REFERENCES / 387

APPENDIX GLOSSARY: KEY TERMS AND ABBREVIATIONS / 477

INDEX / 493

绪　论
语言理解中语义加工的相关理论与争议

在人类心智发展中，语言的沟通和交流是十分重要的能力。事实上，人类对语言符号的理解，正是人类区别于其他动物的关键能力。通过语言这一抽象的符号系统，人与人之间的交流可以跨越时空，知识得以积累，文明得以传承，人类文明得以在较短的时间内实现飞跃。对熟练的语言使用者而言，语言理解似乎是一项简单且自动的能力，然而，心理学的研究发现，语言理解的过程和运作机制其实相当复杂。本书从认知心理学的视角来看待语言理解的过程。在这种视角下，研究者常常从两个层面来提出科学问题：一个是语言的表征（representation），即输入的语言符号在特定时刻以何种形式进行表达和存储；另一个是加工过程，即个体为了完成某一目标，构建或改变某种心理表征的动态过程。本书主要从动态加工过程的视角来讨论读者如何通过对语言符号的处理获得连贯性意义的表征，这不仅包括对一个一个的字词意义进行识别，也包括对以一定规则排列的词汇串（如短语和句子）所想表达的丰富意图、思想、情感和情绪进行处理。与此同时，这种动态的加工过程的顺利完成还需要人类一般认知功能的支持，包括对语言符号的感知、注意、记忆等一般的认知加工过程。

在绪论部分，我们首先介绍以往研究用于描述意义理解过程各成分的术语及其基本内涵；随后讨论在研究语义加工时，研究者较为关心的一些基本理论问题；接着简要地回顾当前研究所获得的一些基本证据，主要从时间和空间进程来进行整理；最后，介绍了当前较有影响力的几个重要理论，以了解研究者如何看待这一领域所获得的一些基本研究数据。

一、语言理解中语义的提取与整合

当前的研究者基本同意，理解一个连贯的语言信息至少包含两个核心的加工过程，其中一个是词汇识别（word recognition）和词汇语义（lexical semantic）提取，另一个则是将多个词汇意义进行统合（unification）或整合（integration），从而形成更大的语义单元。研究者认为，对于单个词汇的语义提取（semantic retrieval），人们只需要通过孤立的语言符号进行一系列加工，就可以提取其在大脑中储存的跟该语言符号相关的意义信息。而对于更大单元的语料，如多个词汇所构成的短语或者句子，则不仅需要提取短语或者每个词汇的语义信息，还需要将这些信息整合，从而获得整体连贯的语义。这种语义层面的整合加工，就被定义为语义整合（semantic integration）（Marslen-Wilson，1987；Levelt，1992；Hagoort，2005）。虽然语言理解并不仅仅包含这两个过程，但它们却是整个理解过程中最基本和最核心的成分，其他更高级的推理加工、共情，乃至整个情景模型（situation model）的建构等过程都要在这两个基本加工过程之上来实现。因此，对这两种加工过程的探索也就成为许多研究工作的核心（王穗苹，黄健，2019）。

（一）词汇语义的提取

经过长期的进化，人类可以利用语音符号（言语）或视觉符号（文字）进行互动。不管符号信息以哪种感觉模态（modality）进入，认知加工系统都可以在输入和输出间建立起有效的连接。其中，看懂文字或听懂语音的第一步工作是将连续的语音或视觉输入感知（perception）并分割成离散的实体（特征、音段 / 部件、音节 / 字 / 词），这些实体可以映射（mapping）到存储于长期记忆中的抽象符号表征并使其得以激活。在言语信息的单词或语音的识别过程中，许多研究都证明，随着声学信息的输入和展开（例如，听到英文单词最初的音段 /ca/……），整个系列的候选词汇［如 captain（队长）、capture（捕获）、captivate（迷住）、capricious（反复无常）……］都会得到激活，不同词汇的激活程度会受前一个音段与随后音段连接频率等因素的影响。基于进一步传入的声音输入和来自语境（context）的限制，这组候选词汇最后将只余下最适合的一个［参见群集模型（Cohort 模型）：Marslen-Wilson，1984；轨迹模型（TRACE 模型）：McClelland & Elman，1986；缩略表模型（Shortlist 模型）：Norris，1994］。这一单词识别过程发生得非常快，在几百毫秒内就可以完成，直到听者心理词典（mental lexicon）中特定单词形式从其他所有单词中凸显出来（所谓的再认时间点）结束。考虑到典型语音的呈现速率很快（每秒约4～6个音节），单词识别的过程也是非常快速而有效的，整个持续时间不超过

200～300ms（Hagoort，2017）。在文字阅读方面，尽管最早的视觉单词识别理论认为单词从词形开始进而被识别为整体（Cattell，1886），但当代的理论却趋向于一个共识：文字的识别是一种多层级的加工。书面信息映射到构成字母（在汉字中是笔画等）的视觉特征存储表征（如水平线条），然后映射到所存储的字母或笔画、部件表征。根据不同的理论模型，字母信息可能会继续在越来越高的抽象水平上激活更高级别的词汇表征，如正字法（orthography）（Taft，1992）、语素（morpheme）（Rastle et al.，2004）和音节（Carreiras & Perea，2002）等，然后激活词汇心理词典中已知完整单词的存储表征，最后根据这些表征可以激活其各自相关声音和 / 或含义等信息。视觉词汇识别的主要理论认为，当正字法中的唯一表征达到激活的临界水平时，就可以实现单词识别（Coltheart et al.，2001；Grainger & Jacobs，1996；Perry et al.，2007）。

　　识别词形是句法（syntax）和语义信息激活的起始点。一些研究者认为，整个理解的过程本质上可能是以级联的方式进行的。基于部分信息自下而上（bottom-up）的输入，词汇的多个候选意义可被共同激活（Zwitserlood，1989）。在词义层面，一些研究表明，歧义词的多重语义信息会在加工早期得到激活，而后期合适的信息才得以选择。但对这一结果仍然有分歧。而在句法层面上，到目前为止，还没有足够的证据证实存在用于指定词条的句法特征（如词类、语法性别等）和句法信息的多重激活。一些研究者认为，可能是语境中存在的结构信息已经为当前词项的句法特性提供了极强的约束（constraint）（Nina et al.，2007；Müller & Hagoort，2006）。对于理解者在实时加工过程中，句法和概念（concept）的提取在多大程度上是序列的或并行的，这一问题也不太清楚。但是，电生理记录，如事件相关电位（event-related potentials，ERP）的结果可以为这一过程的发生时窗提供足够的信息。许多研究都证实，大多数提取和整合过程在 500ms 内就可以完成（Kutas & Federmeier，2011），因此，我们可以确定的是，整个理解加工发生的速度极快。上述论及的这一系列加工其实就是从心理词典中对语言信息进行提取的过程。一些研究表明，心理词典反映的是语言习得过程中信息在新皮层记忆结构中得以编码（encoding）和巩固，主要位于颞叶（temporal lobe）和顶叶（parietal lobe）的某些部分（Hagoort，2005，2008b）。

（二）语义的整合

　　值得注意的是，语言处理（language processing）既不等同于记忆存储的提取，也不仅仅是将提取到的词汇项进行简单连接。人类语言的表达能力的最重要特点在于能够以无尽的（通常是新颖的）方式将记忆中的元素进行组合，并从词汇组合的构建中获得更复杂的含义。对于这一过程，一些研究者将其称为整合［这一概念也有不同的表达方法，有的研究者区分了整合与统合，但许多研究者只用整合这一概念来谈论这一过程，相关的概念区分可参见（Hagoort，2005）］。

关于言语信息与文字信息的理解加工，许多研究者认为需要以一个三元的认知架构来对其进行思考，这包括以形式层面（语音、文本中的字形或手语中的手势等）、句法结构（syntactic structure）和语义三者为核心的组合（Chomsky，1965；Jackendoff，1999；Levelt，1989，1999）。一些研究者认为，这三个维度信息的处理各有特点，同时又可能在实时渐进的语言处理期间产生交互，通过一定的组合原则来获得语言想要传递的信息。

首先，表达的意义是语料各部分的意义及它们在句法结合方式上的函数（Fodor & Lepore，2002；Heim & Kratzer，1998；Partee，1984）。在这个过程中，复杂的意义通过语义或语法的组合机制，经由整合过程自下而上地得以建构（Jackendoff，1997）。为了实现这一过程，连接规则的处理必不可少。例如，由于相同的词汇项可以组合起来产生不同的含义（"狗咬人"与"人咬狗"显然不同），而要理解这一不同，显然就需要思考语法规则。从语义信息的传达来看，研究者关注句法规则，主要也是因为这种规则能帮助理解者将语法角色（主语、宾语）映射到理解中的题元角色（thematic role）［施事（subject）、受事（object）］上。在这一过程中，题元角色将填充情景模型 / 事件图式中的插槽，以表征语言力图传达的意义。

其次，在语言理解中，整合并不仅仅只是需要考虑词汇本身的意义和语法特性，在某些情况下，在同一个结构下，同一个字的意义也可能有所不同。例如"月票""月饼"，这里"月"的意义是完全不同的，对其意义的解释也完全依赖于词汇语境。相比之下，语法信息在其中所起的作用就十分有限。事实上，许多先前的研究业已表明，在短至约 1/3 s 的时间内，读者已经可以并行考虑许多语言和非语言信息，后者包括视觉情景、手势、情绪等（与视觉环境、说话者或共同语言手势有关的信息；van Berkum et al.，2008；Willems et al.，2007，2008），因此，对于整合加工，研究者还需要解释多个信息流（information flow）如何处理与交互。

再次，成功的语言交流中，语言信息不仅仅传达意义，很多时候还传达意图。例如，当一个人说"窗外很吵"的时候，坐在窗边的听者可能不仅仅将之理解为一句普通的表达，而是会以实际行动（如关上窗户）来回应这一表述。这表明，成功的理解也需要提取与整合之外的其他加工机制的参与（Grice，1989；Hagoort，2017），如推断说话者意图的加工。

最后，虽然整合的过程会受到许多因素的影响，但整合的发生却又不必然是完善而充分的。事实上这里涉及理解过程的另一个假设，即对所接收的语言信息，我们是不是总在尝试构建一个完美的心理表征（mental representation）。一些研究者（Ferreira et al.，2002）认为，在理解语言过程中，我们进行的只是一种"足够好"的加工（"good enough" processing）而不是建构"完美的表征"。与这一假设相对应的可能性是，我们在理解加工时可能并没有完全地实现各表征层面跨越式的组合，而只是追随一种动态变化的焦点结构（信息结构）来完成特定信息的整合。因此，这种整合只对当下而言是合适的，但却并不总是完整而齐备的。这也提示我们，语言理解的目标同样可能是一种有组织的结构，其在整个加工过程中随时间进程而产生动态变化，导致心理表征的建构也随之变化，因个体所关注的焦点变化而有所差别，并非完全取决于文本信息本身。

通过整合，语言符号的意义得以构建，从小到大，意义的单元又可以直观地分为字、词、短语、句子、语段几个层面。其中，句子作为连贯性意义表征的最小载体，其理解过程可最集中地反映人类语言加工的本质机制，因而也受到研究者的高度重视，这也是本书主要关注的研究对象。因此，总结起来，本书中我们主要探究句子理解中语义信息的提取和整合的认知及神经机制。

值得注意的是，本书所论及的语义信息提取和整合，主要还是从表征单元的大小这一角度来思考语义处理，一方面我们关注单一的语义单元意义如何获得，另一方面则关注多个语义单元如何组合而成为一个更大信息块的过程。正如本部分后面将会谈到的，许多研究表明，左侧额叶皮层和颞叶前部的部分结构与这种整合加工的关系相当密切。然而，根据单元大小来对语义加工进行分析，只是对语义加工进行分析的一种视角。在自然阅读过程中，不论是语义信息的提取还是整合，除了单元大小的考虑，还可以从语义的分类（如生命性与非生命性、社会性与自然性等内容层面）对信息加工过程进行探索。虽然从内容的角度出发对语义处理所进行的研究有助于研究者一窥语言处理系统的复杂性，理解基本的语言处理机制与其他认知加工机制之间的共性与特异性，以及多个系统如何相互联系和运作等问题，但语义的内容分类十分复杂，不同语义内容所涉及的表征和加工机制是否相同目前仍是十分有争议的科学问题。本书尽可能化繁为简，从单元大小的角度切入来看提取和整合加工，将重点置于讨论单一信息意义的获取和更大信息单元意义的构建，而这也是语义处理所要完成的最基本的任务。

二、语义加工机制研究关注的几个重要问题

关于如何从语言材料中获得意义的具体机制，研究者关注的问题主要包括：①渐进性或延迟加工的处理过程；②序列与并行处理的机制；③交互性（interactive）与模块化（modular）的加工特征；④影响语义理解的复杂因素，包括因工作记忆（working memory）限制和认知控制（cognitive control）而产生的复杂性等因素（Ferreira & Çokal，2016）。

（一）渐进性加工进程抑或延迟加工

渐进性加工（incremental processing）指的是随着输入信息的展开，人类的语言处理系统逐字逐句地建构语言或言语的含义。输入信息的展开以及认知系统对意义的构建完全可以在晚于或早于信息输入的时间点而得以进行。滞后于输入则表明对语言信息的解释有所延迟；提前则表明出现预期（prediction）或预测。基本上现有以印欧语言文字（以下简称西文）为研究对象的语言处理模型都假设意义的理解是一个逐步建立的过程，特别是在将新单词合并到句子意义并形成持续表征的过程中并不会出现多少延迟（Bornkessel-Schlesewsky et al.，2016）。此外，还有一些证据表明，读者在加工过程中会提前对未来可能出现的信息产生预期（Levy，2008；Rayner et al.，2005；van Berkum et al.，2005）。经典的与语言加工中的预期相关的证据来自阿尔特曼和其合作者（Altmann & Kamide，1999），他们在研究中使用了视觉情景范式（visual world paradigm）和高语义限制性的句子，如"男孩准备吃……"。结果发现，被试在听到蛋糕这个词之前就可以对屏幕上蛋糕的图像产生预期性的眼球运动，这表明他们预测到了句子合理的延续。在句法结构的构建方面，斯托布和克利夫顿（Staub & Clifton，2006）发现，读者会根据句子中词语的句法约束来预期即将输入的信息。上述这些研究使一些研究者开始认为，句子的理解可能不仅仅是一个渐进性的实时理解的进程，实际上还可能是一个预测性的过程。在这一过程中，句子结构甚至特定的词汇内容都可以随着输入信息的增加而形成不断清晰化的预期（Bousquet et al.，2020）。

　　此外，还有一些证据表明，在句子的边界，是短语或分句结束时可能会产生额外的处理过程，研究者称其为"结束效应／总结效应"（wrap-up effect）。这种效应指的是分句和整个句子末尾词汇的阅读时间比其他位置的更长（Aaronson & Scarborough，1977；Just & Carpenter，1980；Rayner et al.，1989，2000）。这种结束效应表明可能有一些意义成分的建构是基于整体水平的。此外，分句边界也可能是语言处理系统评估整个句子句法结构的位置，以使建立起的结构和意义满足所有相关的约束，例如，检查动词是否具有其所必需的题元（thematic）、题元是否合理等。对一些表达不太明确的信息，整个处理系统也可能产生一些延迟性的加工，在句子边界处进行解释（相关的信息可参见 Frisson，2009）。对那些具有多重意义的词汇，一些研究表明其最初的激活可能并未指定特定的含义，随后当语境提供足够的消除歧义的信息时，特定的意义才得以获得。代词也经常没有指定特定的先行词（Karimi et al.，2018；McKoon et al.，1993），而需要根据语境延迟进行指定。此外，一些句法歧义也可能以类似的方式进行处理，例如，理解者可能保留歧义结构的不同解释（如汉语中的"咬死猎人的狗"），只有在有必要时才建立起特定的依存性（Swets et al.，2008）。

　　虽然目前的多数研究倾向于支持理解是实时渐进性加工过程，但前面序列观关注的、不同表征的层次如何进行，以及不同层面信息加工的实时程度如何，仍然是不同理论产生争议与分歧的关键之处。

（二）序列或并行处理

　　第二个重要的理论问题是语言处理方式的序列性或并行性，它通常考虑的问题在于：我们的加工系统是一次只构建一种解释，还是可以激活多种可能的假设？例如，在"他已经走了，哀伤的情绪笼罩在每个人心上"这个句子中，"走了"的意思可能是"他离开了"，也可能是"他去世了"（合适的解释）。问题在于，读者是在任何时候都会提取和评估所有不同的解释，还是一次只会考虑其中一种解释？

　　在序列加工（serial processing）的理论框架下，这种提取与分析是逐次进行的，理解者首先系统考虑一种分析，如"他离开了"，因为在动词"走"的含义中，这种解释更为高频。然后，如果当前的语境或随后的信息输入并不支持这种解释，则理解者会重新进行分析，这时整个语言处理系统会进入"再分析模式"，试图调整已经构建的不同水平上的语义表征（semantic representation）。

再分析的难度取决于替代的含义在多大程度上可获得。当前语境、句法结构、关键词本身不同意义的频率等都可能影响这个重分析的过程。最终，正确的解释和信息的表征得以建构。

相比之下，并行加工（parallel processing）的理论框架则假定语言处理系统会同时激活所有可能的分析。正如上述这个例子，所有最终合理或不合理的假设都会同时获得，最初也许是根据它们在读者世界性知识（world knowledge，亦可理解为常识性知识）中出现的频率进行加权的，因此，可能"他离开了"这一解释的权重要比另一个更大。但是当遇到"哀伤"这一词汇时，语言加工系统需要考虑另一个激活的解释。重新分析的难度取决于两种解释的相对激活水平。如果最终正确的解释激活很弱，那么检索和语义的重新分析甚至可能会失败。如果正确的解释激活可以达到一定强度，这当然也取决于它在多大程度上可以获得，以及受到语言和非语言信息的约束程度，那么这种重新分析就会更容易，整个句子也会更容易理解。

对于序列和并行两类语义加工过程，前者常被称为意义的构建，而后者常以意义"激活"或"检索"而被谈及。这些用语的细微差别反映的是研究者对理解者如何将语言信息的解释进行存储以及信息如何被访问等问题所持有的不同理解。序列加工的理论倾向于认为，理解者在存储器中保留的是一些加工的规则，通过在线使用这些规则使意义得以构建，构建过程与重分析过程有明显的区别。而并行加工理论则倾向于假设所有信息来源都是以信息块的形式存储，所以构建信息水平的表征其实与激活的加工差不多。这些基本观点的差异也导致了对数据解释的很多差别（Ferreira & Çokal，2016），在本书后面章节还会提到这些问题。如果信息是序列加工的，则在不同的时间内可以加工到哪些不同类型的信息就是一个相当关键的问题；而如果信息是并行加工的，则一方面，研究者应该能够相当实时地看到不同层次语言和非语言信息的同时使用，另一方面，研究者也会尤其关注不同层次信息以何种方式（如独立或交互的方式）实时地对当前的加工产生影响。

（三）交互性与模块化

关于语言处理的第三个关键问题是不同语言处理是交互性的还是模块化的。这一理论上的分歧和讨论延续了相当长的时间，几乎从有语言心理学这一术语开始就存在相关的讨论。这一问题关心的是语言处理系统在解释句子时，是否只考虑某一特定的信息，如词汇语义或者是句法，而非所有可能相关的信息来源。例如，大多数来自西方的语言学模型常常强调，理解加工最初的过程主要是根据词汇构建特定的句法结构，而并不考虑这种结构是否与理解者头脑中原有的先验知识、刚刚输入的语义知识、视觉情景或社会性的信息相一致。这有点像前面序列观关注的问题，但有所不同的是，序列观强调的是时间顺序，而交互性与模块化强调的是当多种信息同时作用时信息之间是否会相互影响。模块化的观点强调，即使不同的信息同时起作用，信息不同水平之间的相互影响也需要到更晚的时候才会出现。相反，交互式模型（interaction model）假设理解者会立即使用所有相关的约束，不管这些约束是来自词汇意义本身、词汇语法限制、语境信息，还是先验性知识，来自这些信息的限制会相互起作用，最终决定理解者形成何种表征。

在现阶段，来自西文的多数研究倾向于支持交互式模型，尽管也有一些研究者认为支持完全交互性的证据并不充足（Ferreira & Çokal，2016）。

（四）影响理解的复杂因素

从上面的描述我们已经看到有许多因素可能会影响到语言的理解。例如，许多研究关注歧义信息如何得以消解，认为歧义的存在往往是句子具有处理难度或复杂性的重要原因，这种歧义可能来自结构，也可能来自词汇语义。此外，也有不少研究考察了与歧义消解无关的意义构建过程的影响因素，例如，其中一个重要的因素是语境信息与当前信息意义联结的频率。在所有条件都相同的情况下，相比于更低频的词汇或词汇联结，频繁遇到的词汇或词汇意义联结更容易使个体的先验知识和语境建立联系。然而，如果这种联系是陌生的、缺乏相关的存储经验，则此时需要使用额外的资源和努力重新对语义之间的关系进行保持，抑制（inhibition）不合适的联系，重新形成新的联系，建立与个体知识背景和语境都适合的连贯性表征。在这个过程中，不管是结构的构建还是意义的组合，对工作记忆和认知控制都有额外的要求，因而工作记忆和认知控制也就成为影响信息处理难度的另一个重要因素（Chomsky & Miller，1963；Gibson，1991，1998，2000；Lewis & Vasishth，2005；Yngve，1960）。

很显然，上述这四个核心研究问题都涉及不同语义加工的不同认知成分在加工速度和加工方式上的特性，而对语义加工的各认知过程如何组织这一问题也就可以具体化到不同层面的信息在"何时"（when）、"何地"（where）得到加工的问题上（王穗苹，黄健，2019）。"何时"的研究问题主要聚焦语义提取和整合的时间进程，"何地"的研究问题主要聚焦语义加工的子过程所发生的大脑空间定位（spatial localization）和大脑网络。通过时空两方面的结合，研究者可以对语义加工对应的认知与神经机制形成更加完整和全面的认识。

三、语义加工研究常用的范式与技术

正常的语义加工过程进行得十分迅速，稍纵即逝，因此，如何有效锁定其内在加工过程开展研究，一直是语义研究领域的难题。为了更好地研究这一瞬间万变的过程，研究者采用各种可能的手段努力减慢正常理解加工中各认知成分的速度，使精细的加工过程得以在时间进程上——展现。其中，在正常的语言材料中设置某些特殊的异常信息是一种常见的方法。此外，研究者也努力发展各种高时间分辨率的技术，以确保能对毫秒级的加工过程进行精细描记。随着对语言加工神经机制的关注，无创、复杂而又精细的神经活动指标也开始受到关注，高空间分辨率的研究技术为抽象的语言加工提供了另一个观察窗口。以下我们将简单介绍重要的语义加工研究范式，随后对不同类型研究技术的性能和机理进行简单的说明，以使读者对本书随后章节中重要的逻辑思路有所了解。

（一）语义加工研究常用的实验范式

1. 语义启动范式

语义启动（semantic priming）范式常用于研究词汇意义的激活过程，可以反映不同词汇在心理词典中的组织方式。在这一范式下，研究者通过在目标词（target）之前呈现与目标词语义相关或者无关的启动词形成语义相关和语义无关条件。当给被试呈现启动词（如"医生"）时，在语义激活的同时，启动词还会通过扩散激活（spreading activation）的机制，快速地激活与其语义相关的其他词汇（如"护士""医院"等）。因此，当启动词后出现的目标词是跟启动词存在语义相关的词汇（如"护士"）时，由于该目标词汇的语义已经获得了部分激活，对其语义信息的提取也会变得更加容易。先前的研究一致地发现，无论采用何种实验任务，如词汇判断任务 [lexical decision task，LDT：判断目标词是真词（real word）还是假词（pseudo word）]，或者命名任务（naming task：将目标词念出来），也无论是采用何种形式的启动范式 [如重复启动（repetition priming）、掩蔽启动（masked priming）、快速启动（fast priming）、慢速启动（slow priming）等范式]，相比于语义无关的条件，语义启

动条件下目标词的反应时（reaction time，RT）更短，反应正确率（accuracy）也会更高（McNamara，2005）。

2. 违背范式

语言的成分复杂而抽象，语义加工进程极其快速，导致多个语义成分重叠在一起，难以相互分离（dissociation）。引入异常的信息到语言材料中，并观察被试在理解过程中所受到的影响，这是研究语义加工的一种十分常用的研究范式。这种特定的区域可以是字、词、短语乃至语句——视研究者关注的信息单元的大小而定。异常信息的引入可以凸显研究者感兴趣的加工成分，使其持续的时窗得以延长，进而使感兴趣的加工过程得到观测和记录的可能性大为提高。

具体来说，在违背范式（violation paradigm）中，研究者会根据关注的问题对违背的特性进行操纵，以考察相关操纵的加工过程和作用机制。例如，研究者可以操纵违背的性质，使词汇本身的语义特征（semantic feature）和语境的意义、句子语法、语用，或者是读者原有的世界性知识、读者预期的信息等不相符，以便考察这些违背的性质。例如，在句子"衣服是辣的"中，"辣"本身的语义特征并不适合于形容服装，这就是一种语义的违背。对于"球星姚明很矮"这一句子，句子本身的意义是连贯的，"矮"也的确可以用于形容人的身高，但如果读者具备一定的常识，就会知道这句话有问题，因为姚明是一个身高很高的球星，所以"矮"这个信息就违背了个体的常识。在某些情况下，关键区的信息所违背的还可能是读者的预期。在这种操纵下，研究者往往会使用特殊的句子框架，以引导读者对接下来的词产生很强的预期，如"他在咖啡中加了奶和＿"。在这一句子框架中，虽然"＿"上的词汇还没有呈现，但约90%以上的读者会预期这个词是"糖"。在语义加工领域，研究者把这样的句子框架称为高限制性（high constraint）的句子主干，其从意义上限制了随后出现某一目标词的可能，上述例子中句子主干的限制性就是90%，而将"糖"这个词称为高预期词［90%的预期性（predictability）］。如果呈现任何其他一个不是"糖"的词，如"冰"，尽管"冰"在句子中的意义也是连贯的，却不是读者首先预期的对象。因此，当读到"冰"时，读者所经历的就是一种预期的违背。总体上，不管研究者操纵的是何种类型的违背，通过记录违背区上理解者在正常条件下的反应模式，并将其与由各类异常导致的反应模式进行比较，研究者就可以推断异常的信息是如何以及何时被理解者所加工的（Danks et al.，1983；Chen，1992，1996，1999）。

在另外一些情况下，研究者可能感兴趣的问题是不同语义加工的相互作用，此时，违背的操纵就需要同时在几个类型上进行。例如，研究者可能对语义和世界性知识的相互作用感兴趣，此时则需要将语义违背（semantic violation）、世界性知识违背（world knowledge violation）或者是两者相结合的违背信息引入语言材料中，通过观察两类违背独立或同时作用所引起的阅读行为或大脑激活情况的改变，来推断两类语义信息的加工是否具有相似的时间进程和认知机制，尤其是加工时序及其交互（如 Hagoort et al.，2003）。这些变量所导致的变化可能在特定时窗引发了眼动（eye movement）、ERP 信号或大脑激活程度的变化，这种变化可能发生在违背信息刚刚进入知觉系统的时候，如还未被直接注视的预视（preview）位置，也可能是在读者直接注视该信息的时候，当然，也有可能在关键信息呈现一段时间之后才延迟出现。根据研究者所采用的研究技术，不同的反应模式可以在不同的研究指标上得以显示。

3. 歧义范式

除了违背的引入，研究者也可以通过操纵信息的歧义程度这一变量对感兴趣的认知加工进行探索，这就是歧义范式（ambiguity paradigm）。歧义范式操纵的主要是关键词的歧义程度，如歧义或非歧义、有偏向的歧义或无偏向的歧义等（Hagoort & Brown，1994；Rodd et al.，2005；Zempleni et al.，2007）。所谓有偏向的歧义，是指在词的多个意义中，有一个或多个是主要意义，其他为次要意义，而无偏向的歧义则是词的多个意义之间出现的概率类似。一个词的意义越多，语义的提取可能也越困难，为完成语义整合需要抑制的不合适意义也越多，整体的加工速度也越慢。歧义信息的设置可能会改变个体关键区词汇信息激活的范围和程度，而这种改变又可能会实时地受语境、世界性知识、句法等因素的影响，表现出不同的处理模式。同时，研究者也可以操纵其他不同水平的语言信息对歧义信息消解的影响，不同的理论对这种影响的过程和交互性有着不同的解释，因此，通过比较歧义信息与非歧义信息的处理模式，以及这种模式如何受不同水平语言信息的影响，研究者可以对语言处理的加工时程、加工方式等基本理论进行检验。

总体来说，将特定的异常信息引入语言材料中，这种研究范式为研究语言加工提供了一种行之有效的方法，已经广泛运用于语言理解的研究之中，同时在许多不同语言的研究中均已被证明是行之有效的一种研究手段（Bousquet et al.，2020）。

（二）研究语义加工的几类代表性技术

由于语义加工进行得十分迅速，稍纵即逝，同时，作为人类一种高级认知，语言加工又十分复杂，牵涉到许多内在的加工过程，并在大脑的不同位置进行处理，因此，如何采用可以精准锁定加工过程和加工位置的研究技术对语言理解加工进行测量，是一个十分重要的问题。以下我们从加工进程和大脑定位两个层面来介绍语义加工研究的几类代表性技术。

1. 语义加工进程的研究技术

传统的阅读理解研究常采用自定步速（self-paced）的阅读程序，在这种程序中，文本以逐字（或逐词、逐句、逐行等）的形式呈现，然后记录每一个单元的加工时间，尤其是关键区域（根据实验设计，可能是字、词、词组、句或行）的加工时间来推断阅读加工的内在过程。自定步速的研究表明了阅读加工确实可以发生得十分快速，但这种方法所记录的指标通常反映了语言加工系统输出端的活动，容易受无关因素的干扰，敏感度较低。同时，仅仅根据时间指标可能无法精确地判断个体阅读过程中对词汇信息加工的水平和深度。

为了更加准确地研究心理过程的运作机制，研究者越来越关注可以对语言加工中即时而连续的心理过程进行精细测量的指标。大概从 20 世纪 70 年代开始，随着计算机控制的实时眼动追踪（eye tracking）技术的进步，研究者开始有机会更为深入地探索与时间进程相关的一些重要研究问题。目前，眼动追踪技术和 ERP 记录是用以确定语言认知加工时间进程较为精准而有效的方法。

（1）眼动追踪技术

眼动追踪技术是通过在实时的加工过程中追踪眼球运动的变化，包括注视点（fixation point）和眼跳（saccade）等不同指标的变化模式，进而推断心理过程的一项技术（Rayner，1978）。与早期研究者使用的自定步速呈现技术相比，眼动技术中，刺激往往是以整句或整屏呈现，研究者可以通过实时观测被试眼球运动的模式推断其心理加工过程。这种呈现方式跟正常的阅读过程非常相似，因而其所得出的结果可以更好地反映现实语言处理的过程。眼动技术主要有时间和空间两类指标，最常使用的时间指标是注视时间（fixation duration），尤其是首次注视时间（first fixation duration，FFD），而最常使用的空间指标是眼跳宽度（saccade length）和眼跳停留位置（saccade landing position），后者是最直接的空间测量指标（王穗苹等，2006）。相比于传统的行为指标，眼动指标在心理学的研究上具有更多的优越性。首先，眼动技术可以较为真实地测量阅读过程中的心理加工过程。眼动追踪的方法使被试能以自然的速度阅读，更具生态化。尤其是行为学技术常需要采用命名法和词汇判断等额外的实验任务推断心理加工过程，相比之下，采用眼动技术的研究往往不需读者完成额外的实验任务，因而可避免特定任务引入带来的无关变量对正常阅读的影响。其次，由于眼动技术实时地测量读者的阅读进程，可以对阅读过程中停留的具体位置、在特定位置停留的时间以及对不同位置的注视顺序等时间和空间特征进行精确的测量，因而可更加细致地分析读者的阅读过程。最后，它对处理的不同时间过程较为敏感，使我们能够区分最初的加工和重读模式，可更清楚地揭示不同类型的加工所发生的时间进程（Rayner，1998；Rayner & Pollatsek，1989）。然而，眼动研究也存在一些问题，最主要的问题是不同的眼动指标与认知加工过程的对应并不精确，因此尝试利用眼动指标精细地分离认知加工过程也相对较为困难。

（2）ERP 技术

ERP 反映的是与特定刺激呈现时间同步的突触后电位的总和，它有三种指标：潜伏期（latency）、波幅（amplitude）和地形图。潜伏期以毫秒为单位，反映认知加工的时间进程，波幅显示认知加工的难易程度，地形图表明不同认知过程可能的大脑源（王穗苹等，2004b，2006）。研究者常常利用 ERP 成分的上述三个指标，将与其紧密联系的认知过程加以分离，进而区分正常语言理解中各子过程所发生的时域。尽管具有这种优势，在阅读理解研究中，传统的 ERP 研究必须采用逐词（字）呈现的范式，并且叠加大量的试次，然而，正如我们在后面章节会看到的一样，阅读过程并不仅仅对当前注视的信息进行加工，读者会对随后阅读的信息进行预视，或对先前读过的信息进行回视，而传统 ERP 逐字（词）呈现的技术可能会导致一些与预视和回视相关的认知加工过程难以得到清楚的揭示。

2. 语义加工大脑定位的重要技术

对于语言理解的精细的认知机制，除可以从时间进程的角度切入外，还可以从语言理解过程所发生的大脑空间位置这一角度展开研究。

（1）通过神经损伤进行定位

19 世纪，随着对神经损伤病人的研究越来越深入，研究者意识到特定大脑区域的损伤可能会直接导致特定的心理能力出现选择性损伤。自此之后，研究者开始系统探讨运用脑损伤"分离"认知加工，观察不同类型的脑损伤如何仅仅破坏某些特定认知能力而不影响其他认知能力，进而向人们展示认知系统隐藏的成分或结构（Shallice，1988；Rapp et al.，2001）。在利用损伤来定位认知加工问题上，最有价值的行为数据模式来自分离的结果，其中一种是单分离（single dissociation），即病人的脑损伤可选择性地破坏表现较差的任务，而对表现较好的任务则不产生影响，这一类分离能够帮助我们推断出一些心理表征和/或计算的存在。但受影响较多的任务也许只是难度较高，而病人的脑损伤也许对这种难度上的不同异常敏感。因此，单分离的证据不容易证明功能的分离及其相关的定位。相比之下，双分离（double dissociations）则是一个更有效的推断指标。当两个不同的病人在两种不同任务中呈现出截然相反的反应模式时，这就出现了双分离的模式，表明每一任务至少需要一些独特的心理结构和/或操作成分，这些结构或操作成分有可能被选择性地破坏。也就是说，完成特定任务所需的能力能够独立于其他能力而被破坏。双分离是神经心理学研究中的金标准，通常能够提供强有力的证据说明两种任务至少部分基于分离的认知机制。

（2）无创性脑功能成像技术

随着无创性脑功能成像（invasive brain functional image）技术的发展，现在即使对正常人完成任务时的大脑活动情况，研究者也能够获得十分清晰和细致的图片，因此对于大脑功能的研究更加深入。

早期研究者主要采用的是正电子发射断层扫描（positron emission tomography，PET）技术。PET技术的应用需要通过静脉注射示踪剂（通常选择O同位素作为示踪剂），示踪剂随着血液循环很快地到达大脑，当大脑的某个区域出现神经活动时，血流量出现明显的上升，相应地，示踪剂的含量也会相应上升，可通过射线检测器非常敏锐地检测到大脑中示踪剂含量的分布，而通过观察示踪剂含量的变化，研究者就可以推测神经活动发生的位置。

功能磁共振成像（functional magnetic resonance image，fMRI）技术的出现和广泛使用，极大地推进了认知功能的大脑定位研究。fMRI技术跟PET技术类似，都是通过观察脑血流的变化检测神经活动。然而跟PET不同的是，在fMRI技术中，可以通过磁共振技术的高强均匀磁场获得高分辨率的大脑结构图像。当出现神经活动时，携带大量含氧血红蛋白的血液会缓慢地流入出现神经活动的区域，以满足特定神经元代谢的需要。由于血液的供给量会远远大于神经元实际的消耗量，因此神经活动相关脑区含氧血红蛋白浓度会出现随时间缓慢上升的效应，这就是著名的血氧依赖（blood oxygenation level dependent，BOLD）效应。这种血红蛋白浓度的变化导致均匀磁场也出现相应的变化，可被 fMRI 技术检测到，因而我们就可以通过这种方式找到神经活动发生的大脑位置。由于 fMRI 技术具有非常高的空间分辨率，其一经问世就受到广泛关注。

3. 语义加工动态脑机制的研究技术

一切认知活动都会在人的大脑中留下时空的痕迹，因而结合时间和空间的大脑活动信息可以帮助研究者更好地检验认知加工的理论，揭示认知活动的神经机制。其中，脑磁图（magnetoencephalography，MEG）和快速光学成像技术都能有效地用于检测认知活动的时空动态脑活动。

（1）MEG

MEG 是与脑电（electroencephalogram，EEG）记录技术密切相关的，无创的大脑成像技术目前已成为基础和临床神经科学研究的强有力工具。MEG 的时间分辨率可以达到毫秒级水平，利用这一技术可以对认知活动相关的大脑动态活动进行实时测量。MEG（同时也是 EEG/ERP 信号）主要来源于大脑皮层锥体细胞同步的突触后电位电流，对垂直于头骨的脑沟内的信号更加敏感；相比之下，EEG/ERP 则对脑回上的信号更加敏感（Hämäläinen et al.，1993；Hari，1990）。由于对上述不同信号源的敏感性不同，MEG 和 EEG 可以相互补充。相比于 EEG/ERP，MEG 不仅拥有卓越的毫秒级的时间分辨率，同时也有相对精确的空间分辨率，这是因为磁场并不会因为经过大脑、头骨和头皮而失真，同时磁场强度从源头开始的减弱也有规则可循。相比之下，EEG 用表面电极记录颅内神经细胞的电活动，信号会因为容积传导、颅内组织的非均匀性和颅骨高阻抗，以及电极的接触电阻等因素而减弱，并出现一定程度的失真现象，这些因素最终会导致通过头皮信号推断大脑源定位的准确性大大降低。此外，EEG 技术只能采用交流信号而非直流信号，这也导致采集到的 EEG 信号的信息含量相对较少。

MEG 对发生在脑沟的神经活动十分敏感，而对发生在脑回的神经活动却不太敏感。和 EEG 类似，MEG 在溯源建模分析方面存在所谓的"逆向推论问题"（inverse problem），这会降低其溯源的准确性。此外，MEG 信号相当微弱，采集系统和外界磁屏蔽环境造价高昂，这使得该技术无法像其他技术一样获得广泛使用。尽管如此，运用这一技术所发表的文章数量仍快速增加。先进的 MEG 数据分析方法（如多变量模式分析），以及 MEG 和 fMRI 技术的结合，都在让 MEG 变得更加强大，可帮助研究者更深入地了解大脑活动的动态过程（Chan et al.，2011）。

（2）快速光学成像

快速光学成像技术是以伊利诺伊大学厄巴纳－香槟分校（University of Illinois at Urbana-Champaign）贝克曼研究所的法比亚尼（Fabiani）和格拉顿（Gratton）教授等研究者为首的实验室开发的一项技术，又称为事件相关光学成像（event-related optical signal，EROS），这是一种相对来说同时具有较高时间分辨率和空间分辨率的研究技术，在认知研究领域也引起了一些研究者的关注。其基本原理是，认知活动一旦发生，与该认知活动相关的大脑区域神经元就会同时被激活，神经组织活动会使得它本身的光感受能力发生变化，并表现为对近红外光的散射率提高。当近红外光进入活动的神经元，由于散射率变大，光反射回到探测器上的时间会变长。通过神经活动和近红外光的这种时间上的变化关系，研究者可以检测特定大脑区域和认知活动之间的关系（王穗苹，黄健，2019）。由于 EROS 探测的激活直接与神经元的神经活动相关，相关研究可以更直观地了解认知加工中的大脑神经活动。同时，由于光本身传播速度非常快，对变化的检测也非常实时，这一技术具备能跟 ERP 相媲美的时间分辨率（时间采样率可以达到毫秒级别）。这一技术直接对光射入皮层的情况进行探测，如果采用更大的光源和探测器组合分布，则可以极大提高这一技术的空间分辨率。事实上，目前这一技术的空间分辨率已达到 5～10mm。

正因为 EROS 具有高时间分辨率和空间分辨率的特点，一些研究者利用这一技术在认知的多个领域展开相关的应用，包括视觉、听觉和体感知觉研究，以及一些高级认知功能研究，例如，前注意变化监测、注意监控和目标监测等认知加工，均获得了一些极有价值的研究结果（Gratton & Fabiani，2010）。在语言研究方面，这一技术同样具有较好的运用价值，它直接反映了神经的活动，而不是像 fMRI、功能性近红外光谱（functional near-infrared spectroscopy，fNIRS）那样，只是对神经活动间接产生物——血流进行测量，因此其可以更直接地考察语言处理的神经过程。由于 EROS 在时间和空间分辨率上所具有的相对优势，以及价格相对低廉，我们研究组主要运用这一技术从时间和空间两个角度来考察语义加工过程，力图更好地统合采用单一技术手段下得到的研究结果，在本书随后章节中，我们将会对此进行更详细的介绍。

四、语义提取和整合加工的时间进程

正如本章前面部分所谈到的，不同的语言加工理论在不同语言处理成分运行机制上有着相当重要的分歧，许多分歧的解释都需要来自加工进程的证据。

这一部分首先讨论在语义加工研究中，运用 ERP 技术所得到的关于语义加工进程的一些重要证据，随后介绍不同高时间分辨率的技术相结合将如何有助于推进对阅读理解加工进程的研究。

（一）经典的语义 N400 成分

在语言处理相关的 ERP 研究中，N400 是最受关注的成分之一。1980 年，库塔斯和希尔亚德（Kutas & Hillyard，1980a）进行了一项极有影响的研究，并率先发现这一成分。至今，与 N400 成分相关的研究已经超过了 1000 项（相关的综述可参考 Hagoort，2008b；Lau et al.，2008；Baggio & Hagoort，2011；Kutas & Federmeier，2000，2011）。在库塔斯和希尔亚德的研究中，被试以每秒 1 个词的速度逐词阅读句子。实验过程中呈现的句子大都是语义合理句（正常句），如"I like my coffee with cream and sugar"（译文：我喜欢在咖啡里加奶油和糖）。但在另一些句子中，句末的名词换成另一个与句子语境意义不符的词汇，如"I like my coffee with cream and *dog*"（译文：我喜欢在咖啡里加奶油和狗）。与正常句相比，违背句中的句末词引发了一个波幅显著增大的 N400，研究者发现这一负成分在词汇呈现之后的 250ms 左右出现，差不多在 400ms 左右达到峰值，这种增大的效应因而被称为"N400 效应"。

以往大量的研究发现，N400 和语义加工之间存在着密切的关系。具体来说，词汇语义激活（Kutas & Federmeier，2000；Lau et al.，2008）和语义整合加工（Brown & Hagoort，1993；Friederici，2002；Hagoort et al.，2009）所造成的效应，都可反映在 N400 左右的时窗中。例如，在单一词汇识别的研究中，词频（word frequency）较低的词汇会诱发波幅较大的 N400。在词对启动范式中，当第二个词与第一个词语义不相关时，相比于存在语义相关条件，第二个词所诱发的 N400 波幅会增大。在句子加工中，某一词语所诱发的 N400 波幅会随语境的不同而变化，相比于高语境限制条件，低语境限制下的目标词会诱发波幅更大的 N400。此外，在语段阅读的研究中，研究者同样发现了稳定的 N400 效应。例如，当读者阅读句子"The cat entered the room suddenly, startling a mouse which had found a bit of cheese in the corner"（译文：猫突然进了房间，惊动了一只在角落里发现一些奶酪的老鼠），接着阅读两个不同类型的句子："the mouse quickly went into its hole"（译文：老鼠迅速地跑入它的洞里）和"the mouse slowly went into its hole"（译文：老鼠慢慢地跑入它的洞里）。结果发现，跟前述句子语境不相关的目标词"slowly"的 N400 波幅要比跟语境相关的目标词"quickly"的更大；然而，在没有前述的句子的语境下，目标词"quickly"和"slowly"诱发了非常相似的N400（Kutas & Fedemeier，2000）。

总体上来说，N400的变化似乎反映的是意义的加工，因此含有丰富语义信息的真词或没有语义信息的假词都可引发N400的改变；而词汇的语义和语境之间无论是在语义、语用方面不匹配，或者是与读者记忆中的世界知识不匹配，均会诱发波幅更大的N400（Kutas & Federmeier，2000）。同时，其他非语义操纵也会在一定程度上对N400成分产生影响，例如，完成实验任务的模态（即视觉任务或听觉任务）的不同会导致N400成分的头皮分布出现差异。例如，视觉任务下N400较集中分布于右侧中央顶叶，听觉任务下主要分布于整个头部。又如，在句子阅读中，词汇呈现速度及词汇在句子中所处的位置不同，甚至是被试的年龄都会对N400产生一定的影响。但值得注意的是，N400似乎总跟语义变量存在较为特异性的关系。相比之下，词汇的刺激形态的变化或者词汇句法特性上的变化都不会稳定地影响N400。鉴于这一特性，研究者认为N400和语义加工之间确实存在着独特联系（Kutas & Federmeier，2011；Federmeier et al.，2016）。

值得注意的是，对语义记忆（semantic memory）的激活并不仅限于语言刺激。可以说，将感知输入与意义联系起来是大脑最基本的任务之一，这种联系能帮助人们实现对刺激更灵活、更复杂和调节性更强的反应。个体要从所有形式和类型的符号（如口头、书面和手势语的语言刺激）与非符号系统（如数字）中获取含义，包括环境声音、躯体感觉紊乱、视觉对象、面孔和场景、味道和气味等。然而，这些不同刺激类型对语义提取提出了不同的挑战。跨模态（cross modality）或跨表征类型的比较在语义记忆结构研究中揭示了很多重要的信息（参见Federmeier & Kutas，2001）。这类研究可以提供关于如何存储和组织语义信息因素的重要见解。令人惊讶的是，面孔、物体、视觉和听觉词汇，以及数字处理的文献，均较为一致地揭示语义信息提取加工可靠的时间进程。这些研究表明，尽管不同的刺激类型与不同的专业知识有关，对认知加工提出了不同的处理挑战，并在大脑层面可能与不同的神经通路相关联，但所有这些刺激的处理都几乎在同一时窗内，即N400的时窗内，产生类似的响应。正因如此，近二十年的语义加工理论普遍都在N400的框架下开展。只是到了近期，通过不同研究技术所获得的辐合性证据才越来越多地表明，语义的提取和整合可能是一个始于更早时窗并且持续时间更长的动态过程（如Penolazzi et al.，

2007）。

（二）早期的语义提取与整合

尽管语义的 N400 是公认的与语义加工密切相关的成分，但很多研究者都强调，这并不是语义提取的起始时间，行为学和眼动的大量研究结果在一定程度上提示，语义信息的提取和整合是一个非常快速和自动化的过程，研究者甚至提出语义提取在词汇呈现的 250ms 之内就可以完成，这个时窗显然早于 N400 的潜伏期（Marslen-Wilson & Tyler，1975；Marslen-Wilson，1987；Rayner，1998；Sereno & Rayner，2003）。但是在常规的 ERP 研究中，语义变量所导致的效应却极少反映在如 N1 和 P2 等早期脑电成分上。有研究者提出，这可能是由于 ERP 早期成分的特性导致这个成分在语义加工的研究中较难检测到（Penolazzi et al.，2007）。具体来说，N1 和 P2 等早期成分往往是持续时间较短、波峰狭窄的成分，物理属性的变化会对这些成分产生很大的影响。然而，在语义加工的 ERP 研究中，研究者为了保持更好的生态效度，会从较大的范围选取关键词汇的物理属性，包括词长和频率等，这些设计一定程度上会加大词汇之间在早期成分上脑电信号的变异度，从而导致语义变量在这些早期成分上的变化难以检测。

也有一些研究严格控制了词汇物理属性，在此基础上操纵语义变量，结果发现，此时语义变量的改变确实可以反映在一些早期的 ERP 成分上。例如，有研究采用词汇判断任务发现，相比于高频词，低频词会在 120ms 左右诱发出一个波幅更大的 N1 成分（Sereno et al.，1998；Hauk & Pulvermüller，2004）；相比于功能词，实义词则会在 160ms 左右诱发一个波幅更大的 N1 成分（Pulvermüller et al.，1995）；与假词相比，动物词和工具词会诱发更大的 P2 成分（Hinojosa et al.，2001），表明词义的提取速度极快。在语义整合方面，研究者同时操纵目标词的预期性和词频，发现预期性和词频操纵都可以导致 N1、P2 成分的变化，并且两个变量可在这一时窗内表现出交互作用（Penolazzi et al.，2007）。这也表明语境对目标词的预期性几乎在词汇提取（lexical retrieval）的同一时窗内产生效应。除此之外，还有研究者采用奇异球范式（odd-ball paradigm）对语义加工进行研究。这一范式下的认知加工处于自动化（automatic）加工的状态，因此可以对自动化语义提取和语义整合加工（Shtyrov & Pulvermüller，2002，2007）的进程展开研究。其中普尔弗米勒等（Pulvermüller et al.，2001）以及什特罗夫和普尔弗米勒（Shtyrov & Pulvermüller，2002）的研究尤具代表性，他们使用奇异球范式操纵真假词变量，结果发现，相比假词，真词可诱发出一个更大的失匹配负波（mismatch negativity，MMN），也支持词汇的语义加工可以在较早期的时窗内自动化地进行，并反映在比 N400 更早的脑电成分上。

（三）晚期语义整合进程

除 N400 之外，许多语义变量还可以反映在更晚的 ERP 成分，即晚期正波上。研究者通常认为这个成分主要反映了句法加工（syntactic processing）（Osterhout & Holcomb，1992；Hagoort et al.，1993），在奥斯特豪特等（Osterhout et al.，1994）的经典研究中，如果一个句子包含一个语义合适而句法违背的关键词，则与正常的关键词相比，句法违背词会在晚期时窗引发一个波幅更大的正走向的成分。尽管随后许多研究都证实了句法变量的操纵，如句法结构的违背、格（case）违背、句法歧义的消解等加工都与这一成分存在着直接联系，但近些年越来越多的研究结果提示，控制句法变量同时操纵语义变量常常也可以导致晚期成分产生变化（Kuperberg，2007；Bornkessel-Schlesewsky & Schlesewsky，2008）。例如，有研究发现，操纵句子中名词和动词的特性，如名词词义上的生命性（Kuperberg et al.，2003a）、动词对题元角色的限定性（Kim & Osterhout，2005）等，都可能会使读者对句子内部不同成分的题元角色形成较为明确的预期（动词前的成分是动作的发出者，动词后的成分是动作的接受者）。在这个基础上，若句子中的其他信息（如语序或者句法标记等）所提供的题元角色信息跟读者形成的预期相冲突，例如主语和宾语的错误反转所形成的语义违背（Kolk et al.，2003），这时候会在关键词上稳定地发现晚期正波的变化。研究者发现，在语义变量上操纵所诱发的晚期正成分（late positivity component，LPC），无论在潜伏期还是头皮分布上，都跟句法研究中所发现的 P600 成分具有高度的相似性，在这个基础上，有研究者（Kuperberg，2007）将语义操纵上所诱发的晚期正波命名为语义 P600（semantic P600）。

除语义 P600 成分之外，近年来有研究发现了另外一个跟语义加工相关的、特异性的晚期正成分。在高限制性语境下，如"小明去理发店修剪＿"，此时符合语境的目标词应该是"头发"，但如果真正出现的目标词不符合语境但却可以跟语境形成合理的语义关系（semantic relation），如"胡子"，则相比于预期条件，非预期但语义合理的条件可在关键词位置诱发更大的晚期正成分。这个正波主要分布在前额位置，因此研究者将其命名为晚期前额正波（late frontal positivity）。在不同的语言背景下的研究均重复得出上述结果，即类似的语义操纵可较为稳定地诱发晚期前额正波的变化（Federmeier & Kutas，1999a；Federmeier，2007；Delong et al.，2011；van Petten & Luka，2012；Huang et al.，2013）。

一些研究者认为，语义加工中不同地形分布的晚期正波可能反映了不同类型的语义加工过程与不同长时记忆（long-term memory）表征存在着相互作用（Kuperberg，2013）。在阅读过程中，通过语义提取和整合，个体不仅会形成跟语义本身直接相关的文本表征，还会结合文本信息以及已有世界知识形成与该文本信息相关的情景模型。高效率的阅读表现在读者可根据语境实时预期随后可能出现的信息。事实上，个体可以在不同的表征水平上产生预期，并且在某些情况下，这种预期可能在真实的语言材料（如关键词）出现以前就与原有的表征建立了联系，例如，赋予不同的名词不同的题元角色。如果语境的限制性不足以提供对目标词非常精确的预期，读者也仍然可以根据语境形成一个事件（event）或情景的心理表征。假如真实目标词与这个事件或情景并不吻合，此时可能出现一个经典的、分布偏后的晚期正波，这一正波与句法的违背所引发的 ERP 更为相似，反映的是一种事件预期的错误。假如读者阅读的语言材料具有较高的语境限制性，读者会根据语境对目标词形成精准预期，如果出现的目标词与这种精确的预期相违背，此时将观察到的更可能是一种基于词汇层面的预期不匹配，这种不匹配的效应主要反映在另外一个晚期成分，也就是主要分布在前额的晚期正波上。

值得注意的是，关于晚期正波涉及的认知机制，目前仍然具有较大的争议（相关综述可参考 Kuperberg et al.，2007；Bornkessel-Schlesewskya & Schlesewsky，2008；van de Meerendonk et al.，2009）。一些研究者提出，这类晚期成分可能并不能反映语言特异性的认知加工，而可能跟一般认知加工相关（Kolk & Chwilla，2007）。这是因为晚期正成分不仅会出现在语言加工的过程中（如语义和句法加工），也往往在一些非语言的认知实验中出现，例如，在数字规则的违背（Núñez-Peña & Honrubia-Serrano，2004）、音乐规则的违背（Patel et al.，1998）等实验中，也可较为稳定地观察到这一成分。基于晚期成分可发生在各种不同认知任务中的结果，一些研究者提出，它可能反映了领域普遍性的认知加工。具体来说，当个体在认知过程（如语言理解）中遇到了冲突，则负责冲突监控的一般认知控制系统卷入，对特定的语言处理过程执行监控，这个过程将反映在晚期正波时窗中（Kolk & Chwilla，2007；van de Meerendonk et al.，2009；Ye & Zhou，2009b）。目前来说，由于缺乏足够的实验证据，上述两个晚期成分分别反映了何种认知机制依然是研究中的难点问题。未来的研究可以尝试从语义加工中 P600 和 N400 的关系出发，进一步厘清 P600 跟语义加工的关系，并需要在更加精细的实验设计的基础上考察不同地形分布的晚期正波和语言加工的关系。

（四）更早时窗内的语义加工——预视加工的研究

正如前面所述，关于语义加工的时间进程问题，研究者希望可以通过探讨不同层级语义变量如何在不同的时窗内产生交互，进而了解不同语义加工模块的工作机制。对上述问题进行直接检验的一个重要方法就是探讨高级语义加工过程是否会即时影响低层次的语义加工。然而，值得注意的是，从文本理解的角度来看，对该问题的探讨仅仅依据传统的、逐词呈现的 ERP 技术所提供的证据也许远不足够。事实上，在文本加工中，语义的处理早在信息被直接注视之前就已经开始进行了。所以对语义加工时间进程的探讨，极有必要推到更早的时窗内进行。

在阅读过程中，根据读者注视点的位置，可以将读者的视野分为三个存在视敏度差异的区域，分别是中央凹（foveal）视区、副中央凹（parafoveal）视区和边缘视区（peripheral area）。虽然直接注视的中央凹视区视敏度最高，读者可以获得最有效的信息加工，但副中央凹视区获得的信息也可以帮助读者进行有效的阅读（Rayner，1975）。运用眼动追踪记录法，西文阅读的研究普遍支持以下结果：读者可以利用副中央凹视区的预视加工，快速地获得预视区域词汇的形态、语音、词素等低水平的信息（Schotter et al.，2012），然而语义预视的效应则不稳定（Altarriba et al.，2001；Hyönä & Häikiö，2005；Rayner et al.，1986；White et al.，2008；Hohenstein et al.，2010）。早期仅可以在部分德语的研究中观察到语义预视效应（semantic preview effect）（Hohenstein & Kliegl，2014），很少在西班牙语中观察到这种效应（Rayner et al.，1986，2014；White et al.，2008；Schotter，2013）。本书后面章节中会谈到，相比于西文研究，先前的研究发现中文读者可以十分高效而稳定地对预视信息进行语义加工（Yen et al.，2008；Tsai et al.，2012；Yan et al.，2009，2012；Yang et al.，2012b）。在句子阅读中，不论预视信息是独体字（Yan et al.，2009）还是合体字（Yang，2010）、简体字还是繁体字（Tsai et al.，2012），都能观察到语义预视效应。

综上所述，读者在阅读过程中能够对词汇的信息进行预视加工，甚至在预视阶段可以获得高级的语境信息，高级的语义加工过程在预视阶段就能够对低层次的语义加工产生影响。也许正是通过有效率的预视，读者可以对接下来即将呈现的信息及时做好准备，从而使阅读过程变得更连贯与高效。

总体上，现有关于语义加工时间进程的研究需要在一定程度上突破传统以N400为框架的语义加工研究思路。首先应探究早期成分和语义加工的关系，还应考虑晚期成分和语义加工的关系，以及语义加工和认知控制系统之间的互动机制，这样才能更加准确地描述语义加工的动态机制。其次，ERP虽然是一项具有高时间分辨率的研究技术，但传统的ERP研究只考察信息被直接注视时的处理情况，而读者对文本信息的处理在这些信息被直接注视之前就已经开始。因此，要深入探讨不同语义变量如何在早期加工中起作用，还需要将传统的ERP研究所关注的变量拓展到预视状态。在ERP研究中引入伴侧RSVP范式（rapid serial visual presentation with flankers，RSVP with flankers），或者采用ERP与眼动同步记录法，可以分析读者在阅读自然呈现的文本状态下怎样进行预视加工。将语义加工的关注时窗从直接注视转到预视，在某种程度上扩大了研究对象的观察时窗，使变量之间起作用的时序和多个变量的相互作用更有可能得以观察，也给相关研究问题的思考带来一定的便利性，这一方面对理解整个语义加工的时间进程有帮助，另一方面也有助于理解以往ERP研究所发现的几种经典语义成分反映的内在机制。

五、语义提取和整合的大脑机制

阅读加工中各子成分的交互不仅体现在时间进程上，同样会反映在大脑不同位置的活动上。自从19世纪研究者发现了两个经典的失语症（aphasia）——布罗卡失语症（Broca's aphasia）和威尔尼克失语症（Wernicke's aphasia）患者开始，科学家对人类大脑如何处理语言理解过程的探索就从未停止过。然而，受制于研究技术的发展，相关的研究工作进展一直缓慢。直到20世纪末，随着各种大脑研究技术的普及应用，尤其是以ERP、fMRI等为代表的无创性脑功能成像技术的广泛应用，关于正常人语言处理大脑机制的研究才蓬勃开展。

在这些研究的基础上，科学家对阅读理解的大脑运作机制的研究取得了突破性的进展，相关成果也极大地提升了研究者对语言加工中各认知成分互动关系的认识（Hagoort，2008a；杨玉芳，2015；张积家，张启睿，2016）。例如，语义信息的提取和整合的机制如何，它对应的大脑机制又是什么，具有何种特点？通过对这些问题的探讨，研究者希望能了解语言理解内部各子过程是如何组织的，在此基础上进一步探索人类认知加工一些基本理论问题，例如，语言加工各成分及各子过程是遵循模块化的还是交互性的处理方式，是遵循并行加工还是序列加工的运作方式？等等。

目前，来自损伤性和无创性脑功能成像的研究普遍发现，与语义加工最为密切的大脑区域主要包括左侧颞中回（middle temporal gyrus，MTG）、左侧额下回（left inferior frontal gyrus，LIFG），还有越来越多的研究支持左侧颞叶前部和角回（angular gyrus，AG）在语义加工中也发挥着重要的作用（Price，2000）。以下将从这几个重要的大脑区域入手，分析其与语义加工之间的关系。

（一）左侧颞中回和语义加工

早期关于左侧颞中回和语义加工之间关系的证据主要来自对患者的研究。研究发现，左侧颞中回区域受到损伤可对患者的阅读理解能力产生极大的影响。更进一步的研究则发现，左侧颞中回区域受损的患者的突出的症状是词汇识别和理解出现了困难，这在一定程度上提示左侧颞中回可能涉及词汇的识别和意义提取，因此这个区域如果受到损伤，可能导致词汇识别困难，进而严重影响患者的阅读表现（Dronkers et al.，2004）。

后续研究者在正常人的研究中也同样发现，无论在词汇层面的语义提取，还是高层次句子和语段加工中的语义提取，都会显著激活左侧颞中回（Lau et al.，2008）。在词汇层面的研究中，研究者常用语义启动范式研究词汇语义提取的大脑功能区（Lau et al.，2008）。在这种范式中，研究者先后向被试呈现启动词和目标词，操纵两者的语义关系。研究发现，相比于语义相关的词对，语义无关的词对的目标词语义信息提取会更慢。fMRI 研究发现，在快速语义启动中，非启动条件导致左侧颞中回和颞下回（inferior temporal gyrus，ITG）出现更强的激活（Rossell et al.，2003；Wheatley et al.，2005；Gold et al.，2006；Liu et al.，2010b）。利用 MEG 和 fMRI 技术，并采用更加自动化的奇异球范式进行研究，可以发现，相比于假词，真词所引发的显著激活也是位于左侧的颞中/上回（Shtyrov et al.，2008）。由于奇异球范式下被试的认知加工会处于自动化的状态，这一结果也支持左侧颞中回可能在词汇自动化的语义提取中扮演着重要的角色。

在句子层面的语义提取中，研究者同样也较为一致地发现了左侧颞中回的激活。以违背范式的研究为例，在这种范式中，由于违背句的目标词与句子语境之间的关系是不合理的，相比于正常的句子，被试将花费更多的资源进行语义信息的提取。违背范式研究的结果表明，违背句的加工与合理句相比，会比较稳定地激活左侧颞中回（相关内容可参见 Hagoort et al.，2009）。此外，还有另外一些研究者使用其他研究范式，如句子预期范式（prediction paradigm），对同样的问题进行了探讨。在预期范式下，研究者操纵的是目标词的预期强度，此时使用的实验句子都具有较高的语境限制性，因此读者可能对随后出现的目标词产生较为精准的预期，而真实出现的目标词却可能与预期相符（高预期条件）或并不匹配（低预期合理条件）。当目标词与预期不匹配时，目标词虽然跟语境信息保持连贯，但是相比于预期句，读者需要花费额外的认知资源（cognitive resource）提取词汇的语义。来自西文的研究发现，采用预期范式可以观察到左侧颞中回稳定的激活（Baumgaertner et al.，2002）。研究者也因而倾向于认为左侧颞中回可能确实跟词汇语义信息的激活和提取密切相关（Hickok & Poeppel，2007；Lau et al.，2008；Hagoort et al.，2009）。

（二）左侧额下回和语义加工

在孤立的词汇识别中，读者只需要通过词汇信息提取特定的词汇语义，但对于短语、句子甚至是语段，除需要提取单个词汇的语义信息外，还需要将多个词汇的语义信息整合，以获得整体连贯（global coherence）的语义信息（Marslen-Wilson，1987；Levelt，1992；Norris，1994；Hagoort，2005）。

对语义整合加工的探讨可以使用多种范式，既可以在词对层面进行，也可以在短语及句子层面进行。在词对启动的研究范式中，一个重要的假设是，相比于语义相关的启动条件，非语义启动条件下不仅需要花费额外的资源提取目标词的语义信息，而且需要花费更多资源进行目标词和启动词之间的语义匹配和整合。而在句子层面的研究中，正如前文我们谈过的，研究者常常使用违背范式或预期范式，通过操纵语境形成目标词和语境之间在连贯性或者预期性上的差异，其基本的假设是，当连贯性或者预期性较低时，则读者在关键词的加工上需要进行更多整合加工以建立起整体的意义表征。

使用词对（Gold et al.，2006；Wible et al.，2006；Liu et al.，2010a；Lau et al.，2008）、语义违背范式（Hagoort et al.，2009）或预期违背范式（Baumgaertner et al.，2002；Huang et al.，2012）所进行的句子研究，结果均较为一致地表明语

义整合加工与左侧额下回，尤其是左侧额下回前部存在非常密切的关系（Hagoort et al.，2009；朱祖德等，2010b）。而在语段加工中，研究者发现，如果目标与语段情景相违背，即使该句单独呈现时语义是正常的，也可以导致左侧额下回出现稳定的激活（van Berkum et al.，2008）。我们整理了40多篇与整合加工相关的成像研究，发现在这些研究中，左侧额下回是研究者报告最多的区域（朱祖德等，2011a；请参见本书第四章）。基于这些结果，一些研究者认为，在构建语义加工的大脑模型时，左侧额下回是语义整合加工的核心区域（Hagoort，2005，2017）。

虽然已有不少研究证实左侧额下回与语义整合加工关系密切，但值得注意的是，也有许多研究表明左侧额下回也参与了认知控制等一般认知加工。因此，左侧额下回与语义整合加工以及认知控制加工之间存在何种关系，仍然是该领域中的一个热点问题。有研究者认为，语义整合加工也会伴随着一般认知加工机制的参与，例如，在语义整合过程中，读者需要将信息保存在工作记忆中，此外还需要通过自上而下（top-down）的机制快速地选择合适的语义信息，抑制无关语义信息，以更加高效地完成整合加工（Hagoort et al.，2009）。这种解释虽然在一定程度上调和了语义整合加工和一般认知加工的关系，但是作为一种理论假设，研究者并没有对两者的关系以及这种关系在左侧额下回区域的功能区分做出准确的界定。本书随后的章节将介绍我们研究组如何对这一问题开展更深入的探索。

（三）左侧颞叶前部和语义加工

尽管左侧颞中回和左侧额下回在语义加工中的重要作用已经得到许多实验的支持，然而近年来有越来越多的研究发现，左侧颞叶前部在语义加工中可能同样发挥着非常重要的作用。最早发现左侧颞叶前部跟语义加工存在关系的是来自失语症病人的研究。颞叶前部受损的病人最突出的表现是无法对物体进行准确命名，这种由颞叶前部受损而导致语义加工受损的症状称为语义痴呆（semantic dementia）（Hodges & Patterson，2007）。

尽管对语义痴呆病人的研究反映了这一区域在语义加工中的作用，但对正常人的一些早期研究，尤其是fMRI研究通常很难稳定地观测到左侧颞叶前部与语义加工的关系，导致这一区域的重要性常被忽视。fMRI技术本身的特点很可能是导致这一现象的一个关键原因。fMRI技术虽然具有较高的空间分辨率，但在探测颞叶前部的信号上却存在一定的缺陷。这是因为颞叶前部处在空气、脑脊液（cerebrospinal fluid）和灰质皮层的交界处，多种不同的组织的存在导致 MRI 扫描过程中出现磁场不均，因而出现区域信号的丢失或采样的变形，这些因素都极大地降低了这个区域检测的敏感性。值得注意的是，为了解决这个问题，有研究者开始优化扫描方法，如使用特殊的扫描序列（如不同参数的优化组合以及失真校正方法），以较好地提高这个区域的信噪比（signal-to-noise ratio，SNR）（Visser et al.，2010；Axelrod & Yovel，2013）。当提高颞叶前部信号检测能力之后，的确有越来越多的研究证实了颞叶前部跟语义加工之间存在着密切的联系。

MEG 的研究结果也显示，在语言理解过程中，视觉和听觉的各种初级信息在视觉和听觉皮层处理后都会汇入到颞叶前部（Marinkovic et al.，2003）。而扩散张量成像（diffusion tensor imaging，DTI）的研究则发现，除了弓状束（arcuate fascicle，AF）与极外囊（extreme capsule，EC），还存在一条被称为下纵束（inferior longitudinal fasciculus，ILF）的通路，这条通路从颞叶后部直接到达颞叶前部（Catani & Mesulam，2008）。语音加工的成像研究发现这一通路跟整合加工密切相关，具体来说它可能负责整合音素（phoneme）因而获得整体语音的信息（Hickok & Poeppel，2007）。因此，尽管目前句子层面的磁共振研究对这一区域的关注仍不足，但根据上述谈到的研究结果，一些研究者提出，左侧颞叶前部是负责概念多模态整合的大脑区域，它的主要作用是整合概念中的各种特征属性（Patterson et al.，2007）。

具体来说，目前的研究对左侧颞叶前部与语义加工关系的探讨主要集中在以下两个层面：一是客体语义概念的组织；二是更大的语义单位（如短语或句子）的语义整合加工。

关于左侧颞叶前部与客体语义概念之间关系的探讨，相当一部分证据来自对语义痴呆病人的研究。语义痴呆是属于神经退行的额 - 颞痴呆症状群中的一种。来自解剖学的分析发现，语义痴呆病人的颞叶前部神经元退化和死亡是其临床症状的主要原因。在行为上，语义痴呆病人表现出的主要症状是物体、人和其他概念的识别或命名困难，无论是对刺激进行命名还是在自发的言语情景下都可能出现类似症状。虽然正常人偶尔也会出现命名困难的情况，但大多数情况下知道那是什么物体，只是找不到对应的名称（舌尖现象，tip of the tongue，TOT）（Mirman & Britt，2014），但语义痴呆病人的症状却并不是找词困难，而是无法提取常见物体的概念性信息。研究还发现，这种无法提取概念信息的症状会随着颞叶前部的渐进性萎缩而不断恶化。有趣的是，语义痴呆病人的其他认知能力，如注意和情节记忆（episodic memory）似乎是正常的，这似乎表明语义痴呆病人可能只是损伤了语义提取的能力。

在对这一类病人研究的基础上，有研究者提出，左侧颞叶前部可能负责对概念的特异性特征进行整合，以对物体形成一个整体表征，因而这一区域可被看作语义记忆的中枢节点（Patterson et al.，2007）。研究者还认为，概念表征的实现需要包括模态特异性脑区（即感知觉运动皮层）和联合脑区等区域的共同参与（Patterson et al.，2007；Lambon Ralph，2014），当扮演中枢角色的左侧颞叶前部受损，我们就只能提取概念特异性的一些特征，如颜色、形状等，但是无法准确地提取其更加抽象的概念特征，因此表现出各种典型的语义痴呆现象。最近，有研究者采用静息态 fMRI 网络连接的方法，发现语义痴呆病人在语义任务中的表现会随着左侧颞叶前部和其他大脑区域的连接强度变弱而出现显著的下降（Zhao et al.，2017）。更进一步地，研究者发现人的语义相关任务的表现主要受左侧颞叶前部的萎缩严重程度的影响，而面孔识别任务的表现则主要受右侧颞叶前部的萎缩严重程度的影响，这说明颞叶前部的左侧和右侧有可能也存在一定的功能分离（Ding et al.，2020）。

功能成像研究的发现进一步证实了颞叶前部在语义加工和表征中所扮演的角色。为了更好地获得颞叶前部的 fMRI 信号，研究者优化了成像序列，结果发现，相比于非语义任务，语义任务下可观察到颞叶前部的显著激活，此外颞叶前部的激活并不会受到输入模态（文字或者图片）的影响（Visser & Lambon Ralph，2011；Visser et al.，2012）。另一些研究者则采用重复经颅磁刺激（repetitive transcranial magnetic stimulation，rTMS）技术短暂地干扰颞叶前部的活动，在正常人身上也观察到类似于语义痴呆病人在不同模态下的行为表现（Pobric et al.，2007；Binney et al.，2010）。上述结果在一定程度上均支持颞叶前部执行模态不变的语义中枢功能的观点。

此外，先前的研究发现，颞叶前部不仅和语义概念的整合存在密切关系，在句子理解的语义整合加工中可能也起重要作用。例如，有研究使用 fMRI 技术，利用句法散文句范式（syntactic prose paradigm）对句子意义整合进行探讨。在句法散文句范式中，研究者将合理句的词汇随机打乱，形成一个随机词汇表，因而无法建立起可以理解的、语义连贯的信息表征。研究者认为在遇到这种句子时，个体只能提取每个词汇的语义信息，但无法利用整合加工形成更大的语义表征单元。因此，可以通过比较正常句和随机打乱句，在一定程度上分离出语义整合加工。fMRI 的结果表明，相比于词汇打乱的句子，合理句在左侧颞叶前部诱发了更强的激活（Mazoyer et al.，1993；Bottini et al.，1994；Bavelier et al.，1997；Stowe et al.，1998；Friederici et al.，2000；Humphries et al.，2001；Vandenberghe et al.，2002）。基于这些结果，研究者提出，左侧颞叶前部与语义整合加工关系更为密切，可能是语义整合的核心加工区（Jung-Beeman，2005；Lau et al.，2008）。

结合词汇概念表征的研究与句子和语段的语义理解研究，可以看到，左侧颞叶前部在语义加工中确实扮演着重要的角色。这种作用与语义的整合有一定的关系：一方面可能是在概念表征系统中将不同的特征整合成抽象概念；另一方面，在句子阅读中，还与将不同词汇语义整合成更大的语义表征单元的加工有密切的关系。

六、解释语言理解认知神经机制的一些代表性模型

根据上述多模态的研究数据，研究者提出了用以解释语言理解的大脑模型。这些理论的视角各不相同，但都在一定程度上总结和归纳了语义加工过程中可能牵涉到的大脑机制。

从传统解释语言理解的认知理论来看，一般的理论大致可以分为两类：一类强调模块化的加工，另一类则强调交互作用。模块化理论（Fodor，1983；Frazier，1987；Frazier & Clifton，1996；Friederici，2002；Gerrans，2002；Rayner et al.，1983）认为，在句子加工中，当前信息输入时，不同维度的信息（如词汇的形、音、义和语法等）是由大脑不同功能性模块或加工器完成的，它们分别加工自下而上输入的句法和语义信息。不同的语言信息源以连续的方式进行处理，这种处理通常被认为首先是以模块化的方式得以进行的，尤其是句法信息的早期加工，表现出较强的模块化特性。然而，就语义加工而言，模块化理论强调语义加工的子过程是相互独立的，从时间进程上来看，不同子过程是按照从较低水平到高水平逐渐深化。例如，词汇提取最先发生，其他信息源（合理性、上下文等）直到处理过程中的稍后时间点才被使用。相比之下，（强）交互模型假定没有哪个特定信息源的作用优先于其他信息源（MacDonald et al.，1994；Snedeker & Trueswell，2004；Grodner et al.，2005；MacDonald & Seidenberg，2006；Trueswell & Tanenhaus，1994），语义加工中的每一个子过程都是实时地发生交互作用、相互制约。基于这一理论，在语义提取的最初阶段，句法信息、语境、语义等较高水平的信息都会即时地起作用，制约和限制着词汇语义信息的提取加工。

与传统的语言认知模型相似，语言加工的认知神经机制模型关注的也同样是"何时"（when）和"何地"（where）这两个维度的信息，进而形成不同的理论解释。以下重点介绍的是两个较具代表性和影响力的模型，分别为弗里德里希（Friederici）等提出的三阶段加工模型和哈霍特（Hagoort）等提出的记忆－统合－控制模型（memory-unification-control model，MUC模型）。弗里德里希等的三阶段加工模型相对更强调理解中句法加工的作用，强调理解的进程是一个序列性的层叠结构，包含序列的模块化的加工阶段以及特定阶段内部一定的并行机制。而MUC模型相对更强调加工的并行性，认为研究结果所展示出来的序列性特点只是由加工过程中特定信息源在加工运算时的可用性有所不同导致的。

（一）三阶段加工模型

三阶段加工模型（Friederici，2002）认为，对复杂语料（如句子）的加工是分成以下三个阶段来完成的：局部短语结构的建立阶段、句法和语义关系的计算阶段，以及整合和解释阶段。以下逐一进行介绍。

1. 阶段1：局部短语结构的建立

第一个阶段会根据词类信息快速地建立起局部的、短语层面的句法结构信息。局部结构构建涉及相邻依附关系的结构（如局部短语）的基本语言学知识。每种语言中这类短语数量不多，如限定短语和介词短语。个体必须在语言学习期间学会获取这些知识，并且随着学习的进行，对它的使用能够自动化。在成人大脑中，这个过程是高度自动化的，它涉及额叶岛盖和颞上回前部（superior temporal gyrus，STG）（Friederici et al.，2003）。如果该过程的自动化程度较低，如受认知发展的局限或是进行第二语言加工时（Brauer & Friederici，2007），则BA44也会被征用。由于额叶岛盖在系统演化上比BA44早（Amunts & Zilles，2012；Sanides，1962），似乎相邻依附关系这种比较简单的过程是由系统演化上较早的皮层处理的。额叶岛盖前部和颞上回前部通过钩状束（unciform fasciculus，UF）连接构成一个网络，支持局部结构的处理。在成人大脑中，颞上回前部表征了局部短语（限定短语、介词短语）的模板。个体从听觉皮层接收输入信息，然后将输入信息映射到该表征模板上。因此，一旦遇到短语中心词（即限定词、介词），相应的结构就可以在颞上回前部得以激活（Bornkessel & Schlesewsky，2006）。以之为起始点，信息通过UF传输到前面的岛盖，再将这些信息传输到BA44做进一步处理。这一腹侧网络负责了最基本的句法加工过程，即局部组合运算。局部句法结构建立的这个阶段反映在脑电中就是早期左前负波（early left anterior negativity，ELAN）的出现。

2. 阶段 2：句法和语义关系的计算（LAN/N400）

这一阶段可以被看作一个语义加工和句法加工部分相对并行的阶段。句子理解过程中的一个关键加工是语法关系的分配，了解谁在做什么。为了完成这一任务，此阶段必须处理语义特征（如动词词义）以及句法特征（如主语－动词一致性、格标记等），这发生在最初的结构构建之后（Friederici，2011）。与这一阶段相关的两个重要的 ERP 成分则是与语法加工相关的左侧前额负波（left anterior negativity，LAN），以及和语义－题元加工有关的 N400。具体来说，这一阶段要处理的关系主要有以下两类。

（1）语义和动词题元之间的关系

弗里德里希的理论重点揭示了这一阶段中，在语言内部层面，语法和语义如何产生交互，并且这种关联又如何反映在 N400 上。

她认为，句子理解中的 N400 不但与名词和形容词携带的语义信息相关联，同时也与动词内部的信息相关联。要与动词信息产生关联，这一过程事实上相当复杂，其加工不但涉及语义域（即动词的选择性限制），也会涉及句法域（如数与题元的类型）。动词所蕴含的选择性限制信息确定了名词题元在理论定义上必须具备的语义特征。例如，动词"喝"要求名词具有"液体"的特征，如"喝酒"而不是"喝椅子"。对于后者，将会在名词上观察到一个增大的N400（与阅读相关的研究参见 Kutas & Hillyard，1980a，1980b；与听觉理解相关研究可参见 Friederici et al.，1993；Holcomb & Neville，1990）。确有一些研究证明 N400 的波幅随着动词－名词题元关系所违背的语义特征的数量而系统性地增大（Li et al.，2006），表明理论上定义的单词语义对 N400 具有直接的调制作用。

N400 也可以反映在动词的语法域中，尤其在一个特定动词可以承接多少个题元这一问题上。例如，语言学理论定义动词"哭"只能接受 1 个题元（不及物动词），如"她在哭"，而动词"给"则可以有 3 个题元，如"她给小明写了一封信"。此外，在某些语言中，动词编码题元（主语、直接宾语、间接宾语）的方式是使用句子中的位置信息（词序）以及格（屈折或介词）来进行标记，如"to 彼得"。题元数量的违背和题元形式的违背（如不正确的格标记）会导致在波幅增大的 N400 之后还跟随着一个延迟的正波（Friederici & Frisch，

2000；Frisch et al.，2004；Frisch & Schlesewsky，2001）。因此，题元数量的违背和题元形式的违背（语法域）与动词选择限制信息的违背（语义域）并不相同，前者出现的是一个双相模式 N400/P600，而后者仅反映在 N400 上。而语言理解期间的语义和题元加工过程与 N400 的相关可能会随着语言的不同而有所不同。

这些过程发生在大脑哪个位置呢？许多 MEG 研究尝试从单词或句子层面定位语义 N400 效应相关的脑区。这些研究发现，在语音处理过程中的 N400 主要发生于听觉皮层附近（Halgren et al.，2002a；Helenius et al.，2002），在额下皮层也偶见一些相关脑区的激活（Maess et al.，2006）。一些 fMRI 实验使用了与 ERP 实验相同的刺激材料对选择性限制违背的加工进行了研究（Hahne & Friederici，2002），这些研究显示激活主要出现在颞上回（中部和后部）。虽然在本书成文之时，动词－题元关系的数量和类型引起的 N400 还没有在使用相同材料的 ERP 和 fMRI 研究中被探讨，但相关的 fMRI 实验表明除额下回（inferior frontal gyrus，IFG）外，左侧颞上回也有参与。未来的研究也许需要考察对于语义信息而言，以往研究所观察到的语义 N400 以及与动词语法信息相关的 N400/P600 模式中的 N400，两者所反映的是同一成分还是不同成分。

（2）语法关系

与语义和动词题元信息的处理并行，为了实现句子理解，我们还需要在语法关系处理阶段处理由动词屈折（如数和人）等句法形态所提供的信息，这对句子中语法角色的分配至关重要，对语序自由的语言来说更是如此。主语－动词数量一致性违背通常会引发 300～500ms 的一个 LAN（德语，Penke et al.，1997；意大利语，Angrilli et al.，2002；西班牙语，Silva-Pereyra & Carreiras，2007）。在诸如英语之类语序相对固定的语言中，LAN 的证据不是那么系统。例如，奥斯特豪特和莫布利（Osterhout & Mobley，1995）在研究中就观察到了 LAN，但库塔斯和希尔亚德（Kutas & Hillyard，1983）以及奥斯特豪特和尼科尔（Osterhout & Nicol，1999）在研究中则没有观察到。一些研究者认为 LAN 的存在与否也许应被视为跨语言的连续统一体，其出现的可能性可能随着特定语言中形态句法标记数量的增加而增大（Friederici & Weissenborn，2007）。

然而，确定 LAN 是否存在的关键因素并不单纯是形态句法标记的数量，而是这些信息对于句法角色分配的重要性如何。例如，在某些语言中，关于性别（如男性、女性、中性）的限定词与名词间的一致性关系十分重要，而在其他语言中则不然。如果某些句法线索对动词与句子题元之间语法关系的分配并不重要，则该类违背有可能并不会导致 LAN 效应的出现。然而，一旦句法形态的信息与语法角色的分配相关，LAN 就会出现（Deutsch & Bentin，2001）。总体上，这一理论认为 LAN 的出现反映的是利用句法形态信息进行题元角色分配（thematic role assignment）的加工。

3. 阶段 3：整合和解释（P600）

关于语言加工时间过程的模型常常还假设存在一个后期的处理阶段。在此阶段，不同的信息类型相互映射，意义得到清楚的解释（Bornkessel & Schlesewsky，2006；Friederici，2002）。弗里德里希（Friederici，2011）指出，在第三个阶段，理解者所进行的加工是句法再分析和修复，并反映在一个晚期分布于中央顶区的 P600 成分上。这一成分最早被解释为语法异常的处理（Osterhout & Holcomb，1992），尤其在句法有必要进行重新分析（Osterhout et al.，1994）以及出现句法违背之后，例如，原先存在歧义的句子出现需要重新分析和修复的解歧区时（Hagoort et al.，1993）。这一成分有时被当作 ELA / P600 模式（Friederici et al.，1993；Hahne & Friederici，1999）的一部分。研究发现，P600 分布模式的差异可以揭示两类不同的加工情况，与重新分析相关的 P600 主要分布在前部和中部顶区，而与修复相关的 P600 更多地出现在中部到后部（Friederici et al.，2002）。

也有一些研究运用时间分辨率较高的 MEG 技术探讨引发 P600 效应的大脑机制（Kwon et al.，2005；Service et al.，2007；Kuperberg et al.，2020）。研究发现这一效应可定位于颞中回和颞叶后部。此外，另一些证据表明基底神经节（basal ganglia）可能也参与了与语法 P600 相关的处理，因为在基底神经节病变的患者身上可以观察到 P600 波幅的减小（Friederici et al.，1999；Frisch et al.，2003）。总体来说，由于 P600 经常在 LAN 或 N400 附近时窗发生，这些效应并不容易分离，因此利用 fMRI 技术对 P600 进行定位是相当困难的。未来仍有必要采用不同的技术对其神经基础进行更深入的探索。

在近期的模型（Friederici，2017）中，弗里德里希提出应将语义和句法与腹侧通路、背侧通路联系起来。目前的模型假设有四条神经解剖学上可区分的通路连接额叶皮层和颞叶皮层的语言相关区域，其中有两条通路位于背侧，另外两条位于腹侧。一条背侧通路由上纵束（superior longitudinal fasciculus，SLF）连接前运动皮层和颞上回 / 颞中回后部，另一条背侧通路由弓状束连接

BA44 和颞上回后部（posterior superior temporal gyrus，pSTG）。至于腹侧通路，一条连接 BA45/47 和颞上回/颞中回，涉及外囊纤维/额枕下束（inferior fronto-occipital fasciculus，IFOF），另一条由钩状束连接额叶岛盖部和颞上回前部。由钩状束连接的腹侧通路参与最基本的句法加工，即局部句法计算、相邻依存关系结构等，在语言习得的过程中获取上述加工能力，到了成人期则高度自动化加工（Friederici et al.，2003）。而由弓状束连接的背侧通路主要参与整体句法加工，BA44 支持句法层级结构的建立（Makuuchi et al.，2009；Meyer et al.，2012；Ohta et al.，2013），而颞上回/颞上沟（superior temporal sulcus）后部支持复杂句子中语义和句法信息的整合（Friederici et al.，2003；Bornkessel et al.，2005；Obleser & Kotz，2011）。语义加工主要与外囊和额枕下纵束连接的腹侧通路相关（Hickok & Poeppel，2004；Saur et al.，2008），不仅相关额颞叶脑区参与语义加工，白质纤维束（white matter fiber tract）损伤也影响语义加工（Saur et al.，2008；Turken & Dronkers，2011；Wilson et al.，2011）。

　　总体上，弗里德里希的三阶段模型强调序列性层叠与并行性相结合的加工阶段，她同意语言理解是实时渐进的，每一个过程都会反映在特定的神经电生理信号上。然而，理解的目的是建立"谁对谁做了什么"的表征，这涉及语法角色的分配，因而句法规则的加工贯穿了整个理解的过程。

（二）哈霍特等的 MUC 模型

　　哈霍特等在 2005 年所提出的 MUC 模型是另一个在文献中经常被提及的语言理解的认知模型（Hagoort，2005，2019；Hagoort et al.，2009）。

　　MUC 模型强调语义加工包含三个相互作用的成分。第一个成分是记忆，指的是大脑储存的语义信息。MUC 模型认为与语义记忆相关的大脑区域主要是位于左侧颞叶（left temporal lobe），尤其是颞中回和颞上回的区域。第二个成分是统合/整合。MUC 模型认为当遇到短语或者句子时，个体会提取每个词汇储存在记忆中的语义信息，利用整合加工形成整体的意义表征。这个模型提出整合加工发生在左侧额下回前部，主要集中在 BA47/45 的位置。第三个成分是控制。MUC 模型提出语言处理经常会遇到阻碍，此时一般认知加工中的控制加工会参与到语言处理过程。与控制相关的区域主要是左侧额中回（left middle frontal gyrus，LMFG）。MUC 模型清楚地界定了词汇语义提取和语义整合这两个关键的语义加工子过程，并对这些过程涉及的大脑区域进行了清晰的说明。

在序列性和并行性的讨论方面，虽然 MUC 模型也考量了 N400 和 LAN/P600 分别与处理的语义和句法方面相关的观点，但这一模型重要的假设是，在句子解释进行期间，任何一个信息源都没有优先权。使用特定信息源的相对时间取决于其在输入信号中的可用性（Hagoort，2008a）。此外，该模型使用的是"单一"阶段的解释，其中所有可用信息源直接相互作用，而不管它们是发生在句子内部、句子外部（如话语上下文），还是语言外部（如伴随演讲的手势、演讲者的身份等）（Hagoort & van Berkum，2007）。可以说，这一理论反对理解过程中的任何阶段概念，包括文字识别。因此，尽管该理论认为理解也包括一些核心的加工成分，但并没有任何一个单独的阶段来完成词汇提取或语义整合，所有的文字识别都需要先融入当前句子不同加工成分的互动中（Hagoort，2019）。

具体来说，MUC 模型强调提取与整合的加工过程具有交互性，整合是在与提取不断交互的过程中实现的。词汇与词汇之间的联结最初具有多种可能性，通过竞争激活的方式，不同的可能性在一定程度上得以保持。但随着时间的变化，整合强度高的联结不断增强，直到最后从其他联结中凸显出来。由于自然语言固有的模糊性，通常在加工过程中，竞争性的其他联结组合在任何时候都可能出现（Hagoort，2019）。最终，至少对于那些对处理资源需求不是太强的句子来说，理解者会产生一种特定的短语结构解析。这就要求在所有替代的整合的可能性中，只有一个候选的联结保持激活。而其他两个或多个节点之间进行整合的可能性，则通过侧向抑制而减弱强度，最终达到特定的平衡状态。通常，由于激活具有逐渐衰减的特性，更近期进入整合空间的节点（node）及其与其他节点之间的联结将比先前进入的激活水平更高。此外，整合联结的强度也会根据语义合理性（semantic plausibility）而变化，符合语境的、更合理的整合联结可能会覆盖新近效应。

近期，哈霍特（Hagoort，2019）在记忆成分和语义整合的动态网络结构的基础上提出了两条通路的假设。第一条是利用这些后部区域内的局部连通性，使相邻脑区产生分级激活，以编码词汇-语义信息，并在颞顶叶皮层建立词汇-语义语境。第二条通路是基于白质纤维与左侧额下回的长距离连接，使额叶皮层出现选择性激活，将信号反馈给颞顶皮层并扩散到邻近区域，强化语境与词汇意义的整合。这样就形成了记忆和整合成分在颞顶叶—左侧额下回—颞顶叶环路相互作用的神经通路。这条环路使得记忆实时维持信息成为可能，并将输入的词汇整合到形成的语境当中去，体现了记忆和整合的交互作用。

　　上面所描绘的动态加工过程建立在我们总是努力构建一个完全整合的结构这一假设基础上。然而，事实上这不太可能出现。在实际的语言处理中，理解系统形成的联结常常是零碎和片断化的，通常并不会形成完全统合的、特定的短语配置。但借助来自非语言和语言内的情景约束冗余信息，在大多数情况下，根据不完全整合的语法链接也仍然足以得出预期的信息。这种激活抑制的思想具有一定的心理现实性。它解释了行为测量（如阅读时间测量）研究中已知的句子复杂性效应。此外，该模型还解释了心理语言学研究中句子处理的许多研究结果，包括句法歧义（依存性偏好、依存性选择之间的频率差异）和词汇歧义效应（详见 Vosse & Kempen，2000）。

　　总体上来看，这里我们只介绍了这一领域两个较有代表性的理论，事实上，还有其他一些和语义加工关系较为密切的相关的理论，分别从不同语言学信息所对应的脑功能，或从语义处理认知加工的不同成分入手，从时间和空间上去探寻语义处理的特点。其中比较有代表性的理论还包括：博恩克塞尔和施勒斯武斯盖（Bornkessel & Schlesewsky，2006）提出的题元结构模型，该模型从题元结构的模板激活、模板映射到结构重分析做了详细的区分，并对其时间进程指标和功能定位做了严格的区分；库珀伯格等（Kuperberg，2007；Kuperberg et al.，2008b）提出的句子理解双机制模型，主要区分了语义、句法及语义句法交界面（interface）信息的加工，提出句子理解是语义通路和句法信息交互作用通路两部分来完成的。上述这两种模型与弗里德里希的三阶段模型类似，更关注从不同语言学信息的角度去剖析语义加工。而让－毕曼（Jung-Beeman，2005）提出的 BAIS 模型（bilateral activation, integration, and selection model，双侧激活、整合和选择模型）认为，语义加工包括信息提取／激活、语义选择和语义整合三部分；劳等提出的 N400 产生源模型（Lau et al.，2008）认为，语义信息加工包括信息提取、控制性提取、语义信息选择和整合等成分；希科克和珀佩尔提出的听觉加工双通路模型（dual-route model）关注于听觉信息的意义加工，认为信息是从语音知觉识别到音义映射来完成的（Hickok & Poeppel，2004，2007）。这些理论与哈霍特提出的 MUC 模型类似，更关注于从认知加工的角度去探寻语义处理的特点。

　　上述这些理论在随后相关的章节中还会有所涉及。总体上，研究者都尝试基于电生理学证据和脑成像证据，从时间进程和空间定位上构建一个完整的理解模型，从各自的角度出发，对本章前述所谈及的这一领域的一些基本理论问题进行了回答。值得注意的是，虽然很多观点看起来针锋相对，但这些争议或许同时在提示我们，对同样来源的数据可以有不同的解释方法，需要考虑不同的可能性。同时，从这一领域研究的进展来看，无论是研究重点，还是数据的解释，研究者还是倾向于达成越来越多的共识。他们的工作尽管各自带有不同的理论取向，但却展示着这一领域共同的一些研究趋势。

七、本书的框架

语言理解对人类的重要性毋庸置疑。因此，正如 19 世纪初著名心理学家休伊（Huey）所谈到的那样，心理学家最重要的贡献之一就是能对语言加工，尤其是阅读加工，进行完整而透彻的探讨，这不但可以探索人类心理活动中许多极端复杂的内在动作，也可以为解释人类文明的发展提供重要的启示（陈烜之，1997）。虽然语言理解的运作机制非常复杂，但其作为人类基本认知加工的重要组成部分，理应存在稳定的大脑运作模式（杨亦鸣，2003）。随着大脑研究技术的突破，研究者利用这些技术所获得的研究成果，以及通过多角度、多层面的实证数据，构建起更加完整和全面的语言处理模型，这些模型为理解人类语言理解的机制，甚至基本认知的运作机制提供了重要的框架。

本书随后章节在回顾当前国际上语义加工研究的基础上，整理、总结和讨论了近二十年来我们研究组以中文为研究材料在这一领域所做的一些工作。具体内容如下：第一篇为实时的语义处理，包括第一章和第二章，主要从实时性角度讨论了句子理解中词汇的提取和整合的过程。第二篇介绍了语义加工的脑功能定位，内容涵盖第三章至第五章。这一部分着重从空间的角度探讨语义提取和整合发生的大脑神经机制，尤其对左侧颞叶前部和左侧额下回等几个关键脑区在语义加工中的功能进行了系统而深入的探索。第三篇涵盖第六章至第八章，借助同时兼具高时间和高空间分辨率的 EROS，对参与语义处理的动态脑网络进行了描述，以期更准确地厘清语义处理脑网络中各节点所承担的功能。第四篇是语言理解中的预期，涵盖第九章和第十章。这一部分从预期的角度去思考本文所观察到的语义处理的高度实时性问题，并探讨了影响预期产生的一些重要因素。最后一部分是结篇，包括第十一章和第十二章，在前期研究的基础上，我们提出了语义加工的双通路动态激活模型，并指出未来的研究应该注意的问题和研究的趋势。

总体上，这些对语义加工的探索更多是关注不同类型语义加工共性的成分和过程，因此在整理时我们尽量把语义加工从句法加工、语用意图等成分中分离出来，以考察相对纯粹的语义加工过程。然而，正如前述所言，语义的预期、提取和整合往往也牵涉到语用、句法等复杂的加工过程，因此，未来研究工作还需要更细致地区分语义处理的内容，以便更完整地建构人类语义加工的模型。

第一篇　高度实时的语义加工

第一章
高度实时的语义加工：词汇直接注视的证据

在阅读书面呈现的文本时，信息总是序列呈现的。阅读理解的基本任务是建立一个连贯的心理表征，在这一过程中，读者需要将逐步进入视觉系统的信息整合为一个局部连贯（如与句内先前呈现、还活跃在工作记忆中的信息意义保持连贯）和整体连贯（如与已经不在当前工作记忆中，而在离当前文本很远就已经呈现的信息意义保持连贯）的表征。虽然对熟练的阅读者来说，这一过程是自然而然地进行的，然而，一个连贯心理表征的构建事实上包含相当多的过程。例如，一个词首先要得到识别，它在当前语境下的语义和语法属性必须得到确认，这样才能建立起一个局部连贯的意义。与此同时，相关的背景信息要得以激活，这样读者才有可能将当前阅读的信息，例如一个词，与相关的背景信息建立联系，构建一个整体上连贯的、与文本作者想传达的意思相符合的、确切的心理表征。在读到一个词的时候，上述过程是否同时启动，又会持续到什么时间结束，这些是构建语言理解模型过程中需要考虑的重要问题。

这一章我们主要探讨在中文句子和语篇的阅读理解中，读者如何将当前直接注视的一个个字词整合成局部或整体都连贯的文本。我们首先回顾西文研究在这一问题上的主要证据；接着探讨中文的哪些特性有可能影响我们所关注的加工过程；随后，我们报告了关于中文句子和语篇理解中信息整合时程的相关研究；在最后一部分，我们讨论了阅读不同文字系统时，信息整合加工上语言的特异性或普遍性的机制。

一、语义理解的时间进程：印欧语言的证据

关于语义理解的时间进程，文献中的研究结果表明，所有的语义加工过程，即使是高级的语言处理加工，如意义的整合，也可以在阅读过程中实时进行。例如，许多研究表明，在句子阅读过程中，不论是词的再认（如 Marslen-

Wilson，1987；Rayner & Duffy，1986；Rayner & Frazier，1989），还是词汇句法属性的加工（如 Bader & Lasser，1994；Crocker，1994；Frazier，1987；Frazier & Rayner，1982；Sturt，1996），都不会有太多延迟，哪怕是当前理解的信息在一定程度上是歧义的，例如，句子中包含有歧义词或歧义结构。此外，许多证据也支持，当人们读到一个信息时，立即就会根据自己已有的知识结构对这些信息的意义进行解释（如 Altmann et al.，1992；Britt et al.，1992；Clifton et al.，2007；Cook & Myers，2004；Ehrlich & Rayner，1983；Garrod et al.，1994；Kambe et al.，2001；O'Brien et al.，1988；Trueswell et al.，1994）。这些结果表明，即时性（immediacy）似乎是语言加工的一个重要机制。

然而，值得注意的是，上述研究结果主要来自印欧语言。由于世界上各种语言在许多重要方面都存在差异，认为不同语言的信息处理是以同样一种机制来进行的，这种推论显然并不一定准确。事实上，来自行为和神经的证据均表明，读者在加工印欧语言和非印欧语言时会运用一些语言特异性的机制（相关的证据可参考 Chen & Juola，1982；Cheung et al.，2001；Cutler & Otake，1994；Feng et al.，2001；Gandour et al.，2002；Schirmer et al.，2005）。在以下部分，我们将报告一些近期的研究工作，旨在探讨实时整合的加工机制是否也适合于解释中文的阅读。首先，我们将阐述中文有哪些特征可能导致理解过程中的整合加工异于英文理解。由于西方的研究者普遍认为词是语言理解中句法及语义分析重要的功能运作单位，我们对中文特性的阐述也要放在词汇的水平上。

二、中文句子和语段中的词：语言的独特性

在过去的近三十年里，越来越多的心理语言学研究者开始关注中文，这不仅仅因为中文与印欧语系的语言——前者为表义的系统，后者为表音的系统——在字形、语音、语义表达方式上有着相当显著的差别，而且更重要的是，中文是世界上使用人口最多的一种语言文字系统。对中文的研究，有助于人们了解哪些是特定语言理解中独特的加工过程，哪些又是具有语言普遍性的加工原则，这将有助于构建更全面的语言理解理论。

相比于以往，虽然今天人们对中文理解的认知加工机制已经有了更多的认识，但这种认识还远远不能说是全面而系统的。例如，目前对中文的大部分研究仍集中在研究孤立呈现的中文字词是怎样进行加工的，至于读者如何把这些

孤立的词整合起来，构建一个连贯的心理表征，目前对这一问题的系统而深入的研究仍然十分缺乏。事实上，中文与英文在语素音形等基本形态上的差别，也导致这些语素用于组词、造句的规则表现出很多差异，这些差异同样会影响读者高级理解加工的进程。

与拼音文字的读者相比，在中文读者的心目中，词是一个非常模糊的概念。事实上，在中文文本里，要确定一个词的边界以及确定词的意义和句法属性，读者往往要极大地依赖于上下文的语境信息。

首先，词边界的划分要依赖于上下文。直观上看，中文的书面文本是由一个个面积大小相等的方块字以相同的间距横向或垂直整齐排列而成的，因此，从知觉层面上来看，字才是阅读中重要的知觉单位。相比较而言，中文的词却是一个模糊的概念。一方面，在现代汉语中，词可以由单个字构成，也可以由多个字构成，词长很不确定；另一方面，中文的词缺乏明显的物理标记，词素与词素之间和词与词之间具有相等的间距，因此，词界的判断成了一件困难的事情。难怪有不少证据表明，即使是熟练的中文阅读者也难以一致地划分词界（如 Chen，1996，1999；Hoosain，1992）。相比之下，拼音文字则是由长短不一的词以横行排列，词与词之间以空格分开，因此，大部分研究者认为，词本身既是基本的知觉单位，也是基本的语义单位。

其次，词界的模糊性相应地带来词义的模糊性，使得意义的判断在一定程度上也要依赖于上下文（Chen，1996，1999）。由于词可能由一个汉字构成，也有可能由多个充当语素的汉字构成，而同一汉字作为单字词来解读，与作为词素与其他字构成多字词来解读时意义很可能是完全不同的，因此，读者在阅读中必须根据上下文才能判断读到的字到底是词还是构成词的语素，才能理解所读信息的确切含义。为了理解单词长度线索的缺乏对汉语单词语义处理的影响，研究者最经常引用的一个典型例子是"花生长在屋后的田里"（Hsu & Huang，2000）。在这句话中，第一个字"花"可以自己单独作为一个词或与下一个字"生"形成一个意义有所不同的词，即"花生"。第三个汉字"长"，也可以单独形成一个词（成长）或与第二个汉字"生"相结合，即"长"或"生长"。因此，这句话可以用两种不同的方式来理解：①花在房子后面的田地里生长；②花生在房子后面的田地里长。值得注意的是，这并不是说中文的文本都是充满歧义的。事实上，在很小的时候，中国孩子就已经学习到如何清楚地表达自己，如何处理那些可能有不同解释的表达。即使是孩子也能尽量避免采用歧义的表达方式，使自己说出的整个句子意义清楚而明确。所以，在真实的文本中，读者通常不会感觉到太多歧义性。但在实时的加工中，中文字或词义上的这种模糊性仍然可能对语义处理过程造成一定的影响，读者可能需要更多的资源结合上下文来消解字词的歧义。

最后，语法属性的识别也高度依赖于语境（Chen，1996，1999）。中文单词作为句子的独立成分时，其语法特征通常是不透明的，这是因为中文单词通常没有明确的句法标记或屈折方式来指定不同类型的句法信息，相比之下，英语和其他字母语言中此类标记非常丰富，可用于指定词汇类别、数量、性别、时态等。此外，中文通常也缺乏一些主谓一致性规则，如主谓一致性。实际上，一个特定的中文单词可以在句子中充当动词或名词，而不需要有任何形态上的变化。例如，相同的中文单词"调查"在句子"调查是一个重要的环节"中用作名词，充当主语，在句子"他们调查苹果价格"中不需要做任务形态上的变化即可用作动词，相比之下，在英文句子中，相应的含义需要使用"investigation"和"investigate"来表示（即"investigation is...""they investigated the prices for apple"）。由于没有任何明确的标记来指示单词的句法角色，这种句法的分析必须基于上下文提供的语法和语义内容。例如，在第一个例子"调查是一个重要的环节"中，"调查"一词位于句首，且随后出现动词"是"在句中充当谓语，因此，"调查"可以被确认为是名词，在句中充当主语。在另一个例子"他们调查苹果价格"中，"调查"位于代词和名词之间，因而它可以被判断为一个动词，充当整个句子的谓语。显然，识别中文单词的语法属性与识别印欧语言中的语法属性两者有着极大的差异。相比于中文书面文本，英语和许多其他印欧语言具有外显（explicit）的标记（如屈折或派生形态）以指示词汇的类别及各种句法功能。因此，对这些语言来说，读者可以很容易地确定句子是否合乎语法，而不必参考句子的语义。也就是说，在英语的情况下，语法和语义是相对独立的。

中西文的上述差异是如何对阅读理解高层次整合加工发生的时程造成影响的呢？大量的西文研究普遍支持一种观点：理解总体上是非常即时的（Just & Carpenter，1980）。这不仅表现在局部连贯性建构的过程中，读者会相当即时地激活和运用词汇的语义和句法等资料。虽然也有部分研究表明，语法信息会比语义信息略早得到加工（如 Braze et al.，2002；McElree & Griffith，1995），但两者的加工总体上是相当即时的，而且还表现在跨句子的整体连贯性整合也会相当即时地启动。然而，在中文阅读理解中，由于单个汉字的含义依赖于语境，并且蕴含在英语单词中的那种固有的语义和句法属性在中文里通常也要依赖于语境才能得以确认。因此，对读者来说，更多的加工资源可能需要用在处理局部条件下可能的信息歧义，而无法用于更高层的整体性的理解加工，如将输入的信息与先前背景信息相结合等。此外，在建立句内和句间的连贯性时，似乎采取一种延迟而非即时理解的策略会更加适合于中文读者，因为这种加工方式可以使可用的信息量最大化，与此同时也可以使信息模糊性最小化。事实上，确有一些研究者认为（如 Aaronson & Ferres，1986），中文理解中的高级心理加工过程不太可能立即进行。

中文的上述特性事实上提供了一个重要的机会来对整合的即时性假设进行最强有力的检验。如果我们能够找到证据支持在阅读中文时仍然可以非常实时地进行更高水平的文本处理，例如，句内和句子间的整合，那么即时的整合原则就极有可能是阅读理解中的一个普遍原则。这一章我们将报告几个系列研究，采用的技术主要是高时间分辨率的眼动追踪技术，我们关注的问题是，在中文理解中，读者阅读单个词汇时，不同水平的理解加工在何种程度上可得以实时地进行。

三、中文阅读理解中语义整合的时间进程

本章所介绍的研究主要使用了违背范式。前面我们已经介绍过，违背范式通常是将正常语言材料中的一个关键词在意义或句法特性上加以改变，造成关键词与先前信息关系的异常（Danks et al.，1983；Chen，1992，1996，1999）。我们首先关注局部性整合，关注的具体问题是当前信息与刚刚加工过的、还处于工作记忆中的信息如何整合。还在工作记忆中的信息通常位于同一句子内部，与当前信息的关系可能发生在语义水平，也可能发生在语法水平上。通过改变关键词，研究者可以选择性地破坏关键词与先前信息的语义和语法关系，造成关键词与先前信息的违背，进而通过分析不同违背对读者阅读模式的影响分别考察句法和语义加工的时间进程。此外，我们还关注整体性整合，我们操纵了关键词与句间或段落间信息的关系，通过改变关键词（也可以改变先前信息，而不改变关键词）造成当前信息与早先加工过的、已经不在工作记忆中的背景信息连贯程度上的差异，在这种情况下，不同连贯性程度下的阅读模式则可用于推知读者连贯性整合的加工情况。

总体上来说，在句子或语段中引入异常目标信息的做法为研究理解加工的进程提供了一个有效的手段。自从丹克斯（Danks）和他的同事最早发展出这一方法开始，它已经被广泛地应用于研究句内信息的整合（如 Ni et al.，1998；

Braze et al.，2002；Rayner et al.，2004）与句间信息的整合（如 Albrecht & O'Brien，1993；McKoon & Ratcliff，1992；Myers et al.，1994；O'Brien & Albrecht，1992；O'Brien et al.，1998；Traxler et al.，2000）。同时，它也已成功地被应用在英文的出声阅读（Danks et al.，1983）和默读理解（Chen，1992，1996）研究中。此外，在研究汉语的加工问题上，这种范式也被证明十分有效（相关文献如 Chen，1992，1996，1999；Schirmer et al.，2005；王穗苹，莫雷，2001；Zhou et al.，2001）。

接下来我们报告的研究，采用眼动追踪的方法和违背范式探讨了中文高层次信息整合发生的时程，主要关注的问题包括：在由句子构成的语言环境下，读者是否能即时地侦察当前词汇的语义和语法属性，从而构建起一个局部连贯的表征？在较长的语篇中，词与先前信息的整体连贯性整合加工又是否可以即时进行？同时，我们还将利用一种特殊的词类——人称代词——讨论在构建整体连贯的意义表征时，来自语境和个体的常识性知识如何动态地产生作用，以及影响这类连贯性加工可能的个体因素。

（一）句内信息的整合加工

为了建立句子内部意义的连贯性，当前阅读的词汇在句子中的意义和语法角色必须得到准确地识别。那么在进行句子理解的过程中，读者能否即时地激活和使用个别词汇中的语言学信息呢？抑或正如前文所说的，因为中文词汇的语言学特征要由词汇前后的语境来界定，读者是否会延迟到短语末尾或句子边界处才开始相关的语义和句法分析？陈烜之（Chen，1999）运用违背范式率先对这一问题进行了探讨。他操纵了句子中的关键词，形成三种违背，分别是词汇违背、语义违背以及语义＋句法违背。通过使用自定步速的阅读程序，他记录和分析了不同违背性质对词汇阅读时间所造成的影响。研究结果表明，当关键词是名词的时候，不同类型的违背导致了极其不同的阅读模式：词汇的影响直接发生在目标词上，而语义以及语义＋句法违背效应却会延迟到关键词后一个词处出现。同时，语义违背和语义＋句法的违背似乎造成了同样的中断效应。

然而，由于陈烜之（Chen，1999）采用的是逐词阅读的自定步速技术，其在语义和语义＋句法违背上所发现的这种轻微的延迟效应（delayed effect）也许并不能反映真实的理解加工过程。事实上，一些研究者（Danks，1986；Magliano et al.，1993）认为，在这种自定步速的阅读程式中，读者可能会采用一些人为的策略来应对这种每次只出现一个词语的材料呈现方法。在一些情况下，读者按键的速度没法赶上他们理解的速度，因此，他们可能会将注意资源（attentional resource）集中在快速按键上，而只是等到句末或分句末尾才对已经呈现过的材料进行深入的加工。因此，对于来自自定步速阅读范式所得到的数据结果，也需要进行更为谨慎的解释。此外，语义违背与语义＋句法违背两种条件下的语义违背程度也可能会有差异，而这种差异在陈烜之（Chen，1999）的实验中并未得到严格控制或匹配，所以对原来的结果也需要进行更为严格的检验。

　　基于这些思考，我们（Yang et al.，2009）对陈烜之在上述句子研究中所用的违背范式（Chen，1992，1999）进行了一些改进：一方面努力确保语义违背以及语义＋句法违背两种条件下的语义冲突一致；另一方面采用更为自然生态的眼动追踪范式，对中文句子理解的即时性问题进行了更严格的检验。

　　在这一研究中，我们采用了单字名词作为目标词，主要是考虑到词通常被认为是阅读理解中基本的语法和语义单位，同时在中文文本中，汉字又是基本的知觉单位，因此，将单字词作为关键信息来加以操纵，可以更好地确保在一个基本的知觉单位上来操纵语法与语义的特征。在不同的实验条件下，操纵这一目标词形成三种实验条件，即一致条件、语义违背条件，以及语义＋句法违背条件（具体例子可参见表 1-1 实验材料示例）。

表 1-1　不同条件实验材料示例

实验条件	例句
一致条件	刘卓今天早餐吃了一个饼和一碗粥
语义违背条件	刘卓今天早餐吃了一个绳 * 和一碗粥
语义＋句法违背条件	刘卓今天早餐吃了一个跌 * 和一碗粥

注：下划线处为单字关键词，* 表示该关键词与句子语境不连贯

　　一致句中的目标词是"饼"，与句子语境的意义保持连贯，而语义违背句中的目标词是"绳"，与句子意义之间并不连贯，一致和语义违背条件中的两个目标词都是名词。此外，在语义＋句法违背条件下，语义和句法均不合适的单词"跌"取代了连贯条件下的"饼"，形成语义＋句法违背实验条件。在语义＋句法违背条件中，所有目标词均为动词，因此在句法上也形成了违背。此外，所有目标词都位于句子中间，距离开头和结尾至少有 3 个字符。这种安排也有助于我们对关键词前后的效应进行观察，同时使关键词的效应不会与句末

常常出现的"总结"效应相混淆。

为了确保实验所观察到的效应的确是由目标词与上下文信息之间的语义或句法关系所引发的，我们控制了 3 种条件下目标词的词汇属性。同时，对于相同的句子结构，3 种条件下关键词的字符频率、笔画数和结构（部件的组合方式）也都得到了精细的控制。

此外，为了揭示阅读中句法处理是否会产生独特的效应，我们对所有材料进行了评定研究，以确保语义违背和语义＋句法违背条件中的刺激在语义合理度上保持一致。由未参加实验的 52 名学生评定句子的合理性。评定结果表明，语义违背和语义＋句法违背条件下句子的语义合理性均低于一致条件，而两个不一致条件的合理度相似。因此，虽然在中文文本里句法的违背总是伴随着语义的违背，但这个语义评定实验确保我们可以将语义违背和句法违背之间眼动模式的任何可能差异都归结为由额外的句法处理所导致。

28 名熟练的中文读者作为被试参与正式实验，每名被试对 96 个句子（包括 6 个练习句子和 42 个填充句子）进行理解。整个实验包括眼动轨迹的校准和实验两个阶段。在校准阶段，每名被试都完成了 9 点校准程序，以确保眼动仪的记录精确。然后是实验阶段。在阅读每个句子之前，他们首先被要求注视固定在计算机屏幕左上角的一个点，这一位置也是句子的第一个字符的位置。一旦他们的注视点到达该位置，整个句子就会显示在屏幕上。有 1/3 的句子后会呈现一个理解问题，要求被试做"是"或"否"的判断。在阅读过程中我们记录了被试的眼球运动轨迹。

数据的分析以两种不同的方式进行，分别是基于单字以及基于区域。在每种分析中，我们对眼动研究常用的一些标准测量指标（Rayner，1978）进行了分析：首次注视时间、凝视时间（gaze duration，GD）、第二遍阅读时间（second-pass reading time）、略读率（skipping rate）和回视率（从目标区回视到先前已读过的部分的概率，regression rate）。

1. 基于字的分析

在该分析中，我们计算了与字 n−3 到字 n+3（相对于关键字 n 而言）以及句子最后一个字（LC）相关联的不同眼动测量。

首先考虑首次注视时间和凝视时间。实验效果主要见于目标字和其两侧的一个字以及最后一个字，如图 1-1（首次注视时间）和图 1-2（凝视时间）所示。

数据显示，读者不仅可以立即在目标字 n 处检测到语义违背和语义＋句法违背，而且这种合理性效应还可能出现在目标字之前，这可以反映在关键字之前一个字（n-1）上，两类违背条件的首次注视时间比合理条件下的首次注视时间都要长。此外，这种合理性效应还溢出到字 n+1 上，导致读者在两类违背下的注视时间更长。然而，需要留意的是，虽然二者均与一致条件存在显著性差异，但语义违背和语义 + 句法违背条件之间却没有出现统计意义上的显著差异，在最后一个字上，两者的差异也没有显现。

凝视时间的分析也显示出大致类似的模式（图 1-2）。在语义违背和语义 + 句法违背条件下，读者在字 n-1、n 和 n+1 上的凝视时间明显长于一致条件。同样，这两个违背条件在这三个字上并没有出现显著的差异。然而，值得注意的是，尽管字 n+2 和字 n+3 没有出现一致性效应，但与一致条件和语义违背条件相比，语义 + 句法违背条件下，被试在两个字上的凝视时间明显更长。除此以外，没有观察到其他显著差异。

关于二次加工的效应。读者在语义 + 句法违背条件下的第二遍阅读时间比一致条件下更长，同时也出现了更多的回视。

关于第二遍阅读时间（图 1-3），我们发现，字 n-2 到字 n+3 上均存在一致性效应，虽然这种效应因不同位置的字而有所差异。在字 n-2、n+1、n+3 上，读者在两个违背条件（语义违背和语义 + 句法违背）下的阅读时间要比在一致条件下的更长，但两个违背条件彼此之间并没有差别。更重要的是，在字 n-1 和字 n 上，不仅是一致条件和违背条件之间存在显著差异，两个违背条件之间的差异也是显著的。然而，在字 n+2 上，这种差异仅出现在语义 + 句法违

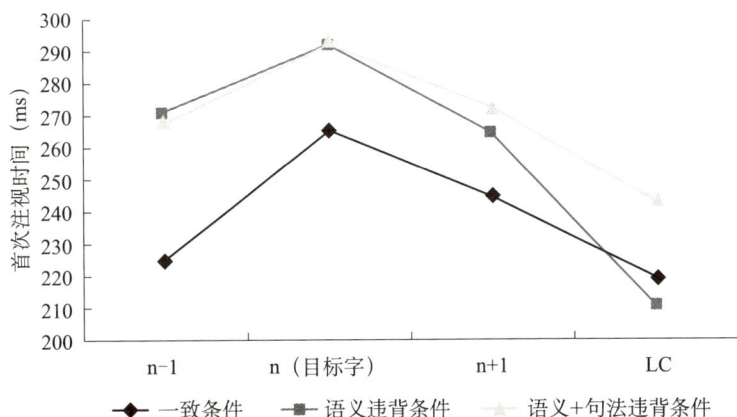

图 1-1　一致条件、语义违背条件以及语义 + 句法违背条件下基于字分析的首次注视时间（引自：Wang et al., 2008a）

背和一致条件的对比中，其他比较并没有观察到显著的效应（语义违背与一致条件没有差别），并且在最后一个字上也没有出现效应。

　　至于从目标区向先前区域回视的效应，正如图 1-4 所示，两个违背条件（语义违背和语义＋句法违背）所产生的违背效应均可以在字 n-1、n、n+1 上观察到，而两种违背条件之间的差异却不显著。尽管如此，在字 n+2 上，我们却可以观察到三种违背条件两两差异显著的结果。而到了字 n+3，一致条件以及语义违背条件之间出现显著差异。

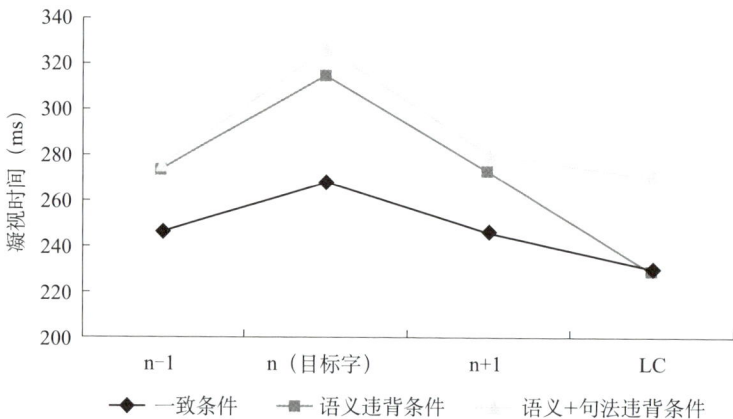

图 1-2　一致条件、语义违背条件以及语义＋句法违背条件下基于字分析的凝视时间（引自：Wang et al., 2008a）

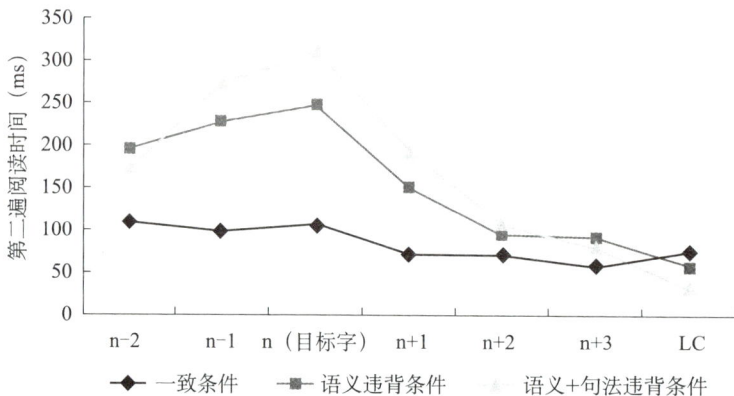

图 1-3　一致条件、语义违背条件以及语义＋句法违背条件下基于字分析的第二遍阅读时间（引自：Wang et al., 2008a）

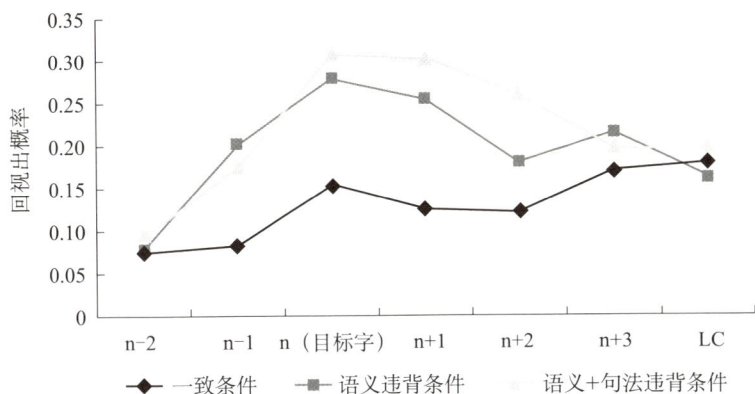

图1-4 一致条件、语义违背条件以及语义＋句法违背条件下基于字分析的回视出概率差异（引自：Wang et al., 2008a）

　　总体上说，基于字的数据分析显示，中文的读者可以相当即时地检测到语义的违背，不仅是在违背出现的位置（目标字 n）上，甚至在前一个字（n−1）上就可以观察到这种语义违背效应，尽管在这一位置上，两种违背条件之间的差异并不能很好地得以区分。这种一致性的效应还可以反映在重加工上，在违背条件下，读者更有可能从关键区回视到先前的区域。更重要的是，相比于单独的语义违背条件，语义＋句法违背的确给读者的语义加工造成了更大的困难，表现为在双违背条件下读者对字 n−1、n 以及 n+1 都有更长的再读时间，同时也有更高的概率会回视到先前加工过的区域。

　　2. 基于区域的分析

　　虽然基于字的分析可以提供极有价值的信息，但由于单个汉字的略读率很高（高达50%），在对字进行分析时会存在大量缺失数据。因此我们也进行了基于区域的分析，将字 n−1 和字 n 组合为关键区域。通过这一组合，可以将略读率整体降低至约24%（3种条件之间没有差异）。关键区的分析与字的分析趋势完全一致。首先，在首遍阅读时间上可以观察到一致性效应：两种违背条件下读者的首遍阅读时间更长，均长于一致条件，并且两个违背条件之间并无显著差异。其次，两个违背条件下的再读时间也长于一致条件。最后，双违背条件（语义＋句法违背）相比于单独的语义违背，会产生更大的违背效应，因此，读者会从目标区更多地回视到先前加工过的内容，同时，对关键区的再加工时间也要长于单独的语义违背条件的再加工时间。

　　上述结果总体上表明，读者可以相当即时地进行句内信息的整合，至少是语义的整合。稍后我们将会更深入地探讨这些结果对理解中文阅读过程中句法和语义加工的关系的意义，在此之前我们先来看另一项研究，该研究同样运用了违背范式，但违背发生在语段的背景信息与当前词汇之间。与上述研究不同的是，该研究中词汇的意义在句子内部的局部语境中是保持连贯的。这一研究的目的是探讨当中文读者在加工一个较长的语篇时，整体的意义连贯性加工是否也能即时地进行。

（二）句间语义信息的整合

在研究这一问题时，我们借助了阿尔布雷克特和奥布赖恩（Albrecht & O'Brien，1993）等原创的一种研究范式，这种范式也可被视为违背范式的一种变式。其主要操纵的是当前语义连贯的目标句与语段中背景信息的连贯程度。例如，在他们所用的一个阅读材料中，主角玛丽被描述为一位素食主义者（连贯条件）抑或一个饮食习惯健康、什么都吃的人（中性版本）。紧接着这一特性描述的是一些语句，用以使语段的主题转至无关的内容上。随后，读者阅读到一个句子，描述玛丽出现一个目标行为"点了一份汉堡"，这一目标行为看起来与前后的语句并不存在冲突，但却与语段先前部分关于她的特性描述存在一致（她是个饮食习惯健康、什么都吃的人）或是冲突（她是个素食主义者）的关系。研究结果发现，读者会花更长的时间去阅读与背景信息存在冲突的目标行为。这表明，即使目标行为处于一个局部连贯的环境下，而且相关的特征信息已经被一些无关信息推入读者的长时记忆，而并不在当前关注的焦点中，但当读者在尝试理解目标行为时，长时记忆中与当前信息相关的特征信息仍会立即被激活。随后一系列研究也重复出了奥布赖恩等的结果，表明即使当前加工的信息并没有造成局部连贯性的中断，但与其相关的背景信息却能即时地提取（相关的研究可参见 Albrecht & O'Brien，1993；McKoon & Ratcliff，1992；Myers et al.，1994；O'Brien & Albrecht，1992；O'Brien et al.，1998）。运用相同的方式，相似的结果也同样在中文语篇加工中得到证实（如王穗苹，莫雷，2001；王穗苹等，2004a）。

然而需要强调的是，早期所提到的研究并不足以证明长语段中句间的语义整合可以发生得十分即时。在那些研究中，研究者操纵的关键信息通常是句子而非词，到底这种语义的整合性加工是在完成当前句子的分析之后才启动的，还是能够在触及关键信息，即关键词处立刻发生，相关的证据却并不充分。因此，我们（Wang et al.，2008a）对早期的这些研究方法做了一个精细化的改进，即不仅仅通过评定确保目标句的信息与整体存在冲突，而且还首次运用评定的方法，确保这种不连贯是因为目标句中部的一个关键字／词所造成的。然后通过考察读者在触及这一关键字／词时的眼动轨迹，来精确地探讨中文理解中语义整体连贯性整合发生的时间过程。

表 1-2 提供了我们实验中一个语段（及其相关版本）的范例。每个语段均有一个介绍性的段落介绍故事的情境及主角，然后用 2～3 个句子对主角的某一行为特征进行描写，这一特征与语段后面所介绍的主角行为构成了中性或冲突两种关系之一。在中性条件下，文章该部分所描写的主角特征与下文目标行所描述的主角行为无关。在冲突条件下，文章该部分所描写的主角特征与下文目标行所描述的主角行为相冲突。紧接着是一个由 6～7 个句子构成的屏蔽段落，其作用是将文章的中心由主角的特征转移开去，从而使关键特征成为背景，且使故事的主线与介绍性段落的内容保持连贯。紧接着屏蔽段落的是语段的目标句（通常由 11～15 个字构成），在中性或冲突版本中均保持一致。目标句中间包含一个单字目标词，与不同条件下特征描述部分构成中性或冲突的关系。最后，整个语段以 1～2 个句子结束。

表 1-2　中性与冲突语段示例

语篇结构	内容示例
1. 介绍性段落	吴芸上大四后就一直忙着找工作，几乎每天都在外奔波。
2. 特征描述段落	吴芸的学校在长春郊区，那里交通很不方便。这一个月里，气温一直持续下降。坏天气常常导致交通堵塞，吴芸每次出门都怕误了时间。（2a. 中性描述） 吴芸的学校在广州，那里的气候十分温暖。进入四月以来，天气变得十分潮湿。坏天气常常导致交通堵塞，吴芸每次出门都怕误了时间。（2b. 冲突描述）
3. 屏蔽段落	吴芸这个月已参加了多场招聘会。但是，她至今仍没找到工作。她不明白，自己条件还算优秀，却为何总得不到用人单位的青睐。一向自信的她不禁对自己的能力产生怀疑。她很希望明天的面试能够成功。为了提前做好准备，她还特意听了天气预报。
4. 目标句	① 天气 预报 说 /② 大雪 *将 /③ 仍 持续
5. 结束段落	吴芸还得考虑明天要穿什么衣服去，既不显得隆重，但又看得出经过了精心的准备，真是头痛啊！

注：* 关键词；① 关键前区；② 关键区；③ 关键后区

我们进行了两项评定，以确保目标句与精细阐述部分中提供的信息的确存在中性或冲突的关系。第一项评定中，不参加正式实验的 24 名被试对目标句的合理性进行评分。结果表明，在一致条件下，被试认为目标句比不一致条件下的句子更合理。第二项评定则是为了确保精细阐述部分和目标句之间的不一致的确是由关键句中的关键词所引发的。在这项评定中，我们改写关键句的目标词，使它们与冲突条件中的精细阐述信息相一致。这一做法的内在逻辑在于，如果冲突的确是由关键词所引发的，则在将目标词进行修改后，所产生的冲突效应就会消失。例如，在上面的例子中，冲突条件下的精细阐述部分描述的是广州温暖而闷热的春天，但目标句却包含有下大雪的信息。假如的确是由目标词"雪"引发了冲突效应，则将其改为下"雨"应该会使冲突效应消失。另外 30 名没有参加主要实验的被试对冲突段落中原有的目标句和修订后目标句子的合理性进行评定。结果表明，改写关键词后的目标句变得比以前更加中性，表明目标句与精细阐述的冲突信息之间的不一致的确是由关键词所导致的。

40 名熟练的中文被试参与了正式的实验，每个被试阅读了 16 个段落（包括两个练习段落）。每个分章分 3 页显示。完成一页后，读者按键进入下一页。对于每个实验段落，目标句总是出现在第三页的第一行中，并且句号也出现在同一行中，而关键词总是位于目标行中部。研究者详细地记录了实验者的眼动轨迹。

与先前的研究相似，由于中文文本阅读过程中的略读率较高，我们也尝试结合目标前面和后面的一个字来扩展目标区域，并分析从眼动追踪模式中收集的数据。因此，整个目标句被分为三个区域：目标区（包括字 n-1、n 和 n+1）、目标前区（5～8 个字，包括句子开头到目标区之前的一个字，字 n-2）和目标后区（即 4～7 个字，包括从字 n+2 开始到最后一个字符的那些字符和句子末尾的句号）。

图 1-5 和图 1-6 分别显示了不同条件下不同区域的首遍阅读时间和第二遍阅读时间。由图 1-5 可见，整体连贯性的中断导致目标区加工即时的中断，表现为冲突条件下目标区的首遍阅读时间更长。这一结果显示当中文阅读者注视到目标区的 3 个字时，他们能立即检测到冲突信息的存在。

这一结果显示了关键区蕴含的冲突信息可以即时地被检测到。然而由于关键区还包括目标词后一个词，如果仅仅是在整个关键区观察到冲突效应，我们也无法判断这一效应是否由目标字之后的一个字所导致。为了排除这一可能性，我们也计算了整个区的首次注视时间，这一指标通常是在基于字的分析中才使用，在基于区域的分析中，研究者往往只计算整个区域的首遍阅读时间。以往的研究证明，在中文阅读中，如果阅读方式是从左到右，则知觉广度（即有效知觉区）大约可以覆盖当前注视点所在的字右侧 1～3 个字。因此，不管

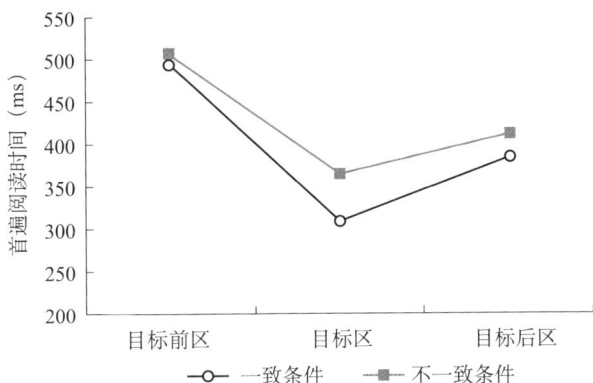

图1-5　不同区域在一致与不一致条件下的首遍阅读时间（引自：Wang et al., 2008b）

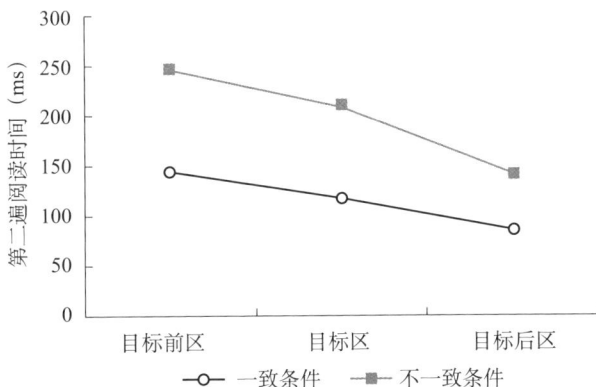

图1-6　不同区域在一致与不一致条件下的第二遍阅读时间（引自：Wang et al., 2008b）

读者在关键区中首次注视落在哪个字上，他们都可以获得关键词的语义信息。假如在首次加工时间这一指标上，我们可以观察到读者在冲突条件下加工的时间更长，则可以说明中文读者的确可以相当即时地开始句子间语义信息的整合加工。

与关键区首遍阅读时间相似，在首次注视时间这一指标上，我们也可以在关键区上即时观察到冲突效应：读者在冲突条件下的注视时间（260ms）要比一致条件下对同一区域的注视时间（241ms）更长。而在目标前区与目标后区上都没有观察到任何效应。在反映晚期加工的指标，即第二遍阅读时间上，如图1-6所示，整体连贯性的操纵在三个区域上都产生了显著的效应。进一步的分析还表明，在冲突条件下，读者会更多地回视到目标区和目标前区。

总的来说，这些结果表明中文读者能够检测到目标区的合理性。在冲突条件下，他们放慢速度并仔细阅读，反映在首次注视时间较长。在相对较晚的重读过程（如第二遍阅读时间和对目标前区、目标区回视的可能性）中也发现了可靠的效应，表明读者尝试使用上下文信息来解决不一致性。

（三）词汇层面的整合抑或词素层面的即时整合

从上面的研究可以知道，中文读者对单字关键词的语义加工是相当实时的。一个与句子意义相违背的单字，不管这种违背发生在句子内部的局部语境，还是在句子之间的整体语境，读者都能立即觉察到单字词的语义异常，并导致眼动各指标加工时间的延长。但对这种语义违背的即时检测，到底是发生在词汇的水平还是语素的水平，上述几项研究并不能清楚地回答这一问题。一方面这是由于中文缺乏外显的词界，另一方面我们先前研究中操纵的都是单字词，而单字既可以单独成词，也可以充当一个词素，和其他一个或多个字组成词汇，这就导致词水平或词素水平整合并不能得到清楚的区分。

斯托布等（Staub et al., 2007）运用英文材料，曾用名－名复合词探索了阅读中的合理性效应（见下面例子 1a 和 1b 条件）。

1a. The new principal talked to the cafeteria manager at the end of the school day.

译文：新校长 交谈 向 餐厅经理 工作日结束的时候（工作日结束的时候新校长和餐厅经理交谈）

1b. The new principal visited the cafeteria manager at the end of the school day.

译文：新校长 看望了 餐厅经理 工作日结束的时候（工作日结束的时候新校长看望了餐厅经理）

在这里，复合词"cafeteria manager"（餐厅经理）作为一个整体，在两个句子中的意义都是合理的。然而，通过改变关键动词［如"talked to"（跟……说话）或者是"visited"（看望了）］，研究者可以操纵第一个名词作为目标词的合理性。举例来说，"cafeteria"（餐厅）在 1a 中作为目标词是不合理的，但当下一个名词"manager"（经理）出现后，这种不合理性就消失了。而在 1b 中，"餐厅"作为中心名词是合理的，当"经理"一词出现时，它同样会变成复合词中的修饰词成分。结果发现，第一个名词的阅读时间在 1a 条件下（不合理条件）是长于 1b（合理条件）的。这个结果说明，读者在阅读过程中是把单个名词作为中心词而不是修饰词进行分析的，因而合理性在眼动中发挥着实时渐进、自动而快速的作用。因此，语义整合似乎是以单个词为单位进行的，即便下一个词的出现会消除前一个词在语境中的不合理性，眼动仍然受到了影响。

与英文不一样的是，在中文正字法中，没有任何视觉线索可以为读者凸显词的边界，而当一个字出现在一个多字的复合词中时，它的含义与其作为单字词相比可能会有很大的不同。读者是否能实时确定一个字是词汇的一部分，还是作为一个单字词来出现，这会决定一个字如果作为单字词在句子中意义暂时不合理，而作为多字词的首字时意义合理时，中文读者是否也会出现即时的合理性效应。如果词切分进行得十分迅速，在整合之前就能完成，则我们应该观察不到与斯托布等的实验中相类似的即时合理性效应，即名－名复合词中第一个名词在不合理条件下的阅读时间长于合理条件，否则，我们将会观察到语素的合理性效应。这表明整合加工是在单字的水平上实时进行的。我们进行了一项研究对此问题进行探讨。由于中文里大多数多字词是双字词，我们采用双字词作为这一实验的关键词（Yang et al.，2012a）。

实验材料编制的关键是，操纵句中关键词前的动词，使其与随后出现的双字关键词始终保持语义上的连贯，而同时与双字词的首字意义可能连贯也可能不连贯（这一操纵与斯托布等的研究类似）。另外，我们还设计了两个其他句子结构，将双字关键词尾字去掉，使首字变为连贯或不连贯的单字词，以作为首字连贯性的基线（baseline）。因此，本实验共有4个条件：a.首字合理，双字关键词合理，简称合理－合理；b.首字不合理，双字关键词合理，简称不合理－合理；c.单字关键词合理，简称合理；d.单字关键词不合理，简称不合理。见下面的例句。

a.围观的人看着他踢打门卫却无动于衷。（合理－合理）
b.围观的人看着他哀求门卫却无动于衷。（不合理－合理）
c.围观的人看着他踢打门却无动于衷。（合理）
d.围观的人看着他哀求门却无动于衷。（不合理）

我们的假设是，如果阅读多字词时语义整合是在词素层面上的即时整合，在不合理－合理条件下的首字阅读时间应该长于合理－合理条件。如果语义整合是词汇层面的整合，那么在这两种条件下，对关键词的阅读时间应该是相当的。根据先前（Yang et al.，2009）的研究结果，不合理条件下的单字词的阅读时间要长于合理条件。

实验共有40个实验句子和96个填充的句子。对于相同的句子连贯性条件，研究者控制了不同连贯条件下动词（例句中加下划线的词）的笔画数和词频。中文没有外显词界，且不同的个体对中文词界的划分常常也有分歧。为了确保在我们的实验材料中，关键动词和目标词的切分与我们的设计相匹配，16 名不参加正式实验的评定者对关键动词和目标词进行词界划分，结果表明，至少在这两个区域，读者对词界所在位置评定有较高的一致性。另外 28 名不参加实验的大学生评定了关键词在句中的连贯性，结果发现，除不合理的单字词被评定为不连贯之外，其他 3 种条件下都有相似的连贯性。因此，如果正式实验时被试以双字词为单位进行整合，则其合理性效应与合理单字词较为相似。

正式实验时，40 名母语为中文的大学生分别阅读 60 个填充句与 40 个实验句，每种条件各 10 个，填充句均为合理句。有 1/3 的句子后会呈现一个理解问题，要求被试做"是"或"否"的判断。我们记录了阅读过程中被试的眼动轨迹。

对采集到的眼动数据进行基于区域或基于字的分析。区域的划分情况如下（表 1-3）：关键词前的双字动词（关键前区）、关键词（关键区，单字名词或双字名词，视实验条件而定）、关键词后的双字动词（关键后区）。我们计算了略读率、首次注视时间、凝视时间等经典的眼动指标。

表 1-3　不同条件下各分析区域被试的初始略读率、首次注视时间、凝视时间、回视路径时间（go-pass time）、回视出比例及回视入比例的均值

眼动指标	合理－合理	不合理－合理	合理	不合理
	关键前区（双字动词/词汇）			
略读率（ms）	8（14）	5（11）	9（15）	8（14）
首次注视时间（ms）	261（46）	267（46）	260（43）	268（38）
凝视时间（ms）	334（90）	341（70）	342（86）	354（80）
回视路径时间（ms）	386（112）	387（96）	401（135）	428（129）
回视出比例（%）	10（12）	8（9）	9（12）	10（12）
回视入比例（%）	22（19）	20（22）	22（18）	43（25）
	关键区			
	双字关键词		单字关键词	
略读率（%）	11（12）	15（17）	45（20）	38（17）
首次注视时间（ms）	256（39）	255（46）	255（46）	287（59）
凝视时间（ms）	324（63）	320（68）	263（53）	298（70）
回视路径时间（ms）	375（92）	387（105）	327（94）	378（108）
回视出比例（%）	11（10）	13（14）	17（18）	21（18）
回视入比例（%）	16（12）	14（15）	21（18）	30（21）

续表

眼动指标	合理－合理	不合理－合理	合理	不合理
	关键后区（关键词后的双字词）			
略读率（%）	21（18）	20（15）	17（17）	15（14）
首次注视时间（ms）	240（42）	247（42）	265（46）	281（53）
凝视时间（ms）	275（57）	283（62）	330（89）	372（99）
回视路径时间（ms）	313（87）	326（82）	465（177）	639（282）
回视出比例（%）	8（12）	11（12）	21（19）	31（22）
回视入比例（%）	16（17）	13（14）	15（15）	17（14）

注：括号内数据为标准差（引自：Yang et al., 2012a）

区域的分析总体上表明，在关键前区，在所有的眼动指标上，包括略读率、首次注视时间和凝视时间，各条件间的比较都没有出现显著差异。在关键区上，合理性效应仅可以在单字关键词上检测到，表现为不合理条件下的单字关键词的首次注视时间和凝视时间均长于合理条件，不合理条件下的略读率也低于合理条件。相比之下，双字关键词的合理性效应并没有达到显著。同时，分析双字关键词的单字发现，两个字在略读率、首次注视时间和凝视时间上也都不存在合理性效应，表现出与整词分析一致的模式。这表明当整词是合理的时候，不合理的单字并不会导致读者阅读速度的减慢。不合理效应在一定程度上还延续到了关键后区，读者对关键后区的加工时间要更长，但这种差异仅出现在首次注视时间上，而没有出现在凝视时间上。

字的分析则主要通过分析双字关键词来进行，分别计算每个字的眼动数据（首字和尾字，参见表1-4）。我们同样计算了略读率、首次注视时间、凝视时间等经典的眼动指标。

表1-4　不同条件下对于双字关键词中的首字与尾字被试的初始略读率、首次注视时间、凝视时间、回视路径时间、回视出比例及回视入比例的均值（标准差）

眼动指标	首字		尾字	
	合理－合理	不合理－合理	合理	不合理
略读率（%）	46（19）	49（22）	40（20）	24（24）
首次注视时间（ms）	253（43）	250（41）	259（52）	252（44）
凝视时间（ms）	260（46）	259（53）	267（58）	261（50）
回视路径时间（ms）	298（70）	313（90）	296（72）	306（84）
回视出比例（%）	13（17）	17（24）	8（13）	9（12）
回视入比例（%）	10（12）	7（11）	12（10）	9（12）

（引自：Yang et al., 2012a）

我们还分析了反映晚期加工的指标，主要计算了回视路径时间，这一指标包括读者首遍阅读关键区的时间以及重读关键区之前的所有注视时间，反映了词汇加工以及更高水平的整合加工。此外，我们也计算了重读关键区/字的概率。从这些指标的分析可以观察到，对单字关键词来说，比起合理条件，虽然在不合理条件下读者会更频繁地重读关键前区，但回视路径时间并没有显著差异。关键区首遍阅读时间的模式也相似。单字关键词的回视路径时间和重读率可以观察到合理性效应，但在双字关键词上合理性效应并没有出现。同样，对双字关键词的每一个单字进行分析，也没有观察到后期加工中的合理性效应。这种数据模式也延续到关键后区：我们只在单字关键词条件下观察到合理性效应，在双字关键词条件下则没有发现显著的合理性效应。

总体上说，我们探讨了中文读者实时的语义整合是基于词汇层面还是基于词素层面来进行这一问题。结果表明，双字词及双字词的每一单字中都不存在语义合理性效应，尽管合理性的操纵显著地影响了单字词的阅读。这一结果显示，先前的研究在单个汉字上观察到连贯性效应主要是因为读者把这一汉字当成一个词来进行加工。换句话说，至少对双字词而言，中文阅读理解中的语义整合加工是在词汇这一层面进行的。这一结果很可能表明，关于一个汉字为一个单字词还是双字词中的一个语素，在对该字进行加工的早期就已经完成，这一过程进行得相当实时，可能是中文实时理解加工的一个十分重要的机制。

（四）代词的指认：常识性知识与语境知识的作用

以下我们介绍一类在语义连贯性构建中具有特定功能和特殊地位的词汇加工，即代词指认（pronoun resolution）。确定代词的所指是保持句子乃至语篇连贯性的重要环节，所以对代词解决过程的探讨一直是心理语言学家所关心的问题（Garnham，2001）。作为一种代替人或事物的名称，代词所携带的语义信息有限（Esaulova et al.，2014）。所以代词如何得以实时加工，以及在实时加工过程中读者会考虑哪些因素，是语义整合加工中的重要研究问题。

通常情况下，代词会显示出一定的性别（中文中的"他"和"她"）和数（单数、复数）的区别。因此，以往很多研究在探讨代词加工过程时，都围绕着代词的性别和数量展开，通过制造先行词性别、性别倾向或数量与代词的不一致性，对代词的加工过程及影响因素进行研究（Canal et al.，2015；Duffy & Keir，2004；Esaulova et al.，2014；Karimi et al.，2018；Kennison & Trofe，2003；邱丽景等，2012；Qiu et al.，2012；Xu et al.，2013）。这种操纵同样可被视为违背范式在代词研究中的使用。例如，以往研究发现，先行词的数量信息、生物性别（如爸爸－她）都可以影响到代词的加工（Canal et al.，2015；Xu et al.，2013）；此外，先行词的性别刻板印象（如警卫－她）也会影响到代词的指认过程（Duffy & Keir，2004；Esaulova et al.，2014；邱丽景等，2012；Qiu et al.，2012）。

值得注意的是，有些违背信息是不可以整合的，另一些则是可以整合的。例如，在代词指认过程中，与数量和生物性别违背相比，性别刻板印象违背属于可以整合的违背，也就是说，作为一种刻板印象，读者心目中的性别来自他们在生活中获得的常识性知识，但这种常识并不一定总是会与当前真实的信息相吻合。例如，警卫虽然极有可能是男性，但是并不必然是男性，也有可能是女性。因此，刻板印象所造成的违背是可以协调和整合的。当读者读到"警卫匆忙地拦下正要进来的出租车，因为她需要检查证件"时，虽然会产生加工困难，但是读者可以从代词"她"中推测出警卫是一名女性，从而对之前读到的信息进行整合。

可以说，在这里，代词"她"的第一次出现事实上构成了一种语义语境，揭示了语言材料中其所指代人物的真正性别。随后当读者再次遇见代词"她"，比如，读完前面一句"警卫匆忙地拦下正要进来的出租车，因为她需要检查证件"之后，假设读者又读到"这是台里的规定，这也是她的工作，所有来访人员都必须遵守"，读者会遇到第二个代词"她"。此时，将有两种对立的因素影响到代词的加工，由于代词指代的仍是警卫，关于警卫是男性这一性别刻板印象仍有可能使读者对代词的加工发生困难。与此同时，第一个代词所提供的"对错误的职业名称性别倾向进行更正的信息"又可以促进代词的加工。这时对代词的加工事实上关系到不同类型的语义知识，如语言材料所提供的语义信息，以及读者相关的常识性知识如何影响到当前信息的加工这一问题。

关于更新后的信息是否可以取代读者头脑中固有的信息，对当前词汇的加工产生更快且持续的作用，事实上也关系到读者如何实时地整合与更新心理模型的问题，对这些问题，不同的理论持不同的观点。两阶段加工模型认为，读者对当前代词的加工是分两阶段完成的，更新后的性别信息确实可以对当前的词汇加工产生作用，但是要在代词加工的晚期阶段才会发挥作用。例如，金奇的建构整合模型（construction-integration model）（Kintsch，1988）认为，对当前信息的理解加工可以分成建构和整合两个阶段。在早期建构阶段，读者原有的一些观念首先被激活，参与到当前目标加工中，而语篇的语境信息要到整合阶段才会发挥作用。加罗德和特拉斯（Garrod & Terras，2000）的捆绑消解模型（bonding-resolution model）则认为，阅读理解的早期阶段是一个自动化、低水平的加工过程。在此加工阶段，通过低水平的匹配机制，与当前信息有语义联系的信息首先被激活；晚期阶段为高级加工过程，在这一阶段，读者会根据语篇的语境信息对在早期阶段形成的匹配做出评价。与两阶段理论相反，另一种观点则认为阅读理解中词汇的加工通过一个阶段就可以完成，语境可以和常识、语义这种低水平的信息一样，对当前词汇加工产生即时性影响。例如，赫 斯 等（Hess et al.，1995）的 词 汇 再 解 释 模 型（lexical reinterpretation model）认为，读者会根据句子或语篇语境对词汇的语义进行再解释，为了确保句子或语篇信息的连贯性，只有解释后的信息才会对当前的词汇加工产生影响。

　　根据这些理论争端，一些研究对这一问题进行了探讨（参见 Duffy & Keir，2004；Cook & Myers，2004；Garrod & Terras，2000；Nieuwland & van Berkum，2006b；Nieuwland，2014）。下面介绍来自达菲和基尔（Duffy & Keir，2004）的一项比较有代表性的研究。研究者采用眼动技术，以反映词汇早期和晚期加工阶段的眼动指标，即凝视时间和重读时间（rereading time）为标准，测量了常识和语境对反身代词加工的影响。他们给被试呈现如下材料，"The electrician taught *herself/himself* a lot." 同时记录被试的眼动轨迹。结果发现，在单独给被试呈现上述材料时，冲突条件下读者对"herself"（她自己）的凝视时间和重读时间都更长。但当前面先出现"electrician is a cautious woman." 这样的信息后，读者对"herself"的加工无论是在凝视时间还是在重读时间上，一致和冲突条件下两者的差异都不再显著。这说明语言材料所提供的信息已经完全覆盖了常识性知识，对反身代词加工产生了即时且持续的影响，这种结果为赫斯等（Hess et al.，1995）提出的词汇再解释模型提供了证据。除这一研究之外，其他一些研究有的仅单独探讨了常识对代词的作用，如先前提及的关于先行词性别刻板印象对代词作用的研究（如 Esaulova et al.，2014；Kennison & Trofe，2003；Qiu et al.，2012；邱丽景等，2012），也有的单独探讨了语境的作用（Chen et al.，2000；Nieuwland & van Berkum，2006a）。但是，目前将两者结合起来的研究较少，而相关的证据可以帮助我们了解不同来源信息如何实时地对词汇加工产生影响。总体上说，关于语境和常识对当前词汇加工的作用，已有相当的研究证据来自一般词汇加工，但来自代词加工的研究证据仍非常有限。

　　值得注意的是，我们并不能简单地将非代词加工和代词加工混为一谈，这是因为代词加工和其他词汇，甚至其他类型的替代词（如这个人）加工都存在区别（Crocker et al.，2000；Esaulova et al.，2014）。研究者（Esaulova et al.，2014）认为，由于代词携带的语义信息有限，遇到代词时，读者需要立即确定代词的所指，才能保证句子乃至篇章内容的连贯。其他词汇则不同，它们含有丰富的语义信息，很多情况下不必要立即和前语境联系起来，就可以使读者完成对当前内容的理解（Esaulova et al.，2014）。这就导致先行词乃至句子语篇语境所提供的信息在代词和其他类型词汇加工中所产生的作用不同。在另一项研究中，研究者发现先行词所携带的性别信息对代词的影响甚至早于对其他类型的替代词的影响（Esaulova et al.，2014）。

　　此外，这方面的研究尚缺乏来自中文的研究证据，和英文相比，中文比较独特的地方在于高度的语境依赖性（Chen et al.，2000；Wang et al.，2008b）。即使是意义相对较单纯的代词，如"他"，可能是单数的第三人称，也可能是构成其他词汇的一个语素，如"其他""他乡""排他"，这里的"他"并不是指具体某个对象，也因而不需要读者去确定"他"所指的对象。这种高度的语境依赖性是如何影响到不同语义因素的，例如，对于语境和常识词汇加工的影响，当前也是并不清楚的。正是基于上述考虑，我们采用较为敏感的眼动技术，通过3个实验探讨中文代词加工里语境与常识性知识对代词的作用和作用进程（吴岩等，2019）。

　　我们首先通过评定实验对职业名称的性别倾向性进行等级评价，找出20个具有强男性倾向的职业名称和20个具有强女性倾向的职业名称，以进行材料的编写。第一个实验首先检验的是，在中文阅读理解中，职业性别倾向作为一种常识性信息是否会对代词的指认产生实时的影响。所用的刺激材料会出现一个代词，按照代词的性别和职业性别倾向的关系，形成一致和冲突两个版本（如警卫-他、警卫-她）。第二个实验考察当语境提供的信息对错误的常识性知识进行更正的情况下，语境和常识性知识如何对其后的代词加工产生影响。在实验一的基础上，实验二的材料增加了一个代词，两个代词总是保持一致，同样有一致和冲突两个版本，如警卫-他-他、警卫-她-她。在这一例子中，对于第二个代词"她"来说，第一个代词"她"所提供的性别形成了一种与常识性知识相违背的语境。在第三个实验中，我们将进一步对主角的性别做出外显而明确的描述，而不是像第二个实验一样，仅通过代词的性别含蓄而内隐（implicit）地指示职业的性别，例如"男艺人""爸爸"等，然后再出现一个代词，代词的性别始终和先前的性别描述一致，而与职业性别倾向冲突，这样也存在一致和冲突两个版本（如保姆－妻子－她、警卫－妻子－她），以进一步考察当语境所提供的性别信息清楚而明确时，代词加工又将如何受常识性知识与语境信息的影响。表 1-5 提供了 3 个实验的材料及其相关版本的范例。

表 1-5   3 个分实验的设计和材料范例

实验条件	材料示例
实验一 常识的作用——代词性别与职业性别倾向一致／冲突	魔术师今天晚上有一个重要演出（分句 1），可是现在头却痛得厉害（分句 2），于是便走到后台休息（分句 3）。但他／她发现后台一片混乱（目标句），根本没有休息的地方（中性结尾句）。
实验二 代词性别信息的更新作用——代词性别与职业性别倾向一致／冲突	魔术师被眼前的突发事件所惊呆了（分句 1），这是他／她没有想到的事情（分句 2）。演出就这样被搞砸（分句 3），对他／她真是不公平（目标句），当初就不应该找这样的助手（中性结尾句）。
实验三 外显语义信息的更新作用——代词性别与职业性别倾向一致／冲突	魔术师在艺术团中表现特别突出（分句 1），获得杰出男／女艺人的称号（分句 2），为此团里提出表扬（分句 3），这令他／她整整几天都处于兴奋状态（目标句），逢人就提起这件事情（中性结尾句）。

由表 1-5 可知，3 个实验的语段材料均由五句话构成，首句中出现一个具有性别刻板印象的职业名称，接下来的分句（分句 2）在实验一中为过渡句，对首句用职业指代的主语并没有进行任何性别解歧，而在实验二和实验三中分别为代词性别解歧句。其中，实验二使用含性别线索的代词对主语进行性别界定，而实验三使用了直接而外显的性别称呼，如"男艺人"对主语进行性别界定。随后出现分句 3，分句 3 在 3 个实验中均为过渡句，不呈现任何与性别相关的信息。紧接着是目标句，目标句中会出现目标代词（目标代词总是与实验二或实验三句 2 中所包含的性别信息相一致）。最后是中性结尾句。总体上，实验材料按照代词的性别线索和职业名称的性别倾向可以分为一致和冲突两个版本。

在 3 个实验中，每名被试均需要对 66 个实验语段进行理解，这 66 个语段分 22 组呈现，每 3 个语段为 1 组。整个实验包括眼动轨迹的校准和实验两阶段。在校准阶段，每名被试都完成了 9 点校准程序，以确保眼动仪的记录精确。在实验阶段，每组语段呈现前都有提示信息"第 X 组"，接下来每个语段以多行一屏的方式呈现在电脑屏幕上，首行空两格，所有材料均是黑底白字。每组 3 个语段后都有一道阅读理解题，要求被试做"是"或"否"判断，以鼓励被试仔细阅读实验材料。被试自己控制阅读速度，读完一屏后按手柄任意键往下翻页。计算机在呈现提示信息、语篇或问题之前，都会再进行一次漂移修正以保证眼动记录的精确性。实验之前有 3 组练习材料，以使被试熟悉实验流程。

首先，将小于 60ms 或大于 600ms 的注视点删除（Angele et al.，2008；Qiu et al.，2012），因为过长或过短的注视点被认为不能反映阅读加工（Rayner，1978）。我们所采集到的数据表明代词的略读率非常高，首次略读率在 70% 以上，这应该是由于中文的单数人称代词由一个汉字构成，同时人称代词的词频也较高。这一略读率既与以往汉语研究（Qiu et al.，2012）相似，也与英文单数人称代词研究的状况非常相似（Ehrlich & Rayner，1983）。由于数据统计是建立在有注视点的汉字基础上的，高略读率会引发数据的大量缺失，从而导致结果的可靠性降低。为了获得更多的有效数据，我们对数据的分析主要以区域为单位来进行，将代词与其左右一定范围内的语言刺激合并为一个兴趣区（region of interest，ROI）来分析（van Gompel & Majid，2004；Qiu et al.，2012）。分析的区域包括代词区和代词后区。代词区由代词和其前后 2 个字构成（其中 10 个语段代词前为标点符号），代词后区由代词区后 3 个字组成。代词后区主要考察可能出现的延迟效应或溢出效应（spill-over effect）。

数据分析时用到的指标有首次注视时间、凝视时间、第二遍阅读时间和总阅读时间。基于此 4 项指标的分析结果，我们希望获知代词早期、晚期以及总体加工的情况。

在实验一中，首次对职业名称进行性别界定的关键区出现在第 4 个分句，这是全语段中的唯一一个性别代词。而对实验二和实验三来说，首次出现的性别解歧信息出现在第 2 个分句，其中实验二为性别代词，而实验三为外显的性别名称。在首次遇到上述与性别刻板印象相违背的性别解歧信息时，读者能立即检测到这一违背吗？上述区域的眼动数据均证实了这一点。在实验一中，对职业刻板印象相违背的代词的凝视时间和重读时间都要比一致条件下的长。在实验二中，尽管代词出现的位置离职业名称更近，但性别违背效应与实验一非常类似，对职业刻板印象相违背的代词的凝视时间和重读时间都更长。实验三因为使用了外显的性别描述来进行性别界定，因而与职业刻板印象的违背效应也出现得更早和更显著，表现在首次注视、凝视时间以及重读时间上出现了违背效应。这说明代词的性别线索可以即时被读者所获取，同时职业名称的性别倾向对阅读加工也产生了即时的作用，因而表现出性别违背的实时效应。不过这种性别违背效应均未延续到第一个性别解歧的关键区，3 个实验在关键后区中均未出现任何违背效应，这似乎表明对错误的刻板印象进行修正的整合性加工并不需要持续过长时间。

与职业名称刻板印象相违背的代词会导致加工上的困难，可能反映了读者实时地进行信息的整合和更新。毕竟根据人们的常识，刻板印象仍然有可能是错的，因此一个明确性别信息的词汇，不管是代词还是性别指代名词，理论上都应该引发读者对原有的刻板印象进行修正和更新。一个有趣的问题是，经过这种更新之后，读者是否可以形成一个正确的性别特征认识，并将更新后的信息带到后面的阅读过程中，因而在代词再次出现时不再受错误的职业名称刻板印象的影响？实验二和实验三在分句4中（与实验一的代词相同的位置上）呈现性别代词，利用读者加工这一代词的眼动轨迹对相关问题进行检测。

在实验二中，分句4与分句2的代词一样，因此是第二次出现同一个代词。有趣的是，眼动数据表明，对于第二次遇到的代词，冲突的性别线索反而导致首次注视时间更短，而凝视时间上没有出现任务性别违背效应。但是到了重读时间上，与性别刻板印象相冲突的性别线索又再次导致重读时间更长。这种性别违背的冲突效应会一直延续到第二个代词关键区的后一区，表现在关键后区的凝视时间更长，长于性别一致条件。这表明第一个代词所形成的语境信息对第二个代词的加工产生了影响，导致冲突条件下第二个代词的首遍阅读时间变短，甚至短于一致条件。冲突条件下的加工时间变短，这一结果有点出乎意料，一种可能的解释是文本中前后两个代词始终保持一致，则当读者加工第一个代词时，其所提供的性别信息和职业名称的冲突性，使读者意识到之前关于职业名称性别倾向的认知在当前文本中可能是不恰当的，因而在头脑中保持对职业性别倾向的预期。在一致条件下，第一个代词的非冲突性并没有使读者形成一定预期，因此在遇到第二个代词时，反映最初加工的首次凝视时间在冲突条件下反而更短，但是这种效应持续时间很短，在凝视指标上已经消失了。但是随着加工的进行，在后期加工阶段中，职业性别倾向这种常识性知识仍然对代词加工产生了作用，反映在第二个代词的后区中出现违背效应上。

与实验二相比，实验三通过"男艺人""父亲"等更明确的方式揭示先行词的性别，考察当外显的性别描述所提供的语境信息可以完全更新读者头脑中关于职业名称所固有的性别倾向时，代词的实时加工又会表现出何种模式。尽管在分句2中清晰的性别界定导致更早和更显著的性别冲突效应，但在分句4的代词区及代词后区上，与职业名称刻板印象相违背的性别代词均不再引发任务冲突效应，在冲突与一致条件下，无论是早期还是晚期的眼动指标都没有出现显著差异。结合实验二和实验三，我们发现，语境的明确度确实影响到了语境在代词加工中的作用，当语境信息比较含蓄时，语境可以产生即时但非持续的作用；但当语境内容比较明朗时，语境可以产生即时且持续的作用。

四、中文词汇的特性对语义信息整合过程的影响

上面描述的这些研究结果对认知中文理解的信息整合过程有些什么启示呢？我们将从中文理解中句子内部语义和句法加工的实时性、句间整合（高层次语义整合）的实时性、即时的词切分与词汇信息的即时整合等几个方面来进行综合分析。

（一）语义与句法加工的实时性

在正常的语言理解中，句法的加工总是与意义的加工缠绕在一起。在对中文进行理解时，这种情况尤其突出。事实上，中文的语法几乎没有任何外显的标志，既没有反映词性的后缀，也没有反映时态的变化，更没有所谓的主谓一致性关系。因此，语法信息的判断更可能需要依赖于语境上下文的意义和周围其他词的语法信息。这一特性导致中文的句法违背通常也会伴随着语义违背。因此，在研究中，我们难以单独设置一个语法违背的条件，这也使得语法与语义加工的分离相对比较困难。

在本章所报告的研究结果中，语法和语义的双违背与单纯的语义违背相比，并没有在关键词的首遍阅读时间上造成特殊的变化模式，既没有使违背效应所造成的阅读困难提前出现，也没有使关键词的首次加工的违背效应量增大，违背的效应都是在关键字/词上即时出现，这为判断语法加工发生精确的时间点带来了困难。我们并不能据此说明中文语法的加工与语义的加工发生得同样即时，因为双违背条件下的即时违背效应也许是由其中的语义违背所导致的。然而，双违背与语义的单违背在早期加工中极其相似，这至少说明一点：在中文理解中，一个词的句法属性并不会比它的语义属性更快得到加工。这一结果与许多西文研究是有差异的。来自西文的不少研究表明，虽然句子的语法和语义加工基本上相当即时，即两类违背所造成的效应都能即时反映在关键区上，但相比之下，语法的加工还是会比语义的加工更快一些（Boland，1997；McElree & Griffith，1995；Braze et al.，2002），研究者倾向于认为这种结果支持西文句法属性会得到快速而强制性的加工，然而在中文句子理解加工中，类似的句法优先性并没有出现。

尽管语法违背的引入并没有使读者首遍阅读时间的模式表现出差异，然而

这并不意味着读者没有对中文语法的违背做出反应，或者说对语法违背的效应完全与语义违背相同。事实上，尽管两类违背都能即时得以检测，但它们在随后的加工中表现出许多有意思的差别，主要反映在第二遍的阅读加工指标上。同时，这种差别并不是发生在关键区上，而是发生在关键后区上。首先，语法违背的引入导致违背效应出现的时间延长，相比之下，单独的语义违背要比双违背更快得到解决。其次，从效应的量上来看，语法违背的引入也使得双违背比单违背给读者造成了更大的困难，表现在更长的再读时间、更高的回视率上。值得注意的是，这些结果并不是由语法违背的引入增大了语义违背的程度所导致，因为研究的材料事先保证了语义违背与语义＋句法违背两种条件下有相类似的违背程度。

这种重读加工眼动模式也与西文阅读有很大差别。在西文研究里，单独的句法违背所造成的效应持续时间要比语义违背更短（Ni et al., 1998；Braze et al., 2002）。这一点是完全可以理解的，因为正如前面我们提到的那样，在西文里，语法和语义在一定程度上是相分离的，当读者读到一个句子，如"He are..."时，读者很快能判断这是一种语法的违背，这一判断甚至在完全理解语义之前就能做出，而且，这类语法的违背事实上对语义理解的影响在特定情况下也不是太严重。西文的这一特点正好与阅读西文语法违背句时的眼动轨迹相吻合，也就是说，读者能即时侦测到违背，但这种违背并不会对后续的阅读造成太大的影响。

而在中文研究里，因为通常语法的违背总会伴随着语义的违背，而且相比于语义的特征来说，词汇的语法特性更为内隐，不存在任何外在的物理特征帮助读者确定一个词的词性和在句子中充当的句法角色。因此，当出现一个语法和语义同时违背的信息时，例如，在我们的研究材料中，将做宾语的名词换成动词，读者就会需要更多地借助上下文的信息，尝试重新分析句子结构，以期对句子进行一个合适的解释，相应地，就会表现为再读加工时间的增加，以及整个违背效应持续时间的延长。相较而言，语义的违背由于没有改变关键词的句法特性，尽管从程度上来讲其所造成的语义违背效应与双违背相匹配（我们事先匹配了语义违背与语义＋句法违背条件下的语义违背程度），但从加工过程上来看，因为通常不需要读者进行语法结构的重分析而相对更容易进行加工。

总体上来说，语法违背的加入所导致的眼动模式的变化并不能归结为由语义违背程度的提高所造成的。因此，这一结果似乎更倾向于支持在中文语言处理中，语义加工和句法加工还是存在一些本质上的区别。这种结果也得到一些磁共振研究的支持（Wang et al.，2008c）。在阅读中文句子时，与正常句相比，语义违背和双违背在某些脑区上引发了更大的激活，主要出现在左侧额中回（left middle frontal gyrus，LMFG）BA9 和 BA10/46，左侧颞上回（left superior temporal gyrus，LSTG），以及左侧梭状回（fusiform gyrus，FFG），并且两种违背并不存在差异，表明这些区域与语义加工的关系更为密切。相比之下，左侧额下回（BA44）在双违背条件下出现了更大的激活，而语义违背条件与正常条件下这一脑区所产生的激活较为相似，显示出这一区域在中文句法加工中的显著作用。

　　还要说明的是，同样是对中文句子中语法和语义违背的研究，先前研究者采用的是自定步速逐词呈现的技术（Chen，1992，1999），而本章关于句内信息整合的研究采用的是眼动追踪技术，不同研究所得到的结果既有一定的相同之处，也有一定的差异。相同之处表现在，两项研究都发现不论是单独的语义违背还是句法违背，都不会延后到句末处才被觉察。差异之处则表现在两个方面：一方面，违背觉察具体的时间点不同。在陈烜之（Chen，1992，1999）的研究中，违背的觉察显然更晚一些，在关键字之后的第一个字出现，持续到第二个字。本章所报告的研究中，这一过程事实上是相当即时的，在关键字 / 区上表现得十分显著。另一方面，陈烜之（Chen，1992，1999）的研究总体上没有发现两类违背有任何的区别，而我们关于句内信息整合的研究中所得到的结果则表明，虽然两类违背在觉察的时间点上没有差异，但在随后的加工中仍然是有差别的。造成上述两项研究结果存在差异的主要原因也许在于不同的阅读测量技术的敏感度不同。作为一种更为生态化的研究技术，眼动记录技术更为敏感而精细，其运用可以帮助研究者更深入、准确地了解语言理解中所发生的心理加工过程。

（二）高层次语义整合加工的即时性

　　中文和西文是两个截然不同的文字系统，西文词汇的语义和句法透明度相当高，而中文词汇无论意义还是文法特性判断都要高度依赖于语境，所以中文的歧义度要比大多数西文（例如，英文）更高一些。这一特点被认为很可能会影响加工的过程，因为大量的加工资源需要被用来处理局部语境所造成的歧义以及进行句内信息的整合，所以很少的资源可以用于更高层次的信息加工，如句间信息的整合。然而，本章所报告的研究表明，当读者触及一个与句间信息相违背，却与局部句内语境信息相一致的关键词时，读者却还是能够立即检测到冲突，表现为关键词首次加工的时间增长。这说明读者在加工关键词汇的时候，句间信息的整合也能立即开始启动。即使是加工代词这种携带的语义信息有限、仅用于指代人或事物的指称的词汇时，跨语句的指代过程也会实时进行。其表现为代词携带的性别信息可立即激活，并可以和读者常识所具有的冲突信息产生联系，导致冲突条件下阅读速度的即刻减缓。

不同类型的违背，从当前词汇与同一句子内部的意义或语法的违背，到与较长文本的背景信息意义之间的违背，与读者常识性知识的违背，都能即时地造成阅读模式的变化，这一事实说明，即时性加工很可能是一个普遍性的理解原则。这种即时性的加工过程既包括研究者（Just & Carpenter，1987）所说的"解释的即时性贯穿于句子理解中所有层次的加工过程，从单词编码、意义提取，到确定其指称及其语义和句法状态"，而且对当前词汇的这些解释也会立即与先前话语语境提供的相关背景信息相结合（Pickering & Traxler，2000）。换句话来说，读者可以在处理每个单词时不断更新他们的"情景模型"（Kintsch，1988）。

强调实时加工的较为激进的观点（Just & Carpenter，1980）认为，在文本阅读时，对当前词汇语义加工所有层面的解释都应该是逐字完成的。然而，我们所观察到的不同类型违背所导致的阅读模式变化却并不完全支持这一观点。在一般的词汇加工中，关键前区和关键后区的第二遍阅读中，我们可以观察到语义、句法或语段整体的违背所引发的效应，表明读者试图使用上下文信息来解决不一致性。然而，在代词加工这一问题上，相对来说，一个与性别刻板印象相违背的代词所导致的冲突效应的持续时间却较短，通常在关键区就可以得到解决，或许是相比于完全无法整合的违背信息，刻板印象所造成的冲突更容易得以整合，因而冲突效应持续的时间也较短。不管是哪种解释，我们的研究都表明，当遇到冲突信息时，读者的加工似乎遵循的是弱版本的即时性假设，即不同的整合水平可以即时引发，但其完成却有可能要持续到关键后区，视冲突的可整合度而定。

（三）中文阅读中即时的词切分与词汇信息的即时整合

西文研究者普遍认为词是阅读理解中基本的语法和语义单位，而在中文文本中，汉字却又是基本的知觉单位，因此在我们的许多研究中，通常将单字词作为关键信息来加以操纵，这样可以保证在一个基本的知觉单位上来操纵语法与语义的特征。然而，一个值得探索的问题是，读者到底是在逐字进行整合，还是逐词进行的？也就是说，读者在什么时候才能确定一个字是一个单字词，还是仅仅是构成多字词的一个词素？的确，由于中文的文本并没有非常清楚的视觉线索来界定不同的词汇单元，因此，一个字既有可能是单字词，也有可能是多字词的一个词素。

为了探讨这一问题，我们也进行了一项研究，着重分析当一个汉字作为一个词汇单元或一个词素的时候，语义连贯的中断是否会在这两种条件下产生不同的效应。具体来说，我们使用了语境合理的双字目标词，但对于这一双字词的首字，假如将其看成一个单字词，则该单字词在句子中可能是合理或不合理的。我们的研究结果并没有显示任何证据表明读者会将双字词的首字当成一个独立的单字词而产生合理性效应。相比之下，当我们的阅读材料的确是使用相同的这一个字作为单字目标词的时候，读者一旦加工到这个单字，就可以表现出显著的语义合理性效应。这个发现再次证明，中文读者能够立即将单字目标词的语义信息和句子语境的意义相结合。更重要的是，这种结合事实上发生在词汇的水平上，而不是在词素的水平上。这一实验证明，在高度实时渐进的语义加工过程中，读者可以快速地区分一个字是一个多字词的语素，还是它本身就是一个词汇单元，并且快速地在词汇层面完成整合的过程。该结果也从侧面表明，也许当信息还处在注视点右侧的预视区域时，中文的读者可能就已经进行了大量的信息处理。

在中文的词切分与词汇识别问题上，一项研究（Li et al., 2009）发现，如果在特定的时间内呈现四字词，中文读者可以对它进行非常准确的命名；然而，当四字词由两个双字词组成时，则读者通常只能报告第一个词。因此，研究者（Li et al., 2009）认为一个词汇单元内的字符是并行处理的，而且单词切分会影响字符识别。如果相邻的两个字的确可以构成一个词，则相应单词的激活会产生自上而下的影响，进而有助于读者对其构成单元的识别。例如，在前面的例句，"踢打门卫"中，"门"和"卫"两个字的识别为双字词"门卫"的激活提供了一致证据，"门卫"一词的激活则自上而下地对"门"和"卫"两个字的识别产生影响。因此，读者在他们的眼睛注视下一个字"卫"之前，就能够避免将字符"门"视为单个有意义的词。相反，在"踢打门却……"这一条件下，关键字"门"没有与其后的字符"却"形成一个合成词，因此，读者会将"门"当作一个单独的词语，而字符"却"的识别也会变得不那么有效，因为它不能从多字词的识别中获得自上而下的反馈。这一解释其实也说明中文不同层次加工单元的识别其实发生得相当即时，在一个汉字还未被直接注视的时候，词界就得以识别，尽管并没有任何外在的物理线索可以帮助读者进行检测，这也是中文可以如此高度实时地进行语义处理的前提条件。

有意思的是，我们关于代词的研究还对语境的作用的检验提供了一个新视角：假如冲突信息的存在导致错误的常识性信息得以更正，更新后语境信息是否会直接影响随后的阅读？也就是说，使错误的常识性信息不再起任何作用？根据赫斯的词汇再解释模型（Hess et al.，1995），一旦读者头脑中的常识被更新，只有更新后的语境信息才能对代词加工产生影响，常识不再对代词加工产生影响。在代词的研究中，如果存在一个明确而外显的性别表述对以往的刻板印象进行更正，则语境的确可以完全覆盖常识的作用，对代词产生即时且持续的作用。但是，如果性别的表述较弱或较为内隐，则语境可能只会部分覆盖常识的作用，并对随后的阅读产生即时但非持续性的作用。根据金奇（Kintsch，1998）的建构整合模型和加罗德与特拉斯（Garrod & Terras，2000）的捆绑消解模型，代词的加工要分两个阶段完成，常识这类先验的知识会在代词加工的早期阶段发挥作用，而文本提供的信息只能在代词的晚期加工阶段产生作用。不过，很清楚的一点是，我们所有的代词研究中，都在反映早期加工的指标凝视时间上出现了语境效应，因此可以肯定的是，语境是可以在词汇加工的早期阶段发挥作用的。

结合这些实验，我们可以发现，对以往关于词汇在语段中的加工是不是会分阶段完成这一问题，其答案似乎和所采用的语境的明确度有关。如果语境的表现方式比较含蓄，我们会观察到不同的因素在不同的时间进程内起作用，这类似于分阶段的结果。如果采用的语境表现方式比较明确和强烈，则更可能观察到语境因素起决定性、强烈而持续的作用，这时会表现出一阶段的效应。这不仅是在代词上会表现出来，一项来自非代词词汇加工的证据也可以验证语境强度是影响语境效应的一个因素（Nieuwland & van Berkum，2006b）。研究者在语段里使用童话故事的文体使原来不合理的现象合理化，通过不断地重复而形成一种语境，使读者为不合理现象找到一个合理的解释。结果表明，当读者首次听到和常识不符的词时，会出现 N400 效应，相隔一句话，当再次出现与常识不符的名词时，读者对该名词已不再产生 N400 效应，但会在加工名词前的动词时产生 N400 效应，只有到了语段更晚的位置，与常识不符的名词再呈现时，这种增大的 N400 效应才完全消失。这在一定程度上说明，当语境信息的强度累积不够时，可能不足以完全覆盖常识对词汇加工的作用。直到语境强度积累到一定水平，语境才完全发挥作用，使常识的效应不再表现出来。因此，这样的结果似乎说明，语境的强度是影响语境对词汇作用的重要中介变量，关于语境对词汇作用的一些理论，如两阶段加工理论（金奇的建构整合模型和加罗德与特拉斯的捆绑消解模型）或一阶段加工理论（赫斯等的词汇再解释模型）的对立，可能正是由研究者所采用的语境突出程度不同所导致。

五、小结

本章回顾的内容总体上表明，即使中文与西文有如此大的差异，但中文阅读理解的过程仍然与西文存在着许多共性，这主要表现为以下两方面。首先，尽管对中文句子中词汇句法属性的判断通常需要极大地依赖于对句子语境的意义加工，但阅读过程中眼动轨迹的证据却证实读者对两类违背的反应有所不同。这表现为，在语义违背保持一致的情况下，句法和语义违背以及单纯的语义违背所造成的眼动模式出现了很多差异，单纯的语义违背只对加工者产生了较短时间的干扰，而当在语义违背的基础上引发句法违背时，违背产生的效应会延续更长的时间，同时违背效应量也会增大。另外一个共性则表现为，不论是句内还是句间的信息整合，都能相当即时地进行，这一点特别令人惊奇。因为中文是一种高度语境依赖性的语言，而在中文阅读理解中，即使是句间的整合也能即时进行，这也意味着语言处理的即时性原则很可能是一项语言普遍性的原则。该原则可适用于解释从单个句子加工到跨句子的整个语段的加工，同时，也可以适用于解释不同类型的语言，如英语这种结构透明度较高的语言，以及中文这种结构相对比较模糊的语言。

然而，我们的研究也发现了一些证据，表明在中文的阅读理解中存在一些语言特异性的机制。例如，与西文的句法加工相比，中文的句法加工并不会比语义加工更快，而且会更强烈地依赖于语境，表现为句法的违背加入会导致第二遍阅读上违背效应的增强及违背效应持续时间的延长。这也提示我们，在理解不同类型语言处理活动时不能忽视语言间的差异，同时相关的结果也提醒我们开展跨语言认知研究有一定的必要性。类似的研究将能帮助我们深入理解不同加工语言系统加工的普遍性和特异性原则，帮助我们更全面地认识人类语言理解的认知加工过程。

第二章
高度实时的语义加工：语义预视的证据

在前面的章节中我们已经介绍过，研究者关心语义加工的时间进程，其最根本的目的是希望通过观察不同层级语义变量如何在不同的时窗里产生交互，进而了解不同语义加工模块的工作机制，其中一个核心的检验就是高级语义加工过程是否会即时影响低层次的语义加工。尽管我们先前的研究提供了许多关于高层认知加工能够实时进行的证据，然而，对这一问题的探讨，仅仅采集读者对某一关键信息进行直接注视时的加工模式数据还远远不够。事实上，在语言加工，尤其是在书面文本阅读过程中，信息加工早在信息被直接注视之前就已经开始了。那么，即时性的语义效应是主要来自直接注视的中央凹信息，还是说读者也可以从非直接注视的视野区提取语义信息并进行即时加工？这些问题的解答对于理解极早期时窗内的语义加工尤其有帮助。

在过去近十年里，我们研究组对此问题进行了一系列探讨，本章着重讨论这些相关的工作，尤其是当文本信息刚刚进入可感知的视觉接收区短暂的时间里，语义的加工是否立即得以启动及其相关影响因素等问题。

一、预视信息的处理：序列模型与并行模型的视角

在阅读过程中，读者每次注视所能获取的语言信息非常有限，因而需要通过不断进行眼跳来使关注的信息成为注视的焦点，以保证阅读活动的顺利进行。以往的研究主要集中在读者如何加工直接注视的信息的问题，然而，在注视过程中，读者其实可以从不同视野感知区分别获取语言信息，因此注视的加工可能反映的是这些不同区域信息实时交互的过程。要理解早期时窗中的信息加工，还需要更精细地区分不同视野区域，尤其需要把关注点置于文本信息刚刚进入可感知的接收区时语言理解者的加工过程。

人的视野大约有 220°，根据注视点的位置，整个视野可以分为 3 个区域：

约 1°～2° 为中央凹视区，2°～5° 为副中央凹视区，5° 以外则为边缘视区（图 2-1）。中央凹视区的敏锐性非常好，副中央凹视区的敏锐性次之，边缘视区的敏锐性最弱。中央凹和副中央凹视区占整个视网膜面积的比例不到 7%，但是大脑超过 50% 的视觉信息从这两个区域获得。本质上，眼睛的运动过程就是人类的视觉系统，所以阅读时我们必须移动眼睛，使文字能落在视敏度最高的中央凹内，以便迅速地获得最有效的信息，但与此同时，副中央凹视区呈现的信息同样也可以被快速有效地加工。

以往大量的研究集中探讨了副中央凹信息加工的问题。对这一问题的争论主要表现在以下几个方面：①阅读过程中，读者可以从预视文本获得何种水平的信息？②预视信息和当前注视的信息是否以及如何进行交互？③预视信息是否以及如何参与高级的认知加工过程？对上述问题的探讨，本质上仍然涉及阅读理解在多大程度上是一个并行的加工过程这样一个问题，具体来说，也就是到底两个或两个以上的信息单元（如直接注视的信息和预视的信息）是否可以在阅读中同时得到加工。如果可以，同时得到加工的程度和限度如何？语义信息、语境信息是否可以得到即时处理？等。

注意序列转移（sequential attention shift，SAS）理论的基本假设是词汇加工、注意转移和眼动是密切联系的，注意是序列性地从一个单词转移到下一个单词。注意序列转移理论非常重视认知因素在眼动控制中的作用，该理论认为广义的词汇激活是驱动眼动的基本引擎。注意序列转移理论有 5 个基本假设：①在读者开始注视的时候，注意集中在位于注视点中心的刺激上；②当位于中央凹的刺激被识别后，注意开始重新分配到新的刺激上；③注意的重新分配伴

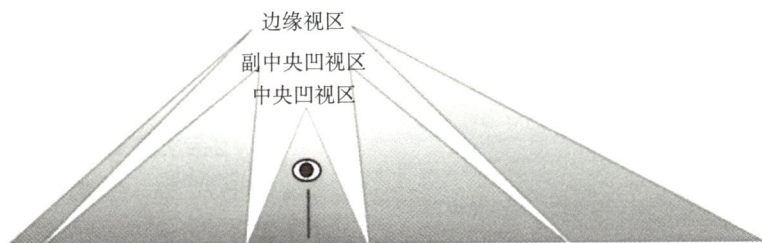

图 2-1　当一个汉字视角为 1° 时，中央凹、副中央凹以及边缘视区敏锐性示意图。眼珠和竖线代表注视的位置

随着两种眼跳活动，一是开始眼动的计划，二是眼动位置的选择；④分配到注意的新刺激不会进行更高水平的加工；⑤注意转移之后还需要一定的眼跳执行时间，注视点才会转移到新的刺激上。在注意序列转移理论基础之上产生了一系列阅读的序列加工模型，其中最具代表性的是 E-Z 读者模型（E-Z reader model）（Pollatsek et al.，2006；Rayner，1978；Reichle et al.，1998，2003，2006；马国杰，李兴珊，2012）。

E-Z 读者模型认为文本阅读过程中词汇信息的提取随着注意资源的转移以序列方式进行，词 n+1 的信息提取发生在词 n 的词汇提取完成之后。在 E-Z 读者模型中，词汇的加工可以分成 3 个部分：第一部分是视觉信息的加工阶段，一般认为这个阶段不需要注意的参与就可以获得一些简单的视觉信息，加工速率主要取决于视敏度；第二部分是词汇加工的早期阶段，是词汇提取的开端，与词汇的熟悉性检测有关，一旦完成，会自动产生一个计划眼跳的指令；第三部分是词汇提取阶段，一旦该阶段的加工完成，注意就会转移到下一个词（Pollatsek et al.，2006；Reichle et al.，1998）。E-Z 读者模型将眼跳的过程分为两个部分。第一部分是眼跳计划阶段，包括不稳定阶段以及稳定阶段。词汇的早期加工阶段完成即发出眼跳计划的信号，这个阶段的眼动计划是不稳定的，受词汇加工的影响较大。当词汇加工的第二阶段完成，并且预视词 n+1 的第一阶段完成后，读者会释放向词 n+2 跳读的信号，对词 n+1 的跳读随之取消。不稳定眼跳阶段之后是稳定眼跳阶段，在这个阶段，跳读将不受词汇加工的影响。简言之，E-Z 读者模型认为注意像聚光灯一样以序列的顺序逐词地转移，字词的加工不能在没有注意的情况下进行，所以读者只能按照注意转移的顺序逐一加工有注意参与的词（Rayner et al.，2004）。该模型在模拟实验的基础上设置严格的参数，并与数据有较高的拟合度，可以较为精确地对眼动行为做出预测，然而该模型对高级水平的语境信息的加工在眼动中的作用考虑较为不足。

注意梯度导向（guidance by attentional gradient，GAG）理论认为在读者阅读过程中，注意资源呈正态曲线分布，在注视点附近的词汇可以获得最多的注意资源，离注视点越远，获得的注意资源越有限。所以在知觉广度内所有词汇都可以获得注意资源，语言信息可以并行，而不是序列地加工。然而，在知觉广度内，注意资源的分布并不均衡，存在有序的等级梯度。梯度值与词汇和注视点中央的距离密切相关。新异刺激会获得更多的注意资源。当注意的中心开始转移时，眼跳随之产生。根据注意梯度导向理论，研究者构建了多个眼动模型，其中最具代表性的是 SWIFT 模型（saccade generation with inhibition by foveal targets model，也称自发眼跳 - 中央凹抑制模型）（Engbert et al.，2002，2005；Kliegl et al.，2006；Kliegl，2007；Reilly & Radach，2006）。

　　SWIFT 模型认为，阅读广度内所有词汇都可以获得注意资源，得到同时加工，其识别是并行的，注意资源在中央凹分布最多，向两边梯度递减。位于注意分布曲线中央的词汇获得的注意资源最多，加工最精确，而位于中央凹两侧的字词虽然仍可以并行加工，但是加工水平会降低。词汇的加工之间是存在竞争的，词汇的激活程度将决定其被选定为注视目标的概率。SWIFT 模型将词汇的加工分为词汇的前加工阶段和词汇激活阶段。词汇的前加工阶段主要是对词汇一些基本自然属性的加工。在这一阶段，词汇加工水平不断上升，在前加工阶段的末端达到最大值。在词汇激活阶段，词汇加工水平从最大值开始不断衰减，直到加工完成。SWIFT 模型肯定了高级认知加工对词汇当前加工的作用，认为词频和预测性会影响读者的词汇加工及眼动行为。在 SWIFT 模型中，眼跳编程也包括眼跳编程的可变期和眼跳编程的不可变期，眼跳目标的选择发生在眼跳编程可变期的后半段。SWIFT 模型用动力场的竞争机制来解释眼动落点位置的现象。所以在知觉广度内，每个词语都可能成为读者跳读的目标，只要它的激活程度在知觉广度内达到最大值。SWIFT 模型可以解释很多眼动现象，比如跳读、回视等。然而，该模型也存在一定的问题，比如对刺激内部特征的关注不够，也未能将自上而下的加工过程对眼动的影响考虑进模型。

　　根据上述模型的基本假设，阅读过程中预视效应（preview effect）的发生也有不同的可能性。预视效应是指读者在尚未直接注视到某个单词时，就可以对它进行加工，即读者能够加工到注视点右边的单词。例如，当注视点右边的内容被掩蔽，阅读就会发生困难。另外，正常阅读情况下，大概有 1/3 的单词会被跳读，这些单词往往也被认为是在读者注视它们左边单词的时候得到预加工的。

　　序列模型和并行模型对我们如何加工预视信息有很不同的观点。首先，虽然两者都认为副中央凹能够获取亚词汇和词汇等低层次的信息，但是序列模型认为副中央凹仅能获取一些亚词汇的信息，而不能执行语义和句法等高层次信息的加工。和序列模型相反，并行模型认为由于多个单词同时得到加工，它们高层次和低层次的信息能同时被获得。其次，对于副中央凹的高层次信息的加工能否影响当前注视单词的加工，两种模型有不同的看法。虽然序列模型与并行模型都能在一定程度上解释副中央凹预视效应（parafoveal preview effect），但如果副中央凹信息加工能对当前注视点加工产生影响，即产生副中央凹－中央凹效应（parafoveal-on-foveal effect，POF），尤其是如果能在语义层面上产生副中央凹－中央凹效应，则会给序列加工模型提出极大的挑战。

值得注意的是，句子阅读中，我们不仅需要加工单个单词，还需要将单词与之前的语境信息结合起来，构建起连贯的意义。关于语境对当前加工信息的影响，大量的研究已经表明，语境对词语加工的影响是相当实时的，表现出来自不同层次的语言表征信息的交互作用。例如，歧义词的意义识别受到语境信息的调节（Tanenhaus et al.，1979；Pickering & Frisson，2001；Kotchoubey & El-Khoury，2014；Bar-On et al.，2021），词汇的词频效应（word frequency effect）受前文的语境调节（如 van Petten & Kutas，1990；Sereno & Rayner，2003；Halgren et al.，2002b）。句子阅读中单词之间的相关效应也会受到该词的合理性的调节（如 Ledoux et al.，2006；Boudewyn et al.，2012；Khachatryan et al.，2017）。这些先前研究都表明，词汇信息的自下而上加工可以受到语境信息自上而下的调节，这与认知交互模型（interactive activation model）（McClelland & Rumelhart，1981；McClelland et al.，2014）的观点相一致。

但是，如果读者有可能在单词被注视之前提取单词的信息（当单词位于副中央凹视区时），甚至是深层次的语义信息，则有两个重要的问题需要重新进行考虑：第一，语境会不会直接影响预视的语义加工？第二，通过预视获得的信息是否可以反过来作为语境来发挥作用，对注视中的词语加工产生影响？更具体地说，相对于直接注视所获得的完整信息，较短的预视时间所获得的信息可能是模糊的、片面的。那么，通过预视获得的信息是否和通过注视获得的信息一样有效？这种预视效应又能达到什么程度？对这些问题早期的研究结果并不清楚。这主要是因为早期一些关于预视效应的研究往往只单一操纵了先前的预视信息，缺少对当前中央凹信息的直接操纵，所以结果更多地用于说明哪种水平的预视信息可以获得加工，而对于先前预视获得的信息加工在什么水平上影响以及如何影响当前中央凹信息的加工并不清楚。而这样的问题对我们理解语言处理的交互作用机制却是非常关键的。

总体而言，根据上一章我们的研究结果，假如中文阅读理解中各层次的加工确实非常实时，则我们应该观察到以下一些结果：①高层的语义信息在预视状态下就得到实时加工；②这种预视加工可能受到阅读主体自上而下预期的影响，表现出预视状态下高度实时交互的模式；③预视信息本身虽然不如注视信息的加工那样得到充足的加工，但仍然有可能即时成为语境的一部分而影响随后理解加工的进行。相比之下，这些结果与并行的眼动模型会更为一致。基于这样的思考，我们开展了一系列实验，着重探讨中文预视加工的程度及其与当前注视信息加工的交互情况。

接下来，我们首先介绍预视加工常用的特有技术和范式，之后再讨论我们研究组所进行的一系列工作，以及这些工作如何对当前这一领域的研究和理论做出贡献。

二、预视加工的研究范式

在研究预视效应时，研究者常常使用眼动随动呈现技术（eye movement contingent display technology）。该技术利用了眼跳过程无法或很少获取信息这一特点，由眼动行为来引发显示内容的变换。通过这个方法可以实现对视觉和语言信息的有效控制。研究者采用的技术主要是其中的一种边界范式（boundary paradigm）（Rayner，1975）。在使用该技术时，首先要在文章中确定某个词所在的位置，该位置被称为"关键词位置"（critical word location，CWL），再设定一个"边界位置"（boundary location）。在实验中，当被试的眼睛落在或越过这个看不见的"边界位置"时，关键词位置上的内容就会改变（图 2-2）。

例如，在句子"昨天的一阵大风差点把小明给吹倒了"中，假如这里的关键词为"风"，则在"风"的左侧，如"大"和"风"之间设置一条隐形的边界，在被试的注视点未跨过这条边界前，研究者可以根据研究的需要将目标词替换成不同类型的预视词，如预视词与关键词之间存在语音关系（封）、字形关系（岚）、语义关系（雨）或者完全无关（希）。当注视点落在边界之前的词上（如"大"），预视词处于副中央凹的位置。而在被试的注视点跨过边界进入

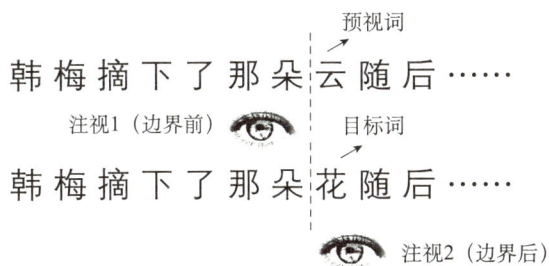

图 2-2　眼动随动边界范式的示意图。竖虚线为边界所在的位置，当注视点位于边界之前时，句中"云"字位于预视位置，称预视词；当注视点跨过边界，"云"字变为"花"字，此时"花"为目标词

关键词之前，也就是在被试还处于眼跳过程中时，迅速将预视词替换成关键词（如"风"）。由于在眼跳过程中，视觉信息处于被抑制的状态（Matin，1974），因此即便发生了词汇替换，在合适的屏幕刷新率下，被试无法意识到这个现象，但是这种变化会对后续加工产生影响。

这种实验方法的逻辑是：如果在关键词位置上刺激的某一特征在预视过程中已被加工了，那么当被试注视到已经改变过的关键词位置上的词时，阅读就应该受到影响。特别是当变化发生后，会出现一次比正常注视时间长的注视，因为被试要解决在这两次注视中所获信息之间的矛盾。在刚刚那个例子中，如果被试在阅读过程中可以从副中央凹的位置（预视词位置）获得词汇不同层面的信息（如低层的字形、语音等，高层的语义信息），则会影响被试对关键词的加工时间。具体来说，假如被试可以从副中央凹的位置（预视词位置）获得词汇的词形信息，那么跟关键词（风）字形相关的预视词（岚）的字形就会获得激活，从而通过扩散激活的原理，提前激活关键词（风）。相应地，当被试的注视点落在关键词上时，相比于无关条件，其在字形相关条件下的注视时间会显著地变短。预视效应的研究较为一致地发现，在阅读过程中人类可以快速地从副中央凹获得词汇的字形和语音等低层次的信息（Drieghe et al.，2005；Ashby et al.，2006；Chace et al.，2005）。

另一个研究方法是伴侧 RSVP 范式，这一范式利用 ERP 记录并结合改进的快速系列视觉呈现范式来对预视加工进行考察。ERP 是将多次刺激引发的 EEG 叠加平均后提取的、与刺激同步的脑电波。ERP 可以提供三种因变量——潜伏期、波幅和脑地形图，分别反映认知加工的时间进程、认知加工的难易程度，以及不同认知过程在大脑上发生的位置。利用 ERP 技术结合伴侧 RSVP 范式，一些研究者对句子阅读过程中的语义预视效应进行研究（Barber et al.，2010，2011，2013）。在该范式中，句子逐词在屏幕中央呈现，并在每一屏中间词的左侧和右侧同时呈现一个真词或假词（即所谓的 flankers）。句子呈现过程中要求被试一直注视位于屏幕中央的中间词，以保证两侧词汇位于被试的副中央凹视区（图 2-3）。通过操纵关键屏（关键词位于两侧位置）呈现时两侧位置的词汇与当前语境的语义关系，并分析该屏呈现后能否诱发相关 ERP 成分的差异，进而推断预视词语义信息能否得到提取。该方法中由于实验句子以固定速率呈现，并且呈现过程中被试只需注视同一位置，无须眼跳，因而相比边界范式，可以避免预视词呈现时间的差异及误差眼跳对实验结果造成干扰，故而可以从另一个角度探讨句子阅读中预视信息的加工。

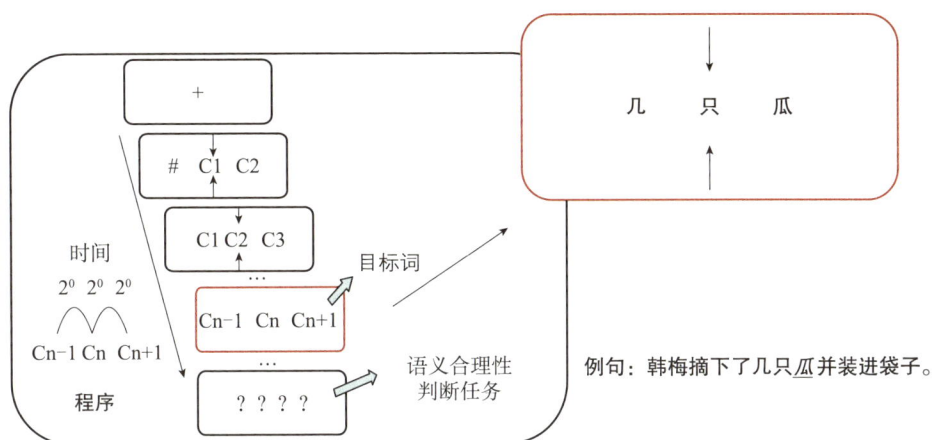

图 2-3 伴侧 RSVP 范式示意图

三、阅读中的预视加工：印欧语言的证据

以往关于西文的研究已经普遍确证了副中央凹预视效应的存在。利用边界范式，关于读者可以从预视中获得何种水平的信息，研究者也有许多发现。有些研究支持读者从副中央凹获得亚词汇信息，例如，正字法或部分单词信息（Lima & Inhoff，1985；Lima，1987；Inhoff，1989，1990；Briihl & Inhoff，1995；Rayner，1975）、词长信息（Morris et al.，1990；Inhoff et al.，2003；Juhasz et al.，2008）、语音信息（Pollatsek et al.，1992；Henderson et al.，1995；Ashby & Rayner，2004；Ashby et al.，2006；Chace et al.，2005；Miellet & Sparrow，2004），并且运用它们来辨别注视单词。早期的研究更倾向于表明副中央凹预视的加工并没有延伸到语义水平（Altarriba et al.，2001；Balota et al.，1985；Hyönä & Häikiö，2005；Rayner et al.，1986；Rayner & Morris，1992）。例如，雷纳等（Rayner et al.，1986）向读者展示了与目标词有关的 4 种副中央凹预视（如 "tune"）：相同（tune）、正字法相似（turc）、语义相关（song）和语义无关（door）。他们发现，在相同和正字法相似的条件下存在副中央凹预视效应，但是语义相关和语义无关条件下的预视之间没有区别。此外，阿尔塔里巴等（Altarriba et al.，2001）使用流利的西班牙语 - 英语双语者研究阅读中的副中央凹语义加工。目标词可以是英语或西班牙语，它们的预视是两种语言中另一种语言的翻译。研究发现有 5 种预视：相同（cream

作为 cream 的预视）；同源翻译（crema 作为 cream 的预视）；非同源翻译（fuerte 作为 strong 的预视）；伪同源词（无关词，仅字形相似，如 grasa 作为 grass 的预视）；不相关词（grito 作为 sweet 的预视）。非同源词的翻译没有预视增益，而从同源词翻译中获得的预视增益与从伪同源词中获得的预视增益没有区别，再一次表明预视增益在于预视词和目标词的正字法重叠，而不是语义相关。

早期的许多研究并没有发现稳定的语义预视效应，因此，当时的研究者更倾向于使用眼动的序列模型来解释西文的阅读，认为语义等高层的信息较难在预视过程中并行获得。然而，近年来越来越多的西文研究者证明语义水平的预视加工可能是存在的。多伊奇及其同事就观察到，希伯来语中的文字处理从单词形态同源的副中央凹预视中受益匪浅（Deutsch et al.，2003，2005）。霍恩施泰因等（Hohenstein et al.，2010）以及霍恩施泰因和克利格尔（Hohenstein & Kliegl，2014）等研究也证实了德语读者中的语义预视效应。此外，朔特（Schotter，2013）的研究也表明，当预视词和目标词是同义词时，语义预视效应同样可在英语中出现。

随着近几年一些研究开始使用伴侧 RSVP 范式结合 ERP 技术来探讨句子阅读中的预视信息的整合加工，越来越多的研究发现，相比于传统的边界范式研究，伴侧 RSVP 范式的研究结果相对更倾向于支持，即使是西文的阅读，也存在稳定的语义预视效应。例如，巴伯等（Barber et al.，2011）就采用这一范式考察了语义整合的预视加工过程。在实验过程中，句子逐词呈现在屏幕中央，与此同时，前一个词呈现在该词的左边，后一个词呈现在该词的右边。句子内容每屏呈现 100ms，中间间隔 400ms 空屏。实验中操纵关键屏预视词与当前语境的语义连贯性，形成两种实验条件：预视词语义连贯、预视词语义不连贯。脑电数据分析发现，预视词语义连贯性操纵诱发了 N400 效应，即相比于连贯预视条件，在不连贯预视条件下，读者在关键屏呈现后的 400ms 左右出现了波幅更大的负波。

此外，一些研究还显示，语义整合的预视加工会受读者认知资源的影响。巴伯等（Barber et al.，2013）开展了一项实验，在操纵预视词汇语义连贯性的同时，还操纵了关键词在语境中的限制程度以及关键词的呈现速率。在长 SOA（stimulus-onset asynchrony，刺激呈现异步性）下，词汇呈现 100ms，间隔 350ms；而在短 SOA 下，词汇呈现 100ms，间隔 150ms。研究结果表明，副中央凹视区词汇的语义连贯性引发了 N400 效应的改变，且这种效应的改变因

SOA 的不同而有所差异。长 SOA 下语义连贯性的预视效应不受语境预测性的影响；而在短 SOA 下，语义连贯性效应只在高预测语境中出现，在低预测语境中没有出现。结果说明，充足的认知资源会促进语义整合的预视加工。

由于早期的西文研究在语义预视效应能否产生的问题上证据并不充分，来自经典的边界范式所观察到的结果也并不一致，因此，仅有少数研究进一步关注预视信息的加工是否可以影响当前注视（词 n）信息的加工，即副中央凹 - 中央凹效应。确有研究证实副中央凹视区词汇的形态特征会影响到当前词汇的注视时间（Inhoff et al.，2000；Pynte et al.，2004；Starr & Inhoff，2004），然而另外一些研究并没有观察到类似的效应（Rayner et al.，2006，2007）。类似地，少数一些研究结果证实存在着预视词语义的副中央凹 - 中央凹效应（Kennedy et al.，2002，2004；Kennedy & Pynte，2005；Kliegl，2007），但多数情况下并没有观察到类似的效应（Calvo & Meseguer，2002；Henderson & Ferreira，1993；Schroyens et al.，1999；White et al.，2008）。

副中央凹 - 中央凹效应并不稳定，一些研究者因此质疑这一效应的可靠性。他们认为，副中央凹 - 中央凹效应可能反映的并不是一种稳定的现象，原因有以下两个方面：首先，眼跳并非永远准确无误地落在读者想注视的位置，所以注视点可能存在落点位置的误差（McConkie et al.，1988；Nuthmann et al.，2005）。也就是说，副中央凹 - 中央凹效应可能是由不准确的目标眼跳所导致的（Drieghe et al.，2008；Rayner et al.，2004）。例如，有一些眼跳没有按计划落在目标位置，而是落在目标位置之前，此时注意已经转移到目标位置的词汇上了。其次，多数报告副中央凹 - 中央凹效应的研究为语料库研究（Kennedy & Pynte，2005；Kliegl et al.，2006；Kliegl，2007；Pynte & Kennedy，2006），而多数眼动实验研究并没有发现这一效应（Rayner et al.，2007）。因此，至少在西文中，副中央凹 - 中央凹效应是否真实存在以及其机制如何均有待检验。

四、阅读中的预视加工：中文的证据

中文的预视加工又是怎样一种情况呢？要探索这一问题，同样必须从中文文本的特性入手进行思考。前一章我们已经论述过中文文本的特性，简单来说，首先，汉字是由一系列间隔相等的方块符号组成的，在笔画数和构造上，不同的汉字表现出许多视觉特征上的差异。汉字结构分为两种：独体与合体。独体字是由不可分割的笔画交叠而成的，而合体字通常是由表示语义或语音信息（称为部首）的两个可分离的子成分组成的。由于中文文本在单元面积内信息密度比英文更大，因此，与字母书写系统相比，通过一次注视，读者也有机会获得更多的中文文本信息。与这一假设相对应，以往关于中文阅读眼动轨迹的研究发现：阅读中文时，注视点右侧的知觉广度为 2～3 个汉字，仅略大于向前眼跳的平均距离（2.6 个汉字），这表明在阅读中文时，每次眼跳所覆盖的知觉范围重叠更少（Chen & Tang，1998；Inhoff & Liu，1998）。相比之下，在阅读英文文本时，当前注视点右侧可感知区域与下一注视点左侧加工区之间则有相当大的重叠（高达 50%），注视点到右侧的知觉跨度（14～15 个字母空间）是平均向前眼跳大小的两倍（7～8 个字母所占的空间）。这似乎暗示着中文读者每次能够从注视右侧获得较大数量的新信息，因此不需要在下次眼跳之后对已加工过的信息进行重复加工（Chen & Tang，1998；Chen et al.，2003）。

其次，汉字被视为中文视觉文本中的独特的加工单元。由于没有清楚的空格来区分不同的词汇，因此，中文读者可能在很大程度上需要依赖语境来判断一个字符本身是一个词还是一个构成多字词的语素，并确定其恰当含义（Chen，1996，1999）。尽管有着如此特殊的性质，我们的研究却发现，事实上，中文的阅读理解依然可以进行得十分即时，从句内到句间的整合都可以实时地进行。因此，一个可能的假设是：也许正是因为中文局部信息具有较大的歧义，所以读者对其他整体的信息更为敏感，更实时地依赖于各水平的处理，或者依据语境内外的其他信息快速实现语义的理解。如果事实的确如此，则在预视处理阶段，中文的加工者有可能就已经开始非常实时地使用不同水平的信息，并表现出强交互的加工特性。

以下将从中文句子阅读中预视信息的预视加工、预视信息与注视信息加工的相互作用等方面综述我们团队的一系列相关研究工作。

（一）中文阅读中语义信息的预视加工

与西文的研究类似，早期的中文预视加工研究主要集中在语音、正字法等层面上，许多研究者采用与拼音文字类似的研究方法（如 Liu et al.，2002；Tsai et al.，2004；Yan et al.，2009），结果均表明中文阅读存在着与拼音文字类似的、基于语音与正字法层面的预视效应。然而，在词汇语义信息是否能够在预视位置得到快速激活这一问题上，尽管早期有研究表明语义的预视加工可能存在，但是同样发现这种效应并不稳定。

波拉塞克等（Pollatsek et al.，2000）采用眼动随动呈现技术对汉字语音、正字法及语义预视效应进行了研究。他们将目标字呈现在中央凹位置，而在预视位置呈现不同类型的预视字，要求被试对预视字进行命名。预视字类型包括字形相似的同音字、字形不同的同音字、同义字、不相似字等。研究者在此基础上开展了两项实验：实验一的结果表明两类同音字预视都产生了预视效应，而同义字与控制条件相比却没有出现显著的差异；在实验二中，他们考察了正字法信息的预视效应，结果也只是在正字法相同的同义字条件下观察到错误率指标上的差异，对于正字法不同的同义字，并没有观察到任何显著的改变。这一结果并不能为语义预视效应提供充足的证据。

值得注意的是，波拉塞克等的研究采用的是词汇命名这一非正常阅读任务，他们要求被试在当前注视点右侧的词汇未出现之前一直注视着中心注视点处，右侧的信息出现之后再执行眼跳，并对所看到的词汇进行命名。这种情况下，读者对目标字和预视字的信息加工显然有异于自然的阅读。同时，波拉塞克等在实验中采用单个汉字作为启动词与目标词，然而，正如一些研究者所指出的那样，当研究中用单个汉字作为启动词或屏蔽词与目标词时，通常难以发现显著的语义效应，或者语义的提取滞后于语音的提取（Liu et al.，2002；Pollatsek et al.，2000）。而在使用正常的阅读材料进行自然阅读的情况下，读者的首要目的是获得意义，因此对预视信息的语义可能会特别敏感，从而使语义预视效应更有可能产生。所以，波拉塞克等的研究中没能出现显著的语义预视效应也可能与其所采用的实验任务与实验范式有很大关系。

根据早期这些研究，我们开展了一系列实验，分别从预视词与目标词的相关，以及预视词本身在句子中的合理性等不同角度探讨了中文阅读中语义预视的情况。

1. 中文阅读理解中的语义预视：合理性的作用

我们首先采用自然阅读理解机制研究中常见的范式，即违背范式和前文提到的边界技术，运用句子自然阅读的方法直接对中文阅读理解中语义因素是否可以对预视效应产生影响这一问题进行考察（王穗苹等，2009）。我们已经在绪论部分介绍了违背范式的原理。简单来说，这是通过改变一个句子或篇章中的某一关键字或词，使其与文本内容构成违背，通过比较正常句与不同违背条件下的阅读模式的差异，从而推断不同水平阅读理解加工的差异。先前的研究已证实这种范式可以同样有效地应用于研究中文阅读理解的加工过程（Chen，1992，1999；王穗苹，莫雷，2001；Wang et al.，2008c）。

在当前关注的问题上，结合边界技术的自然阅读研究范式，我们采用了两种目标预视字，即语义连贯与语义违背的单字词，这两个单字词只充当目标预视字，均不被读者直接注视，而只有当读者的眼睛越过边界时（位于预视字与前一字的间隔处），两类预视字才均变成目标字。依据两种条件下的预视信息对眼动轨迹影响的差异，我们可以推论注视点右侧词汇的语义信息是否会对预视效应产生影响。如果预视字的语义信息对预视效应产生影响，则语义违背预视条件下，对目标位置的首次注视时间或凝视时间会比语义连贯条件下的更长。这是因为，当预视所获得的语义信息与当前的句子语境相违背时，将会干扰读者对当前或紧接着的预视位置上的信息的加工，读者为了解决两次注视信息的矛盾可能会增加阅读时间。相反，如果这两种预视条件对目标字（或其相邻的字）的加工没有影响，则说明注视点右侧文字的语义信息不能对阅读中的预视效应产生太大的影响。

这一研究采用单字名词作为目标词，我们首先根据《现代汉语字频统计表》（国家语言文字工作委员会，国家标准局，1992）中的"社会科学和自然科学类·频度总表"，先选择44个单字名词作为语义连贯的目标词，然后利用44个目标词的意义编制44个不同主题的句子。所有句子描述的都是日常生活，较易理解，且目标词为句中之前动词的宾语。同时，挑选对宾语预测性不高的动词，比如"吃""买"等，动词"吃"后可以接任何一种可食用的物品，动词"买"后同样可以接多种物品。依据所编写的句子确定语义违背目标词，这些词均为单字词，且其词性与语义连贯目标字相同，均为名词。根据目标词的不同，每一句子形成语义连贯和违背两个版本。编写材料时，确保目标词/字离句末有3个字以上。例如，正常条件下，句子内容为"昨天夜里我被老鼠吃豆的声音吵得不能入睡"（图2-4），而在冲突条件下，目标词"豆"变成"风"，导致句子意义不恰当，该研究匹配了两条件下目标词的字频、笔画数及结构等形态上的变量。

由于运用的是边界技术，上述两类目标字在研究中分别为预视字，因而形成两种不同的预视条件。也就是说，通过边界技术的运用，读者无法直接注视到这两个字，而只能对它们进行预视加工。这里把预视字（如"豆"）所在位置定义为"预视关键字位置"（简称为C），本实验设置一条看不见的边界在前目标字（C-1，即"吃"）的右侧。当读者的注视点在边界左侧时，根据实验条件，关键字位置上呈现的是两类预视字"豆"或"风"中的一个，当读者的眼跳跨过边界，关键字位置上的预视字立刻变成目标字，如"米"。具体程序如图 2-4 所示：1a 句的注视点落在边界左侧，预视位置上呈现预视字，语义连贯条件下为"豆"；1b 句中注视点越过边界时，不论何种预视条件，关键字均变为"米"。在这一过程中，从眼跳信号发出到屏幕发生改变的时间在 9～10ms。

此外，因为在边界实验中预视字会变为目标字，为了保证实验中出现的效应是由语义合理性所导致的，而不是由特定条件下预视字对目标字的启动效应所引起的，我们进行了一项语义启动效应的实验，将语义连贯、违背预视字各 44 个分别与目标字配对，形成语义连贯启动对（如"豆—米"）以及违背启动对（如"风—米"）。未参加实验的 30 名学生参加语义启动实验。刺激对的前一项为启动刺激，后一项为目标刺激，被试对目标刺激做真假字判断，并按键做出反应。反应时和错误率结果均显示不同条件下的语义启动效应并未达到显著。因此，在正式的句子阅读实验中，两种条件下在目标词上所观察到的差异不太可能仅仅由语义启动效应的差异所导致。

34 名熟练的中文读者参与正式实验，每名被试对 92 个句子（包括 4 个练习句、44 个实验句和 44 个填充句）进行理解。研究者对句子主题和实验条件在被试间进行平衡。整个实验包括眼动轨迹的校准和实验两阶段。在校准阶段，每名被试都完成了 9 点校准程序，以确保眼动仪的记录精确。然后是实验阶段。在阅读每个句子之前，他们首先被要求注视固定在计算机屏幕左上角的一个点，这一位置也是句子的第一个字符的位置。一旦他们的注视点到达该位置，整个句子就会显示在屏幕上。每个汉字大约形成 1.2° 视角，加上字间空隙，预视字呈现的位置为副中央凹位置（2°～5°）。每读完两个句子后，被试需要根据之前两个句子的内容对一个理解问题做"是"或"否"的判断。我们记录了被试眼球运动的轨迹。数据分析同样分为基于单字的分析与基于区域的分析。

基于单字的分析重点考察目标字及其左右相邻两个字（C−1、C、C+1）的

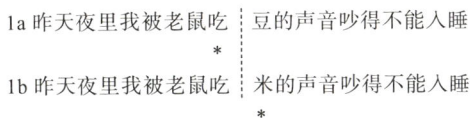

1a 昨天夜里我被老鼠吃 ┆ 豆的声音吵得不能入睡
　　　　　　*
1b 昨天夜里我被老鼠吃 ┆ 米的声音吵得不能入睡
　　　　　　　*

图 2-4　实验材料和边界位置示意图。* 表示读者的注视点，虚线代表边界；当注视点位于边界左边时，位于预视状态的目标位置根据实验设计呈现预视词，当注视点越过边界后，预视词变为目标词

阅读情况，基于区域的分析则将边界前两个字与边界后两个字合并为两个不同的区域，边界后两个字合并的区域即预视区或称目标区（T），边界前两个字合并的区域即目标前区（T-1）。虽然我们同时分析了首次加工的指标和重读加工的指标，但与以往这一领域的研究相似，预视效应的加工主要出现在反映首次加工的指标上，反映重读加工的指标对预视加工不敏感。与之前所有中文的眼动研究相类似，本次研究单字略读率较高，在所有的关键字上首遍略读率均在50%以上，略读率在30%以上，各条件下有效的数据量较少，因此，这里我们只报告基于区域的分析结果，主要是首次加工的眼动模式（表2-1），包括首遍阅读时间、首遍略读频率，同时我们也报告了总略读频率。

表 2-1　语义连贯与语义违背条件下不同区域的眼动指标均值（标准差）

眼动指标	T 区		T-1 区	
	连贯	违背	连贯	违背
首遍阅读时间（ms）	286（50）	324（91）	238（58）	263（72）
首遍略读频率（%）	16（16）	20（18）	37（16）	35（19）
总略读频率（%）	6（7）	7（10）	18（10）	16（12）

（引自：王穗苹等，2009）

总体上，目标区首遍略读频率下降到20%左右，总略读频率降至6%左右，这两类频率在目标区上不存在显著差异，关键的差异出现在首遍阅读时间上，在目标区（T区）位置，违背条件下的首遍阅读时间显著长于连贯条件下的首遍阅读时间；但在目标前区（T-1区），不同条件下各指标并未出现显著差异。

这一结果和第一章我们所看到的语义违背即时加工结果有很高的一致性，说明即使违背的目标字／词位于预视区域内，其语义信息也能被即时提取和加工。由于读者通过预视所获得的语义信息与当前阅读的信息相违背，相比于语义连贯条件，读者随后在直接注视该区域时的阅读时间也更长。也就是说，预视字与当前句子意义的连贯程度会影响读者未来在该位置上的眼动轨迹。这在一定程度上证明了我们前面谈到的假设，即在中文阅读里，语义信息的确可以通过预视而得以加工。

2. 中文阅读中的语义预视：预视词和目标词的语义关系对预视词合理性加工的影响

几乎在同一时间，另一项研究（Yan et al.，2009）也报告了阅读中文句子时独体字的语义预视效应。研究者操纵了预视词与目标词的几种关系：完全相同、语音相同、形态相似、语义相关，以及完全无关。实验发现，与目标词完全相同、形态相似，以及语义相关的预视词对目标词的加工均有促进作用。随后，研究者（Yan et al.，2012）又对先前的数据进行了再分析，结果发现，语义预视效应随预视时间发生了改变。语义相关预视词对目标词的促进作用随预视时间的增加而减弱。这说明随着预视时间的增加，读者对预视词汇的语义信息进行了深度加工，所以语义相关预视词和目标词之间的语义差异性所产生的干扰作用表现出来。

由于中文中大约有 82% 的字符是合体字（Xu et al.，1999），而前述研究（Yan et al.，2009，2012）在实验中只使用了独体字，因此，他们所观察到的语义预视效应是否为一个普遍存在的效应，仍然值得进一步研究。为此，我们使用了独体字和合体字作为目标词（大部分是合体字，）对阅读理解中的语义预视问题进行了更为系统的研究，分别探讨了预视词与目标词之间的语义关系是否会影响预视加工，以及这种语义关系如何影响预视信息合理性的加工（Yang et al.，2012b）。

（1）预视词与目标词之间的语义关系

首先，为了了解预视词与目标词之间的语义关系是否会影响实时的阅读加工，参照前述研究（Yan et al.，2009，2012），我们同时操纵了不同类型的语义关系，目标词同样为单字词，构建了三种类型的预视，参见图 2-5 的范例。三种条件分别为：①预视词和目标词完全一致（眼－眼）；②预视词和目标词的语义相关（脸－眼）；③预视词和目标词是语义无关的（院－眼）。每个句子的长度为 11～12 个字符，目标词位于句子中间，在目标词之前或之后至少有 4 个字符，并且在句子结束之前没有任何标点符号。为了避免无关变量对实验结果的影响，我们控制了三个条件下目标词的词汇属性（都是名词），并且对目标词的词频、笔画数、结构（部件的组合方式）以及音节都进行了精确的匹配。

医生叫他尝试睁开 | 眼 / 脸 / 院看远处的灯光。
　　　　　　　　　*
医生叫他尝试睁开 | 眼看远处的灯光。
　　　　　　　　　　*

图 2-5　操纵预视词与目标词语义关系的实验材料与边界位置示意图。* 表示读者的注视点，竖线代表边界；当注视点位于边界左边时，位于预视状态的目标位置根据实验设计呈现不同的字，注视点越过边界后，所有预视词变为同一目标词

此外，为了保证实验材料的编写符合要求，我们让 16 名未参与正式实验的被试对目标词和预视词（语义相关和语义无关）进行了语义相关性的等级评定。结果发现，相关预视词和目标词之间的语义相关性显著高于不相关预视词和目标词之间的语义相关性。此外，我们还对目标词之前的句子限制性进行了评定，以考察读者从先前的语境中预测目标词和预视词的概率。结果表明，被试在 24% 的情况下认为随后会出现目标词，表明实验材料句均为中等限制性的句子，但相关和不相关预视词的预测性为零。

24 名熟练的中文读者参与正式实验，每名被试阅读 93 个句子（其中包括 9 个练习句和 30 个填充句）。实验采用 Eyelink1000 眼动记录仪，采样率为 1000Hz，实验刺激在 19 英寸（1 英寸约为 2.54 厘米）的戴尔 SVGA 显示器上呈现，刷新频率为 150Hz。虽然被试观看的时候使用的是双眼，但眼动仪只记录被试右眼的眼动。整个实验包括校准和实验两个阶段。在校准阶段，每名被试都完成 3 点校准程序，以保证眼动记录仪的准确性。接着是实验阶段，在阅读每个句子之前，被试首先被要求注视计算机屏幕中央的一个点，然后注视屏幕左侧的一个点，这个点与句子的第一个字符位置重合。一旦他们的注视点在这个位置上，整个句子就会呈现在电脑屏幕上。其中 1/3 的句子材料在呈现后会紧接着出现一个"是"或"否"的理解判断，需要被试做出选择。整个实验持续 30min，我们记录了被试在阅读过程中的眼动轨迹。

数据的分析在基于字和基于区域两个层面上进行。在这两项分析中，我们参考了用于研究副中央凹预视效应的常用指标：单次注视时间（single fixation duration，SFD）、凝视时间和略读率。由于略读率在不同条件下的差异都很小，所以不对其进行详细讨论。

基于字的分析主要计算了在字 n−1 到字 n+1 位置上不同类型的眼动测量指标。从图 2-6 中可以看出，相同预视效应出现在目标字 n 处，并且还延伸到目标字之后一个字（n+1）上，相关和无关预视条件下的单次注视时间均比相同预视条件下的更长，但相关和无关预视条件之间的单次注视时间差异并不显著。在目标字之前的一个字（n−1）上，三种条件下的单次注视时间均未出现显著差异。

在凝视时间方面也可以观察到与单次注视时间相类似的模式（图 2-7）。在相同预视条件下，读者在字 n 上的凝视时间显著短于相关和无关预视条件，但相关和无关预视条件之间并不存在差异，而在字 n−1、n+1 上，这三种差异并没有出现。

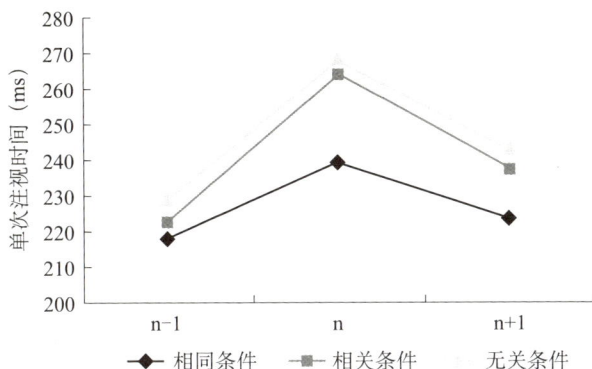

图 2-6　基于字的分析中相同、相关、无关条件下单次注视时间的差异

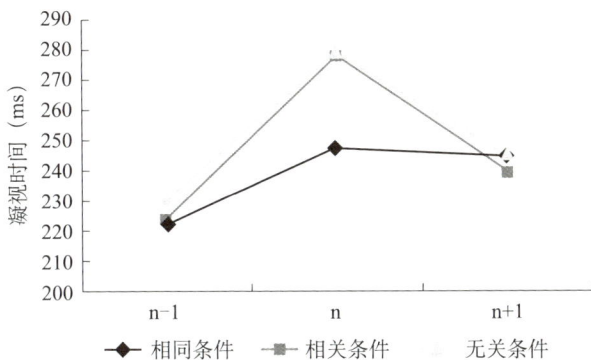

图 2-7　基于字的分析中相同、相关、无关条件下凝视时间的差异

基于区域的分析部分则将字 n-1 和字 n-2 结合成前目标区域，字 n 和字 n+1 结合成目标区域。通过组合，略读率可以降低到 17%。由于不同预视条件间的略读率差异不显著，以下不再对其做进一步讨论。基于区域的分析和基于字的分析表现出一致的模式，即在单次注视时间上可以观察到相同预视效应，即相关和无关预视条件下的凝视时间显著长于相同预视条件，但是相关和无关预视条件下的凝视时间不存在显著差异。

这一实验结果总体上表明，相同预视条件的阅读时间比相关和无关预视条件下的阅读时间要短，表明当预视词与目标词不同时阅读速度会减慢。这一结果与先前的研究是一致的（如 Liu et al.，2002；Tsai et al.，2004；Yang et al.，2009）。但是与我们另一项实验不同的是，我们并没有在相关和无关预视条件之间发现差异。这个结果不禁让我们深思：如果语义信息的确可以通过预视获得，为何在我们的这项研究中却无法观察到语义相关与无关的效应？

将这一实验与先前我们的语义预视实验以及另一项研究（Yan et al.，2009）进行比较，一种可能的解释是原因在于独体字与合体字的差别，另一种可能的原因或许在于，当前这一实验中，当预视字转为目标字时，目标字在句子中是不合理的，而在我们先前发现语义预视的实验中，目标字在句子中是合理的，另一项研究（Yan et al.，2009）则没有对这一变量做合理性的控制。一个不合理的目标字可能导致阅读的困难，使得预视过程中较弱的语义合理性效应没法展示出来。也就是说，我们没有观察到语义预视优势，并不意味着中文读者不能从预视词中获得语义信息，而是如果预视词的语义信息不能帮助读者理解句子（即预视词在句子中是不合理的），那么语义相关所导致的语义启动效应可能会被语义的不合理性所掩盖。因此，预视词是否符合上下文的重要性要大于预视词的意义是否与目标词有关。这个假设在某种程度上与前述研究者（Yan et al.，2012；Zhou et al.，2013）所提出的解释是相匹配的。他们认为，在预视词与目标词不一致的情况下，预视词的激活程度越高，对目标词加工的难度就越大，这样预视优势反而会越小。因此，目标词之前的词的注视时间和目标词在句子中的可预测性等因素都会影响目标词和预视词之间的竞争，从而影响语义预视效应的出现。为了探索这一假设是否合适，我们对上述两个关键变量，即预视词与目标词的语义关系以及预视词在句子中的语义合理性同时进行操纵。

（2）预视词与目标词之间的语义关系对预视信息合理性加工的影响

为了更深入地了解语义信息如何在预视条件下得以加工，在接下来的这个实验中，我们首先使用了合理的目标词，同时更系统地在词汇关系以及语义合理性这两种不同水平上操纵语义变量，形成4种类型的预视，例句如图2-8所示。4种预视条件分别为：①相同，即目标词与预视词相同，如目标词为"鞋"，预视词也为"鞋"；②相关且合理，如预视词"袜"与目标词"鞋"之间具有语义的相关，同时，"袜"在句子中也是一个合理且连贯的词；③不相关但合理，如预视词"桔"与目标词"鞋"之间的语义关联性不大，但是"桔"在句子中也是一个合理且连贯的词；④不相关且不合理，如预视词"潭"与目标词"鞋"之间的语义关联性不大，同时"潭"在句子中并不是一个合理且连贯的词。

通过这样的设计，我们可以更好地了解语义的合理性与语义相关性在预视加工中的作用。我们的重点为是否可以在相关且合理的条件以及不相关但合理的条件下观察到预视效应，即相比于不相关、不合理的基线条件，前述两条件下的阅

陈健拎着一箱 | 鞋 / 袜 / 桔 / 潭　来到我经营的小店里。
　　　　　　　＊

陈健拎着一箱 | 鞋　来到我经营的小店里。
　　　　　　　　＊

图 2-8　操纵预视词与目标词语义关系对预视词合理性的影响：实验材料与边界位置示意图。* 表示读者的注视点，竖线代表边界；当注视点位于边界左边时，位于预视状态的目标位置根据实验设计呈现不同的字（图中的鞋 / 袜 / 桔 / 潭分别代表四种预视条件，依次为相同、相关且合理、不相关但合理、不相关且不合理），注视点越过边界后，所有预视词变为同一目标词

读时间是否有所不同，这至少可以表明是否存在不同水平的语义预视效应。

　　与先前的研究相似，我们同样尽可能地匹配了目标词和预视词的词频、词性、笔画数。未参加正式实验的 18 名被试参加了预视词与目标词语义关联性测试，结果表明相关合理预视词与目标词语义更相关，但不相关合理预视词与不相关且不合理预视词之间的语义关联性不存在显著差异。48 名没有参加过类似实验的中文读者对 109 个句子（其中含 9 个练习句和 40 个填充句）进行阅读。实验程序和数据分析方法与前面的实验相同。

　　同样采用基于字的分析及基于区域的分析。基于字的分析计算了字 n-1 到字 n+1 的初始略读率、单次注视时间和凝视时间。由于略读率在不同条件下的差异较小，此处仍然不做详细讨论。

　　基于字的分析结果参见图 2-9 和图 2-10。在单次注视时间上，相同预视条件下目标词 n 的加工时间比其他预视条件下的短，表现出典型的预视效应，这种预视效应还会溢出到目标字之后一个字（字 n+1）上。但是，不合理和两个合理预视条件之间，以及相关－合理和不相关－合理预视条件之间的差异不显著。值得注意的是，在字 n-1 处，相同预视条件下的单次注视时间比其他预视条件下的要长，这与本章报告的前一个实验（例句参见图 2-5）结果相反，但却与以前的研究一致，显示出副中央凹－中央凹效应具有跨实验的一致性。

　　在凝视时间上也发现了类似的模式（图 2-10），在相关－合理、不相关－合理和不相关－不合理预视条件下，读者在字 n 和字 n+1 上的凝视时间显著长于相同预视条件下的凝视时间。我们同样发现，这三个违背条件在字 n 和字 n+1 上并没有出现显著差异。但可以发现，不相关－不合理预视条件下的凝视时间明显更长。

　　基于区域的分析则是将字 n-1 和字 n-2 结合成前目标区域 T-1，将字 n 和

字 n+1 结合成目标区域 T，这有效地减少了单个字的略读率较高（50% 左右）的问题，而使组合后的略读率降到了 10% 左右。区域分析结果同样表明，四个预视条件下的略读率不存在显著差异。此外我们发现，相同预视条件下在目标区域上的单次注视时间和凝视时间都要短于其他三个预视条件，而且在单次注视时间和凝视时间上也可以观察到合理性效应。更有趣的是，相较于不相关－合理预视条件，相关－合理预视条件下的单次注视时间更短，这也显示出单次注视时间上存在显著的语义预视效应。

很显然，与我们的假设相一致的是，在目标词并不造成句子语义连贯性中

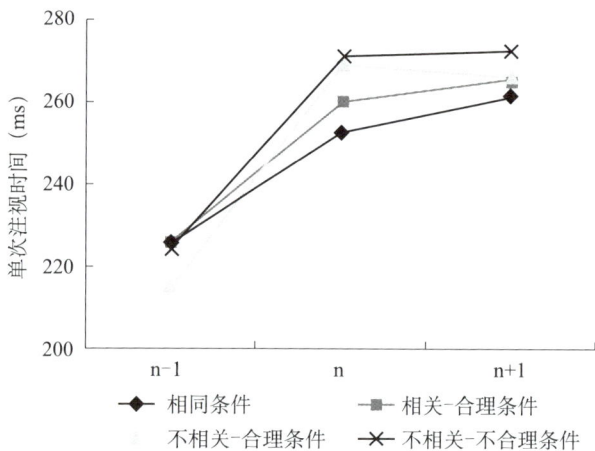

图 2-9　基于字的分析中相同、相关－合理、不相关－合理以及不相关－不合理条件下单次注视时间的差异

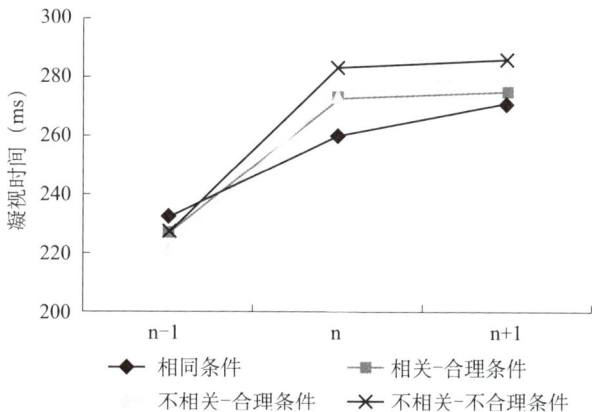

图 2-10　基于字的分析中相同、相关－合理、不相关－合理以及不相关－不合理条件下凝视时间的差异

断的情况下，的确可以清楚地看到语义预视所产生的效应，这种效应在合理性水平上最为显著，而在语义相关这一层面上相对较弱。事实上，我们的研究主要还是观察语义合理性的作用，而不是语义相关性的促进作用。整体上，这一研究再次确证，在中文阅读理解中，语义信息加工确实是非常实时的，在预视的时窗内这种加工就能达到语义的水平，而完全不存在任何延时。

（二）预视信息与注视信息加工的相互作用

上述研究总体上表明，在中文阅读理解中，当信息开始进入认知加工系统时，尽管此时这些信息并不处在直接的注视范围内，但读者却能非常实时而深入地对信息进行高层的语义加工，这是一个非常有趣的现象。更值得思考的问题是，这些进入高层语义加工的信息，又是否以及如何与当前注视的信息发生交互，并且受到语境等信息自上而下的调控？以下我们将借助三个系列研究对这些问题进行探讨。其中，第一个系列研究探讨句子的语境限制性是否可以影响预视信息语义层面的加工，第二个系列研究探讨副中央凹－中央凹效应存在的证据，第三个系列研究则探讨语义信息通过预视加工之后是否会成为语境知识的一部分，实时而动态地影响随后对信息的直接注视。以下对这些研究逐一进行介绍。

1. 句子语境限制性可直接作用于预视信息的语义加工

阅读需要把一个个单词整合成连贯的表达。以往的研究一致表明，来自语境的信息和通过预视所获得的信息都会影响单词的加工，尤其影响当前正在直接注视的信息，那么这些信息是否会直接影响当前预视信息的加工？如果会，这种影响又会发生在何种水平？目前对这些问题的研究还较为缺乏。

少数西文研究表明，语境信息和低水平的预视加工（例如，词长和正字法加工）之间的确会产生实时的交互。例如，当一个给定的句子语境对特定目标词提供了更高的预期时，与低预期的情况相比，单词长度或单词正字法的预视效应更大（如 Balota et al., 1985；Juhasz et al., 2008）。然而，目前只有少数研究探索了语境如何与语义预视信息产生交互。例如，西文中早期仅有两项研究探讨了语义相关的预视如何受到语境的影响（Balota et al., 1985；Schotter et al., 2015）。例如，通过对语境限制性的控制，朔特等（Schotter et al., 2015）的研究表明，语义预视效应的大小受目标词语境限制性的调节。具体来说，预视效应可以在高限制性句中出现，而在低限制性句中不出现。由于句子的语境可以限制目标词的可能类别，在高限制性句中获得的语义预视效应或许由读者提前获得语义相关预视词的语义信息导致。

另外一些研究也发现，预视效应会随着预视词加工时间的增加而增大（如 Hohenstein & Kliegl，2014；Kliegl et al.，2013；Marx et al.，2016；Yan，2015；Yan et al.，2012），可能是因为较长的预视词加工时间会导致读者更可能从预视中获得语义的信息。例如，相同的预视更可能使读者获得与句子语境连贯的副中央凹信息；而不同的预视则更可能使读者获得语义不连贯的副中央凹信息（Yan，2015）。使用关键前词的注视时间作为协变量，研究者（Yan et al.，2012）发现，不合理的预视词如果与随后出现的注视词语义相关，则其将在较短的预视时间内获得更大的语义预视效应，但在预视时间增加后，这种效应则完全消失。这表明，语义相关的加工在早期预视过程中可能起到的是促进作用，但如果预视到的信息与句子的意义并不连贯，则这种不合理的语义信息会逐渐影响正在进行的预视加工，对该加工过程造成干扰。这也意味着，在句子的加工过程中，预视效应可能是一个动态的过程，会在多个加工阶段产生多种不同的效果。

鉴于语义预视效应受句子语境限制性的影响（Schotter et al.，2015），依赖预视时间的语义预视效应（Yan et al.，2012）是否以及如何受句子语境信息的调节也就成为值得关注的问题。对该问题的探讨将有助于我们理解自上而下和自下而上的加工过程在句子实时阅读中如何交互。我们对这一问题也进行了探讨，重点在于理解中文句子阅读中，语义的预视效应如何受预视时间和语境限制性调节。考虑到语义预视效应在中文阅读中已被证实具有相当的稳定性，运用中文为实验材料将有机会更好地揭示这种调节效应的特点（Li et al.，2018）。

在本次研究中，所有的目标词均为单字词，位于由 15～20 个字构成的中文句子中部，离句首均在 5 个字以上。根据实验的操纵，句子主干（从句子开头到目标词之前的第三个汉字）的构建方式要么是高限制性的，要么是低限制性的。高限制性的主干使目标词成为一个高度可预测的词，而在低限制性主干中，同一目标词的预期性较低。进而，我们对预视词与目标词之间的语义关系进行操纵，使预视词与目标词形成一致、语义相关或语义不相关三种关系。我们进一步匹配了三种条件下预视词的笔画数和词频。

具体材料范例参见图 2-11。在这一例子中，"院子里打鸣的那只"是一个高限制性语境。在这个语境下，多数读者都会预期随后出现的目标词应为"鸡"，根据这一目标词，确定 3 个预视词，其中一个为相关预视词"蛋"，另一个为无关预视词"府"，第三个为一致的预视词"鸡"。这三个预视词也同时用于低限制性语境条件，此时，语境"刘老汉逮住的那只"并不能使读者对随后出现的目标词"鸡"有清晰而一致的预期。

通过这种设计，我们假设，如果语境限制性可以实时影响语义的预视加工，我们将可以观察到预视条件与语境限制性的交互作用，我们也同时考察了当前注视时长的可能作用。如果这种交互作用会随着注视时长的变化而有所变化，则还将出现预视条件、语境限制性以及注视时长的三重交互作用。根据这些数据的模式，我们将能更好地确定在预视阶段不同水平信息并行加工的程度和表现。

为了使实验材料达到实验设计的要求，我们共进行了三项评定。第一项是预视词与目标词的相关性评定，16 名不参加正式实验的评定者对预视词与目标词之间的语义关系进行主观评定，证明了相关条件下预视词与目标词之间的确存在相关，而不相关条件下两者关系较弱。第二项是由不参加正式实验的 100 名评定者对句子语境的限制性进行评定。向他们呈现截至目标词前（不包括目标词）的句子主干，请他们填入自己觉得最有可能的一个目标词。结果在高限制性语境下填入目标词出现的可能性达到 87%，而在低限制性语境下填入同一目标词的可能性只有 27%，表明限制性的操纵是合适的。第三项评定由另外 48 名被试进行，他们评定了目标词、相关和无关预视词在高、低限制性句中的合理性。结果表明，尽管高限制性句中目标词的合理性高于低限制性句中目标词的合理性，但两类句子中的目标词均被认为是合理的，而相关与无关预视词都被认为较不合理。但不论是在高限制性句还是在低限制性句中，两类预视词的合理性都不存在差异。

高限制性语境

院子里打鸣的那只｜鸡 / 蛋 / 府 还在叫个不停。　　　边界变化前

      *

院子里打鸣的那只｜鸡还在叫个不停。　　　边界变化后

      *

低限制性语境

刘老汉逮住的那只｜鸡 / 蛋 / 府 还在叫个不停。　　　边界变化前

      *

刘老汉逮住的那只｜鸡还在叫个不停。　　　边界变化后

      *

图 2-11　高、低限制性语境下不同类型预视词在预视范式下的呈现范例（引自: Li et al., 2018）

60 名熟练的中文读者参与正式实验，每名被试对 84 个实验句和 66 个屏蔽句进行理解。整个实验包括眼动轨迹的校准和实验两阶段。在校准阶段，每名被试都完成了 3 点校准程序，以确保眼动仪的记录精确。然后是实验阶段。有 1/3 的句子在呈现后会呈现一个理解问题，要求被试做"是"或"否"的判断。在阅读过程中我们记录了被试的眼动轨迹。

我们分析了关键前词 n-1、关键词 n 和关键后词 n+1 的首次注视时间和凝视时间（3 个位置的相关信息分别参见表 2-2 至表 2-4）。

表 2-2　读者在关键前词（n-1）位置上各条件下的首次注视时间、凝视时间、单次注视时间及注视率上的平均值（标准差）

眼动指标	相同预视条件	语义相关预视条件	语义无关预视条件
FFD-HC（ms）	221（63）	220（68）	226（64）
FFD-LC（ms）	231（73）	224（58）	228（67）
GD-HC（ms）	222（66）	221（70）	229（67）
GD-LC（ms）	235（78）	228（66）	231（74）
SFD-HC（ms）	220（64）	220（67）	227（64）
SFD-LC（ms）	231（73）	223（58）	227（66）
FR-HC（%）	43（50）	41（49）	40（49）
FR-LC（%）	43（50）	40（49）	43（50）

注：FFD 表示首次注视时间；GD 表示凝视时间；SFD 表示单次注视时间；FR（fixation rate）表示注视率；HC 表示高限制性条件；LC 表示低限制性条件，下同（改编自：Li et al.，2018）

表 2-3　读者在关键词（n）位置上各条件下的首次注视时间、凝视时间、单次注视时间及注视率上的平均值（标准差）

眼动指标	相同预视条件	语义相关预视条件	语义无关预视条件
FFD-HC（ms）	248（72）	262（79）	269（83）
FFD-LC（ms）	264（85）	274（95）	279（94）
GD-HC（ms）	255（81）	272（87）	283（97）
GD-LC（ms）	276（94）	285（102）	294（105）
SFD-HC（ms）	249（73）	264（80）	271（84）
SFD-LC（ms）	266（86）	277（95）	281（94）
FR-HC（%）	45（50）	47（50）	49（50）
FR-LC（%）	51（50）	50（50）	49（50）

（引自：Li et al.，2018）

表 2-4　读者在关键后词（n+1）位置上各条件下的首次注视时间、凝视时间、单次注视时间
及注视率上的平均值（标准差）

眼动指标	相同预视条件	语义相关预视条件	语义无关预视条件
FFD-HC（ms）	232（64）	252（79）	252（88）
FFD-LC（ms）	252（84）	266（89）	271（92）
GD-HC（ms）	237（79）	261（90）	259（92）
GD-LC（ms）	256（89）	280（114）	285（106）
SFD-HC（ms）	231（64）	252（79）	254（89）
SFD-LC（ms）	252（84）	266（88）	272（94）
FR-HC（%）	54（50）	58（49）	57（50）
FR-LC（%）	53（50）	59（49）	57（50）

（引自：Li et al., 2018）

首先，结果表明关键前词的语境限制性效应显著，在低限制性条件下的阅读时间要长于高限制性条件。预视条件效应不显著，也就是说，实验没有观察到显著的副中央凹－中央凹效应。其次，关键词的语境限制性效应显著，低限制性条件下的阅读时间要长于高限制性条件。最重要的发现是，预视条件、语境限制性和预视时长三者之间存在三重交互作用（图 2-12），这表明预视时长和语境限制性都会影响句子加工过程中的语义预视效应。对于低限制性句中的目标词，在较短的预视时长内，语义预视的效应较大，随着预视时长的增加，语义预视的效应逐渐消失。然而，对于高限制性句中的目标词，我们既没有发现语义相关性的主效应，也没有发现语义相关与预视时长之间的交互作用。最后，关键后词的语境限制性效应显著，低限制性条件下的阅读时间要长于高限制性条件。

总体来说，这一研究结果验证了中文阅读中语义预视效应对注视时间的依赖性，并且确认语境限制性在其中起着调节作用。同时，这一结果证实了语境效应在副中央凹加工中的重要性，并表明句子中的词汇处理是一个动态的过程，通过预视方式所获得的语义信息在整合过程中会受到语境自上而下地调节。根据这一系列研究，以往西文研究中很难获得稳定的语义预视效应，原因可能在于很少关注语境对预视效应的影响。从我们的研究结果来看，语义预视效应会受到语境的即时作用，因此在预视加工研究中语境的作用不可忽视。

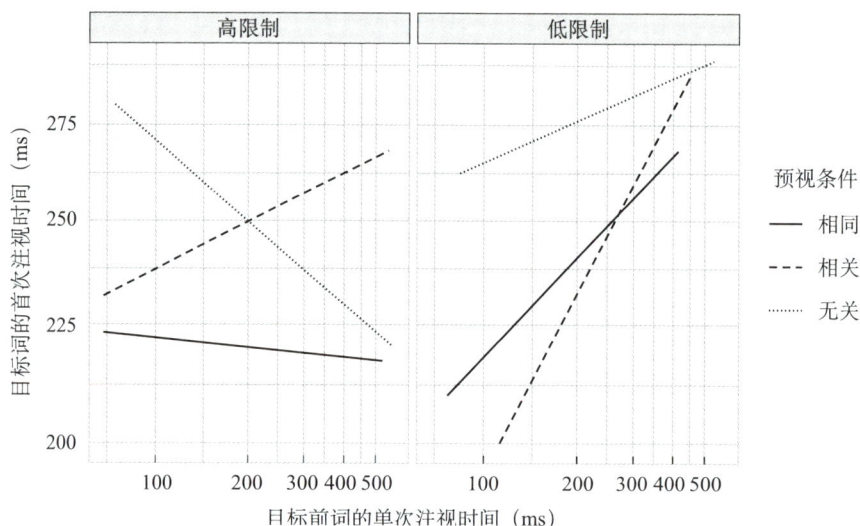

图 2-12　在高限制性条件（左图）与低限制性条件（右图）下，目标词的首次注视时间与目标前词在相同（实线）、语义相关（短划线）及语义无关（点线）三种预视条件下的单次注视时间之间的线性回归。此图基于两个坐标轴的对数形式。此为部分效应图，回归前在线性混合模型中估计出的被试间差异及句子间差异已被剔除（引自：Li et al.，2018）

2. 语义预视可以直接影响当前注视信息的加工

如前文所述，尽管副中央凹－中央凹效应是对预视信息加工的一种最直接的检测手段，然而以往在自然阅读中运用边界技术的研究得出的结果却并不稳定（Kennedy et al.，2002，2004；Kennedy & Pynte，2005；Kliegl，2007；Calvo & Meseguer，2002；Henderson & Ferreira，1993；Schroyens et al.，1999；White et al.，2008），很多研究者质疑副中央凹－中央凹效应的可靠性。这些争议主要来自以下几个方面。首先，自然阅读中的眼跳落点位置可能存在误差（McConkie et al.，1988；Nuthmann et al.，2005）。其次，副中央凹－中央凹效应的报告主要来自语料库的研究（Kennedy & Pynte，2005；Kliegl，2007；Kliegl et al.，2006；Pynte & Kennedy，2006），而多数眼动实验研究没有发现副中央凹－中央凹效应（Rayner et al.，2007）。此外，边界技术范式下预视词的呈现时间是由读者的眼跳来决定的，所以，不同读者在对不同材料的阅读中，预视词呈现时间都存在很大的变异。以往研究发现（Hohenstein & Kliegl，2014；Kliegl et al.，2013；Marx et al.，2016；Yan，2015；Yan et al.，2012；Li et al.，2018），预视时间会显著地影响预视词汇的加工，这也可能导致我们无法观测到稳定的副中央凹－中央凹效应。

鉴于边界技术在研究该问题时具有无法严格控制预视词呈现时间等一些局限性，近年来有研究者利用 ERP 技术结合伴侧 RSVP 范式对西文中的语义预视效应进行研究。早期使用该范式的一项研究表明，与语义相关的预视词相比，在右侧伴侧出现的语义不相关预视词产生的 N400 效应更大（Barber et al., 2013）。由于 N400 效应是反映语义整合的一个经典指标，这一效应也证实，在句子阅读过程中，读者的确可以提取预视位置的语义信息。我们将这一方法应用到中文句子阅读中，尝试验证在阅读理解中，位于预视位置的不连贯预视词是否可以即时地影响当前注视信息的加工，产生副中央凹 – 中央凹效应，并且利用 N400 的语义特性，证明这种效应发生在语义的水平上（Zhang et al., 2015）。

实验仍然采用了违背范式，但与先前变换不同目标词构成连贯或违背的实验操纵有所不同的是，在本次研究中，我们是通过变换关键名词前 4 或 5 个字位置的双字动词形成两种语义条件，而保证关键名词在不同语义条件完全一致（参见表 2-5），进而确保关键屏语言材料在实验条件间完全相同，使预视词与当前语境的语义合理性关系为唯一可能诱发 N400 效应的操纵。特别是关键名词与动词之间的间隔被控制为 4 或 5 个字位置，避免以往类似研究中关键词自身属性信息对实验结果产生干扰。因此，要检测出预视名词的不合理性，被试必须将其与整体句子上下文结合起来，而不仅仅是与刚刚出现过的词汇产生联系。

表 2-5　伴侧 RSVP 范式中的实验材料范例

实验条件	例句
合理句	韩梅①摘掉了那②几只瓜＊并装进袋子。
违背句	韩梅①捕获了那②几只瓜＊并装进袋子。

注：＊为关键名词；①与关键名词形成语义合理或违背关系的动词；②关键名词，位于关键屏的右侧

为了避免两种语义条件间动词的笔画数和频率、关键名词（n）的语境限制性、关键名词前一个字（n–1）的语境限制性和该字的预期性对实验数据产生干扰，保证两种语义条件间唯一的操纵是关键名词与当前语境的语义合理性，我们对上述这些可能的影响因素分别进行了匹配或评定，确保两种条件下上述因素都具有可比性。

正式实验的程序如图 2-13 所示，每个句子最先呈现 300ms 的注视点，随后在屏幕中央开始逐字呈现句子（13～18 屏）。其中，中间字（Cn）左侧同时呈现该字在句子位置中的上一个字（Cn-1），右侧同时呈现下一个字（Cn+1），两侧字与中间字均间隔 2° 视角，从而保证它们处于被试的副中央凹视区。每屏

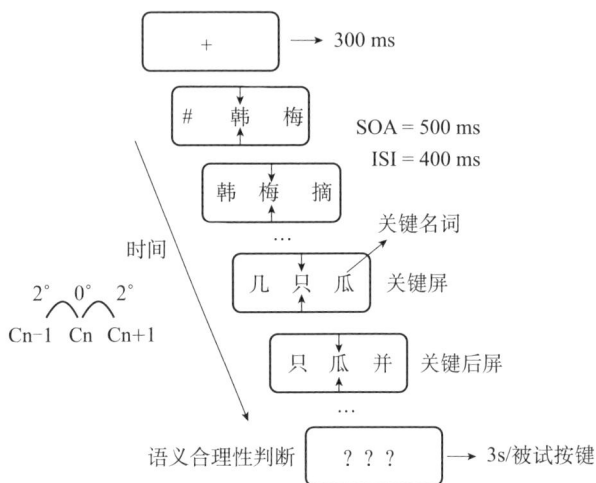

图 2-13　伴侧 RSVP 范式中的实验程序示意图

材料呈现 100ms，中间间隔 400ms［即刺激呈现间隔（inter stimulus interval，ISI）为 400ms］的空屏。句子呈现过程中，被试需要一直注视上下两个箭头指向的中间字，尽量避免眼跳和眨眼。句子呈现完后，被试依据其语义是否合理做出相应按键反应。在被试间进行按键平衡。实验仪器为 BrainProducts 公司的 ERP 记录与分析系统，采样率为 500Hz，实验记录符合 10-20 国际标准导联系统要求的 40 个头皮电极。

ERP 数据分析结果表明，在关键屏呈现后，相比合理预视，违背预视诱发了波幅更大的 N400 成分。当关键后屏（关键名词位于中央凹处）呈现后，两种条件下的 N400 成分无显著差异（图 2-14）。

研究结果表明，中文句子阅读中，在被试仅对当前词汇注视 100ms 的情况下，预视位置词汇的语义信息就可以得到提取，并影响当前词汇的语义加工。这一加工过程进行得很快，在预视词被随后直接注视的时候就已经基本完成。上述结果提示了两个方面的重要信息：第一，通过预视加工可以获得语义信息，且语义信息可即时进入语义的整合加工；第二，预视信息会与当前的注视信息产生实时交互。该结果倾向于支持注意梯度导向理论，即文本阅读中预视词与注视词的语义信息可以并行得到加工。结合之前的相关研究（Barber et al.，2010，2011，2013），我们的研究也再一次证实用伴侧 RSVP 范式来研究阅读过程中预视信息的加工是可行的。

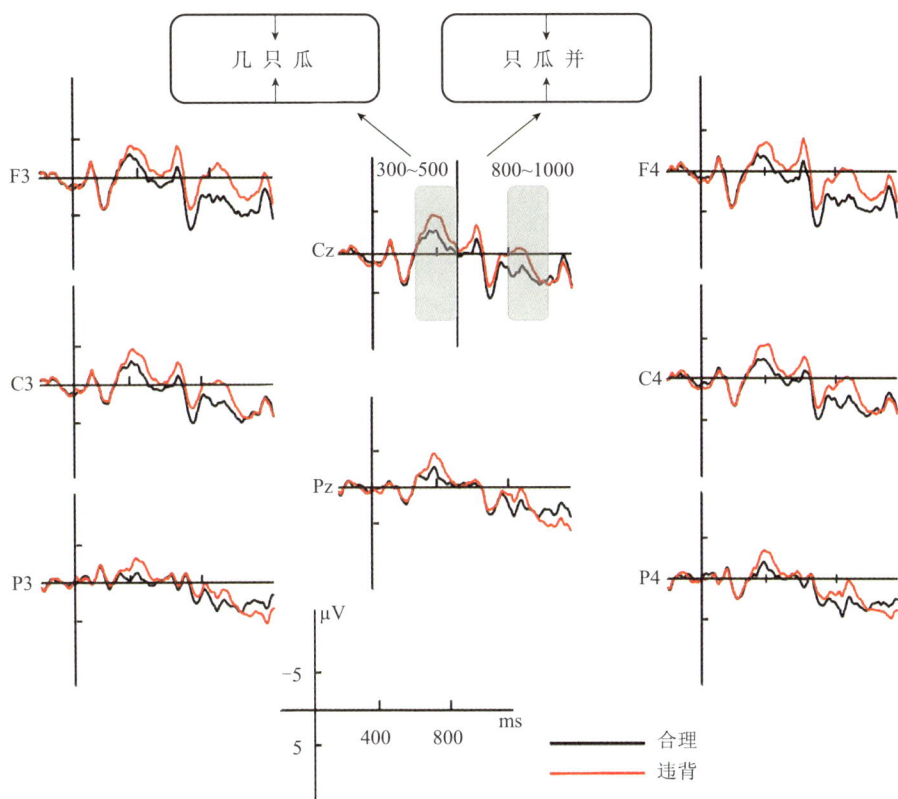

图 2-14　关键屏与关键后屏合理及违背关键词所引发的 ERP 效应（引自：Zhang et al., 2015）

3. 预视信息的加工对随后中央凹视区词汇语义加工的影响

上述多个研究已经证明，在中文阅读中，语义预视效应十分稳健，语义信息的加工可以从信息处于预视状态就开始进行。那么，这些通过预视所获得的语义信息是否会即时成为语境的一部分，从而对随后信息的加工产生影响？尤其当这些信息从位于预视位置转化成为位于目标位置时，先前的预视又会产生何种延续性影响？

利用伴侧 RSVP 范式结合 ERP 技术，西文的研究表明，只有当目标词出现在预视位置时，关键词的加工才会导致反映语义连贯性差异的 N400 成分出现变化，但当目标词稍后再次出现在中心凹位置时，这种 N400 效应就会消失（Stites et al., 2017；Barber et al., 2011）。这似乎表明，预视信息的语义不仅会影响当前注视信息的加工，而且还会影响到下一个直接注视信息的处理。然而，值得注意的是，由于先前的研究并没有对预视词和随后直接注视的目标词这两个词同时进行操纵，事实上，在大多数发现 N400 效应在关键区位置消失的实验里，这两个位置的词总是相同的，或者说，这种实验中的被试往往没有使用边界变化范式，被试在预视位置提前加工的词也正是随后将会直接注视的词。斯蒂茨等（Stites et al.，2017）指出，此时 N400 合理性效应可能会与相同预视效应产生混淆，因此，预视加工所获得的信息是否会立即成为语境的一部分参与随后直接注视的信息整合加工，这一问题仍有待研究。

以中文句子为阅读材料，采用伴侧 RSVP 范式结合眼动注视的监控，我们开展了两项 ERP 实验（Li et al.，2015）。第一项实验设计尝试在增加眼动监控以及使呈现速度更接近自然阅读速度的情况下检验以往研究的可重复性。与巴伯等（Barber et al.，2013）的研究类似，合理或违背的单字关键词分别在预视位置和直接注视的位置呈现，共有两个自变量，形成一个 2×2 设计，其中一个变量为预视词汇的合理性（合理、不合理），另一个变量为中央凹词汇的合理性（合理、不合理）。在这个实验中，我们并没有尝试去控制上一屏中预视词与下一屏直接注视词（即中央凹词汇）之间的一致性。因此，当预视词和注视词同时合理或同时不合理时，预视词和注视词是同一个词，当预视词和注视词一个合理另一个不合理时，预视词和注视词却不相同。而在第二项实验中，我们则增加了一个中央凹与副中央凹所呈现的词汇的一致性操纵，这样，研究的变量虽然仍为两个，但是一个 2×3 的设计，其中一个变量为预视词汇合理性（合理、不合理），另一个变量为中央凹词汇特性（相同、合理－不同、不合理－不同），共 6 个条件。其中，仅在相同条件下，预视词与目标词才是相同的。以下分别对两个实验的具体实施过程和结果进行介绍。

第一项实验采用平均长度为 16 个字的 153 个中文句子，目标词总是无生命的单字名词，呈现在第 9～12 个字的位置，后面跟随 4～9 个字。12 名大学生对目标词的连贯性程度进行评定，确保关键词在合理条件下的连贯性高于不合理实验条件。此外，另外 30 名不参加实验的学生完成实验句子目标词填充，以确定实验句子的限制性。评定时，向他们呈现关键词之前的句子片段（不包括关键词在内），要求他们填写随后可能出现的词，统计每一句子填入同一词的最高比例，以其作为该句的语境预测程度，结果表明所有材料均为中等限制性的。

　　16 名母语为中文的大学生参与实验。实验时句子以字为单位呈现，每个字呈现 250ms，中间有 300ms 的空屏。实验共有 4 个条件，其中两个条件下的目标词是变化的（合理变为不合理，不合理变为合理），另两个条件下的目标词保持不变（合理到合理，不合理到不合理）。因此，实验有无效预视（目标词变化）和有效预视（目标词不变）两种情形。4 个条件的例句如图 2-15（a）所示。为了让被试更好聚焦于注视点，在中心字的上下位置呈现两个垂直的箭头以作为注视的定位辅助。句子呈现完之后，被试按键确定刚刚在中央位置连续呈现的句子的意义是否合理，要求他们在判断时忽略双侧呈现的信息。实验流程图参见图 2-15（b）。

　　这项实验的结果表明，当目标字出现在副中央凹时，合理性操纵引发了显著的 N400 效应。而随后中央凹关键词呈现所诱发的 ERP 波形则不仅受到句子合理性的影响，还受到预视有效性（即预视词和目标词的一致性）的影响。在有效预视条件下，后枕颞处出现了明显衰减的 N1，同时 N400 波幅也明显减小。这一实验总体上重复了之前的西文研究结果，即不合理预视可能会影响随后注视信息的合理性效应。由于这一研究中预视与注视信息均为合理条件下的，预视词与注视词也是一致的，这种一致性效应既有可能影响早期的形态加工，也有可能影响晚期的 N400 成分，因此，我们需要进一步剥离这种一致性所导致的效应，这样才能更好地观察语义预视与随后注视的信息是否可以产生交互，并且这种交互又是否可以发生在语义整合的水平上。为此，我们开展了第二项实验。

　　和第一项实验相比，第二项实验进一步对合理预视与不合理预视条件下预视词与目标词的一致性进行操纵，形成一致或不一致的预视词，具体实验材料见表 2-6。一方面，我们可以检验在同为无效预视的条件下，预视词的合理性是否会影响注视词的语义整合。如果注视词的 N400 表现出预视词的合理性效应，则说明预视合理性的加工会影响中央凹词的语义整合。另一方面，我们也可以在预视词和注视词均为语义合理的条件下，对相同预视效应进行检测。如果相同预视效应也会出现在 N400 上，则一定程度上表明相同预视词所产生的效应会持续影响语义的加工。此外，在这一实验中，在 SOA 不变的情况下，我们使用了与巴伯等（Barber et al.，2013）的研究相一致的快速呈现时间（100ms），从而导致更长的刺激呈现间隔，因此本实验也可同时观察呈现速度可能产生的影响。

(a) 不同的实验条件及实验材料示例

赵紫妍*阅读了*那几份*报/酱*用来*消磨*时间*。
1.副中央凹连贯，中央凹连贯：（阅读）报-报（有效预视）
2.副中央凹不连贯，中央凹连贯：（阅读）酱-报（无效预视）
3.副中央凹连贯，中央凹不连贯：（阅读）报-酱（无效预视）
4.副中央凹不连贯，中央凹不连贯：（阅读）酱-酱（有效预视）

(b) 实验流程示意图

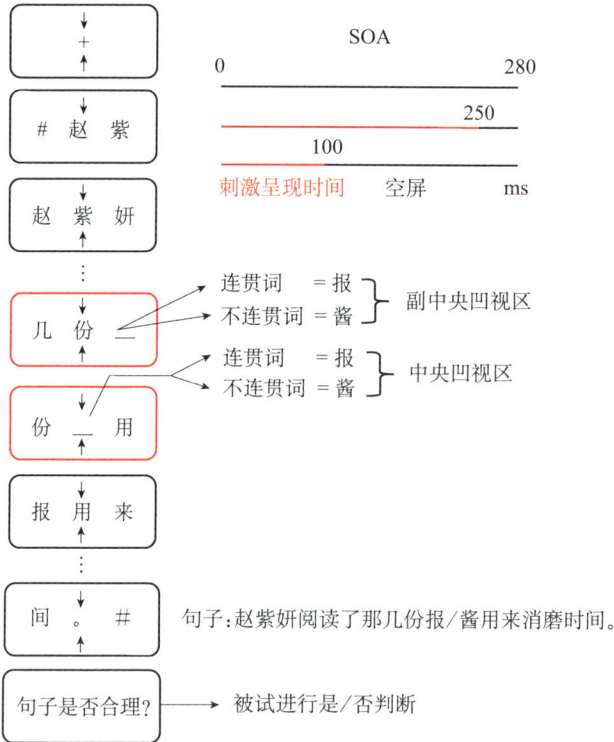

图 2-15　预视信息加工对随后中央凹视区词汇语义加工的影响。（a）实验材料；（b）流程示意图

表 2-6　在合理、不合理预视条件下，预视词与目标词相同、一致、不一致 3 种操纵条件中的例句
及合理性评定的均值（标准差）

实验条件		例句	合理性评定①	合理性评定②
合理预视	中央凹相同	赵紫妍阅读了那几份①报－②报用来消磨时间。	4.34（0.61）	4.34（0.61）
	中央凹一致	赵紫妍阅读了那几份①报－②表用来消磨时间。	4.34（0.61）	4.40（0.55）
	中央凹不一致	赵紫妍阅读了那几份①报－②盘用来消磨时间。	4.34（0.61）	1.79（0.57）

续表

实验条件		例句	合理性评定①	合理性评定②
不合理预视	中央凹相同	赵紫妍阅读了那几份①酱－②酱用来消磨时间。	1.72（0.60）	1.72（0.60）
	中央凹一致	赵紫妍阅读了那几份①酱－②表用来消磨时间。	1.72（0.60）	4.40（0.55）
	中央凹不一致	赵紫妍阅读了那几份①酱－②盘用来消磨时间。	1.72（0.60）	1.79（0.57）

注：合理性评定中分数越高表示越合理，最高等级为5分；评定①为预视词在目标句中的合理性评定；评定②为目标词在句子中的合理性评定（改编自：Li et al., 2015）

实验二的材料为240套中文句子，句子的结构和关键词的位置均与实验一相同，关键词也为单字名词。为了控制连贯、不连贯条件下关键词在词汇特征上的差异，在编写材料时，每一个关键词在连贯和不连贯条件下都各出现一次，因此，关键词在连贯和不连贯条件下的词汇特征差异得到了完全的控制。实验材料的限制性评定表明这些句子的限制性多为中等程度，约为0.48。另外，预视词和目标词在句子中的连贯程度的评定也确认，合理条件下的目标词和预视词在句子中的语义连贯性均高于不合理条件下对应词的语义连贯性。

24名被试参加了正式的实验，除了每屏呈现的速率有所不同，整个实验的其他程序与第一项实验类似。实验结果表明：其一，呈现速率的变化对结果并不会造成特殊的影响，主要的数据模式和第一项实验中的自然阅读条件是相类似的。其二，预视词的合理性与中央凹词的合理性出现了交互作用。具体来说，研究仍然重复了先前研究中关于预视词汇合理性的N400效应，也就是说，如果预视词不合理，则当前注视的信息会引发一个更大的N400效应。然而，在目标词直接被注视的时候，合理性所诱发的N400效应只有在当先前预视词是合理词的情况下才可以被观察到，如果先前预视的词汇不合理，则当前注视信息的N400效应并不会出现。这一结果表明，预视信息加工确实可以直接影响随后直接注视信息的加工，而且这种预视效应可以发生在更深层次的语义整合上。其三，本实验中分离出来的相同预视效应只会出现在中央凹词汇ERP的早期时窗中，而没有出现在晚期的N400时窗中。这种早期效应更可能反映的是被试对即将出现的单词在正字法或语音表征层面上的启动（Dimigen et al., 2012）。

总体上，这两个实验结果一致表明，在阅读中，不同来源的信息可以有直接而深刻的交互作用，从信息还处于预视位置、刚进入加工系统的极早期就开始出现。语言处理系统中这种高度交互性的特点，最终可能是我们实现快速有效阅读的重要特性。

五、中文句子阅读中语义预视加工的特点

总体上，本章所呈现的一系列研究，从预视加工的角度分析了中文阅读理解各水平认知加工的即时性。我们的研究证实了语义水平的预视加工效应非常稳健。同时，这一加工与直接注视状态下的信息加工类似，也会与其他水平的认知加工产生即时的交互。这一方面表现在预视的语义加工会受到语境限制性（读者预期性）的直接调控；另一方面，预视获得的语义信息不但即时与当前的信息相整合，在一定条件下产生副中央凹－中央凹效应，同时整合的信息也能成为语境的一部分，自上而下地影响随后信息的加工。这种高度实时交互的过程令人印象十分深刻，表明人类在语言处理中各水平的实时交互特性是极其显著的。尽管交互作用模型认为，人类语言加工系统由不同水平的信息加工组成，不同水平的加工之间是相互影响的，然而以往的研究结果主要来自对中央凹视区信息加工的研究，而我们的工作把这一理论推进到更早期的预视加工过程中进行严格的检验，因此，是对这一理论的一个重要的推进。以下我们将对副中央凹语义加工的特点、其与其他加工过程的交互特性及影响因素等问题逐一进行讨论。

（一）中文阅读中，语义水平的预视加工效应极其稳健

应该说，与西方早期多数研究相比，我们的研究所观察到的语义预视效应更为稳健（Tsai et al.，2012；Yan et al.，2009，2010；王穗苹等，2009；崔磊等，2010），尤其是当出现一个与句子意义不连贯的预视词时，随后对目标区域的加工时间将会更长，这一结果几乎在所有的研究中都得到稳固的重复验证。对这一结果的解释，一个可能原因来自语言的特异性。正如我们在第一章和本章都讨论过的，中文文本由于词界不清，缺乏外显的句法线索等特性，因而在阅读理解时读者必须十分关注语境信息，这可能是他们对各层次语义信息十分敏感的重要原因。此外，相对于英语，中文的更多信息都在中央凹区域，因而中文读者或许可以更有效地使用注视点右侧的信息。然而，另一个可能原因来自不同语义变量的操纵。西文的研究通常操纵的是目标词与预视词的语义相关性（如 Rayner & Morris，1992；Rayner et al.，1986；Altarriba et al.，2001）。在这种情况下，即使预视词的语义信息可以获得，这种语义信息在句子中也常常并不合适，不合适的语义关系极有可能导致连贯性的中断。而对阅读理解来

说，读者最重要的目的是形成一个连贯的语段表征，或者说连贯性的保持在读者加工机制中占据了更大的权重，因此，连贯性中断效应可能会在一定程度上掩盖预视词与目标词之间的语义相关效应，从而使结果无法表现出语义相关性的促进效应。

（二）语境对语义预视加工的实时调控

语义信息不但可以在预视状态下得以提取，而且这一加工与直接注视状态下的信息加工类似，也会与其他水平的认知加工产生即时的交互。这表现在预视的语义加工会受到语境限制性（读者预期性）的直接调控。具体来说，我们操纵语境为高预测语境和低预测语境，发现了语义预视效应、预视时间和语境预测性三者的交互作用：在低预测语境中，语义相关预视词对目标词的促进作用随预视时间的增加而减弱；在高预测语境中，语义相关预视词的促进效应向阻碍效应的转变发生在更短的预视时间。这说明语境对词汇加工的影响非常即时，在词汇早期的预视加工阶段就可以产生作用。同时，这些结果也说明，语境在副中央凹视区的预视加工中是一个重要的影响因素，对预视加工的研究以及注意分配机制的研究不能忽视语境的作用。

为什么语义预视效应在高限制性语境和低限制性语境中表现出差异？一种可能的原因是高限制性语境加速了语义相关预视词的整合加工过程。语义相关预视词在句中是不连贯的，所以语义相关预视词的整合冲突对目标词的加工产生了干扰。具体来说，在低限制性语境下，预视信息与目标词相关的语义信息可以在预视加工的较早期获得，但是其与目标词不一致导致的冲突及其与句子语义合理性违背所导致的冲突在预视加工的较晚期出现，因此会在目标词加工上表现出随预视时间长短不同而产生变化的效应。相比之下，在高限制性语境下，预视信息中与目标词或语境相关的语义成分，以及其与目标词或语境冲突的语义成分都在预视加工的早期同时获得，两类信息在目标词加工上表现出相互作用，冲突的预视信息干扰了一致的预视信息对目标词加工的启动作用，因此，即使在短预视时间下也无法观察到语义相关预视词的促进效应。

将我们的研究与西文相关的研究进行对比也能得出一些有益的启示。以英文为阅读材料，斯哥特等（Schotter et al.，2015）在低限制性语境中没有观察到语义相关预视词的促进效应，而只在高预测语境下观察到了语义相关预视词的促进效应，考虑到西文的阅读中极少报告语义预视效应，研究者认为英文阅读中语义预视效应需要语境对词汇信息的高度激活才能够出现。然而在我们的研究中，语境对词汇信息的高度激活会使语义相关预视词的促进效应受到干扰，这极有可能由中文读者在语义预视加工方面存在的优势所导致。正如前文所述，在中文阅读中，语义预视效应一直都非常稳定，即使是在低限制性语境的句子中都得以观察到，这说明中文读者对预视词语义信息的提取并不依赖于语境的激活。当语境的限制性提高时，高限制性语境促进了预视词汇的意义完全加工，反而可能导致读者更早检测到预视词和目标词或语境之间的冲突，从而导致预视早期就出现了语义预视促进效应的减弱。未来的研究可以考虑运用不同的文字系统，系统考察语境和语义预视效应的关系，类似的研究将有助于我们更清楚地理解语境在预视加工中的作用。

我们的实验以及朔特等（Schotter et al., 2015）研究的共同发现是：语境不仅对词汇低水平信息的预视加工产生影响，还可以影响到更深层次语义信息的预视，这也从另一个侧面说明语境在词汇加工中具有早期而深入的作用。相关的结果与语言理解的相互作用观是一致的，即读者在阅读过程中迅速地利用了自上而下的信息来加快自下而上的信息加工（Marslen-Wilson & Tyler, 1975）。

（三）语义的副中央凹－中央凹效应

读者能否同时对视野范围内的多个词进行加工，这是序列加工理论和并行加工理论争议的重要问题。序列加工的观点认为注意是序列转移的，注意资源一次只能分配到一个词上，当中央凹直接注视的词汇加工完成后，注意才开始转移到副中央凹视区预视的词上。所以在序列加工理论中，中央凹和副中央凹视区词汇的加工进程有明显的先后顺序，副中央凹视区词汇的属性不会影响到中央凹视区词汇的加工，即不存在副中央凹－中央凹效应。然而，并行加工理论持相反的观点，认为注意资源在知觉广度内是并行分布的，多个词可以同时获得加工，因此注视点左侧和右侧的信息很可能同时被处理，并影响到中央凹词汇的加工，故而应当存在着副中央凹－中央凹效应。

在副中央凹－中央凹效应的争议中，时程是一个非常关键的因素。如果副中央凹和中央凹词汇的加工是同步的，那么副中央凹词汇的加工应发生在读者注视中央凹词汇的早期阶段。此外，如果副中央凹词汇在早期就可以获得加工，随着预视时间的增加，副中央凹的效应会增大。但以往对副中央凹－中央凹效应的研究中，研究者主要考察副中央凹－中央凹效应是否存在，而对这种效应何时发生、如何发展则考虑不足。如果副中央凹－中央凹效应不能即时地发生，很难说明中央凹视区和副中央凹视区的词汇的确得以同步加工。

在我们的研究中，我们仍然利用违背范式，使用伴侧 RSVP 范式并结合 ERP 的记录来考察副中央凹－中央凹效应的存在及其时间进程。序列加工模型认为读者需要 150ms 以上的时间才能够完成词汇的提取，所以我们的实验既使用了短的呈现时间（100ms），并通过掩蔽排除可能的延迟视觉加工；同时我们也有呈现时间较长的、与自然阅读较为相似的呈现条件（250ms）。结果发现不论是较短的呈现还是较长的呈现，都可以观察到语义连贯性的副中央凹－中央凹效应，说明这一效应在关键信息进入预视状态的加工早期即可发生，预视状态下的语义整合加工是即时进行的，而不是延后的过程。同时，ERP 的结果表明，语义合理性违背所导致的是 N400 效应的增大，这也再次说明这种效应发生在语义水平上。

在我们的研究中，语义连贯性所导致的副中央凹－中央凹效应比较稳定，以同等程度出现在较快或较自然的呈现速度下，这说明副中央凹视区的即时加工并没有受到阅读速度的影响。这个结果和巴伯等（Barber et al., 2013）在西文中的研究并不一致。在该研究中，当词汇快速呈现时，语义连贯性的副中央凹－中央凹效应只在长刺激时间间隔（350ms）下出现，而在短刺激时间间隔（150ms）下没有出现。这种结果，一方面可能与两实验材料中目标词的可预测性不同有关，巴伯等使用的是低限制性的句子。如前所述，在西文的研究中，词汇在低预测的句子中可能难以被提前激活。而我们使用的是中等限制性的句子，对目标词预测性的不同可能导致预视词意义提取和整合加工出现效应的时间不同。同样，有研究者（Dimigen et al., 2012）使用一系列独立的词串为研究材料，通过操纵词汇之间的语义相关性来考察语义的预视效应，并通过记录读者的注视点相关电位来进行检验。然而，实验没有观察到显著的语义预视效应。由于词串相互之间无法形成有连贯意义的信息，个别词汇信息也缺少语境信息的支持，所以更难产生预视效应。当然，同样不能排除这些差异来自文字系统上的差异这种可能性，毕竟相比于西文，中文读者有可能在更短的时间内对副中央凹视区的词汇进行语义的整合加工。

（四）语义的预视对随后加工的影响

我们还考察了读者在先前预视时对信息的语义加工是否以及如何影响读者对随后注视信息的语义整合加工。这主要通过同时操纵先前预视词和随后注视的目标词在句子中的语义连贯性来实现。结果发现，预视词的语义连贯性和目标词的语义连贯性存在交互作用，表明当前目标词语义连贯性加工的 N400 效应只有在先前的预视词和句子语义连贯时才会出现，在不连贯时则不出现，这至少清楚地说明先前预视信息的加工可以即时地影响当前注视信息的加工，并且这种影响可以发生在较深层的语义整合水平上。

不连贯的预视词为什么会对当前目标词的整合产生干扰？一种可能是不连贯的预视词会导致预视认知资源的过度占用。在语境不连贯的预视条件下，因为缺少语境的支持，读者对预视词的加工难度增大，导致读者的加工速度减慢，从而使读者需要对预视信息的加工投入更多的资源，这种资源的占用会溢出到随后的加工过程之中，从而干扰目标词的整合。确实，语境的早期作用观认为语境可以通过自动化的并行激活机制提前参与到词汇的识别中，或是可以通过预期机制而使目标词在识别之前就在记忆中得以激活（Morris，1994；Neely & Keefe，1989；Potter et al.，1998）。因此，语境连贯的预视条件可能会对预视词的加工产生更有利的效应。当然，这种解释的可靠性，还需后续实验来加以验证。

总体上，这一系列研究说明语言系统中不同信息资源处理之间的交互特性极其显著。交互模型认为，人类语言加工系统由不同水平的信息加工组成，不同水平的加工之间是相互影响的。然而以往的研究结果主要来自对中央凹视区信息加工的研究，因而交互模型的构建也主要以读者对中央凹视区不同水平信息的并行加工为前提。我们的研究发现，信息在先前还处于读者的预视位置时就可以获得加工，并且会对读者当前中央凹信息的加工产生影响，即读者在先前预视时短暂进行的信息加工也会和读者当前的信息加工产生相互作用，这说明不同来源的信息处理之间的交互影响的确发生得非常即时，而且这种交互可以发生在高水平的语义整合加工上，说明不同信息资源处理之间的交互影响也极为深入。

值得注意的是，大部分预视与注视信息产生交互作用的实验是在伴侧 RSVP 范式下进行的，尽管其在生态效度上相较于自然阅读存在明显缺陷，比如对眼动的限制、固定的注视时间等，然而伴侧 RSVP 范式下的研究可以将预视加工的复杂性降到最低水平，有利于研究者尽可能纯粹地观察语义整合的预视效应。而自然情况下的预视加工远比伴侧 RSVP 范式复杂，尤其表现在眼跳的活动上。不过，近期一些研究也开始运用眼动脑电结合技术对读者在自然阅读中的预视效应和伴侧 RSVP 范式下的预视效应进行比较，发现二者之间还是存在一些差异的。比如，一项研究（Kornrumpf et al.，2016）发现，相比伴侧

RSVP 范式，自然阅读中的一致性预视效应的效应量更大；另有研究（Niefind & Dimigen，2016）报告自然阅读范式下语义的预视效应更偏前部脑区。这些研究发现说明，自然阅读中眼跳计划或执行活动可能影响了读者在预视时的加工。所以，未来的研究有必要进一步考察语义整合预视效应在自然阅读中的表现方式，这将有助于我们全面地了解语义整合的加工机制。

总体上，本章从预视信息加工的角度探讨了中文阅读理解中的即时性问题。我们的一系列研究及其他相关的研究均表明，在阅读中文时，当信息尚未被直接注视而处于预视状态时，从汉字的形、音、义到语义整合等不同层级的一系列加工已经开始进行，各层级的加工还会受语境和个体预期因素自上而下的调制，同时获得加工的预视信息自身也会迅速成为语境的一部分，实时地对随后的加工过程产生影响。所有这一切都表明，阅读理解是一个高度实时交互的过程，一方面，或许是中文独特的性质使这一交互的特性成为可能；另一方面，更有可能的解释是这一特性或许是语言阅读加工的一般机制，仅仅是因为中文文本的一些特点使这些交互的现象更有机会得到更清楚的展示。

第二篇 语义加工的脑功能定位

第三章
左侧额下回与句子语义整合加工

上一篇介绍了句子语义加工时间进程的研究，可以看到，在语言理解中，语义提取和整合这两个基本的语义加工模块的运作均相当实时。虽然对时间进程的研究提供了关于这两个认知过程的很多信息，对这两个成分的区分主要利用实验设计的分离操作来进行，后面我们会对此进行具体讨论，但是要完全从实验设计上对两者进行分析仍然存在一定的困难。同时，它们也很难通过因变量指标（如眼动轨迹）以及脑电指标得到直接分离。例如，在眼动研究方面，虽然不同的眼动指标可以在一定程度上反映出加工进程的早晚，但其与提取和整合加工并没有一一对应的关系。在 ERP 研究方面，影响语义提取和语义整合的变量主要反映在 N400 上，近年有研究发现语义变量也可以反映在 N1 和 P2 等早期成分上，但无论是 N400 还是早期成分，均不是语义提取或者语义整合的特异性成分，因此难以直接对应到两个加工过程上，这在一定程度上对更精确地理解两个成分的动态处理过程产生了一定的障碍。从大脑功能空间定位的角度出发对词汇语义提取和语义整合加工进行考察，提供了另一种可能的研究思路。

关于语义提取的空间定位，先前研究者普遍已达成共识，认为这一加工主要与左侧颞叶中后部有关。对语义整合的功能定位，一方面，MEG、fMRI、PET 和经颅直流电刺激（transcranial direct current stimulation，tDCS）等技术的运用使研究者对正常人语义加工有了更多的了解；另一方面，不同理论和研究对这一问题的看法又存在许多分歧。本章将首先回顾语义加工大脑机制相关的研究历史，在此基础上总结目前语义整合加工的认知神经科学的研究进展，最后重点介绍我们研究组利用 fMRI 技术对于语义整合加工的大脑功能定位的系列研究。相关研究一方面改进实验设计，另一方面以脑电和核磁同步采集的办法进行数据融合分析，以锁定与语义整合的 N400 效应相关的大脑功能定位。

一、从传统的失语症研究到认知神经科学研究的转变

由于语言研究如此重要，自从 19 世纪布罗卡（Broca）在对患者的大脑进行解剖过程中发现左侧额叶下部一个区域的损伤会导致语言产生困难开始，科学家对语言加工的大脑机制就十分感兴趣，相关的研究也越来越深入。根据对失语症患者的研究成果，早期建立的模型经过了三次跳跃式发展（Hickok & Poeppel，2004；Poeppel & Hickok，2004；Stowe et al.，2005）。首先是左侧前额叶（prefrontal）布罗卡区的发现，使得人们认识到特定脑区的损伤会破坏人的语言表达能力。而在布罗卡区被发现之后不久，威尔尼克发现，左侧大脑外侧裂（sylvian fissure）后部有一个区域的损伤会使患者的言语表达出现问题，患者所说的话都是没有意义的，同时患者也无法理解他人说的话或书面表达的意义，这与布罗卡区损伤的失语症患者表达困难的特征存在着质的区别。这表明，不同的语言加工过程在大脑中不是由一个区域来负责的。威尔尼克还认为，布罗卡区和威尔尼克区之间应该存在着联结，这种关系在利希海姆早期建立的语言神经模型中得到了阐述（Lichtheim，1885）。格施温德进一步发展了该模型，他提出语言加工存在明显的左侧优势（Geschwind，1970）。

然而，经典语言学模型存在诸多不足，这些假设与以 fMRI 为代表的无创伤性脑功能成像结果存在着明显不同。从我们目前对文献整理的情况来看，布罗卡区不仅仅在语言产生中起作用，在语义理解过程中也同样会被激活，而且是激活最为稳定的一个区域。同时，语言加工不仅仅是左侧大脑的工作，右侧大脑也同样参与并被激活。此外，不少研究还发现核团及小脑等以往认定的非语言区在语言加工中也被激活，并且在刺激核团时会观察到语义、句法加工受到明显的影响（Wahl et al.，2008）。还有不少研究发现，即便在布罗卡区，也存在着相对分离的功能区域（综述见 Bookheimer，2002；Hagoort，2005；Poeppel & Hickok，2004；Stowe et al.，2005）。对这些纷繁复杂的结果，经典的语言学模型在解释时显然已经力不从心。

二、句子处理中语义整合相关的大脑功能定位

随着以 ERP，尤其是 fMRI 为代表的无创伤认知神经科学技术的成熟应用，关于正常人语言大脑机制的研究蓬勃开展起来。在研究技术的推动下，西方关于语言加工大脑机制的研究取得了长足进步（Hagoort，2008a），出现了许多对于阅读大脑定位的元分析研究（Hagoort et al.，2009；Price，2010；Vigneau et al.，2011；Rodd et al.，2005），但是对于句子层面的语义加工，尤其是集中在句子语义整合加工大脑功能定位的整理仍相对较少。因此，我们对比分析了40多篇句子语义整合加工的研究（朱祖德等，2011b），以寻找语义整合的大脑功能定位基础。通过对这40多篇文献的综合分析发现，与语义整合相关的脑区包括双侧大脑额叶，主要是额下回、颞中回、颞上回前部、颞顶联合区等多个区域。以下将结合相关的文献对其中几个重要的跟语义整合相关的大脑区域进行详细总结。

（一）额下回

在所有跟语义整合加工相关的大脑区域中，额下回是最为稳定的激活区域，38项fMRI或PET研究中只有4项没有观察到额下回的激活。这个结果跟随后几项相关的元分析结果类似（Hagoort et al.，2009；Price，2012；Rodd et al.，2005）。额下回稳定的激活还表现出三个值得注意的特点：第一，在句子语义整合研究中，额下回的激活似乎并不受输入通道、整合变量操纵以及实验任务的影响。具体来说，无论刺激输入通道是听觉还是视觉，无论是采用违背范式还是预期范式来操纵整合变量，也无论是使用被动阅读还是主动地判断句子合理性，额下回都会出现激活。第二，额下回的激活似乎存在一定的偏侧化效应（lateral effect），左侧出现激活的概率比右侧更高，与语言网络整体偏侧化模式一致（Olulade et al.，2020）。第三，在句子语义整合相关的研究中，左侧额下回的激活似乎主要位于额下回前部的BA47区，而非后部的BA44区，这在一定程度上提示，额下回前部脑区有可能跟句子层面的语义整合加工关系更加密切。

（二）颞中回

在句子层面的语义整合研究中，颞中回的激活也表现得相当稳定。文献较为一致地提出颞中回是语义知识存储的重要区域，在句子理解中该区域可能主要与词汇语义信息的激活和提取相关（Becker et al.，2020；Hagoort，2005；Hagoort et al.，2009；Jefferies，2013；Jung-Beeman，2005；Lau et al.，2008；Souter et al.，2022）。具体来说，按照罗德里格斯－福内尔斯等（Rodríguez-Fornells et al.，2009）的语言学习模型，这一区域是一个多模态语义加工中枢，可参与长期概念知识存储和获取、词汇语义加工和语义整合加工。也有研究者认为左侧颞中回后部在语义中的作用可能与词形和意义表征之间的映射等词汇提取加工有关（Badre et al.，2005；Lau et al.，2008）。此外，有研究者认为，左侧颞中回后部是作为口语和书面语的左侧化语言网络的一部分来负责词汇表征的语义提取的，这一作用不依赖于通道特征（Devereux et al.，2013）。我们先前的研究（Huang et al.，2013）也常观察到，与一致目标词相比，不一致目标词在左侧颞中回后部的激活强度更高。这说明被试可能需要调用更多的资源检索这些词的含义，而这个区域与词汇语义检索加工相关。最后，在一项脑电研究中，时频分析的头皮地形分布结果显示语义相关的 γ 频段（gamma band）效应的最大值分布在左侧颞叶后部（left posterior temporal lobe）和左侧额叶，这一发现在一定程度上支持了左侧颞上 / 中回后部和额下回之间动态相互作用以实现语义整合的理论（Bastiaansen & Hagoort，2015）。

（三）颞上回前部

fMRI 和 PET 的部分研究也报告了颞上回前部的激活，但这个区域在句子处理过程中反映的认知过程还有较大争议。具体来说，对于颞上回前部，早期的语义加工研究观察到这一区域激活的数量并不是太多，也许是因为这一区域所处的特殊的解剖位置，如果不采用特殊的扫描方式，很难在该区域获得稳定的磁共振信号（Devlin et al.，2000；Feng et al.，2016；Noppeney & Price，2004），因此大部分关注这一区域与语义整合关系（integrative relation）的研究主要还是采用 MEG 等一些其他的技术。而在 fMRI 研究中，尽管有少数研究强调这一区域在句子加工中的重要作用（Rodd et al.，2005），但也有研究者倾向于认为这一区域未必是语义整合的核心区域（Zhu et al.，2009）。例如，对癫痫患者的研究发现，通过手术移除颞叶（含颞上回）前部病灶，似乎并不会影响这些患者的语义理解（Kho et al.，2008），这在一定程度上表明这个区域可能不一定是语义加工的核心区，而可能反映了其他的认知功能，如客体表征（见第一章）或句子层面的其他加工。

相应地，的确有一些研究者发现这个区域可能涉及句法加工（Law & Pylkkänen，2021）。有研究者采用句法启动范式，结果发现，跟句法启动效应密切相关的区域就是颞叶前部（Noppeney & Price，2004）。相似地，有研究者进行句法变量（句子 vs. 词串）和语义变量（语义合理 vs. 语义不合理）的操纵，结果发现，颞叶前部的激活只发生在句法操纵的实验中（Humphries et al.，2006），相似的研究也进一步支持了这个发现（Brennan & Pylkkänen，2012；Dronkers et al.，2004；Ye & Zhou，2009b）。基于这些结果，有研究者提出，颞叶前部更有可能反映的是句法和语义加工的交界面，而并不是只反映了语义整合加工。例如，最近的研究也发现，在缺乏语义信息情况下改变句子句法复杂度（syntactic complexity）对左侧颞上回前部的激活没有影响，该区域仅在有意义的句子中出现选择性激活。因此，研究者认为左侧颞上回前部的激活主要与在线句子加工过程中语义表征得以建立，进而提供语境信息来预测即将出现的句法结构（Iwabuchi & Makuuchi，2021）这一过程有关。

（四）颞顶联合区

部分研究发现了颞顶联合区（temporo-parietal junction，TPJ）在句子加工中会出现一定的激活。不少理论指出，颞顶联合区直接负责语义整合加工（Jung-Beeman，2005；Lau et al.，2008），但这类观点也存在较大争议。部分研究报告该区域被激活（Humphries et al.，2006；Ye & Zhou，2009a），也有研究认为这一区域主要参与语音加工和工作记忆等（Owen et al.，2005）。有研究者认为视觉信息在枕叶（occipital lobe）进行加工，而听觉信息在颞顶联合区进行加工，这些不同模态的信息被传递到前额叶区域后，通过自上而下的控制在给定的语境中实现成功的语义加工（Glaser et al.，2013）。此外，有研究发现，顶内沟（intraparietal sulcus，IPS）参与了特定语义特征提取等语义加工（Cristescu et al.，2006；Devereux et al.，2013）。对53项功能磁共振研究进行的元分析发现，角回和顶内沟区域是支撑语义控制加工的网络的关键部分，负责检索语境中特定的语义信息（Noonan et al.，2013）。一项综述也提出，颞顶联合区的激活可以由大脑静息状态（resting state）与认知状态的转换引发（Binder et al.，2009）。

（五）左侧角回

除了上述区域外，我们发现左侧角回的激活在语义整合操纵中也常被报告。有研究者提出左侧角回可能参与了语义整合加工，如根据单词序列构建连贯表征的过程（Graves et al.，2010；Lerner et al.，2011；Pallier et al.，2011；Price et al.，2015，2016）和语义检索过程（Becker et al.，2020）。普赖斯等发现，角回在语义理解过程中参与从单个单词构建更高层级的意义，这个区域编码了在大时间尺度上获得的丰富和高度抽象的概念信息，并组合成高层级概念完成语义整合加工（Price et al.，2016）。在一项相关的研究中，哈特维森等研究了颞顶区和额下回的经颅磁刺激（transcranial magnetic stimulation，TMS）耦合扰动（coupling disturbance），发现当额下回前部扰动与左侧角回的 rTMS 耦合时，语义损伤明显，但与缘上回（supramarginal gyrus，SMG）的 rTMS 耦合时，语义损伤不明显（Hartwigsen et al.，2015）。这些研究都表明角回在语义整合加工中的重要作用。

（六）小脑、额枕下束等区域和通路

除了上述脑区之外，最近的研究还发现，小脑和额枕下束等区域和通路也参与了语义整合加工。一项 TMS 研究要求被试判断一个名词和形容词是否在语义上相关，同时在右侧小脑或对照部位（顶叶或视觉皮层）进行 TMS，结果发现对小脑的刺激特异性地破坏了语义记忆的整合（Gatti et al.，2020）。这项研究中，小脑参与语义整合可能与直接参与语义加工有关，这与依赖额 - 颞 - 顶叶小脑环路的语义记忆模型是一致的，也可能跟参与语义记忆并与小脑相连的大脑皮层区域（如颞顶联合区）的间接调节有关。

有研究者认为左侧额枕下束是语义加工的必要通路之一（Han et al.，2013）。额枕下束连接了颞中回后部和前额叶下部皮层（Turken & Dronkers，2011），由于这两个区域参与语言理解和产出，额枕下束通路很有可能是参与语义记忆与言语系统的特异性桥梁。格拉泽等认为语义加工存在两条腹侧通路，其中一条就是由额枕下束构成的直接通路，另一条是由下纵束和钩状束构成的间接通路。他们发现当直接通路受损时，间接通路不能有效地完成语义加工，因此推测额枕下束在语义加工中是必不可少的（Glaser et al.，2013）。有研究也支持了额枕下束在语义加工中的作用，研究者观察到，对额枕下束的电刺激破坏了语义匹配任务中的语义加工，认为在脑瘤患者中观察到的语义困难可能与语义控制或选择缺陷有关，表明了额枕下束对执行语义任务的重要性（Sierpowska et al.，2019）。

三、句子加工中语义整合的功能网络

上述分析发现语义整合涉及额下回、颞中回、颞上回前后部和颞顶联合区等脑区的激活。这些脑区形成了功能上协同变化、结构上互相联结的网络，共同支撑了语义整合等语言功能。研究者在分析单个区域与语义整合加工关系的基础上，也开始考虑这些区域如何形成互动关系，也就是说，开始探索语义整合加工的大脑功能网络（brain functional network）。

大脑功能网络分析的目的在于寻找脑区间的关联性，可以在不考虑复杂模型背景下通过脑区间功能连接（functional connectivity）分析、独立成分分析

（independent component analysis，ICA）、图论（graph theory）分析等办法进行，也可以基于理论假设进行复杂的模型分析，比如动态因果模型（dynamic causal modeling，DCM）和格兰杰因果分析（Granger causality analysis，GCA）等。通过脑区两两相关分析不同脑区之间的功能连接强度是常用的分析方法，一般预先确定一个感兴趣的脑区作为种子点，在全脑范围内寻找与这一脑区信号时间序列相关的脑区，也可以通过心理生理交互（psychophysiological interaction，PPI）分析考察实验变量操控如何影响不同脑区间本已存在的生理交互关系。独立成分分析是一种数据驱动的分析方法，通过将空间或时间维度的 fMRI 信号反向分解为多个独立的信号源，当某些脑区共同作用于单个认知过程时，则表现出独立信号源的特征，从而被分解识别出来。图论分析是当前功能网络分析的常见方法。脑功能网络可以用包括节点和连接节点的边组成的图来表示，在这个网络中可以测量单个节点与其他节点连接的数量即节点度（node degree），也可以测量节点间连接分布是否存在某些集团化特征。而信号在网络上传播则可以通过最短路径长度（shortest path length）（一个节点到任意节点的最短距离）及中心度（centrality）等组成的网络效率来进行测度，从而较为全面地反映脑区网络的模块化、中枢节点（hub）、连接效率（connection efficiency）等特征。动态因果模型分析假定脑区之间的活动存在耦合关系，这种关系反映了不同脑区之间的信号传递模式，因而可以通过预先假设脑区间的动态因果关系，进而通过数据拟合来检验模型的合理性。格兰杰因果分析与动态因果模型类似，假设不同脑区存在因果关系，那么在时序上有先后，因而依据滞后的时间序列检验脑区功能连接关系。

　　有研究者要求被试完成主动句子听觉理解任务或被动听觉任务，对语义整合的大脑功能网络进行了考察（Yue et al.，2013）。其中，在被动理解条件下，被试仅被动接受正常语序和倒序的句子刺激，不需要做任何判断反应；在主动理解条件下，被试需要根据接受到的句子做出语义正误判断。结果发现，在被动理解条件下左侧颞上沟／颞中回的前部和后部出现激活；而在主动理解条件下，双侧额叶区域，尤其是额下回才会开始参与加工，并伴随着左侧颞叶皮层的激活增强。以左侧颞上沟／颞中回前部后部为种子点的功能连接分析发现，在被动理解条件下只有左侧颞上沟／颞上回前部与赫氏回（heschl gyrus）和双侧颞上回有功能连接；而在主动理解条件下，左侧颞上沟／颞中回前后部与双侧颞上回和额下区域均有功能连接。根据希科克和珀佩尔的语言理解模型，信息流从初级听觉皮层经由腹侧通路流向颞上沟前部与额下回来完成音到义的映射（Hickok & Poeppel，2000，2004，2007；Rauschecker & Tian，2000；Hickok，2009；Rauschecker & Scott，2009；Rauschecker，2011；Rogalsky & Hickok，2011），因此这样一条功能连接通路可能反映了语音理解过程中语音编码和可理解性加工在听觉腹侧流中的共同激活。

有研究者从语义／概念选择竞争的过程出发探究了额下回岛盖部在句子阅读和产出两种任务中与其他脑区的交互情况（Humphreys & Gennari，2014）。他们认为，不管是理解任务还是产出任务，都会涉及在同时激活的多个备选语义表征之间的选择和竞争问题（Novick et al.，2005；Rodd et al.，2010；Gennari et al.，2012），因为这个过程涉及额叶的语义控制功能，所以研究者除了设置高低竞争语境任务外，还加入了 Stroop 任务（Stroop task）用作额下回语义控制区的定位识别。结果发现，不管是产出任务还是理解任务都激活了威尔尼克失语症患者左侧的额－颞语义网络区（frontotemporal semantic network）。以 Stroop 任务得到的额下回岛盖部作为种子点的生理心理交互作用分析结果表明，不管是句子阅读还是产出任务，额下回岛盖部都与左侧颞中回后部有强功能联结。句子阅读和产出过程中多个备选语义表征之间的选择和竞争过程共享一个包括左侧额下回和左侧颞叶中后部区域的额－颞语义网络。

以上是关于句子语义整合加工网络无向功能连接（unidirectional functional connection）的相关研究。还有一项关于句子语义整合加工网络有向功能连接的研究，该研究采用了动态因果模型和概率纤维追踪方法来探讨不同整合需求下额－颞语义网络的内部动态变化（Hartwigsen et al.，2017）。研究者在实验中运用了鲍姆格特纳等（Baumgaertner et al.，2002）的预期违背范式，设置了高预期、低预期、语义违背以及假词四个条件。与之前的研究相同，低预期和语义违背的句子引发了左侧额下回前部、颞上沟／颞中回前后部等区域更强的激活。在低预期句子条件下，胜出的 DCM 模型显示，左侧颞上沟／颞中回前部增强了对左侧颞上沟／颞中回后部的抑制作用；而在语义违背句子条件下，左侧额下回前部对左侧颞上沟／颞中回后部的抑制作用加强。研究者认为左侧额下回前部、左侧颞上沟／颞中回前部以及左侧颞上沟／颞中回后部与语义加工有关，它们之间的动态交互关系会随着任务的不同发生改变，增大的整合难度和需求需要对左侧颞上沟／颞中回后部进行抑制来达到对预期语句结尾的抑制。概率纤维追踪数据为以上节点间的动态交互提供了结构上的证据。概率追踪结果表明，左侧额下回前部与左侧颞上沟／颞中回的交互作用主要由两条通路支撑：一条是经由极外囊腹侧通路的额下枕束；另一条是从额叶、颞叶深部白质区穿过的背侧通路上纵束 / 弓状束。而支撑颞上沟 / 颞中回前部与后部交互作用的通路则是处于颞叶中部的白质纤维结构中纵束（medial longitudinal fasciculus，MLF）。左侧额下回前部、左侧颞上沟 / 颞中回前部以及左侧颞上沟 / 颞中回后部等语义加工核心节点之间的有效连接是由不同的腹侧和背侧白质纤维联合束介导的。

有研究者探讨了在复杂句子加工理解过程中左侧额下回与左侧颞上回的有向连接互动情况（Xu & Duann，2020；Xu et al.，2020a，2020b）。采用独立成分分析的方法，研究者发现每个被试的左侧额下回和左侧颞中回都稳定地参与复杂句子的加工（Xu et al.，2020b）。相比于宾语从句，加工难度更大的主语从句可引发左侧额下回和颞下回更强的激活（Xu & Duann，2020）。这可能分别反映了句子加工时更高的信息存储负载和层级结构构建负载（Bornkessel et al.，2005；Friederici，2011；Grodzinsky & Friederici，2006；Meyer et al.，2012；Kuhnke et al.，2017）。此外，格兰杰因果分析发现，加工正常语序的宾语关系从句时，只涉及一条从左侧额下回到左侧颞上回的单向连接；但加工主语关系从句时，需要左侧额下回与左侧颞上回双向连接的参与，这可能是为了应对非正常语序导致的题元层级关系重构与整合难度的增大（Xu et al.，2020b）。格兰杰因果分析结果表明，从左侧额下回到左侧颞上回功能连接的强度与主语关系从句的加工难度显著相关（Xu et al.，2020b）。研究者通过操纵汉语的主语关系从句与宾语关系从句中从句的修饰位置来控制句子的加工难度，结果也表明左侧额下回和左侧颞上回的有向连接受到从句的不同修饰位置的调节（Xu et al.，2020b）。上述研究表明，左侧额下回与左侧颞上回的有效连接在加工理解复杂句子的过程中扮演了重要角色。与此一致，有研究发现左侧额下回至左侧颞中回功能连接的增强总是伴随着句子加工效率的提高（Papoutsi et al.，2011）。

总体上说，不管是语义加工网络间的无向连接还是有向连接，网络节点之间的动态交互作用都集中在左侧额下回和颞叶皮层部位。不同的研究发现的颞叶区域的激活可能稍有出入，但所有研究都倾向于支持额下回是一个十分重要的语义加工区域。

四、左侧额下回参与语义整合的机制：共性与分歧

从文献上看，超过90%的语义整合相关的研究都发现，语义整合加工会出现左侧额下回的激活，而在功能网络研究中也发现了类似情况，即语义整合

的功能网络都包括左侧额下回。因此，研究者提出左侧额下回负责句子语义理解（Hagoort et al.，2009），并成为语义整合研究中的讨论焦点。以下着重讨论以往关于左侧额下回在语义整合中激活的一些相关表现和解释。

（一）经典语义违背范式下左侧额下回的稳定激活

违背范式是语义整合研究的经典范式。自 1980 年库塔斯（Kutas）和希尔亚德（Hillyard）发现语义违背可引发脑电 N400 效应以来，违背范式就成为语义整合的脑功能定位研究的重要范式，尤其是在 2000 年之后，通过 fMRI 实验来检验 ERP 相关设计的实验数量明显增加。这些研究大都使用了违背范式，并尝试通过对比语义和句法违背，对两类加工的相关脑区进行分离。

有研究者较早开展了句子水平语义整合的 fMRI 研究（Dapretto & Bookheimer，1999）。他们操纵句子对的语义或句法异同性，要求被试进行异同判断。结果发现，语义和句法违背在左侧额下回分别选择性激活了 BA47 和 BA44 区。随后在另一项 fMRI 研究中，研究者采用违背范式构建了句法违背和语义违背句，并与合理句进行对比。结果发现，句法违背引发了布罗卡区的激活，而语义违背引发了额中 / 上回和颞中 / 上回的激活（Ni et al.，2000a）。类似地，有研究也揭示了语义和句法违背激活的脑区不同，其中左侧额下回参与句法违背加工，而左侧颞叶后部参与语义违背加工（Kang et al.，1999）。

随后一些研究者着重考察了语义的加工，库珀伯格等的 fMRI 研究指出，右侧颞上回可能是语义违背引发的特异性激活脑区（Kuperberg et al.，2000）。纽曼等的研究发现，左侧额下回、内侧颞叶和右侧颞叶参与了语义加工（Newman et al.，2001a）。基尔等的研究则发现，与正常句相比，语义违反句显著激活了双侧额下回和双侧颞下回，以及左侧梭状回、双侧运动区和辅助运动区（supplementary motor area，SMA）（Kiehl et al.，2002）。弗里德里希等采用违背范式构建了合理句、语义违背句及句法违背句三种条件，发现语义违背激活的区域主要是双侧颞上 / 中回后部，以及双侧岛叶（insula）前部，而句法违背除了激活颞叶后部外也激活了额叶岛盖部（Friederici et al.，2003）。基于句法和语义的加工都激活了颞叶后部的发现，他们认为颞上回后部可能与句子水平的信息整合关系更为密切。应当说，该模型对于颞叶在语义加工及句子水平信息整合的推论，与经典的威尔尼克失语症是吻合的，威尔尼克失语症患者表现为能够产生词汇，但是整体表达则显得没有连贯、完整的意义。值得留意的是，上述研究虽然发现语义整合与左侧额颞叶关系密切，但是相互之间的一致性水平并不高。

　　由于违背范式通常会卷入比某一单纯违背更复杂的加工成分，因此其激活的脑区也不容易得到清楚地解释。比较同种违背类型不同违背程度的材料所产生的效应，在一定程度上能获得更单纯的语义违背效应。格拉泽等就进行了类似的尝试，他们操纵了高低语义违背程度，结果发现，不同语义违背程度会激活 BA47 区和 BA45 区，其中 BA45 区可同时被不同程度的冲突所激活（Glaser et al.，2013）。这种语义整合效应不仅在语义水平的违背上能够被观察到，在句子理解过程中，如果将关键词改成语义连贯，但与语境存在一致或不一致的情况，同样也可发现整合加工会带来左侧额下回的激活（Willems et al.，2007）。

　　此外，研究者开始尝试将 ERP 和 fMRI 两种技术结合起来进行分析，因为至少在印欧语言背景下，语义和句法违背通常与不同的 ERP 成分相关。因此，借助 ERP 特定的成分来确定不同的加工类型，并与 fMRI 研究的结果相对比，有机会更清楚地将不同的违背定位到其所产生的不同效应上。库珀伯格等就尝试采用违背范式，在同一批被试身上开展 ERP 和 fMRI 实验（Kuperberg et al.，2003a）。在 ERP 实验中，他们有效地重复出以往的研究结果，获得了与先前文献相一致的 ERP 成分，即语义违背、句法违背分别与 N400 和 P600 效应相关。随后，他们在实验中的语义句法操纵可明确引发不同 ERP 成分的基础上，采用 fMRI 技术进一步独立检测句子水平的语义和句法加工是否与不同脑区的激活模式相关。结果发现，相比于合理句，句法违背句的加工导致双侧顶叶激活增强和左侧额颞叶激活下降，而语义违背句的加工则导致左侧额下回和颞叶的激活增强，以及右侧顶叶的激活下降。

　　将 ERP 和 fMRI 进行结合用于研究语义整合的神经基础，最有影响力的一项工作大概是哈霍特等的研究，该研究对比了语义违背（荷兰的火车是酸的）、常识违背（荷兰的火车是白色的）和正常句子（荷兰的火车是黄色的），结果发现，常识和语义违背都引发了更大的 N400 效应，两者共同激活了左侧额下回，且所造成的效应没有显著差异，表明不论是当前信息还是常识信息，语义整合的神经机制十分类似（Hagoort et al.，2004）。

　　采用违背范式考察语义整合的功能定位不仅局限于印欧语言的研究，在汉语上也有类似的研究。有研究发现，与正常句相比，语义违背的汉语句子激活了左侧额下回（Wang et al.，2008b；Ye & Zhou，2009a）。叶铮和周晓林还发现了左侧角回的激活（Ye & Zhou，2009a）。总体上，正如我们所看到的，采用违背范式的大量研究发现了左侧额下回参与语义整合加工。

（二）经典语义违背范式的反思：混淆变量的引入及其效应

违背范式通过语义违背条件（或语义不合理条件）减去语义合理条件得到的激活来确定语义整合的大脑区域。尽管违背范式被广泛应用于心理语言学的研究，并取得了丰硕成果，但也面临着不小的挑战。

第一，这种结果解释的可靠性依赖于减法法则（subtraction rule），即两个实验条件之间被认为只有实验操纵变量上的差异。从理论上来说，两个条件之间的差异即得到的激活区域与研究者所操纵的认知加工过程相关，这是一个前向推论的过程。但不幸的是，在实际研究中，研究者却不得不面对一个复杂的现实状况，即简单的实验对比可引发大量脑区激活，使得在解释各激活区功能的时候，不得不借鉴以往文献的讨论将某些激活区域与研究者所关心的认知加工剥离出来。然而，通过文献讨论来剥离某些研究者不关心的认知加工却是一个相对主观的过程。举个例子，在比较语义违背和语义合理条件的过程中，我们可能发现 A 区域不是经典的语言加工区域，从以往的研究来看，由于该区域激活与 b 加工密切相关，则我们推论，A 区域在当前研究中的激活与 b 加工有关。其中暗含的一个重要假设是，因为 b 加工激活 A 区域，而 A 区域被激活，因而 b 加工在当前的实验对照中也是存在的。这是一个逆推论的过程，事实上研究者需要极其谨慎才可以做出这样的解释，因为这一推论成立的前提条件是，大脑区域与认知加工过程具有非常严格的一一对应关系（Poldrack，2006；Poldrack & Wagner，2004）。遗憾的是，这种假设常常并不成立；即便这种假设是对的，目前的研究对于大脑功能区域的认识也很难使研究者完全确定某一脑区对应的是某一种认知加工，进而导致相关推论成立的条件并不充分。一个著名的例子来自《纽约时报》（New York Times）曾刊登的一篇报道（http://www.nytimes.com/2007/11/ 11/-opinion/11freedman.html?_r=1），这是一项由神经科学家完成的对 20 名普通选民政治态度的研究，研究者让被试看不同的词，如"民主党""共和党""独立"等刺激，结果发现杏仁核（amygdala）被激活。由于以往的研究通常发现情绪加工、焦虑等状态与杏仁核的激活有密切关系，研究者推论认为选民存在焦虑。然而，我们必须注意的是，这种通过大脑激活来推论被试情绪态度的做法可能是有问题的（评论见 Poldrack，2008）。虽然选民确实可能对不同的党派或政治理念存在焦虑，但研究数据却无法证明这一点，因为杏仁核的激活或许只能证明刺激诱发了情绪的加工，但这种情绪加工却并不一定是焦虑，许多不同的情绪加工也可能使杏仁核被激活。因此，只要脑区和认知加工不存在一一对应的关系，进行逆推就十分困难。作为研究者，我们通常能做的是利用不同的范式和不同的研究手段对同一问题进行多次研究，并通过辐合性证据来说明问题。

第二，违背范式通常引发大量脑区的激活，这一结果也给理论的解释带来许多挑战。一个简单的实验对照引发大量脑区激活的事实，除了某个加工过程确实是由这些脑区组成的大脑加工网络来完成的之外，更为普遍存在的原因则是，当前的研究对照可能并不仅仅涉及单一加工过程的差异，这与减法法则的纯插入（pure insertion）原则是相矛盾的（Friston et al.，1996）。的确，大量的 fMRI 研究表明，为获得某个加工过程的脑功能定位，选取不同的基线作为对照往往会得出不同的研究结果，不同的基线与实验条件之间的差异各异，激活脑区也各异。此外，任务等因素的调节也会在其中起作用，导致在不同实验中的激活区域迥异（Newman et al.，2001b）。在句子理解加工的研究中使用违背范式，最严格的基线也许是正常句，因为正常句和违背句之间只有关键词的差异，而且不同条件下的关键词在词汇属性方面严格匹配。但即便是通过对比正常句和违背句来揭示语义整合的功能定位，也至少存在两个潜在的混淆因素：一个问题是额外的认知加工，即正常句和语义违背句除了语义整合的差异外，还有其他认知加工过程的差异。例如，违背句可能存在非常快速、自动的违背检测和违背修复过程（Indefrey et al.，2001b；Kaan & Swaab，2003b），而在正常句中可能并不需要这种加工成分就能完成理解任务。这些加工过程并不是语义整合本身，但是在正常句和违背句的比较中却会凸显出来。尽管以往的句法研究已经注意到这类问题（Indefrey et al.，2001b），但在语义加工领域尚无相关研究尝试去解决这样的问题。另一个问题是违背句和正常句在完成语言理解任务时涉及不同的反应类型。在判断句子语义是否合理时，被试需要将语义信息与以往所获得的知识以及存储的语义表征进行匹配，合理的句子就是一个匹配的过程，表现出正向反应，而不合理句子则是一个不匹配的过程，表现出负向反应。在认知心理学中，这种正向和负向的反应决策（decision making）可能涉及不同的认知过程（行为证据见 Farell，1985；Sternberg，1966；Treisman & Gormican，1988；认知成像证据见 Zhang et al.，2003）。正向反应和负向反应可能受到任务要求、反应偏向及反应策略的影响（综述见 Farell，1985）。因此，直接比较正常句与违背句可能发现一些与一般决策相关的加工。总体上说，语义整合只是区分正常句和违背句的多个因素之一，此时要解释正常句和违背句之间的大脑激活差异就要非常小心。利用歧义与非歧义来寻找语义整合的加工区域也存在类似的问题，比如歧义与非歧义不仅仅在语义上存在选择的问题，也可能导致完成任务难度上的差异。从这点上来看，歧义范式与语义违背范式是相似的，不同歧义状况之间的对比并不容易定位到特定的加工成分上。

第三，更加重要的是，违背的存在可能诱发了认知控制等无关变量的干扰，而左侧额下回在认知控制加工中同样扮演着重要的角色，导致违背范式下的研究所观察到的额下回的激活存在多种可能性。也就是说，它反映的是整合加工还是认知控制这一问题并不清楚。我们知道，语言加工发生得非常迅速且自动化。在阅读中，读者的阅读速度是非常高效和自动化的。但在面对不合理的句子（如违背句）时，读者可能采用一些特定的认知策略（如注意资源的投入）来完成实验任务等（van Petten & Luka，2006）。此外，之前的研究往往会采用更加外显的实验任务，在任务的要求下，读者需要更加细致地分析句子的信息，此时出现的大脑激活结果可能除了语义整合外，还包含注意控制等其他认知过程。考虑到左侧额下回的确也在许多认知控制任务中会出现激活，在违背范式下，这一区域的激活是否真的可以反映语义整合，还是反映了其他认知功能，还需要更多地检验。

总结起来，上述争议的主要焦点在于语义违背范式下，左侧额下回的激活反映的是语义整合加工本身，抑或一般性的选择加工这一问题上。对此问题，以往的研究一直存在争论（Hagoort et al.，2009；Thompson-Schill et al.，2005）。选择模型（selection model）（Thompson-Schill et al.，2005）和控制加工模型（Ye & Zhou，2009b）提出，左侧额下回后部涉及一般性的认知加工机制，更具体地说，反映了一般认知加工中自上而下的选择加工，而非语言特异性的。一些实验证据也支持了这个观点。例如，有研究发现，被试在完成一般认知控制任务，例如，Stroop 任务和 Flanker 诱发任务时，在左侧额下回所观察到的激活区域和完成句子理解任务时所激活的区域是重叠的（January et al.，2009；Ye & Zhou，2009a）。研究者认为，这是因为在语言理解中，词汇本身的意义往往非常丰富，因此某个词在与语境进行整合的过程中，理解者就需要对词汇合适的意义进行选择，这一过程是在左侧额下回完成的。类似地，在句子歧义解决（ambiguity resolution）过程中所引发的左侧额下回激活（Davis et al.，2007；Mason & Just，2007；Rodd et al.，2012；Zempleni et al.，2007），似乎也倾向于支持这一观点。此外，一些研究直接对比了非语言的控制性加工与语义整合加工的效应，结果也为该观点提供了支持证据。例如，汉弗莱斯等的 fMRI 研究发现，额下回后部对 Stroop 任务中的冲突反应最强烈，同样，这个区域在语言产出和理解过程中对一般竞争加工也较为敏感，或许表明左侧额下回后部在语言加工中更多地与一般的执行功能（executive function）有关，包括记忆维持、控制性提取和编码、整合和选择/抑制（Humphreys et al., 2014）。罗德等的元分析发现，左侧额下回后部确实在语义和句法加工中常出现激活（Rodd et al., 2012）。不过由于大量的相关文献均使用了外显语义合理性判断任务（semantic plausibility task），这也可能是造成左侧额下回与语义加工表现出相关的重要原因，并且这种联系也极其依赖于对来自长时记忆中语义信息的控制提取。总体上，这种观点与左侧额下回前部 BA45/47 区参与语义整合加工的观点（Hagoort，2013）有所不同。

关于一般领域认知控制，费多伦科的一项综述研究曾介绍了相关的脑区，包括与广泛的目标导向行为有关的一般认知控制网络，其中包含背外侧前额叶皮层（dorsolateral prefrontal cortex，DLPFC）、部分岛叶皮层、额下回的后部、部分前扣带回（anterior cingulate cortex，ACC），以及顶内沟等区域（Fedorenko，2014）。这一网络可能与注意、工作记忆、认知控制、结构构建/整合、目标导向行为中的注意行为等有关，对人类的认知加工而言非常重要。近期的研究发现，语义控制和一般性执行控制既存在共同又存在不同的加工网络（Gao et al., 2021）。而来自健康和脑损伤个体的行为研究以及脑成像研究发现，当语言理解出现困难时大脑会调用领域一般性的认知控制机制。一项以花园路径句作为实验材料的研究支持了这个观点，证实了领域一般性认知能力的重要性（Novick et al., 2013）。此外，一项研究以主动句和被动句的句子理解和 Stroop 为实验任务，发现认知控制对句法-语义冲突句的题元角色指派有影响（Thothathiri et al., 2018）。被试在 Stroop 任务中检测到冲突后会触发认知调整，以排除无关的刺激和/或专注于任务相关的目标，由此产生的持续认知控制活动为系统应对新的冲突情况做好了准备，以便在句子理解过程中能够相对更快地解决冲突。

由于大多数观察到左侧额下回激活的实验采用了传统的违背范式，相关研究所发现的左侧额下回的激活是否可以准确地反映语义整合加工，也就存在着较大的争议。

（三）左侧额下回和语义整合关系的再思考：可能的方向

从上面的文献综述可以看到，尽管左侧额下回在许多语义整合操纵的研究中可以表现出激活，但对这种激活的解释却有诸多争议，这些分歧和争议显然与研究范式和研究技术本身的局限性有关。因此，若想厘清这一区域在语义整合加工中的具体作用，就需要从下述几个方面的改进入手。

1. 违背范式的改进

虽然违背范式在关注加工时间进程的研究中被广泛应用，但由于违背本身可诱发认知控制等其他认知过程的参与，尤其是使用时间分辨率不高的脑成像进行研究时，其结果的解释可能更为困难，因此，一个可能的改进就需要针对违背范式来考虑。为了避免违背范式中语义违背句与语义正常句之间"是""否"反应的差异，以及违背所引发的额外认知加工的影响，一种尝试是在同样的违背的范畴内，通过参数式（parametric）操纵语义违背程度，如设置语义违背程度大小不同的两类违背句，通过它们的对比来定位与语义整合相关的脑区。相比于违背句与正常句之间的对比，大小违背句之间的对比具有更强的可比性，因为它们都涉及违背检测和语义修复，都需要做出否定反应等。因此，大小违背对比在一定程度上可以更好地控制额外认知加工的影响，以更好地寻找语义整合的功能定位。

2. 研究技术的改进

除了考虑范式改进外，另一个可行的方向则是通过技术突破避免违背范式本身的缺陷。其中一个可行的尝试是将通过 ERP 技术和 fMRI 技术所得到的数据进行融合。在语义整合的 ERP 研究中，语义整合变量非常稳定地反映在 N400 时窗（Hagoort，2005；Hagoort et al.，2009），而跟认知控制相关的加工通常反映在 N400 之后的时窗，如 P600 或者前额正波（van Pattern et al.，2012）。基于这一逻辑，如果研究者采用相同的实验材料对同一批被试分别采集 ERP 和 fMRI 数据，通过融合 ERP 和 fMRI 的数据结果，尤其是锁定跟 N400 成分相关的 fMRI 结果，有机会更准确地锁定与语义整合加工相关的大脑功能定位。

目前仅有少量研究者采用了类似的方法开展相关研究，多数研究仅是将 ERP 数据与 fMRI 数据进行离线（off line）的关联分析，而非真正的融合。例如，有研究者（Hagoort et al.，2004；Kuperberg et al.，2003a；Rossell et al.，2003）试图以相同的实验材料分别收集 ERP 和 fMRI 数据，通过 ERP 确认语义整合成分的存在，从而希望提升利用 fMRI 激活推论语义整合加工的可靠性。

换句话说，他们的目的是通过 ERP 研究来揭示语义整合效应在当前设置的实验条件对比中是否存在，如果存在，那么通过磁共振采用相同的实验条件作为对比应该能反映出相同性质的加工过程，从而得到语义整合的功能定位。需要指出的是，通过 ERP 数据虽然能够确证实验操纵中包含语义整合与否，但并没有改变磁共振数据对比中存在其他无关效应的实质，因为 ERP 得到的 N400 成分是锁定在关键词上的，在时间上是非常精确的效应，而 fMRI 的时间分辨率低。在没有将 ERP 和 fMRI 进行结合分析的情况下，ERP 的高时间分辨率和高特异性指标，并没有改变 fMRI 的时间分辨率低及多种认知加工信号混淆的实质。此外，这种离线整合的研究还存在着其他的问题，比如，采用不同的被试来研究可能会增大实验误差，而采用相同的被试则可能存在学习效应（learning effect）或练习效应等。

如果希望利用 ERP 和 fMRI 结果进行融合，其中一个关键的操纵应该是 ERP 数据和 fMRI 数据的同步采集。只有通过这种方式，才可以通过搜索与精确的 N400 成分相对应的 fMRI 激活区域，更加准确地定位与语义整合加工密切相关的功能区。

五、左侧额下回激活与语义整合关系再探：范式的改进及时空信息的同步采集

以下将介绍我们所做的两项研究，其中一项从违背范式的改进来再次分析左侧额下回的激活与语义整合间的关系，另一项则仍然采用经典的违背范式，但通过同步采集高时间分辨率的脑电信号，以及高空间分辨率的 BOLD 信号，借助 ERP 成分的高锁时性观察左侧额下回 BOLD 信号的变化与 ERP 整合加工之间的对应关系（Zhu et al.，2009，2019），来自不同范式，以及不同技术结合的结果对照，有望加深我们对左侧额下回在语义加工中的功能的认识。

（一）大小违背对比范式的 fMRI 研究

前面我们已经谈到，相比于传统的违背范式，大小违背对比范式可以更好地排除认知控制等无关变量的影响，因此，我们尝试使用该范式探讨语义整合加工的相关脑区（Zhu et al.，2009，2019）。

在这个范式下，我们将语义合理句"建筑工人用水泵抽取地下水"中的关键词"水泵"替换成"钢铁"和"食盐"，分别改编成了语义违背程度不同的两个违背句。尽管"钢铁"和"食盐"都无法与句子语境整合成一个有意义的

语义表征，前者却和原来的关键词"水泵"语义相关，因而看似能够与语境搭配成一个语义表征，而后者则与"水泵"无语义关联（类似的操纵见 Federmeier & Kutas，1999b）。因此，前者导致的语义违背程度小于后者，两者存在语义整合加工的差异。与此同时，由于大小违背条件下都出现了语义违背的状况，相应地诱发了类似的认知控制等加工，因此，通过大小违背之间的直接比较，可以较好地分离语义整合加工，与此同时更好地控制了认知控制等其他无关变量的干扰。

16 名母语为汉语的健康右利手成年被试（8 名女性，年龄为 20～27 岁，平均年龄为 23.7 岁）参加了实验。使用 1.5T 的 Philip 磁共振机器采集他们阅读 66 套句子时的 BOLD 信号。所有被试视力或矫正视力正常，没有精神病史或大脑损伤病史，身体内无植入金属。在实验开始前，所有被试认真阅读并签署了知情同意书。

为了确保实验材料的有效性，我们进行了一系列评定实验。首先采用 5 点量表对关键词之间的相关性进行评定。10 个来自正式实验被试的同一群体但不参加正式实验的评定者，对选择的目标词之间的语义相关性进行评定（"极微弱相关""弱相关""中等程度相关""较强相关""极强相关"分别对应 1～5）。结果表明，正常句与小违背句关键词的相关性水平（平均为 2.81）显著高于正常句与大违背句关键词的相关性水平（平均为 1.36）。另外 48 名不参加正式实验的被试对句子的语义合理性进行了评定（1 为完全不合理，7 为完全合理）。结果，正常句、小违背句和大违背句的平均合理性水平分别为 5.6、2.3 和 1.7。正常句的语义合理性程度比小违背句和大违背句更高，而小违背句的合理性程度也比大违背句更高，尽管两者都被判断为不合理。此外，我们也匹配了 3 个条件关键词的形象性、词频和笔画数。

在采集 fMRI 数据的正式实验中，所有材料分成 4 部分呈现给被试阅读，每个部分都有 22 个句子。句子以整句形式呈现在屏幕中央，被试在 5s 内用左右按键对其合理性进行评定，记录被试反应正确率和反应时；按键后句子消失，继续呈现注视点。如果被试在 5s 内未能做出判断，则句子自动消失，同时该项目记为错误反应。加入 Jitter 的方式刺激呈现设计，句间的时间间隔为 10s、12s、14s 或 16s，平均为 13s。

在进行 fMRI 的数据分析时，首先通过方差分析确定存在句子类型主效应的脑区，在此基础上通过事后分析明确不同条件下的差异。值得指出的是，由于小违背句和大违背句都是违背条件，所采用的加工策略（processing strategy）

与合理句相比更具有可比性，小违背句的整合困难比大违背句更大，因而在分析中着重关注哪些脑区会表现出大小违背句引发的激活程度差异。

实验过程中，被试对句子进行合理性判断的反应时与正确率参见表 3-1。结果发现在反应时和正确率上都有条件主效应。在正确率方面，大违背句条件下的正确率显著高于其他两个条件。在反应时方面，小违背句条件下的反应时比大违背句条件下的更长。这一行为模式表明，小违背句加工确实比大违背句加工更困难，与我们预想的小违背句存在更大的语义整合困难一致。合理句的反应时更长，则可能与加工策略有关，即在违背条件下，一旦检索到违背信息，被试就可能停止语义的整合。

表 3-1　实验材料示例

实验条件	例子	反应时（ms）	正确率（%）
正常句	施工人员用水泵抽取地下水。	2820（135）	90.9（2.3）
小违背句	施工人员用钢铁抽取地下水。	2575（139）	92.1（1.5）
大违背句	施工人员用食盐抽取地下水。	2346（137）	97.7（1.0）

注：关键词用下划线标示，括号内数据为标准误（引自：Zhu et al., 2009）

对实验所获得的 fMRI 数据进行分析，结果发现，句子类型主效应显著的脑区包括双侧额下回（BA45 区）、左侧额中回（BA9 区）、双侧中央前回（BA6 区）、左侧内侧额叶（BA9 区）、辅助运动前区（BA8 区）、前扣带回（BA32 区）、左侧后扣带回（posterior cingulate gyrus，PCG）（BA29 区）、左侧尾状核、右侧楔叶（BA18 区）和左侧舌回（BA18 区）（图 3-1 和表 3-2）。

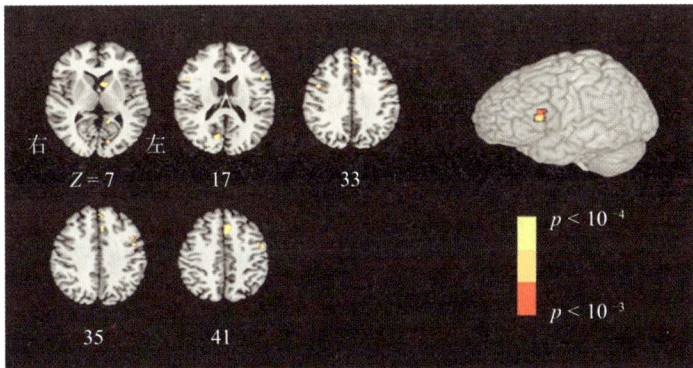

图 3-1　三个条件之间方差分析结果显示的显著激活的区域（p<0.05，已校正）。左为轴位图，标示 Talariach 坐标系 z 轴值；右为额下回激活三维图（引自：Zhu et al., 2009）

表 3-2   三种句子方差分析结果显示的显著激活的区域信息

脑区	Talariach 坐标			最大 F 值	激活体积（mm³）
	x	y	z		
左侧额下回（45）	−50	17	15	13.6	567
右侧额下回（45）	50	14	18	15.6	432
左侧额中回（9）	−42	11	35	10.5	432
左侧内侧额叶（9）	−5	41	33	14.1	486
左侧中央前回（6）	−47	−2	39	19.2	756
右侧中央前回（6）	44	5	33	16.2	810
辅助运动前区（8）	−2	20	45	18.9	3375
前扣带回（32）	−4	25	32	15.2	864
左侧尾状核	−8	5	9	14.8	837
右侧楔叶（18）	11	−71	15	14.5	837
左侧舌回（18）	−11	−77	6	14.6	459
左侧后扣带回（29）	−11	−47	9	15.0	405

注：F 值的自由度为 $df_1=2$，$df_2=30$。括号内为布罗德曼分区，下同（引自：Zhu et al.，2009）

　　配对检验显示，除后扣带回外，其他所有区域小违背句条件下的信号变化都强于大违背句条件。在双侧额下回、左侧额中回、内侧额叶、前扣带回和尾状核等区域，正常句和小违背句的信号变化相当，而在中央前回、辅助运动前区、楔叶和舌回等处，正常句的信号变化显著强于小违背句（表 3-3）。

　　由于通过操纵违背程度能够更好地控制诸如反应类型和任务要求等无关因素，因此通过比较大小违背有机会揭示与语义整合相关程度较高的功能脑区。从三个条件的功能数据方差分析结果来看，左侧额下回对句子类型的操纵敏感，小违背句条件下的信号变化强于大违背句条件，表明左侧额下回在句子语义整合中非常关键。近期一项研究发现高低语义违背效应激活了左侧额下回 BA47 区和 BA45 区（Glaser et al.，2013），再次验证了我们的结论。

表 3-3   三个条件在激活区域的信号变化率

大脑结构	正常句	小违背句	大违背句	事后检验
左侧额下回	0.38（0.04）	0.38（0.04）	0.30（0.04）	正常句＝小违背句＞大违背句
右侧额下回	0.21（0.03）	0.20（0.03）	0.14（0.02）	正常句＝小违背句＞大违背句
左侧额中回	0.41（0.05）	0.42（0.05）	0.33（0.04）	正常句＝小违背句＞大违背句
左侧内侧额叶	0.15（0.03）	0.15（0.04）	0.07（0.03）	正常句＝小违背句＞大违背句

续表

大脑结构	正常句	小违背句	大违背句	事后检验
前扣带回	0.26（0.03）	0.26（0.03）	0.19（0.03）	正常句＝小违背句＞大违背句
左侧尾状核	0.31（0.04）	0.27（0.03）	0.20（0.03）	正常句＞小违背句＞大违背句
左侧中央前回	0.34（0.04）	0.30（0.04）	0.25（0.03）	正常句＞小违背句＞大违背句
右侧中央前回	0.20（0.04）	0.16（0.03）	0.11（0.03）	正常句＞小违背句＞大违背句
辅助运动前区	0.44（0.05）	0.41（0.04）	0.32（0.04）	正常句 *＞小违背句＞大违背句
右侧楔叶	0.30（0.03）	0.26（0.03）	0.22（0.03）	正常句＞小违背句＞大违背句
左侧舌回	0.31（0.04）	0.26（0.03）	0.22（0.03）	正常句＞小违背句＞大违背句
后扣带回	0.31（0.04）	0.22（0.04）	0.22（0.04）	正常句＞小违背句＝大违背句

注：括号内数据为标准误；三个条件的信号值大小关系用大于号和等号标示，大于号表明前者显著大于后者，而等号表示两者之间差异不显著；* $p=0.08$，已进行多重比较校正（引自：Zhu et al.，2009）

该研究也发现，额下回的信号变化确与关键词和语境意义的关系有关，表现为正常句和小违背句之间没有显著差异，但在关键词与语境意义有相关和无相关条件下却有显著差异，即在正常句条件和小违背句条件下的信号变化都强于大违背句条件。这个结果似乎表明存在一个有趣的可能性，即额下回对概念之间关系的紧密程度更为敏感，而对句子本身是否有意义较不敏感，未来的研究有必要对此做进一步验证。

尽管实验关注的焦点是左侧额下回，在大小违背句比较中，我们也发现了其他一些激活区域。其中部分区域，包括右侧额下回、左侧额中回、内侧额叶、前扣带回、尾状核和左侧额下回的激活模式一致，在正常句和小违背句中的信号变化没有显著差异。以往的文献认为这些区域和语言加工有密切联系。右侧额下回是左侧额下回在右脑对应的区域，在大小违背对比中激活可能是因为整合难度增加（Just et al.，1996；Rodd et al.，2005），也有可能是因为尝试对句子重新进行理解（相关综述参见 Stowe et al.，2005），从而导致弥散性激活的出现（Jung-Beeman，2005）。前扣带回、背外侧前额叶 BA9 区，以及尾状核及内侧额叶，除了对一般认知加工很重要之外，在语言理解中也扮演重要角色，参与的功能包括控制和评估等（Crinion et al.，2006；Ferstl et al.，2005）；特别是，前扣带回和 BA9 区可能与控制性加工相关，这种推测与MUC 模型（Hagoort，2005）的假设也是一致的。

研究者还在其他几个区域同样发现小违背句条件下的信号变化强于大违背句，而这些区域在正常句条件下的信号变化也强于小违背句，包括双侧中央前回、辅助运动区、楔叶及舌回。从文献来看，这些区域可能并非与句子水平语义整合独特相关，而与不同加工通路的负荷增加有关。例如，先前的研究已经表明，中央前回与任务难度有关（Desai et al., 2006），辅助运动前区与反应控制有关（Aron et al., 2007; Hoshi & Tanji, 2004; Shima & Tanji, 2000）。舌回和楔叶的激活可能是因为在加工正常句时视觉加工增强。对中文词汇加工的研究发现（Fu et al., 2002），当呈现速率变快而导致工作记忆负荷增加时，这些区域会被激活。在本研究中，反应时的增加表明视觉工作记忆的负荷可能也同时增加了，导致该区域的激活，这与反应时和信号变化增强成正比的现象一致。在本研究中，只有后扣带回的信号变化在正常句条件下比两个违背条件下都强，而违背条件之间差异不显著。以往研究发现，这个区域与以记忆衰退为特征的阿尔茨海默病（Alzheimer's disease, AD）早期病变有关（Godbolt et al., 2006; Mosconi et al., 2004）；也有针对文本阅读理解的研究认为，这个区域的激活与记忆编码和提取有关（Awad et al., 2007）。在本研究中，该区域的激活可能是因为在正常句条件下被试能够获得有意义的记忆表征，而在违背条件下不存在这种表征，进而导致正常句的信号变化强于两个违背条件，而违背条件之间没有显著差异。

　　总的来说，我们改变了常规的违背范式，通过操纵语义违背程度比较不同的语义整合难度，冀图减少与语义整合无关的加工所带来的影响。与预期较为一致，本实验发现判断小违背句语义合理性时的行为表现比大违背句的差。更重要的是，在相应的一系列脑区中，我们发现左侧额下回等脑区在加工小违背句时的大脑信号变化要比加工大违背句时强，表明额下回在句子语义整合中起重要作用，这与 MUC 模型所假设的理论模型较为一致（Hagoort, 2005）。

（二）违背范式下 EEG–fMRI 同步记录的研究

　　在操纵语义违背程度的实验中，我们通过直接对比大小违背的方法，在一定程度上控制了认知控制程度等混淆变量的影响，并证实语义整合加工与左侧额下回存在较为密切的关系。在以下报告的研究中，我们将采用经典违背范式，并利用 EEG-fMRI 同步记录的方法，对这一问题进行异法同证。

　　EEG 和 fMRI 数据融合，从收集方式上有同时收集和单独收集两种，具体数据处理可以通过以下几种主要的方式实现。

　　第一种是通过计算 ERP 成分的波幅、潜伏期等指标与 BOLD 信号变化的相关性，一般情况下是用于单独收集 EEG 和 fMRI 数据。例如，有研究者计算人脸加工引发的 N170 成分波幅与 BOLD 信号变化的关系，发现双侧梭状回及颞上回的信号变化与 N170 显著相关，而刺激物为车时，相关的区域是海马旁回（parahippocampal gyrus，PHG）及颞上回（Horovitz et al.，2004）；也有研究者试图采用这种方法来考察词汇启动引发的 N400 与 BOLD 信号变化的关系，但是只在左侧颞上回发现了微弱相关（Matsumoto et al.，2005）。事实上，尽管这种做法试图揭示 ERP 信号和 BOLD 信号的相关性，但是由于两种信号都是基于被试平均的结果，可能丢失了个体和项目变异特征。此外，数据是在不同时间段、不同环境下收集的，也无法保证 EEG 信号收集时的个体状态与BOLD 信号收集时的个体状态一样，练习效应等因素都可能产生影响，因此这种做法并不能算是一种敏感的处理方式。

第二种是通过 fMRI 的激活情况来引导 EEG 信号的溯源分析，如通过将fMRI 激活区域作为种子区（seed region）进行溯源拟合。尽管这一方法本身在一定程度上降低了 EEG 信号溯源分析时反向求解存在非唯一性这一困难，但并不能从根本上消除这一困难的限制；研究者也可以通过 EEG 信号来限制BOLD 激活检验，例如，有研究者通过进行 EEG 与 BOLD 信号联合的独立成分分析来考察 EEG 信号的产生源（Eichele et al.，2008；Moosmann et al.，2008），采用的就是这种策略。

第三种是同时收集 EEG 和 fMRI 数据，通过 EEG 信号来预测 BOLD 信号，即将 EEG 信号（如波幅、潜伏期等指标）作为回归变量加入一般线性模型（general linear modeling，GLM）（Bénar et al.，2007；Debener et al.，2005，2006；Eichele et al.，2005；Laufs et al.，2003；Scheeringa et al.，2009）。在语义加工中，则可以通过 N400 波幅的变化来预测 fMRI 信号（Laufs et al.，2008）。相比之下，用 EEG 信号来预测 BOLD 信号是一种更为直接的考察EEG 信号源的方法，可以通过试次（trial）水平的 N400 波幅变化来预测逐试次（trial-by-trial）的 BOLD 信号变化，从而构建跨模态的直接关联。这种方法不需要过多地依赖于溯源分析中的各种潜在计算模型假设，也是当前在结合EEG-fMRI 研究中的主流分析方法。

ERP-fMRI 同步记录分析方法尽管在语言研究中并不多见，但已被成功用于定位特定 ERP 成分的神经回路研究中（Debener et al.，2005；Eichele et al.，2005；Esposito et al.，2009；Li et al.，2012；Morgan et al.，2010）。例如，有研究者在 fMRI 数据分析中，使用单试次 ERP 的波幅作为回归变量，分离出与错误相关负波（error-related negativity，ERN）的功能定位（Debener et al.，2005）。他们发现，ERN 的波幅与扣带回皮层的 BOLD 信号变化有关，扣带回皮层被认为在加工错误中起关键作用。这些证据表明用单试次的 ERP 波幅预测 BOLD 反应具有可行性。

已有研究者在语义启动范式中使用独立收集（Matsumoto et al., 2005）或同时收集的（Geukes et al., 2013）N400 信号与 BOLD 信号进行整合分析。在一项语义启动研究中，研究者分别采集了 ERP 和 fMRI 数据，并在 N400 波幅和左侧额下回、前扣带回皮层和颞上回的 BOLD 信号上观察到了语义启动效应（Matsumoto et al., 2005）。相关分析进一步表明 N400 波幅的变化与左侧颞上回的 BOLD 激活有关。另一项研究则通过使用语义启动操作和同步的 EEG-fMRI 记录，发现了显著的 N400 效应，但没有观察到与语义启动效应相关的 BOLD 激活（Geukes et al., 2013）。这些研究之间的不一致，可能是因为基于被试和感兴趣区的相关分析方法与基于试次的 EEG-fMRI 整合分析方法有所不同。

逐试次整合分析方法（trial-by-trial integration approach）可以区分条件水平和试次水平的变化。在大多数传统的功能磁共振分析中，在估计 BOLD 反应的时候，相同条件下的试次在强度方面被视为相同。与视觉认知研究中的刺激不同，语言刺激通常都在试次水平存在差异。例如，语义整合难度可以在关键词时窗上测量，它既受句子语境约束（context constraint），又受关键词完形概率（cloze probability）的影响，语义整合负荷在条件水平和试次水平上都有变化。关键词上的 N400 波幅可以很好地捕捉条件水平和试次水平的变化，有助于在 EEG-fMRI 综合分析中更好地估计语言刺激。

本实验使用同步 EEG-fMRI 来研究语义整合的神经基础。研究目的是确定 N400 波幅和大脑皮层 BOLD 信号变化之间是否共享着基于整合的同一信号。本实验采用预期违背范式构造了高预期（HC）、低预期（LC）和语义违背（SV）3 种类型的句子（表 3-4）。词长和词频在条件间匹配。实验由两个部分组成，其中一个部分只记录 EEG，另一个部分同时记录 EEG 和 fMRI（图 3-2）。这样，单独的 EEG 记录将为磁共振扫描中的 EEG 记录提供一个金标准。因此，504 个句子（324 个实验三元组，180 个填充句）被分成两部分。在每一部分中，162 套句子通过平衡程序构建了 3 个列表，每个列表包含 54 个高完形、54 个低完形和 54 个违背句子。此外，还包括 45 个违背词位于第 8、9 或 10 位的填充句和另外 45 个语义一致的填充句。总体上，每一部分包括 252 个句子。每个被试在每部分只随机阅读到其中一个系列（共 252 句），因而在同一个被试所阅读到的所有材料里，没有重复的句子。

表 3-4　荷兰语实验语料示例

条件	例句	预期完形概率（%）	语义合理性
高预期（HC）	荷兰语：Die ziekte kan met het nieuwe medicijn veel beter behandeld worden. 中文翻译：那种病用这种新药品可以治疗得更好。	68（19.5）	6.27（0.63）
低预期（LC）	荷兰语：Die ziekte kan met het nieuwe apparaat veel beter behandeld worden. 中文翻译：那种病用这种新设备可以治疗得更好。	0	5.35（1.02）
语义违背（SV）	荷兰语：Die ziekte kan met het nieuwe tijdstip veel beter behandeld worden. 中文翻译：那种病用这种新时期可以治疗得更好。	0	1.77（0.63）

注：关键词处加下划线，1 为非常不合理，7 为完全合理（引自：Zhu et al., 2019）

　　ERP 数据结果见图 3-3。在磁共振外收集的常规 ERP 数据显示，随着整合难度增加，N400 时窗波幅显著增大。这一结果与文献结果一致，也为磁共振环境下同步记录的 ERP 数据提供了一个参照，后者虽然在独立成分分析前未显示明显的参数调节效应（parametric modulation effect），但在进行独立成分分析后，出现了与常规 ERP 结果模式一致的波形图。

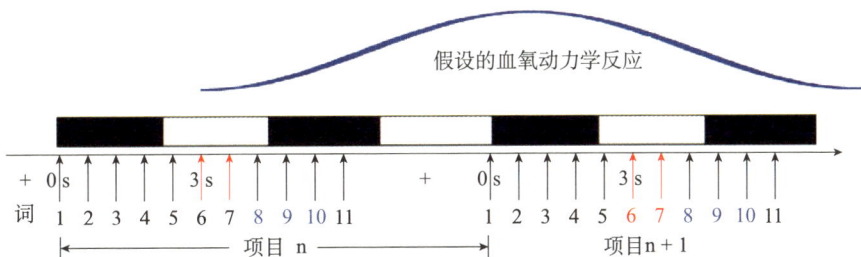

图 3-2　实验流程及扫描方法示例。为降低同时记录 EEG-fMRI 时核磁扫描梯度伪迹和射频脉冲、心跳相关血流等对 EEG 信号的干扰（Allen et al., 1998），本实验采用非连续扫描设计。每个句子开始时被试先看到注视点，句子逐词呈现，单词呈现时间为 300ms，每个单词之后有 300ms 的空白屏幕。试次之间采用"十"字注视点，持续时间分别为 1650ms、2400ms 或 3150ms（平均 2400ms）。因此，单试次平均需要 9s。在这样的设计中，根据典型的血氧动力学响应函数（hemodynamic response function，HRF）反应曲线计算出来的峰值大致在事件呈现后 6～8s 出现，出现在第 6 或第 7 位置的实验条件的关键词将出现在静止期（图中的白块），以尽可能地减少与扫描相关的噪声。8、9、10 为填充材料句的违背词出现的位置（引自: Zhu et al., 2019）

对 fMRI 数据进行了两种分析：常规分析和 EEG-fMRI 整合分析。常规 fMRI 数据分析显示，语义整合难度调制了双侧额下回、左颞上／中回和前扣带回的激活强度（图 3-4）。

对核磁内同步记录的 EEG 数据进行去噪声等预处理后，将基于独立成分分析得到的脑电数据与 fMRI 数据整合分析（图 3-5）。在 EEG-fMRI 整合分析中比较了两种模型。基本模型（N400 模型）仅包括 N400 回归变量，是基于关键词出现后 300～500ms 时窗内 N400 波幅的单试次估计。此外，考虑到在条件效应之外的语义一致性效应存在差异（例如，在每个条件下的试次之间的语义整合差异），我们又构造了第二个模型，其中包括与实验条件（条件 +N400 模型）相对应的附加回归变量。在条件 +N400 模型中，根据 fMRI 分析惯例，使用基于条件的任务回归函数来捕获与实验操作相关的所有 BOLD 方差。

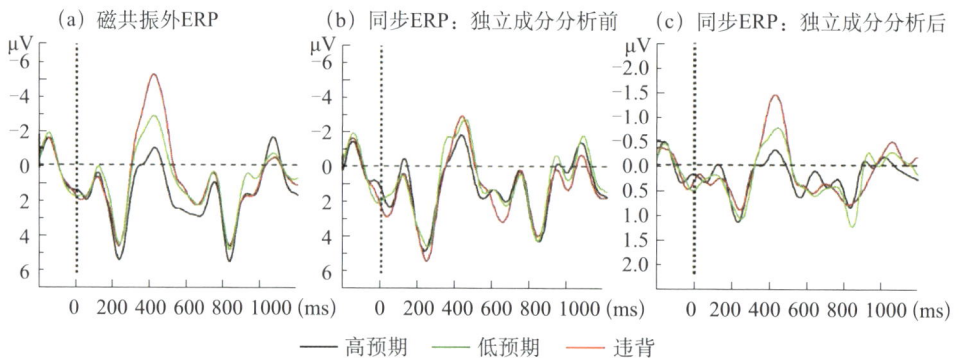

图 3-3　三个实验条件下 Cz 的 ERP 总平均值。(a) 为磁共振外（扫描仪外）ERP 数据；(b) 为磁共振环境下同步收集的 ERP 数据，未做独立成分分析；(c) 为磁共振环境下同步收集的 ERP 数据，做完独立成分分析后的平均波形图（引自：Zhu et al., 2019）

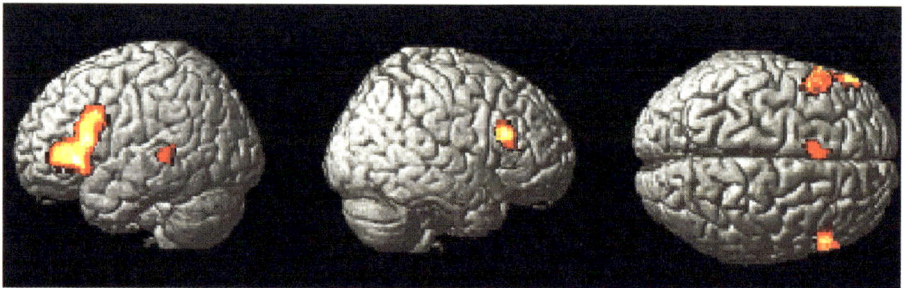

图 3-4　一般线性模型中的显著参数调节效应（引自：Zhu et al., 2019）

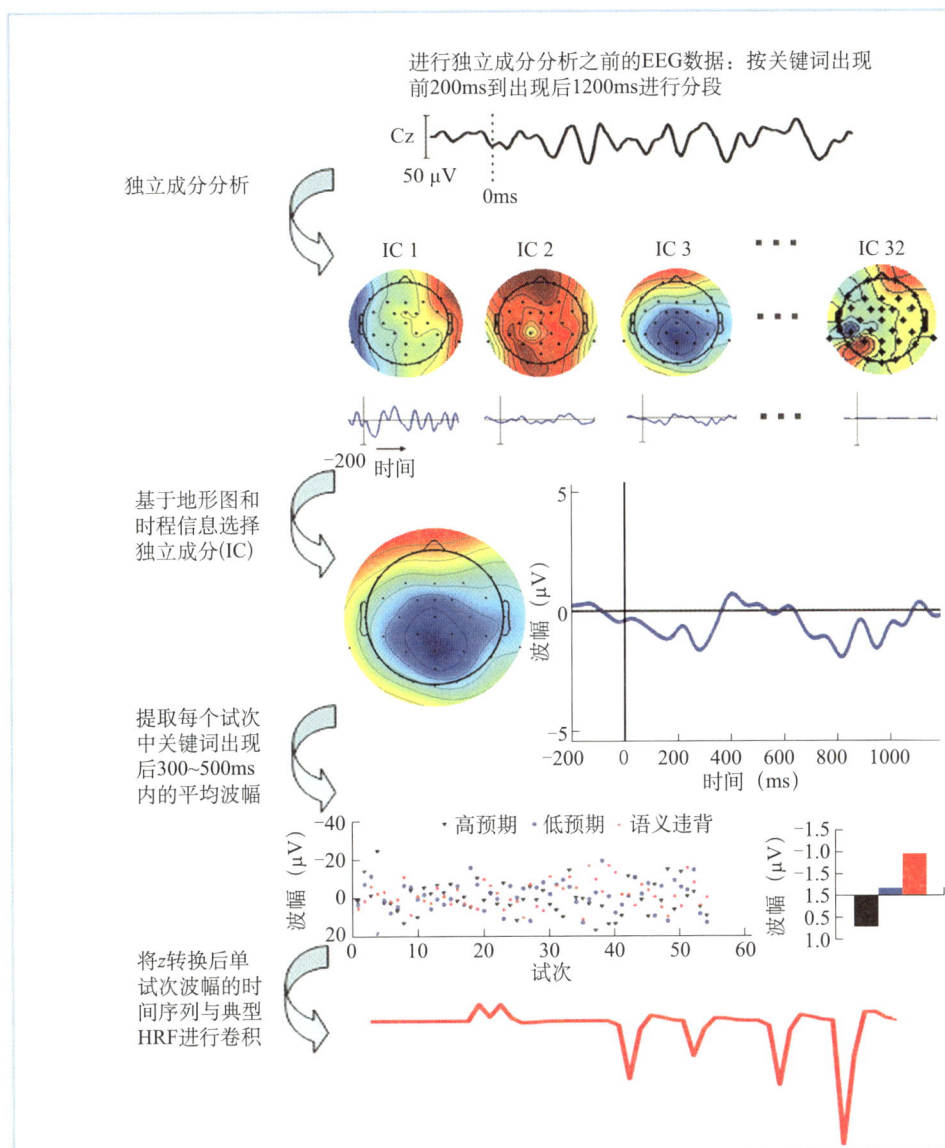

图 3-5　构建 EEG 回归变量的数据分析程序示意图。为了对同时记录的 EEG 和 fMRI 数据进行综合分析，构建了被试特定的单试次 EEG 回归方程。将所选独立成分（independent component，IC）的时间进程反投射到头皮电极上，以恢复极性和波幅缩放。再从 Pz 处的时间进程中提取每个试次关键词呈现后 300 ~ 500ms 时窗内的平均波幅。随后将因伪迹而被去除的试次的值替换为相应条件的平均值。然后将得到的标准化的 EEG 波幅数值与 SPM5（www.fil.ion.ucl.ac.uk/spm）提供的典型血氧动力学响应函数进行卷积（convolution）分析（引自：Zhu et al., 2019）

在 N400 模型中，N400 回归变量与左侧额下回、双侧缘上回（bilateral supramarginal gyrus，bSMG）的激活呈显著负相关［图 3-6（a）］。在条件 +N400 模型中，仅在双侧缘上回中发现与 N400 回归变量呈负相关的激活［图 3-6（b）］。

本实验旨在探讨语义整合的神经基础。与文献结果一致的是，我们发现语义整合负荷参数式地调节了 N400 波幅和额颞脑区的 BOLD 信号的变化。更重要的是，EEG-fMRI 整合分析发现，左侧额下回的 BOLD 信号变化是完形概率这一实验操纵所引发的，是语义整合难度效应出现的关键，而试次水平的波动似乎仅与双侧缘上回的激活相关。以下对这一结果进行详细讨论。

在本研究中，从高预期、低预期到语义违背，随着语义整合难度提高，N400 波幅也逐步增大，这与之前的研究结果一致（Hagoort & Brown，1994；Kutas & Federmeier，2011；Zhu et al.，2012）。我们还观察到，语义整合难度参数式地调节了双侧额下回和左侧颞中回的 BOLD 信号变化，以往文献报道这些区域与句子理解中的语义整合相关（Hagoort et al.，2009；Hagoort & Indefrey，2014；Lau et al.，2008），这表明语义整合难度操作是有效的。

为了更进一步地探索左侧额下回在语义整合中的作用，尽可能排除任务相关的额外加工策略等因素的干扰（Lau et al.，2008；van Petten & Luka，2006；Vartiainen et al.，2011），本实验采用 EEG-fMRI 整合分析的方法，将试次水

(a) 在N400模型中N400与BOLD呈负相关的脑区

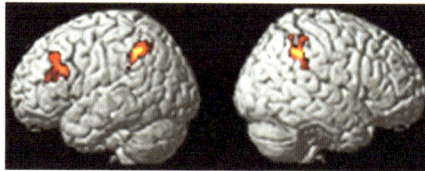

(b) 在条件+N400模型中N400与BOLD呈负相关的脑区

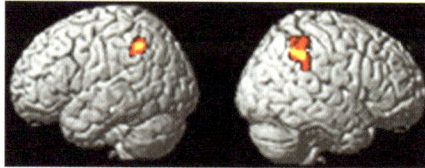

图 3-6　N400 回归相关的 BOLD 信号变化。（a）为在 N400 模型中 N400 与 BOLD 呈负相关。（b）为在条件 +N400 模型中，N400 与 BOLD 呈负相关（引自：Zhu et al.，2019）

平的 N400 波幅放入 fMRI 的线性回归方程中，寻找与 N400 波幅振荡相关的脑激活区，与常规 fMRI 分析一致，发现左侧额下回 BOLD 信号变化与 N400 这个语义整合指标变化相关。

与之前发现 N400 和 BOLD 激活之间存在微弱关联的研究相比（Geukes et al.，2013；Matsumoto et al.，2005），本研究显示 N400 波幅与 BOLD 信号在双侧额下回、双侧缘上回等多个区域有较强的相关性。本研究与以往研究之间的差异可能是由不同研究所采用的方法不同所致。以往的研究在词汇层面的语义启动范式中采用了基于被试水平的关联分析方法。相比之下，EEG-fMRI 整合分析显示，N400 时窗的波幅变化与左侧额下回和双侧缘上回的 BOLD 信号变化之间存在直接联系，这与句子理解过程中的语义整合有关。本研究首次采用基于试次水平整合分析的方法，揭示了 N400 和 BOLD 信号在大脑多个区域的直接关联性。

本研究的另一个关键分析是条件水平和试次水平 N400-BOLD 关联的比较。与视知觉研究采用同一刺激不断反复的呈现方式不同，语言实验材料难以保证不同项目具有完全一样的刺激强度。尽管研究者操纵的是条件间效应，但事实上，语言研究中不仅在条件水平上存在差异，而且在试次/项目水平上存在差异。具体到本实验，语义整合难度的主要来源是关键词与语境限制之间匹配的困难，这种困难随语境和关键词的变化而变化。因而，尽管条件间存在质的差异，但也不排除同一条件句子之间存在差异。遗憾的是，在传统分析中的参数式调节只能捕捉到条件变化效应，而 N400 模型包括条件水平和试次水平的所有变化。为了分离 N400 波幅与 BOLD 信号之间关系在条件水平和试次水平上的变化，我们将三个条件和试次水平 N400 波幅共同加入模型。结果发现这一分析方法使左侧额下回的 N400-BOLD 相关消失了，而双侧缘上回仍然与 N400 波幅变化相关（试次水平）。缘上回的激活实际上反映了试次水平的语义整合差异。以往的许多研究发现语言理解和缘上回激活有关（Dale et al.，2000；Dronkers et al.，2004；Guillem et al.，1999；Tse et al.，2007）。缘上回在功能上（Xiang et al.，2010）和结构上（Catani & Jones，2005）也与左侧额下回有密切关联。尽管缘上回是一个具有多种功能的区域（Deschamps et al.，2014），但有明显证据表明缘上回的激活能增进语言工作记忆的表现。例如，有研究发现，N-back 任务（N-back task）中，在左侧缘上回施加重复经颅磁刺激会损害言语工作记忆的表现（Deschamps et al.，2014）。通过在句子中增加一个短语来提升工作记忆要求，研究者也发现，工作记忆的增加导致颞顶区的激活（Novais-Santos et al., 2007）。这种工作记忆的需求似乎不仅出现在语义记忆中，也会出现在语音（Gold et al., 2005; Shivde & Thompson-Schill, 2004）和句法工作记忆任务（Kuperberg et al., 2008a）的加工中，表明这个区域也许并不是一个语义特异化的加工区，而是一个更为一般化的工作记忆加工区（Jonides et al., 1998; Owen et al., 2005）。鉴于以往研究发现N400与言语工作记忆之间存在关联（Gunter et al., 2003; Salisbury, 2004），N400试次变化与双侧缘上回激活的对应关系可能反映了言语工作记忆在本实验任务中的作用，即在低预期和违背句下，为了整合句子意义，读者更有可能需要将小信息块保存在工作记忆中，从而引起了相关激活。

在N400和条件+N400模型中，左侧额下回激活情况的变化是一个很关键的结果。EEG-fMRI整合分析中发现的N400波幅与左侧额下回激活之间的对应关系，扩展了已有文献的结论（Hagoort et al., 2004; Zhu et al., 2012）。传统的分析方法通常是在相同的条件下，以相同的强度调节血氧动力学函数进行数据分析，但与单独的fMRI数据分析不同，在EEG-fMRI整合分析中成功地分离了试次水平的变化，这也给语言加工的研究带来了一些新的启示。由于语言刺激在相同条件下不同试次之间的归因不可能保持一致，所以试次水平的波动可以提供一个窗口来揭示语言任务中潜在的大脑反应。

语义整合的分离条件水平和试次水平效应与一种理论（Baggio & Hagoort, 2011）非常吻合，即左侧额下回和颞顶区域构成一个加工网络，颞顶区域向左侧额下回提供前馈信息（feed-forward information），并接收来自左侧额下回的反馈信号。这与之前在左侧前额叶存在显著的预期效应的相关激活是一致的（Kerns et al., 2004）。左侧额下回BOLD信号的变化可能是一种持续的状态效应，受试次变化的影响较小（Hagoort, 2013），因此与当前结果一致，即条件整合难度差异而非单个试次的N400变化导致左侧额下回的BOLD信号变化。

值得注意的是，本研究在左侧额下回和双侧缘上回中发现了N400-BOLD关联，但在颞叶却没有发现。颞叶皮层被认为是N400的一个重要产生源（Lau et al., 2013a; McCarthy et al., 1995），尤其在MEG研究中常见相关的报告（Dale et al., 2000; Liljeström et al., 2009）。虽然EEG和MEG都是广为使用的具有高时间分辨率的技术，但两种技术所获得的信号来源可能不同，可能导致不同研究之间出现差异，例如，对切向偶极子（pair tangential dipole）和径向偶极子（radial dipole）的敏感性以及对局部场电位（local field potential）的敏感性（Logothetis, 2008），未来的研究需要进一步验证这一假设。

　　此外，右侧额下回和前扣带回的激活与语义整合难度有关，但却与N400的波幅变化无关。以往也有研究观察到语义整合与这些脑区的激活相关，结合本实验传统分析和EEG-fMRI整合分析结果来看，这两个区域的激活更有可能与任务难度（Zhu et al.，2009）和监控（Kerns et al.，2004；van de Meerendonk et al.，2011）有关，而非与语义整合本身有关。句子理解过程中的监控或修复往往与N400时窗之后出现的晚期正成分相关。EEG-fMRI整合分析中这些脑区的缺失证实了之前的预期，即逐试次的N400-BOLD整合分析锁定了N400时窗效应，而与此之外的其他效应无关。这一结果进一步表明，EEG-fMRI整合分析可用于分离语义整合难度等时间锁定的效应。

　　综上所述，本实验表明左侧额下回和双侧缘上回在语义整合中起着核心作用。EEG-fMRI整合分析技术有望弥合EEG和fMRI文献之间的差距，还可以进一步在试次水平观察语言认知加工过程，提高实验分析的灵敏度，对于语言实验具有重要意义。

第四章
左侧额下回与语义加工：认知负载与认知控制的影响

在上一章，我们完成了系列实验，相关结果初步回答了第一章和第三章中关于语义整合争议中的第一个问题，即左侧额下回是否参与语义整合。与之密切相关的是，左侧额下回参与语义整合是否受到相关干扰因素的影响。从上一章 EEG-fMRI 同步结合实验来看，左侧额下回的激活确实与语义整合难度的增加有关。但从以往的文献来看，不同的实验范式和实验任务似乎会得出有所不同的研究结论，一个可能的原因在于不同任务和范式本身给语义加工所带来的影响有所不同。句子层面的语义整合是相对复杂的认知过程，随着任务和范式不同，个体在语义加工上所投入的资源也不同，认知控制在其中也可能起着不同的作用。因此，伴随着不同的任务和范式所观察到的不同大脑激活模式，在神经机制解释上也仍然需要十分谨慎，关键在于考察语义整合效应时减少认知控制的干扰。在外显的语义整合任务中，由于任务要求，在语义整合困难增加的同时带来认知控制负荷的上升。因此，一个路径是尽可能保持语义整合效应的变化，从而降低认知控制负荷，另一个路径是直接对比语义整合效应与认知控制效应的功能脑区。

本章将梳理我们围绕这一问题开展的系列实验研究。首先是通过内隐任务的办法，降低外显语义加工所带来的认知负载，结果显示，不管是句法理解这类内隐语义整合任务还是字形判断这类不牵涉语义整合要求的内隐任务，都能观察到左侧额下回参与语义整合。而在随后直接对比语义整合效应与认知控制效应的实验中，进一步发现两者存在着共同的激活区域，也发现语义整合效应不同于认知控制效应的脑区。这些结果对于我们理解语义整合的神经基础具有重要意义。

一、语义违背加工中左侧额下回的参与：语义整合抑或认知控制？

正如上一章对先前的研究综述所谈到的那样，在研究句子语义整合的实验中，违背范式是最常见的一种实验范式。通过语义违背和语义合理两个条件的对照，研究者虽然可以在一定程度上聚焦于感兴趣的违背成分，但伴随着违背过程所产生的加工策略却可能成为混淆因素，干扰实验的结果。因此，采用不同范式和不同技术异法求证，是揭示复杂加工过程的神经机制十分重要的一种手段。

虽然违背范式是一种应用极广并且相当有效的研究范式，但语义违背句不仅带来语义整合难度的增加，还容易引发自动的语义修复等在合理句中不存在的加工过程（Kaan & Swaab，2003a）。此外，如果关键词出现在句中，语义违背句和语义合理句相比，语义整合还可能提前出现，或出现放弃语义整合的情况，导致实验结果有所不同（Huang et al.，2012；Zhu et al.，2009）。此外，不同研究之间的结果也可能受到与实验任务相关的加工策略的影响。具体来说，语义研究常用的任务除了阅读理解之外，还有启动（Devauchelle et al.，2009）、探测（Just et al.，1996；Mason & Just，2007；Newman et al.，2009；Ye & Zhou，2009a）、语义合理性评分（Humphries et al.，2007）等。在启动实验中，有研究发现，语义内容相同或同一句子所引发的启动效应可以激活左侧额颞网络，但激活效应较弱，反映出启动范式探测能力不足的弱点（Devauchelle et al.，2009）。语义合理性评分任务本质上与语义合理性判断是一致的，但由于被试需要对语义合理性做更精细地评分，认知负荷也要增加。而在探测任务中，纽曼等发现，探测时间间隔的增长同样也会带来更大的认知负荷（Newman et al.，2009）。卡普兰等则对比了合理性判断和非词探测任务，结果发现非词探测任务引发了左侧额下回的激活，但合理性判断任务则引发了大范围的激活。该实验还同时证实了探测任务会引发认知负荷增加（Caplan et al.，2008）。类似的研究结果清晰地表明，实验任务可能会导致认知负荷需求的差异，在语义加工研究中不可忽视。这种差异本质上是与任务本身要求被试外显地进行注意控制这一因素有关（Crinion et al.，2003；van Petten & Luka，2006），因此，先前研究中普遍观察到的左侧额下回的激活，并不能排除是由于认知负载的差别导致认知控制的效应有所不同。的确，研究者在功能网络研究中也发现，任务负荷的增加可能导致功能网络联结的增强（Hartwigsen et al.，2017），这就使得先前实验结果的解释显得越发复杂。

综上所述，违背范式的使用，以及额外语义任务的引入，不仅会带来更大的认知负荷，还有可能带来认知控制等一般认知加工过程的改变，使语义整合加工表现出更加外显的特征。相反地，日常语言理解中，语义信息通常更为连贯，因此相对来说，认知负载较小，表现出更为内隐的特点。值得注意的是，外显或内隐的语义整合，在日常阅读过程中都有可能出现，只是前者在非连贯的阅读中更为重要，而后者则更多地出现在连贯的阅读中。通过对外显和内隐的句法整合加工进行细致的分离，研究者或许有机会更加深入而全面地探索语义整合加工的机制。

二、语义整合中认知负载的影响：内隐与外显语义加工的对比

如前所述，成年个体的语言理解可能以一种自动和内隐的方式进行（Fodor，1983），而只有在难度或复杂度超过一定要求的情况下，才需要额外注意控制的参与。分离外显和内隐语义整合加工，一个可能的途径是直接对比内隐和外显任务（朱祖德等，2006）。通过设计与语料操控变量无关的任务（即内隐任务），研究者能够确保外显任务相关的注意控制与语料所关注的实验操纵相对独立。早期的研究在句法加工研究中使用了内隐任务来分离不同类型的语言处理，比如有研究者设置了句法判断、语义判断、语音判断和声音判断任务，因为材料是一样的，因而对于句法加工来说，除了句法判断是外显任务，语义、语音和声音判断都是内隐任务，对比内隐任务，研究发现左侧额下回在外显任务下会出现显著增强的激活，同时该区域的激活在合理和违背的短语中都会出现（Suzuki & Sakai，2003）。这一结果与卡普兰等的研究（Caplan et al.，2008）一致。这一实验结合内隐和外显任务的对比，可以在一定程度上说明实验结果在多大程度上是由任务的外显性所诱导的，这种探索显然很有必要。

为了更全面地理解语义整合加工所关联的功能脑区，我们采用了内隐和外显任务对比方法，利用 fMRI 技术直接对比外显和内隐语义整合加工时的大脑功能差异，并在此基础上从大脑功能网络的角度对外显和内隐语义整合加工的关系进行研究。

（一）外显和内隐任务下，语义整合引发的激活模式差异

先前的研究者假设，相对于语义合理性判断或阅读理解等外显语义整合任务，句法判断本身也是一种内隐的语义整合任务（Suzuki & Sakai，2003）。这是因为受到任务的诱导，理解者可能更关注语言材料句法层面的信息，而语义层面的信息则相对处于内隐的状态。借用这一理念，我们对操纵语义变量的句子实验

也引入了两类任务，即外显的语义加工任务、与语义处理无关的句法判断任务（语义的内隐任务），通过两类任务的比较来共同定义语义处理相关的脑机制。

具体来说，在语义变量的操纵方面，由于单纯的语义违背句与语义合理句对比可能伴随着违背检测所导致的混淆效应，因此，我们使用了合理句的预期违背范式，设计目标词符合语境预期的高预期句和目标词不符合语境预期但句子意义合理的低预期句两类句子。更重要的是，本研究并非只是单纯对比不同预期效应，还通过设置两种合理性判断任务（即语义与句法判断），对外显和内隐任务需求下的语义整合进行了比较。在语义任务中，要求被试将注意力集中在句子的语义内容上（即判断句子的语义是否正确），而在句法任务中，他们被要求将注意力集中在句法上（即判断句子在句法上是否正确）。相对于第一个任务，第二个任务并不要求被试特别注意语义信息，因而语义处理处于一种内隐状态（例如 Suzuki & Sakai，2003）。简言之，被试将读到一些正常合理的句子，这些句子既有符合预期的，也有与预期不符的（但始终合理），同时，他们需要完成特定的任务，既有语义任务，也有句法任务。语义任务中的预期效应（即高预期与低预期之间的对比）被认为反映了外显的语义整合加工，而句法任务中的预期效应则反映了内隐语义整合。由于这两种效应都涉及语义整合，我们也将通过联合分析揭示它们共同的脑活动，以便可靠地识别语义整合的神经基础。此外，由于外显任务比内隐任务需要更多的控制过程，我们预测在语义任务中预期效应的大脑活动会比在句法任务中更多。

如表 4-1 所示，高预期句的语境具有明显的限制性，例如，"小王去理发店修剪……"，如果要求读者进行完形填空，大部分读者会填写"头发"。因此，高度偏向的语境和符合偏向的关键词（头发）构成了高预期句，而高预期句中的关键词换成一个完形填空中出现概率极低的词语，同时确保句子意义合理（如胡子），即可构成低预期句。

表 4-1　四种评定下的语料示例以及评分结果

条件	实验材料样例	频率	笔画数	具体性	合理性
预期	小王去理发店修剪<u>头发</u>。	19.34 (28.80)	8.15 (2.33)	4.23 (0.35)	96%
非预期	小王去理发店修剪<u>胡子</u>。	17.28 (40.50)	7.64 (2.08)	4.16 (0.26)	91%

注：关键词加下划线。频率是百万分之一。在具体性评级中，5 代表最具体，1 代表最不具体。括号内数据为标准差（引自：Huang et al.，2012）

预期效应是通过特定任务中不同预期水平的相减所产生的效应来进行评估的。如表 4-2 和图 4-1 所示，对于句法任务，低预期条件和高预期条件之间的比较可以观察到两个正激活区域，分别出现在左侧额下回和左侧额中回部分区域。此外，双侧楔前叶（precuneus，PCUN）和右脑岛也观察到负激活（deactivation）。而在语义任务中，除上述两个区域外，双侧前扣带回、双侧背外侧前额叶、左侧颞中回和右侧额下回都表现出正激活。

表 4-2　在两个实验任务中预期效应的大脑正激活

预期效应	脑区	BA 分区	体积（mm³）	最大 t 值	坐标		
					x	y	z
句法任务	左侧额下回	BA47/45	2 619	6.36	−37.5	31.5	2.5
	左侧额下 / 中回	BA45/44/9	1 269	5.69	−40.5	13.5	14.5
语义任务	左侧额下 / 中回	BA47/45/44/46/9	10 557	7.31	−34.5	22.5	2.5
	双侧前扣带回 / 背外侧前额叶	BA32，BA6/8	6 993	8.5	−1.5	16.5	50.5
	左侧颞中回	BA39	1 836	7.04	−49.5	−76.5	−0.5
	左侧颞中回	BA22	459	4.9	−55.5	−40.5	26.5
	右侧额下回	BA47	945	5.39	31.5	37.5	5.5

（引自：Huang et al., 2012）

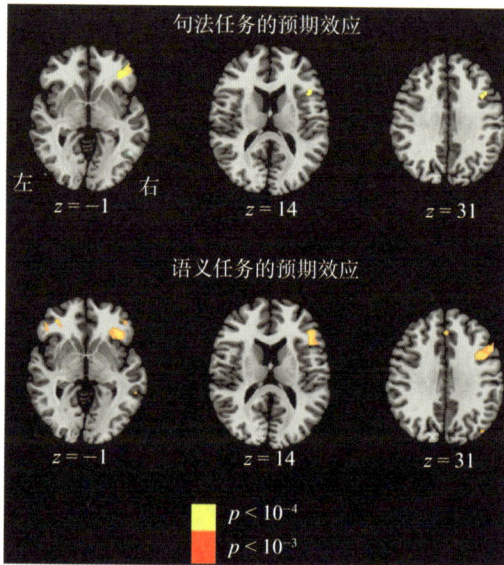

图 4-1　句法和语义任务中的预期效应。大脑正激活表现为低预期和高预期的对比。每个轴向切片显示 Talairach z 坐标。颜色条表示 p 值（引自：Huang et al., 2012）

更关键的是，对两个任务中的预期效应进行联合分析，结果显示，左侧额下回是共同的激活区域，包括两个亚区：一个在前部的 BA45/47；另一个在后部的 BA44/9（图 4-2）。

也就是说，左侧额下回在需要外显语义整合的语义合理性任务和只以自动方式内隐参与语义整合的句法合理性任务中都被激活。在先前的研究中，鲍姆格特纳等同样也使用预期范式和内隐任务来探索语义整合的脑区，发现左侧颞中回是唯一与预期效应相关的激活区域。我们当前的研究结果与他们的显然有所不同（Baumgaertner et al., 2002）。对比两项研究，我们可以发现，鲍姆格特纳等所采用的任务可能难以直接探测语义整合的加工。具体来说，他们要求被试对句子最后一个词项进行词汇判断，而不是专注于整个句子的意义，相对来说，这一任务可能更侧重于词汇的加工而不是句子意义的整合。相比之下，本研究利用外显任务与内隐任务的对比，其中内隐任务是句法违背检测。此

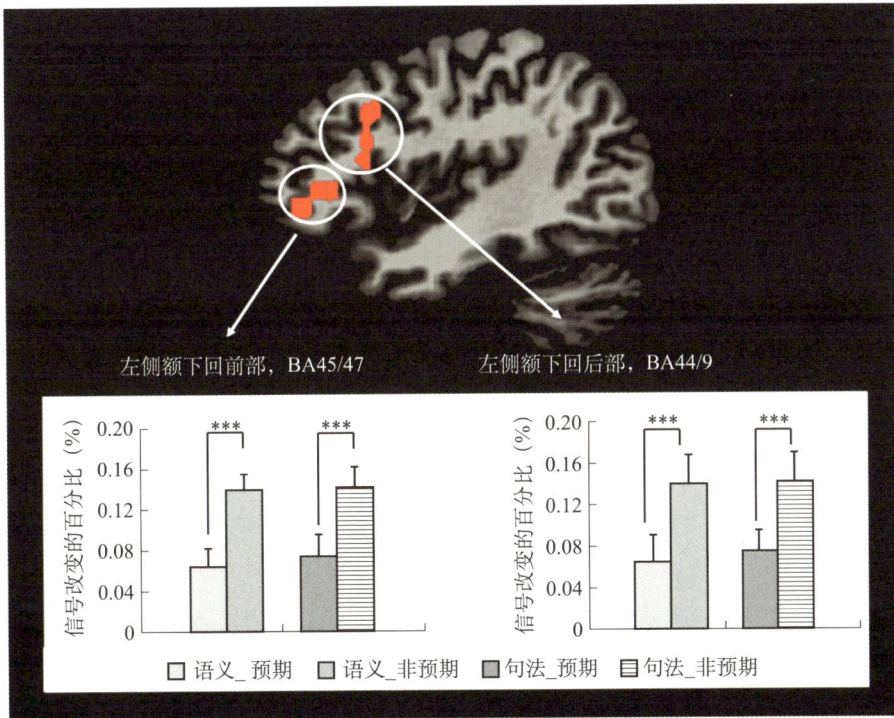

图 4-2　联合分析的脑区和 BOLD 信号结果，用以确定句法和语义任务中预期效应之间的重叠。联合分析中红色表示出现明显的激活。*p < 0.001（引自：Huang et al., 2012）

时，被试需要注意句法信息，而不是句子层面的语义信息（Suzuki & Sakai，2003），而判断都是一种合理性的判断，这两种任务也相对较具可比性。因此，左侧额下回在外显和内隐任务中都被激活。这一发现可以更清楚而有力地支持句子理解中的语义整合位于左侧额下回而不是其他脑区的主要假设（Hagoort，2005；Hagoort et al.，2009）。

除了语义整合加工，许多以往研究表明，句法加工也与左侧额下回有密切关系（Grodzinsky & Santi，2008；Suzuki & Sakai，2003），特别是 BA44（Friederici，2002）。这些结果可能与目前的结果不存在冲突。一种可能性是左侧额下回存在不同的亚区，而不同的亚区负责不同的加工（Badre et al.，2005；Gold et al.，2005，2006）。事实上，确有文献表明，左侧额下回具有不同的亚区，且分别负责不同的功能。其中，左侧额下回前部被认为反映了通过自上而下的机制控制提取、积累和维持线索，而左侧额下回后部被认为反映了由检索到从备选方案中对任务相关表征进行选择的过程（Badre et al.，2005；Gold et al.，2005；Novick et al.，2005；Thompson-Schill et al.，1997，2005）。本研究在联合分析中发现，BA45/47 的一个前部脑区和 BA44/9 的一个后部脑区在这两个任务中都显示出明显的预期效应（图4-2）。因此，与以往直接将左侧额下回与语义整合联系起来的成像研究不同，我们的研究结果倾向于支持左侧额下回可能有不同的亚区，它们与不同的加工相关联；整合的机制可能更好地表征为检索和选择功能，例如，前部可能负责语义提取，而后部可能更多地与语义加工进行的选择有关。

本研究的联合分析也显示了 BA9 在语义整合中的作用。先前的研究倾向于认为 BA9 的激活与字母文字中的语义加工较不相关，但也有研究报告该脑区在歧义解决（Rodd et al.，2005）和语义异常冲突（Kuperberg et al.，2003b；Ni et al.，2000；Tesink et al.，2009）解决时会出现激活。在汉语加工方面，先前的研究则发现 BA9 不仅与词汇层面上的语义加工有关（Booth et al.，2006；Tan et al.，2000，2001），而且与短语和句子层面上的语义加工也有关系（Chee et al.，1999；Luke et al.，2002；Mo et al.，2005；Wang et al.，2008b；Zhu et al.，2009）。未来还需要对 BA9 在语义加工中的具体作用进行更多的研究。

本实验仅使用了高限制性句子，因此对研究结果的推广需要更为谨慎。以往一些研究表明，在高限制性语境中，与语境相适应的单词可以自动激活并与语境相整合，甚至在实际呈现的关键词之前，这种整合加工就可发生（DeLong et al.，2005）。在低预期条件下，被试可能不仅需要检索关键词的语义，而且需要克服来自语义自动激活的语境偏向词所带来的竞争作用。也就是说，在特定情况下，读者可能需要选择的并不是语境偏向的词的含义来正确地整合语义。

总体上，通过两个任务的比较，我们证明了与预期效应相关的脑激活在语义任务中比在句法任务中激活了更广泛的脑区。这些额外激活位于双侧前扣带回、背外侧前额叶、左侧颞中回和右侧额下回。其中一些脑区在先前的文献中被证实与冲突解决（conflict resolution）和认知控制有关（Botvinick et al.，2004；Hagoort，2005；MacDonald et al.，2000；MacLeod & MacDonald，2000）。而在需要外显整合的任务中所发现的左侧颞中回的激活，则通常与词汇提取有关（Binder et al.，2009；Indefrey & Levelt，2004；Lau et al.，2008）。右侧额下回激活，在先前的研究中则通常被解释为由用于整合（Just et al.，1996）或形成一般表征（Menenti et al.，2009）的资源增加所致，或反映的是非语言加工。通过结合不同任务的使用和不同的语义操纵，我们有机会更全面、更深入地理解语义整合的机制。

（二）外显和内隐任务下，语义整合加工相关的功能网络

许多研究表明，认知功能并不是由单个脑区完成的，而往往是由一个或多个功能网络共同实现的。同样，在句子理解过程中，大量功能分离的脑区可被整合而形成句子理解的功能网络。内隐与外显的语义整合，除了在功能激活上表现出一致性和差异性，在脑功能网络层面上，大脑的激活模式也可能受到策略效应的影响，这是接下来的研究所要探讨的问题。

先前关于语义功能网络连接的一些研究确实表明，不同的任务难度和类型对功能连接或效应连接存在影响。一些研究采用 PPI 等分析方法，观察到不同任务条件下颞叶后部皮层区域与额下回的皮层在时间上的关联性或统计依赖关系；也有研究采用 DCM 或格兰杰因果分析方法刻画了不同任务下额下回神经活动与颞叶后部皮层神经活动的因果效应，即神经单元之间调控与被调控的关系。但这些研究尚未回答的问题是：从整个语义整合功能网络来看，不同的任务范式／整合难度对整个网络的影响如何？抛开不同任务范式的差别，语义整合过程的共性特征又是什么？前一个问题属于全局性的网络动态变化，无法从点到点的单个或多个局部功能网络的连接研究中获得答案；后一个问题又因为这些关于语义脑功能网络连接的研究采用了不同的任务范式，无法对任务范式本身的差

异效应进行控制，因而也难以观察到跨任务的语义整合网络变化共性。

此外，额下回作为语义整合的关键脑区，在更为宏观的语义整合功能网络里所扮演的角色是什么？它如何与该网络的其他部分交流互动？同时，外显或内隐这类不同的理解任务如何影响局部与整体网络的动态交互也仍然值得探讨。虽然目前已有研究通过使用内隐语言任务发现，语义加工处理的加工通路包括左侧颞上沟、颞极（temporal pole）、梭状回、颞枕交界区和顶叶皮层（Spitsyna et al.，2006）。然而，由于缺乏被试内部任务的比较，关于外显和内隐语言任务中调用的大脑网络是否相同，以及语言任务是如何调节功能网络的研究目前仍然为数不多，对这些问题的答案研究者也知之甚少。

研究这类网络的一个办法是图论分析（He & Evans，2010）。现实世界中的课题，如交通、生物等，都可以用由节点和边构成的网络进行描述。在这些客体网络中，节点表示该网络的基本元素，边反映了基本元素之间的关系。用图论来表征复杂网络的拓扑（topology）关系是目前复杂网络分析最主要的途径之一。在神经科学研究中，图论为分析脑网络的拓扑结构提供了理论框架，被广泛用于研究复杂大脑网络的各种属性，用于描述大脑在局部和整体高效且有序的信息传递过程。图论分析的关键参数包括节点度、聚类系数（clustering coefficient）、最短路径长度、中心度、模块等。具体的指标解释见表4-3。

表4-3　主要图论指标的概念及定义

概念	定义
节点度	节点度指的是某个特定的节点跟该节点存在联系的节点数量，节点度越高，说明该节点与更多的其他节点存在联系。研究者认为某个节点的节点度越高，说明该节点在该网络中的作用越重要
聚类系数	聚类系数指的是在特定的网络中，不同节点之间存在联系的数量指标，系数越大，说明该网络的联结程度越紧密
最短路径长度	最短路径长度指的是在特定的网络中信息从某个特定的节点传输到另外一个节点的最优路径，通过这个最优路径，信息传输效率最高
中心度	中心度指的是特定网络中的节点地位的定量化指标，在特定网络中，中心度最高的节点常被描述为网络的核心。另外一个常用的中心度指标是介数中心度（betweenness centrality），这个指标主要是从节点之间信息流的角度定义节点的中心度
模块	模块指的是相对独立的节点网络，具体来说，某个模块内部的节点之间存在密切的联系，但是模块内部的节点与其他模块之间的节点的联系则比较稀疏。研究者认为大脑不同功能可能是由不同的模块实现的

小世界网络（small world network）分析就是一种基于图论的表征大脑网络结构的分析方法。在复杂网络研究中，"正则网络"（regular network）和"随

机网络"（random network）是两个非常重要的概念。正则网络是指聚类系数值大（稳定性好）、最短路径长度值也大（信息传递慢）的一种网络；随机网络则刚好相反，它是最短路径长度值小（信息传递快）、聚类系数值也小（稳定性差）的一种网络。在复杂网络研究中，正则网络和随机网络都曾先后被用来模拟复杂的真实系统。但由真实系统抽象而来的复杂网络并不是正则网络或随机网络的刻板映射，而往往兼具这两种网络的特性。小世界网络就是这样一种介于正则网络和随机网络之间的网络，具有与两者完全不同的统计特征。它既具有与正则网络类似的较强的聚类特性，又具有与随机网络类似的较短的最短路径长度，可以说是综合了正则网络和随机网络各自的拓扑优势，具有在局部和全局水平上信息传递的高效性。对于人脑来讲，不管是功能网络、结构网络（structural network）还是协变网络，大量研究说明人类大脑具有小世界属性（small-worldness）（梁夏等，2010）。语言任务所涉及的大脑功能网络也不例外。

大脑功能网络具有高效的小世界特性、模块化结构、广泛分布的核心脑区等优化的拓扑属性（He & Evans，2010）。采用小世界网络分析方法，可以得到语义整合加工网络的全局性特征和信息，这是前面提到的点对点的功能网络连接的研究所不具备的优势。采用小世界网络分析方法，可以更清楚地看到大脑在进行语义整合这样的高级认知活动时的网络组织结构，也可以看到不同任务条件下大脑语义整合功能网络的组织结构是否会表现出不同的局部或整体调制方式。用小世界网络分析方法还可以识别语义整合的中枢节点，用以跨网络对比，也可以与功能定位分析或功能网络连接分析做跨手段／方法验证。

利用相关实验中关于外显（语义判断任务）和内隐语言任务（字形判断任务）的 fMRI 数据，本研究使用小世界网络分析方法来比较上述实验中与外显和内隐语言认知相关的大脑功能网络的拓扑特性。我们预期通过对外显和内隐语言任务的综合全局网络参数［包括局部和全局效率（global efficiency）、聚类系数、最短路径长度等］进行统计比较，以及通过比较不同任务功能网络的介数中心度的差异，也许能发现外显和内隐语言任务对大脑功能网络的特性产生的不同效应。

根据小世界网络分析的流程，我们分析了稀疏度（sparsity degree）为 $0.10 \sim 0.49$ 的脑功能网络的拓扑特性。我们在外显和内隐语言任务的稀疏度在 $0.10 \sim 0.49$ 的范围内得到了 $\gamma \gg 1$（网络聚类水平大于随机网络）、$\lambda \approx 1$（网络最短路径与随机网络相当）以及 $\sigma > 1.1$（图 4-3）的结果，这表明两个任务中的大脑功能网络都表现出显著的小世界特性。

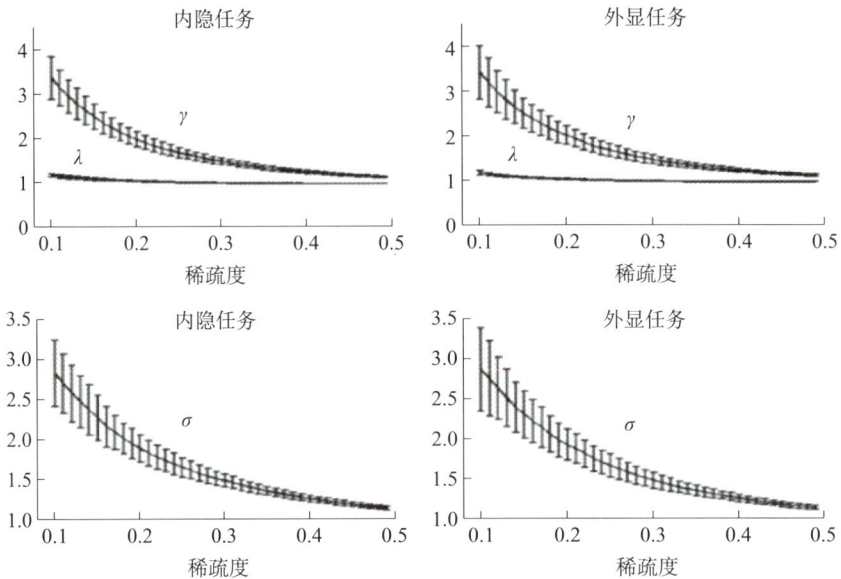

图 4-3　在外显和内隐语言任务中，小世界特性随着功能网络稀疏度的变化而变化。这里 γ 代表标准化聚类系数（即小世界网络聚类系数与随机网络聚类系数之比），λ 代表标准化最短路径长度（即小世界网络最短路径长度与随机网络最短路径长度之比），σ 代表 γ 与 λ 的比率。在每一个体的大脑网络上评估 γ 和 λ 的值，然后分别在外显和内隐语言任务中对所有被试进行平均。在较宽的稀疏度（$0.10 \leqslant$ 稀疏度 $\leqslant 0.49$）范围内，内隐或外显语言任务的功能网络表现为 $\gamma \gg 1$、$\lambda \approx 1$，显示出显著的小世界特性（引自：Zhu et al., 2013）

　　表 4-4 列出了外显和内隐语言任务下综合全局网络参数的统计差异。我们发现，内隐语言任务的局部效率（local efficiency）和聚类系数显著提高（$p < 0.05$），而在外显语言任务中，整体效率有提高的趋势，最短路径长度有增加的趋势。任务对标准化聚类系数和标准化最短路径长度没有影响。

表 4-4　人脑功能网络整体性参数的平均值（标准差）及其在外显和内隐语言任务中的统计差异

参数	内隐语言任务	外显语言任务	t 值	p 值
聚类系数	0.225（0.010）	0.220（0.011）	2.46	0.02
最短路径长度	0.654（0.013）	0.652（0.013）	1.27	0.22
标准化聚类系数	0.676（0.045）	0.679（0.055）	0.26	0.80
标准化最短路径长度	0.406（0.003）	0.405（0.003）	1.52	0.14
整体效率	0.239（0.003）	0.240（0.003）	1.72	0.10
局部效率	0.299（0.005）	0.297（0.005）	3.01	0.007

（引自：Zhu et al., 2013）

本研究发现网络中枢主要位于联合皮层（表4-5）：有12个中枢与内隐语言任务有关，17个中枢与外显语言任务有关。其中10个是两个任务共同的功能网络中枢，包括双侧辅助运动区、双侧正中扣带回（middle cingulate gyrus，MCG）、双侧颞中回、左侧枕中回（middle occipital gyrus，MOG）、左侧梭状回、右侧颞上回和右侧颞顶枕联合区上部。两个大脑区域是内隐语言任务特有的中枢：左侧颞上回和右侧颞下回。相对地，有7个特定于外显语言任务的中枢区：左侧中央前回、右侧内侧眶额皮层、右侧海马旁回、右侧梭状回、右侧中央前回、左侧楔前叶和左侧颞顶枕联合区上部。

表4-5 分别对应于外显和内隐语言任务的大脑功能网络中枢区

脑区	类别	归一化介数中心度	
		内隐语言任务	外显语言任务
左侧中央前回	初级皮层	—	1.77
右侧中央前回	初级系统	—	1.79
左侧辅助运动区	联合皮层	1.96	1.54
右侧辅助运动区	联合皮层	1.73	1.6
右侧内侧眶额皮层	边缘系统	—	1.65
左侧正中扣带回	边缘系统	2.02	1.78
右侧正中扣带回	边缘系统	1.85	1.75
右侧海马旁回	边缘系统	—	1.65
左侧枕中回	联合皮层	1.88	1.53
左侧梭状回	联合皮层	2.27	2.06
右侧梭状回	联合皮层	—	1.53
左侧楔前叶	联合皮层	—	1.6
左侧颞上回	联合皮层	2.46	—
右侧颞上回	联合皮层	2.63	2.19
左侧颞顶枕联合区上部	边缘系统	—	1.83
右侧颞顶枕联合区上部	边缘系统	2.57	1.9
左侧颞中回	联合皮层	2.22	2.19
右侧颞中回	联合皮层	2.26	2.79
右侧颞下回	联合皮层	2.19	—

（引自：Zhu et al.，2013）

表 4-6 列出了在介数中心度上显示显著任务差异的大脑区域。与内隐语言任务相比，外显语言任务对应的大脑网络在右侧辅助运动区和右侧顶下小叶中表现出介数中心度显著降低，在右侧中央前回、左侧额上回眶部和左侧额下回岛盖部、左侧额下回三角部、右侧额下回眶部和右侧海马旁回显著增加。这些大脑区域在皮层表面的分布如图 4-4 所示。

表 4-6   与外显和内隐语言任务相对应的脑功能网络之间的平均介数中心度

任务	脑区	分类	内隐语言任务	外显语言任务	t 值（p 值）
内隐 > 外显	右侧辅助运动区	联合皮层	0.72（0.45）	0.57（0.30）	2.74（0.01）
	右侧顶下小叶	联合皮层	0.37（0.15）	0.29（0.15）	2.58（0.02）
内隐 < 外显	右侧中央前回	初级皮层	0.51（0.23）	0.65（0.34）	2.28（0.03）
	左侧额上回眶部	边缘系统	0.22（0.11）	0.35（0.18）	2.81（0.01）
	左侧额下回岛盖部	联合皮层	0.31（0.16）	0.42（0.22）	2.93（0.01）
	左侧额下回三角部	联合皮层	0.22（0.11）	0.31（0.15）	2.58（0.02）
	右侧额下回眶部	边缘系统	0.37（0.21）	0.51（0.32）	2.34（0.03）
	右侧海马旁回	边缘系统	0.32（0.22）	0.43（0.31）	2.53（0.02）

注：内隐语言任务和外显语言任务两列括号内数据为标准差

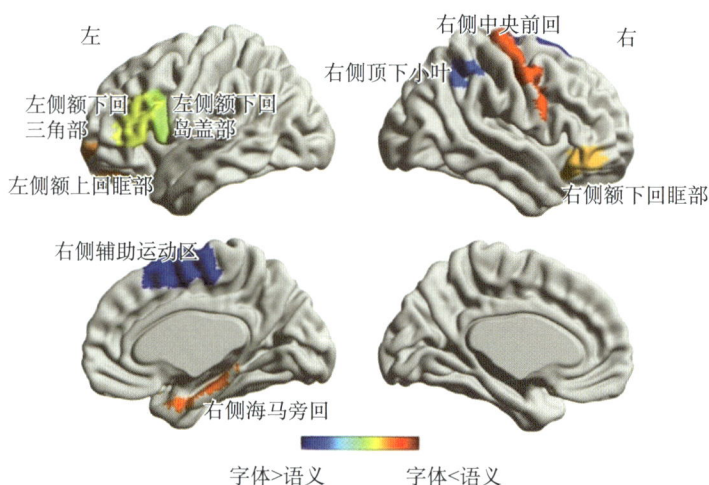

图 4-4   大脑区域在外显和内隐语言任务之间的功能网络的综合中介中心性方面表现出显著的变化。冷（暖）色区域表示与外显语言任务相比，内隐语言任务中综合中介中心性的提高（降低）值（引自：Zhu et al., 2013）

　　总结起来，本研究考察了涉及外显和内隐语言任务的脑功能网络的拓扑特性。这些网络表现出明显的小世界特性。我们还观察到与内隐和外显语言任务相对应的枕区、颞区和额区广泛的共同中枢。此外，我们还发现了整体网络参数的任务间差异和关键语言区域的中介中心性差异。以下对这些结果做详细分析。

　　我们首先检验了整个大脑功能网络在内隐和外显语言任务中是否具有共同的特性。研究发现，与外显和内隐语言任务相对应的大脑功能网络都表现出小世界特性，即具有高聚类系数和较短的路径长度。在我们的研究中，它反映了脑网络在两种语言任务中满足局部和整体加工的竞争需求的需要。最佳的大脑功能需要在大脑功能活动的局部特殊化和全局一体化之间取得平衡。此外，我们注意到在句子理解的研究中报告过几个区域，如内隐和外显任务中激活的双侧颞中回和右侧颞上回。我们所发现的句子理解网络也与前人关于外显语言任务的研究所报告的较为一致。

　　此外，在广泛的脑区中，存在着共同中枢支持内隐任务和外显任务的语义加工，具体包括双侧辅助运动区、双侧正中扣带回、双侧颞中回、左侧枕中回、左侧梭状回、右侧颞上回和右侧颞顶枕联合区上部。前人的研究表明，颞叶参与了语义表征存储和提取，梭状回是参与词汇识别和语义加工的关键区域，颞中回是对语义获取和语义控制敏感的区域。此外，先前的几项研究发现，扣带回皮层可能有助于句子理解过程中的语义控制或一般认知控制加工，当出现难懂或奇怪的句子时，枕区参与句子理解以支持视觉功能。这些结果与前人在外显语言任务中的研究结果一致，表明在外显和内隐语言任务中存在共同网络支持句子理解。

　　我们的研究还探索了任务如何调节网络特性。我们发现，与内隐语言任务相比，参与外显语言任务的大脑功能网络表现出局部效率显著降低和整体效率显著上升（表4-4）。两种语言任务在局部和整体效率上的差异可能是由于优化的大脑需要在局部特殊化和全局一体化之间取得适当的平衡。整体效率是衡量大脑中信息传递的指标，而局部效率是衡量大脑的各子区域的信息交换的指标，这两个任务之间的整体和局部的效率差异可能反映了完成不同语言任务时大脑的优化。在外显语言任务中，被试必须参与语义检索、语义整合和语义控制，以细致地分析语义信息。而在内隐语言任务中，作为特征检测范式的一部分，要求被试在视觉上匹配字体大小。这意味着外显语言任务的完成依赖于大脑广泛区域（如额下回、颞中回、颞上回等）的信息传递。因此，外显语言任务的整体效率要高于内隐语言任务，而局部效率低于内隐语言任务。

　　此外，我们还发现不同语言任务之间的介数中心度存在差异（表 4-6）。左侧额下回（岛盖部和三角部）在外显语言任务中的综合中介中心性高于内隐语言任务。左侧额下回是大脑中对语言理解很重要的区域。特别是，先前的一些研究结果已经表明左侧额下回岛盖部和左侧额下回三角部对于精细的语义分析的重要性，如语义候选词的选择和抑制、调控语义网络等（Medaglia et al.，2021）。

　　然而，本研究中所观察到的两种任务条件的不同结果可能反映了语义和非语义任务特定加工的混合效应。例如，我们观察到与内隐语言任务相比，外显语言任务存在着额外的中枢。以往的研究发现，后扣带回的激活与语音复述有关，而右侧内侧眶额皮层和右侧海马旁回的激活与心理理论相对应。这些结果表明，外显语言任务中语义加工涉及的神经活动比内隐语言任务中所观察到的要更为广泛。此外我们还发现，在内隐语言任务中，右侧辅助运动区和右侧顶下小叶之间的介数中心度增加。当要求被试做出字体大小判断时，他们可能需要在工作记忆中维持句子单词的字体大小的表征，以便与探测的字体大小进行比较，因此有助于工作记忆和注意力控制的右侧顶下小叶参与了内隐语言任务。此外，辅助运动区和前辅助运动区与反应准备等运动功能有关；右侧辅助运动区的介数中心度差异可能是因为内隐语言任务的正确率比外显语言任务低得多，反应时也比外显语言任务更长。

　　一个较为难以解释的结果是，本研究并没有支持左侧额下回是语言加工中枢的证据。虽然句子理解研究经常报告左侧额下回的激活，但也有研究显示，当涉及双侧颞区激活时，左侧额下回激活较弱。左侧额下回可能有助于需要认知资源参与的语义控制，而不一定参与了简单句子的理解。然而，本实验前期分析确实发现在两种语言任务中，与注视基线相比，简单句子理解的左侧额下回中 BOLD 信号变化增强，因而认为左侧额下回不参与语义理解并不合适。

　　值得注意的是，以往的图论分析也没有观察到额下回作为句子理解中枢的证据。例如，有研究者使用了图论方法来揭示句子理解过程中的网络活动，他们并没有发现支持额下回为语义理解中枢的证据（Yan et al.，2012）。考虑本研究数据分析时使用 AAL 模板，为避免模板特异性的影响，我们还使用哈佛－牛津图集模板（Harvard-Oxford atlas template，HOA）来检验。分析的整体参数、中枢等结果与 AAL 模板结果类似，同样没有找到支持左侧额下回作为中枢的证据。到目前为止，出现这一现象的其他可能原因包括但不局限于可能是节点和边界定义的差异，这可能影响计算的网络特性。这一现象也有待未来研究做进一步检验。

总之，本研究表明，无论是外显语言任务还是内隐语言任务，参与句子理解的人脑功能网络都符合小世界标准。与任务相关的网络特性的差异表明了外显和内隐语言任务对脑功能网络的不同影响。这些发现增进了我们对语言理解的神经基础的理解。

（三）跨任务的参数式设计与语义整合的大脑激活模式

以上报告了两个实验，说明无论是内隐还是外显的语义整合加工，可以一致地观察到左侧额下回的激活。但是我们也同样看到，不同任务下可能带来加工策略或认知资源卷入的不同，进而导致不同任务下激活模式的差异。值得注意的是，在句法任务中，语义整合处于一种内隐状态，但句法判断任务本身仍然是外显的，要求被试对注意进行控制。所以仍然不清楚，在不同条件对比中，任务自身所引发的效应是否也会使研究结果出现偏差。本实验将进一步采用参数式设计，通过多种实验状态的比较来分离语义整合所引发的效应，以及其他和语义整合同时存在的认知加工所引发的实验效应。

这种分离将通过两个方面的操纵来实现。一方面，我们采用逐词呈现方式，将关键词设置在句子中间（第 6 个词或第 7 个词为关键词），使得关键词与任务加工本身（如最后的判断决策、按键）有一定的分离。另一方面，我们设计了高预期、低预期，以及违背三种不同的语义整合难度，语义整合难度的操纵可以引发语义整合效应出现参数式变化，且这种效应应该是跨任务一致的。相比之下，由任务状态导致的其他认知加工所引发的效应，在不同实验状态下则有所不同。为了与任务所导致的效应相分离，同时，我们又采用了三类实验任务：第一类是语义判断任务，被试需要确定句子是否为合理句。第二类是字形判断任务，被试需要确定依序呈现的文字是否出现字体大小的变化。显然，语义判断任务可能引发自上而下的语义控制，当然，这种语义控制可能也是伴随语义整合同时进行的。而对字形判断任务，由于被试不需要注意句子的意义，语义控制的效应就大为减小。同时，我们要求被试在自然阅读状态下阅读句子，这同样会减少语义控制加工的卷入，或者说读者的重心在于语义整合加工，这就构成了第三类任务。值得注意的是，三类实验任务下，只有语义整合难度的参数式变化是跨任务一致的，这种跨任务一致的参数式激活效应，能够帮助我们更为准确地进行语义整合的功能定位。由于在语义判断任务和自然阅读任务中，被试需要进行外显的语义加工，而在字形判断任务中，被试只需要进行字形大小辨别，因此，在关键词处，前两种任务有可能引发更强、激活面积更大的大脑活动。

根据上述目的，在这个实验中，我们采用了参数调节效应分析的办法来获得特定任务下语义整合的相关脑区。具体来说，我们编制了3种类型的句子：高预期句、低预期句，以及存在语义不合理的语义违背句。高预期句是指在一个句子中的某个特定位置，之前的语境能够预期出一个特定的名词（关键词），如"睡觉前他调了闹钟后放心地睡了"。读者阅读完前半句后一般会预期在"调了"之后要出现"闹钟"。通过将高预期句中的关键词替换成一个没有预期到但是却与整句意义连贯的词，如"灯光"，构建了低预期句。而将高预期句中的关键词替换成一个没有预期到，且使得句子意义不合理的词，如"月亮"，构建了违背句（表4-7）。我们共编制了315套有效材料，每套材料包括3种条件的句子各一句。每个句子都为11个词，关键词在第6个词和第7个词位置的句子各占一半。此外，为了防止被试对违背词出现的位置产生特殊预期，在每个部分的材料里，另外增加了18个违背句，违背词在第8个词、第9个词及第10个词位置的句子各6句，每个部分的填充句不同，但这些填充句在同一部分的不同系列中则相同。33名未参与正式实验的被试评定了句子目标词的完形概率，高预期条件的平均预期完形概率为65%（范围为30%～100%），低预期和违背条件的预期完形概率分别为2%（范围为0%～15%）和0。另外征集了20名来自同一群体的被试进行了语义合理性评定，确保材料符合要求。此外，我们也匹配了3个条件之间关键词的词频和笔画数。

实验采用固定步速（fixed pace）的方法逐词呈现句子。研究设置了3类不同的实验任务：在自然阅读中，被试只需要按照自己的阅读习惯阅读句子，不需要做任何外显反应。在语义合理性判断任务中，句子呈现完毕后出现对话框，要求被试判断句子是否可以理解。在字形判断任务中，句子呈现后屏幕中央出现探测词"测试"，要求被试判断"测试"的字形大小与句子中词的字形大小是否一致。被试同样要在保证准确的前提下快速地按键，在正式实验过程中不会给予被试反馈，记录被试的反应时和正确率。为了防止阅读任务对自然阅读产生影响，例如，做语义判断任务导致被试总是对句子合理性进行评估，从而加入额外混淆因素，因此自然阅读任务总是最先完成，而字形判断任务和语义判断任务则在被试间进行了平衡。

表 4-7　跨任务参数实验设计材料举例

实验条件	例子	预期完形概率（%）	语义合理性
高预期	睡觉前他调了闹钟后放心地睡了	65（18.8）	4.28（0.29）
低预期	睡觉前他调了灯光后放心地睡了	2（3.2）	4.17（0.28）
违背	睡觉前他调了月亮后放心地睡了	0	1.63（0.39）

注：关键词用下划线标示；括号内数据为标准差；语义合理性评定 1 为非常不合理，5 为完全合理（引自：Zhu et al.，2012）

　　实验分别收集了 ERP 数据和 fMRI 数据，各有 27 名汉语为母语的健康成年人的数据。经过标准处理流程的 ERP 结果显示（图 4-5），在 3 个任务中，从高预期、低预期到违背条件，随着语义整合难度的增加，N400 波幅逐渐增大。对 300～500ms 经典 N400 时窗的代表性电极点的波幅进行统计，在 3 个任务中都发现了显著的参数增强效应。而这一参数变化模式在 500～800ms 和 800～1200ms 时窗则不显著。这一结果与文献报道一致（Kutas & Federmeier，2011），表明本研究中的语义整合难度操纵有效。

　　fMRI 数据经 SPM5 标准流程进行预处理后进行分析，结果发现，语义判断任务激活的区域包括双侧额下回、额中回等区域；自然阅读任务下激活的区

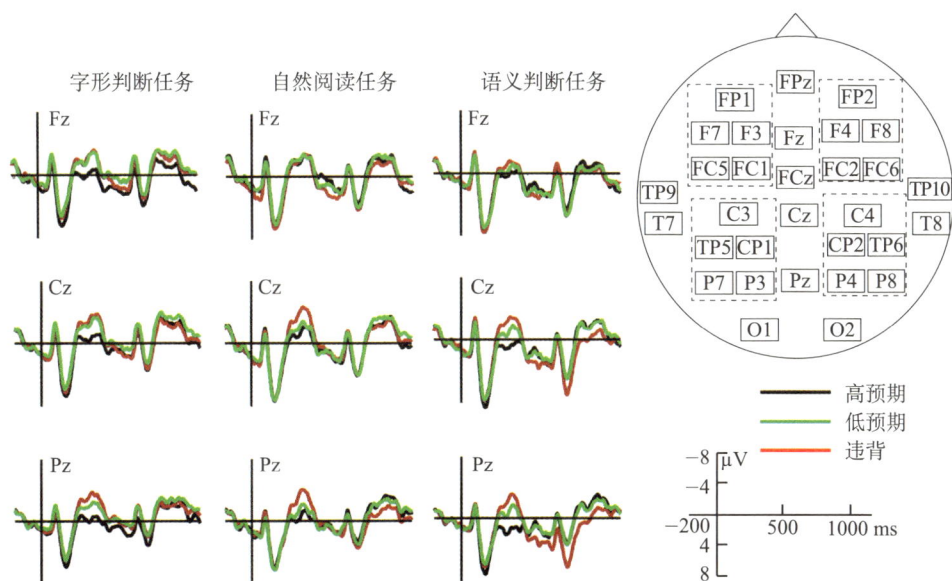

图 4-5　三个任务下高预期、低预期和违背 3 个条件的时间进程图及电极部位图。被虚框圈住的是左前区、右前区、左后区和右后区 4 个代表性脑区内用作数据分析的电极点（引自：Zhu et al.，2012）

域包括双侧额下回、额中回、内侧额叶、左侧颞叶等区域；字形判断任务下激活的区域为左侧额中回、额下回等区域（表4-8及图4-6）。

表4-8　三种实验状态下语义整合的参数调节效应

任务	脑区	BA 分区	MNI 坐标			最大 t 值	激活体素数量	FWE 校正后 p 值
			x	y	z			
自然阅读任务	左侧额上回 / 内侧额叶	6/8	−2	20	54	9.37	1604	0.001
	左侧额下回 / 额中回	9/45	−48	26	24	8.4	7090	0.001
	右侧额中回 / 额下回	46	50	20	30	7.24	5257	0.001
	左侧颞中回 / 颞上回	21/22	−56	−48	−4	6.13	2229	0.001
	左侧顶上小叶	7	−30	−60	58	6.04	2070	0.001
	右侧顶上小叶 / 顶下小叶 / 颞顶联合区	7/40	32	−66	56	4.8	975	0.003
语义判断任务	左侧额上回 / 额中回	9/46	−42	40	34	5.47	2719	0.001
	左侧额上回 / 双侧内侧额叶	8/9	−2	22	54	4.8	1260	0.001
	右侧额中回	10/46	32	56	12	4.71	2321	0.001
	左侧顶下小叶	40	−54	−46	40	4.13	681	0.021
字形判断任务	左侧额中回 / 额下回	10/45	−42	48	−2	3.34	204	0.014*
	左侧小脑山坡	—	−18	−84	−26	3.58	151	0.026*
	右侧顶上小叶	7	32	−62	46	3.2	72	0.041*
	右侧小脑后叶	—	10	−84	−24	3.36	65	0.044*
三种任务共同激活的参数调节效应	左侧额下回 / 额中回	45/47	−50	38	4	2.99	70	0.074*

（引自：Zhu et al.，2012）

　　本实验的目的是通过不同实验任务操纵，借助参数式分析，考察语义整合加工跨任务一致的功能定位。与先前的研究结果相一致，不一致条件比一致条件的句子引起波幅更大的 N400，低预期比高预期的条件引起波幅更大的 N400（Kutas & Federmeier，2011）。这表明在语义判断任务和自然阅读任务中存在语义整合。关键的是，在字形判断任务中也发现了 N400 效应。这一发现加上任务与句子类型无交互作用，说明在字形任务中也出现了语义整合效应，且程度与其他两个任务相当。

　　fMRI 结果显示，在自然阅读任务和语义判断任务中，当语义整合负荷在不同句子类型中发生变化时，左侧额下回的激活明显受到调制。这与以往研究

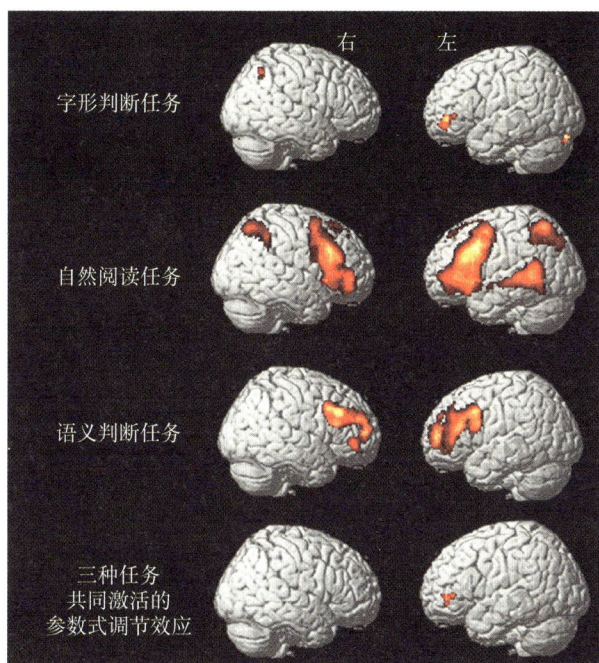

图 4-6 三种实验状态下语义整合的参数调节效应（引自：Zhu et al., 2012）

发现左侧额下回在外显语言任务中的作用相一致（Hagoort et al., 2009；Jackson, 2021）。更重要的是，在字形判断任务中，我们也可以发现左侧额下回受句子类型调制的参数式效应，但其激活相对较弱。这说明联合分析中的左侧额下回前部在语义整合中起重要作用。因为这是内隐任务，所以这种激活不太可能是伴随语义整合的其他认知加工所带来的，如一般性的策略性加工（van Petten & Luka，2006）。

与第三章直接对比不同违背程度句子的研究思路不同，本实验进行的是参数式调节分析。一方面，本实验的核心是通过预期完形性的变化来参数式地操纵实验条件之间的语义整合难度，这种整合难度与违背所引起的非语义加工的加工通路负荷变化是不同的，在违背引起的非语义整合的加工通路负荷变化上，只有违背句出现负荷增加，而在高低预期上不会增加，因而不会与语义整合效应直接混淆。有读者也许会提出，可以使用低预期减去高预期或条件减去基线激活图作为掩蔽来定位语义整合效应。但低预期不仅在语义整合上不同于高预期，而且在其他加工上也不同。例如，当读者遇到低预期单词时，可能触发更强的一般认知控制，从而覆盖语境上高预期的单词，这种控制加工可能与语义整合不同（Hagoort et al.，2009）。因此，参数式地操作语义整合负荷是探寻与语义整合加工相关脑区更有效的方式。

自然阅读任务和语义判断任务都要求被试外显地关注词义，这可能导致控制性语义检索和 / 或语义选择加工的卷入，类似的加工在字形判断任务中不会出现。我们看到左侧额下回后部在两个外显任务中出现激活而在字形判断这一内隐任务中无显著激活。以往研究认为这个区域与控制性选择加工相关（Bilenko et al.，2008；Jackson，2021；Thompson-Schill et al.，2005；Zempleni et al.，2007），这种加工可能不是特定于语言的，一般认知控制也会激活左侧额下回后部（January et al.，2009；Ye & Zhou，2009a，2009b），但在内隐任务中由于在不同条件间有效控制了策略加工水平，因而这一区域并不出现激活。

有研究证实了在语义判断任务和自然阅读任务中右侧额下回也会出现激活（Vigneau et al.，2011；Zhu et al.，2009）。右侧额下回被认为具有与左侧额下回类似的功能，但它只在高工作记忆负荷时起作用（Vigneau et al.，2011），这在一定程度上可以解释语义判断和自然阅读任务下语义整合负荷对右侧额下回信号的调节效应。

在自然阅读任务中可以观察到左侧颞上 / 中回的激活，这支持了后颞区对语义加工很重要的假设（Hagoort，2005；Jung-Beeman，2005；Lau et al.，2008）。增加的语义整合负荷可以增强语义检索，这反过来又可能涉及更多的颞叶后部的相关区域（Tesink et al.，2009）。在自然阅读任务中激活的另一个区域是顶下小叶（inferior parietal lobule，IPL），这一区域通常与语义或语音工作记忆相关（Gold et al.，2005），也与一般工作记忆负荷相关（Owen et al.，2005）。功能连接分析揭示了左侧额下回和顶下小叶之间以及顶下小叶和颞叶皮层之间的紧密耦合（Catani et al.，2005；Xiang et al.，2010）。这些结果表明，后部脑区的激活可能是依赖于任务的。例如，在阅读过程中，不管句子是否连贯，读者都试图去建立句子的连贯表征。这些努力可能包括额外的词汇水平的语义检索，在低预期和违背中比在高预期中使用更多的工作记忆，从而引发自然阅读任务中的参数调节效应。然而，在字形和语义判断任务中，这种参数调节效应可能不存在。在字形判断任务中，实际上没有明确要求读者构造一个连贯的语义表征。而在语义判断任务中，被试可能会使用特定的反应策略，当他们发现句子不一致时，就会在句子结束前终止语义加工（以及相关的工作记忆加工）（Andreatta et al.，2010），从而减弱与这类策略性相关的调制效应。

　　语境匹配性也可能影响语义整合外的其他加工。实际上，几乎不可能存在只影响语义整合而不影响其他任何加工的单一操作。本研究的目的是使用跨三种不同类型任务的联合分析来尽可能地排除其他一些与语义整合无关的加工。从 ERP 的研究来看，在 N400 之后，500～800ms 和 800～1200ms 时窗中常常可能会报告出现晚期正成分。尤其是当高预期的单词被其他单词取代时，几乎所有的研究都报告会出现晚期前额正波的改变（Delong et al.，2011；van Petten & Luka，2012；Brothers et al.，2020）。而较高的语境限制会引出波幅较大的晚期正成分（Federmeier et al.，2007）。有研究者认为，这种正波效应可能反映了再加工的损耗（van Petten & Luka，2012）。当读者加工的是一个高语境限制的句子时，这种语境会预期一个特定的词，如果此时读者遇到一个低预期的词，他们就需要抑制预期到的词来理解这个句子（如 Federmeier et al.，2007），这可能是晚期正波出现的原因。总的来说，在自然阅读任务和语义判断任务中出现晚期正成分，而在字形判断任务中没有。相应地，在自然阅读任务和语义判断任务中存在左侧额下回后部的调制效应，而在字形判断任务中不存在，这两者极有可能是相关的。确实，有研究者认为左侧额下回后部对抑制很敏感（Thompson-Schill et al.，2005；Wright et al.，2011），但这一解释也还需要未来研究的证实。

　　总体来看，在语义整合文献中，参数式设计很少被使用，多数研究通过对比不一致和一致的句子、歧义和非歧义或较强歧义和较弱歧义的句子，来揭示语义整合的脑区。本研究结合参数式设计和跨任务联合分析，最重要的贡献是证实了左侧额下回前部确实是语义整合的关键，并且该区域的激活不能归因于伴随语义整合的其他认知加工。

三、语义加工中左侧额下回的激活：功能亚区的假设与检验

　　在上述一系列 fMRI 实验中，我们都较为一致地观察到左侧额下回参与了语义整合加工。值得一提的是，当采用内隐和外显任务有效地控制了任务策略所带来的混淆效应时，我们仍可以在左侧额下回前部发现两者共同的激活区域，但同时也观察到语义整合难度操纵在部分任务中还引发了左侧额下回后部的激活，可能反映了某些任务所伴随的特异性策略加工效应，与领域一般性的认知控制加工有关。接下来这一部分我们重点分析如何分离语义整合与认知控

制对左侧额下回激活的影响。

（一）语言加工中的认知控制

句子语义整合需要认知控制等加工过程的参与，一个典型的例子是歧义句理解。研究发现，当被试需要从关键词的多个义项中选择出合适义项来建构句子语义表征时，左侧额下回活动水平显著上升（如 Rodd et al.，2005，2012；Zempleni et al.，2007）。罗德等设计了高歧义句、低歧义句和噪声条件，要求被试判断句子呈现结束后出现的单词与该句意义是否相关（Rodd et al.，2005）。fMRI 数据分析的结果发现，当被试听到含有歧义词的句子时，左侧颞下回后部和双侧额下回均出现显著激活，这些激活被认为与被试选择适合语境的词汇意义进行整合加工相关。有研究者考察了三种类型的句子，分别是同形异义词（homonym）偏向主要意义的句子、偏向次要意义的句子以及无歧义的句子（Zempleni et al.，2007）。结果发现左侧额下回（BA44/45 区）、右侧额下回（BA47 区）和双侧 BA20 区参与了歧义句子加工。该研究还表明，歧义词的各意义一开始都被激活，后期通过认知控制等过程才选择了合适的意义，左侧额下回等脑区参与了语义选择和控制加工过程。除了句子层面的词汇提取，在无语境下的单个词汇语义特征提取（Badre et al.，2005；Thompson-Schill et al.，1997；Wagner et al.，2001）或阅读中也发现了这一区域的激活（Hagoort，2017）。研究整体上支持了左侧下回参与了语义层面的控制性加工。

除了参与语义加工，在非语言的研究中，先前的研究也发现左侧额下回在跨领域一般性的认知控制中起着重要作用（Duncan & Owen，2000；Miller & Cohen，2001），例如，在竞争选项中进行选择和冲突调节（January et al.，2009；Novick et al.，2005）。有研究者要求同一批被试完成 Stroop 任务和句法歧义句阅读任务，结果发现，左侧额下回不仅在 Stroop 颜色识别任务中出现激活，在句法歧义的句子理解中也出现了激活，且两种任务所激活的区域相重叠（January et al.，2009）。有研究增加了 Flanker 任务，同样发现，语义合理性判断、Stroop 和 Flanker 任务在左侧额下回、前扣带回和左侧顶下小叶都出现了共同激活区（Ye & Zhou，2009a）。还有研究发现，左侧额下回的局灶性病变似乎会导致一系列冲突解决任务的缺陷，左侧额下回作为额叶子系统网络的一部分，负责检测和解决不相容的刺激表征，同时参与句子歧义的再分析等加工过程（Novick et al.，2005）。这些不同操纵、不同任务的研究结果提示了一种可能，即前述所观察到的语义整合中左侧额下回的激活所反映的不一定是语义整合加工本身，而是跨领域一般性的认知控制加工效应，例如，从多个语义竞争选项中选择一个合适的义项，或在句子意义面临多种解释时进行选择和重分析，参与合适义项的选择并抑制不合适的义项。

　　语义整合加工中会涉及认知控制的过程，尤其是外显的语义整合加工更是如此，与此同时，先前关于语义整合加工和认知控制的研究又均发现左侧额下回是一个密切相关的脑区。因此对于左侧额下回在句子阅读过程中可能扮演的角色，研究者也存在着截然不同的解释。有研究者提出，左侧额下回本身就只是负责阅读中的认知控制等一般认知加工，而非语义整合加工（Thompson-Schill et al.，2005；Ye & Zhou，2009b）。与这一观点不同的是，MUC 模型认为语义整合包括控制性加工（Hagoort et al.，2009），左侧额下回的激活反映了语义整合加工（朱祖德等，2011b）。这种观点认为语义整合过程中经常会遇到歧义或者不合理的情况，此时读者往往需要选择合适语义，以及抑制不合适语义信息，因此 MUC 模型认为整合的过程其实就包含控制性加工。但是，MUC 模型提出，整合加工和控制性加工还是存在明显差异的，例如，语义整合加工晚期可以在不需要控制加工的参与下就可以出现（Hagoort，2008a）。此外，在某些时候，语义整合也可以不依赖于选择加工。例如，人们在听觉语言理解过程中会自动地处理说话者不同层面的信息，如身份、性别等各种信息，如果不同层面的信息出现不一致，就会出现整合困难。在一项相关的实验中，研究者给被试呈现的听觉语言材料中的性别特征和内容之间出现冲突，例如，一位男性声音说出"我怀孕了"，研究结果发现，与用女性声音说出同样内容的句子相比，冲突的条件下会导致左侧额下回激活增强。考虑到这种说话者的特征信息足够明确，因此语义选择和控制性提取理应不需要额外的认知资源，但是两种信息之间仍然导致加工者产生语义整合的困难，这表明语义整合与语义选择这两个加工过程是可以相互分离的（Hagoort et al.，2009）。

（二）左侧额下回参与语义整合与认知控制：功能亚区的假设

　　讨论左侧额下回如何参与语义整合和一般性认知控制加工，就不能忽略左侧额下回很可能并不一定是单一的整体，还可以区分为许多子区域。事实上，我们在前面的实验中也发现，左侧额下回前部在内隐和外显任务中都出现语义整合难度参数调节效应。而选择和控制加工相关的激活通常出现在左侧额下回后部，左侧额下回后部与前部区域很可能存在不同的任务分工。

　　值得一提的是，这种亚区的不同分工假设也在不同理论中有所提及。弗里德里希提出，左侧额下回三角部（BA45区）和眶额部（BA47区）与语义加工关系密切，而岛盖部（BA44区）和额叶盖部深部区（deep frontal operculum）负责句法加工（Friederici，2012）。哈霍特则提出，左侧额下回存在一个前部－腹侧到后部－背侧的梯度功能分区差异，前部－腹侧负责语义整合，后部－背侧负责语音整合，而中间则负责句法整合（Hagoort，2005）。还有的研究者提出，左侧额下回参与了控制性的语义加工，其中左侧额下回前部被认为参与了控制性的语义提取，而后部则参与了语义竞争和语义选择（Jung-Beeman，2005；Lau et al.，2008）。

类似地，巴德尔和瓦格纳提出了双加工理论（Badre & Wagner，2007）。与单纯将语义整合相关的左侧额下回激活解释为一般认知控制不同，该理论认为词汇语义加工可以分解为不同的子过程，一个过程是提取所存储的概念表征，另一个过程则是从这些激活的相互竞争的表征中选择合适的语义。概念提取被认为是语义特异性的，选择则被认为具有跨领域的一般性，其中概念提取激活左侧额下回前部，选择加工则激活左侧额下回后部（Badre et al.，2005）。尽管双加工理论的提出建立在词汇加工的基础上，主要用于解释词汇识别和加工，但在考虑语义整合问题上，这种假设也为我们理解左侧额下回的功能提供了参照：句子整合加工可能也存在着不同的认知成分，反映在左侧额下回的激活上，可能表现在不同的功能子区上，语义特异性的和跨领域一般性的加工成分对不同子区的影响有所不同。

（三）语义整合与认知控制在左侧额下回上的功能分离：fMRI的证据

基于上述讨论的问题，我们开展了一项fMRI研究，考察左侧额下回如何参与句子理解时的语义整合加工。具体来说，我们关注语义整合和一般认知控制的关系及其在左侧额下回定位上的异同。承接本研究组先前的思路，我们采用外显和内隐语义加工任务来定位语义整合效应的加工脑区，并利用Stroop任务来定位与一般认知控制相关的脑区。我们所关注的核心问题是左侧额下回是否存在语义整合加工的特异性激活脑区。如果某个脑区在认知控制加工中并未被激活而仅在语义整合任务中被激活，则说明该脑区只对语义整合加工敏感。如果我们发现左侧额下回反映语义整合的脑区和反映认知控制加工的脑区完全重叠，则说明左侧额下回参与句子语义整合可能反映的确实是一种一般性的认知控制加工效应。

26名母语为汉语的成年中国人参加了实验（16名女性，10名男性；年龄

范围为 20～28 岁,平均年龄为 23.2 岁)。我们设置了高预期、低预期和违背
3 类句子,以操纵句子语义的整合难度。首先,我们编制了 144 句具有高语境
限制的句子(长度为 8～13 个词),称为高限制性句,如"强盗在商量抢劫银
行的时候被逮捕了",其中"银行"为关键词。每个高预期句子中的关键词改
为语义上合理但根据语境不会预期到的 1 个词("电脑"),这样编制出了低预
期句("强盗在商量抢劫电脑的时候被逮捕了")。然后将这个高限制句下的关
键词改为与句子语境意义违背的关键词("鼻涕"),编制了语义违背句("强盗
在商量抢劫鼻涕的时候被逮捕了")。重要的是,通过交叉平衡的方式将关键词
嵌在不同的句子中,每一个关键词在 3 种条件下各出现 1 次,因此所有关键词
在不同条件下出现的机会是均等的,这样做可以最大限度地减小词汇本身的特
性对研究结果的影响。

　　句子语境的限制性评定由 58 名不参加正式实验的青年被试完成。高限制
句关键词的完形率为 59%～100%(平均为 89.5%)。高预期句的完形率显著高
于低预期句(平均为 1.0%,范围为 0～8.6%)和违背句(无被预期到的关键
词,百分比为 0)。3 个条件的关键词在笔画数和词频上是匹配的(Cai &
Brysbaert,2010)。我们也对目标词在不同条件下出现时句子语义的合理性进
行了评定,高预期、低预期和违背条件语义合理性的平均值和标准差分别为
5.2±0.6、4.9±0.6 和 1.6±0.5(其中 1 为完全不合理,6 为合理),这些评定结
果说明实验材料的构建符合实验设计的要求。

　　总体上,整个实验要求被试完成字形判断任务、语义判断任务和 Stroop 任
务。根据经典实验操纵方法,在 Stroop 任务中设置了一致、不一致和中性三个
条件(60 个项目 / 条件)。在一致条件下,颜色词(红、黄、绿和蓝)意义和
书写颜色一致(分别对应红、黄、绿和蓝);在不一致条件下,颜色词的意义
和书写颜色不同;在中性条件下,用颜色书写的非颜色字(球)作为材料。实
验流程如图 4-7 所示。

　　图 4-8 和表 4-9 呈现了三个任务的激活情况。在字形判断任务中,语义整
合效应表现在左侧额中回、左侧颞中回 / 缘上回、左侧颞上回和双侧额上回 /
内侧额叶。语义判断任务的语义整合效应表现在左侧额中回 / 额上回、左侧楔
前叶、左侧顶下小叶、左侧中央脑回、右侧额中回、右侧额中回 / 额上回和右
侧后扣带回。对字形判断任务和语义判断任务相关大脑激活的联合分析发现,
随着语义整合难度的提高,有两个脑区出现了大脑活动强度的增加:一个是左
侧额下回前部,另一个是左侧额下回后部。在 Stroop 任务中,不一致与一致条

件对比的结果和不一致与中性条件对比的结果类似，激活了双侧额叶和左侧颞顶区域。在不一致与一致条件对比时还发现了左侧颞下回和右侧颞上回的激活。

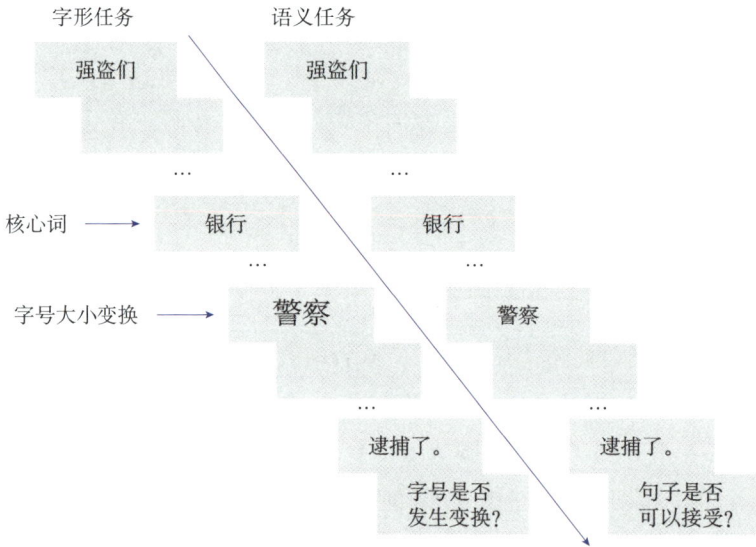

图 4-7　句子呈现流程。在句子呈现结束后，在字形判断任务中要求被试判断测试字与句子的字大小是否相同，在句子合理性判断中则要求被试判断句子语义是否可以接受。为了避免影响关键词加工，实验句中出现字号变化的总是在关键词出现之后的词；为了避免由此而产生的策略加工，填充句总是在关键词出现之前的那个词出现字号大小变换（引自：Zhu et al., 2013）

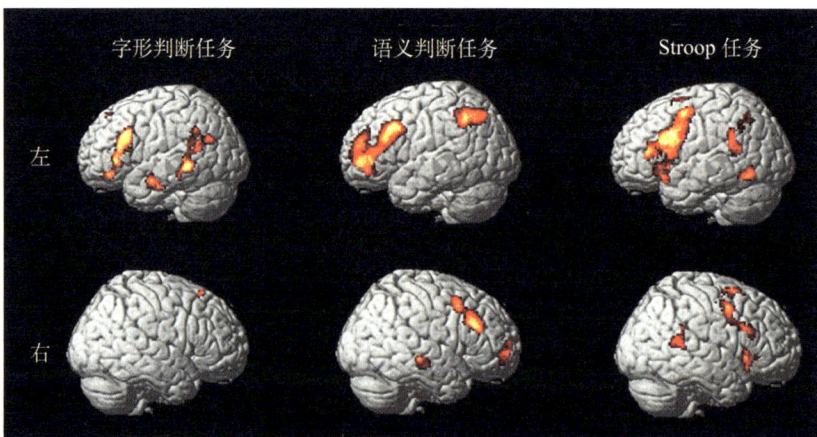

图 4-8　字形判断、语义判断和 Stroop 三个任务中的大脑激活图。在字形判断和语义判断中，图中展示了随着语义整合难度上升所出现的激活。在 Stroop 任务中，图中展示了一致性（词义与颜色不一致条件减去一致条件）的相关效应。图中上面一行是大脑三维图左侧面，下面一行是右侧面（引自：Zhu et al., 2013）

表 4-9 语义整合参数效应和 Stroop 效应对应的大脑激活区域情况

任务		脑区	BA 分区	MNI 坐标			最大 t 值	激活体素数量
				x	y	z		
语义参数变化效应	字形判断任务	左侧额中回	9/46	−40	20	24	7.00	1149
		左侧颞中回 / 缘上回	21	−64	−46	−4	6.43	831
		左侧颞上回	20/22	−46	−10	−20	5.34	216
		左侧 / 右侧内侧额叶 / 额上回	6/8	−4	22	52	4.58	314
	语义判断任务	左侧额中回 / 额上回	9/46	−46	22	34	8.16	2429
		左侧楔前叶	7	−8	−70	38	7.62	557
		左侧顶下小叶	40	−36	−58	42	7.18	1026
		左侧中央脑回	32	0	26	38	4.50	218
		右侧额中回	8/9	46	26	30	7.45	763
		右侧额中回 / 额上回	10/11	24	50	−12	5.00	268
		右侧后扣带回	23	4	−26	26	5.41	239
字形判断任务和语义判断任务共同激活效应		左侧额中回	9	−40	24	24	6.17	670
		左侧额下回 / 额中回	47/11	−38	40	−10	4.05	47
Stroop 不一致 vs. 一致		左侧额上回	6	−4	4	58	5.85	2823
		左侧额中回 / 额下回	6/9	−30	−2	50	6.82	3364
		左侧颞上回 / 顶下小叶	13/40	−48	−50	18	4.53	339
		左侧梭状回	37	−46	−62	−12	5.53	244
		左侧顶下小叶 / 楔前叶	7/40	−26	−62	38	4.81	614
		右侧颞上回 / 脑岛	13	50	−46	14	4.55	254
		右侧脑岛 / 额下回	13/47	32	24	−2	4.17	384

（引自：Zhu et al., 2013）

为了考察语义整合效应和 Stroop 冲突控制效应是否重合，我们把 Stroop 任务下不一致条件减去一致条件的激活和联合分析下的语义整合效应叠加在一起，结果发现这两种效应只在左侧额下回后部重合，见图 4-9。

重要的是，基于感兴趣区的交叉验证分析重复了上述两种效应的重合与分离情况。如图 4-10 所示，在 Stroop 任务确定的感兴趣区中，字形判断任务和语义判断任务都表现出了语义整合的效应，而在语义整合效应的感兴趣区中，只有左侧额下回后部表现出了 Stroop 冲突效应，在前部脑区，不一致条件和一致条件下并无显著差异。

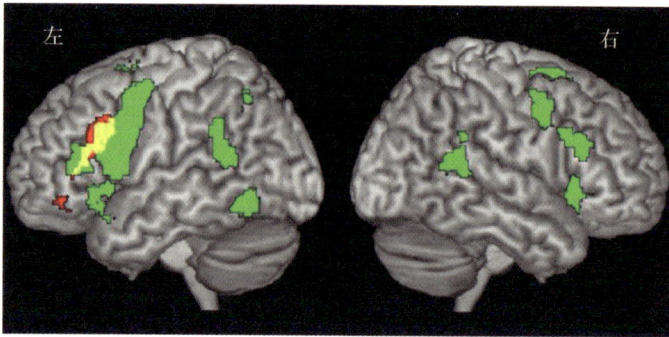

图 4-9　两个语言任务相关的语义整合参数变化效应和 Stroop 一致性效应激活叠加图。红色是只在字形判断和语义判断任务中出现的激活区域，绿色是只在 Stroop 任务中出现的激活区域，黄色为三个任务共同激活区域（引自：Zhu et al., 2013）

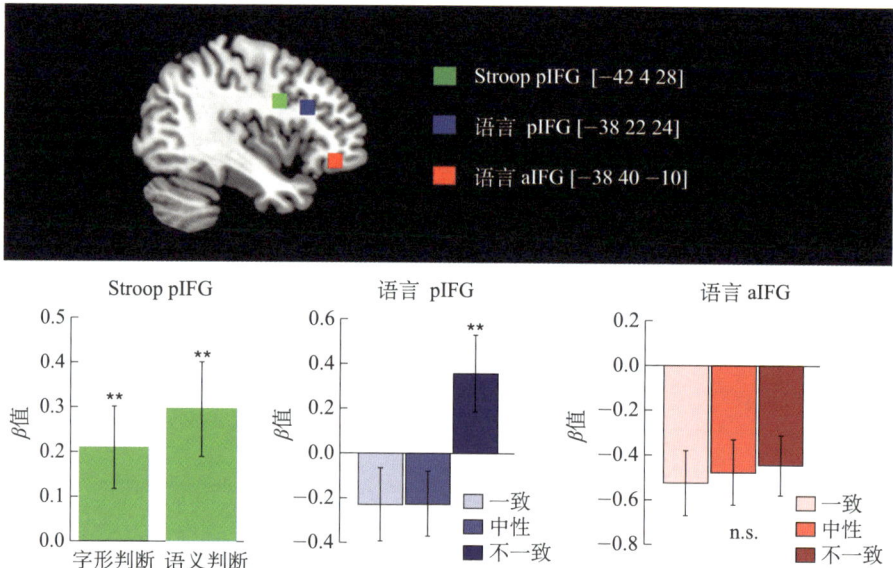

图 4-10　语言任务和 Stroop 任务的基于感兴趣区的交叉验证分析，即在 Stroop 任务的激活脑区中检测是否出现语义整合加工的难度效应，也在语义整合加工联合分析的激活脑区中检测是否出现 Stroop 任务冲突加工效应。语义加工感兴趣区分析以左侧额下回前部和后部的脑区峰值点为中心，画半径为 6mm 的球状兴趣区提取信号。在 Stroop 任务确定的感兴趣区（绿色区域）中出现了明显的语义整合效应。在语义判断任务中确定的感兴趣区中，Stroop 一致性效应只出现在后部蓝色脑区，而前部红色脑区无显著效应。$**p < 0.01$，n.s. 表示无显著差异（引自：Zhu et al., 2013）

　　fMRI 数据显示左侧额下回的激活受到语义整合难度的参数调节。对字形判断任务和语义判断任务进行的联合分析发现了两个关键的激活区，一个是左侧额下回前部，另一个是左侧额下回后部。左侧额下回后部的激活曾在语义整合研究中报告过（Constable et al.，2004；Dien et al.，2008；Rodd et al.，2012；Zempleni et al.，2007）。而左侧额下回前部的激活也曾在外显（如 Kiehl et al.，2002；Ruschemeyer et al.，2005；Tesink et al.，2009）和内隐（Crinion et al.，2003；Zhu et al.，2012）句子理解研究中报告过。

在前面实验的联合分析中，我们只发现了左侧额下回前部的激活，但在本研究中同时发现了左侧额下回前部和后部两个脑区的激活。这一差异有可能是因为两个实验的磁共振机器场强不同，之前的研究是 1.5T 的场强，而本研究则是 3.0T 的场强。磁场强度的增强会提高数据的信噪比，可能增强字形判断任务中左侧额下回后部的激活。需要指出的是，这里看到的负值信号并不意味着左侧额下回的活动在语义整合中受到了抑制（见 Ye & Zhou，2009a；Zhu et al.，2012 中相似的负值信号结果）。这里所计算的 BOLD 信号是一种相对信号而不是绝对信号（Gusnard & Raichle，2001），信号正负受到基线估计和统计模型中其他回归变量的影响。

在 Stroop 任务中，在行为和大脑成像数据上都观察到了冲突效应。与一致条件相比，不一致条件在左侧额下回（主要是后部）的激活强度更强。这一结果也与以往研究一致（January et al.，2009；Ye & Zhou，2009a；综述参见 Nee et al.，2007），再次证实了左侧额下回参与竞争选项之间的选择加工。

更为重要的结果来自语义整合与认知控制加工相关大脑激活区域的重叠与分离模式。虽然语义整合加工同时激活了左侧额下回前部和后部，但是 Stroop 冲突效应只激活了左侧额下回后部。考虑到 Stroop 冲突效应是反映较纯粹跨领域的一般认知控制加工的指标，这一激活结果表明，语义整合可能与一般认知控制加工有联系。这种控制性加工可能包括选择和抑制不合适信息等认知调控（Novick et al.，2005，2010；Ye & Zhou，2009b）。例如，当阅读到高限制性句子中出现的违背信息时，读者就需要调用抑制性加工来抑制根据语境限制预期到的词汇信息，或解决预期到的词汇信息与所读到信息之间的冲突（January et al.，2009；van de Meerendonk et al.，2011；Vuong & Martin，2011；Ye & Zhou，2009a）。与一些研究（Ye & Zhou，2009a；January et al.，2009）只发现句子与 Stroop 激活重叠不同，本实验发现了前部脑区对语义整合敏感，可能与我们采用了参数式实验设计和数据分析有关，该设计可有效提升实验的检测能力。

总体上，我们的研究表明，左侧额下回不同区域在语义整合中扮演着不同的角色，其中前部区域负责语言特异性的加工，而后部负责领域一般性的认知控制。

关于语义整合相关激活反映的是语义特异化（semantic-specific）的加工还是语言一般化（linguistic-general）的加工，乃至领域一般化（domain-general）的加工问题，在一定程度上和语言加工是否以及在何种程度上模块化运作这一问题有着密切关系，理解这一问题对于加深我们对语义整合理解的内部机制以及语义整合与额下回的关系这两个问题的认识有着重要作用。

领域一般化的观点强调前额叶在目标导向上对行为控制的作用。例如，许多研究发现额下回不仅在语言加工中有激活，在非语言加工，如音乐、规则学习（rule-based learning）等实验操纵中也同样有激活（Bookheimer，2002）。汤皮森-希尔等的观点就是这种领域一般化观点在语言领域的应用（Thompson-Schill et al.，1997）。相似的是，叶铮和周晓林提出的认知控制模型认为，语言加工中所涉及的选择、控制加工机制，是同样应用于知觉和注意等一般化领域的选择、控制加工机制的一种表现（Ye & Zhou，2009b）。在他们的研究中，通过句子合理性判断所得到的语言控制加工区域与 Stroop 任务、Flanker 冲突检测任务得到的控制区域是重叠的。尽管用这类一般化的认知加工过程能够在很大程度上解释在语义整合加工中观察到的大脑激活，但是领域一般化的观点仍然有待更多证据的支持，以及对一般认知加工细节机制的进一步阐释（朱祖德等，2011a）。

我们的研究发现左侧额下回前部只在语义整合加工中激活而对 Stroop 冲突控制效应不敏感，表明这一个区域的激活具有领域特异性，亦即只参与了语义整合的加工。这一加工与哈霍特（Hagoort，2005）提出的信息整合有关。在哈霍特提出的模型中，信息整合即将独立的信息整合成一个连贯的表征（Hagoort，2005）。整合加工与抑制/选择加工关系密切。即使当前信息不存在歧义或冲突（参见 Hagoort et al.，2009），但只要有信息整合加工的存在，左侧额下回特别是前部就会激活（Tesink et al.，2009）。不过，这种结果与哈霍特提出的整合模型也不完全一致（Hagoort，2005，2013）。在哈霍特的模型中，左侧额下回后部被认为反映了句法和语音整合而不是语义整合。同样，这一结果也不完全与巴德尔和瓦格纳（Badre & Wagner，2007）提出的记忆控制双加工模型（two-process model of mnemonic control）一致，因为他们认为额下回中部区域（BA45 区）负责领域一般性的选择加工，而我们这里所观察到的左侧额下回后部虽然也包括 BA45 区，但激活部位更靠后。与本研究相似，费多伦科等也发现句子理解时在左侧额下回存在区别于跨领域认知控制和工作记忆的语言特异性加工效应（Fedorenko et al.，2011）。但是，他们的研究中使用了非词作为控制基线。非词基线与句子相比存在多个层面的差异，不仅包括句子层面的语义整合，也包括词汇语义加工、句法加工等。因而这种激活也可能反映了句法等加工，将他们所观察到的左侧额下回激活归结为语义整合比较牵强。

整体来说，左侧额下回前部和后部在句子阅读和 Stroop 任务中出现的重叠与分离现象支持了左侧额下回不是单一功能分区的观点（Badre & Wagner，2007；Hagoort，2005；Huang et al.，2012；Lau et al.，2008）。

四、小结：左侧额下回在语义整合中的功能

本章报告了 4 个 fMRI 实验，这些实验尝试结合外显与内隐的任务，以及非语言的一般认知任务，着重探讨与句子理解中语义整合独特相关的大脑区域。这种探索一方面有助于我们从认知资源与认知控制的角度去思考语义整合加工过程，另一方面对我们认识语义整合加工中的语言特异性成分与普遍性成分也有所启示。

使用内隐与外显语义整合任务的对照，我们得以更深入地理解左侧额下回在语义整合加工中所表现出来的激活与认知负载存在怎样的关系。我们的研究表明，不论是使用外显（直接要求被试做句子语义合理性判断）还是内隐（要求被试做句法合理性判断）的任务，语义整合度的操纵都会导致左侧额下回激活的增强，不论是直接对高低预期目标词加工情况进行对比，还是参数式地分析高预期、低预期，以及违背三类目标词的加工，这一区域激活的增强都可以表明左侧额下回的激活与语义整合的努力有直接关系。而图论的分析则发现，内隐或外显两类任务中存在着共同网络支持句子的理解，且与外显和内隐语言任务相对应的大脑功能网络都表现出高聚类系数和较短的路径长度，表明卷入两任务下的功能网络均符合小世界的特性。相比之下，外显语言任务的整体效率要高于内隐语言任务，而局部效率低于内隐语言任务，前者反映大脑整体信息传递的效率，而后者则与大脑各子区域的信息交换效率有关。

这种语义整合的努力，反映的是一种语言特异性的加工，还是一种非语言特异的、一般的认知加工过程？通过联合分析，我们定位出外显和内隐共同的语义整合加工的相关脑区，并与 Stroop 任务中与认知冲突处理相关的左侧额下回激活区进行对照，以更深入地理解在语义整合加工中左侧额下回的激活所反

映的内在的认知过程。总体上，我们的研究表明，左侧额下回可能存在着不同的亚区，且不同区域在语义整合中扮演着不同的角色，其中前部区域的激活可能更多地反映语言特异性的加工，而后部则与领域一般性的认知控制关系更为密切。

这一系列研究对我们更深入地理解语义整合加工的特性和机制有着重要的作用，一方面表明整合过程的确与左侧额下回关系密切，另一方面也提示，语义整合包含语义独特性的认知成分，非语言特异性的一般认知成分也在其中起着作用，因此，对"整合"这一概念，也许仍然需要更加精细的界定，以区分不同类型的整合，思考它们与一般认知加工的互动关系。

第五章
语义提取和整合的大脑机制：不同类型
启动效应的证据

我们已经在先前的章节中系统地介绍了词汇语义提取的神经机制，详细地探索了颞叶以及额叶分别在语义提取和语义整合过程中所扮演的关键角色。日常的语言理解往往既包含词汇语义提取，也包含语义整合，因此，这两个加工所涉及的大脑区域，尤其是大脑网络有何差异，目前尚不完全清楚。多数以往的研究是采用不同的实验范式，在不同的人群中分别对这两个加工展开研究，但这种方法在一定程度上限制了研究者对这两个加工所涉及的大脑网络进行直接的对比。

启动现象可用于探索人类大脑对概念如何进行表征。人类大脑可以表征成千上万个概念，而这些概念又经由多种关系产生相互联系，构成一个联系紧密的概念网络。如果两个概念在语义上具有相似性（往往是由两个概念的语义特征有所重叠导致，例如，黄油－面包）或两者在意义上存在相互关联［可通过自由联想（free association）任务而产生联系，例如，食盐－胡椒］（Collins & Loftus，1975；Hutchison，2003），则在整个概念网络内，一个概念的激活可以促进另一个概念的激活。概念之间的相互启动也可以发生在那些直接意义关联程度并不高，但又可以轻易组合成一个单一表征的多个概念之间（例如，樱桃－蛋糕），这种启动现象被称为"整合启动"（integrative priming）（Estes & Jones 2009；Mather et al.，2014）。由于这种发生在词汇之间的整合，与发生在复杂的可以传达信息水平的句子或语段处理中的整合非常相似，因此，探讨整合启动效应的机制，也可以帮助我们了解语义整合加工的机制。本章将介绍我们研究组如何采用启动范式，尤其是结合整合启动范式，试图从神经机制上去分离语义相关和整合两类关系如何易化（facilitation）词汇的加工。这些研究工作对我们理解不同语义关系，进而理解基于不同关系下所衍生的语义提取和语义整合的加工网络有着重要的意义。

一、不同类型的语义关系

要研究关系类型在词汇启动中的作用，首先要对语义关系的类型进行清楚的定义，说明每种关系类型的特点。近年来研究者讨论最多的语义关系包括整合、题元和分类（taxonomic）等三种（Wu & Barsalou，2009；Santos et al.，2011）。

第一种是整合关系。在整合关系中，启动和目标词汇所涉及的两个概念通常可以组合在一起，形成一个新的概念，这一概念往往是目标词汇的某一子类（Estes & Jones，2006，2009；Jones et al.，2008），如羊毛袜子是羊毛制成的袜子；手工老师也可看作老师中的一个亚类。整合关系在使用关系启动范式和记忆范式（Jones et al.，2008；Badham et al.，2012）的概念组合研究中得到了相当广泛的探讨（如 Gagné，2002；Gagné & Shoben，2002；Estes，2003b；Gagné & Spalding，2004，2009；Estes & Jones，2006；Spalding & Gagné，2011）。先前的研究已经证明，两个概念之间关系的激活是整合启动的基础，将修饰语或启动的概念与目标概念组合成为一个合理实体的能力有助于目标词的单词识别（Estes & Jones，2009；Badham et al.，2012）。

第二种是题元关系（thematic relation）。它往往是指在时间和空间上同时出现的概念之间的联系。有研究者（Santos et al.，2011）认为，在这种联系中，词对之所以互相关联，是因为它们可以纳入"事件或情境的某些方面"，通常表示为"事件"、"情境"或"脚本"关系（Moss et al.，1995；Chwilla & Kolk，2005；Hare et al.，2009；Hutchison et al.，2013；McRae et al.，2012；Metusalem et al.，2012）。与题元相关的概念在特定的动作或事件中可以起着相互补充的作用（例如，针线、咖啡、果汁、餐具；Lin & Murphy，2001；有关综述，请参见 Estes et al.，2011）。这些事件关系也包括子类型之间的各种关系，如对象－位置（干草－谷仓、公鸡－农场）、人员－位置（例如，医生－医院）等（Hare et al.，2009）。

第三种经常被谈及的关系是分类关系。它是指词对中的两个项目可能与某一个类别产生关联，这种关系又可以进一步分为上级（即类别－示例，如动物－狗）、同级（同一类别的两个示例，如狗－猫）和下属关系（例如，狗－猎狗）（Hutchison et al.，2013）。

值得注意的是，这些关系类型并不是互斥的。实际上，概念之间之所以产生联系，原因可能有多种，可能是它们之间包含三个关系中的两个甚至三个，例如，冰淇淋蛋糕，两者既有题元关系，冰淇淋和蛋糕都是聚会情景下常备的食品，同时又有整合关系，即冰淇淋蛋糕是蛋糕中的一个子类。事实上，整合关系和题元关系常常会重叠，特别是对于题元关系中的位置子类型。例如，医院和医生这两个概念，既可以整合为表示在医院工作的医生的子类，两者在题元上也可能是相关的，因为医院和医生在给定的事件或情况中扮演着互补的角色。在精细操纵下，这两类关系还是可以分离的，因为也存在着许多在题元上有关联、相对整合度却没那么高的词对（例如，白褂－医生），或者是可以组合但题元相关度没那么高的词对（例如，塑料－台灯）。此外，组合和分类关系也有可能重叠，这取决于概念之间的相似性，并在一定程度上取决于概念属于同一特定类别的程度。属于特定类别（或子类别）的高度相似的项目与相似度较低的项目相比，其整合的可能性通常会较小（Wisniewski，1997；Costello & Keane，2000；Estes，2003a）。例如，蛋糕和馅饼具有相同的形状，并且都属于更一般的"食物"类别以及更具体的"甜点食物"类别。这些项目之间的高度相似性使其难以整合为一个新的概念。只是属于同一子类别（例如，蛋糕和冰淇淋）又不太相似的项目也可以被视为题元相关，因为它们可以在给定的场景或事件中扮演互补的角色（冰淇淋和蛋糕可以一起使用在一次聚会上）。但是，更典型地，具有题元和分类关系的词对更主要是因为它们可以形成更广泛类别的共同成员从而建立关系（例如，蛋糕和咖啡、葡萄酒和奶酪、肉和土豆，这些都可以归为"食物"或"可以食用的东西"）。

二、语义相关和整合关系启动在行为模式上的分离

许多词汇启动研究集中在词汇关联和／或特征相似在词汇启动中的作用（Shelton & Martin，1992；McRae & Boisvert，1998；Thompson-Schill et al.，1998；Jones，2010，2012；相关的综述还可参见 Lucas，2000；Jone & Estes，2012）。关联强度是指某一词汇在自由联想任务中被联想到的比例。例如，对"夜晚"这个词，大部分人可能会联想到白天，事实上，有研究发现，有82%的被试会产生这一联想，这时夜晚－白天之间的联想强度就是82%（Nelson et al.，1998）。根据哈奇森所提及的标准，如果联想的概率不超过10%，反映的只是一种弱关联，而强度超过20%的关联则被当作强关联（Hutchison，2003）。词汇联想的强度不仅会影响词汇启动的程度，甚至会影响词汇启动的

出现（Jones，2010，2012；有关综述请参见 Moss et al.，1995；Nation & Snowling，1999；Lucas，2000；Hutchison，2003）。因此，在研究关系的类型对启动效应的影响时，必须将词汇联想强度作为一个重要的因素进行控制。

与大量研究联想强度作用的研究相比，对语义启动中区分语义关系类型的研究要少得多（McRae & Boisvert，1998；McRae et al.，2012）。但从这一角度的研究近年却越来越受重视。事实上，研究不同类型的启动关系也是在探讨人类语义记忆的表征和发展情况。从发展的角度来看，对于年龄小于 6 岁的儿童，其特点是概念间的关系是题元、功能或工具关系之间的一种。随后大约从 7 岁时开始，儿童可以同时考虑分类和题元关系（Perraudin & Mounoud，2009；Jones & Estes，2012；Estes et al.，2011）。此外，这些关系中的至少两个（分类关系和题元关系）在神经解剖学上也是可分离的（Mirman et al.，2011；Schwartz et al.，2011）。例如，因脑部受伤或疾病导致获得性语言障碍（acquired language disorder）的人经常在某些关系上表现出特定的困难，而在其他关系上则没有（Schwartz et al.，2011）。同样，不同类型的词对在可以预测启动量的变量上也有所不同，包括共现频率（co-occurrence frequency）、词频、词汇相似度等。这些变量可能在预测不同类型的词汇启动方面有所不同，而这种差异对理解启动效应的出现以及相关模型的建构［例如，感知模拟（sensation simulation）、组合线索、预期产生］也会产生重要影响。

除了词汇启动中内在的关联会表现出不同的模式外，词对中两个词先后呈现的时间间隔也会导致不同词汇关系的启动量存在量上的差异。先前的研究发现，在短 SOA 上，题元关系可能比分类关系产生更大的启动效应（Sachs et al.，2008；Sass et al.，2009b）。使用标准的词汇判断任务以及短 SOA（200ms），萨克斯等发现，与分类相关词对（例如，汽车－公共汽车；启动效应为 39ms）相比，题元相关的词对（例如，汽车－车库；启动效应达 57ms）具有更强的启动效应（Sachs et al.，2008）。研究者认为这一结果可能是由于题元相关这种特性具有更强的"突显性"。但要注意的是，类似这种研究还是需要在控制词汇联想强度的基础上来进行比较。有时，特定关系所导致的启动效应的增大可能只是反映了词对间的关联性更强，尤其是关联性这一变量在较短和较长的 SOA 下也会产生不同的效果。在控制这些重要因素的前提下，研究者已经发现，整合启动效应往往在启动词和目标词之间的短时间间隔内出现，并比联想启动（associative priming）消失得更快（Estes & Jones，2009）。此外，操纵词对之间存在整合关系的词对数量比例，似乎并不会影响整合启动效应的大小，而语义相关的启动则对类似的操纵相当敏感（Estes & Jones，2009；Jones & Golonka，2012；Mather et al.，2014）。这些结果表明整合启动和语义启动的确涉及不同的认知操作（Mather et al.，2014）。

在某种程度上，整合、题元和分类关系在概念上是不同的，它们应在词对间语义丰富度（semantic richness）的测量中表现出独特的模式（例如，共现、相似性、词对频率）。梅基和布坎南发现语义和题元知识方面的差异表现出一个涵盖 13 个基础变量的三因素结构模式（Maki & Buchanan，2008）。先前的研究也发现这些不同类型的知识对词汇启动有不同的影响（Chwilla & Kolk，2005；Jones & Mewhort，2007；Hare et al.，2009）。使用参与者评分的方法，有研究者对两个不同项目的相似度、共现度，以及熟悉度进行评价，并展示了上述指标对 3 种不同关系词对（整合、题元、分类）在不同 SOA 条件下，对词汇判断所造成的影响（Johes & Golonka，2012）。结果发现，3 种类型的词对对这些基础量度指标的敏感性有所不同，但这种差异表现出跨 SOA 的一致性。这些不同的影响模式支持了词汇启动具有不同机制，尤其是整合关系与题元关系以及分类关系均有所不同。

虽然上述的研究都提示整合启动和语义启动之间存在认知机制的差异，但是大量的研究主要来自行为学的证据，因此对于其认知机制的差异的检测相对比较间接。由于整合启动被认为反映了不同于语义启动的认知过程（Estes & Jones，2009；Jones & Golonka，2012；Mather et al.，2014），可能涉及互补的语法角色分配和概念意义的组合，因此它与整合加工存在密切的联系。由此，我们研究组采用 fMRI 技术，并利用功能成像和 DTI 技术试图进一步分离整合启动和语义启动之间的神经机制的差异。

三、整合启动和语义启动在神经模式上的分离

在这个研究中，我们采用了和词汇判断任务相结合的启动范式，使用汉语中的双字名词作为启动词和目标词，操纵了启动词和目标词之间的关系，形成语义相关与整合相关的启动条件，并采用 fMRI 对语义启动和整合启动的加工进行研究（Feng et al.，2016）。除了基于激活的功能定位外，我们也研究了两类启动相关的大脑网络，并利用 DTI 技术，追踪体内与语言相关的纤维路径（fiber path）（Dick & Tremblay，2012；Friederici，2012；Thiebaut de Schotten et al.，2012；Friederici & Gierhan，2013），通过采用概率纤维示踪的方法，我们研究了与不同启动相关的解剖路径，以追踪最可能直接连接这些

启动相关区域的纤维束（fiber tract）。我们希望考察整合启动区是否通过特定纤维束形成的回路相互连接，而语义启动区域又是否会通过不同的纤维束形成另一个相互连接的回路。

为了分离与整合和语义启动相关的神经机制，我们使用汉语中的双字名词作为启动词和目标词构建了四种类型的启动词－目标词关系，包括语义整合关系（例如，樱桃－蛋糕）、语义相关关系（例如，面包－蛋糕）、语义无关关系（例如，司机－蛋糕）和非词关系（例如，枡销－蛋糕）。在这个设计中，整合启动效应量是通过语义整合和语义无关条件的比较进行估算的，而语义启动效应量是通过语义相关和语义无关条件的比较进行估算的。其中，语义无关条件用作评估语义相关关系或语义整合关系影响的控制条件，而非词条件则是另一个控制条件，可用于分离单一词汇水平的加工（例如，意义组合的词汇语义提取）以及词语水平以外的加工（即启动过程）。因为在非词的条件下只有一个真实的词语（例如，例子中的目标词蛋糕），我们假设在非词条件下的意义提取处理小于其他条件，所以可以将词汇提取效应量定义为语义无关条件和非词条件之间的对比。

这些材料包括168组词语，每组包含1个特定的目标词和4种类型的启动词。整合相关的词对具有高度的可整合度（易于将启动词和目标词组合成有意义的短语）、词间的语义相关度或可联想度不高。相反，语义相关条件下的词对、词间具有高度的意义重叠性，或有较高的联想度，但可整合度较低（Estes & Jones，2009；Mather et al.，2014）。在语义无关条件下，两个词结合在一起并没有意义，语义重叠度不高，联想度低。在非词条件下，目标真词与不包含任何语义信息的非词构成词对，这一条件下的启动词是通过随机组合汉字部首而产生的无法发音的非词（表 5-1）。

表 5-1   实验条件和词对关系评定

条件	举例	语义整合条件	语义相关条件	语义无关条件	非词条件
语义整合	樱桃－蛋糕	4.77（0.34）*	2.15（0.58）	0.06（0.14）*	0.02（0.09）
语义相关	面包－蛋糕	2.19（0.57）	4.04（0.52）*	0.03（0.07）	0.08（0.15）*
语义无关	司机－蛋糕	1.47（0.49）	1.23（0.21）	0（0）	0（0）
非词	枡销－蛋糕	—	—	—	—

注：* 表示该条件下的评分显著高于另一个条件下的评分（$ps<0.01$），括号内的数字表示平均值的标准差（引自：Feng et al.，2016）

我们收集了 4 项标准性评定的数据，即可整合度评定、语义相似性（semantic similarity）评定、自由组合生成评定和自由联想生成评定，以确定实验材料是否符合要求。不参加最终功能磁共振成像实验的 60 名参与者对可整合度和语义相似性进行了评定（不包括非词条件），语义相似度评定要求评定者判断单词在感知或所表达的事物功能特性上的相似程度（1 表示非常不同，5 表示非常相似）。对于可整合度评定，要求参与者判断第一个单词和第二个单词可以被组合而形成一个有意义短语的程度（1 表示完全无法整合，5 表示有较高的可整合度）。另外 10 名未参与 fMRI 实验的参与者则进行自由组合生成评定和自由联想生成评定。在自由组合生成评定任务中，给评定者提供启动词，要求其写下一个单字或双字名词，使该名词可以和给定的名词进行组合，以形成一个有意义的短语（例如，给评定者呈现 cherry，评定者可能写出 cake）。最后，在自由联想生成评定任务中，要求评定者写下一个与其有关联，但又不能是可整合的单字或双字名词（例如，显示为 bread，评定者可能写出 cake）。材料评定结果显示，在语义整合条件下，可整合度评分显著高于相似性评分，在语义相似条件下则是相似性评分显著高于可整合度评分（具体结果详见表 5-1）。此外，我们也对不同条件的启动词进行一些低水平语言学变量的匹配和控制，包括词频和总笔画数。

为了最大限度地提高整合启动效应和语义启动效应，并避免先前启动实验的干扰（Sachs et al.，2011），我们在词汇判断任务中添加了 112 个填充词对，其中目标词是两个字符的伪词。同时为了防止参与者在实验中采取策略（例如，当他们先阅读非词启动词时，可能倾向于将目标词判断为真实词），非词在一半的填充试次中被用作启动词。因此，非词启动词的填充试次的数量与非词实验试次的数量是相同的。

最终，我们构建了 8 个刺激材料列表，相同的目标词不会在同一个列表中出现两次，但会在参与者中进行平衡，最终出现在所有条件里。通过这样的控制，条件之间的差异不是由目标词的特性决定的，因此可以更清楚地分离我们感兴趣的不同启动关联的神经基础。

刺激呈现和数据收集由 E-Prime 进行控制，刺激通过磁共振成像兼容的液晶投影仪呈现在磁共振成像舱的屏幕上，呈现模式如图 5-1（a）所示。

28 位母语为汉语的被试参与了实验，实验中他们完成真假词判断任务，记录每一试次被试的反应时和正确率（剔除两位无效被试的数据，最后对 26 位被试数据进行分析）。在词汇判断任务实验之前，我们还设计了两项功能定位任务，以预先确定与语言处理相关的大脑区域，其中一项任务是单词判断任务，用于定位与词汇语义处理相关的大脑区域（Badre et al.，2005；Visser et al.，2012）；另一项任务是句子阅读任务，用于定位与句子水平处理相关的大脑区域，其中涉及语义整合和句法处理。磁共振数据使用 Siemens Trio 3T 磁共振成像系统和 32 通道头线圈采集，共收集 3 种成像数据，包括功能、结构和 DTI 图像。

功能成像数据都使用 SPM8 进行预处理（www.fil. ion.ucl.ac.uk/spm/）。我们计算了大脑中每个体素（voxel）的时间信噪比（temporal signal-to-noise ratio，tSNR，每一时间点上的平均信号强度与信号标准偏差的比值）（Murphy et al.，2007）。结果显示，双侧颞叶前部（anterior temporal lobe，ATL）中存在良好的 tSNR，大部分颞叶前部区域的时间信噪比显著高于 40（检测条件差异所需的最小 tSNR），表明我们所获得的功能性图像，尤其是双侧颞叶前部区域信号，具有较好的质量。

（一）整合和语义启动效应的功能分离

真假词判断的行为结果参见图 5-1（b）。我们对整合启动与语义启动相对应的三种实验条件，即相关、无关和非词分别进行分析。在整合启动的分析方面，整合相关、整合无关以及非词条件下的正确率差异不显著，而相关启动的分析则表明，语义相关、语义无关，以及非词三种条件下的正确率差异边缘显著，语义相关条件下的错误少于语义无关与非词的条件。在反应时方面，我们剔除了错误的反应，此外，反应时均值大于 2.5 个标准差的试次也被剔除。整合启动的分析表明，在反应时指标上，实验条件的主效应显著，被试在整合相关条件下的反应明显快于整合无关条件下的反应，显示出整合启动效应的存在。同样，与整合无关条件相比，非词条件下的反应也更快。语义启动的分析表明，在反应时指标上，实验条件的主效应达到边缘显著。被试在语义相关条件下的反应明显快于在语义无关条件下的反应，同样显示语义启动效应的存在，而语义无关条件则与非词条件之间无显著差异。最后，整合启动效应和语义启动效应之间无显著差异，见图 5-1（c）。

图 5-2 显示了两个功能定位实验的结果，图 5-2（a）显示，与非单词匹配任务相比，单词判断任务所激活的脑网络包括左额下回、左侧颞上回前部的一小部分、左侧颞中回后部、左侧颞顶联合区（left temporo-parietal junction，LTPJ）、后扣带回、前额叶和右侧颞上回［图 5-2（a），左侧：词语 > 非词］。此

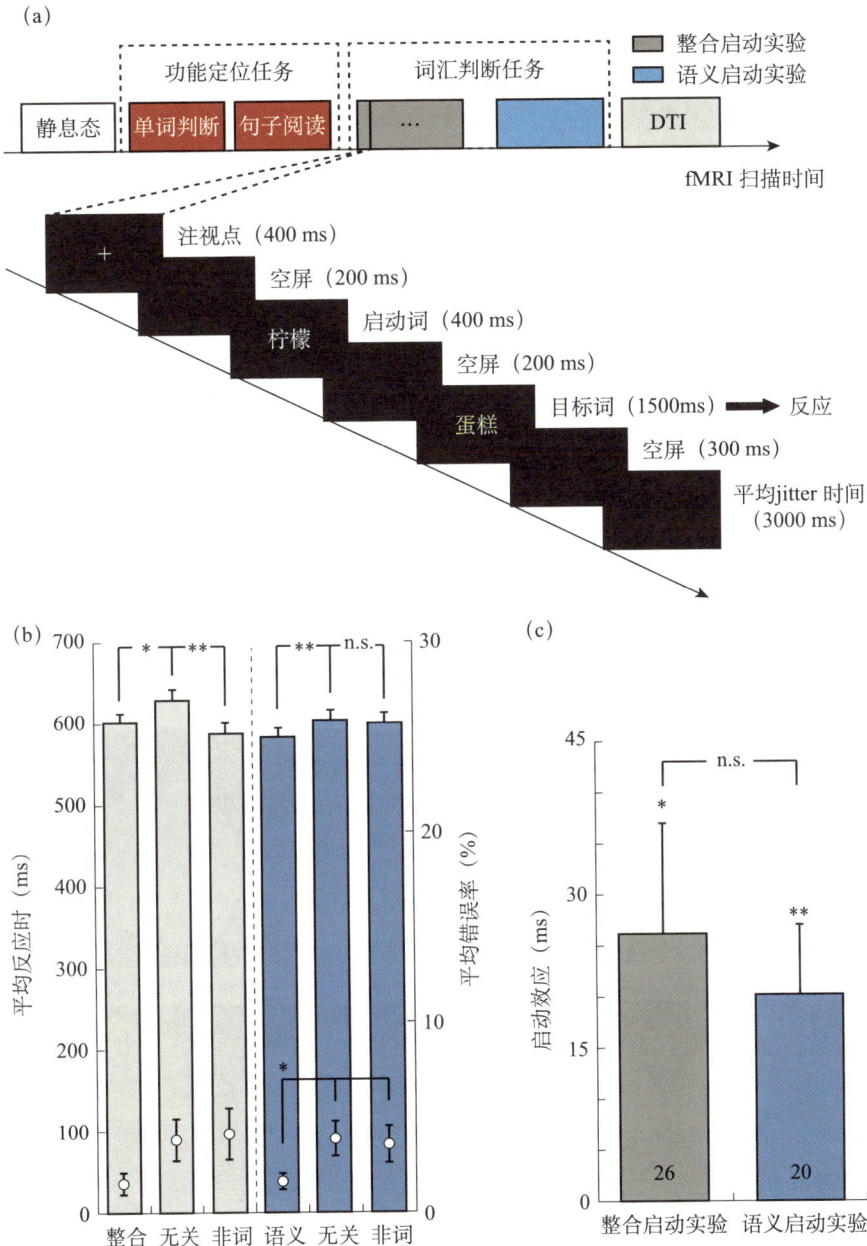

图 5-1　词汇判断任务中的功能磁共振成像任务程序过程和行为结果。（a）启动实验中的功能磁共振扫描时间简图（上）和词汇判断任务模式流程（下）。红色方框表示两个语言定位任务；深灰色方框表示整合启动实验，其中不包括语义相关的试次；蓝色方框表示语义启动实验，其中不包括整合相关试次；浅灰色方框表示扩散张量成像实验。（b）启动实验中各条件的行为表现。条形图代表反应时，每个条形图底部的白色圆圈代表该条件下的错误率。（c）语义整合启动和语义相关启动的启动效应大小。误差线表示平均值的标准误差。* $p < 0.05$；** $p < 0.01$（引自：Feng et al., 2016）

外，和词汇条件的比较显示句子条件下分布更广的激活区，包括左侧额上回
（left superior frontal gyrus，LSFG）、额上回中部（middle superior frontal
gyrus，mSFG）、双侧额下回（bilateral inferior frontal gyrus，bIFG）、双侧颞
叶前部（bilateral anterior temporal lobe，bATL）、左侧颞中回后部（left
posterior middle temporal gyrus，LpMTG）、左侧颞顶联合区、背侧内侧额上回
（dorsomedial superior frontal gyrus，dmSFG）［图 5-2（a），右侧：句子 > 词汇
列表］。最后，结合这两个定位图我们创建了语言分析的模板［上述两种对比中
所有激活的脑区都包含在这一模板中，见图 5-2（b）］。

随后我们对两类启动相关的功能区进行分析，首先对每一个 ROI 进行启动
类型（语义、整合）× 相关度（相关、无关、非词）的方差分析，随后进行有
针对性的比较。方差分析结果参见表 5-2 和图 5-3。在额下回前部、颞上回前
部、颞叶前部、颞中回中部和颞上回后部，启动类型和相关度表现出显著的交
互作用。

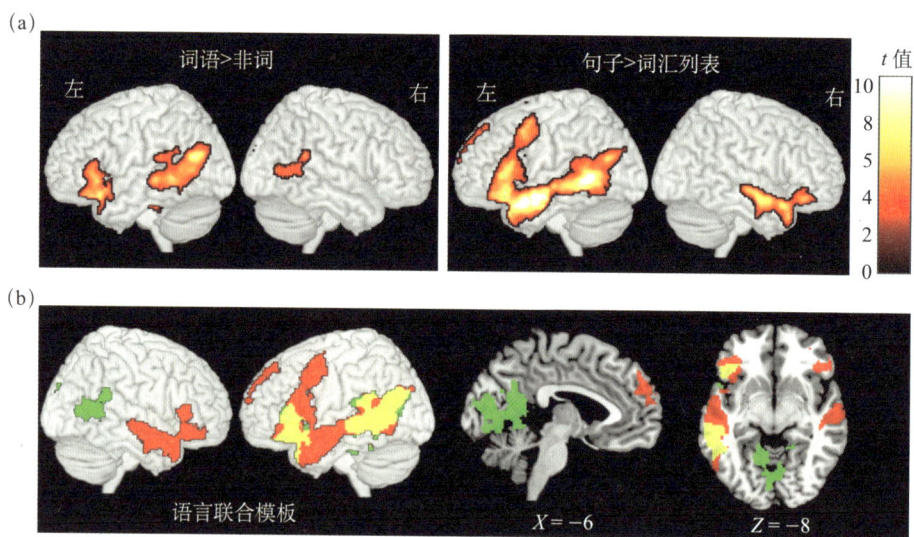

图 5-2　两种语言功能定位任务下的大脑激活图。（a）左侧显示词语判断任务与非词匹配任务（词语 > 非
词）的对比激活图；右侧显示句子与词汇列表（句子 > 词汇列表）的激活图；（b）在两个功能定位任务中激
活的大脑区域，所有这些区域都被用来构建一个语言联合模板，用于启动实验的后续分析。绿色区域表示
在单词判断任务和非单词匹配任务中激活的大脑区域，而红色区域表示在句子阅读和词汇判断任务中激活
的大脑区域；黄色区域是在两种对比中所激活的重叠区域（引自：Feng et al., 2016）

表 5-2　大脑区域在语义启动和整合启动条件下主效应显著的脑区

脑区		BA 分区	MNI 坐标			最大 F 值	激活体素数量
			x	y	z		
语义启动脑区	额下回后部	44	−54	20	4	6.98	36
	颞中回中部	22	−64	−26	0	10.88	44
	颞上回后部	22/39	−48	−42	16	10.18	145
整合启动脑区	额下回前部	47	−46	26	−8	8.21	304
	颞上回前部	38	−52	12	−18	11.32	—
	颞中回后部	21	−64	−58	0	8.07	33
	颞叶前部	38	−38	12	−34	11.03	60
	颞顶联合区	39	−42	−70	26	9.92	180

（引自：Feng et al.，2016）

图 5-3 展示了整合启动［图 5-3（a）］和语义启动［图 5-3（b）］的激活分布，这两张脑图并没有进行校正，以便能够直观地比较整合启动和语义启动下的效应。

图 5-4（a）显示了对两个主效应分别进行多重比较校正后的显著激活，左半球的 8 个区域显示出显著的语义或整合启动效应，其中 5 个区域表现出显著的整合启动效应，包括额下回前部、颞上回前部、颞叶前部、颞中回后部和颞顶联合区，而另外 3 个区域显示出显著的语义启动效应，包括额下回后部、颞

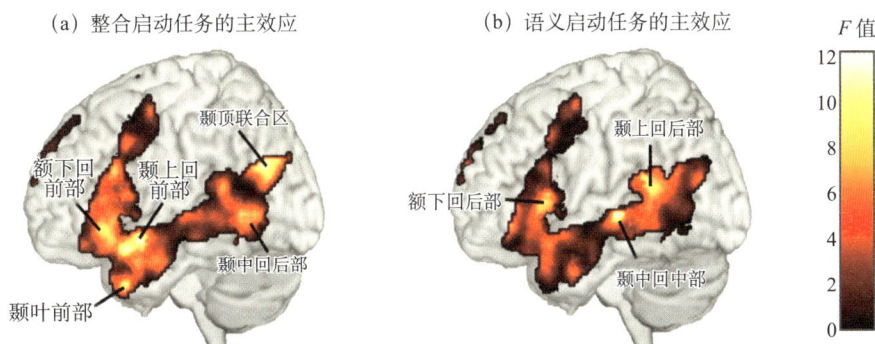

图 5-3　与整合和语义启动相关的大脑激活效应。（a）整合启动任务中，三个条件主效应的激活图。（b）语义启动任务中，三种条件主效应的激活图。语言模板中的激活模式经过多重比较校正（校正后的聚类水平 $p<0.05$）后保留的区域用黑色线条标记。所有这些区域都位于左半球（引自：Feng et al.，2016）

中回中部和颞上回后部。为了进一步研究这 8 个脑区是否在不同的启动条件下出现显著的分离（即一种启动效应与另一种启动效应相比表现出更强的激活），我们绘制了每一脑区在每种条件下的参数估计值［图 5-4（b）和 5-4（c）］，并进一步直接比较两种启动效应（整合－无关 vs. 语义－无关，或者无关－整合 vs. 无关－语义）。结果发现额下回前部、颞上回前部和颞叶前部这 3 个区域与整合启动效应有更强的关联，与无关的基线条件相比，整合启动条件下这 3 个脑区出现更强的激活。相比之下，颞上回后部和颞中回中部这两个区域则表现出与语义启动效应的关联更为密切，语义相关的试次比不相关的试次诱导出了更多的活动。相比之下，颞上回前部在语义启动条件下表现出了抑制的反应，而在整合启动条件下表现出了增强的反应，于是我们通过对（无关－语义）以及（无关－整合）两者的效应进行比较，结果发现，上述两种启动效应在颞上回前部也有所不同。此外，我们分别计算了每个被试在行为上启动效应的大小是否与他们在这些启动区域的功能磁共振信号受到抑制或增强的水平相关，我们将行为启动效应（每个被试的无关减去整合或语义相关的值）作为自变量，将 BOLD 信号的变化作为因变量来建立回归模型。结果表明，对于所有这些启动区域，行为启动效应的大小与其 BOLD 信号的变化水平是存在关联的。具体而言，额下回前部和颞叶前部的启动效应与行为整合启动效应完全相关，而颞上回后部和颞中回中部与语义启动效应完全相关。

在观窗到主效应的脑区中，还存在着第三种激活模式，具体来说，左侧额下回后部、颞中回后部和颞顶联合区中，相关、无关和非词三者的效应在整合或语义条件下表现相似。与相关条件相比，非词条件或无关条件下，额下回后

(a)

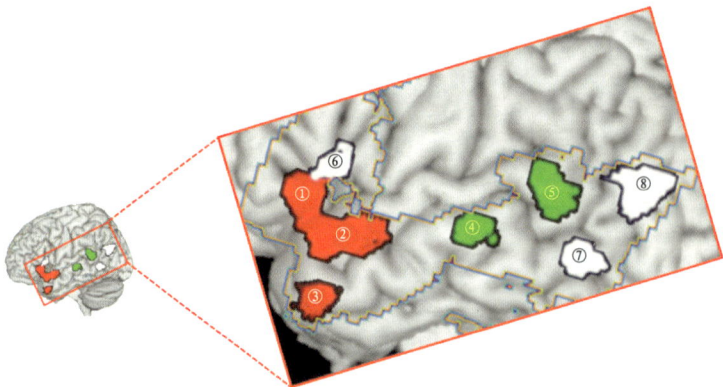

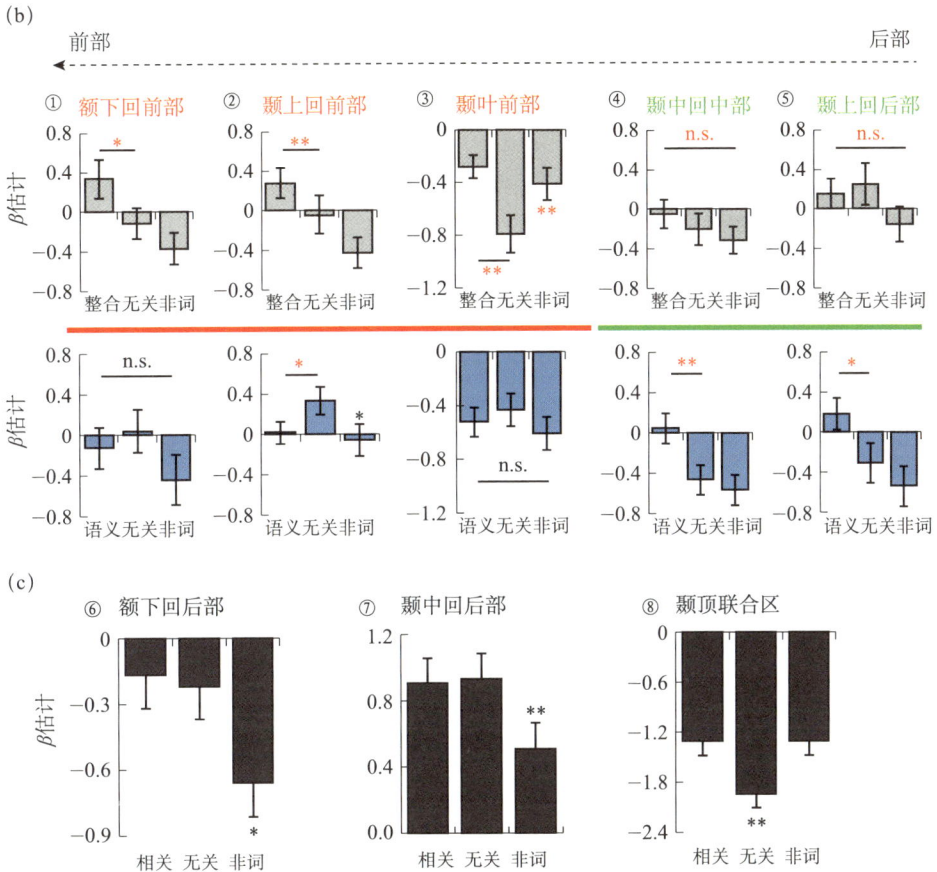

图 5-4　ROI 分析结果。(a) 红色区域表示分离整合启动效应，绿色区域表示分离语义启动效应；无论启动词 – 目标词是整合关系还是语义关系，浅灰色区域只表现出主效应，每个区域都有一个阿拉伯数字，与每个柱状图顶部的数字对应。(b) 每个标记区域的 ROI 分析。整合启动实验中每个条件的 β 估计值以深灰色显示在柱状图中，而语义启动实验中的 β 估计值以蓝色显示在柱状图中。条形图下红色粗体线显示分离整合启动效应区域，绿色粗体线显示分离语义启动效应区域。红色 * 表示整合（或语义）条件与无关条件有显著差异，黑色 * 表示非词条件与无关条件有显著差异。(c) 3 个区域的反应模式表现出显著的主效应。在这里，我们将整合条件和语义条件合并为相关条件，并将无关条件试次和非词条件试次合并。黑色 * 表示标记的条件与另外两个条件存在显著差异。*p<0.05；**p<0.01，n.s. 表示不显著。(引自：Feng et al.，2016)

部和颞中回后部显示出相似的激活强度减弱。然而，相关和无关条件之间没有出现显著差异。与额下回后部和颞中回后部相比，颞顶联合区则表现出不同的反应模式：与无关条件相比，相关条件下的反应显著增强，而非词条件下的反应也比无关条件的反应更快。

（二）可整合度和语义关联强度的参数调节效应情况

我们进一步分析了上述区域的激活情况是否也受到试次可整合强度或语义关联程度的调节，一级参数调节效应分析中的 β 估计值显示，只有左侧颞叶前部、颞上回前部和额下回前部三个区域的可整合度的调制作用达到显著。也就是说，整合评分的提高与这些区域的激活增强表现出相关。相比之下，左侧颞上回后部、颞中回中部以及颞顶联合区的激活增加与语义关联强度的增加呈显著正相关，没有哪个区域的激活强度随整合评级或语义关联强度的增加而下降。因此，语言模板内这种基于体素的参数调节效应分析进一步证实了 ROI 分析的结果。

我们同样验证了自由组合评分是否可以解释实验中所观察到的脑活动，并以自由组合评分作为 GLM 中唯一的回归变量，进行了另一项参数调节效应分析，结果发现，只有颞顶联合区表现出显著的参数调节效应（$t_{(25)}$=3.18，校正 p=0.015）。如果使用整合评分作为感兴趣的回归变量，同时控制自由组合评分（非感兴趣的回归变量），我们仍然可以观察到 3 个整合启动区显示出显著的可整合度参数调节效应。

进一步地，DTI 分析与概率示踪成像（probabilistic tractography）的结果显示（图 5-5），整合启动的相关脑区与和语义启动的相关脑区展示出不同的纤维连接模式 [图 5-5（a），图 5-5（b）]，其中，颞叶内的整合启动区（颞上回前部和颞叶前部）经由极外囊通过钩状束与额下回前部连接，如图 5-5（a）所示，而颞叶中的语义启动区（颞中回中部和颞上回后部）通过极囊纤维系统（extreme capsule fiber system，ECFS）和上纵束 / 弓状束与额下回后部相连，如图 5-5（b）所示。图 5-5（c）总结了与整合启动和语义启动两类启动效应有关的不同类型的纤维束。

四、概念间的整合与激活扩散：机制与启示

我们的研究总体上发现，当两个概念可以整合成一个单一表征时，左侧颞上回前部、额下回前部和颞叶前部的激活增强，说明这些区域均卷入整合加工中，这些与整合加工相关的区域在定位和反应模式上均与语义相关的启动有所不同。DTI 分析进一步表明，整合启动区域内的纤维连接和语义启动区域内的纤维连接通路也是不一样的。图 5-6 总结了这些不同类型的脑区及其在语义整合和单纯的相关启动上的不同反应。这一结果首次证实概念间因捆绑所致的激活与概念间因重叠所致的激活会经由不同的大脑区域和不同的神经回路而得以实现。

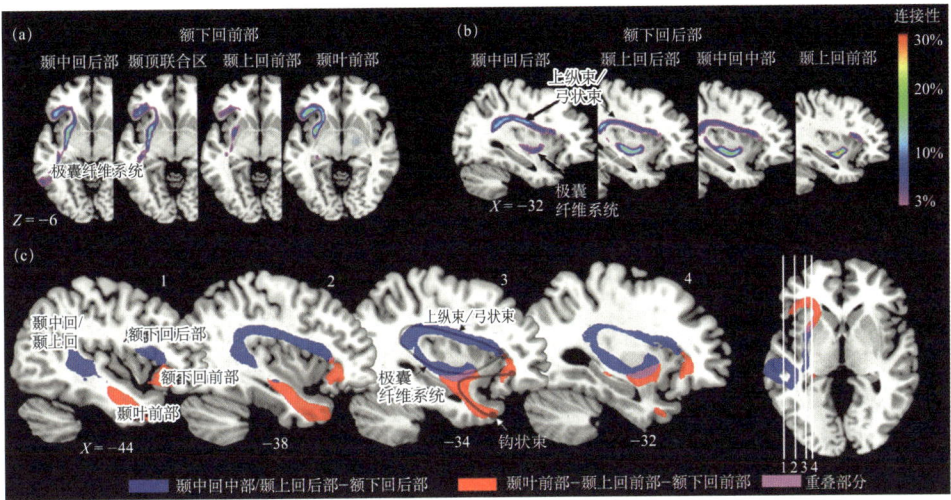

图 5-5　概率示踪成像结果。(a)从左侧颞顶整合效应区(颞中回后部、颞顶联合区、颞上回前部、颞叶前部)到额下回前部的纤维连接可被识别。这些纤维束包括钩状束和极囊纤维系统。(b)从颞中回后部、颞上回后部、颞中回中部和颞上回前部到额下回后部的纤维束被分别识别，这些纤维束包括腹侧纤维束(极囊纤维系统)和弓状束(钩状束)通路。(c)与分离的整合启动效应相关的 3 个区域(颞叶前部、颞上回前部和额下回前部)仅通过弓状束(红色区域)相互连接，而与分离的语义启动效应相关的两个区域(颞上回后部/颞中回中部和额下回后部)通过极囊纤维系统和超滤(蓝色区域)相互连接。(引自：Feng et al.，2016)

相比于那些不可整合的概念，我们发现，当两个概念整合在一起形成一个新的概念表征时，左侧颞上回前部、额下回前部和颞叶前部的激活都会增强，表明这些区域能促进整合启动的产生。这些与整合启动相关的区域在响应模式上与由一般的语义关联所导致的启动区域有所分离。DTI 分析进一步表明，整合启动脑区间的白质纤维连接与语义启动脑区间的纤维连接也是有所不同的(图 5-6)。这些发现首次证明支持整合启动与语义启动的脑区及大脑神经回路在一定程度上是分离的。

尽管以往的研究总是可以在行为上观察到词汇的语义启动效应，但这种现象的神经机制仍不清楚。主要原因是将神经(或 BOLD)活动与行为启动进行关联并不是一个容易的过程。理论上说，产生类似的行为可能是不同神经过程或与不同神经机制相关的结果(Henson，2003；Hutchison，2003；Estes & Jones，2009)。在我们的这一实验中，我们使用了特定的 fMRI 扫描参数来克服前颞皮层中的信号失真，并通过分离与两种行为启动效应相关的神经回路证

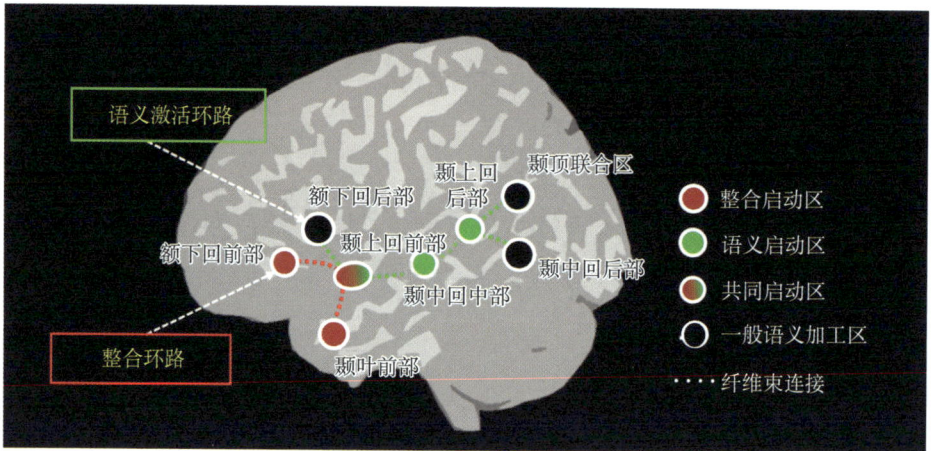

图 5-6　基于本研究中大脑功能激活和 DTI 示踪成像的结果，对两种脑回路进行功能描述（引自：Feng et al.，2016）

明了不同的启动效应的确有所不同。更重要的是，我们的分析还进一步发现，整合强度和语义关联强度正是驱动行为和神经通路中表现出不同启动效应的潜在影响因素。这些发现与以往对不同语义关系的理论预测相符合，也将帮助我们更好地理解语义系统的神经构成（包括功能上的相互分离和跨区域的神经解剖上的交互），以及这些神经回路如何与语义信息的表征和整合相关联。

（一）与整合启动效应相关的前额颞区

与无关条件相比，整合条件下的反应时更短，表明我们已经成功操纵了启动－目标之间的关系并重复出整合启动效应，因此，我们的实验成功地重复出了先前相关研究的结果（Estes & Jones，2009；Mather et al.，2014）。在神经活动方面，相对于语义无关的条件，在整合条件下，我们观察到左侧颞上回前部、额下回前部和颞叶前部等区域均出现神经活动的增强。这三个区域的活动在先前句子理解的研究中常被报告，正如我们前面章节常提到的，它们常被认为与语义整合过程有关。在将句子与词汇水平的基线进行对比（Humphries et al.，2006；Rogalsky & Hickok，2009；Pallier et al.，2011），以及不连贯句与连贯句对比（Tesink et al.，2009；Zhu et al.，2012，2013）中，常常发现这些相关区域的激活。事实上，在我们当前的研究中，通过将句子与词汇列表的对比，我们也可以看到与前人研究相似的结果（图 5-2）。

根据我们的研究设计，这些区域神经活动的增强可能与关系的整合加工有关，其激活可以促进个体对目标词的词汇判断。一些研究者认为这种反应的增强可能与新表征形成的其他加工过程有关（Henson，2003；Sachs et al.，2011；Lee et al.，2014）。确实，与不相关的词对相比，整合词对的认知过程可能涉及其他认知成分。根据关系整合激活模型（activation model of relational integration）（Estes & Jones，2009；Mather et al.，2014），在整合启动过程中可能至少包括两个关键成分，即互补角色激活和组合加工（Estes & Jones，2009；Mather et al.，2014）。我们在左侧颞上回前部和额下回前部中都发现了类似的增强反应模式，从以往的研究来看，这些区域的活动更可能与整合加工关系密切。此外，近期关于局部短语组合加工的研究也发现颞上回前部可能会参与构建局部短语结构的过程（Friederici et al.，2000，2003；Grodzinsky & Friederici，2006；Friederici，2011）。类似地，左侧额下回在语义整合中的作用（尤其是 BA47 前部）在先前句子理解研究中也多有提及，研究者认为其与语义整合有着十分密切的关系，尤其是当被试对不同来源的信息（例如，说话者的身份和世界性知识）进行整合时，额下回前部就会得到激活（Hagoort et al.，2004；Tesink et al.，2009）。此外，在上面相关的章节里，我们也已经看到，句子理解中的语义整合负荷可以参数式地调制左侧额下回前部的激活，表明这一区域与任务（Zhu et al.，2012）及一般性执行控制（executive control）加工（Zhu et al.，2013）无关。我们的研究同样观察到这一区域的激活，并且也发现颞上回前部和额下回前部的激活随着启动和目标之间可整合度的增加而增强。这些结果总体上表明，左侧颞上回前部和额下回前部在整合语义信息并构建整合性表征中起着重要作用。

值得注意的是，先前的研究发现，左侧额下回前部的激活越强，对应着语义整合负荷越高（Hagoort et al.，2004；Tesink et al.，2009；Zhu et al.，2012，2013）。当前这一实验却发现可整合度越高，额下回前部激活越强。这种看似相反的效果可能反映了不同任务情境对整合加工的作用有所不同。具体来说，当前这一实验使用的是 SOA 相对较短的语义启动范式，这一范式并不需要被试明确地检测启动词和目标词之间的关系，也不需要被试在遇到不相关的词对时尝试对两个单词进行整合。因此，与可整合的词对相比，被试对不相关的词对进行整合的可能性较小。相反，以前的大多数研究使用句子理解任务，并明确要求参与者判断句子的一致性。在这种任务情景下，不论是连贯还是不连贯的条件，被试都会尝试对句子进行整合。在这种情况下，不连贯条件下整合的负荷会更大，也就是说，在句子加工的研究范式中，即使在不连贯或违背的条件下，整合的加工也会产生，这可能是两范式下这一区域激活不同的重要原因。

相比之下，左侧颞叶前部既表现出强大的整合启动效应，又表现出词汇语义效应（与无关的语义条件相比，假词条件下该区域的激活增加），这与左侧颞上回前部和额下回前部中的发现不同。与这一发现相一致的是，以往的研究在句子理解过程中经常观察到颞叶前部出现激活（Humphries et al.，2006；Rogalsky & Hickok，2009；Pallier et al.，2011）。这些区域的病变与句子水平的语言理解困难有关（Dronkers et al.，2004）。此外，采用 MEG 的研究发现，与在早期时窗（150～250ms）中的单一词汇加工任务相比，双词组合期间颞叶前部的激活也会增加（Bemis & Pylkkänen，2011，2013）。上述证据以及我们的研究表明，左侧颞叶前部激活应该是与基本组合过程有关。

另一个可能的解释是，颞叶前部可以对存储在长时记忆中的整合关系进行编码。有研究者提出，颞叶前部是语义枢纽的核心（Rogers et al.，2004；Patterson et al.，2007；Jefferies，2013）。这个语义枢纽将充当概念分布式表征的汇聚区，负责整合来自特定模态区域（例如，对颜色、形状和运动等具有特定响应的区域）所加工的特征信息（Patterson et al.，2007；Pereira et al.，2009；Correia et al.，2014；Coutanche & Thompson-Schill，2015；Lambon Ralph，2014）。这种"汇聚表征"的假设认为颞叶前部可能在表示概念及其特征的语义关系中发挥着作用。确实，近期的研究发现，颞叶前部中的多体素模式（multi-voxel pattern）可以编码特征（例如，"绿色"和"圆形"）与对象身份（例如，"石灰"）（特征到身份的连接）之间的语义关系（Clarke & Tyler，2014；Coutanche & Thompson-Schill，2015）。同样，在颞叶前部中观察到的整合启动效应可能依赖于相同的机制。在整合条件下，启动词充当目标词（樱桃－蛋糕）的特征属性之一，而目标词充当主要概念。相对于无关条件，检索此"特征与身份"之间的关系信息导致整合词对中颞叶前部激活的增加。未来的研究还需要进一步探讨基础语义整合处理和颞叶前部中语义表征之间的关系（Westerlund & Pylkkänen，2014）。

（二）颞叶后部与语义相关启动效应的关系

相对于无关词对，我们还发现，在语义相关的词对中，被试表现出较低的错误率和较短的反应时，因而出现了经典的语义启动效应。与此相对应，我们的研究数据也表明，相比于无关条件，在颞叶区域，语义相关条件下出现了神经抑制和增强反应。

语义启动可以通过概念相似性或联想关系在概念之间传播和语义信息相关的激活（Lucas，2000；Hutchison，2003）。在当前这一研究中，根据行为启动模式，左侧颞上回前部表现出神经反应抑制（即不相关 > 语义相关）。这种抑制与先前使用掩蔽启动范式的发现（Lau et al.，2013a；Ulrich et al.，2013），以及短 SOA 下的语义启动表现相一致（Rissman et al.，2003；Sass et al.，2009a；Lau et al.，2008）。一些研究者认为，语义启动期间的响应抑制可能与跨概念的特征重叠引起的扩展激活相关。当启动词和目标信息在功能或知觉维度上共享语义特征时，启动中相关特征的激活可以减弱目标概念的激活，导致神经反应减弱（Henson，2003；Sachs et al.，2011）。

相反，在左侧颞上回后部和颞中回中部中可以观察到神经反应的增强（即语义相关 > 不相关），表明它们在语义启动过程中可能与颞上回前部起着不同的作用。越来越多的证据表明，语义启动不仅可能导致反应抑制，也会导致反应增强（Kotz et al.，2002；Raposo et al.，2006；Sass et al.，2009a，2009b；Sachs et al.，2011；Lee et al.，2014），尤其是在左侧颞叶相关区域（Kotz et al.，2002；Raposo et al.，2006；Sass et al.，2009a）。这种响应增强可归因于与形成新联想或新表征有关的另外一些不同的附加过程（Henson，2003）。假设这两个颞区也与策略性语义启动（Badre et al.，2005；Gold et al.，2006）有关，如语义关系（关联或相似性）的检测（Badre et al.，2005；Raposo et al.，2006），则我们可以将颞中回中部和颞上回后部这两个区域中的响应增强解释为与基于关联的语义激活有关。与这种解释相一致的是，我们观察到在启动词和目标词之间的参数式增强的关联强度与这两个区域中激活的增强也有显著相关关系。因此，在这里，我们将这种基于关联的激活解释成语义启动处理的控制性成分，但我们并未排除这些区域的激活在一定程度上也由扩散激活引发。自动启动主要发生在短暂的 SOA（启动 - 目标的异步呈现）中，常与语义记忆中的自动激活扩散相关联（Collins & Loftus，1975）。相反，有研究者认为控制性语义启动（通常发生在较长的 SOA 中）可以反映词汇后的策略性语义加工过程（Gold et al.，2006）。尽管如此，在较长的 SOA 上，词汇间的自动激活扩散仍然可以进行，只是控制性过程将占主导地位。总之，这些时间区域中的不同响应模式表明语义处理系统中存在功能上的分离（Binder et al.，2009；Price，2012）。

（三）语义和整合启动的共同作用

除了上述两种启动效应的分离机制，左侧的额下回后部、颞中回后部和颞顶联合区在启动条件下反映出来的激活模式与启动关系的类型无关。其中，额下回后部和颞中回后部都显示出相似的响应模式。但相对于其他两个语义条件而言，非词条件下的激活减弱。尽管语义启动会伴随着神经增强（neural enhancement）（Sachs et al.，2011；Whitney et al.，2011；Lau et al.，2013a；Lee et al.，2014）和抑制效应（Gold et al.，2006；Liu et al.，2010a），根据以往的研究所观察到的现象，这两个区域更多地与控制性语义过程相关（Badre et al.，2005；Gold et al.，2006；Ye & Zhou，2009a，2009b；Whitney et al.，2011）。具体来说，涉及的语义竞争更多，则这两个区域的激活更强。确实，有研究者提出，左侧额下回后部有助于维持或抑制无关的内部表征，而颞中回后部则与控制性语义检索有着较高的关联度（Whitney et al.，2011；Zhu et al.，2013）。本研究的结果进一步支持了这种解释。我们的研究发现，这两个区域对语义的概念关系并不敏感，而只是对所呈现单词数量（2 个单词的条件 >1 个单词的条件）更敏感。因此，其功能可能在于同时对多个词的意义进行检索并保留更多的概念含义，以便随后基于任务目标对表征进行操纵以完成可能需要的选择。综上所述，这些发现表明额下回后部和颞中回后部可能与整合和语义启动过程中常见的词汇控制语义加工有关。

以往的研究经常发现，左颞顶联合区会在各种语义任务中被激活，如词汇语义和句子理解（Binder et al.，2009；Price，2012）。我们在两个定位实验中观察到颞顶联合区的激活。此外，先前的研究发现，该区域对个别词汇意义的构建（Pallier et al.，2011）和建立语义关联（Seghier et al.，2010）很敏感。与这些观察结果一致，我们的研究发现，左侧颞顶联合区的激活对单词数量和相关关系都比较敏感（相关 > 不相关），提示左颞顶联合区可能在维持语义信息中起着一般性作用，并参与语义关联的构建，但对这种关联的具体性质，如来自整合或语义的相关关系，却并不敏感。

（四）与两种启动效应相关的神经回路的分离

我们的研究结果还展示了与语义整合和语义启动相关的可能途径。与两种类型的启动效应相关的不仅仅是有所分离的区域定位，而且在神经回路上也显示出不同的模式。

概率性 DTI 纤维示踪研究显示，两种启动效应分离的脑区中，与整合启动相关的（颞叶前部、颞上回前部和额下回前部）左颞区域仅仅通过极外囊的钩状束相互连接。这种纤维连接模式与对正常的成年人和语义性痴呆患者的观察结果一致。在正常成年人中，颞极区域，特别是 BA38，通过钩状束与前额区 BA47 连接（Friederici et al.，2006；Thiebaut de Schotten et al.，2012）。而语义性痴呆患者不仅颞叶前部萎缩，而且其连接颞叶前部和前额区的钩状束的白质完整性也降低（Federica et al.，2010）。此外，以往大多数 DTI 研究没有精确界定纤维成像研究中激活区域的功能 [句法研究中少数一些研究谈及相关的问题，如格里菲斯等（Griffiths et al.，2012）对句法处理区域的定义]，例如，索尔等只使用普通句子与无意义的句子进行比较来定义与语义处理相关的感兴趣区（Saur et al.，2008）。而在本研究中，我们精确地分离了与整合启动相关的区域，并根据它们的神经反应模式来确定这些区域的功能角色。我们的发现进一步扩展了和钩状束通路相关的知识，这一纤维束连接了与整合启动相关的三个区域（颞叶前部、颞上回前部、额下回前部）。

相反，颞上回后部、颞中回中部和颞上回前部通过两类与语言处理相关的纤维束连接到额下回后部，即腹侧（极囊纤维系统）和背侧通路（上纵束 / 弓状束）。与该观察结果一致的是，先前的研究发现与语言处理相关的颞叶皮层通过腹侧和背侧途径连接到额叶皮层（Saur et al.，2008；Rolheiser et al.，2011；Dick & Tremblay，2012；参见 Friederici，2012 中的评论）。这两个光纤束不仅限于语义启动，还支持其他语言功能。例如，上纵束 / 弓状束纤维束已被证明与语音重复（speech repetition）（Saur et al.，2008）、复杂句法处理（Wilson et al.，2011）、词汇语义处理（Glasser & Rilling，2008），以及阅读能力相关联（Zhang et al.，2014）。同样，极囊纤维系统已被证明与句子层级的语义处理（Saur et al.，2008）、"声音到含义"的关联学习（Wong et al.，2011）等加工相关联。在我们的研究里，左侧颞上回后部、颞中回中部、颞上回前部和额下回后部可能通过上纵束 / 弓状束和极囊纤维系统相互连接，从而形成支持语义信息扩散激活的、相互连接的语言通路。

第三篇　语义加工的大脑动态机制

第六章
句子理解中词汇语义提取和整合加工的大脑动态激活

前面几章我们介绍了基于眼动和脑电技术的研究如何为词汇语义提取和语义整合的时间进程提供重要的证据，同时我们也介绍了基于 fMRI 技术的研究如何帮助我们更细致地了解词汇语义提取和语义整合的大脑空间定位。然而，时间进程和空间定位研究结果之间依然存在着极大分歧。例如，在语义加工的时间进程的研究上，一个关键的分歧是词汇语义提取是发生在早期时窗还是 N400 时窗？在语义加工的空间定位的研究上，一个关键的分歧是语义整合是发生在颞叶前部还是额下回？更进一步地，来自时间进程的研究和来自空间定位的研究往往只是针对语义加工的一个层面进行研究，因此不同研究结果之间难以进行对比和统合，也就难以全面地揭示语义加工的大脑机制。阅读理解中的语义加工是一个整体的过程，在这一过程中，词汇语义提取和语义整合不断产生互动。与此同时，语义加工也会与一般认知加工产生交互，这种交互作用会同时表现在时间进程以及空间分布上。正是通过不同加工成分的交互，读者最终建构起整体的语义表征。因此，对这一过程的深入了解，很有必要借助合适的技术和研究范式，从整体分析的角度考察语义加工的不同成分之间、语义加工和一般认知加工之间如何在时空维度上展示出动态的变化，这也将有助于我们更准确地探索语义加工的核心运作机制。

本章首先简要地回顾阅读理解中语义加工的时间进程和空间定位的研究，并讨论一些重要的分歧；其次对语义加工中不同成分动态过程的重要理论进行介绍；最后针对产生分歧的原因和解决分歧的方法，结合我们研究组开展的工作，对句子理解中语义加工的大脑动态过程进行分析。

一、词汇语义提取和语义整合：时间进程及重要争议

关于语义加工时间进程的研究，大部分研究者主要采用高时间分辨率的眼动和 ERP 技术，也有少量研究者使用 MEG 技术，通过操纵相关的语义变量（词汇语义变量或者语义整合变量），观察词汇注视时间的长短或者词汇加工诱发了何种 ERP 成分，进而推断不同语义加工的发生时间。

（一）词汇语义提取的时间进程及主要分歧

前面章节已经提到过，词汇语义提取的发生能有多早，这是不同研究仍有分歧的一个重要问题。N400 视野下的语义加工研究界定了一个相当关键的加工时窗，即 300～500ms。研究者发现，无论是在单一词汇层面还是句子层面操作词汇语义变量，都可以非常稳定地诱发 N400 的波幅变化。这一结果如此稳定，因而有研究者认为词汇语义提取的重要时窗可能是在 250ms 之后（Kutas & Federmeier，2000；Lau et al.，2008）。

行为学和眼动的数据似乎表明，词汇语义提取是可以发生在更早的时窗的，至少在 N400 之前的时窗就可以观察到这种提取的加工。事实上，在日常语言产生中，我们每分钟可以说出 130～190 个词，在 300～500ms 就可以产生一个词（Reynolds & Givens，2001）。语言理解过程就更快了，一般来说，被试在理解母语语言材料时，阅读速度可以达到每分钟 250～300 个词，也就是说每个词平均阅读时间为 200～250ms。来自眼动追踪的实验同样发现，在阅读中平均一个词的注视时间为 200～250ms，之后就发生眼跳，似乎表明读者在 250ms 之前就完成了词汇识别并将注视点转到下一个词（Rayner，1978；Sereno & Rayner，2003）。

随着研究的深入，越来越多的研究发现操作词汇语义变量，在一定条件下可以在早期的 ERP 和 MEG 成分，如 N1、P2 等成分上观测到差异，而这些成分的起始时间远远地早于 250ms，这些研究结果也倾向于支持词汇语义提取发生在 N400 之前的时窗。

（二）语义整合的大脑时间进程及主要分歧

相比词汇语义提取，语义整合加工的问题显得更加复杂，目前在时间进程和空间定位方面均仍有一定的争议。

在语义整合的时间进程方面，先前操纵语义整合变量的不同实验均发现，语义整合加工似乎可以反映在不同的 ERP 成分上，包括早期成分、N400 以及

晚期正波。换言之，整合的时间进程似乎覆盖了全时程，而不同时间进程内整合加工机制存在何种差异，也随之成为一个重要的研究问题。

尽管语义整合变量的效应可能覆盖更广的时窗，但不同语义变量操纵所诱发的最为稳健的成分仍是 N400。使用违背范式的研究发现，在句子阅读中，无论目标词是违背了一般性的语义知识、世界性知识，还是违背了强限制语境下读者所产生的预期，相比合理条件句的关键词，违背的关键词都会诱发出一个波幅更大的 N400（语义违背的研究参见 Kutas & Hillyard，1980a；Kutas & Federmeier，2011。世界性知识违背的研究参见 Hagoort et al.，2004。预期违背相关的研究参见 Kutas & Hillyard，1984b；Federmeier & Kutas，1999a）。这一现象不但出现在句子阅读中，同样也出现在语段加工中（Nieuwland & van Berkum，2006b）。进一步地，在预期范式的研究中，研究者还发现，相比预期条件，非预期条件不但可以诱发出波幅更大的 N400 成分，且其大小还会随着预期性的变化而变化，预期性越低，N400 的波幅越大。研究者认为，相比正常句或者预期句，在整合加工违背句或者非预期句上消耗了更多的认知资源，相应地产生了波幅更大的 N400。根据这些数据，研究者认为，语义整合与 N400 时窗有着密切的关系。

值得一提的是，除了稳健的 N400 效应，也有研究证明，语义整合变量的操纵还可以反映在 N400 之前的 ERP 成分上。例如，同样使用预期范式，一些研究者在句子中同时操纵预期性变量（预期和非预期）和词频变量，结果发现，预期变量和词频变量在 N1、P2 成分上就可出现效应，研究者还观察到了两个变量之间的交互作用（Penolazzi et al.，2007）。此外，来自半视野（visual half-field）呈现的研究也表明，当实验材料只呈现在半视野中时，预期条件会比非预期条件诱发出一个波幅更大的 P2 成分（Federmeier & Kutas，2002，2005；Wlotko & Federmeier，2007）。还有一些研究报告了更早出现的预期效应，甚至可以在关键词呈现后 50～90ms 的 ERP 上就可以表现出差别（Dambacher et al.，2009）。最后，还有研究使用奇异球范式比较了无意义和有意义的短语所诱发的 ERP，同样发现两类短语在很早的时窗（115ms 左右）就出现了显著差异（Shtyrov & Pulvermüller，2007）。总体来看，虽然语义整合变量反映在早期 ERP 成分上的研究数量较为有限，但是来自不同研究组、不同研究范式下较为一致的研究结果，却在一定程度上暗示着在特定条件下语义整合或许确实可以发生在更早的时窗，即在 N400 之前。

此外，晚期的效应是另一个值得关注的问题。除了经典的语义 N400，近年来，研究者操纵语义整合变量，还常常观察到另一个相当稳定的晚期正成分，这种效应常常出现在高限制性语境下低预期词的加工中。例如，设置一个高限制性语境"小王去理发店修剪……"，符合语境的目标词是"头发"。如果此时出现的目标词不符合语境却可以和语境形成合理的语义关系，例如"胡子"，研究者发现，相比预期条件，非预期但是合理的条件下的关键词会在晚期时窗诱发一个波幅更大的正波，其主要分布在前额，因此又被命名为晚期前额正波（van Petten & Luka，2012；Brothers et al.，2020）。事实上，在不同的语言背景下，相当多的研究操纵了语境和关键词之间的关系，都较为稳定地发现了晚期前额正波（Federmeier & Kutas，1999a；Federmeier et al.，2007；Delong et al.，2011；van Petten & Luka，2012；Huang et al.，2013）。此外，句子题元关系的违背也常引发类似的正波，例如，在实验过程中给被试呈现题元关系正常句（如"Every morning at breakfast the boys would eat... "/译文：这些男孩每天早上早餐的时候都会吃……）和题元关系违背句（如"Every morning at breakfast the eggs would eat... "/译文：这些鸡蛋每天早上早餐的时候都会吃……），结果发现，在关键动词"eat"上，相比合理条件，语义违背条件诱发了波幅更大的晚期正成分（Kuperberg et al.，2003b）。

总体上说，从 ERP 研究来看，语义整合变量的操纵所产生的影响覆盖了早期时窗、N400 时窗，以及晚期时窗等全时程，因此在不同时程中所观察到的语义整合，其加工机制的实质有何差异也就成了一个重要的研究问题。例如，对于晚期正波在语义加工中的核心机制，有研究推测可能与阅读理解中的语义整合有关（Brouwer et al.，2012）。这些研究者认为，语义加工中的词汇语义提取和语义整合是序列加工的过程，语义提取发生在 N400 时窗，因此有理由假设语义整合发生在 N400 之后的晚期正波时窗（Hoeks & Brouwer，2014；Brouwer et al.，2012）。相应地，计算建模的研究也在一定程度上支持了这一假设（Brouwer et al.，2017）。但值得注意的是，另一些研究者认为，晚期成分所反映的加工虽然与语义整合有关，但其与 N400 成分所反映的整合加工还是有所区别的。具体来说，N400 成分主要反映的是在语境信息和关键词之间建立起连贯表征的整合加工，当这种整合加工建立起来的表征不合理时，就需要对表征进行重新分析和重新整合，这一效应反映在晚期成分上（Kolk et al.，2003；Kuperberg，2007；van Herten et al.，2006；Kuperberg et al.，2020）。也就是说，晚期成分与心理表征的修改和更新有关系。

二、词汇语义提取和语义整合：大脑空间定位及重要争议

除了词汇语义提取和整合的时间进程以外，二者的神经机制的探讨也是研究者关心的重要问题。这方面的工作主要是采用高空间分辨率的 fMRI 技术，通过操纵相关的语义变量（词汇语义变量或者语义整合变量）以观察其是如何引发大脑激活模式的改变的。

（一）词汇语义提取的大脑空间定位

根据前文的研究，我们已经知道，在词汇语义提取相关大脑区域的认定上，以往的研究分歧相对较小。无论是词汇还是句子层面的词汇语义变量操纵，都可无一例外地观察到双侧颞中回，尤其是左侧颞中回的卷入。例如，研究者利用 fMRI 技术以及奇异球范式发现，相比假词，真词所造成的加工会导致左侧的颞中回、颞上回的激活（Shtyrov & Pulvermüller，2007；Shtyrov et al.，2008）。类似的大脑区域的激活也可以在词汇语义启动这一经典的研究范式中观察得到。例如，有研究发现，在快速语义启动范式下，相比启动条件，非启动条件下主要激活左侧的颞中回和颞下回（Rossel et al.，2003；Wheatley et al.，2005；Gold et al.，2006；Lau et al.，2008；Liu et al.，2010a）。此外，句子层面的违背范式研究也获得了极其相似的结果：相比合理条件，在违背条件下，无论是语义的违背（Ni et al.，2000；Newman et al.，2001a；Baumgaertner et al.，2002；Kiehl et al.，2002；Friederici et al.，2003；Ruschemeyer et al.，2005；Kuperberg et al.，2000，2003a，2008a；Rüeschemeyer et al.，2006；Willems et al.，2007，2008；Wang et al.，2008b；Tesink et al.，2009），还是预期的违背（Baumgaertner et al.，2002；Huang et al.，2012），都可以看到违背的关键词稳定地激活左侧颞中回。显然，从词汇到句子层面，研究结果均较为一致。正因为如此，目前几乎所有主流的语义处理模型都认可颞中回尤其是左侧颞中回与词汇语义提取的关系相当密切。

（二）语义整合的大脑空间定位及其争议

相比词汇语义提取，语义整合相关的大脑定位不甚明确。大多数研究支持左侧额下回和颞叶前部都与整合加工有关，但这两个脑区参与整合加工的机制有何差异则并不清楚。

从先前的研究来看，不同语义整合范式的研究通常都可观测到左侧额下回

的激活（综述参见本书第一章）。总体上来看，在句子层面的研究中，无论是使用违背范式（Ni et al., 2000; Kuperberg et al., 2000, 2003a, 2008a; Newman et al., 2001a; Baumgaertner et al., 2002; Kiehl et al., 2002; Friederici et al., 2003; Hagoort et al., 2004; Ruschemeyer et al., 2005; Willems et al., 2007, 2008; Wang et al., 2008; Ye & Zhou, 2009b; Tesink et al., 2009）还是预期范式（Baumgaertner et al., 2002; Bonhage et al., 2015; Huang et al., 2012），与正常合理条件相比，在违背条件/非预期条件下都会稳定地观察到左侧额下回的激活。相似的激活也可以在篇章层面违背范式的研究中观察到（van Berkum et al., 2008）。此外，在词汇层面，语义启动范式的研究也会涉及目标词和启动词之间的整合加工（McNamara, 2005），而无论是快速还是慢速的语义启动，相比启动条件，非启动条件下的目标词都会显著地增强左侧额下回的激活（Kotz et al., 2002; Rissman et al., 2003; Matsumoto et al., 2005; Gold et al., 2006; Wible et al., 2006; Liu et al., 2010a）。

尽管在涉及违背的范式中常常可以观察到左侧额下回的激活，但在不牵涉语义违背的研究范式中，例如，将正常句子和与不会产生语义整合加工的词串条件相比，则可以发现语义合理条件下并没有出现左侧额下回激活的显著增强，激活增强的效应主要出现在颞叶前部以及角回，尤其是左侧颞叶前部（Mazoyer et al., 1993; Bottini et al., 1994; Bavelier et al., 1997; Stowe et al., 1998; Friederici et al., 2000; Humphries et al., 2001; Vandenberghe et al., 2002; Humphries et al., 2007）。由于语义的整合只有在有意义的句子下才能出现，语义合理与词串条件的比较没有显示出左侧额下回激活的增强，一些研究者认为，左侧额下回在语义整合中的必要性值得商榷（Humphries et al., 2007）。

（三）语义加工过程的认知控制及其大脑机制

尽管大多数研究者同意阅读理解中的语义加工过程存在自动化和模块化的特征，相对不受其他认知加工的影响（Fodor, 1983），但是一旦遇到歧义或理解上的困难，则认知控制机制会参与加工进程。例如，我们阅读到一个句子"咬死了猎人的狗"，这里存在两种意思，一种是狗咬死了猎人，另外一种是有东西咬死了猎人的狗。在这种歧义状态下，读者就需要额外的认知资源来对这类歧义信息进行处理。类似地，阅读过程中往往存在各种不同限制性的语境信息，虽然高限制性语境下读者可以更快地对后续的内容进行预期，然而这种预期本身并不一定总是合适的，当它与随后语言信息的输入不相符时，则会阻碍阅读理解。正如前文我们讨论过的例子"小王去理发店修剪……"，如果读者根据常识预期动词"修剪"后的词汇应该是"头发"，然而现实呈现的词汇却是"胡子"时，语境的预期和目标词汇不匹配，将给读者带来较大的冲突。为了解决冲突，读者需要主动抑制与语境预期相关的内容，重新根据自下而上的输入信息提取合适的语义信息再次进行整合，以获得新的语义表征。可见，这种因阅读过程中的失匹配而产生的认知冲突会触发认知控制等一般性的认知加工的参与。

　　研究者认为，认知控制加工涉及一个较大的大脑网络，这个网络包括背外侧前额叶、额下回、扣带回前部、顶叶以及辅助运动区等大脑区域（Dosenbach et al.，2007；Duncan & Owen，2000；Gao et al.，2021；Nee et al.，2007；Wager et al.，2005）。这一网络的运作可以实现对认知过程的目标定向，通过自上而下的方式提取合适的信息，并且可用于有效地抑制无关的信息以完成目标任务。类似地，语义加工过程中的认知控制也主要是负责自上而下地提取语义信息、抑制无关的语义信息，并监控语义加工的过程和结果，通过自上而下的多次调整最终获得连贯的语义表征（Hagoort et al.，2009）。最近，还有研究者发现，语义信息的提取和情景记忆信息的提取涉及相似的认知控制大脑网络，这在一定程度上说明涉及语义加工的认知控制可能是属于一般性的认知加工（Vatansever et al.，2021）。

　　值得一提的是，在认知控制的大脑网络中，左侧额下回扮演着非常重要的角色（Duncan & Owen，2000；Miller & Cohen，2001）。这个区域一直被认为是认知控制参与语义加工过程的核心大脑区域，与控制性地提取和抑制信息的加工关系密切。此外，还有研究还表明，左侧额下回存在两个在结构上有着明显差异的亚区，分别是左侧额下回前部 BA47/45 和左侧额下回后部 BA44，它们在认知控制加工中可能扮演着不同的角色。研究表明，左侧额下回前部在涉及从竞争物中进行选择加工的时候会出现显著激活，因此可能与认知控制中自上而下的选择性加工存在着密切关系（Novick et al.，2005；January et al.，2009）。相比之下，其后部则与抑制性加工的关系更为密切。例如，当读者在强语境限制下遇到一个完全不符合语境的目标词时，严重的认知冲突会引发抑制加工的参与，进而抑制语境限制性所带来的干扰（January et al.，2009；Ye & Zhou，2009b；van de Meerendonk et al.，2011）。综合上述研究，我们认为左侧额下回不同亚区的激活，在一定程度上也反映了认知控制的不同成分在实时语义加工过程中可能扮演着不同的角色。

由于左侧额下回与语义加工中的认知控制存在密切关系，来自违背范式中语义整合变量的操纵在这一区域产生的效应也就不容易得到清楚的解释，它反映的是语言特异性的整合加工还是一般性的认知控制加工，就值得更深入地探讨了（相关的综述可参见第三章）。一些研究者认为，语义整合和认知控制之间可能并不是非此即彼的关系，语义整合加工必然涉及各种语义信息的提取以建立连贯的语义表征，因此认知控制本身就是语义整合的一个必要组成成分，两者的分离并没有太大的意义（Hagoort et al.，2009）。在这一背景下，我们研究组以句子作为研究材料，通过分别操纵语义整合变量与认知控制变量，探讨在阅读理解中左侧额下回的功能。结果发现，左侧额下回的作用因不同的亚区而有所不同：前部与特异性的语义整合关系密切，而后部则与一般的认知控制任务关系更为密切（Zhu et al.，2012）（具体的结果和讨论可见第四章），这一结果在一定程度上解决了原有的分歧，表明对左侧额下回的功能分析需要在亚区的层面上进行考虑。

三、语义加工的大脑动态过程：重要理论及相关争议

随着认知神经科学的发展，目前的研究对语义加工过程中的不同成分，如词汇语义提取和整合的时间进程、空间定位都有了深入的理解。此时，关于语义加工不同成分如何动态地起作用并完成语义处理这一问题，也开始受到关注。心理语言学关于语义加工动态关系的基本理论争议在于，不同语言成分之间是以序列还是并行模式进行处理？各成分的加工是遵循模块化的方式还是以交互的方式运行？现有的研究证据虽然在一定程度上拓展了语义加工基本理论的深度和广度，但由于不同的研究结果之间存在较大的差异，这一基本争议并没有得到完全解决。下面首先介绍不同理论在词汇语义提取和整合模块如何相互作用方面存在的基本争议，随后介绍导致这些争议的可能原因。

（一）不同理论对词汇语义提取和语义整合作用模式的解释

总体而言，无论是并行还是序列的模型，无论是模块化还是交互作用的理论，都持一种基本的假设，即语义加工的子过程是由不同的大脑功能模块或者加工器完成的。这一假设总体上得到了认知神经科学研究的支持，不同理论之间较大的分歧主要在于不同子模块如何执行这一问题。序列模型强调在语义加工中，只有当相对较低水平的加工过程，如词汇语义提取完成后，才会进入高一级的加工，如语义整合。并行模型则强调，所有认知成分可以在几乎同一时

间内触发并产生效应。从模块化和交互理论的角度来看，强调模块化原则的理论认为，不管是以序列还是并行的方式进行加工，在特定的时窗内，不同认知成分之间可能是完全相互独立的，只是到了晚期的某一特定阶段，这些认知成分才有机会在某一加工界面上产生交互。换言之，模块化的观点常常包含一定程度的序列处理的假设，通常支持多阶段的观点。例如，典型的模块化理论认为认知加工至少需要两个阶段，一个是各成分相对独立的阶段，另一个是交互作用的阶段。相比之下，主张交互作用的观点则强调，所有的认知加工过程从一开始触发就实时地产生了相互作用，这种交互作用可以持续发生在整个复杂的认知加工过程中。这种观点在一定程度上包含着并行处理的思想，因为交互的前提是多个成分可以在同一时间进程产生作用。根据这种观点，词汇语义提取和语义整合加工是同步进行的，并以交互的方式推进语义加工的过程。最近关于语义加工的认知神经科学研究，尤其是时间进程的研究，有助于研究者对语义处理中模块化和交互作用的机制进行更深入的讨论。

首先，从时间进程来看，采用 ERP 等高时间分辨率的技术揭示了语义加工时间进程的三个重要时窗，以 N400 时窗为分界点，可以分为 N400 之前的早期时窗、N400 时窗以及 N400 之后的晚期时窗。在不同时间进程研究的证据下，序列和并行加工理论对语义加工进程有着不同的假设。从序列加工的角度来分析，语义提取和整合加工总体上是以序列或者模块化的形式展开的，只是这些加工分别发生在哪个时窗，还存在一定的争议。序列理论的早期假设认为，词汇语义提取发生在早期时窗，而发生在 N400 时窗的是语义整合加工。序列理论的晚期假设则认为，词汇语义提取发生于 N400 时窗，晚期时窗下才开始进行语义整合。从并行的角度来看，词汇语义提取和语义整合加工总是同步且交互进行，基于交互发生的开始时间不同，可以有早时窗交互或晚时窗交互假设。早时窗交互假设认为，词汇语义提取和语义整合的交互发生在 N400 之前的早时窗，语义加工甚至可能与词汇知觉层面的加工处于同步交互的模式。晚时窗交互假设则认为，词汇语义提取和语义整合的交互大约在 N400 时窗内才出现。可以说，上述不同的假设都或多或少地得到了某些实验证据的支持，遗憾的是，由于 ERP 成分与特定加工性质（如语义提取或者语义整合）之间并不存在一一对应的关系，各种证据仍然也只是来自间接的推论。

（二）语义加工动态过程存在争议的主要原因

虽然目前关于语义加工不同成分的时间和空间定位已积累了一系列研究成

果，从理论上来说可以较为准确地描绘语义加工的大脑动态过程，然而遗憾的是，目前对这一问题的争议依然存在，相关争议在前文已经进行了论述。为便于读者理解，此处只是把重要的问题简单进行罗列：①虽然研究者都普遍认可词汇语义提取主要发生在颞中回，但这一加工发生于 N400 还是 N400 之前，目前仍有争议；②语义整合的大脑功能区在哪里？颞叶前部抑或额下回？这一过程发生在早时窗、N400 时窗抑或晚期正波时窗？③语义加工内部各子过程之间是以序列还是并行交互的方式进行的？语义加工各过程与其他一般认知加工过程又是如何在时间和空间上动态交互或依序进行的？上述这几个问题毫无疑问都涉及时空两个层面的动态信息，但目前就整合时空关系所积累的证据仍然很少。这些争议的存在，一方面，显然与语言加工高度复杂的本质有关；另一方面，研究者在理论上对不同语义加工过程，尤其是语义整合加工的概念定义仍不清晰也是重要的原因。与此同时，由于技术和方法上的限制，不同研究所使用的范式不同也导致结果缺乏可比性，这也在一定程度上导致研究结果出现差异，进而在理论上产生分歧。下文将分别进行论述。

1. 对语义整合这一概念缺乏精确的界定

尽管许多研究都使用了语义整合这一概念，但对这一过程的探索却存在争议，一个可能的原因是"语义整合"这一概念本身不够明确。所谓整合，大多数研究者强调的是将词汇之间的意义进行组合而形成更大、更复杂的意义的过程。然而，这种定义仍较为宽泛，在一定程度上忽略了语义整合过程的复杂性。按照这一宽泛的定义，如果让理解者对一个由随机词汇构成的伪句进行加工，则语义整合的程度应该很低。在违背范式中，当我们破坏句子中的一个词语从而形成违背句时，虽然违背句由于存在违背信息出现整合困难，但此时整合加工的程度却较高。这就带来一个十分重要的问题：不同研究所操纵的语义违背是一种量上的差异还是同时夹杂着质的差别？根据目前对语义整合的宽泛定义，随机词汇组合的句子、语义正常句和语义违背句之间在语义整合上的差异是一种整合难度上的、量的差别，而不应该是加工性质上的差别。也就是说，上述三种类型的句子只是在整合难度上存在梯度的变化。遗憾的是，类似的假设并没有得到研究证据的充分支持。从文献中可以看到，语义正常句和随机词汇组合、语义违背句和语义正常句之间无论是在大脑的激活位置还是激活时间方面都存在着显著差异（朱祖德等，2011a）。相比随机词汇句，语义正常句显著地激活了左侧颞叶前部；相比语义正常句，语义违背句又显著地激活了左侧额下回。更为重要的是，利用高时间和空间分辨率的 MEG 技术，一些研究发现在类似的范式上，左侧颞叶前部和左侧额下回在激活时间上也存在显著差异。具体来说，左侧颞叶前部在正常句的激活主要发生在 200ms 左右的时窗（Bemis & Pylkkänen，2011），而左侧额下回在语义违背句的激活主要发生在 N400 时窗（Hagoort et al.，2009）。这似乎表明语义整合是发生左侧额下回还是在颞叶前部并不是一个非此即彼的问题，而是不同的区域反映了不同性质的整合过程。因此，根据文献深入地分析左侧颞叶前部和左侧额下回在语义整合中扮演的不同角色，并据此对语义整合概念进行系统分析，可能是解决目前理论争议、全面理解语义整合大脑动态过程的关键。

2. 不同实验范式之间缺乏可比性

关于语义处理时空动态过程的争议，另一个可能的原因是不同研究者使用的实验范式有所不同，因而实验结果也缺乏可比性。一方面，这表现在不同的范式之间本身就存在质的差异；另一方面，研究范式上的差异还可能导致卷入的无关变量有所不同，进而导致实验结果难以直接对比。例如，一些研究者使用正常句和随机词汇组合句相对比的范式来操纵语义整合难度（随机词表范式），而另一些研究者操纵的则是句子意义的合理性（违背范式），这两类不同的对比虽然触及的加工都与语义整合有关，但前一对比获得的是语义正常句在阅读过程中的语义整合，而后一对比获得的却与语义异常句的整合有关。这种范式的差异无疑会导致结果难以直接对比，也是语义整合加工的大脑功能定位出现争议的重要原因。

此外，句子研究中常用到两个范式，即违背范式和预期范式。虽然两者都是通过在一定程度上改变句子关键词的某一特性来增加语义整合的困难，随后与正常句进行对比来分离语义整合加工，但是违背词或低预期词的引入事实上也可能引入不同的混淆变量。具体来说，在违背句中，句子的意义完全是不合理的（例如，"小明去理发店修剪早餐"），而在语义非预期句中，虽然语义不符合预期，但整个句子的意义仍然是合理而连贯的（例如，"小明去理发店修剪胡子"）。虽然两者的加工都与语义整合有关，但是在和语义正常句对比时，相比语义非预期句，违背句可能会有更多无关变量的卷入，特别是句子语义已被破坏，因此违背检测和违背修复等认知加工更有可能卷入（Indefrey et al.，2001a；Kaan & Swaab，2003b），从而导致设计不够纯净，而这种额外的检测和修复加工在正常句的阅读中可能相对较少出现。可见，在使用语义违背范式进行研究时，要留意这些混淆因素可能导致的干扰。

不同阅读任务的使用也可能在不同的实验控制中造成不同的效应。句子理解的研究常常采用语义合理性判断任务，以确保读者认真地进行阅读。然而，在语义违背范式下，违背句和正常句的语义合理性判断是不同的，前者为否定判断，而后者为肯定判断。不同条件下反应模式的差异不仅会导致认知加工的差异，在相关脑区或脑网络的激活上也会产生差别（Treisman & Gormican，1988；Zhang et al.，2003），这在一定程度上也导致了研究结果的不可比。

可见，在分析语义加工各成分的动态进程这一问题时，我们必须更精细地思考不同实验范式所产生的影响，这可能是解决以往分歧的一个重要切入点。

3. 词汇语义提取和语义整合加工难以通过实验设计完全得以分离

要了解词汇语义提取和语义整合的时空动态脑机制，一个关键的问题是需要有效地分离词汇语义提取和语义整合两个子过程。虽然操纵词汇语义变量分离出词汇语义提取相对来说比较容易实现，但在句子层面，利用各种不同的研究范式对语义提取和整合进行分离，效果却并不十分理想。例如，在经典的违背范式或者预期范式下，通过关键词的操纵可以形成与语境相冲突的语义违背句或者语义非预期句。在这两个范式下，相比正常句，违背句或者非预期句中的关键词和语境意义不符，因此关键词的提取确实会更加困难。与此同时，两类违背也都会带来整合上的困难。因此，通过相减的逻辑在这两种范式下分离出来的成分往往同时包含了语义提取和语义整合。由于上述两种操纵与正常句相比较均引发了波幅更大的 N400（Hagoort，2005；Hagoort et al.，2009），这种效应到底反映的是词汇语义提取还是语义整合也就成为一个难题。同样，采用 MEG 技术的研究发现，在 N400 时窗，与词汇语义提取相关的左侧颞中回以及与语义整合相关的左侧额下回都出现激活（Baggio & Hagoort，2011），这又似乎提示 N400 或许反映的不是非此即彼的某种语义加工，而是这两类加工发生互动的时窗。总体上而言，对这一问题的解答，也许单独依靠减法的逻辑不太容易实现，未来需要考虑更多正交的研究范式。要理解两者加工的特性和相互作用的机制，最终还是需要通过实验操纵对两个加工成分进行一定程度的有效分离。

4. 研究技术的限制

虽然认知神经技术的引入使研究者对语义加工的时间进程和大脑空间定位有了更深入的了解，但由于不同技术自身都有特定的局限性，客观上也导致研究结果的不一致，引发了不同的理论解释。以下分别介绍主流的研究技术存在的局限性。

（1）高时间分辨率的 ERP 技术在语义加工研究中的限制

关注语义加工时间进程的研究者一般会将 ERP 技术作为研究手段。这一技术的信号敏感度极高，而且具有高时间分辨率，因此可用于研究语义加工精细的时间进程。然而，语义加工是一个包含了从词汇的物理特性到抽象意义表征的多成分、多层级的心理加工过程，因此探讨语义加工的研究设计在实验材料的控制方面往往会比相对底层的认知加工更为复杂。相应地，这种复杂的心理加工也会反映在一系列 ERP 成分上，尤其是早期的成分，如 N1、P2 等。

值得注意的是，ERP 的早期成分对词汇的物理属性（例如词长、复杂度等）非常敏感，然而在心理语言学的语义加工研究中，研究者关心的主要是语义方面的变量，因此常常将其他变量，如词长、词频等作为控制变量来进行实验设计。对于这些无关变量，常用的控制方法是使它们在实验条件间保持一致，并在这一前提下尽可能地在词长、词频等控制变量上以较宽的全距来选择实验材料，以便将实验结果扩展应用到更大范围的语言材料中，使研究具有良好的生态效度。举个例子，假设我们关注的语义变量是词汇的抽象性，实验中的两个感兴趣的条件为抽象词和具体词，则我们需要使这两类词的词长、词频等变量保持基本相同。事实上，在选择实验材料时，在同一个条件内部（例如抽象词这一组词汇中），我们会尽可能选择多种词长和词频的词汇，以使未来的实验结果有机会推广到其他刺激材料中。很显然，这种操纵客观上能较好地提高生态效度，但由于 ERP 的早期成分对词汇的物理特征非常敏感，这种做法可能会使同一条件下的不同词汇在它们所诱发的 N1、P2 等早期成分上表现出较大的变异，或者说使早期成分自身的变异度显著提高。这种高变异度最终可能导致研究者所关注的某些高层变量（如词汇的抽象性），即使本来可以反映在早期成分上，其效应最终也被掩盖。一些研究者认为，这或许正是目前大量语义加工的研究无法观察到高层语义变量作用于早期 ERP 成分的重要原因。基于这一假设，也有一些研究者尝试在实验材料方面进行更加严格的控制，例如，有研究（Penolazzi et al.，2007）将条件之间各种物理属性控制在一个非常窄的频段上，结果发现，无论是词汇语义变量还是语义整合变量，都可以在早期的 N1、P2 等时窗上观察到相应的效应。

因此，对 ERP 早期成分是否可以反映语义效应的问题，我们仍然应该保留一种谨慎的态度。毕竟在这一问题上的分歧主要是由 ERP 信号的特性以及语义加工研究的特点所致：如果要提高研究的生态效度，某种程度上就要牺牲早期成分检测的敏感性。相对地，如果要提高早期成分检测的敏感性，那么就可能要牺牲研究的生态效度。应该说，目前对这一问题尚未有两全的解决方法。而关于词汇语义提取和语义整合是否可以发生在 N400 之前的时窗这一问题，也许还需要更多来自其他技术所提供的证据。

　　除了早期成分的效应在语义加工研究中较难被检出之外，ERP 技术还存在另外一个重要的限制，即较低的空间分辨率。ERP 技术可以反映加工的时间进程，也可以检测出特定的认知加工所诱发的 ERP 成分，但 ERP 成分与语义加工的关系却不是唯一的。例如，语义变量的操纵可以引发 N400 效应的增大，但仅凭 N400 的变化并不能直接推知其与何种特定的语义认知加工相关。虽然与一般的反应时指标相比，先前研究已经揭示不同的 ERP 成分可能与某些特定的加工过程关系更为密切，但直接从 ERP 成分的变化做反向的推论却是不妥当的，这一问题在一定程度上也限制了这一技术的应用。此外，ERP 研究大多采用头皮脑电的记录方式，但利用头皮脑电的信号对信号源所在的大脑空间定位进行推断往往准确性较低，因此研究者也难以通过 ERP 成分推断语义加工的动态时空机制。

　　（2）高空间分辨率的 fMRI 技术在语义加工研究中的限制

　　关注语义加工大脑定位的研究通常将 fMRI 技术作为研究手段，fMRI 的空间分辨率非常高，因而可用于探索和语义加工相对应的脑区或脑网络。但这一技术也存在一些比较棘手的问题：对临近脑脊液的大脑皮层，磁场信号的质量往往不佳，因此相关区域的 BOLD 信号难以得到准确的检测。这一困难或许可以解释为什么在关注语义整合的 fMRI 研究中，大多数研究只报告了左侧额下回较为稳健的激活，而只有极少数研究观察到左侧颞叶前部的激活。具体来说，颞叶前部临近大脑空腔，与前额叶交界，相关的生理特点导致同样的检测参数在该位置所获得的信号信噪比相对较低，因而难以稳定地显示该位置上产生的效应，客观上可能导致了对该区域功能的忽视。有研究者（Devlin et al.，2000）系统对比了 PET 和 fMRI 两种技术在同一实验中的数据质量，结果发现，利用 PET 技术可以很好地看到颞叶前部的激活，然而利用 fMRI 技术却观察不到。此外，颞叶前部在语义整合中的时间特点，可能也是导致这一区域较难检测的重要原因。最近有研究者采用高时间和空间分辨率的 MEG 技术研究了颞叶前部在语义加工中的作用，结果发现颞叶前部的激活时间相对较短（Bemis & Pylkkänen，2011），而 fMRI 技术是对血流变化进行检测的，其时间分辨率较差，可能导致对持续较短时间的心理加工相对不敏感（van Petten & Luka，2006；Liljeström et al.，2009），这可能也是导致颞叶前部较少被报告的另外一个重要原因。

除了较难检测颞叶前部的激活外，fMRI 技术的另一个重要问题是时间分辨率较低。语义加工的 fMRI 研究往往会观察到大量的功能区出现激活，尤其是颞中回、额下回和颞叶前部等关键大脑区域。然而，这些区域是如何互动的，尤其是在时间进程上存在何种动态关系，低时间分辨率的 fMRI 技术难以做出有效的推断。虽然有一些研究者采用动态因果模型等技术算法，尝试为大脑网络的节点的动态关系提供一些证据，但一方面这些方法要符合其他一系列前提假设，另一方面这些假设本身也仍需要检验。与此同时，由于 fMRI 技术本身的低时间分辨率的限制，即使采用较为复杂的计算算法，通常也难以精细地揭示节点间的动态关系。

（3）ERP 技术和 fMRI 技术结合的困境

ERP 技术的空间分辨率较低，但时间分辨率较高，fMRI 技术的时间分辨率较低，但空间分辨率较高，从理论上来说，我们可以结合这两种技术的优势以揭示语义加工的大脑动态过程。然而，当前两种技术的结合仍然存在很多问题。事实上，同样是研究语义加工，采用 ERP 技术的研究者和采用 fMRI 技术的研究者之间的相互借鉴和文献引用也并不太多。原因之一是这两种技术检测的大脑活动存在明显差异，虽然两者都声称可以检测大脑皮层的神经活动，但 ERP 技术检测的是神经活动对应的突触后电位的变化，而 fMRI 技术检测的是神经活动发生之后延迟出现的血管中含氧和脱氧血红蛋白的变化。由于两者依据不同类型的神经活动产物来推断神经活动，实验证据难以直接进行对比。

此外，技术上的限制也导致难以将两种技术统合。例如，语义违背范式中的违背句可诱发波幅更大的 N400 成分，而采用相同范式的 fMRI 研究可以观察到违背条件下引发了颞中回和左侧额下回的激活。由于两者观察的指标位于不同的时间尺度，研究者往往不能确定 N400 效应反映的大脑功能区域就是颞中回或左侧额下回，同样也不能确定颞中回和左侧额下回的活动一定发生在 N400 时窗内。利用不同技术所得到的研究结果在结合上的困难，客观上也影响了研究者从动态过程的角度去思考语义加工机制的热情。

相比之下，直接利用 ERP 和 fMRI 技术同步采集的方式，通过对 ERP 结果和 fMRI 结果进行相关分析，在某种程度上确实可以揭示 N400 成分与特定的大脑区域之间的关系。目前，这种方法的确也提供了一些有趣的研究证据，但仍存在一些困难。首先，这种方法本身技术难度较大，例如，必须使用较为特殊的脑电采集设备。其次，两者相结合不可避免地会干扰所采集到的脑电信号以及磁共振信号，因此后期需要使用较为复杂的算法排除噪声，但效果并不理想。最后，也是更加关键的，使用同步采集技术获得的结果似乎与主流的研究发现并不总是一致。例如，在第五章中，我们介绍了如何采用经典的预期范式，结合 ERP 和 fMRI 同步采集的方法所开展的一项研究（具体可见第五章）。通过计算 ERP 中 N400 成分与 fMRI 的大脑激活数据的相关，我们证实左侧额下回区域的激活和 N400 成分之间有显著的关系。然而，在颞叶区域却没有观察到任何显著的相关效应。这一结果令人十分意外，因为颞叶皮层往往被认为是 N400 的一个重要产生源（Lau et al.，2008），采用内源性光学成像（intrinsic signal optical imaging）和 MEG 技术的研究在 N400 时窗下也均能观察到较为稳定的颞叶皮层的激活（Dale et al.，2000；Liljeström et al.，2009；Lau et al.，2013a；McCarthy et al.，1995），因此，无法重复出颞叶皮层与 N400 效应的关系，这使得我们对同步采集的方法是否的确能揭示大脑活动时空相结合的证据仍然持怀疑的态度。

（4）同时具备高时空分辨率的 MEG 技术的限制

显然，使用同时具备高时空分辨率的技术，将是解决时空动态问题最直接的手段。目前，这种技术手段中最为准确的是颅内 EEG/ERP 技术。但颅内电生理记录需要在病人身上开展，这极大地限制了研究结果的生态效度。同时，颅内电生理记录往往只能对局部的大脑区域进行检测，对于像语义加工这种涉及广泛大脑网络的研究主题，这一方法在使用上的优势并不明显。

相比之下，MEG 技术则是一种无创性的，同时具备高时空分辨率的技术，尽管它也存在一些无法克服的问题。首先，它记录的是大脑内部神经活动的电磁信号在头皮表面的变化，因此与 ERP 技术的溯源分析类似，利用数学方法以脑外的信号来逆推脑内神经活动的源定位，面临着非唯一解的困难。其次，对脑内信号发生形态的假设也可能会影响源定位的精确性和可靠性，因此虽然有着较高的时间分辨率，MEG 在结合时间与空间定位上仍然有欠缺，导致MEG 的溯源仍经常受到研究者的质疑（Dale & Halgren，2001；Gavit et al.，2001）。从先前的研究来看，在利用 MEG 技术开展的句子阅读研究中，研究者往往难以观察到额叶的激活，而在 fMRI 的研究中，左侧额下回的激活是最为稳定的，接近 90% 的文献报告了该区域的激活（朱祖德等，2011b）。存在这种分歧的具体原因目前仍然不清楚。有研究者认为，额下回在 MEG 中很少被报告，可能是由于 MEG 信号主要来源于突触后电位变化，因此皮层之间相互传输的信号越多，就越能显著地诱发出一致的突触后电位，并在头皮表面被检测到。在视觉呈现的语言研究中，颞叶不仅会接收自下而上的视觉皮层信息输入，也会接收自上而下的额叶信息输入，因此这个区域较容易获得稳定的信号。然而，额叶只有颞叶对其进行信号输入，这种信号输入的不足可能是造成MEG 技术较难对额叶的激活进行检测的一个重要原因（Baggio & Hagoort，2011）。因此，MEG 技术相对不太准确的空间定位以及对额叶信号检测较差等，目前仍极大地限制了这一技术在语义加工研究中的运用。

四、语义加工的大脑动态过程研究：可能的突破

综合上面谈到的种种问题，未来需要从概念的重新认识和定义、实验范式的改进、新技术的参与等几个方面着手开展研究，这些是将该领域的研究往更深入的方向推进的重要切入点。

（一）关键概念的重新认识和定义

首先，要对语义加工过程的相关术语在理论上进行更清晰的界定，尤其是在语义整合这一概念上更是如此。整合可能是一个复杂的过程，存在着不同类型，并可能对应于不同的认知和神经机制。如果仔细分析颞叶前部和左侧额下回出现激活的研究，可以发现两者似乎存在一定的差别。具体来说，颞叶前部的激活往往在语义正常句和词汇随机组合句之间的对比中出现，或者出现在正常句和更低的基线，如在休息状态的对比中出现；左侧额下回的激活往往发生在语义违背和正常句之间的对比中（朱祖德等，2011b）。这似乎暗示着，颞叶前部的激活与语义正常句的加工关系较为密切，而左侧额下回的激活往往与语义违背句的加工关系较为密切。

以下我们将对正常句和语义违背句加工的认知过程展开细致的分析，以理清颞叶前部和左侧额下回在整合加工中的可能功能。

第一，正常句和语义违背句在语义整合的时间进程上可能表现出不同的特点。由于语义合理，正常句的语义整合加工可以进行得比较快速而自动化。违背句的语义信息尽管遭到破坏，但读者仍然会进行语义整合的尝试，此时的整合加工需要耗费更多的资源，也会持续更长时间。与此推断相符合的证据是，颞叶前部和左侧额下回的激活在激活的时间进程上也确实存在明显的差异。有研究者采用 MEG 技术发现，与假词短语相比，语义合理的短语可以诱发更强的颞叶前部的激活，这种更强的激活反映在关键词出现之后的 184～255ms 的时窗，即在 N400 潜伏期之前就已经出现（Bemis & Pylkkänen，2011）。相应

地，有研究者采用 ERP 和 fMRI 相结合的方法（Hagoort et al.，2004），发现相比正常句，违背句更强地激活了左侧额下回，这一效应主要出现在 N400 时窗内。上述证据表明，颞叶前部和左侧额下回与语义整合加工有一定的关系，但两者反映的或许是不同类型的语义整合。具体来说，与颞叶前部功能相关的语义整合加工出现得更迅速、持续时间较短，具有自动化加工的特征，而与左侧额下回功能相关的语义整合加工出现得较迟、持续时间也较长，很可能反映了策略化过程的参与。

第二，从整合的过程看，正常句和违背句之间也存在明显的差别。哈霍特等（Hagoort et al.，2009）提出，整合加工会因整合内容的差异而表现出不同的形式，分别以整合（integration）与统合（unification）来进行区分。具体来说，如果整合的信息对读者而言是熟悉的，且整合加工的产品在读者的记忆中已有储存，则整合可以快速地实现，哈霍特等把这种加工称为整合加工。当整合的内容是不熟悉的或者意义不合理时，读者则需要修改原有的表征，在这个过程中，需要在整合方面做出更多的努力，花费更多的认知资源，这种加工被命名为统合加工。根据读者在正常句和违背句加工时颞叶前部与左侧额下回激活状态的表现，我们可以大胆假设：颞叶前部与哈霍特等研究者提出的整合加工的关系更为密切，主要服务于整合较为熟悉的语义信息；而左侧额下回可能与统合加工有关，主要服务于整合违背或意义不常见的语义信息。

第三，正常句和违背句的语义整合加工不仅在整合过程和整合内容上有所不同，在结果上也不一样。一般的正常句整合所需的努力小，最终却可以建立起相当连贯的语义表征，而对于违背句的加工，虽然在自然阅读理解中读者会努力去整合和建构文本的意义，但词汇与语境或常识的违背最终可能导致读者无法形成一个正常、合理的表征。先前的研究发现颞叶的激活通常出现在正常句的研究中，因此一种可能性是，整合的过程与整合的存储反映在大脑的不同区域，颞叶前部的功能只是一种连贯性表征的动态存储，只有在当前加工的信息整体连贯而有意义时，这个区域的加工才会参与。然而，整合和加工的过程则是在另外的区域，如额下回来进行的（王穗苹，黄健，2012）。

总而言之，左侧颞叶前部和额下回这两个区域极有可能对应着不同类型的语义整合加工，在整合时间上可能也存在着分离。概念的细化有助于未来的研究者根据整合的过程和结果有针对性地设计实验，这将能更加全面地了解整合加工的动态机制。

（二）实验范式的改进

术语的清晰界定同时也有助于思考研究范式的改进。例如，根据上面关于正常句与违背句在语义整合加工上的差异分析，未来的研究范式，尤其是对整合加工进行探讨的范式，也需要从整合的努力以及整合的结果两方面去思考。前者强调的是动态的过程，而后者强调通过整合而形成连贯性表征这一结果。先前大部分文献从心理努力这个层面来界定，从这一角度来看，一旦出现难以整合的信息，所需要的整合努力就会更大。由于语言的理解通常服务于意义的获取，即使遇到一个与上下文意义有所违背的关键词，读者也会努力去尝试对信息进行合理化。因此，如果从加工过程这一角度来看，违背信息会比连贯信息更强地激活语义整合的加工区域。然而，如果从整合结果的角度来看待整合，情况又有所不同。对于连贯的信息，虽然在信息整合方面所需要的努力较小，最终却可以形成一个完整的表征，意义也进而得以理解。对于不连贯的信息，虽然读者花了很大的努力去尝试整合，最终却没能实现意义的整合。因此，如果整合的努力过程与连贯表征的暂时存储由不同的大脑区域负责，则这些区域在加工连贯与不连贯信息时出现的激活模式会表现出相反的趋势。如果作用于同一脑区，在较低的时间分辨率下，相反的效应可能因平均叠加而表现得十分相似，此时单纯的减法研究范式就不容易对不同的整合过程进行分离。相比之下，采用参数式的设计对整合加工和整合结果分别进行参数式的操纵，或许能更清楚地分析不同类型的整合成分。相似的逻辑对语义提取和语义整合两种成分的分离也是成立的，聚焦于两者在同一材料中的变化模式，结合参数式的设计，才能更好地考察两个不同成分的作用时程和作用机制。与此同时，在设计过程中，研究者也需要在控制无关变量上下更大的工夫，例如，对于实验的任务、被试作出的"是"或"否"反应、阅读材料的各种物理特征等，都需要研究者进行仔细的控制，只有如此，实验结果才能得到清楚的解释。

在条件允许的情况下，研究者应该尽可能地在正常的语言材料下开展研究，这样不仅可以更好地控制各种无关变量，还可以提高研究的生态效度。例如，研究者可以考虑更多地采用中等程度的预期范式，在这一范式下，由于实验中预期条件和非预期条件下的句子意义都没有被破坏，违背检测和修复等无关变量所产生的影响相对较小。此外，由于预期和非预期条件下的句子都是语义正常句子，在实验中使用语义合理性判断任务，也不会出现由于条件之间反应模式的不一致而产生无关变量的干扰。

（三）新的成像技术的开发与使用

目前，对语义加工的大脑动态机制存在众多争议的另一个重要原因是 ERP 和 fMRI 技术手段本身存在的局限。由于成像原理的差异，运用 ERP 和 fMRI 技术所得到的研究结果之间并不能很好地融合，导致研究者对语义加工大脑动态机制的认知始终停留在间接推断的研究水平上，与精细描述语义加工动态过程的目的有着较大的距离。因此，无论是从统合现有 ERP 和 fMRI 实验证据的角度，还是从更准确地描述大脑动态过程的角度，采用兼具高时间和高空间分辨率成像技术的研究都显得十分必要。

MEG 技术是一种重要的备择工具，但其空间分辨率仍不够高，更加重要的是，在句子语义的研究中，额叶的信号往往也不能准确地得到检测，使得这一技术在进行语义加工研究时仍然存在一定的限制。就语言研究领域而言，一种理想的成像技术当然应该兼具高时间和空间分辨率，同时能够较好地检测与语义加工相关的几个重要的大脑区域，如左侧额下回、左侧颞中回以及左侧颞叶前部等关键区域，这也是一个重要的考虑。这样，一方面可以通过观察这几个重要的大脑区域在语义加工过程不同时间进程上的交互关系，为现有的理论争议提供更加准确的实验证据；另一方面，也可以较好地融合来自 ERP 和 fMRI 研究的实证证据，以更全面和精细地考察语义加工的大脑动态过程。

我们在第一章简单介绍过 EROS，它是一种同时具备相对较高的时间和空间分辨率的非侵入性的成像技术，尤其是在研究语义加工的动态过程问题上具有重要价值。第一，EROS 技术具有较高的时间分辨率，其全脑采集的时间分辨率可以达到 30ms 以内。虽然比 ERP 和 MEG 技术的时间分辨率还是要低一些，但是对于多数认知研究，尤其是语义加工研究而言已经足够，因为语义加工诱发的无论是晚期成分 N400 和晚期正波还是早期成分的效应如 N1 和 P2，30ms 以内的分辨率都足够可以检测到这些成分。第二，EROS 技术也具有相对较高的空间分辨率，可以达到厘米级别。虽然 EROS 技术的空间分辨率比 fMRI 要更低，但是这一技术可以通过多通道采集方式以及融合 MRI 数据的方法显著地提升空间分辨率。研究发现，在采用这些方法之后，可以将 EROS 技术的空间分辨率提升到 1cm 以内。这种空间分辨率对于研究大脑功能区，甚至是某个特定功能区的亚区，如左侧额下回的前部和后部，也可以达到较好的效果。第三，EROS 技术采用的近红外光光强较弱，进入大脑皮层后会处于弥散状态，同时其无法穿透白质层，因此这一技术只能对大脑皮层的浅层位置进行测量。幸运的是，语义加工的几个关键核心区域，如左侧额下回、左侧颞中回、左侧颞叶前部都处于相对浅层的大脑区域，因此，利用 EROS 技术可以较好地捕捉这几个关键区域问题，不仅可以克服 fMRI 技术无法很好地检测颞叶前部、MEG 较难检测额下回的问题，同时其高时间和空间分辨率的特点，也可以促使我们发现这些重要的语义加工核心区域的动态激活特点，有效地帮助我们思考前文所提及的关于语义加工动态过程的一些重要理论争议。

　　EROS 技术已经在知觉、注意、记忆和执行控制等领域有所运用（Gratton & Fabiani，2010），在语义加工研究方面也开始有相关的应用。例如，有研究者采用经典的语义违背范式，结合 EROS 和 ERP 同步采集的方式，观察了英文语义加工的大脑动态机制（Tse et al.，2007）。在他们的研究中，ERP 的结果表明，相比正常句条件，语义违背句诱发了波幅更大的 N400 成分。EROS 技术的结果则说明了左侧颞中／上回及左侧额下回的激活，且其激活的位置与采用相同范式的 fMRI 结果具有较高的一致性，说明该技术具有一定的可靠性。更加重要的是，利用 EROS 技术的高时间分辨率，研究者发现左侧颞中／上回和额下回的激活是相继发生的：前者发生在 N400 之前的时窗，后者发生在 N400 时窗。这一结果似乎表明，与左侧颞中／上回相关的语义提取加工过程的发生可能要早于 N400 时窗，之后在 N400 时窗才发生语义整合，并且语义整合发生在左侧额下回。这一研究充分展示出了 EROS 技术高时间和空间分辨率的特性，可以帮助研究者更好地考察语义加工的大脑动态过程。

　　值得注意的是，利用 EROS 技术开展的语义加工研究还可能存在一些问题，主要包括两方面：一方面，在实验范式上研究者使用的是违背范式，如上所述，语义违背范式需要通过破坏句子语义信息，从而会带来较多的无关变量的干扰；另一方面，研究者并没有发现任何左侧颞叶前部的激活，只是发现左侧额下回的激活，基于此研究者推断语义整合加工应该发生在左侧额下回。然而，颞叶前部的激活并不一定不存在，很可能是研究者在采集 EROS 信号时，其设备并不能检测到左侧颞叶前部的所有区域，因此左侧颞叶前部的信号未被观察到。在本篇后面的几章，将介绍我们研究组是如何利用 EROS 和 ERP 同步采集的技术，对以往的研究设计和控制手段进行改进，尝试深入地对语义加工的动态过程进行研究的。

五、句子理解中语义加工的 EROS 研究

我们的研究采用了句子预期的实验范式，在这个范式下，相比预期条件，

非预期条件下由于目标关键词与语境不一致，目标词的词汇语义信息更难提取，也更难和语境进行整合。此外，一般认知加工也可能同时参与，最终帮助读者形成新的语义表征。由于预期条件和非预期条件下的材料都是语义合理的句子，这一范式可以相对更好地控制违背检测和反应模式差异等无关变量的干扰。最后，在 EROS 信号采集过程中，我们在前人研究的基础上重新设计光纤和探测器在被试头皮上的分布，以确保在 EROS 数据采集中覆盖左侧额下回、左侧颞叶前部以及左侧颞中回等几个关键的大脑区域。

这一实验招募了 15 名以汉语为母语的大学生被试参与实验，他们均为右利手，身体健康，视力或者矫正视力正常，无任何精神类或者大脑损伤等相关疾病。所有被试在实验之前都签署了知情同意书，在实验结束之后可以获得一定的报酬。

实验材料采用了具有较高限制性语境的句子主干，设置了两个条件：一个是预期条件，在这个条件下，关键词的语义信息符合句子语境的预期；另一个是非预期条件，在这个条件下，关键词的语义信息并不符合句子语境的预期，却可以与语境一起形成一个语义合理的句子。在材料准备的过程中，我们首先编制了一些具有高语义预期的句子主干，这些句子主干只要添加上一个关键词就可以形成一个完整的句子，例如，"张律师这周赢得了这场_____"。我们招募 40 名大学生被试进行完形填空，他们并不参与后续的 ERP 结合 EROS 实验。他们要根据这个句子语境，写出第一个想到的汉语双字词。根据这些完形填空的结果，参考先前研究者的方法（Federmeier & Kutas，1999a），我们对预期和非预期条件设置了一个标准，如果在一个句子主干下，如"张律师这周赢得了这场"，有超过 75% 的被试填写同样的一个词，如"官司"，我们就会把这个词当作这个句子主干下的预期词，而这个词与这个句子主干组合在一起就构成了预期条件的材料。与此同时，在这一句子主干下，假设有不超过 5% 的被试会在句子主干下填写某个目标词，如"球赛"，那么我们会把这个词当作这个句子主干下的非预期词，这个词与这个句子主干就组合成非预期条件的材料。每一个句子主干与预期条件的双字词和非预期条件的双字词一起构成了一套材料（共两句）。

为了确保预期条件，尤其是非预期条件都是语义合理的句子，以避免由于语义不合理而导致的违背检测，以及违背修复导致不合理条件和合理条件之间的反应模式不一致等无关变量的干扰，我们额外招募了 32 名大学生被试对实验材料进行句子语义合理性的 5 点量表评定，在这一评定中，"1"表示语义完全不合理，"5"表示语义非常合理。这 32 名被试都不会参与到我们后续的 ERP 结合 EROS 实验中。由于我们的实验材料是成组编制的，即同一个主干对应着一个预期词、一个非预期词，为了不让被试同时看到同一组材料中的两个条件，以免被试产生策略，我们将实验材料随机地分成了两部分，将其中一部分的预期条件句子和另外一部分的非预期条件句子组合在一起形成评定版本 1，将两部分中余下的材料组成评定版本 2。每名被试被随机地分配到一个评定版本完成评定。根据上述评定，我们最终选出 300 组正式实验材料。评定结果表明，预期条件和非预期条件下的评定分数分别为 4.69 和 4.27，说明我们所选择的都是语义较为合理的材料。

同一组材料中虽然句子主干一致，但关键词是不同的，因此需要控制不同条件下关键词的词频和笔画数。在我们最后选择出来的材料中，关键词的词频和笔画数都是匹配的。在正式实验中，被试需要在看完句子之后对该句子的语义合理性做判断，判断句子意义是否合理。如果被试认为句子是合理的，那么就用左手拇指按鼠标左键，相反地，则用右手拇指按鼠标右键。由于实验材料都是语义合理的句子，为了确保被试在语义判断任务中做出是反应和否反应的比例是一致的，在实验中我们增加了 300 个语义不合理的句子作为填充材料。因此，在实验中，每名被试在实验过程中将会看到 600 个句子，其中 300 个语义不正常句子、300 个语义正常句子，语义正常句子中有 150 个预期条件句子、150 个非预期条件句子。在实验过程中，我们将采用 RSVP 方式呈现句子。因此，我们将实验句子按照意义自然地断成几个语义单元，例如，"张律师 / 这周 / 赢得了 / 这场 / 官司"，斜线处为断句位置。这样一个句子就自然地被分成了几个小部分，所有材料的关键词都在句子末尾。

如上所述，由于实验材料都是按照每一组来编制的，为了避免在正式实验过程中同一名被试看到同一组材料的两个条件而形成反应策略，我们首先将 300 组材料随机分成两部分，每一部分有 150 组材料。然后，将其中一半的预期条件句和另外一半的非预期条件句以及 300 个语义违背的填充句一共 600 个句子组成实验版本 1，将剩下的 300 个实验句子以及 300 个语义违背的填充句子共 600 个句子组成实验版本 2。这样两个版本下都各有 150 个语义预期条件句子和 150 个非语义预期条件句子，以及 300 个语义违背的填充句子，而且同一组的材料不会在同一个版本里。参加正式实验的 15 名被试会被随机分配到一个实验版本进行实验。

实验材料的呈现使用 E-Prime 进行，同时记录被试的反应时和反应正确率。

具体的实验程序见图 6-1。实验过程中，300ms 注视点消失之后，屏幕中央会出现句子的第一部分内容，持续时间为 400ms，并在结束之后伴随着 200ms 的空屏，随后呈现下一部分的内容，依此循环直到句子结束。在句子呈现结束之后，在屏幕中央会出现"该句子的意义是否合理"的提示，要求被试在这一提示信息出现的时候对刚刚加工过的句子语义进行合理性判断。

正式实验同步采集了 EROS 和 ERP 信号，其中 EROS 数据的采集使用的是 ISS 公司生产的设备 Imagent（ISS，Inc.，Champaign，IL）。我们使用了 24 根可以发射波长为 830nm 的近红外光的光纤，并使用 8 个探测器来记录光源进出皮层的信号，光纤和探测器在头皮表面的放置位置见图 6-2。EROS 数据采集的时间分辨率是 31.25Hz、32ms。

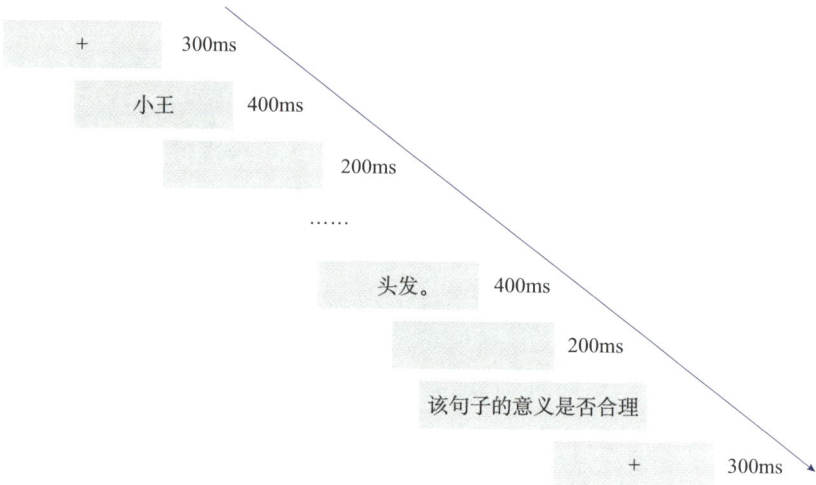

图 6-1　句子预期实验程序

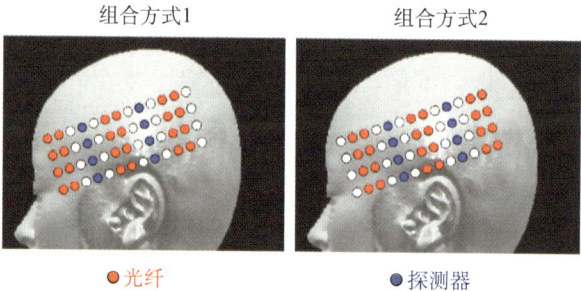

图 6-2　实验中使用到的光纤和探测器以及其所在的位置示意图（引自: Huang et al., 2013）

　　语义加工的过程主要集中在左侧大脑，因此跟前人的 EROS 实验一样，在这项研究中，光纤和探测器统一安装在头盔左侧。一根光纤和对应的一个探测器就组成了一条对具体的大脑位置进行探测的通道，共形成了 128 条有效的探测通道。在这些通道中，光纤和探测器之间的距离都为 2.5～7cm，因而可以保证较好地测量到皮层的活动。为了更好地提高 EROS 的空间分辨率和信号强度，我们在本实验中采用了两种不同的光纤、探测器分布模式（图 6-2），这两种模式均使用相同数量的通道，但是光纤和探测器所放置的位置有所不同。在进行数据处理时，通过将不同光纤探测头分布模式的数据进行合并，一方面可以覆盖更大面积的大脑区域的信号，另一方面可以显著地提高空间分辨率和信号强度。

　　为了提高空间分辨率，我们还使用西门子公司生产的 1.5T 磁共振机器采集每名被试的 MRI 数据，通过将光纤和探测器的具体位置叠加到每名被试的 MRI 结构像上，这样对每一通道探测到的大脑皮层位置的估计将会更为准确。

　　在 ERP 数据采集上，我们使用了 Neuroscan 公司的脑电系统。但由于我们的实验同时采集 EROS 和 ERP 数据，而在采集 EROS 数据的时候被试需要头戴一个我们自己设计和制造的头盔，它会覆盖双侧额叶和颞叶的大部分区域，因此实验中我们无法为被试佩戴 ERP 的电极帽。考虑到先前关于语义加工的脑电成分主要集中在头顶中线位置，在这个实验中，我们直接将三个电极通过导电胶贴在 10-20 系统下的 Fz、Cz 和 Pz 三个位置，以采集这三个位置的数据。与此同时，我们还在被试左眼的上下部位各贴上一个电极以记录其眨眼的情况，同时在被试左右眼角边缘各贴一个电极，以记录眼球左右运动引起的变化。这些眼电记录有助于在后续的数据分析中将眼电的影响去除。此外，我们还记录了双侧乳突电位，并在实验记录过程中以左侧乳突作为参考电极，把地线置于头顶，位于 Fz 和 Cz 中间。在 ERP 的数据采集中，要保证所有电极的电阻都低于 5kΩ。采样的带宽为 0.01～100Hz，采样率为 250Hz。

　　在行为结果上，相比非预期条件，预期条件下的正确率更高（预期条件，98.80%；非预期条件，92.36%）、反应更快（预期条件，675.79ms；非预期条件，825.35ms）。

　　ERP 结果表明（图 6-3），相比预期条件，非预期条件显著地诱发了更大波幅的经典 N400 成分，表现为越靠近大脑后部，N400 成分波幅越大。此外，非预期条件也显著地诱发了更大波幅的晚期正成分，越靠近大脑前部，波幅也越大。相比之下，在早期成分如 N1 和 P2 上，我们都没有检验到任何显著的效应。

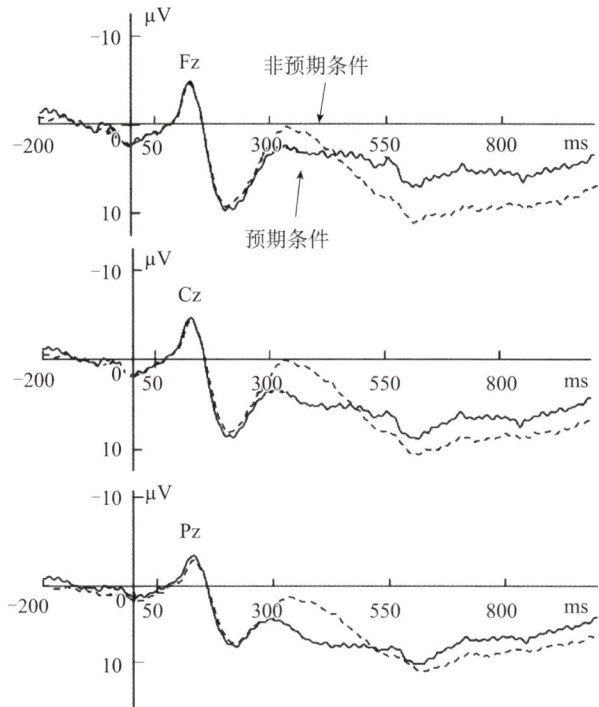

图 6-3　ERP 组分析之后的结果（引自: Huang et al., 2013）

　　为了确保 EROS 结果确实反映了相应大脑激活区的活动，我们首先将 EROS 的激活结果与我们先前采用相同实验范式获得的 fMRI 实验数据（Huang et al., 2012）进行对比。从 fMRI 数据来看（图 6-4），相比预期条件，非预期条件下额外地激活了左侧额下回前部和后部、左侧额中回、左侧颞中回、右侧额下回以及双侧扣带回前部。对照 EROS 结果，我们发现在光纤和探测器分布可以检测到的大脑区域，获得预期效应的区域与 fMRI 的结果非常一致（图 6-4、图 6-5、图 6-6，图中绿色方框为 fMRI 研究中激活的区域），表明 EROS 对相关激活区域的检测是可靠而有效的。

　　具体来说，在 EROS 结果中，相比预期条件，在非预期条件下，大脑在很早的时窗内就出现了显著激活，位于左侧颞中回，从 128ms 开始一直持续到 192ms，并且 128ms 也是第一个出现显著激活的时窗（图 6-5）。

　　在 N400 时窗内，EROS 的结果显示，相比预期条件，非预期条件下激活更强的区域首先是左侧额下回前部，从 288ms 开始持续到 352ms。之后，左侧颞中回出现激活，反映在 352～384ms 及 480～512ms 时窗。最后，在 N400 的较晚时窗，左侧额中回再一次出现激活，发生在 448～480ms 时窗（图 6-6）。

在晚期正波时窗，EROS 的结果显示，相比预期条件，非预期条件下左侧额下回后部的激活显著增强，反映在 832～864ms 时窗（图 6-7）。由于左侧额下回前部和后部距离比较近，为了确认我们在晚期正波时窗内发现的激活位置与 N400 时窗内观察到的激活位置从解剖上来说确实有所不同，我们采用了 Jackknife 程序以及配对 t 检验的方式，对这两个位置的信息进行分析。结果发现，在 N400 时窗内观察到的左侧额下回激活，相比在晚期正波时窗发现的左

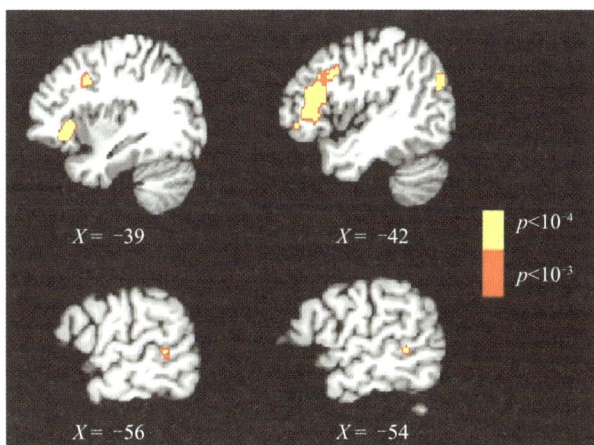

图 6-4　非预期条件下额外激活的脑区 fMRI 实验结果，图中坐标值为塔来拉什坐标系统下的 X 坐标值（引自：Huang et al., 2013）

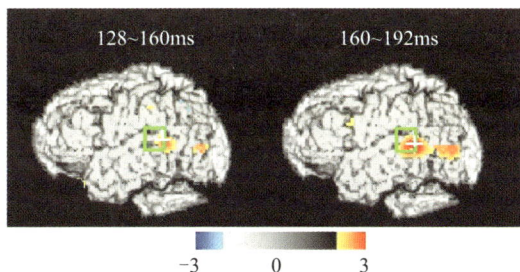

图 6-5　EROS 实验中早期时窗显著激活的区域（非预期条件相比预期条件），绿色方框为 16 mm×16 mm×16mm 的 ROI（引自：Huang et al., 2013）

侧额下回的激活，其位置在 Y 轴方向平均要靠前 20mm，差异显著，同时在 Z 轴要靠下 14.4mm，差异显著。这表明 N400 时窗和晚期正波时窗中发现的额下回激活确实是在两个不同的位置上，前者主要是在左侧额下回前部，后者主要是在额下回后部。

有趣的是，在 N400 之前的时窗，具体来说，在 192～256ms，相比预期条件，非预期条件下在左侧颞叶前部出现非常显著的负激活。也就是说，在这个时窗，预期条件比非预期条件下在左侧颞叶前部出现一个更大的激活（图 6-8）。

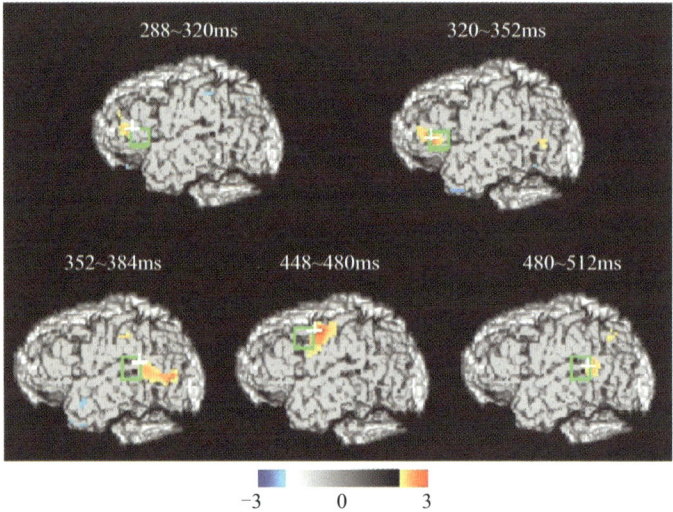

图 6-6　EROS 在 N400 时窗下显著激活的区域（非预期条件相比预期条件），绿色方框为 16 mm×16 mm×16mm 的 ROI（引自：Huang et al., 2013）

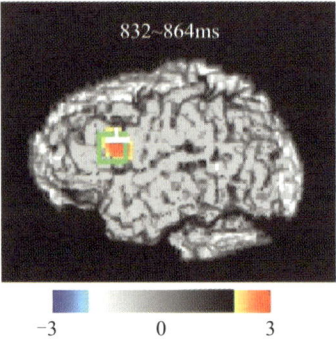

图 6-7　EROS 实验中，在晚期正波时窗观察到显著激活的区域（非预期条件相比预期条件），绿色方框为 16 mm×16 mm×16mm 的 ROI（引自：Huang et al., 2013）

　　本实验采用经典的预期范式，在具有较高限制性的句子语境主干中，通过设计不同类型的关键词创设了预期条件和非预期条件。相比预期条件，非预期条件下的目标关键词与语境的预期词不一致，因此读者需要花费额外的认知资源提取词汇语义信息，并将这一信息与语境信息整合，建立连贯的句子语义表征。我们采用 ERP 和 EROS 信号同步采集的方式，通过锁时到关键的 ERP 成分，并观察关键的语义加工的大脑区域的动态过程，了解词汇语义提取和语义整合的大脑动态过程。

　　行为学和 ERP 结果都稳定地出现了经典的预期效应。从行为学结果来看，相比预期条件，非预期条件下的反应时更长，正确率更低。相应地，从 ERP 的结果来看，相比预期条件，非预期条件下诱发了波幅更大的 N400 以及晚期正波。这两种数据模式都很好地重复了先前采用类似实验范式的研究观察到的结果（Federmeier et al.，2007；Delong et al.，2011）。

　　更重要的是，就 EROS 的研究结果而言，它与我们先前使用相同范式、相似材料的 fMRI 实验结果（Huang et al.，2012）一致，与此同时，我们又有一些新的重要发现。具体来说，相比预期条件，非预期条件下在许多区域诱发出更强的激活，包括左侧额下回前部、左侧额下回后部、左侧额中回以及左侧颞中回等，其激活模式乃至激活位置都与以往相似的 fMRI 研究高度一致。最大的不同是，我们还发现了左侧颞叶前部的参与，表现出预期条件比非预期条件下激活更强的模式。利用 EROS 的高时间和空间分辨率，我们可以更好地推断这几个重要的大脑区域在语义加工中的动态过程。以下我们将按照时间进程详细讨论这一实验结果及其对语义加工动态过程的启示。

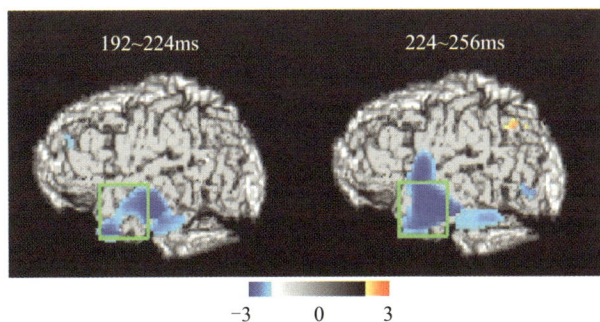

图 6-8　EROS 实验中 200～300ms 时窗内显著激活的大脑区域（预期相比非预期），绿色方框为 30mm×30mm×30mm 的 ROI（引自：Huang et al.，2013）

（一）词汇语义提取发生在 N400 之前的时窗

相比预期条件，非预期条件下显著激活了左侧颞中回，此激活在 128ms 左右就可以观察到，一直持续到 192ms。在前人的研究中，左侧颞中回常常被认为是与词汇语义提取密切相关的大脑区域（Lau et al.，2008），对于这一区域的功能，研究者通常并没有太多争议。因此，左侧颞中回在 128ms 就出现激活，在一定程度上支持句子语境下的词汇语义提取可以发生在 N400 之前的时窗。事实上，我们所观察到的左侧颞中回激活的位置和时窗，与先前采用违背范式的 EROS 研究（Tse et al.，2007）中报告的相一致，只不过在该研究中，这一位置的激活是通过将违背条件与正常条件进行对比之后报告的。这种跨实验技术、跨实验范式的辐合性证据显然可以更好地证明本实验结果的有效性。

（二）N400 之前的时窗下的快速语义整合

在左侧颞中回产生激活之后，在稍晚的时窗，颞中回的激活结束，预期条件与非预期条件激活强度的显著差异在左侧颞叶前部出现，从 192ms 开始持续到 256ms。有趣的是，此时的激活模式与先前左侧颞中回的激活模式有所不同，表现为预期条件比非预期条件下的激活更强。如何理解当目标词与预期相吻合的条件下这一区域更大的激活呢？我们倾向于认为，此时的激活模式反映的是一种发生于连贯条件下的比较独特的操作，即连贯性心理表征的构建。与连贯程度不高的条件相比，这种心理表征的快速构建只有在连贯条件下才会发生，并可以反映在颞叶前部的活动上。这似乎表明，语义整合确实存在不同类型，而颞叶前部的活动反映的更可能是一种快速的语义整合加工，并在连贯合理的句子加工中表现得更加明显。从前人的研究来看，左侧颞叶前部出现激活的结果往往是在语义正常句的加工中被报道。例如，相比词串条件，正常句条件下左侧颞叶前部就可能会出现更强的激活（Mazoyer et al.，1993；Bottini et al.，1994；Bavelier et al.，1997；Stowe et al.，1998；Friederici et al.，2000；Humphries et al.，2001；Vandenberghe et al.，2002）。在本研究中，预期条件下更有可能快速建立起连贯的心理表征，意味着左侧颞叶前部与正常句的整合加工关系更为密切。在激活时程上，前人的研究结果表明，相比无法进行整合的条件，采用正常句与词串对比的范式，左侧颞叶前部显著的激活时窗为 184～255ms（Bemis & Pylkkänen，2011）。有趣的是，在界定词汇识别点的基础上，也有研究发现词汇语义加工出现在 70ms 左右，即词汇呈现开始后

200ms 左右（MacGregor et al.，2012）。类似地，本研究在左侧颞叶前部观察到的激活大约也发生在 200～300ms。这些结果都表明这一区域与快速的语义整合加工有关（Hagoort et al.，2009），目标是快速地建立起连贯的语义表征，以服务于实时进行的阅读加工（Rogalsky & Hickok，2009）。

（三）语义加工中 ERP 早期成分的测量问题

值得一提的是，虽然在我们的 EROS 研究以及其他研究者相关的 EROS 研究中（Tse et al.，2007），都发现了左侧颞中回在早期时窗内的激活，然而在对应的 ERP 结果中，却并没有在任何 ERP 早期成分如 N1、P2 上观察到显著差异。先前有研究者提出，早期的成分对语义变量的操纵不敏感可能是由于实验研究通常对词汇本身的物理属性控制不严格（具体可见前文对 ERP 技术限制的分析）。我们认为这种推测同样适合当前的实验情境，尤其是 EROS 技术信噪比相对较低的情境，因此每个条件下需要叠加较多的实验材料才能获得较为稳定的数据。事实上，无论是我们的 EROS 研究还是其他研究者的 EROS 研究（Tse et al.，2007），每个实验条件下都采用了超过 150 个试次的叠加，这种情况下要对关键词的物理属性进行非常精细的平衡和控制显然也很困难。

为了进一步确认物理属性的差异是否的确更有可能导致 EROS 和 ERP 之间在早期成分上出现差别，我们非常细致地检查了本研究的实验材料，尝试用更严格的匹配标准来选择材料，随后利用 ERP 技术开展了一项重复研究。这种匹配是通过跨句子词汇匹配的方式来进行的，以确保预期条件和非预期条件下的关键词完全平衡。例如，预期条件中的两个句子"追剧迷赵萍一进到家就打开 电视""小王去理发店修剪 头发"，其中的两个关键词"电视""头发"交叉出现在对应的非预期条件的试次中，例如，"追剧迷赵萍一进到家就打开 头发""小王去理发店修剪 电视"。这种设计可以确保预期条件和非预期条件的对比都是基于相同的实验材料。我们还严格控制了所有关键词的物理属性，使不同试次中目标词的物理属性尽可能地相似。例如，所有关键词的平均笔画数为 16.35，同时也将标准差控制在较小的范围（2.46）。此外，我们招募了 35 名被试对关键词分别进行了词汇熟悉性、具体性和可想象的 5 点量表评定，最后的实验材料在这三种评定下的标准差分别为 0.3、0.4 和 0.3，均处于一个较小的变化区间或全距。我们使用这些精细控制的实验材料，招募了 18 名被试进行 ERP 实验，实验程序跟上述实验保持一致。结果发现，相比预期条件，非预期条件下的关键词诱发了更大波幅的 N1。此外，相比非预期条件，预期条件下的关键词也诱发了更大波幅的 P2（图 6-9）。ERP 分析结果与我们的 EROS 结果基本上吻合，在一定程度上提供了辐合证据，表明了 EROS 结果的可靠性。相关的工作也提示我们，在开展语义加工的 ERP 研究时，必须非常精细地控制实验材料的各种属性，降低试次之间的变异度，只有这样才能在早期成分上看到感兴趣的语义效应。

（四）N400 时窗中的慢速语义加工

随着预期条件下左侧颞叶前部更强的激活，在 N400 时窗中，我们观察到了非预期条件下左侧额下回前部更强的激活，时间从 288ms 持续到 352ms。之后是左侧颞中回以及左侧的额中回，同样是在非预期条件下出现更强的激活，前者激活的时间为 352～384ms，后者激活的时间为 448～480ms。最后，非预期条件下更强的激活又一次出现在左侧颞中回，从 480ms 开始到 512ms 结束。这样的结果一方面表明，左侧额下回前部而非整个额下回区域与 N400 时窗中的语义整合关系较为密切，这一结果再次重复了我们研究组先前的 fMRI 研究中的发现（具体可见第六章）。此外，在 N400 时窗，非预期条件下更强的激活不仅出现在左侧额下回，也出现在左侧颞中回。这两个区域在 N400 时窗

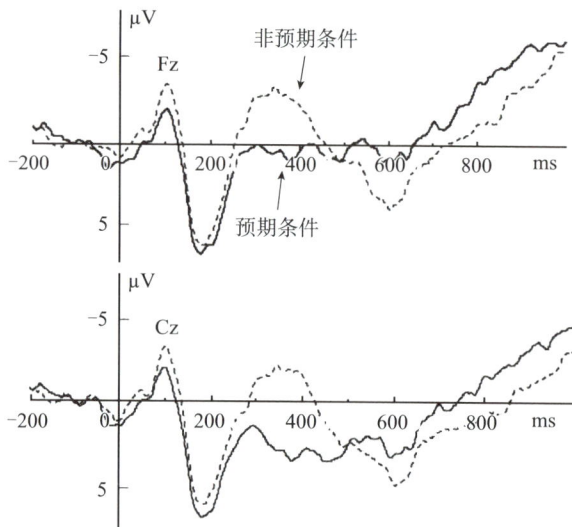

图 6-9 ERP 组分析之后的结果

的激活，在句子的 MEG 研究中也常有报告（报告颞叶激活的 MEG 研究，如 Simos & Molfese，1997；Helenius et al.，1998；Nakajima et al.，2001；Kwon et al.，2005；Inouchi et al.，2005。发现额叶激活的研究如 Halgren et al.，2002b；Maess et al.，2016；Wang et al.，2012）。总体上而言，这些研究结果显示，在 N400 时窗进行的或许并非单一的词汇语义提取抑或语义整合加工，而是多个脑区交互完成策略性语义提取与整合。在这一过程中，读者自上而下地重新提取适合的信息，通过与语境信息的整合而建立起连贯的语义表征。

这些区域更强的激活效应是出现在连贯表征较难建立的非预期条件下，出现时间更晚，持续时间更长，因此我们将这种整合加工命名为"慢速语义整合加工"。有研究者提出，对较难理解的句子进行的整合加工与对正常句子进行的整合加工存在显著差异，并用整合与统合两个术语分别对其进行命名（Hagoort et al.，2009），我们的研究为这种区分提供了一定的证据。更进一步而言，我们的研究发现慢速语义整合加工（或者统合加工）会比快速整合加工牵涉更广泛的大脑区域，包括左侧额下回前部、左侧颞中回以及左侧额中回，其发生的时间晚且持续时间更长，与左侧颞叶前部反映的语义整合加工类型可能确实存在着性质上的差异。

在 N400 时窗，除了左侧额下回前部和左侧颞中回，左侧额中回也在非预期条件下出现更强的激活。这一区域的激活在以印欧语为实验材料的研究中相对较少报告，然而在以汉语为实验材料的研究中却常有出现，涉及词汇、短语及句子的研究（Chee et al.，1999；Tan et al.，2000，2001；Luke et al.，2002；Mo et al.，2005；Booth et al.，2006；Wang et al.，2008b；Zhu et al.，2009）。一些研究者认为这一区域可能与汉语加工中特异性的区域相关（Siok et al.，2004）。目前对这一假设进行直接检验的研究还比较缺乏，我们尚不清楚这个区域在 N400 时窗的效应是否反映了语言特异性的认知过程，未来还需要针对这一区域的功能进行更加细致的研究。

（五）晚期正波时窗：认知控制加工的参与

在晚期正波时窗，我们发现相比预期条件，非预期条件下诱发了一个更大波幅的晚期正波，重复了前人相同实验范式的研究结果（Federmeier et al.，2007；Delong et al.，2011；综述可参见 van Petten & Luka，2012）。有研究者认为这种由语义变量导致的晚期正波可能和生命性违背所带来的题元角色指派有关（Kuperberg，2007），也有研究者认为这种晚期正波并不是语言特异性成分，而是反映了句子加工诱发的认知控制（Kolk & Chwilla，2007；Ye & Zhou，2008；van de Meerendonk et al.，2009）。本研究并没有操纵生命性变量，因此我们观察到的晚期正成分应该与生命性违背关系不大。结合先前的工作，我们更倾向于认为当前实验中的晚期正波可能与认知控制等一般认知加工的参与有关。事实上，我们前期的 fMRI 研究确实发现，左侧额下回因其功能的不同可分成两个亚区，前部和语义的整合加工密切相关，而后部则与一般认知加工，如认知控制的关系更为密切（Zhu et al.，2012）。当前的数据则进一步证明，左侧额下回前部和后部两个亚区激活的时间也有分离（图 6-10）：前部的效应发生得更早，在 N400 时窗内就已出现，而后部的效应出现得更晚，与反映认知控制的晚期正波出现的时窗重叠。可以说，当前的研究从时间的角度为左侧额下回前部与后部两亚区的分离提供了进一步的证据，其作用的时间也倾向于支持前部与语义整合加工的关系较为密切，而后部则可能与一般认知加工的参与有关。

总而言之，本研究所展示的语义加工动态激活进程，在一定程度上说明词汇语义提取和语义整合加工进程或许并不可以简单地使用序列或者并行加工来描述，两者并不是非此即彼的过程。应当说，我们的数据确实显示两者之间呈现出某些序列的特点，词汇语义提取发生在 N400 之前的早期时窗，无论是快速还是慢速语义整合加工都发生在词汇语义提取之后。但是，两者引发的效应又同时出现在 N400 时窗，并表现出交互的特性。这些结果为我们更加准确地

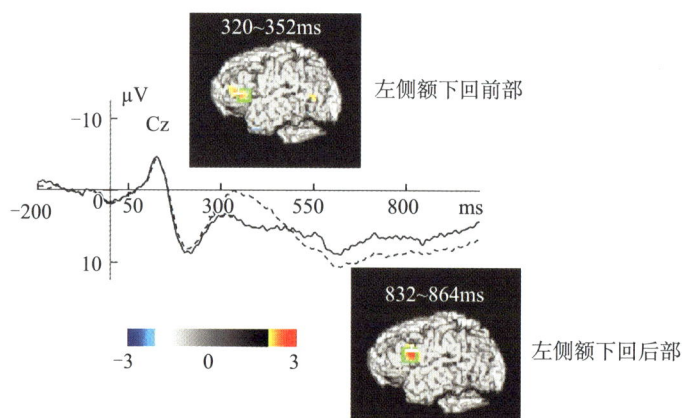

图 6-10　左侧额下回前部和后部在不同的时窗出现激活。图中实线代表高预期条件，虚线代表低预期条件（引自：Huang et al.，2013）

理解语义加工的动态机制提供了重要的实验证据。值得注意的是，由于目前EROS 技术在研究中的应用仍不广泛，我们也努力使用不同的研究范式，对左侧颞中回在 200ms 以前的激活，以及晚期时中观察到的左侧额下回的激活以不同角度进行检验，以期提供更具说服力的证据，这也正是后面两章我们将要分析的。

第七章

词汇语义信息的快速提取：左侧颞中回早期激活的证据

在第六章的 EROS 研究中，我们发现，相比预期条件，非预期条件下在非常早的时窗就出现了显著的激活。这一激活发生在左侧颞中回，从 128ms 开始，一直持续到约 200ms。这一效应的时窗与眼动研究观察到的效应时间相对接近，但明显早于此前通过 ERP 研究认定的语义整合时窗，即 N400 时窗及随后的 P600 时窗。以往的语言加工理论常常提到，熟练语言使用者的一个重要特征是加工的高度自动化，即可以非常快速而自动地从各种语言材料中获得意义信息，实现高效的语言理解和沟通，我们的研究与这一思想在某种程度上具有一致性。但是，自动化只是语言理解过程的一个描述性特征，关键问题在于人们获得语义信息的速度到底有多快，以及这一速度是否会受到不同类型语言环境的影响。这一问题的解决，对于我们细致地理解语言理解的过程，更进一步地解决语言理解的关键理论争议，即模块化和交互作用理论之争等，具有重要的价值。

在本书的第一篇中，我们已经看到，来自行为和眼动的研究提供了支持语义实时加工的证据。当前面临的问题是，这么快速的语义加工会发生在哪里，是否会受到语境等因素的影响？为此，本章在回顾先前关于早期语义加工的大脑神经活动指标的基础上，采用语义启动、短语加工和语境限制等方式，通过 EROS 技术检验了早期语义加工效应指标及其激活脑区，探究词汇语义提取在早期时窗造成的大脑动态激活情况。相关结果重复了第六章刺激呈现开始 200ms 内的早期语义加工效应，值得注意的是，同时测量的 ERP 波形的相关时窗中完全没有观察到相关效应。相关结果为模块化与交互作用理论争议提供了新的证据。

一、词汇语义提取速度：行为学和眼动研究的证据

虽然日常语言理解的经验提示我们，人类可以非常快速地从视觉词汇或者听觉词汇中提取抽象的语义信息，从而高效地实现理解和沟通的目的。然而，"快速"一词到底指的是多快，即需要多长时间才能从抽象的词汇中提取对应的语义信息？对于这一问题，来自眼动技术的研究可以提供一些参考。虽然我们在阅读的过程中知觉到眼睛的移动是平滑和连续进行的，但事实上人的阅读过程中包含了大量的注视点以及眼跳（从一个词语跳到另外一个词语）。研究发现，当阅读者充分提取了词汇语义信息，就会执行眼跳到下一个词语。因此，注视时间是词汇语义得到提取的一项重要指标。阅读者的注视时间会受到语言熟练程度的影响，随着语言熟练程度的上升，注视时间会明显地变短。例如，关于阅读发展的眼动研究发现，6 岁左右儿童的平均注视时间为 355ms，到了 8 岁左右，平均注视时间则缩短到 286ms，11 岁左右的儿童阅读的平均注视时间则缩短到了 240ms，接近成年人的阅读注视时间（见综述 Starr & Rayner，2001）。熟练的语言使用者在阅读中对每一词汇的平均注视时间为 200～250ms，这一证据在一定程度上说明词汇语义提取可以发生在 200～250ms。

值得注意的是，尽管关于阅读速度的研究似乎表明词汇语义提取可以发生在很早的时窗，但是基于阅读速度的证据对于理解阅读加工的水平还是相当间接的。首先，词汇的平均阅读时间反映的是词汇语义提取的时间，抑或更加表层的字形或者语音加工的时间，基于阅读速度的研究难以确认。其次，词汇的平均阅读时间是否准确地反映了特定的单一词汇的加工时间，也仍然存在疑问。一些研究者提出，词汇语义提取的时间或许发生得更早。研究发现，因为被试的注视时间中包含眼跳准备和执行的心理过程，而这一过程大概需要 100ms，因此有研究者提出可能在注视词汇的前 100～200ms 就已经完成了词汇语义信息的提取，之后则开始进行眼跳准备（Sereno & Rayner，2003）。再次，在注视特定词汇的过程中，处于中央凹注视点之外的词汇，例如，注视词汇右侧的 1～2 个词，其词汇信息，甚至是语义信息都可以同时获得加工（Rayner，1978）。因此，词汇本身的阅读时间可能既包含了加工注视中的词汇语义信息的时间，也包含了加工注视外的其他词汇的语义信息的时间。最后，词汇的平均阅读时间，是通过对各种类型的词汇阅读时间进行平均获得的，因此，也无从得知不同类型词汇的语义提取时间是否存在差异、存在何种差异、

在不同的语境类型下是否存在差异。

人类提取词汇语义信息既可以在单个词汇下进行，也经常发生在句子语境下，因此为了更全面和精确地了解词汇语义加工的速度问题，除了需要在实验设计上更精细地对词汇语义变量进行操纵以外，还需要系统地对不同的语境变量进行操纵，同时采用更加精确的在线测量技术，只有如此才能更加全面地理解词汇语义提取的加工过程。在本书第一篇中，我们已经看到，在中文阅读理解时，句内和句间的变量都可以在词汇首次注视时就产生即时的效应，同时眼动预视效应的研究也有力地支持词汇语义提取发生的时间可能非常早。确实，无论是西文还是中文的研究，目前越来越多的研究证据支持人类可以快速地从副中央凹预视位置获得语义等高层次的信息（Hohenstein & Kliegl，2014；Inhoff et al.，2000；Kennedy & Pynte，2005；Murray & Rowan，1998；Underwood et al.，1990；Yang et al.，2012b；王穗苹等，2009）。在中文句子阅读中，我们研究组观察到了相当稳健的语义预视效应。同时，采用伴侧RSVP范式，结合眼动和ERP技术，我们对语义信息预视加工的探索也证实语境信息还可以对当前注视信息的加工产生即时影响（张文嘉等，2014；Li et al.，2015）。总体上而言，结合眼动研究，我们发现在词汇识别的250ms内，读者不仅可以完成对注视词汇信息的语义提取，也会快速地从副中央凹位置提取词汇语义信息。这些证据似乎都在提示我们，词汇语义提取可以发生得非常快速。

随着认知研究范式的改进和认知神经科学技术的进步，尤其是高时间分辨率技术，如EEG、MEG技术的出现，研究者可以通过直接检测大脑活动从而对词汇语义加工的时间进程进行直接测量，使得研究者对词汇语义加工的速度问题有了更加深入的认识。以下将分别从单个词汇语义提取、句子语境下词汇语义提取等方面的认知神经科学研究进行总结，并对我们研究组在这个领域的研究进行系统介绍。

二、单一词汇加工中的语义提取

词汇语义信息提取的速度十分快，因此采用高时间分辨率的技术来进行研究就显得十分必要。ERP技术具有极高的时间分辨率，因而成为一个重要的研究手段。

正如前文已经多次提到的，在语言处理的ERP研究中已经发现，与语义相关的经典ERP成分为N400。这是20世纪80年代美国心理学家库塔斯和希尔亚德在实验中观察到的，即相比语义正常句，语义违背句的关键词出现后约400ms 显著地诱发了一个更大的负性走向的成分，简称 N400 成分（Kutas & Hillyard，1980a）。随后，越来越多的研究者发现，各种词汇语义变量的操纵都可以稳定地诱发 N400 成分的改变（Kutas & Fedemeier，2011），N400 因而也成为研究词汇语义提取的一个极有价值的指标。然而，随着研究的深入，尤其是随着对语言加工中其他 ERP 成分理解得更加深入，研究者对 N400 是否可以真实地反映词汇语义提取的时间进程这一问题产生了质疑。以下我们首先对那些运用 ERP 技术探讨语义提取过程的研究进行梳理，主要呈现关于语义提取是发生在 N400 时窗还是 N400 时窗之前这一问题的一些争议及相关的证据。

（一）与词汇语义提取相关的研究变量及其与 N400 的关系

以往不同的研究操纵了不同类型的词汇语义变量，并且往往都发现相关的操纵可以诱发 N400 的改变。例如，有研究者发现，无论在单一词汇识别任务中还是在句子语境下操纵词汇词频变量，词频效应都可稳定地诱发 N400 成分（Rugg，1990；van Petten & Kutas，1990）。此外，操纵词汇的词形家族性容量变量，也可以较为稳定地观察到 N400 的改变（Holcomb et al.，2002）。相应地，词汇研究中经典的真假词效应也出现在 N400 时窗（Bentin & Frost，1987；Bentin et al.，1999；Holcomb et al.，2002；Nobre & McCarthy，1994）。最后，抽象词和具体词之间进行对比的差异同样也出现在 N400 时窗（Kounios & Holcomb，1994）。

除了在词汇层面操纵词汇语义相关的变量外，另一种常用的研究词汇语义加工的范式是语义启动范式。总体来看，利用各种不同的语义启动范式，先前的研究较为一致地发现，相比启动条件，非启动条件下的目标词都将诱发波幅更大的 N400（Lau et al.，2008）。无论是使用何种启动范式，都会产生相似的结果。举例来说，在重复启动范式下，启动条件下的启动词和目标词是同样的词汇，结果发现，相比启动条件，非启动条件下的目标词诱发了波幅更大的 N400（Deacon et al.，2004）。又如，无论启动词和目标词以听觉还是视觉呈现，甚至启动词和目标词来源于不同的感觉通道时，相比启动条件，非启动条件下的目标词也会诱发波幅更大的 N400（Anderson & Holcomb，1995）。还有一些研究通过操纵启动词和目标词之间的时间间隔（200～1000ms）来考察启动效应，因为在较短的时间间隔下，启动对于目标词的影响通常被认为是快速和自动化的；而在较长的时间间隔下，认知控制等一般认知往往会参与到语义提取中，此时启动对于目标词的影响是慢速和具有控制性的（McNamara，2005）。结果表明，无论是自动语义启动还是控制性语义启动，相比语义启动条件，非启动条件下同样可以诱发波幅更大的 N400，诱发的 N400 时窗和空间分布也都非常类似（Lau et al.，2008）。还有一些研究使用掩蔽语义启动范式，同样发现了类似的 N400 模式。掩蔽启动范式是将启动词的呈现时间控制得非常短（往往在 50ms 以内），同时在启动词呈现之前和之后快速呈现与词汇无关的视觉刺激作为掩蔽物，以确保被试无法清楚地意识到启动刺激的出现。有趣的是，即使被试完全无法意识到启动词的存在，启动词依然会对目标词的识别产生明显的影响。同时，与非掩蔽启动实验类似，相于启动条件，非启动条件下的目标词诱发了波幅更大的 N400（Holcomb & Grainger，2009）。

综上所述，单个词汇下重要语义变量的操纵，都显著且一致地诱发了 N400 成分的变化，在一定程度上支持了单个词汇下的词汇语义加工是发生在 N400 时窗。一些研究者进一步假设，只要是涉及抽象的语义信息，其意义的提取均发生于 N400 时窗（见综述 Kutas & Federmeier，2000，2011）。有研究发现，当使用非语言的实验材料时，即使用线条图、其他类型的图片、人类面孔图，以及环境声音等实验材料时，语义变量操纵同样会引发稳定而一致的 N400 效应，尽管不同条件下诱发的 N400 效应在潜伏期和波幅上可能随语言材料的不同而存在一定的差异（Ganis et al.，1996；van Petten & Rheinfelder，1995）。由于 N400 成分是一个起始于 250ms 的成分，相应地，研究者假设词汇语义加工真正开始的时间也应在 250ms 左右。

（二）更早时窗的词汇语义提取

虽然上述以 N400 为主要指标的研究似乎提示我们，单个词汇理解中语义信息的提取时间可能始于词汇呈现约 1/4s 的时间点，但这样的结果又和我们的阅读经验存在一定的偏差。同时，来自行为学以及阅读实验中关于阅读速度的证据也并不支持如此晚才开始语义加工。随着研究的深入，越来越多的 ERP 研究表明，词汇语义加工似乎可以发生在更早的时窗。根据 ERP 的研究逻辑，如果有研究者发现语义变量可以反映在 N400 之前的 ERP 成分（如 N1、P2 等），从理论上来说，语义提取可以在更早的时窗发生，而并不需要一定要等到 N400 时窗。

总体来说，关于语义加工早期成分的研究数量并不多，但在不同的实验范式下，仍有不少研究观察到早期成分一些相似的变化，在一定程度上为语义加工可以发生在早期时窗提供了辐合性的证据。例如，在孤立词汇识别的研究中，通过操纵词频变量，有研究者发现在词汇判断任务中，相比高频词，低频词会在 120ms 左右诱发出一个更大波幅的 N1 成分（Sereno et al.，1998；Hauk & Pulvermüller，2004；Hauk et al.，2006）。相似地，通过操纵词汇的词类语义信息，有研究者同样发现词汇语义加工可以反映在早期的 ERP 成分上。例如，一项研究让被试完成内容词和功能词的词汇判断任务，相比功能词，内容词存在更多且更复杂的语义信息，因此其识别过程也会涉及更多语义信息的运用。实验结果表明，相比功能词，内容词会在 160ms 左右诱发出一个波幅更大的 N1（Pulvermüller et al.，1995）。类似的设计在比较动物词、工具词和假词的词汇判断中也得出了相似的结果：相比假词，动物词和工具词会诱发一个更大波幅的 P2，动物词诱发的 P2 波幅则大于工具词诱发的 P2 波幅（Hinojosa et al.，2001）。真假词的对比也可以观察到类似的现象，相比假词，真词甚至可以在 100ms 左右（P1）诱发一个更大波幅的正成分（Segalowitz & Zheng，2009）。

　　除了上述经典的实验操纵以外，研究还发现，影响词汇语义加工的变量也可以在反映自动化加工指标的 MMN 上表现出来。MMN 成分是在奇异球范式下发现的一个 ERP 成分。在这个范式下，两个不同类型的刺激以不同的数量比例通过听觉方式呈现给被试，一类是出现比例高（如 80%）的标准刺激，另一类是出现比例低（如 20%）的偏差刺激（deviant stimuli）。在奇异球范式下，被试的任务通常是观看无声电影，无须理会听觉刺激。研究者认为，在这种范式下被试对听觉刺激的加工较为无意识和自动化。结果发现，相比标准刺激，偏差刺激会在 150～250ms 诱发一个更大波幅的负性成分，研究者将这一负波命名为 MMN（Näätänen et al.，1978）。随后，有研究者将奇异球范式引入语言研究中，并设置了真假词两种不同的偏差刺激，结果发现，相比假词，真词诱发出更大波幅的 MMN（Pulvermüller et al.，2001；Shtyrov & Pulvermüller，2002）。由于 MMN 时窗位于词汇出现后的 150～250ms，研究者认为这些结果提示，在 N400 时窗之前，被试就可以分辨词汇语义信息了。

　　最后，在经典的词汇语义启动范式下，也有研究者发现，相比语义启动条件，非语义启动条件下可诱发更大波幅的 N1（Segalowitz & Zheng，2009）。

（三）关于单一词汇语义提取时间进程的分歧及可能的原因

　　从上面相关的文献回顾可以看到，同样的实验操纵，也同样是采用 ERP

实验技术，不同研究却有不同的发现。一些研究发现语义提取发生在 N400 时窗，而另一些研究则观察到这一过程可以开始得更早。基于这些结果，对语义提取起始时间的分析也可以得到完全不同的解释。这种相互冲突的结果可能是由以下几个原因导致。

1. 语义加工难以在早期成分上得到稳定的检测

ERP 早期成分具有一些关键特性，可能导致它在心理语言学的研究中相对较难得到稳定的检测（具体的论述可参见第七章）。具体来说，早期 ERP 成分非常容易受到词汇物理属性的影响，如果对实验材料的控制不够严密，较难检测到这些成分。

2. 稳定的语义 N400 效应导致研究者对其他潜在相关成分的忽视

N400 是语义处理中最稳健的一个成分，有着较长的研究历史。作为一种晚期成分，N400 在不同的操纵中都稳定地被发现，在一定程度上可能使不少研究者尤其是早期的研究者忽视了对其他成分的关注。对 N400 的研究最早与 P300 的研究关系密切，当时许多研究者也主要关注 N400 和 P300 之间的异同，客观上忽略了对其他早期成分的研究。此外，自从库塔斯和希尔亚德在 1980 年（Kutas & Hillyard，1980a）报告了 N400 成分与语义加工的密切关系后，至今这篇文章的引用已经超过 5000 次。相应地，以 N400 成分为核心，很多研究者建立了不同的语义加工模型（Lau et al.，2008）。这些工作都使研究者主要把工作重心放在对 N400 的分析和解释上，而相对较少谈及同一实验中发现的早期成分，要么不做细致的分析，要么虽然进行分析但不做详尽的解释，在一定程度上也导致对语义提取相关早期成分的研究证据缺乏积累。

3. 对单一词汇语义提取时间的再思考

可以说，目前研究者普遍支持词汇语义加工是一个相当实时的过程，但对其具体的作用时间却存在较大争议，这一争议集中在词汇语义加工是在 N400 之前的时窗还是在 N400 时窗内这一问题。从理论上看，由于具有较高的时间分辨率，利用 ERP 技术同时操纵词汇语义变量，可以直接且有效地对词汇语义加工的时间进程展开精细的研究，但 ERP 技术本身可能存在的几个较难解决的问题也需要引起重视。

首先，虽然具有高时间分辨率，但 ERP 特定成分（如早期成分 N1、P2、晚期成分 N400）却不一定能准确或者独特地反映特定的心理加工过程（如词汇语义提取），因此仅仅利用 ERP 成分直接推断词汇语义加工的时间进程可能存在一定的问题。例如，在第七章中，我们的 EROS 研究表明，N400 时窗内不仅存在词汇语义提取还存在语义整合加工。同样，早期成分与词汇语义提取之间的对应关系也不明确。

其次，研究设计也是一个重要的影响因素。虽然在不同的实验中，研究者希望操纵的是词汇语义变量，试图通过发现何种 ERP 成分对词汇语义变量敏感来推断词汇语义提取的开始时间，但事实上词汇语义变量的操纵往往混杂着不同类型额外变量的效应，因而要通过 ERP 的结果准确地分离和说明词汇语义加工的进程也不是一件简单的事情。事实上，词汇加工本身就是一个多层次的复杂加工过程，包含了如知觉层面的词形和语音加工，以及更加抽象层面的词汇语义提取过程等。词汇语义变量的操纵，如真假词对比、启动词和非启动词的对比，往往也会牵涉知觉层面的词形和语音加工等变量的变化。例如，真假词之间不仅存在语义复杂度上的差异，词形属性上也有不同，语义启动虽然可以通过扩散激活提前激活目标词的语义信息，但知觉层面的词形和语音等信息激活也往往不可避免。ERP 成分本身只是一个脑电成分，反映的其实是实验操纵的本质，而不是一个机制特异性的指标，因此通过操纵词汇语义变量发现的 ERP 成分通常无法完全而独立地归因为某一层面的词汇语义加工（即存在逆向推理的问题）。尽管使用同时具备高时间和高空间分辨率的 MEG 技术，一些研究者也强调上述这些问题是值得注意的（Dikker & Pylkkanen，2011）。例如，在研究者进行的一项语义启动实验中，启动刺激为具体的图片（如香蕉或者汽车的图片），目标刺激为视觉词汇（如苹果），结果发现相比启动条件，非启动条件下的目标词会诱发更大波幅的 M100 成分。从设计的角度看，M100 应该与语义加工存在直接的关系，但是研究者通过溯源分析发现，在 M100 上激活的大脑区域是那些与字形加工密切相关的视觉皮层。

为了更好地揭示语义加工各成分如何随时间进程而展开，在研究方法上，研究者显然应该更多地考虑同时具备高时间和高空间分辨率的方法，这才有机会对与词汇语义提取直接相关的大脑区域活动的时间进程进行追踪，也才有机会更准确和精细地测量词汇语义提取时间进程。毕竟，ERP 技术虽然具有高时间分辨率，但 ERP 成分自身并不能独特地对应于词汇语义加工过程，其较低的空间分辨率也无法从大脑激活位置的角度帮助研究者确定特定的 ERP 成分反映的加工实质。相比之下，另一些传统的成像技术如 PET 或者 fMRI 虽然具有高空间分辨率，可以较好地锁定词汇语义提取的大脑区域，但其时间分辨率相对较低，也无法为词汇语义提取的准确时间进程提供有用的信息。如果能利用同时具备高时间和高空间分辨率的技术，就有机会通过观察与词汇语义提取密切相关的大脑区域动态激活情况，来准确地推断词汇语义提取的时间进程。

（四）快速启动范式下词汇语义提取及左侧颞中回的激活

以下将介绍我们的一系列工作，主要采用事件相关光学成像技术，结合 ERP 信号采集，对词汇语义加工如何随时间进程表现出动态的脑激活模式进行相关研究。这项技术相对来说同时具有较高的时间分辨率和空间分辨率，在心理学的不同领域引起了不少研究者的注意。

我们首先采用经典的快速语义启动范式来探讨语义提取发生的时间。先前的研究发现，在快速语义启动范式下，相比启动条件，非启动条件下的目标词加工时间更长，因为被试需要花费更多的资源提取词汇语义信息。相应地，在先前的成像研究中，相比启动条件，非启动条件下的目标词显著地激活了与词汇语义提取关系密切的左侧颞叶，尤其是左侧颞中回（Rossel et al.，2003；Wheatley et al.，2005；Gold et al.，2006；Liu et al.，2010a）。然而，这些研究基本都采用了 fMRI 技术，由于时间分辨率较低，相关的实验并不能很好地检测左侧颞中回的激活发生在哪个阶段。本研究同时采集了 ERP 和 EROS 数据，借助 EROS 的高时间和高空间分辨率，同时结合经典的 ERP 成分，利用启动范式考察了左侧颞中回在词汇加工时得到激活的时间进程，以探索语义提取始于何时这一存在分歧的研究问题。

为此，我们招募了 14 名以汉语为母语的大学生被试参与实验。所有被试都是右利手，视力或者矫正视力正常，无任何精神或者大脑损伤等相关疾病。所有被试在实验前都签署了知情同意书，并在实验结束后可以获得一定的报酬。

在实验材料上，我们采用了语义启动范式的经典设计。实验包含两个条件：一个为语义启动条件，这种条件下启动词和目标词在共享语义信息的同时，词对之间也具有较高的联想关系（association relation）；另一个为非启动条件，即启动词和目标词没有任何语义关系。我们首先编制多组汉语双字词（每组材料包括语义启动词、非启动词和目标词），均为具体性程度较高的高频名词。为了使不同条件下的目标词更具可比性，我们以成对的方式对所选词汇进行配对，确保每一组材料中的目标词一致，并通过变化同一组内不同的启动词来形成语义启动条件和非启动条件。例如，其中的一组实验材料如下：启动条件为"香蕉—苹果"；非启动条件为"鼠标—苹果"。通过这样的配对，确保不同条件使用的目标词相同。

为了确保实验材料的选择符合实验设计的要求，我们对初选的词对特性进行了一系列评定，包括语义关系及语义可联想度的评定。其中，语义关系评定的目的是确保在启动条件下启动词和目标词具有较高的语义关系，而非启动条件下启动词与目标词之间没有语义关系。评定时会事先告诉被试，词对的语义关系是否密切，主要是根据它们是否归属于同一个语义类别来进行判定。联想关系是通过要求被试写出根据启动词（联想词）第一个想到的词，如果有超过一定比例的被试报告某个词是他们首先想到的，那么这个词与启动词之间就具有较强的联想关系。如"乡村—音乐"两个词之间可能并没有语义关系，却存在较强的联想关系。共160名不参加后续 ERP 和 EROS 实验的大学生参与评定，其中语义评定者80名，在评定中，被试需要对屏幕呈现的每一词对进行语义关系密切程度的5点评定，"1"代表无关，"5"代表密切相关。80名联想评定者评定从启动词可以联想到目标词的程度，也为5等级判断，"1"为完全无法联想到，"5"为完全可以联想到。为了确保实验操纵更为敏感，产生足够的语义启动效应，在准备材料时，我们使启动条件下启动词和目标词既有较高的语义联系，也具有较为密切的联想关系。正式实验材料根据上述评定的结果来进行选择，最终选出300组实验材料，其中启动条件下的语义关系评定得分（4.57）与联想关系评定得分（4.37）均显著高于相应的非启动条件下的语义评定得分（1.42）与联想关系评定得分（1.55）。

尽管同组材料中的目标词是一致的，但是启动词却有所不同，因此我们也控制了不同条件下启动词的词频和笔画数，确保它们之间没有差异。此外，我们还增加了300个词对，其中启动词都是真词，但目标词是假词，以平衡真假反应的数量。假词构造的方法是采用随机选择的两个字组合在一起，构成在现实生活中不存在且意义不合理的词，如"人特"。于是，在正式实验中，每名被试将会看到600个词对，其中300个词对的目标词为假词，300个词对的目标词为真词。启动条件和非启动条件下的真词对各有150个。

在实验程序上，我们严格遵循了快速语义启动的经典程序。具体来说，在实验过程中，首先呈现持续400ms 的注视点，随后是100ms 的空屏，接着是持续时间为200ms 的启动词；启动词消失之后，先出现50ms 的空屏，紧接着出现400ms 的目标词，随即是800ms 的空屏，最后会出现1000ms 的（——）符号。至此一个试次结束。被试的任务是看到目标词的时候，在保证准确的前提下快速地做出判断。我们要求被试在词对开始出现后就尽量不要眨眼，以减小对 ERP 数据的影响，直至每一词对呈现结束，建议被试在（——）这个符号出现后再眨眼。具体的实验流程如图 7-1 所示。

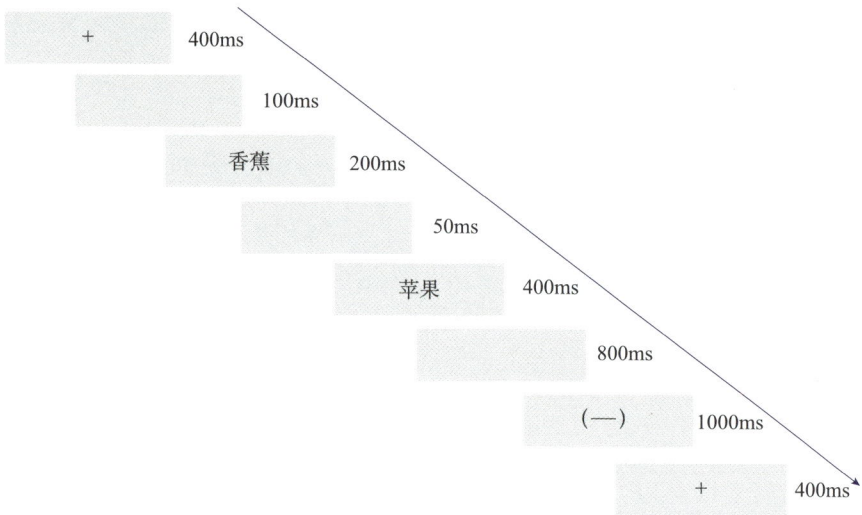

图 7-1　快速语义启动的实验程序

在 EROS 数据采集过程中，连续采集的时间过长会带来较大的信号漂移等噪声，因此我们将实验分成 12 个区组。实验包括两个部分：第一部分是练习，以让被试熟悉实验程序和任务，共 2 个区组；第二部分是正式实验，我们会采集 10 个区组的数据，每个区组的持续时间为 179.2s。

正式实验同步采集了 EROS 数据和 ERP 数据，采集方式与第七章中的 EROS 研究相同。为了提高空间分辨率，我们还使用西门子公司生产的 1.5T 磁共振扫描机器采集每名被试的 MRI 数据，通过将光纤和探测器的具体位置叠到每名被试的 MRI 结构像上，使具体每一通道探测到的大脑皮层估计更为准确。

行为学结果表明，相比非启动条件，启动条件下的正确率更高，反应时更短，两条件下存在显著的差异，具体数据如表 7-1 所示。

表 7-1　快速语义启动行为实验结果

条件	正确率（%）	反应时（ms）
启动条件	98.44（1.00）	552（67）
非启动条件	95.97（2.00）	600（68）

注：括号内数据为标准差

ERP 数据分析主要针对两个关键成分，一个是 N400（时窗为 250～550ms），另一个是晚期正波（时窗为 550～900ms）。对 Fz、Cz、Pz 三个电极的 N400 数据分析表明，相比启动条件，非启动条件下的关键词均诱发出波幅更大的N400 成分，并且越靠近后部脑区，N400 的效应会更大，表现出一个经典的N400 成分的头皮分布。在晚期正波上，三个电极均没有观察到显著的差异。此外，在早期成分上，如 N1 和 P2，都没有观察到显著的效应，具体如图 7-2 所示。

有趣的是，虽然 ERP 结果并没有表明早期成分差异，但是在 EROS 结果上，我们发现在 N400 之前的时窗中，左侧颞中回出现了显著激活，这个激活反映在 128～160ms 和 224～256ms（图 7-3）。

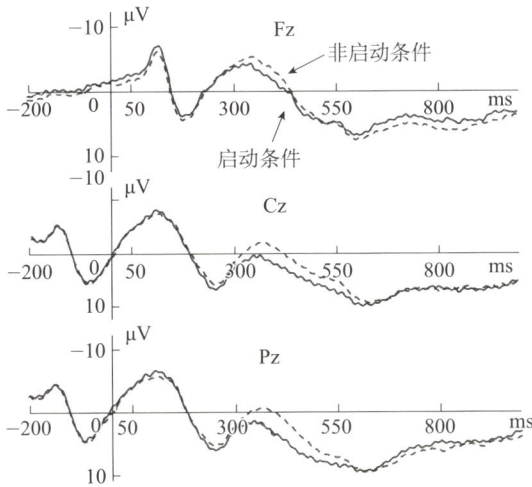

图 7-2　快速语义启动的 ERP 实验结果

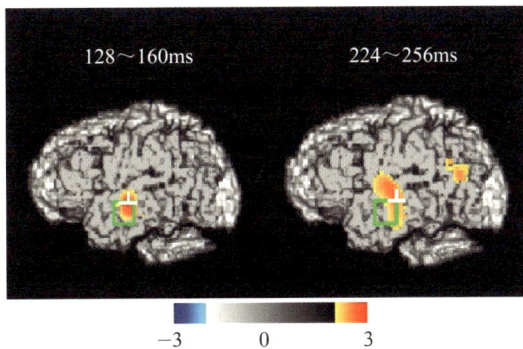

图 7-3　EROS 实验早期时窗显著激活的区域，绿色方框（体积为 16 mm×16 mm×16mm）为左侧颞中回区域

以往的研究较为一致地认为，左侧颞中回区域与语义信息的提取关系比较密切，在本研究中，我们通过快速语义启动范式，借助 EROS 的高时间和高空间分辨率，希望经由左侧颞中回相关脑区的激活时程考察词汇语义提取的动态过程。总体上而言，我们的行为分析和 ERP 分析都发现了显著的语义启动效应。在脑电实验中，相比启动条件，非启动条件下的目标词诱发出波幅更大的 N400 成分，这一研究结果与之前使用类似实验范式得出的结果是非常一致的（参见综述 Kutas & Fedemeier，2011）。与先前的研究类似，我们并没有观察到在早期时窗，如 N1、P2 上，非启动条件与启动条件之间存在差异。这一结果并不意外。一方面，我们只是采集了头顶中线的三个电极，而之前关于语义加工的研究发现，N1、P2 等早期成分可能更多地与大脑外侧或者前额的激活有关（Federmeier & Kutas，2002，2005；Wlotko & Federmeier，2007）；另一方面，EROS 技术的信噪比较低，尽管我们在本实验中采用了较多的实验材料（启动和非启动条件下各有 150 个试次），但在中文的材料选择中，我们无法在一个较窄的物理属性（词频和笔画数等）频段上来选择实验材料，这可能会对早期成分产生较大的影响，也很可能是我们无法在脑电结果中发现早期成分显著性差异的重要原因之一。

先前使用相同范式、相同设计的 fMRI 研究（Liu et al.，2010a）发现，相比启动条件，非启动条件下的中文目标词会激活双侧额下回、双侧颞中回。相应地，我们在 EROS 研究中也观察到非启动条件下左侧颞中回有更大的激活，同时本实验观察到的左侧颞中回激活位置也与先前的研究基本相同。因此，关键的信息就是这一激活发生在哪一时窗。与 fMRI 数据相比，借助 EROS 高时间和高空间分辨率的特性，我们可以更好地回答这一问题，进而推测词汇语义提取的可能起始时间。有趣的是，尽管我们在 ERP 研究中检测到的效应只是发生于 300～500ms 时窗的 N400 成分，但是在 EROS 数据中，我们检测到的左侧颞中回的激活却早在 128ms 就出现了。由于至少在语义相关的研究设计中，这个区域普遍被认为与词汇语义提取有关，我们的数据也为词汇语义提取可以发生在 N400 时窗之前提供了一个新的证据。

三、语境下词汇语义的快速提取

词汇语义提取除了在单个词汇下进行外，在人类语言处理中，更为普遍的是要在阅读过程中提取词汇的语义信息。在阅读过程中，一个词语语义信息的提取是在各种不同语境下进行的，而语境信息可以为词汇加工提供丰富的限制性或者预期性知识，使得词汇语义提取的过程更加顺利和准确，从而帮助人类高效地理解语言。例如，当我们要识别的词汇"头发"是在"修剪"之后呈现时，则"修剪"一词会对后续的语言材料产生各种不同层次（如高层次的句法和语义，低层次的字形和语音）的限制，或者说使理解者产生不同水平的预期。具体来说，在句法层面，读者可能会预期接下来的词汇很大可能是名词，因为动词后接名词的可能性更大；在语义层面，读者也许会预期接下来的词汇语义信息和"可修剪"这一语义特征可能是相关的；在低层次的词汇信息层面，读者可能会在具有"可修剪"的语义特征的名词中搜索各种可能的词汇信息，如"头发""草坪"等，激活这些词汇对应的字形和语音信息。随着语境限制性程度的增强，语境后的词汇信息所受的限制或者说可预期的程度越来越高，信息更加具体，提取特定的词汇的各种信息也因而可以更快和更准确。因此，当识别词汇"头发"是在具有高限制性的语境——"小王去理发店修剪"之后进行时，读者会快速地建立起一个相当具体的预期：在句法上，预期词为名词，在语义上预期为与人类毛发相关的概念，而在更加具体的词汇层面，读者也可能形成"头发"的字形和"tou2 fa4"的语音等信息的预期。

总体而言，语境的限制性可以加速目标词语义信息的提取，使这一过程进行得更为迅速。虽然有研究者提出阅读过程中的预期可能需要意识参与，会增加工作记忆的负荷（Brothers et al.，2017），但也有相当多的研究者认可预期加工具有一定的自动化和无意识特性，是人类阅读能力的基础成分（Mirman et al.，2017；Kuperburg，2013；Pickering & Gambi，2018）。关于预期框架下如何理解语义加工的问题，本书第四篇将有更多论述。

（一）语境下词汇语义提取加工的主要研究范式

总的来说，在语境下研究词汇语义提取的方法主要有两种：一是通过创设具有高预测性的句子语境（如"小明去理发店修剪"），并通过操纵句子语境的预测性和目标词之间的语义关系（如高预测性的目标词"头发"，低预测性的目标词"胡子"），形成高预期条件和低预期条件。二是通过操纵句子语境和目标词之间的语义合理性或连贯性（如"他打开电视看'新闻/沙发'"），形成语义合理或不合理条件。在上述高预期或正常句子条件下，由于目标词和句子语境或语境导致的预期相匹配，相比低预期或者语义不合理的目标词，读者可以更轻松地提取目标词的语义信息，而被试在两种条件下对关键词加工的差异也有助于推知语境下词汇语义提取的机制。

（二）语境下词汇语义提取的理论与争议

语境如何影响单个词汇语义信息的加工？序列加工理论和交互作用理论对此有着不同的解释。研究者一般认为，词汇识别包含了低层次的字形、语音加工和高层次的语义提取的过程。经典的词汇层级序列加工模型认为，语境信息并不会对词汇识别产生影响，只会在词汇语义信息获得提取之后参与，并与词汇语义信息进行整合，从而形成如短语或句子等的意义表征（Forster，1981；Swinney et al.，1979）。据此，无论是否存在语境信息，词汇语义提取的加工过程都应该是类似的。相比之下，交互作用理论则认为，词汇的语义提取过程和语境信息在当前的词汇识别过程中是同时进行的，并可能存在一定的相互作用。而且，高层次的词汇语义和语境信息处理与低层次的字形、语音等加工还可以发生在同一时窗内，不同层级间的信息处理也可以实时交互，最终形成一个连贯的表征（Gaskell & Marslen-Wilson，2002；Tanenhaus et al.，1995）。

虽然有少量的认知神经科学研究发现词汇语义变量和高层次的语境变量可能是相互独立的（Huizeling et al.，2022），但是先前的研究结果似乎更加支持交互作用理论。例如，在单个词汇理解中，操纵词汇语义信息的研究结果都较为一致地表明，语义信息的操纵引起的变化主要反映在 N400 时窗。无论采用的是违背还是预期的实验范式，研究者都可以较为稳定地观察到，相比高预期或者语义合理条件，低预期或者语义违背条件下的关键词会诱发更大波幅的 N400（见本章第二点相关的研究综述）。这似乎意味着单个词汇理解中的语义提取和语境对词汇语义提取的影响都发生在相近的时窗，即语境信息与词汇语义提取之间可能有相当程度的重叠。此外，有研究者采用经典的完形填空任务，通过操纵语境的限制性形成 6 个不同强度的语境预期，研究词汇语义提取过程是否会受到语境预期程度的影响（Wlotko & Federmeier，2012b）。研究结果表明，不同预期强度的差异主要反映在 N400 时窗，随着预期强度的下降，N400 的波幅出现显著上升，呈现线性变化的特点。但有趣的是，预期强度变量并不会影响 N400 的潜伏期或者峰值，也就是说，相比低语境预期条件，高语境预期条件下并不会加快词汇语义提取的速度。这些结果似乎说明，语境信息对词汇语义提取的影响具有一定的稳定性。

另一些研究者则通过操纵词汇信息研究了语境信息是否可以直接影响词汇语义提取的过程。例如，有研究者分别在句首和句中操纵词频变量，结果发现，在句首位置可以观察到与单个词汇理解相类似的词频 N400 效应，但是在句中词频效应就消失了（van Petten & Kutas，1990）。这表明在阅读过程中，语境信息非常快速地参与了词汇信息的处理，并及时地影响甚至阻碍词汇本身存在的效应，如词频效应，而非等到词汇语义信息提取之后才起作用。同样地，也有研究者借鉴单个词汇理解中研究语义提取常用的启动实验范式，将启动词和目标词放在句子的不同位置，结果发现，与经典的词汇启动实验相比，在句子中的启动效应诱发的 ERP 波幅显著更小（Coulson et al.，2005），表明语境信息可能相当实时地影响了词汇语义提取的过程。更进一步地，有研究者发现，语境信息的作用甚至可以发生在词汇呈现之前（DeLong et al.，2005）。研究者设计了高预期性的语境，如 "The day was breezy so the boy went outside to fly..."（译文：这天微风习习因此男孩子出去外头放飞……），巧妙地利用英文中 a 和 an 的特点差异，在关键词上创设了 a kite 和 an kite 两个条件，并重点关注被试在加工 a、an 上的 ERP 差异。在这个特定的强语境下，假如被试可以快速地利用语境信息预测出关键词 kite，甚至可以提前激活 kite 的话，那么被试在 kite 之前的 a 和 an 上会存在差异，即两个条件之间应该会存在差异。如果按照序列加工理论，语境信息的影响应该要等到 kite 充分地获得语义信息后才会产生，那么被试在加工 a 和 an 上应该不存在差异。结果发现，相于 an，被试在 a 条件下出现了波幅更大的 N400。这充分地说明，语境信息不仅可以实时地参与词汇加工过程，甚至可以通过提前激活词汇语义信息的方式实时地参与词汇语义加工的进程。这些研究结果在一定程度上都支持了交互作用理论。

虽然上述研究都较为一致地发现在阅读过程中语境信息会及时地参与词汇语义信息提取的过程，并且其效应较为稳定地反映在 N400 时窗上，但我们不能直接推论出阅读过程中语境对词汇语义提取参与发生在 N400 时窗。

首先，正如前面多次谈到的，行为学和眼动研究倾向于认为，人类的阅读理解速度较快，在句子语境下词汇加工的时间可能只需要 100～200ms。其次，句子语境下的词汇语义提取可以发生得更早，无须等到 N400 时窗。目前也有一些 ERP 研究，尽管数量不多，但发现在 N400 之前的一些 ERP 成分上，如 N1 和 P2 等，也可以观察到词汇语义变量操纵的影响。例如，有研究者使用预期实验范式发现，相比预期条件，非预期条件下的目标词诱发了波幅更大的 N400 以及波幅更大的 N1（Dambacher et al.，2009；Dikker & Pylkkanen，2011）。此外，在句子理解研究中，关键词词频和关键词在语境中的连贯性程度存在着交互作用，且不仅发生在 N400 时窗，还发生在早期的 N1 成分上（Sereno et al., 2003），该成分出现在词汇出现后的 100～200ms 时窗。由于词汇出现后的 100～200ms 往往是加工词汇表层信息的时间，例如，加工字形和语音信息，这似乎提示在早期时窗，低层次的字形和语音加工、高层次的词汇语义甚至是词汇外的语境信息，就已经产生了交互作用（Pulvermüller et al., 2009）。目前，已有少数相关研究为这一观点提供了证据。这些研究不仅在句子层面上操纵语境和关键词的预期程度，还操纵关键词的词频和词长等高、低层次的词汇信息，结果证实词长、词频和语境强度在词汇出现的 120～180ms 就出现了显著的交互作用（Penolazzi et al., 2007）。

总体来说，利用 ERP 技术的研究结果推论句子语境下词汇语义提取的起始时间，目前似乎还存在许多不确定性。首先，我们先前已经谈到，ERP 的成分，无论是 N400 还是早期的 N1 和 P2，其本身都不具有分辨语义加工属性的作用，因此利用成分本身推断语义加工的进程问题，存在逻辑上的天然缺陷。其次，ERP 技术在心理语言学中较难捕捉到早期成分的效应，也导致了不同研究结果在解释上存在偏差。最后，语境的特征并不容易量化，在语境下考察词汇语义提取也就存在着更多不可控的因素。同时，在句子语境下语义加工的过程会更复杂，除了词汇语义提取和语境对其的影响外，往往还伴随着词汇语义信息和语境信息之间语义整合加工的过程，而且这两种加工还可能是同步进行的（Marslen-Wilson & Tyler，1975；Pulvermüller et al., 2009）。因此，在句子语境下观察到的 ERP 变化也就难以用于推论词汇语义提取的时间进程。相比之下，结合新的研究技术，尤其是兼具一定时间和空间分辨率的技术，通过锁定与词汇语义提取密切相关的脑区，进而观测这一脑区的激活进程，有望为语境下词汇语义提取起始时间的探索提供一个新的窗口。

（三）语境下词汇语义提取起始时间的 EROS 研究

过去几年，我们研究组利用 EROS 和 ERP 同步采集的技术，系统地考察了语境下词汇语义提取的时间进程问题。具体来说，我们分别采用经典的违背和预期实验范式，通过锁定与词汇语义提取密切相关的左侧颞中回区域的激活时间进程，考察句子加工中词汇语义提取的起始时间。在短语语境的研究中，语境具有的限制性较低，而在句子语境的研究中，语境具有的限制性较高，通过短语与句子加工的对比，我们也尝试推论语境限制性的强度是否会对左侧颞中回激活的时间进程产生影响，进而了解语境限制性的强度与词汇语义信息提取的关系。

1. 短语语境下的词汇语义提取

在这项研究中，我们使用由两个双字词构成的动宾短语作为实验材料（如"打败敌人"），通过操纵动词和名词的关系，形成语义合理和语义违背条件。相比语义合理条件，语义违背条件下阅读者需要花费更多的认知资源来提取目标词的词汇语义信息。先前的研究发现，相比语义合理条件，语义违背条件下激活了与词汇语义提取密切相关的左侧颞中回（Hagoort et al., 2009）。在当前这一研究中，我们利用 EROS 高时间和高空间分辨率的特点，通过观察左侧颞中回的激活时程来推测词汇语义提取的时间进程。

12 名以汉语为母语的大学生被试参加了实验，所有被试均为右利手，身体健康，视力或者矫正视力正常，无任何精神类或大脑损伤等相关疾病。所有被试在实验之前都签署了知情同意书，并在实验结束之后获得一定的报酬。

实验材料都是由两个双字词构成的动宾短语，其中首词为动词，尾词为名词，也是目标词，包括两个条件：第一个是语义合理条件，即动词和名词构成的短语是意义合理的；第二个是语义违背条件，即动词和名词构成的短语是意义不合理的。我们事先对初选的词对特性进行了语义合理性评定，以确保语义合理条件具有较高的语义合理度，违背条件具有较低的语义合理度。40 名不参加正式实验的大学生对所有短语进行语义合理性的 5 点量表评定（"1"代表语义完全不合理，"5"代表语义非常合理）。根据评定，我们最终选择了 300 组实验材料，语义合理条件和语义违背条件下评定的平均分分别为 4.68 和 1.50，表明我们选择的材料都是符合实验要求的。每套材料内部目标词即尾词都是一致的，但首词是不同的，因此需要控制不同条件下首词的词频和笔画数。在我们最后选择出来的词对中，不同条件下首词的词频和笔画数在统计上的差异均不显著，说明语义合理和语义违背条件下的首词是匹配的。

由于在这个实验中被试的实验任务是阅读完短语后理解短语的意义，并对短语中的第二个词做真假词判断，我们额外增加了 300 个无法整合的短语作为填充材料。在这 300 个短语中，有 150 个短语的首词为真词，而尾词为笔画被打乱的假词，另外 150 个短语无论是首词还是尾词都由笔画被打乱的假词构成。最后，每名被试在实验过程中将读到 600 个短语，语义合理与语义违背条件下各 150 个，以及 300 个包含一个或两个假词的填充短语。

此外，我们在编制实验材料时控制了语义合理与语义违背的材料仅有首词不同，因此同一尾词会出现在两个条件中。为了避免在正式实验过程中同一名被试看到同尾词的两个短语，形成特定的反应策略，我们对材料和条件进行了被试间的平衡。每名被试会看到 300 个实验材料，每个尾词只会看一遍，其中 150 个短语的尾词是合理的，而另外 150 个短语的尾词则是不合理的。据此，300 组材料被分成了两个版本。参加正式实验的 12 名被试会随机接受其中一个版本的实验。

在正式实验时，通过 E-Prime 软件来呈现实验材料，同时记录被试的反应时和反应正确率，具体的实验程序如图 7-4 所示。实验过程中，300ms 的注视点消失之后，先出现 200ms 的空屏，然后在屏幕的中央呈现短语的第一个词或者笔画组合，持续时间为 300ms，伴随着一个空屏 200ms，之后会呈现短语的第二个词。在短语呈现结束之后，出现 1000ms 的空屏，要求被试理解刚才看到的短语的意义，再对这个短语的第二个词做真假词判断，并按键反应。之后，呈现 1000ms 的符号（——），建议被试在出现这个符号时再眨眼。

ERP 和 EROS 数据采集、数据分析都与本章前述的 EROS 实验相同。为了避免在 EROS 数据采集过程中连续采集时间过长会导致信号漂移等，我们将实验分成 20 个区组，形成两个部分：第一部分是练习，让被试熟悉实验程序和任务，总共 2 个区组；第二部分是正式实验，总共 18 个区组。在采集 EROS 信号时，也采用了两种光纤和探测器分布模式，每一分布模式采集 9 个区组的数据，持续时间为 179.2s。

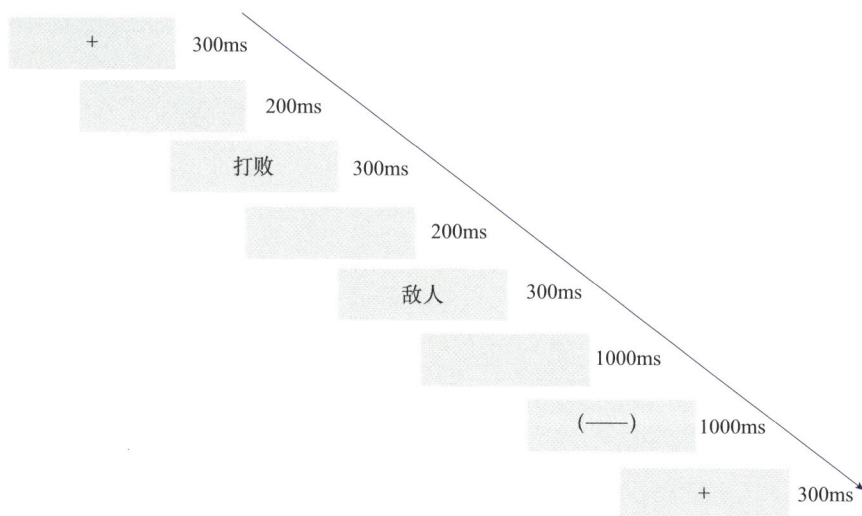

图 7-4　短语实验的实验程序

行为实验结果表明，相比语义合理条件，语义违背条件下被试的反应时显著更长（语义合理，541ms；语义违背，597ms），但是在反应正确率上没有差异（语义合理，98%；语义违背，95%）。

ERP 结果表明（图 7-5），相比语义合理条件，语义违背条件下的目标词在三个电极上都一致地诱发了波幅更大的 N400 成分（250～550ms）。但与先前的实验一样，在早期成分 N1 和 P2 上，实验的操纵并没有产生任何统计显著的结果。

EROS 结果显示（图 7-6），相比语义合理条件，语义违背条件下目标词显著地激活了左侧颞中回，这一激活从目标词出现后的 96ms 就出现了，一直持续到 160ms。

在这项研究中，我们借助 EROS 技术高时间和高空间分辨率的特点，采用经典的违背范式，在短语层面观察与词汇语义提取密切相关的左侧颞中回开始激活的时间。行为学和 ERP 的结果表明，相比语义合理条件，语义违背条件下的目标词判断的反应时更长，诱发了波幅更大的 N400 成分。EROS 结果则表明，语义违背条件下的目标词更强地激活了左侧颞中回，从目标词出现后的 96ms 开始，一直持续到 160ms。这一激活的时窗与本章前文描述的与语义启动效应相关的左侧颞中回激活时窗极其相似，表明无论是在单个词汇还是语境条件下，词汇语义提取的开始时间均在词汇出现后的 100ms 左右。

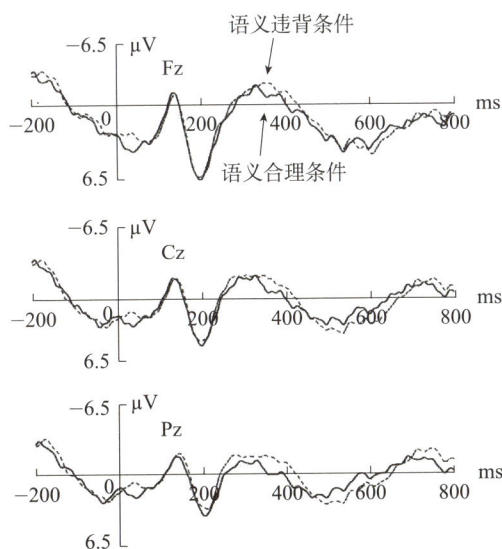

图 7-5　短语实验的 ERP 结果

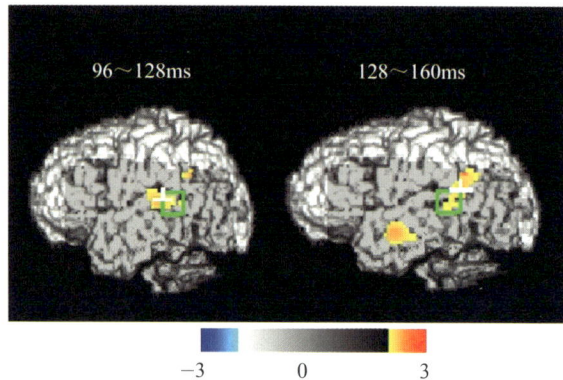

图 7-6   EROS 实验早期时窗显著激活的区域，绿色方框为 16 mm×16 mm×16mm 的 ROI

2. 句子语境下的词汇语义提取

接下来报告的这一项研究采用经典的语境限制性实验范式对词汇语义变量进行了操纵。具体来说，我们通过创设具有不同限制性的句子语境，形成高和低两种限制性的语境条件。相比高限制性语境条件，低限制性语境条件下对应的目标词未能获得提前激活，读者因此需要花费额外的资源对词汇语义信息进行提取。基于前文同样的逻辑，我们利用 EROS 技术追踪与词汇语义提取密切相关的左侧颞中回激活的起始时间，以了解强语境下词汇语义提取的精细时间进程。同时，通过与短语层面的研究结果进行对比，我们也可以为语境强度是否影响词汇语义提取起始时间提供一些证据。

实验中，招募 16 名以汉语为母语的大学生被试。所有被试都是右利手，身体健康，视力或者矫正视力正常，无任何精神类或者大脑损伤等相关疾病。所有被试在实验之前都签署了知情同意书，并会在实验结束之后获得一定的报酬。

该研究的实验材料一共分为两个条件，分别是高限制性语义合理条件和低限制性语义合理条件。我们利用经典的完形率实验程序确定实验材料的语境限制性。具体来说，首先编制一系列句子主干，如"颁奖者给运动员戴上了____"。随后招募不参与正式实验的 40 名被试参与完形填空任务，要求他们在看到每一句子主干时填上最先想到的词语。例如，95% 的被试写出了同一个词语——"金牌"，少数被试写出了如"奖章""帽子"等词语。将被试填入最多的词语在所有被填入的词语中所占比例作为该语境的限制性程度指标，比例越高，说明该句子主干的语境限制性越高。根据这一指标，我们选出了 150 个高限制性句子主干和 150 个低限制性句子主干，其中高、低限制性句子的主干的平均限制性分别为 86% 和 26%。此外，我们将各句子中被填入概率最高的词语作为对应的关键目标词，形成 300 个正式实验材料的句子。另外，两种条件下关键词的词频和笔画都没有显著差异，排除其对最后的实验结果的影响。

在正式实验中，被试需要在阅读完句子后对句子的意义进行合理性判断。为了避免被试出现"是""否"反应选择的偏向性，额外增加 250 个语义违背句子作为填充材料，使得语义正常句和不正常句的比例接近 1∶1。也就是说，每名被试将会看到 550 个句子，其中高、低限制性句子各 150 个，语义不合理的填充句子 250 个。

实验材料使用 E-Prime 软件呈现，同时记录被试的反应时和反应正确率。具体的实验流程如图 7-7 所示。先呈现 300ms 的注视点，随后在屏幕中央呈现第一个语义单元 400ms，然后是 200ms 的空屏，呈现下一个语义单元 400ms，直到句子结束。句子呈现结束后，在屏幕中央出现"该句子的意义是否合理"的提问，要求被试对刚刚呈现完毕的句子语义进行合理性判断，合理则用左手拇指按鼠标左键，不合理则用右手拇指按鼠标右键。

与前述的 EROS 实验相同，为了避免因 EROS 的连续采集时间过长导致较大的信号漂移等问题出现，实验设置 2 个练习区组、18 个正式实验区组，其

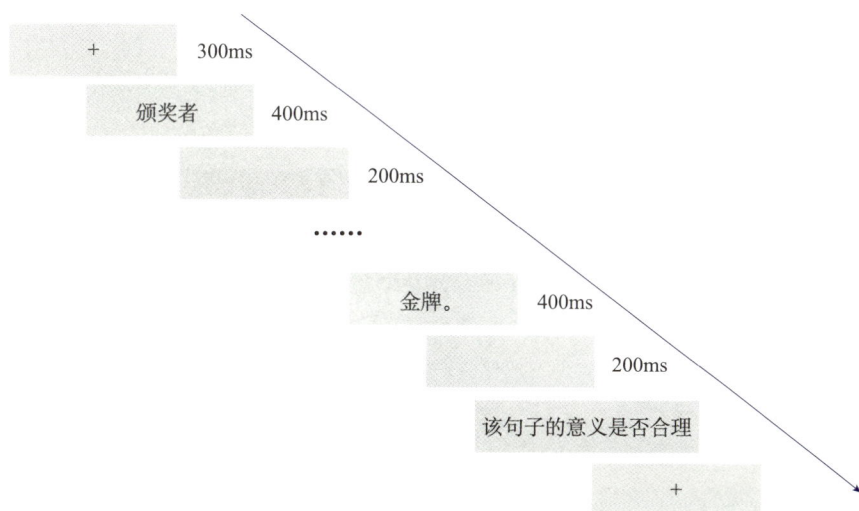

图 7-7　句子实验的实验程序

中，在光纤和探测器的分布模式各采集 9 个区组的数据。ERP 和 EROS 数据采集及数据分析的具体方法与上一项研究相同。

行为实验结果表明，相比高限制性语境条件，低限制性语境条件的反应时更长，但在正确率上则没有显著差异。ERP 结果显示（图 7-8），相比高限制性语境条件，低限制性语境条件下的目标词在三个电极上都稳定地诱发了波幅更大的 N400 成分和晚期正成分。然而，在早期成分 N1 和 P2 上，两种条件下的差异并没有达到显著性水平。

EROS 实验结果显示（图 7-9），相比高限制性语境条件，低限制性语境条件下的目标词在左侧颞中回诱发了更强的激活，当前研究观察到的激活位置，无论是与前人采用类似研究范式的 fMRI 研究（Hagoort，2019），还是与前述我们研究组进行的短语 EROS 研究结果相比，都极为相似。更重要的是，与短语研究相似，左侧颞中回从刺激呈现后的 96ms 就出现了更强的激活。这再一次说明，词汇语义提取在词汇出现后的早期时窗就开始出现，无须等到 N400 时窗。

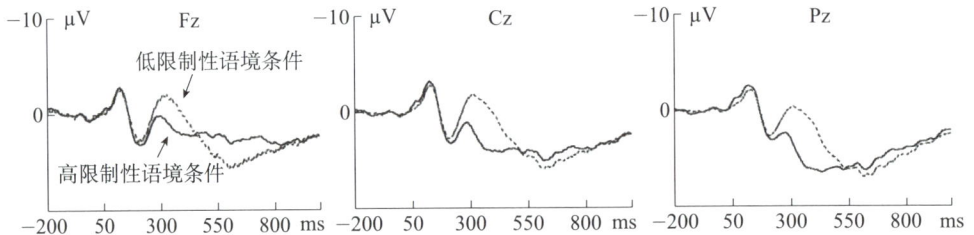

图 7-8　句子实验的 ERP 结果

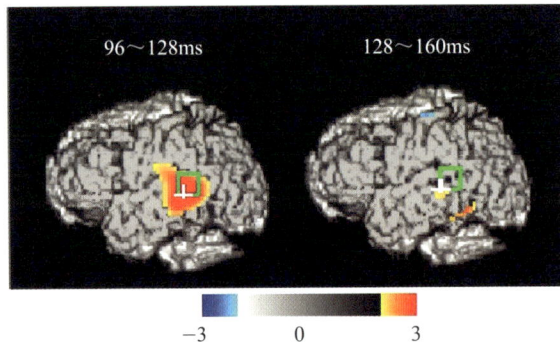

图 7-9　EROS 实验早期时窗显著激活的区域，绿色方框为 16 mm×16 mm×16mm 的 ROI

结合本章上文所谈到的短语实验，可以清楚地看到，尽管短语语境所提供的语义限制性低于句子语境，但在两个实验中，左侧颞中回的激活起始时间都非常一致，均表现为刺激呈现后的 96ms。这一结果与利用语义启动范式得到的结果十分相似。这似乎表明，只要有适当的语境，发生在左侧颞中回的词汇语义提取就会十分迅速，且其时间进程具有一定的稳定性，即在刺激出现后的100ms 左右就可以稳定地出现。

四、左侧颞中回的早期激活与词汇语义的快速提取：讨论与启示

本章介绍了三个 EROS 实验，分别运用词汇启动范式、短语语义违背范式、句子语境限制性范式，通过考察语义变量的操纵对左侧颞中回激活进程的影响，探讨词汇语义何时开始提取，相关的结果对多个核心理论问题均有所启示，以下将一一介绍。

（一）阅读理解中词汇语义信息的早期提取

在阅读理解中，词汇的语义提取始于何时，一直是语言认知研究中的一个重要问题。高时间分辨率的 ERP 研究发现，无论在单个词汇理解还是在句子语境中，操纵词汇语义变量诱发的都是 N400 成分。由于 N400 成分起始于词汇出现后约 250ms，一些研究者假设词汇语义提取发生在同一时窗。然而，主观经验告诉我们，人类的阅读速度应该远快于 250ms。有研究证明，人类平时正常的阅读速度可以达到每分钟 130～190 个词（Reynolds & Givens，2001），即使将阅读速度提高到每分钟 190～260 个词，人类依然可以高效地理解语言（Pallier et al.，1998）。如果以每分钟 200 个词的阅读量作为人类普遍的阅读能力来计算，则平均每个词的阅读只需要 300ms。与之相比，N400 从 250ms 才开始，一直到 550ms 结束，这一结果显然与先前人类阅读速度的估算差距甚远。此外，以自然阅读为对象的研究，如眼动研究，也较为一致地表明，尽管阅读过程中读者在每个词上的注视时间有长有短，但总体来看，每一特定词的注视时间在 200～250ms，随后发生眼跳，注视转移到下一词。这些行为研究的结果至少意味着词汇语义提取不太可能发生得那么晚，完全可能出现于250ms 之前。

这些相互冲突的结果，第一，可能源于不同研究者在词汇语义变量的操纵上存在较大的差异。事实上，单一词汇和语境中的语义操纵方式有所差别，可能导致不同研究对无关变量的控制也存在较大差异，这些差异均可能在一定程

度上影响实验结果。第二，也可能源自研究者使用的技术不同，例如，虽然 ERP 具有较高的时间分辨率，但在探讨语义加工的时间进程时，技术本身的特点可能导致早期成分的检测和比较均较为困难。第三，无论是 ERP 技术还是眼动技术，对特定时窗口下心理加工过程的推断往往都十分间接，依赖于特定的研究设计，当研究设计无法完全排除其他无关变量的影响时，利用 ERP 技术对特定时窗下认知机制的认定也就存在一定的偏差。尤其是 ERP 同一成分往往可以和不同的心理加工过程相联系，例如，语义提取和语义整合均可能引发 N400 的变化，而不管是预期违背范式还是语义违背范式，都可能引发提取和整合加工的变化。在这种情况下，单一的相减范式难以独立地分离出词汇语义提取加工过程。

先前的研究已经对词汇语义提取相关的脑区有了较为清楚的界定，因此结合相关脑区激活的时间进程可以为理解语义提取的进程提供更具辐合性的证据。为此，我们分别在词汇、短语和句子三个不同的层面上对词汇语义变量进行操纵，并采用 ERP 和 EROS 技术同步采集的方式对词汇语义提取的加工进行全面的探索。ERP 技术可以帮助我们锁定与词汇语义提取关系密切的 ERP 成分，利用 EROS 技术高时间和高空间分辨率的特点，则可以确定左侧颞中回区域的激活时间，而这一区域在以往的研究中已经被证实与词汇语义提取密切相关。因此，来自左侧颞中回区域激活的时空相结合的证据能为词汇语义提取的起始时间提供更直接的信息。三个实验的结果均表明，左侧颞中回在目标词出现后约 100ms 后就出现了激活，词汇启动范式下约为 128ms，而短语违背和句子语境限制性范式下均约为 96ms，表明这一加工进行得十分迅速，且相对来说，其开始时间不受语境限制性的影响。

值得注意的是，如果仅从三个实验的激活时间上看（126ms 与 96ms），似乎表明单个词汇理解中的词汇语义提取时间会比在语境中的词汇语义提取时间更晚。但我们必须承认，目前的结果尚不能清楚地支持这一结论。事实上，我们倾向于认为，这一数据上的差异反映的更可能是误差的作用。这是因为 EORS 实验的时间采样率为 32ms，而 96ms 和 126ms 之间的时间差，对于 EROS 数据而言只是一个数据点之差。考虑到 EROS 的信噪比相对较低，这种差异更可能是由实验材料和实验程序等的差异所致。未来的研究需要更好地在词汇层面和短语、句子层面对关键词进行匹配，以进一步考察不同加工复杂度下词汇语义提取是否也存在微小的时间差。

总的来说，尽管三个实验中左侧颞中回激活的起始时间存在一定差别，但均在关键词呈现后的 100ms 左右，远远早于 N400 成分的潜伏期，这为早期时窗内词汇语义信息的提取提供了极为有力的证据。

（二）词汇加工过程是遵循早期时窗多层次并行加工的模式

词汇加工过程既包括知觉层面的字形、语音信息加工，也包括更为抽象的词汇语义信息提取，而在短语、句子或语段中的词汇语义加工，则包含语境等更多层次的信息处理过程。不同层级信息之间相互作用的模式，一直以来都是认知心理学研究的核心问题，也存在较大争议。从理论上看，这种争议突出地反映在各认知模块的加工是序列进行的还是并行的，以及不同模块之间是否产生相互影响等问题上。模块化加工理论认为，人类认知各子成分是以模块化方式进行的，不同层级的加工分属于不同的模块，而封闭性是这些认知模块的一个特点，各模块的加工相互独立。例如，语言加工和数字加工可能分属于不同的模块，有着不同的加工规则，且不会相互影响。相比之下，交互作用理论则强调不同模块之间的加工会产生相互影响。一般来说，如果模块之间存在相互影响，那么两种加工在时空上往往有着一定的重叠，或者说具有一定的并行性（Fodor，1983；Shallice，1988）。以词汇加工过程为例，如果我们将知觉层面的特征信息、概念层面的语义信息，以及语境信息的加工归属于不同模块，那么按照序列加工理论的观点，当我们遇到一个词时，首先处理的可能是词汇知觉层面的信息，其结果将进入词汇语义信息提取模块，在提取出语义信息后，语境信息会与该语义信息进行整合，从而获得更大单元的语义表征。这种序列加工观对于词汇处理过程中不同层面的加工时间有着先后顺序上较为明确的认定（Friederici，2002；Morton，1969）。按照并行加工理论，不同认知过程之间虽然存在一定的差异，但它们同步进行并可能发生交互作用，最终形成另一个连贯的表征。具体到词汇语义加工来说，并行加工理论提出，词汇的知觉层面的加工、概念层面的语义分析和语境信息的影响是同步进行的，并且这些不同层面的加工在实时进程中会发生复杂的交互作用（Marslen-Wilson & Tyler，1975；Marslen-Wilson & Warren，1994；Rogers & McClelland，2004）。

先前确有研究通过词汇知觉层面和语义层面的变量操纵，观察到了不同效应在加工时间上的分离。例如，操纵词汇的知觉层面的信息往往会在 N1、N170 等 ERP 成分上出现显著差异（见综述 Grainger & Holcomb，2009），而操纵语义信息则会在 N400 成分上出现显著差异（Kutas & Federmeier，2000，2011）。然而，本章所介绍的几项 EROS 研究结果却倾向于支持早期并行加工的模式。因为无论是在单个词汇理解还是在短语、句子语境下对词汇语义变量进行操纵，都可以发现与词汇语义提取密切相关的左侧颞中回的显著激活，这种激活在词汇出现后的100ms左右就表现出来。这似乎表明不同层面的信息处理，如词汇层面的词汇语义提取、语境信息带来的语义信息的提前激活，都可以同时发生在相当早的时窗。

有趣的是，以往的研究发现，这一时窗内的语言加工通常与词汇知觉层面的处理关系密切。例如，采用ERP技术的研究发现，字形层面的变量所反映的效应主要出现在150ms左右（参见综述Grainger & Holcomb，2009）。在采用MEG技术的研究中，研究者借助其高时间和高空间分辨率的特点发现，与字形变量操纵密切相关的M100成分（类似于ERP的N1成分），其大脑定位就是在视觉皮层（Solomyak & Marantz，2009；Tarkiainen et al.，1999；Dikker et al.，2009，2010），证实与视觉字形的加工确实有密切关系。当前EROS研究的一个新发现是，在不同层次词汇语义变量的操纵下，与词汇语义提取关系密切的脑区的激活时间与字形加工相关脑区激活的时间是相似的，说明字形加工和语义提取两种不同层次的加工也很有可能在相似的时窗内开始。然而，遗憾的是，在我们的研究中并没有采集视觉皮层的数据，这主要是因为我们所用的光纤和探测器组合无法覆盖主要的视觉皮层，无法对视觉皮层是否存在激活及其与左侧颞中回之间的交互模式做出判断，因此关于字形加工和语义提取是否发生交互这一问题，目前也未能获得直接的证据。未来的研究可以加入音形等低层次特征的操纵，并采用能涵盖视觉皮层的探测器分布模式，将有机会更为直接地比较不同层级加工的时间进程，并对交互作用的可能性进行直接检验。

（三）ERP技术对早期成分测量的偏差

尽管本章呈现的几项EROS研究都一致地发现通过词汇语义变量的操纵可稳定地观察到左侧颞中回在早期时窗的激活，然而我们并没有在相应的ERP数据上发现任何早时窗效应。本章的EROS实验结果也与此类似。在这些较为一致的结果的支持下，我们倾向于认为这是ERP技术对早期成分测量的敏感性不够导致的。早期成分，如N1和P2，其波形特点是持续时间远短于N400等晚期成分，波峰明显，更容易被掩盖在噪声中，更难被检测到。在心理语言学研究中，很多变量都会对早期成分的波形造成较大影响。例如，尽管大多数研究发现词频效应只出现在N400时窗，但也有研究通过特定的设计和分析方法证实词频效应在早期时窗也有反映，只是其出现的精确时间会受到词汇长度的影响，较短的词汇词频效应出现的时窗更早，差不多在 100～150ms，而较长的词汇词频效应出现的时间相对较晚，差不多在 200ms（Assadollahi & Pulvermüller，2001，2003）。因此，如果一项研究中高频和低频两个条件下的目标词同时包含了较短和较长的词汇，那么当对高、低频目标词的 ERP 进行叠加平均时，误差也有可能显著增大，导致在早期较短的时窗内难以检测到相关操纵的效应。这种情况表明，在心理语言学的 ERP 研究中，存在着生态效度与敏感度的权衡效应，如果想使实验具有更好的生态效度，则在材料编制的过程中应尽可能地从更广的语料范围内选择材料，但这在客观上会提高材料的变异度，尤其是使发生在早期成分上的效应更难以检测。因此，研究者还是需要根据他们感兴趣的问题在这两种重要的变量间进行取舍，如果集中于早期效应的检测，那么在一定程度上控制语言材料内部的变异度是一个必不可少的步骤。

第八章
晚期时窗语义加工的动态大脑机制

早期的理论认为，句子理解中的语义和句法加工分别会在 300～500ms 左右（Kutas & Federmeier，2011）及随后 500～1000ms 的晚期时窗内产生效应（Osterhout & Holcomb，1992）。因此，晚期成分多被解释为是由与句法相关的认知加工活动引发的。然而，已有越来越多的证据支持语义变量同样会引发晚期成分发生变化。从前期的研究来看，语义晚期成分往往出现于高限制性语境条件下，但同时存在两种类型：一种是在语义违背条件下常观察到的语义 P600；另一种往往出现在非预期但语义合理的句子关键词上，即时窗为 500～900ms 的晚期正成分，研究者将其称为晚期前额正波。这两个成分具有显著不同的特点，因而一个重要问题是两者是否代表着迥异的加工机制。

为了在上述 ERP 研究结果的基础上进一步推进神经机制的研究，本章首先介绍晚期时窗中语义加工相关的神经电生理指标，随后介绍不同类型的语义变量如何对晚期时窗中 ERP 产生效应，接着我们回顾了相关领域的主要理论和争议，并重点介绍了我们如何利用 EROS 和 ERP 同步记录的技术来研究晚期时窗下的语义效应及其相应的认知及神经激活表现。研究结果证实，在高限制性语境中，存在两种类型的晚期正成分，一个是语义 P600，另一个是晚期前额正波，与这两个成分相对应的大脑激活区域出现了分离。对比引发语义 P600 成分的两个条件，在相应时窗内观察到与词汇语义提取和语义表征相关的左侧颞中回以及左侧颞叶前部的激活；而晚期前额正波时窗下两个相关条件的差异主要出现在左侧额下回后部，这些研究为分离晚期时窗下语义加工的两种基本类型提供了重要的证据。

一、晚期时窗中语义加工的 ERP 指标

语义的处理过程不仅会反映在经典的 N400 效应上，还有可能出现在更晚

的时窗，表现为晚期正成分。这一成分传统上被认为反映了句法违背后的重分析过程，但越来越多的研究发现这种重分析和修复也可能是由语义困难导致的。

（一）句法加工与 P600 成分

在句子阅读理解过程中，为了获得连贯的意义表征，读者一方面需要进行语义的处理，另一方面也需要对句法结构进行加工。具体来说，他们不仅需要利用词汇语义提取机制获得每个词的语义信息，通过语义整合建立起整体的语义表征，而且在逐词（word by word）加工的过程中，他们也会获得词汇句法信息，并利用句法整合机制构建句子的句法结构表征。语义表征和句法表征相互映射，直至最终建立起"谁对谁做了什么"这样一种连贯的情景表征。大多数早期的研究认为，语义和句法是由两个相对分离的加工系统产生的。因此，20 世纪八九十年代，许多研究者致力于寻找语义和句法加工对应的行为与神经生理指标，并尝试利用相关指标探索语义和句法加工的进程与影响因素。其中，影响最大的研究结果是证实与语义和句法加工存在独特且相互分离的神经电生理指标：语义变量与句法变量的操纵会诱发完全不同的 ERP 成分。N400与语义操纵有关，而 P600 与句法操纵有关。

在一项经典的实验研究中，研究者（Osterhout & Holcomb，1992）以快速序列视觉呈现的方式给被试呈现两类句子，一类符合句法规则，如"The broker hoped to sell the stock was sent to jail"，另一类不符合句法规则，如"The broker persuaded to sell the stock was sent to jail"。在这两个句子中，关键词均为 to。结果发现，相比符合句法规则的条件，不符合句法规则条件下的关键词会诱发一个更大波幅的正成分。其出现时间较晚且持续时间相对较长，从 500ms 左右开始一直延续到 900ms 左右，主要分布在大脑的中顶部脑区。根据它发生的时窗，研究者将其命名为 P600 效应。

随后，越来越多的研究发现，其他句法变量的操纵也可以较为稳定地引发 P600 效应。例如，相比句法形态合理的条件，操纵动词时态变化形成的句法形态违背条件下违背的关键词也会出现波幅更大的 P600（Hagoort et al.，1993）。相似的情况在句法结构违背、短语结构违背等实验条件下均会出现（Friederici et al.，1996；Osterhout，1997）。由于增大的 P600 成分稳健地出现在各种句法违背情景下，研究者倾向于将其作为句法加工的特异性神经电生理指标。

研究者认为，P600 成分反映的加工过程可能与句法重分析或者句法修补的过程有关。例如，在歧义句法的实验设计中，读者在语境的作用下首先会构建一个可能的句法结构，然而关键词的出现却使读者发现先前建立的句法结构有错误，需要进行修正，重新建立新的句法结构，这一过程主要出现在 P600 时窗（Frazier，1987；Friederici，1995）。不过，也有研究者认为，P600 反映的可能只是句法整合难度的差异。因为相比句法合理的句子，无论是句法违背的句子还是句法歧义的句子，读者建立句法结构的过程都会更加困难，增大的 P600 成分可能反映的就是这一过程（Fiebach et al.，2002；Kaan et al.，2000）。关于 P600 对应的句法加工机制，虽然研究者之间的观点尚未统一，但早期不同的理论都共同地支持了 P600 与句法加工相关的观点。

（二）语义加工与 P600 成分

随着研究证据的积累，P600 成分与句法加工的特异性关联开始受到挑战。在某些实验情景下，研究者发现语义变量的操纵也可诱发晚期时窗的正成分发生改变。最有影响的证据来自库珀伯格（Kuperberg）等关于题元关系违背的系列研究。她们采用的是经典的语义违背范式，在实验过程中给被试呈现三种类型的句子：正常句，如 "Every morning at breakfast the boys would eat..."（译文：这些男孩每天早上的早餐都会吃）；语义违背句，如 "Every morning at breakfast the boys would plant..."（译文：这些男孩每天早上的早餐都会种）；一种特殊的语义关系违背——题元关系违背句，如 "Every morning at breakfast the eggs would eat..."（译文：这些鸡蛋每天早上的早餐都会吃）。在题元关系违背的条件下，主语 egg 其实是动作 eat 的宾语，因此动词的出现构成了题元关系的违背。实验结果首先重复了先前关于语义违背的研究证据，证明在关键动词上，相比正常句，语义违背句会诱发波幅更大的 N400。但有趣的是，相比语义合理条件，题元关系违背中关键动词诱发的是波幅更大的晚期正成分，而非 N400 成分（Kuperberg et al.，2003b）。很显然，题元违背句的句法信息并无异常，但此时语义信息的违背却反映在晚期正成分上。对于这种现象，一些研究者用语义错觉（semantic illusion）来解释（Brouwer et al. 2012）。他们认为，当读者面对句法合理的句子时，题元的违背会使他们暂时性地出现语义合理的"错觉"，导致 N400 效应的缺失。只有延迟到更晚的时窗，读者才有机会发现该句子在语义上的不合理，产生语义修复，这一过程反映在波幅更大的晚期正成分上（Hoeks et al.，2004）。

随后，来自不同实验室的研究也越来越多地重复了语义晚期正成分的效应。无论是被动句式，如正常句"The hearty meal was devoured"（译文：这顿丰盛的餐点被吃完了），违背句"The hearty meal was devouring"（译文：这顿丰盛的餐点正在吃着）（Kim & Osterhout，2005），还是题元关系反转句，如"The cat that from the mice fled ran across the room"（译文：被老鼠追着的小猫跑过了房间），都可以发现，相比正常句，违背句在关键动词上诱发了波幅更大的晚期正成分，而非典型的 N400 效应（Kolk et al.，2003）。从时间上看，这类晚期正成分的形态较为稳定地开始于关键词出现后的 500ms，于 600ms 左右到达峰值，并一直延续到 1000ms 左右的时窗；从空间分布上看，这一成分主要分布在大脑的中后部脑区（Paczynski & Kuperberg，2011；Bornkessel-Schlesewsky & Schlesewsky，2008）。因此，无论是在时间特征还是空间分布上，这一成分与前人在句法加工中发现的 P600 成分都具有较大的相似性。所有上述实验操纵的变量并不涉及句法违背或句法歧义，因此这种 P600 效应显然不能简单地归结为句法加工。

上述这些研究结果清楚地说明了两个重要的问题：首先，P600 成分可能并不一定特异性地反映句法加工，尽管两者的关系比较密切；其次，语义加工是一个持续时间较长的加工过程，可能会持续到 P600 时窗。经典的语义违背范式与题元违背造成的效应通常出现在不同的时窗，对应的 ERP 成分在空间分布上也有所不同，很可能反映了不同类型的语义信息处理过程。因此，对语义加工的研究，需要考虑到不同的语义处理类型，通过细致地分离语义操纵的类型来开展系统的研究，可在一定程度上揭示语义加工的详细进程。由于语义题元关系的操纵较为稳定地反映在晚期正成分上，为了与句法诱发的 P600 成分相区分，研究者使用了语义 P600 来命名这种由语义加工引发的，并在晚期时窗观察到的这一正成分（Kuperberg，2007）。

二、不同的语义变量在晚期时窗造成的效应

尽管语义 P600 已被证实与语义加工密切相关，但其具体反映的是语义加工中的何种过程，目前尚不清楚。近些年，一些研究发现有几个关键的变量与这一晚期效应的变化关系密切，扮演着核心角色。

（一）题元关系的违背效应

一个有趣的现象是，那些报告出现语义 P600 效应的研究，往往都涉及了

题元关系的操纵。因此，一种自然而然的假设是，语义 P600 与语义加工中题元关系的检测和处理的关系较为密切。确实，不同类型的语义关系在语义加工的认知机制上可能也有所不同。有研究者提出（Mirman et al.，2017），语义关系至少包括基于分类学的语义系统（taxonomic semantic system）和基于题元的语义系统（thematic semantic system）等多种类型。例如，"医生"和"护士"之间存在着语义类别的关系，这种关系归属于分类学关系（taxonomic relation）。题元关系反映的是词汇之间存在相互联系的题元角色或者题元位置。例如，虫子和树叶之间的关系就是一种题元关系。在这两个词中，虫子的题元角色是施事，是动作的发出者；树叶的题元角色是受事，是施事者虫子发出动作后的接受者。先前的研究发现，题元关系和其他语义关系的认知加工过程很可能是相互独立的（Mirman et al.，2017），其对应的大脑处理网络也有所不同（Schwartz et al.，2011；Mirman et al.，2017）。正因为题元关系的加工和其他语义关系之间存在着认知和神经机制上的差异，在理解句子的过程中，题元关系和其他语义关系加工也存在着一定的分离（Pickering & Gambi，2018）。有研究已经发现，当理解者在进行联想或类别关系的语义加工时，N400 成分的波幅会显著增大（具体可见本书第四章），而当他们处理的是题元关系的违背时，则会出现波幅显著增大的 P600。这种成分分离的结果为不同语义类别存在着分离的心理表征提供了证据，也证实了 P600 与句子中题元关系处理的相关性。

（二）词汇的生命性线索的违背效应

生命性线索指的是特定的词汇是与有生命的动物类别相关还是与无生命的非动物类别相关这一语义属性。在语义结构中，生命性主要与题元结构的指派存在密切的关系（Jackendoff，1978）。例如，当我们遇到动词"称赞"，在指派题元关系的时候，读者通常会认为动作的发出者和接受者应该都是具备生命性特征的客体。当遇到动词"拨打"时，读者通常会预期动作的发出者应该是具有生命性特征的客体，而动作的接受者应该是非生命性的客体。正因为词汇的生命性特征与题元关系的指派之间存在着密切的关系，有研究者提出，当词汇本身的生命性线索与句子语义相违背时，可有效地引发题元关系的加工，并诱发出更大波幅的 P600。从生命性线索违背的角度而言，上述提到的多项研究似乎也都可以在这个框架下得到解释。前文中提到的几个例子，如 "Every morning at breakfast the eggs would eat" "The cat that from the mice fled ran across the room""the hearty meal was devouring"等，其中题元的违背也可以被视为生命性线索的违背。例如，在"eggs would eat"中，当读者遇到动词 eat 时，会指派该动作的发出者为具有生命性特征的客体，然而该范例中动作的发出者 eggs 是非生命性名词，因此出现了明显的生命性违背。

由于生命性线索和词汇语义联想关系都属于语义特征的范畴，而且这两个变量还经常出现共变的现象，为了进一步探索生命性违背是否可以独立地影响 P600 成分，研究者采用了更为精细的实验设计。他们同时操纵这两个变量，并观察其在 P600 效应中的作用。结果发现，仅生命性线索单独出现就可以显著地诱发 P600 效应（Paczynski et al., 2006）。具体来说，在这项研究中，被试逐词加工一个句子的主干"At long last the man's pain was understood by the..."（译文：最终这个男人的痛苦得到……的理解），研究者操纵最后一个词语形成四个实验条件：生命性合理 – 高词汇语义联想关系，如 doctor；生命性合理 – 低词汇语义联想关系，如 violinist；生命性不合理 – 高词汇语义联想关系，如 medicine；生命性不合理 – 低词汇语义联想关系，如 pen。结果发现，只有当生命性违背出现的时候，才会观察到波幅更大的 P600，词汇语义联想关系的高和低并不会对 P600 的波幅产生影响。这似乎表明，生命性线索的确在引发语义 P600 上起着重要的作用。

虽然上述研究支持了生命性线索在引发语义 P600 上的重要作用，但值得注意的是，仅仅生命性线索违背本身可能还不是语义 P600 出现的充分条件。在一项研究（Kim & Osterhout，2005）中，当被试加工到"The dusty tabletops were devouring"（译文：满是灰尘的桌面正在吞食）这一句子时，动词 devouring 的出现表明动作的发出者必须是具有生命性的名词，也就是说这一句子其实也存在着生命性违背。然而，奇怪的是，相比正常句，此条件下诱发的效应仍然是更大的 N400，而不是 P600。因此，不能把生命性线索违背视为诱发语义 P600 效应的充分条件，它和语义 P600 之间显然并不是一一对应的关系。

（三）词汇语义联想关系的影响

在语义 P600 成分被提出来之后，关于题元关系和生命性的线索的研究受到了研究者较多的关注。随着研究数据的积累，一些研究者开始关心词汇联想关系与题元关系之间的分离和交互。事实上，许多题元违背关系的操纵中间也可能混淆着词汇语义联想关系的作用，因此一些研究开始将两个变量进行分离，并分析两者之间可能存在的交互作用，结果发现，它们的确可以产生交互，并反映在语义 P600 这一成分上。以题元违背句如 "The hearty meal was devouring..."（这顿健康的美食正在吞食……）为例，主语 "meal" 和 "devouring" 之间存在较高的词汇语义联想关系。在 "The dusty tabletops were devouring..."（肮脏的桌面正在吞食……）中，虽然同为题元关系违背，但 "tabletops" 和 "devouring" 之间的词汇语义联想关系较低。结果发现，在只有题元关系违背同时具备较高的词汇语义联想水平的条件下，相比语义正常句，在关键词 "devouring" 上才可以观察到波幅更大的语义 P600。在题元关系违背且词汇语义联想水平较低的条件下，相比语义正常句，关键词 "devouring" 引发的效应仍然是 N400，而非语义 P600 效应（van Herten et al., 2006）。另一些研究者使用潜在语义分析（latent semantic analysis）的方法，通过语料库计算，精细并定量化地操纵句子中关键词之间的词汇语义联想程度，也得出了类似的结果。这些结果总体上表明，题元关系违背同时兼具高的词汇语义联想关系才是引发语义 P600 效应的重要因素。

值得注意的是，关于词汇语义联想关系与题元关系如何影响语义 P600 的问题，目前研究者之间仍有分歧，并不是所有题元关系的违背必须伴随着词汇语义联想水平升高才能看到 P600 效应的影响。如在前文提到的库珀伯格等（Kuperberg et al., 2007）的研究中，读者在加工题元违背句 "Every morning at breakfast the eggs would plant..." 时，假如词汇语义联想关系是语义 P600 产生的关键原因，由于 eggs 和 plant 之间的词汇语义联想关系并不是太强，我们应该预测，此时与语义合理的条件相比，题元关系的违背不应该出现更强的语义 P600。然而，我们已经知道，显著增强的语义 P600 仍然被观察到。相似地，在其他语言的研究中，如德语，有研究者采用了类似的实验设计，发现词汇语义联想关系在语义 P600 的产生中并不是关键的因素（Friederici & Frisch, 2000；Hoeks et al., 2004）。因此，关于这一问题，在未来仍需要进行更精细的研究。

（四）语境的作用

除了上述这些因素，语境限制性的操纵也与语义 P600 效应的诱发有一定关系。一项研究以逐词呈现的方式给被试呈现语义正常句，如 "The woman told the tourist"（译文：这个女士告诉旅行者），以及生命性违背句，如 "The woman told the suitcase"（译文：这个女士告诉手提箱），研究者为不同关键句设置了语段连贯或不连贯两个条件。以生命性违背的目标句为例，在连贯语段语境中，suitcase 被描述为故事主角，并使用了拟人化的叙述。此时，在生命性违背目标句单独呈现的条件下，"手提箱"并不能作为动词"告诉"的受事，但从整个大的语境来看，这一设置却是合理的。相比之下，在不连贯语境下，"手提箱"无法被解读为"告诉"一词的合理受事。结果发现，在连贯语境中，相比语义正常句，生命性违背句在关键词上"手提箱"诱发了更大的语义 P600 效应，而在 N400 上并没有观察到统计显著的效应。相比之下，在非连贯语境下，"手提箱"是一个非生命的物体，此时生命性违背诱发的是波幅更大的 N400，而不是波幅更大的语义 P600。这一研究显然支持了语境信息可以在一定程度上调节语义 P600 的效应，因此同样需要将其视为生命性线索加工中重要的影响因素（Nieuwland & van Berkum，2005）。

除了语境的连贯性会起作用，语境限制性的强弱本身也可以调节语义 P600 效应的大小。有研究者操纵语境的强度后形成了强语境限制和弱语境限制两种句子主干，并观察语义违背是否会诱发语义 P600 效应，以及诱发的效应是否以及如何受到语境强度的影响。结果发现，强弱语境下语义违背都会导致语义 P600 效应的出现，但是强语境下的语义 P600 效应更大（Gunter et al.，2000）。这些研究表明，语境强度对语义 P600 效应也有着重要影响。

（五）实验任务的调节

无论是哪些因素在起作用，如题元关系的指派、词汇语义关系的联想程度、生命性违背，或是整个语境信息的连贯性与限制性等，前述不同研究的存在都表明语义 P600 效应产生的原因是多方面的，其中实验材料自身的特性是一个十分重要的影响因素。除此以外，也有研究关注实验任务的影响，并探讨了实验任务的不同是否也会引发语义 P600 的改变。

在大多数句子阅读研究中，研究者通常会采用两类不同的实验任务：一种任务相对内隐，只要求被试阅读并理解句子，并回答关于句子意义的问题，这是一种较为自然的阅读理解任务。另一种任务则相对外显，如要求被试在阅读句子的基础上，对句子的意义合理性或者可接受性进行直接的判定。当采用类似的外显任务时，被试在理解过程中会投入更多的注意资源，对违背信息的检测也可能更加敏感。与之相应，先前的研究表明，相比内隐任务，外显的语义加工任务更有可能引发语义 P600 效应的改变。例如，一项实验采用了生命性违背范式，让理解者加工句子"The trees that in the park played..."（译文：在公园里的这些树玩了……），并完成两种不同的实验任务，分别是内隐的实验任务（即阅读并理解句子）及外显的语义判断任务（即读完句子后对句子意义的可接受度进行判定）。结果发现，与正常句相比，在内隐的实验任务中，生命性违背句在关键词"played"上诱发了波幅更大的 N400；在外显任务中，同一词汇在 P600 而非 N400 上诱发的效应更强（Kolk et al., 2003）。类似地，另一项研究让被试阅读"Tyler canceled the tongue..."（译文：泰勒取消了舌头……），结果发现，相比语义正常句，在内隐的实验任务中，违背句在关键词"tongue"上只诱发了波幅更大的 N400 成分；在外显任务中，加工关键词"tongue"时会同时出现较强的 N400 和语义 P600 效应（Geyer et al., 2006）。这些实验总体上表明，外显的实验任务可能会使被试对句子阅读投入更多的注意资源，此时生命性违背才有机会诱发语义 P600 效应。也就是说，实验任务的性质可以调节生命性违背诱发的语义 P600 效应。

三、晚期时窗下语义加工的主要理论和相关争议

前文讨论了许多与语义 P600 效应相关的影响因素，这些研究总体上表明语义 P600 效应的发生可能会受到许多变量的调制。那么，它本质上反映的是何种性质的语义加工呢？相关文献中提出了几种不同的解释，包括以下几种具有代表性的加工过程。

（一）高层次的语义加工过程

语言学家提出，语义关系存在着不同的层次，其中词汇语义联想关系（即类别关系）处于较低层级，而题元关系处于更高的层级（Jackendoff, 2007），例如，"医生"和"护士"这两个概念之间主要是词汇语义联想关系，或者说是一种语义类别的关系，研究者认为这类关系是以网络节点相连的形式存在于人类的语义记忆中的。在短语和句子句料中，除了词汇语义的表征外，我们还需要表征谁对谁做了什么事情，题元关系在其中扮演着核心的角色（Kuperberg et al., 2020）。此外，读者阅读理解的目标是建立起一个具体事件的表征，利用这一事件的表征，读者可以对阅读材料未表达的信息进行推理和补充，这一表征既包含词汇语义关系，也包括题元关系。此外，一些看起来关系并不清晰的词汇也可能因为处于同一事件或情境而得以建立起关联。这种关联构建在情景表征的基础上，位于更高的语义层级中。例如，当我们看到句子"小明去理发店修剪"时，除了会激活词汇语义表征以及整体意义的表征外，同样会激活

阅读者头脑中关于"理发店剪头发"的事件表征，在这种情况下，"小明"甚至可以和"热水"形成联系，因为两者都可以共同出现于在理发店修剪这一事件情境中。

事件表征包含的信息有很多类型，包括语言学和非语言学的信息。题元角色的关系属于语言学信息的一种。仍以"理发店剪头发"这一事件为例，现实中相关的理发事件往往有理发师这一角色，专门为客人修剪头发或者剃胡子，因此在加工到动词"修剪"时，基于事件表征，会激活理解者大脑中各种相关的语义特征，如"理发店里有谁""谁是修剪者这一动作的发出者""修剪的是什么"等。这种题元角色表征的建立，有助于读者对动词后的客体进行预测。例如，熟练的阅读者可以预测动词后的客体应该是受事，是可以被修剪的客体。从词汇生命性特征来看，读者可以预测修剪这一动词后的名词应该是非动物的，如果语境足够强的话，读者还可以在具体词汇层面直接进行预测，例如，预测随后将出现的词汇应该是"头发"。此外，事件表征中还包含了大量非语言的信息，如读者关于"理发店剪头发"这一事件经验的各种情景记忆表征，包括他们何时去理发店、去哪一家理发店、剪了一个什么发型、见到了什么人，以及说了什么话等记忆表征，同时也包括关于这一事件的一些常识性的表征等。正因为这些不同层级表征的存在，当读者发现这一句子主干后跟随的关键词是"警察"时，就会在许多不同的层面产生冲突，违背了"修剪"这一动词相应的客体题元指派。这种违背所伴随的语义 P600 也就被假设为是反映了更高级的语义关系，如题元关系的检测与重分析等信息处理过程（Kuperberg et al.，2020）。

（二）语义的重分析

从先前的文献来看，可以肯定的是，语义 P600 效应似乎是多变量共同作用的结果，其中一个核心变量与语境的限制性有关。在强限制性语境下，读者可提前激活与目标词相关的多个语义特征，导致与该语境违背的目标词出现之后，理解者需要进行更多的重分析和修正，研究者认为这种重分析可能正是语义 P600 的重要机制。

事实上，如果仔细分析前文综述的许多研究，如高词汇语义联想条件下的题元违背或生命性违背会较为稳定地诱发语义 P600 的实验，我们可以看到，研究者采用的实验材料似乎也是一种高限制性语境的句子主干，如前文谈及的库珀伯格等（Kuperberge et al.，2017）的研究工作，其实验材料的范例

"Every morning at breakfast the eggs would ..." 句子主干本身就具有很强的限制性。因此，他们发现的关键词上的语义 P600 效应，也不能完全排除是由高限制性语境与关键词之间的不匹配所致。确实，有研究者直接使用高限制性语境，并结合普通的语义违背范式，即不涉及题元关系的违背，也报告了语义 P600 效应（Thornhill & van Petten，2012）。一些研究直接操纵关键词前的语境强度，结果发现，只有在强语境下题元关系违背或者生命性违背才会诱发波幅更大的语义 P600，而弱语境下的语义 P600 成分并不受影响（Nieuwland & van Berkum，2005）。这些结果直接或间接地表明，语境信息的强度可能是调节语义 P600 的一个关键变量。

正是基于语义 P600 成分主要发生在高限制性语境条件下，且其时窗处于和语义记忆密切相关的 N400 成分之后，有研究者提出，这一成分反映的可能是语义重分析的过程（van Petten & Luka，2012）。具体来说，阅读是一个复杂且持续时间较长的认知过程，一个熟练的语言使用者在阅读过程中不断进行词汇语义信息的提取和整合加工，最终建立起连贯性的情景表征，这一表征又不断地实时引导着语义预期的进行（具体参见本书第十章的讨论）。相比之下，具体的词汇、短语等信息的加工过程十分迅速，且在工作记忆中只保留很短的时间（Neath et al.，2003）。具体从句子阅读中某一词汇加工的过程来看，当读者遇到一个目标词时，他首先会提取目标词的语义信息，并将目标词与语境信息进行整合，多数研究者认为这一语义加工的过程会反映在 N400 这一语义成分上。如果此时读者加工的是一个语义违背句，目标词并不能和语境很好地进行整合，N400 效应会显著增大。在语言处理过程中，读者的目的是不断寻求可解释的意义，因此一个违背的目标词并不会使读者停止对意义的加工。于是，为了进一步建立一个连贯的表征，读者可能会重新激活语境信息，并检测关键词不同层面的语义内容，尝试将语境的其他意义与目标词的合适意义再次进行整合，这一过程可能会持续较长的时间，直到理解者形成一个满意的、足够好的表征。如果目标词完全不可解释，也不排除读者完全放弃整合的可能。总体上来说，这一过程会反映在稍后的时窗，即 P600 对应的时窗内。

情节记忆领域的相关研究在一定程度上支持了 P600 成分与重分析加工之间的密切的关系。例如，在一项经典的研究中，被试记忆学习材料，之后研究者向被试呈现旧的和新的材料，要求他们完成再认任务。结果发现，相比新的记忆材料，被试识别旧材料的过程会伴随着一个正成分的改变，时窗为刺激出现后的 400～800ms，主要分布在头皮中顶部区域。这一时窗和大脑头皮分布都与语义 P600 效应十分相似（Senkfor & van Petten，1998）。研究者认为，学习者在对旧的材料进行再认时，要重新激活并提取原有的记忆信息，与测试材料进行精细的比较，其诱发的效应反映在语义 P600 上，在一定程度上表明语义 P600 与重分析的认知过程有关。

值得注意的是，对于语义重分析的精细机制，不同的研究者仍有着不同的观点（Kim & Osterhout，2005；Kuperberg，2007；Bornkessel-Schlesewsky & Schlesewsky，2008），但研究者普遍持支持语义 P600 可能与不连贯表征出现时进行的语义重分析存在关系这一观点。

（三）非语言特异性的一般认知过程

语义 P600 往往是在语义违背情景下出现的，通常也会诱发一般认知加工的参与，因此有研究者认为这一效应反映的或许并不是语言特异性的认知加工过程，而是与注意、工作记忆信息更新和认知控制等领域有关的一般性认知加工机制。具体来说，在注意领域，先前的研究已经证实，伴随着小概率刺激出现的一个脑电成分是 P300，语义 P600 与该成分十分相似。具体来说，P300 可以在经典的奇异球范式下被诱发。这一范式下的研究主要使用了两类刺激：一类刺激出现的概率较高，称为标准刺激；另一类刺激出现的概率较低，称为偏差刺激。当要求被试外显地检测小概率刺激时，相比大概率刺激，小概率刺激会显著地诱发波幅更大的 P300，尤其是 P300 家族中的 P3b 成分，主要分布于大脑的后部脑区。由于 P3b 的出现常常需要外部任务引发，而且只出现在小概率的刺激上，研究者认为它是自上而下的预期和自下而上的刺激之间的冲突所致，反映的是一般化的认知加工，包括工作记忆内容的更新（Donchin & Coles，1988）和反应决策等（Kok，2001）。语义 P600 与 P3b 都分布在后部脑区，也都是在预期和目标之间冲突明显的条件下出现，同时也都会受到外部任务的调制，因此有研究者认为 P600 可能是 P300 家族的一部分（Coulson et al.，1998；Bornkessel-Schlesewsky et al.，2011），反映了伴随着语义冲突出现的认知监控等一般认知加工过程（van de Meerendonk et al.，2011；Kolk et al.，2003）。

值得一提的是，一些研究者还指出即使是在句法违背范式下观察到的 P600 效应，反映的也是一般认知加工。的确，句法违背范式具备引发 P3b 的两个关键因素：异常信息、小概率事件。首先，当句法违背时，自上而下的句法预期与自下而上的目标词句法信息输入之间会出现明显冲突；其次，关键词的句法违背在某种程度上也可以被看作一种小概率事件。具体来说，虽然为了避免实验过程中被试的判断偏差，研究者会确保句法违背与正常句的比例保持相对平衡，但是违背词汇的出现总体上仍然属于小概率事件，这是因为句子中的大部分词汇还是合理的。由于具备了上述诱发 P3b 的相似因素，且 P600 成分总体上也与 P3b 很像，认为这两个成分反映了相似的认知过程也就成了一个合理的推断，更何况语义违背和句法违背条件下均可以观察到晚期正成分的变化，这和 P600 是与一般认知加工过程而非语言特异性认知过程存在关系的假设较为吻合。

四、晚期时窗下语义加工的两种基本类型

语义 P600 的报告引发了研究者的广泛关注，许多研究者也开始更深入地分析不同语境限制下引发的晚期正成分之间的差异。其中一个重要的发现是，强语境下除了可能出现传统的语义 P600 外，还存在另外一类与语义加工密切相关的晚期正成分，即晚期前额正波。

（一）语义加工中的晚期前额正波

我们已经知道，语义 P600 这一 ERP 成分与 N400 是不同的，它的出现往往伴随着两个重要的特征：一是存在较强的语境限制性，无论是句子语境还是词汇语境；二是存在语义违背，尤其是题元角色或者生命性违背。然而，有趣的是，在较强的语境信息"小明去理发店修剪……"之后，如果目标词并非违背目标词，如"衣服"（非预期违背条件），而仅仅是一个低预期的目标词（非预期合理条件），则非预期的语义合理词可诱发另外一个不同的晚期正成分——晚期前额正波，该成分发生在关键词出现后的 500～900ms（Kutas，1993）。

非预期语义合理条件下伴随着的晚期前额正波随后也在许多不同的研究中得到了重复验证。例如，研究者采用半视野呈现的实验技术以及与上述类似的预期实验范式发现，相比高预期条件，低预期但语义合理条件下的关键词诱发了波幅更大的晚期正波，主要分布于左侧前额部位（Coulson & van Petten，2007）。运用同样的范式，在双语者（西班牙语和英语）的句子阅读中也可以观察到晚期前额正波（Moreno et al.，2002）。在该研究中，双语被试阅读高限制性语境的句子主干，而其对应的高预期目标词则被替换为同义词汇或者翻译对等词，形成低预期条件关键词，结果发现，相比高预期条件的关键词，无论何种低预期条件，在关键词上都出现了波幅更大的晚期前额正波。进一步的研

究还发现，无论是年轻人还是老年人，在面对高限制性语境下的低预期合理条件时，都会出现晚期前额正波，而很少受年龄的影响（DeLong et al.，2011，2012）。

深入分析一系列相关的研究工作可以发现，高限制性的强语境是诱发稳定的晚期前额正波的关键条件。在一项研究中，研究者操纵语境的限制性强度，从而形成了强弱两种不同的语境。结果发现，只有在强语境下，相比预期条件，非预期合理条件下的关键词才能表现出更大的晚期前额正波（Federmeier et al.，2007）。此外，进一步的研究还发现，语境的强弱程度本身可能就可以调控晚期前额正波的出现情况（Thornhill & van Petten，2012）。在这项研究中，研究者同时操纵句子语境的限制性以及关键词和语境之间的预期性，结果同样发现，只有在高限制性语境下（85% 的限制性），相比预期合理条件，非预期合理条件下（完形填空的可能性平均为 2%）的关键词才会诱发波幅更大的晚期前额正波；在限制性较低的语境下（27% 的限制性），非预期合理条件（同样是完形填空的可能性平均为 2%）并不会引发晚期前额正波的改变。更加重要的是，研究者发现，语境限制性因素本身也会对晚期前额正波产生影响。例如，低限制性语境下的关键词与语境信息之间并不会出现冲突，但是相比高限制性语境下的关键词，同样也会诱发波幅更大的晚期前额正波。

综合以往文献可以发现，晚期前额正波的出现与两个重要的因素密切相关：首先，句子本身必须是语义合理的，关键词和句子语境可以建立起某种程度的连贯语义表征；其次，关键词并非最高预期的目标词，或者说较难被预测（如低限制性语境条件下）。

（二）晚期前额正波和语义 P600 的异同

语义 P600 和晚期前额正波都是由语义变量的操纵引发的 ERP 成分，与语义加工有着密切关系。但是由于两个成分在地形分布上存在着明显的差别，研究者推测它们可能反映了不同类型的语义加工，或者是语义加工的不同处理阶段。

我们从以上研究已经知道，语境强度和语义合理性在一定程度上决定了晚期成分的不同类型。在较强的语境下，理解者遇到违背的关键词可能诱发的效应是语义 P600，而当他们遇到的是非预期的语义合理词时，诱发的却是晚期前额正波。一项较大样本的文献分析进一步支持了这一假设（van Petten & Luka，2012）。研究者对先前已有的关于语义加工的 ERP 文献进行了系统的分析，根据语义是否合理将其分成两类：一类是涉及语义不合理和合理条件的比较；另一类是涉及语义合理的句子在低预期（低限制）和高预期（高限制）条件间的比较。结果发现，在 45 项涉及语义不合理和语义合理对比的研究中，共有 64 次谈及语义不合理和语义合理之间的对比，其中有 17 项对比发现了语义 P600 成分，只有两项报告出现了晚期前额正波。在另外 13 项涉及低预期（低限制）和高预期（高限制）对比的研究中，涉及低预期（低限制）和高预期（高限制）的对比共有 27 次，其中有 17 次发现了晚期前额正波，只有 1 次发现了语义 P600。值得注意的是，这项研究并没有对前人的研究进行元分析，只是对先前研究的结果进行了粗略总结。此外，语义相关的晚期成分也是近年来才受到重视，因而早期的许多研究往往会忽略晚期成分的出现，或者即使报告了晚期成分，也并没有进行统计和解释。总体上而言，这项总结报告虽然对语义 P600 和晚期前额正波分类结果可能并不全面，但从趋势上还是可以看出，语义 P600 和晚期前额正波的出现在一定程度上确实受到了语义合理性程度的调控。

最近，有研究者采用预期范式，直接操纵了语义合理性变量，并观察晚期时窗的 ERP 表现，结果的确发现语义合理性是调控语义 P600 和晚期前额正波的一个关键因素。具体来说，相比预期条件下的关键词，非预期但语义合理条件下的关键词显著地诱发了波幅更大的前额正波，而非预期且语义不合理条件下的关键词显著地诱发了波幅更大的语义 P600（DeLong et al.，2014；Quante et al.，2018；Ness & Meltzer-Asscher，2018），这再一次证明语义合理性这一变量在晚期时窗可能伴随着某些复杂的认知过程。

（三）晚期前额正波反映的加工机制

关于晚期前额正波的对应的认知功能，目前研究者知之甚少，一个重要原因是早期研究者的注意焦点往往落在和语义加工关系更加密切的 N400 上，相对忽略了晚期时窗的 ERP 表现，即使有少数研究也报告了该时窗中的效应，但由于文献和解释的缺乏，往往也难以做出深入的分析。近年来，随着语义 P600 成分在语义加工研究中逐渐受到重视，晚期前额正波才开始进入研究者的视野。

无论从成分形态还是引发两类成分的研究设计来看，晚期前额正波和语义 P600 之间都有许多不同之处，其认知机制也极有可能各不相同。目前，对晚期前额正波认知功能的探讨虽然相对较少，但多数证据倾向于支持这一成分可能反映的并不是语言特异性的认知加工，而是与实验任务相关的一般化认知加工过程，与一般认知加工的关系十分密切。这是因为晚期前额正波的成分主要分布于前额位置，与 P300 家族的另外一个重要成分 P3a 有着较大的相似性。P3a 一般出现在注意研究中，当新颖的刺激呈现时会出现，而晚期前额正波最常出现的研究设计是强语境下非预期和预期条件的对比。在非预期且语义合理的条件下，理解者构建的表征可被视为一种较为新颖的表征（如"小明去理发店修剪胡子"）。因此，研究者认为，晚期前额正波成分反映的特性或许与 P3a 相似，并不一定是语言特异性的，而是由于新颖刺激出现而伴随的一般化认知加工。

更进一步而言，研究者还假设晚期前额正波与一般认知加工中的抑制加工关系密切（Levy & Anderson，2002）。语义记忆研究的文献表明，当我们遇到新颖而与语义语境线索不一致的刺激时，会激发认知控制中的抑制功能，以用于抑制由于语境线索带来的无效的语义信息或语义表征，这一功能主要是由大脑的额叶负责的（Lau et al.，2008）。在强语境下，当读者遇到非预期的目标词时，为了更好地建立连贯的表征并完成特定的实验任务，读者的确需要对提前激活的各种无关语义表征进行抑制（Kutas，1993）。既然那些观察到晚期前额正波的研究设计往往伴随着抑制加工的参与，且该成分的分布又与抑制加工引发的头皮地形分布相似，假设这一成分与抑制过程相关也就显得十分合理。

近年来，一些具体的实验也支持了一般认知加工的假设。例如，采用预期的实验范式，关键词有三种，分别是预期词、与预期词存在语义联系的非预期词、与预期词语义联系极低的非预期词。结果发现，在晚期时窗，相比预期条件，两个非预期条件下都诱发了波幅更大的晚期前额正波，但两者之间并没有差异（Thornhill & van Petten，2012）。这一结果一方面说明晚期前额正波与精细的语义加工可能不存在直接的关系；另一方面，在和语境预期不符但又可以建立起连贯表征的时候，就会诱发晚期前额正波，说明这一成分与一般认知加工之间有一定的关系。最近，我们研究组采用经典的预期范式，结合 EROS 技术进行了相关研究，也发现相比预期词，在非预期关键词上产生了波幅更大的晚期前额正波。利用 EROS 高时间和空间分辨率的特点锁定晚期前额正波，我们发现在这一时窗下激活的大脑区域是左侧额下回后部。先前的研究也表明，这一区域与一般认知加工密切相关（详细讨论左侧额下回后部与认知控制的关系，请见本书第五章），因此这一结果为晚期前额正波与一般认知加工的关系提供了重要的佐证。

值得注意的是，虽然很多研究支持晚期前额正波与抑制等一般认知加工机制有关，但仍有研究者强调了这一成分与语义特异性加工过程的关系，强调了晚期成分的变化与语义重整合加工有关，目的是形成新的语义连贯的表征（Federmeier et al.，2010；DeLong et al.，2014；Brothers et al.，2015）。这些研究者认为，当目标词与强语境限制激活的语义特征信息不符，而根据目标又可以建立起连贯表征的时候，理解者会重新提取目标词的词汇语义信息，将之与语境信息再次进行整合，以获得新的连贯语义表征。遗憾的是，目前支持该观点的直接证据相对缺乏，少数一些相关研究的结果事实上提供了一些否定的证据。例如，有研究发现语境限制性的高低与晚期前额正波的出现没有关系。具体来说，研究者操纵了语境的限制性，形成了高限制性语境的正常句和低限制性语境的正常句两个条件，结果发现，低限制性语境下的正常句与高限制性语境下的正常句在目标词上都出现了波幅较大的晚期前额正波（Thornhill & van Petten，2012）。在低限制性语境中，语境并未能较强地激活与目标词相关的信息，此时语境信息和目标词之间的冲突也并不强烈，然而依然出现了波幅较大的晚期前额正波，这与信息的重新提取、重新整合的假设并不一致。

五、晚期时窗下语义加工的动态脑机制：EROS 的探索

（一）语义 P600 和晚期前额正波相关的动态大脑激活：EROS 的证据

由于语义 P600 和晚期前额正波具有不同的形态分布，并在不同的研究设计中出现，在一定程度上支持了这两个成分反映的是不同的认知过程。然而，关键的问题是这种认知加工过程是什么？对于此问题，目前的研究仍然没有给出较为清晰的证据。这种争议的存在，一方面或许是因为早期的研究相对忽视了出现在晚期时窗的相关成分，导致实验证据相对缺乏；另一方面，也是一个较为关键的原因则是研究技术的限制带来的影响。如前所述，清楚地揭示一个 ERP 成分的认知机制，需要非常清楚的实验设计，如果实验设计本身较难对精细的心理过程进行分离，则相关的成分与何种精细的心理过程有关也就难以得到确认。例如，关于晚期前额正波到底反映的是领域特异性的语言加工过程还是领域一般性的认知过程，由于实验设计本身难以精细地操纵影响这两个过程的直接变量，不同的假设也难以得到清楚的检验。相比之下，借助 fMRI 技术，研究者有机会观察不同加工相关的大脑激活，假如不同的认知过程在空间上存在着可区分的脑机制，且研究者对不同区域的功能达成了一定的共识，则来自

空间定位的结果在一定程度上能为原有的研究提供直接的证据，尤其特异性脑区的激活，能为我们检测相关的功能提供重要的启发。例如，前期的研究已经证实左侧颞中回的激活与词汇语义提取关系密切，而左侧额下回的激活，尤其是左侧额下回前部的激活与语言的整合加工关系更为密切，相比之下，左侧额下回后部的激活与一般化认知加工的关系更加密切。对这些粗略的大脑分区，目前研究者已经达成一定的共识，假如研究者能进行较为精细的实验设计，则很大概率能帮助我们更深入地理解特定加工进程的机制。遗憾的是，一方面，fMRI 的时间分辨率相对较低，是一种延迟的加工指标，因此使用这一技术观察到的激活模式可能是完成整个心理加工过程的整体激活模式。当前关注的语义 P600 和晚期前额正波都有相对固定的发生时窗，同时不管是语义 P600 还是晚期前额正波，在语义加工过程中也都不是单独诱发的，往往同时伴随着其他 ERP 成分，如 N400。fMRI 信号反映的是全时程的结果，研究者很难将来自语义 P600 或者晚期前额正波时窗下的特定激活的信号与 N400 的信号相分离，采用 fMRI 技术观察到的大脑激活情况能在多大程度上反映这两个时窗下的特定激活，这一点仍然存疑。相比之下，如果使用具有高时空分辨率的技术，通过锁时的方式，就可以观察到特定时窗下关注的信息伴随的大脑活动，而时空的动态激活模式毫无疑问可以帮助我们获得更多的信息。然而，正如上述提到的，或许由于这两个成分受到关注的时间相对较晚，文献中尚未有研究对这两个成分的大脑动态激活模式进行探讨。

有鉴于此，为了更好地探讨语义 P600 和晚期前额正波分别对应的认知功能，首先，应该尽可能地在同一实验框架下对这两个成分进行研究。先前报告晚期成分的多数研究通常只是报告其中一种，由于不同研究中使用的被试、实验材料、实验任务都有所不同，不同实验之间难以对比，故难以清楚地说明不同晚期成分的异同。如果能采用类似的实验材料，使用同一批被试在同一实验中对这两种成分进行研究，对澄清两者的机制应该极有帮助。其次，同时使用具备高时间和空间分辨率的技术对两个成分进行研究，也能更好地推断这些晚期成分的内在机制。

结合先前研究中观察到的不同晚期成分的产生条件，我们同时操纵了语境限制性以及目标关键词与语境之间的语义关系，以期诱发晚期前额正波和语义 P600。具体来说，我们创设了三种实验条件：强限制性语境下语义合理的句子（斜体加粗部分为目标关键词），如"颁奖者给运动员戴上了金牌"，弱限制性语境下语义合理的句子，如"小明自豪地望着自己的金牌"，同时将关键词替换成一个跟语境不匹配也无法形成合理语义表征的强语境语义违背句，如"这是他擦脸用的金牌"。根据先前的研究，相比高预期合理条件，低预期合理条件下可显著诱发波幅更大的晚期前额正波（Thornhill & van Petten，2012），而强语境的语义违背可诱发波幅更大的语义 P600。通过对三个条件进行比较，我们可以在同一实验中对语义 P600 和晚期前额正波进行考察（见综述 Kuperberg，2007）。采用 ERP，结合 EROS 同步采集技术，我们锁定了两个成分出现的时窗下的 EROS 信号，并观察它们各自对应的大脑激活模式，希望对揭示这两个成分对应的认知机制做出一定的贡献。

16 名以汉语为母语的大学生被试参与了实验。被试均为右利手，身体健康，视力或者矫正视力正常，无任何精神类或大脑损伤等相关疾病。所有被试在实验前都签署了知情同意书，在实验结束后会获得一定的报酬。

实验条件包括三个：高限制性语境下的语义合理条件、语义违背条件、低限制性语境下的语义合理条件。为了确保实验材料中的语境限制性符合实验设计的要求，我们首先编制了 700 套具有不同程度语境限制性的句子主干（不含句末的关键词），招募被试对这些句子主干的语境限制性程度进行评定。被试要针对每一个句子主干完成一项经典的完形填空作业，即根据主干填入一个最先想到的名称词以补全句子，然后计算被试填入次数最多的那个名词的比例，这反映了语境对关键词的约束，因而将该比例作为语境限制性的指标。例如，对于句子主干"颁奖者给运动员戴上了"，40 名被试中有 95% 填了"金牌"，其他被试填了如"奖章""帽子"等词汇。我们选出填入次数最多的词，计算其被填入的比例，这一数值也就是该语境的限制性（95%）。通过这种方式，我们计算出 700 个句子主干对应的语境限制性数据，随后将每个句子主干和各自完形概率最高的目标词进行组合，就形成了 700 个完整的句子。根据语境限制性指标，我们按语境限制性低于 45% 或高于 70% 的标准挑选低限制性语境句和高限制性语境句，分别为 150 个、250 个。对于 250 个高限制性语境的句子，将其中的 100 个句子的关键词用其他名词替代，形成 150 个具有高限制性语境但是语义不合理的句子。通过这种设计，最后形成了 150 个高限制性语境且语义合理的句子（平均语境限制性为 86%）、100 个高限制性语境且语义不合理的句子（平均语境限制性为 80%）、150 个低限制性语境且语义合理的句子（平均语境限制性为 26%）。

为了确保这些正式实验材料的语义合理性符合实验设计的要求，我们又另外招募 20 名被试，请他们对上述 450 个句子的意义合理性进行 5 点评定，"1"

为完全不合理，"5"为完全合理。评定结果表明，高限制性语境且语义合理条件、低限制性语境且语义合理条件、高限制性语境且语义不合理条件的平均得分分别为4.8、4.7和1.6，进一步统计发现高限制性语境且语义合理和低限制性语境且语义合理两个条件在合理性上没有差异，得分均显著高于高限制性语境且语义不合理的条件。

在这个实验中，语义合理和不合理的句子比例是3∶1（300∶100），为了避免这种数量上的不平衡可能导致的差异，我们又额外增加了150个语义违背的句子作为填充材料，最后使得语义合理以及语义不正常句子的总体比例接近1∶1。

因此，在正式实验中，每名被试将会读到550个句子，包括150个高限制性语境且语义合理的句子、150个低限制性语境且语义合理的句子、100个高限制性语境且语义不合理的句子、100个低限制性语境且语义不合理的填充句子。

具体的实验流程如图8-1所示。300ms的注视点消失之后，屏幕中央呈现句子的第一部分内容，持续时间为400ms，结束之后伴随着200ms的空屏，依此循环直至句子结束。句子最后一部分呈现同样伴随200ms的空屏。随后，在屏幕中央出现"该句子的意义是否合理"的提示，要求被试对刚看到的句子进行语义合理性判断。如果觉得句子合理，则用左手拇指按鼠标左键，不合理则用右手拇指按鼠标右键。

实验中同时采集ERP和EROS信号，数据采集的方法、使用的电极位置布局均与第七章中的EROS研究相同。为了克服EROS数据采集过程中连续采集时间过长可能带来的信号漂移等不稳定因素的影响，也为了使被试能在漫长的实验中保持注意力，我们将实验分成20个区组，区组之间被试可做短暂的休息。整个实验流程包括两个部分：第一部分是练习，以让被试熟悉实验程序和任务，总共两组；第二部分是正式实验，总共9组，其中每个信号的地形布局会采集9个区组的数据。

在行为结果方面，我们发现，相比高限制性语义合理条件，高限制性语义违背以及低限制性语义合理条件的反应时均较长，两者间则没有显著的差异。

ERP结果表明（图8-2），相比高限制性语义合理条件，高限制性语义违背以及低限制性语义合理条件下都诱发了波幅更大的N400成分和晚期正成分。进一步分析发现，高限制性语义违背条件下诱发的晚期正成分在后部脑区的电极（Pz）出现了较大的差异，说明这一成分主要分布在大脑后部，基于这一分

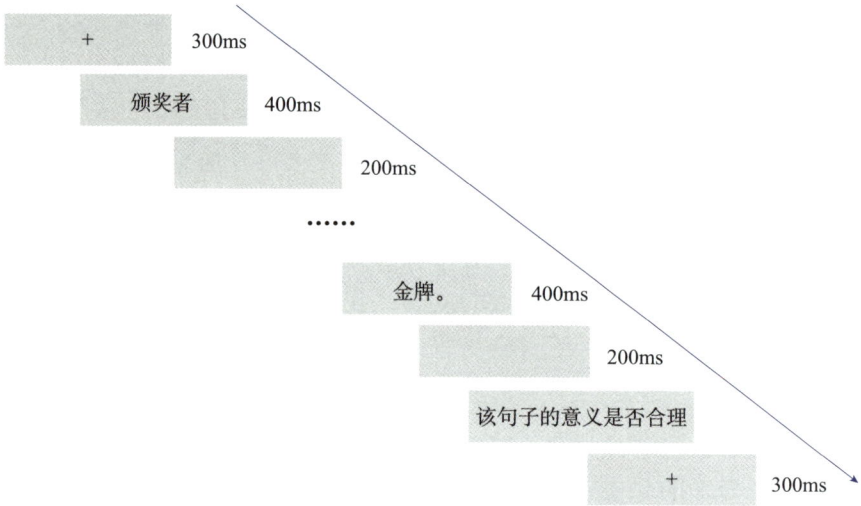

图 8-1　快速语义启动的实验程序

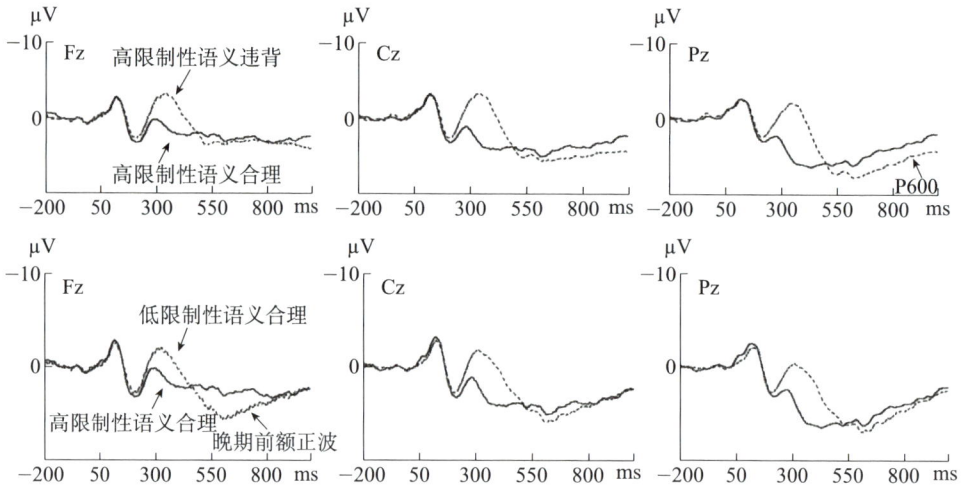

图 8-2　ERP 结果

布我们判断该晚期成分为语义 P600。此外，低限制性语义合理条件下诱发的晚期正成分在前部脑区的电极（Fz）出现了较大的差异，说明它主要分布于大脑前部脑区，符合晚期前额正波的定义。

　　随后，我们将时间锁定在这两个晚期成分引发的特定时窗内，同时分别考察目标词在这些时窗诱发的 EROS 的差异，结果参见图 8-3 和图 8-4。

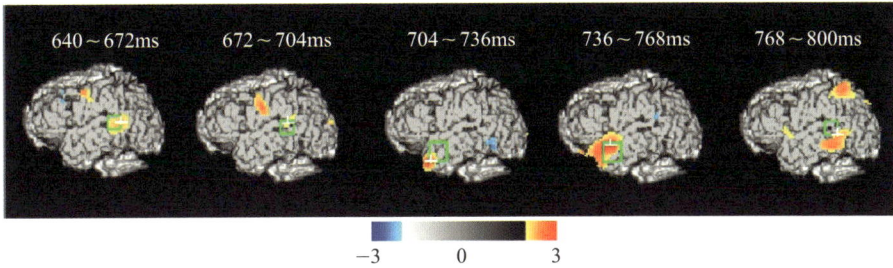

图 8-3　在高限制性语境句子中，语义违背相比语义合理条件在语义 P600 时窗的大脑激活图，绿色方框分别为颞中回后部及颞叶前部的大小为 16mm×16mm×16mm 的 ROI

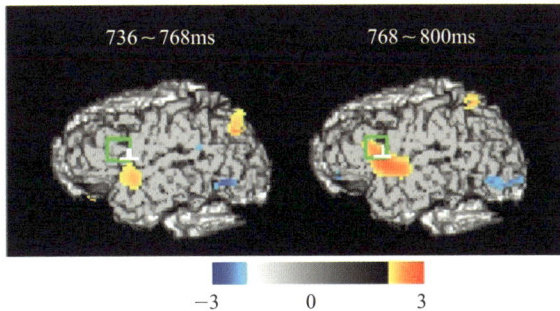

图 8-4　在语义正常句中，低限制性条件相比高限制性条件在晚期前额正波时窗的大脑激活情况，绿色方框为额下回后部的大小为 16mm×16mm×16mm 的 ROI

　　EROS 实验结果表明，在语义 P600 和晚期前额正波时窗内，不同条件的比较出现了完全不同的激活模式。对引发语义 P600 的两个条件进行对比，在该时窗内观察到的是与词汇语义提取和语义表征相关的大脑区域，如左侧颞中回以及左侧颞叶前部；在晚期前额正波时窗内两个相关条件下的差异主要出现在左侧额下回后部，通常认为这个脑区与一般认知加工密切相关。以下我们将基于这个结果展开详细的讨论。

（二）EROS 结果的分析与讨论

　　总体上，我们的研究设置了三个条件，分别是高限制性语义合理、高限制性语义违背以及低限制性语义合理。实验结果首先重复了先前采用类似实验范式的 ERP 研究，即相比高限制性语义合理条件，高限制性语义违背条件下的关键词显著地诱发了波幅更大的语义 P600，而低限制性语义合理条件下的关键词显著地诱发了波幅更大的晚期前额正波。更为重要的是，通过 EROS 技术，我们对这两个成分对应的大脑激活进行了分析，证实语义 P600 和晚期前额正波确实与不同的脑区有关联。这一结果对我们认识这两种成分内在的认知机制有重要的启示。

1. 语义 P600：词汇语义信息的重新提取以及语义表征

先前的研究对于语义 P600 牵涉的认知功能有不同的假设，分歧在于它反映的是领域一般性还是语言特异性的认知加工过程。我们在研究中利用 EROS 技术较高时空分辨率的优势，通过精细地锁时在语义 P600 时窗，观察到这一成分相关的激活区域主要是左侧颞中回以及左侧颞叶前部。从以往的文献来看，这两个区域通常都被认为是与语言加工，尤其是语义加工关系更为密切，这倾向于支持语义 P600 反映的是一种领域特异性的语义加工过程而非一般认知加工。另外，左侧颞中回以及左侧颞叶前部在晚期时窗的激活也在一定程度上提示我们，语义 P600 的认知功能可能与理解者在这一时窗内重新提取词汇的语义信息及建构新的语义表征有关。

虽然不少研究者也谈到语义 P600 反映了语言特异性的加工过程，但这些过程具体包含哪些，却一直未有论断。由于语义 P600 往往在题元违背的实验设计中出现，一种可能的解释是它与题元关系的重新指派有关，理解者通过这种重新指派来建立连贯的语义表征。但我们的研究表明，题元关系的重新指派不一定是语义 P600 出现的必要条件。首先，从设计上看，我们的实验使用的是高限制性语境语义违背条件，并没有涉及题元违背或者生命性违背，如"这是他擦脸用的金牌"，在这个强限制性语境下，读者最有可能激活的是与"毛巾"这一非生命性词汇相关的语义特征，而语义违背条件下的关键词"金牌"并没有改变其非生命性客体的语义特征。其次，先前有研究发现，词汇语义关系和题元关系的处理可能涉及不同的大脑网络，前者主要是与左侧颞中回后部及颞叶前部有关，后者主要发生于颞顶联合区（Mirman et al.，2017），然而当前在语义 P600 时窗内却并没有发现颞顶联合区的激活，激活的脑区是词汇语义关系和表征相关的左侧颞中回以及左侧颞叶前部。当然，我们的研究并没有直接操纵题元关系或者生命性的违背，因此无法排除题元关系或者生命性违背诱发的 P600 是否与我们现有的结果存在不同。关于语义 P600 的内在机制，一种可能的假设是，它反映的是多个不同层面、不同类型的语义信息处理，当实验操纵出现变化时，其语义加工过程及大脑激活网络也会出现变化，这些不同的语义加工过程同时出现在语义 P600 时窗。未来，或许可以通过 EROS 或其他时空动态结合的技术，对这一问题进行精细的分析。

除了题元关系的重新指派外，另一个重要的假设认为语义 P600 反映的是对词汇语义信息或者语义表征的重新分析（van Petten & Luka，2012）。例如，当在强限制性语境下遇到一个违背的信息时，读者需要从记忆中重新提取关键词的相关知识以及关键词前的信息，甚至是在先前的语境建立的不同层面的语义表征（如短语层面或者句子主干层面的表征），确认是否是自己理解错误，尝试重新建立可能的连贯表征。我们的研究结果倾向于支持这种解释。这是因为在这一成分对应的时窗内，我们可以观察到左侧颞中回和左侧颞叶前部的激活，而先前的研究普遍认为左侧颞中回会在词汇语义提取时出现激活，而左侧颞叶前部则在语义表征构建时会出现激活，这些结果说明读者此时正在重新提取关键词的词汇语义信息及先前建立的句子语义表征，这些过程直接导致了语义 P600 的变化。

2. 晚期前额正波认知功能：一般化认知加工

至于晚期前额正波，先前的研究者对其的关注相对较少。一些研究者认为这个成分与注意相关的 P3a 成分较为相似，因此同样存在着领域一般性或领域特异性的争议。由于晚期前额正波往往是在强语境下非预期的语义连贯词上最稳定地得以诱发，支持特异性的假设的研究者认为这个成分可能反映的是目标词语义的重新提取与重新整合（Federmeier et al.，2010；DeLong et al.，2014；Brothers et al. 2015）。然而，我们的研究并不支持这一观点。首先，在当前这一研究中，相比高限制性语境合理条件，低限制性语境合理条件下对词汇语义信息重新提取、重新整合的需求并不高（因为语境并没有提供足够的信息提前去激活某些不适当的语义特征）。另外，如果这一成分真的与词汇语义重新提取与重新整合有关，在晚期前额正波时窗内，我们应该观察到非预期的语义连贯词激活的是那些与词汇语义提取或者语义整合相关的大脑区域，然而，无论是当前这一研究，还是我们先前的另一项 EROS 研究（具体参见第八章），都没有发现晚期前额正波时窗内出现与词汇语义提取或者语义整合相关的大脑区域的激活。

因此，我们倾向于认为晚期前额正波反映的是一种一般的认知加工过程。相应地，我们的确发现该成分伴随的激活区域位于左侧额下回后部，先前的研究已多次证明这一区域与一般认知加工密切相关（可参见第六章），为晚期前额正波与一般认知加工的关系提供了支持证据。

当前的研究结果在一定程度上也是对我们研究组前期工作的重复验证（参

见第七章），因为本章研究与第七章的两项研究，无论是设计、材料还是被试都有所不同，但是都观察到了晚期前额正波，并且都一致地发现左侧额下回后部与这一成分有关。这个结果也再次证明 EROS 技术具有较好的可重复性。

3. 语义加工的过程：自动化语义信息提取和策略性语义信息重新分析

语义加工过程会反映在 N400 时窗和晚期时窗，我们在前文已经对这些时窗内的探索分别进行了介绍。了解两种时窗内反映的认知过程存在何种差异，对于我们更好地理解语义加工的大脑动态机制十分重要。以下我们尝试从引发 N400 效应和晚期效应的实验设计，以及语义加工的性质两个角度出发，对上述两个成分的差异进行对比分析。

（1）N400 和语义信息的自动化提取

综合以往的实验材料和研究设计，我们可以看到，N400 成分可以出现在复杂度不同的实验材料中，无论是以词汇、短语、句子还是语段为研究材料，凡是语义变量的操纵几乎都伴随着 N400 效应的出现。例如，在单个词汇层面，操纵词汇语义信息相关的变量，如词频、词汇的具体性等，研究者发现，相比高频词及具体性高的词汇，低频词或者抽象词会诱发更大波幅的 N400（可见本书第八章）。更复杂的语料，如词汇语境下的语义变量操纵也可以引发稳定的 N400 效应。例如，来自经典的语义启动实验范式的研究发现，若是和启动词存在较弱的词汇语义联想关系或者语义类别关系，目标词诱发的 N400 波幅就更大。类似地，在句子和语段等语料中，句子语境的限制性和关键词的可预期性同样可以调控 N400 波幅的大小。

相比之下，语义 P600 成分多出现在以句子和语段为语料的实验中，而较少出现在词汇和短语层面的研究设计中。从引发语义 P600 的实验设计来看，几个关键的变量，包括强语境限制性、语义违背、实验任务都扮演着重要角色。具体来说，题元违背、强语境下的语义违背以及外显的语义任务，都可能诱发波幅较大的语义 P600。相比之下，强限制性语境下预期的违背而非语义的违背，引发的却是波幅更大的晚期前额正波而非语义 P600。与此同时，弱语境违背或内隐而非外显的语义任务也会导致语义 P600 的消失。

这些结果告诉我们，语义 N400 和语义 P600 效应可能反映了不同性质的语义加工。关于 N400 效应，从实质来看，相关的变量操纵往往与语义信息的可通达性有关。例如，词汇层面的词频和熟悉性变量，首先影响的就是词汇语义提取难易度的问题：相比高频词，低频词的意义更难提取，N400 波幅也更大；相似地，语义启动范式中语义关系的操纵与目标词汇语义可提取的难易程度也直接相关，即相比启动条件，非启动条件下目标词的语义信息更难提取，N400 的波幅也更大。句子和语段材料涉及的变量尽管更多、更复杂，但不同的实验范式在一定程度上也会影响目标词语义的可提取性，如经典违背范式对句子语境和关键词意义连贯性的操纵、预期范式中强限制性语境下对关键词可预期性的操纵，或对同一关键词所处语境的限制性程度的操纵等，都观察到了显著的 N400 效应。

从表面上看，报告 N400 效应的研究用到的都是不同的材料，操纵的语义关系层次也有所不同，但这些操纵都毫无疑义地牵涉了语义信息的提取加工。无论是违背范式抑或预期范式，由于关键词和语境信息不相符，理解者都需要花费更多的认知资源提取关键词的词汇语义信息以及语境情景的信息表征，如短语和句子的整体语义信息。许多经典的研究倾向于支持这一观点。有研究者使用预期范式，设置了可预测性不同的关键词，限制性越强的语境越有机会提前激活目标信息，因此预期性越高的语境目标词的提取也越容易，反之则越难。相应地，研究者观察到随着可预测性水平的降低，N400 的波幅在增大，两者呈现出显著的负相关关系（Kutas & Hillyard，1984a，1984b；Diaz & Swaab，2007）。也就是说，可预测性越低的目标词，N400 的波幅越大，支持了 N400 与词汇语义的可提取性有密切关系这一观点。研究者还发现，如果与预期不相符的目标词和预期目标词之间具有一定的语义关系，N400 的波幅也会减小。例如，让被试加工一个强限制性语境的句子主干，如"He was afraid that doing drugs would damage his"（译文：他担心吸毒可能会伤害他的），目标词有两大类，即高预测的条件（80%），如"brain（大脑）"与低预测的条件（10%）。其中低预测的目标词又分为两个亚类：一类是和高预测性的目标词存在语义相关，如"mind"（心智）；另一类则和高预测性的目标词不存在语义相关，如"reputation"（名声）。结果发现，虽然相比高预期目标词，两类低预期目标词都诱发了波幅更大的 N400，但是语义相关性可以起到调控作用，高语义相关性的低预期词的 N400 波幅更小，小于低预测且与高预测无关的目标词（Thornhill & van Petten，2012）。此外，也有研究者将启动词和目标词设置在句子的不同位置，同时操纵句子本身的意义合理性，结果发现，无论句子的意义是否合理，非启动条件相比启动条件都诱发了波幅更大的 N400（van Petten，1993），这些实验都表明 N400 与词汇语义提取的关系更为密切。

由于 N400 效应在不同类型的词汇语义变量操纵中都可以较为一致地被观

察到，且实验任务对这一成分的影响似乎有限，研究者倾向于认为 N400 效应的改变与自动化的词汇语义提取相关。人类的语义记忆既保存着各种词汇层面的概念语义信息，也能存储大量高于词汇的、复杂的语义和事件信息，如与理发店相关的人物和事件等，因此不同层次语义信息的提取加工同样反映在 N400 时窗内，这并不是一个意外的结果。值得注意的是，针对不同层次的语义信息的提取虽然相对都比较自动化，且反映在 N400 时窗内，但并不意味着各层级的语义提取加工机制完全相同。例如，对于单个词汇来说，语义信息的自动化提取往往只需要通过自下而上的词形信息和语义信息的交互，以及扩散激活等机制就可以实现。然而，如果理解者需要提取更加复杂的语义信息，例如，提取已构建的情景事件时，则不仅需要提取词汇语义信息，或许还需要整合加工的参与才能实现。如果事件本身已经储存在语义记忆中，这一提取过程可能进行得相当快速，但当面临一个新颖而未曾经历过的事件时，则其加工可能会牵涉更广的脑区，需要更长的时间才能完成。

（2）晚期成分与控制性的语义加工

相比之下，在晚期成分上表现出来的语义效应，通常与违背情景或者低限制性语境相关。此外，需要更多注意资源卷入的外显实验任务也会更容易诱发该成分，这倾向于支持晚期成分与相对策略性的加工过程有关。在复杂的语料，如短语、句子和篇章的阅读过程中，通过自动化的词汇语义信息加工，理解者可以获得关键词的词汇语义信息以及更为复杂的事件信息。如果该表征与整体语境之间是连贯的，理解者会停止后续的语义分析。当该表征不合理时，出于语义判断任务的要求，理解者需要策略性地重新提取词汇语义信息以及相关事件的语义信息，重新确认信息与语境的合适性，以建立起尽可能连贯的语义表征。

近年来，一些研究者对上述提到的自动化语义信息提取和策略性语义信息重分析的语义加工过程进行了系统的阐述（Kuperberg et al., 2020）。研究者认为，在人类的语义记忆中，至少存在三个不同的层级关系。当我们阅读"猫正在追老鼠"这样一个句子时，最低的层级结构是语义特征层，在这一层面，句子中的每一个词语都会与其存在语义关系的词汇和词汇各种相关的语义特征之间存在连接，例如，"猫"这一语义节点会与语义相关的概念"老鼠"以及其他一些相关的语义特征如"爪子"等存在连接。当遇到词汇"猫"时，相关词及语义特征可以通过扩散激活的方式同时得到激活。相比语义特征层，更高的一个层级是事件层，具体表征该句描述的事件信息，如"谁对谁做了什么"。例如，"猫正在追老鼠"是一个关于追逐的具体事件。在这一事件表征中，理解者标示了猫是追逐动作的发出者，亦称施事，而老鼠是追逐动作的接受者，亦称受事。通过对词汇题元角色的分配，读者对句子形成一个连贯的语义表征，并构建了事件表征。最后，事件层以上为情景层。相比语义特征层和事件层，情景层更加抽象，包含了语言和非语言信息，是一个更为完整的表征。同样是"猫正在追老鼠"这个句子，抽象的情景模型包含了读者在记忆中关于猫追老鼠的各种相关的通过语言表征和非语言表征的情景，例如，在语言表征的情景中，猫往往处于支配地位，而老鼠往往都是被追逐的，大多数事件情景中，猫往往都能成功地抓到老鼠。非语言表征的情景可能包括我们以往曾经见过的猫追老鼠的视频、真实场景的经验等。

研究者对上述三个层次的加工进程以及对应的 ERP 成分进行了分析，据此提出人类在进行句子理解时，这三个语义层次的构建都是自动化的，会同时反映在 N400 时窗。但是，当自动化的语义分析机制无法帮助理解者构建合理的语义表征时，他们会分别对三个层次的信息进行重新分析，而不同层次的重新分析可能会导致不同晚期成分的出现。例如，对语义特征层的重新分析可能会导致波幅更大的晚期前额正波，而对事件层或者情境层进行重新分析时，可能导致波幅更大的语义 P600。

我们的研究结果表明，上述理论对晚期正成分认知机制的理解仍需要进行一定的修正和扩展。具体来说，我们认为晚期正成分包含两个不同的成分，且对应于不同的认知过程。如果理解者根据目标词建立的语义表征不符合语境的限制，却可以和句子整体形成连贯的表征，理解者会调用一般认知加工机制，抑制由于语境限制而激活的各种无关语义表征，达到完成实验任务的目的，这个加工反映在了晚期前额正波上。当理解者建立起来的表征不仅不符合语境，同时与句子意义不连贯时，理解者需要对三个层次的语义信息进行重新分析，此时包括重新提取词汇语义信息，进行事件信息等重新确认，并尝试重建连贯的语义表征，此时的修正会反映在语义 P600 上。

总体而言，在语义加工中，自动化的词汇语义提取、不同语义层级信息的整合加工，以及在遇到加工困难时不同语义层面的修正与重新整合过程会——展开，而一般性认知加工机制会适时地参与，抑制无关或无效的信息，最终帮助理解者建立起一个意义连贯的情景表征模型。这些过程分别反映在各个不同时窗，并与不同 ERP 成分相关联。结合高时空分辨率的技术，我们对这一动态的过程有了更清楚的认识。

第四篇　语义加工的预期视角

第九章
语言理解中的预期效应及其作用机制

本书前面的几个部分主要从语义提取和语义整合这两个基本的成分来理解语言理解的实时进程与相关的认知神经机制。总的来说，来自高度实时的眼动追踪法、事件相关电位的描记，以及同时具有一定时空分辨率的 EROS 测量技术所获得的结果均表明，语义的提取和整合十分实时而高效。但值得一提的是，把提取和整合当作语义研究的核心成分，这种观点本质上来源于传统上对孤立词汇的研究较为重视，类似的研究更多地关注自下而上的刺激呈现以及随后所引发的一系列加工过程。例如，虽然多数研究已经可以证实语境信息的即时作用，但研究者强调的却是语境与当前信息的整合是在自下而上信息输入基础上有限度的整合。可以说，这种观点更倾向于级联模型（cascade model），研究者更关心的是来自词汇语义本身的知识如何与知识背景和语境相整合。然而近年来，越来越多的研究者也开始关注到另一种可能性，即自上而下的加工是否可以发生在自下而上的信息输入之前，相应地，"预期"这一概念也越来越受到关注。尽管"预期"这一概念的提出在阅读理解研究领域早已有之，但近年来研究者想强调的是自上而下的加工是否可以实时地、自动化地发生于自下而上的信息输入之前。

本章将从预期的角度入手来综述语言处理的过程，思考在预期框架下如何解释前面所观察到的现象。具体而言，本章首先介绍在语言理解领域中预期的概念；然后进一步介绍预期的模型，以期在预期的框架下厘清语义加工的过程；最后讨论当前理论分歧较为集中的观点，并借此说明未来研究的趋势。总体上，关于语言理解中预期机制的讨论将为我们深入理解语义加工过程提供另一种视角，毕竟，对于人类复杂的心智加工，我们都是盲人摸象，不同的理论通过不同的切入点能够帮助我们更好地理解认知加工的复杂机制。

一、语境信息的作用：预期抑或整合

先前大量的研究已经证实了语境的作用可以产生得非常迅速，那么这种作用是如何产生的？我们首先将从"预期""整合"这两个概念的区分入手来进行思考。事实上，预期理论的提出所基于的最直接的一个讨论就是语境的早期作用到底是作用于预期加工阶段还是整合加工阶段。

（一）语境通过预期影响语言处理

"预期"这一概念是指理解者对未来事件或即将出现的语言信息的表征或指向（Kuperberg & Jaeger，2016；Pickering & Garrod，2013）。从理论上讲，如果理解者能够根据语句的上下文信息对即将出现的语言内容形成预激活（pre-activation），则意味着产生了预期。预激活的过程使得个体能够提前完成部分加工过程，进而解释预测如何促进理解加工。在这里，"预测"被定义为在遇到自下而上的输入之前对存储表征的预激活。这种激活的过程可以是自动的，也可以是控制性和策略性的，不同的理论对此有不同的假设。在预期理论的框架下，正如网球运动员对网球运动轨迹的预测能力将决定他击球的时机一样，研究者认为提前预测即将到来的输入属性的能力可能是决定大脑处理信息效率的关键。因此，深入了解预测的计算方式对于理解大脑快速而强大地处理信息的能力非常重要。相反，整合通常指理解者将输入的语言信息与先前出现的信息表征相结合，并将它们与长时记忆中的知识联系起来，其间不涉及预先激活，所有的过程都需要自下而上的加工（Hagoort et al.，2009；Jackendoff，2002；Lau et al.，2008）。

预期的影响可能发生在多个不同的心理表征层面上。著名的语段阅读研究者金奇（Kintsch，1998）提出，在阅读时，读者对所读的文本可形成三个层面的心理表征：字词本身的水平，即表层表征（surface code）；由命题之间的关系所构成的语义结构水平，即基于文本的表征（text-based representation）；与其他先前知识整合而成的具有更深层理解的文本表征，即情景模型。在预期这一理论视角下，研究者尤其关注在强预期语境中，在目标词出来之前，理解者到底可以预期到哪些特定的信息，从高级的意义层面到低级的音、形、义等层面，许多研究者对相关问题进行了探索。

早期关于预期效应的研究多数是从情景模型表征的层面去思考的，研究发现理解者能够结合自己的背景知识和文本内容，对文本即将要表征的全局事件信息进行预期。例如，当读者阅读到"他把花瓶从 20 层高楼扔出去"时，他们会根据背景知识和文本内容，预期即将要发生的事件"花瓶掉到地面后破碎了"（McDaniel et al.，2001）。此后，很多研究也表明，预期效应会促进局部连贯（local coherence），表现为对字词或短语的编码表征的影响。例如，不少研究者发现，语言预期可以影响到词汇语义特征（Altmann & Kamide，1999；Grisoni et al.，2017；Mani & Huettig，2012；Rommers et al.，2013）、句法特征（Dikker et al.，2009；Otten et al.，2007；van Berkum et al.，2005）、语音特征（phonological features）（DeLong et al.，2005；Ito et al.，2016）以及正字法信息（Laszlo & Federmeier，2009；Nieuwland，2019）的加工等水平。

在词汇语义特征方面，关于预期加工的重要证据来自早期阿尔特曼等的眼动追踪研究（Altmann & Kamide，1999）。研究者在向被试播放高限制性语境或低限制性语境句子的同时，呈现符合或不符合预期的四个物体。例如，在高限制性语境条件下，句子材料为 "The boy will eat the...（这个男孩将要吃……）"，此时呈现的图片分别为蛋糕、火车、玩具车和气球。结果发现，被试在目标词出现前就可以注视符合语境的物体，表明语义预期的形成可以发生在目标词出现之前。

关于语言预期加工的神经信号证据，早在 1980 年就被库塔斯和希尔亚德所报告（Kutas & Hillyard，1980b）。他们发现，当在一个高限制性语境的句子中出现预期词和非预期词时，与非预期词相比，预期词诱发的 N400 波幅会变小，表明预期参与到语义理解加工过程中。随后，许多研究者采用脑电技术，探讨是否理解者可以在一个目标词之前就产生特定的预期。例如，一些研究者发现，仅呈现高限制性语境的句子的主干，能够在目标词出现之前检测到个体在语义层面上的预期（Grisoni et al.，2017）。而在句法方面，利用荷兰语中的形容词具有性别标记的特点，研究者（van Berkum et al.，2005）通过操纵高限制性语境条件下形容词和名词的性别标记的一致性，探讨性别标记的预期如何对理解加工产生作用。结果发现，当形容词和预期词的性别标记不一致时，可诱发波幅更大的 N400，表明被试能够预期即将出现的词汇的句法特征。在西班牙语研究中也发现了类似的结果（Wicha et al.，2004）。

还有研究者关注这种预期能否直接作用于较低的语言层级。例如，一项研究（Ito et al.，2016）采用了高限制性语境的句子，研究者分别在语音层面和语义层面上操纵目标词，以测量语音预期和语义预期。具体来讲，研究者向被试播放句子 "The student is going to the library to borrow a..."（这名学生打算去图书馆借……），此时的目标词可能是预期词"book"（书本）、语音相关词"hood"（头巾）、语义相关词"page"（纸张）和无关词"sofa"（沙发）。结果发现，当词汇以 500ms 的速率逐个呈现时，预期词或语义相关词所诱发的N400 波幅更小，证明了语义预期的存在；有趣的是，当呈现速率为 700ms 时，语音相关词诱发了波幅更小的 N400，表明被试在拥有更多加工时间的情况下会进行语音预期。

理解者除了能够预期到上述语言层级的信息以外，还可以预先激活与预期词相关的非言语信息。罗默斯等（Rommers et al.，2013）采用视觉情境范式，向被试播放了高限制性语境的句子，如"In 1969 Neil Armstrong was the first man to set foot on the..."（1969 年尼尔·阿姆斯特朗是第一个踏上……的人），预期词为"moon"（月球）。研究者通过操纵目标词与预期词所对应的参照物的相似性形成两类干扰刺激，分别是与目标刺激在形状上相似的"tomato"（西红柿），以及在形状上不相似的无关刺激"rice"（大米）。结果发现，在目标词出现之前，与无关刺激相比，被试倾向于注视目标刺激，以及与其在形状上相似的干扰刺激。

（二）语境信息影响的是信息的整合加工

相比之下，对语境信息如何起作用，强调整合观的研究者尝试使用层叠式的加工来说明，也尝试用它来统合模块理论和相互作用理论的分歧。层叠理论，正如它的名称，所强调的是，认知加工的体系结构是以层级叠加的方式来组织的（McClelland，1979）：尽管存在分层级组织的所谓处理阶段，但是当处理阶段 n+1 开始时，处理阶段 n 并不一定要全部完成，因此允许存在一定程度的并行性。这种模型仍然会强调，早期一些自下而上的信息输入是加工顺利完成的基础，而各加工模块之间的交互作用和并行处理的实现仍然可能稍落后于最初低层信息的输入。这种层叠加工的观点在一定程度上可以解释语境的早期作用，但其与基于预期的观点仍有着本质差异。

总体来讲，预期解释与整合解释最大的区别在于高层的、信息水平的语义加工在最初是否仍然需要被预期信息自下而上的输入所支持。那些认为高层的语义信息加工必然需要自下而上的信息支持，但与此同时，低层与高层级信息的加工又可以实时交互的理论，通常会使用层叠式加工来描述这一过程。而强调自上而下占据主导地位的解释则强调语言理解是一种基于预期的语义表征建构过程。

值得注意的是，预期和整合的加工阶段有时是难以区分的，在研究中尤其难以找到反映预期加工但不符合整合加工的证据。换句话说，虽然已有不少研究发现语义理解加工中早期的促进效应，但这可能源于预期的作用，也有可能是整合的结果。例如，研究者（Samuel，2001）让个体听缺失尾音的英语单词（如"tremendou-"或"repleni-"）并要求他们在 /s/ 和 /ʃ/ 中选择尾音，结果显示，他们在听到 tremendou- 后会立即选择 /s/，在听到 repleni- 后选择 /ʃ/。他们对单词的即时激活一方面可能是由于被试在遇到模棱两可的单词前就预先激活了 /s/ 或 /ʃ/，另一方面也可能是在听到模糊不清声音时，他们会对其进行分类，使其更容易与上下文相结合，但加工过程不涉及预期（Norris et al.，2000）。因此，尽管研究者对于 N400 至少部分反映了预激活这种观点达成了共识（Kutas & Federmeier，2011），但对于 N400 成分在多大程度上反映了个体对即将到来的语言输入的预期，目前仍存在争议。

二、语义理解中的预期加工理论

早期研究者比较关心的是预期如何在构建文本心理表征的不同层面时产生作用，研究者提出了一些理论模型来描述预期的生成模式，代表性的观点如建构主义理论（constructionist theory，Graesser et al.，1994）和最低限度假说（minimalist hypothesis，McKoon & Ratcliff，1986）。建构主义理论主张随着阅读过程中强支持性语境信息的推进，理解者不断地、策略性地利用背景知识进行预期，以构建有意义的文本表征，使这一表征在语篇所表达的事件和状态中形成局部连贯（指组织语言要素或短句结构保持连贯的过程）和整体连贯（指多个局部信息块形成的更高层级的信息块保持连贯），为了保持这两个层面的连贯性，先前的信息与当前的信息必须得到更高效的整合（Singer et al.，1994）。与强调主动推理的建构主义理论不同的是，最低限度假说强调理解者以自动推理的方式来维持语篇表征的局部连贯，只有在当前的信息无法维持局部连贯的情况下，理解者才会激活长时记忆中的相关信息以形成整体连贯。总的来讲，这两种理论都关注了预期生成的不同角度，如建构主义理论关注的是预期生成的实时性问题，而最低限度假说强调预期生成的自动化和策略性问题，都承认在强支持性语境下会产生预期。

近年的研究者尝试更精细地揭示预期加工的机制。基于大量实证研究证据和计算机模拟方法，研究者围绕预期加工模式特征提出了不同的理论，其中一些观点认为预期加工包含多种不同的预期机制或成分，因此也需要从不同的角度对理解预期进行分析；而另一些观点则强调可以使用同一套普遍的机制来说明预期加工，用同一种计算的方式来说明预期如何得以实现。以下分别对这两类理论中的一些代表性观点进行介绍。

（一）强调存在多种预期机制的观点

这类观点强调预期内部有不同的通路或不同的系统，因而同样的预期加工可能会表现出不同的进程和结果。代表性的理论有双系统理论（two-systems accounts）、基于产出的理论（production-based models），以及基于产出、联想、组合及模仿的预期理论（production-, association-, combinatorial-, and simulation-based prediction，简称 PACS 多机制预期理论）

1. 语言理解预期加工的快速与慢速通路

关于人类大脑利用两个（至少部分）截然不同的系统进行信息加工这一观点在近年越来越多地获得支持。卡尼曼（Kahneman，2011）的双系统理论认为，大脑存在两个截然不同的系统，这两个系统分别以快和慢两种方式运作。快速系统（系统一）表现出自动化、快速匀性的加工模式，经常被习惯、经验和刻板印象所支配，因此个体很难对其进行控制或修正；相反，慢速系统（系统二）主要负责将注意力分配到需要认知资源的认知活动中，该系统通常与个体的主观经验、选择和注意集中程度有关。卡尼曼的系统二类似于邓肯（Duncan，2010）所提到的多需求系统（被认为伴随着主动控制感和个人注意）。

基于卡尼曼的双系统理论，许蒂格（Huettig，2015）认为，卡尼曼的双系统理论可以与语言预期加工的不同路径相联系。预期可能沿着盲目（dumb，下文简称 D 路径，也可以理解为自动化路径）和聪明（smart，以下简称 S 路径）两条路径完成，其中 D 路径与卡尼曼的快速系统相联系，是指通过简单的联想机制对即将出现的语言进行预激活（Bar，2007，2009）；而 S 路径则对应慢速系统，往往与需要主观、意识性的推理相关联。按这两类系统的区分，早期语言处理的建构主义理论也许更强调的是 S 路径的作用，强调预期处理的主观性和策略性，而最低限度理论可能更多地反映了 D 路径的作用，反映的是预期处理的自动性与快速性加工。

两个不同的路径观点也被研究者用于解释 ERP 研究中预期操纵所观察到的 ERP 成分。具体来说，库珀伯格（Kuperberg，2007）将预期加工所诱发的 N400 成分和前额晚期正波与两条相互竞争的神经通路进行连接。根据库珀伯格的观点，第一条路径是基于语义记忆的路径，类似于卡尼曼的快速系统（D

路径），主要负责计算当前句子中词汇之间的语义特征和联想关系，并将这些关系与预先存储在词汇语义记忆中的关系进行持续比较，这一路径主要涉及颞叶和前额叶下部区域（Copland et al.，2003；Kotz et al.，2002；Matsumoto et al.，2005），并主要与 N400 成分相关（Hagoort et al.，2004；Kuperberg et al.，2003a）。相应地，库珀伯格把第二条路径称为整合路径，与卡尼曼的慢速系统（S 路径）相符，这一路径通过组合词汇来建立更高层级的语义，主要涉及前额叶皮层后部、运动皮层、顶叶皮层，以及前额叶皮层中上部相关区域（Friederici et al.，2003；Kuperberg，2007；Kuperberg et al.，2003a）。在高限制性语境下出现语义违背时，这些区域会在更晚的时窗激活，并诱发 P600 成分，这与 S 路径对多层级语言加工敏感以及建立高层级语义的观点相一致。尽管这两条路径有本质的区别，但有研究者认为这两条路径是相互影响、动态平衡的，在交互的过程中可能会受到任务要求、环境和工作记忆等因素的影响。

2. 语言理解预期加工中的产出机制与联想机制

另一类近期获得许多关注的预期理论强调语言产出系统（production system）在语言理解预期加工中的作用。这一观点强调预期的机制除了基于联想的扩散激活以外，还包括语言产出系统的运用，即通过语言产出的机制来预期语言材料中即将出现的信息（Chang et al.，2006；Corps et al.，2018；Dell & Chang，2014；Pickering & Garrod，2007，2013；Schiller et al.，2009）。例如，皮克林和加罗德（Pickering & Garrod，2013）就指出了语言产出系统在预期中所发挥的重要作用，他们借用运动领域中的前向模型（forward model）（Wolpert et al.，2003）的思想，阐述了人们如何借助语言产出系统进行预期。在运动研究领域中，研究者认为人们使用前向模型能够对他人动作进行预期。具体来讲，人们可以根据自身过往的经验和当前的状态来理解他人的动作意图，并在这一过程中提前激活动作副本，随后将副本与实际动作进行比较，以便及时做出准确反应（Davidson & Wolpert，2005）。皮克林和加罗德（Pickering & Garrod，2013）把语言产出看作运动的一种，采用前向模型说明语言产出系统在预期中的作用。他们认为，理解者使用了前向的语言产出模型来内隐地模仿说话者，以预期其即将要表达的内容，理解者在这一过程中形成了预期内容的副本，随后将副本与说话者实际的输出进行比较，进而提高了言语理解的速度。皮克林和加罗德（Pickering & Garrod，2013）认为，语言预期包括三个关键阶段：首先，理解者利用前向模型来内隐地模仿对话过程中所理解到的内容，以激活产出系统将要表征的内容；其次，理解者通过共享的知识背景来提取说话者的意图；最后，理解者利用产出系统加工说话者的意图，以预测说话者将要表达的内容。值得注意的是，当对话双方缺乏共同的知识背景和相关的语境信息时，预期的产生会更多地依赖联想系统。联想系统以词汇自动扩散的形式来激活词汇，这就与词汇在个体经验中的出现概率有关。

一些研究者通过间接操纵语言产出系统的负载，以探讨理解者在阅读过程中的预期效应（Martin et al.，2018）。理解者被随机分配到音节发生组（syllable production，SP；产出系统处于高负载）、弹舌组（tongue-tapping，TT；与 SP 组对照，未增加产出系统的负载）以及音节听力组（syllable listening，SL；模仿 SP 组音节产出的感知反馈），并比较三组理解者的词汇预期效应。实验的基本逻辑是，如果产出系统参与预期加工的过程，那么当产出系统处于高负载时，预期就会消失。结果发现，与 TT 组和 SL 组相比，SP 组的预期效应较低。这表明预期加工依赖于产出系统，当产出系统处于高负载时，预期效应会减弱或者消失。

另一些研究结果为语言产出系统和预期加工的紧密联系提供了直接证据。研究者让被试听高限制性语境的句子 "When we want water we just turn on the..."（当我们需要水的时候，我们只需打开……），在句子主干呈现后呈现一张图片，要求被试对图片进行命名。这些图片要么与目标词（tap：水龙头）相匹配，要么与目标词（cap：帽子）不匹配。通过使用动态超声成像（dynamic ultrasound imaging）技术记录被试在匹配和不匹配条件下的言语运动，并进一步与控制条件（简单的图片命名任务）相比较。结果发现，不匹配条件下的发音运动与控制条件下的差异显著大于匹配条件下二者的差异。结果表明，理解者使用语言产出系统预期到了即将出现的词汇，这种预期又会反过来影响发音运动（Drake & Corley，2015）。

此外，关于语言产出系统机制的研究发现，语言产出系统与小脑有着相当密切的关系，即如果小脑的活动受到抑制，语言产出通常也会受损。勒萨热等（Lesage et al，2012）使用视觉情境范式（Altmann & Kamide，1999），同时结合 rTMS 以抑制理解者右侧小脑的功能，观察对这种功能的抑制是否会影响实时的预期加工。结果发现，当理解者的小脑活动被抑制时，他们在高限制性语境中注视预期图片的时间会出现延迟，而在低限制性语境中则未出现延迟。这一结果表明，小脑的确参与了语言理解的预期加工，且语言产出和预期有着紧密的联系。

　　语言产出系统为解释语言理解过程提供了新角度，解释了在个体完成语音加工、文本阅读和对话过程中，这一系统为何起着非常重要的作用。但是，理论仍存在需要进一步澄清的问题。首先，联想路径（association route）和模仿路径（imitation route）包含哪些加工内容；其次，这两条路径以何种方式作用于不同层级的语言理解中，路径间在何种程度上进行切换；最后，理论可能忽略了构成语言理解的其他潜在重要机制。

　　3. 语言理解中预期加工的多机制理论

　　预期加工的多机制理论强调个体在语言理解过程中会采用多种不同的机制来进行预期，这是由语言理解的复杂性所决定的。语言理解有多种目标和形式，预期也会因理解的目标不同而有所不同，这些机制包括基于产出的预期、基于联想的预期、基于组合的预期以及基于模拟的预期（PACS 理论）（Huettig，2015），不同的预期有着不同的机制。第一，对于基于产出的预期，尽管 PACS 理论和皮克林与加罗德的语言产出理论都认为，人类利用语言产出机制来预期他人即将要表达的内容，但与皮克林、加罗德（Pickering & Garrod，2013）的理论不同，PACS 理论认为预期加工是基于成熟的语言系统，而非前向模型。换句话说，理解者模仿和预期他人表达内容的体验，是完全基于特定的语言产出表征，而不是基于前向模型的模糊表征。第二，对于基于联想的预期，研究者认为联想机制以预先激活的方式对即将出现的语言信息进行预期，这种联想启动机制能够激活语音、正字法、语义知识及非语言信息（Arias-Trejo & Plunkett，2009，2013；Ganis et al.，1996；Grainger & Ferrand，1996；Kutas & Federmeier，2000；Mani & Plunkett，2011）。第三，关于基于组合的预期，有证据表明，这种机制可借助语境信息建立更高层级的语义，进而提前激活即将出现的语言信息（Kukona et al.，2011；Kuperberg，2007）。第四，基于模拟的预期是指理解者可以借助模拟预先激活即将出现的语言信息。这种模仿可以通过心理表象（mental imagery）来实现（Kosslyn et al.，2006），但模仿本身不一定是语言理解的必要部分。

　　近期一些研究者开始在这种多机制的框架下对预期进行探索。一项研究（Hintz et al.，2014）探讨了关联预期和语言产出预期对语言加工中预视的影响。研究者采用视觉情境范式，比较了理解者在高限制性语境和低限制性语境条件下的预视效应，语义评定任务和言语流畅性任务的成绩分别作为联想系统和语言产出系统的指标。结果发现，语义评定任务成绩、言语流畅性任务成绩与预视效应呈正相关。这一结果间接表明联想机制和语言产出机制可能在预期中发挥着重要作用。

PACS 理论的预期观点强调预期过程需要多种机制协同参与，这提示我们需要从多角度思考预期机制。但是，目前对预期机制的这种划分仍然缺乏非常直接的证据；另外，研究者虽然区分了不同的机制，但不同机制之间可能以何种方式（如模块化或交互作用的方式）对预期起作用却鲜有涉及，对过程和机制的描述不够清晰和准确。

（二）强调普遍性机制的预期加工观点

与上述强调预期加工存在着多条路径、多种机制的观点相比，另一类理论尝试用一般性的规则来解释不同的预期现象，更多地强调不同类型的信息都可以通过一种类似的原则来影响预期的加工。代表性的理论有单一系统理论，以及强调层级反馈和调整的预测编码理论（predictive coding account）等。

1. 递归神经网络对预期加工的解释

在预期加工的机制方面，一些研究者认为，直接用简单的递归神经网络（recurrent neural networks）（Elman，1990）就可以描述预期的加工（Altmann & Mirković，2009）。这种观点认为，无论是语言信息还是非语言信息，它们在从输入到输出的过程中共享着相同的隐藏层表征。在输入层－隐藏层－输出层的网络构建中，个体会根据先验知识来建构词和词（甚至更高层级的信息）之间的语义相关性，进而预期即将出现的词汇。换句话说，这个网络尽管无法精确地预期即将出现的特定词汇，但它能够根据概率确定最有可能出现的词汇范围（Elman，1990，1993）。

这种单一系统的观点强调先验的事件知识在预期加工中的重要作用（Metusalem et al.，2012）。事件在不同情境下的重复出现，使个体形成了特定事件的经验，由此才能有效地帮助个体形成概率性认知。已有许多研究证实个体在语言加工过程中的确可以实时地获取事件知识，并将其应用于预期加工。例如，研究者让被试阅读描述事件的段落，如 "A huge blizzard ripped through town last night. My kids ended up getting the day off from school. They spent the whole day outside building a big snowman/jacket/towel in the front yard."（译文：昨晚一场暴风雪席卷了整个城镇。我的孩子们终于放假了。他们花了一整天的时间在院子里堆了一个大雪人／夹克／毛巾）。结果发现，跟与事件场景无关的异常词 "towel"（毛巾）相比，与事件相关的异常词 "jacket"（夹克）诱发了波幅更小的 N400，这说明被试关于事件的先验性知识可以在语言预期加工中发挥重要的作用。尽管这一理论以简单易懂的方式描述了预期产生的过程，但没有详细介绍预期如何调制隐藏层的加工。这存在一个致命的问题，即用递归神经网络的"黑匣子"来试图解释预期加工的"黑匣子"，最终可能会导致理论难以被证实或证伪。

2. 基于贝叶斯原理的预测编码理论

19世纪60年代"贝叶斯大脑"的提出颠覆了传统的理论。该理论认为，大脑基于内部模型对外部世界做出推断，即大脑并非被动地接收信息，而是持续地结合过去的经验和当前信息，推断事件发生的概率。随后，贝叶斯推论（Bayesian inference）被广泛应用于各领域中。在心理语言学中，虽然有研究者在贝叶斯推论的框架下描述了预期的结构和过程（Kuperberg & Jaeger，2016），但目前采用贝叶斯推论来理解认知加工的神经回路仍非常有限（Fiser et al.，2010；Pouget et al.，2013）。

作为实现贝叶斯推论的重要方式之一，预期编码理论为大脑运用贝叶斯推论提供了具体的思路。预测编码理论最早由拉奥和巴拉尔（Rao & Ballard，1999）提出，用于模拟视觉加工过程，后来被广泛应用于认知心理学的许多领域中（Clark，2013；Friston，2005），强调大脑和语境信息的交互。在这一理论框架下，对于任何两个语言层级，基于经验产生的预期往往发生在较高的层级，并通过自上而下的方式作用于低层级信息。当预期与当前信息不一致时，就会产生预测误差，这种误差会向更高层级的加工系统传输，并进行一定的调整，调整后的预期会以向下传递的方式减少下次的预测误差（Clark，2013）。简单而言，大脑以迭代的方式持续优化对外部刺激的内部表征，以预期即将出现的信息。

近年来，许多研究者开始在预测编码理论的框架下对语言加工中的预期现象进行探讨（Gagnepain et al.，2012；Maess et al.，2016；Zhao et al.，2019）。梅斯等（Maess et al.，2016）用这一框架来解释反映预期加工的N400指标。当理解者在加工高限制性语境的句子时，他们会在目标词出现前生成预期词，并且将预期词从高级皮层传输至低级皮层。由于预期词和目标词的匹配程度高，高级皮层对低级皮层的调制较少，此时诱发的N400波幅较小。相反，由于在低限制性句子中的语境信息不足以使理解者生成精确的预期，因此在目标词出现后，目标词的所有特征信息都需要从低级皮层传输到高级皮层，进而需要更多的认知加工，从而诱发波幅更大的N400。

在贝叶斯理论框架下，预测错误也会实地影响和调节自上而下的预期加工本身。一些研究者通过在不同的语言层级中设置预测错误，对这一问题进行探讨。杰克等（Jack et al.，2019）使用 ERP 技术，采用了能够在感觉层级（低层级）和语义层级（高层级）上相继诱发预测错误的混合设计。在这一设计中，研究者首先会向被试连续呈现 5 个相同的声音刺激（如猫的叫声：喵，喵，喵，喵，喵）。随后，研究者呈现与之前连续播放的声音相同的标准启动音（"喵"）或者不相同的偏差启动音（"汪"），由于偏差启动音与之前的连续声音不一样，因此偏差启动音会诱发预测错误，相关的脑电指标是 MMN。最后，研究者在视觉通道呈现与标准启动音一致的词汇（"猫"）或不一致的词汇（"狗"），假如标准启动音是"喵"，随后出现的词汇是"狗"，那么此时就会在语义层级上出现预测错误，相关的指标是 N400。实验的基本逻辑是，假若在感觉层级上的预测错误（MMN）会影响随后在语义层级上的预测错误（N400），则说明预测编码理论适用于语言加工领域。结果发现，在感觉层级的预测错误（MMN）的影响下，与语义不一致的词汇相比，一致的词汇在350ms 左右诱发了波幅更大的 N400。这表明感觉层级的预测错误会调节更高层级的语义预测错误。这一结果符合预测编码理论的重要假设（Jack et al.，2019）。

此外，还有一些研究通过实时脑电信号来理解语言加工的预期加工中预测与调节的过程，例如，从神经振荡（neural oscillation）活动的角度揭示预期编码理论所涉及的前向模型与后向模型相关的指标（Kanai et al.，2015）。研究者发现，α 和 β 的神经振荡活动与低层级水平的前向模型有关，而 γ 振荡则反映了修正错误预期的过程（Bressler & Richter，2015；Engel & Fries，2010）。但是，目前关于神经振荡变化的方向所反映的神经活动仍存在分歧。例如，有研究发现，预期词的 γ 功率要显著大于非预期词（Hald et al.，2006；Penolazzi et al.，2009）；但在其他研究中却发现相反的结果，即违背语境的非预期词会诱发更大的 γ 功率（Hagoort et al.，2004）。因此，通过神经振荡来理解预期编码还需要更深入地探讨。

总的来讲，预测编码理论认为，预测错误最小化是人类心智活动的核心目标，其本质是接受信息、形成假设、修正错误的过程。但是，目前相关研究大多只关注单一时窗内某一层级的神经活动（de Lange et al.，2018）。因此，关于这一理论能否在复杂的和快速变化的语言环境中解释语言加工这一问题仍不清楚，要解决这一问题，就需要探讨低层级信息和高层级信息的神经活动的时间进程，即随着时间的推移，低层级所产生的预测错误如何迭代更新，以及高层级的信息如何根据预测错误进行修正。未来的研究需要结合时间维度和空间维度，对预期编码理论进行深入探究。此外，对预测错误本身也有许多未解之处，如不同认知加工领域中产生的预测错误所影响的脑区是领域特异性的还是领域共享的、预测错误及其修正又如何反映在语言的具体特征中等。这些问题都需要未来更深入的探索。

（三）理论的小结

总体上说，对于语言理解中的预期现象，不同的理论从不同的角度致力于揭示预期的内容、加工的方式和加工过程，为高效的语言加工提供不同的解释视角。多机制理论显然更关注语言理解的复杂性，试图根据语言理解中语义加工的不同特性区分不同类型的预期加工成分。从不同的语言理解成分出发对预期加工进行细分的观点，推动了研究者对预期加工的理论框架和加工成分的深入思考，使其提出精确的假设，也为更广泛和普遍性的预期加工理论的构建打下了良好的基础。另外，主张所有与预期相关的加工遵循一个普遍运算机制的理论则从早期将预期看成一个加工的"黑匣子"，到近期更精细地借助于贝叶斯概率论、深度学习（deep learning）、反馈学习（feedback learning）等机制的原理，逐渐为语言理解的预期加工提供了更精确的运作机制，这方面的研究大量涉及对预期如何受到可靠性等因素的影响、是否以及如何监控预期的结果并对随后的预期加工进行调整等问题的讨论。

三、语言预期领域中重要的研究问题

当前人们对语言预期的现象及其发生机制有了更多的认识，证明了预期确实在语言理解中有重要作用。然而，尽管目前已经有不少理论从机制的角度分别阐述了预期促进语言理解高效加工的可能性，但从前述来看，不同理论框架下的研究也仍存在许多问题，呼唤着未来对这一领域进行更深入的理论思考和运用多种研究手段。我们将结合现有的研究，讨论目前预期加工研究中研究者关注的、目前仍然有分歧的一些重要问题。

（一）语言理解是否必然伴随着预期加工

许多研究已经证明了预期在语言理解中的重要作用（Altmann & Kamide，1999；Borovsky et al.，2012；de Ruiter et al.，2006；DeLong et al.，2005；Kamide et al.，2003；Kutas & Hillyard，1984b；Mani & Huettig，2012；Nation et al.，2003）。甚至有研究者认为，预期为人类的大脑加工提供了高度

统一的理论框架，不但可用于解释理解，更是各种认知加工中的一个重要成分。但是，也有研究者认为预期的作用可能被夸大了。他们认为，任何特定的语境都可能指向大量的语言信息，对即将出现信息的提前激活可能会造成认知资源的浪费（Forster，1981；van Petten & Luka，2012）。

支持预期在语言理解中必然会产生的核心证据是，没有经验的婴儿也能够对连续输入的信息进行统计学习（statistical learning）。一项研究（Saffran et al.，1996）向 8 个月大的婴儿连续播放由三音节组成的无意义声音刺激（如pabikutibudogolatudaropitibudodaropi...）。值得注意的是，分割这些无意义序列刺激并检测单词边界的唯一线索是单词之间和内部音节的过渡概率（transitional probability）的差异。结果发现，婴儿能够识别出音节共同出现的概率，即婴儿在听完一个音节后会对下一个音节进行预期。即使没有接受语言学习的婴儿也能够产生预期，这表明预期是人类应对外部世界的一个必要的处理手段。尽管一些研究者质疑这一结果可能源于婴儿对频繁出现的音节的熟悉性，但不可否认的是，理解者在完成任务过程中常持有预期的结论也得到了许多证据的支持（Altmann & Kamide，1999；Borovsky et al.，2012；de Ruiter et al.，2006；DeLong et al.，2005；Mani & Huettig，2012；Nation et al.，2003）。不过，由于绝大多数预期研究采用了高限制性语境句子刺激，这也导致大部分证明预期效应的证据与回答预期对语言理解的必要性问题的关系不大。

相反，有研究者认为预期加工在语言理解中并非不可或缺。支持这一观点的研究者主要从以下这几个方面进行考量。首先，并非所有理解者都能产生预期。在高限制性语境条件下，低词汇量的儿童（Mani & Huettig，2012）、双语学习者（Pickering & Garrod，2013）和低工作记忆的理解者（Huettig & Janse，2012）都无法预期即将出现的语言信息。其次，预期的发生通常与当前语境的清晰程度有关。有研究发现，理解者只有在信息足够清晰的情况下才能产生预期（Brouwer et al.，2013；Mitterer & Russell，2013）。最后，预期可能会受到认知资源的制约。比如，老年人预期效应的下降（Wlotko & Federmeier，2012a），可能是由于认知资源的可用性降低而导致功能连接的不足，进而降低预期加工的质量。

目前，越来越多的研究结果倾向于支持语言理解中预期的产生需要一些特定的条件，但这些条件是什么、促发预期产生的关键变量是什么这些问题却仍然未知。要从本质上解决这些问题，有必要更深入而严格地探索不同研究设计为何会对预期加工产生不同的影响，并从个体、环境和材料刺激等方面对这些因素进行系统性的考虑。例如，若在某一群体上没有观察到预期所产生的效应，这种结果在多大程度上是由这一群体固有的语言技能或认知能力所能够解释的？此外，目前研究发现的预期效应大多出现在高限制性语境条件下，相关的结果能在多大程度上被用于解释自然对话的加工也是一个值得探讨的问题，相应地，低预期情景下的自然对话加工过程也需要研究者加以重视。语言处理如此复杂，只有系统地分析和对比加工中的不同影响因素，才能更好地理解预期加工在语言处理中的必要性。

（二）预期加工是自动化的还是策略性的？

尽管在必要性问题上仍然有分歧，但多数研究者并不否认预期加工是语言理解的重要组成部分，但是预期加工是一种自动化加工还是一种策略性加工这一问题目前并不清楚。换句话说，预期是个体根据上下文自动激活特定的信息，还是个体有策略地预测即将出现的信息（Huettig，2015），以往的研究对此仍有很大的分歧。这里首先要区分预期性预激活（predictive pre-activation）和启动性预激活（pre-activation through priming）这两类加工过程。预期性预激活是在语境的内部表征中，通过使用高层级水平信息来预先激活可能即将出现的低层级信息。而启动性预激活则认为，激活是基于低层级中表征过的信息通过激活扩散机制预先激活即将出现的信息（Forster，1981）。下面将介绍这两种加工过程的理论机制。

根据启动性预激活的观点，当理解者加工语义丰富的上下文信息时，他们能够快速激活与目标词相关的概念。在高限制性语境条件下，他们会预先激活特定的词汇，甚至会激活词汇的语音或正字法结构。因此，启动通常被认为是非目标性的（启动激活是在一个水平上不加选择、自动地传播到相关节点的过程）和短暂的（在较低层级水平表征任何持续的信息将会在语境中迅速衰减）。同时，这种加工过程是非策略性的（没有任何明确指向的目标）和自动的（没有意识控制）。

相反，预期性激活则更强调策略性加工，除简单的激活扩散以外，还需要额外的认知加工自上而下地抑制竞争词汇，选择目标词。预期性激活有明确的目标导向，理解者通常只预期到一个或几个可能的备选项（Forster，1981；Neely et al.，1989）。策略性调节的证据最早来自词汇语义启动任务（den Heyer et al.，1983；Holcomb，1988；Lau et al.，2013b）。研究者（Neely et al.，1989）

在实验中操纵了关联词（如，医生－护士）占刺激总数的比例。结果发现，在关联词比例较高的条件下，被试在词汇决策任务中的语义启动效应较强；而在关联词比例较低的条件下，语义启动效应较弱。但是，关于这种策略性机制是否可以解释词汇预期加工过程仍存在争议。

　　针对上述的问题，布拉泽斯等（Brothers et al.，2017）进行了一项自定步速的阅读研究，考察了预期效应是否会受到实验刺激的整体预期有效性调节的影响。他们通过操纵填充句的可预期性，最终形成了三个级别的整体预期有效性（87.5%、50% 以及 12.5%）。结果发现，在整体预期有效性较高的条件下，理解者阅读关键词的时间较短；当刺激区组中大多数为低预期条件时，预期效应则大大减弱，表明预期以一种策略性加工的方式作用于语言理解。由于布拉泽斯等（Brothers et al.，2017）的研究采用的是自定步速阅读的实验范式，被试根据自身的阅读能力控制对词汇或句子的阅读时间，此时，阅读时间反映的是一种总体的效应，可能无法深入探讨预期中的精细认知加工机制。因此，我们研究组采用了 ERP 技术对整体预期有效性问题进行了研究（Zhang et al.，2019）。在这项研究中，我们操纵了不同类型填充句的比例，实时地记录同一句子在各整体预期有效性条件下的表现，探讨整体预期有效性如何影响句子理解的预期加工。结果发现，不论整体预期有效性如何变化，理解者都能预期即将出现的语言信息，结果并不支持策略性加工（相关研究参见第十章）。有趣的是，布拉泽斯等（Brothers et al.，2019）报告了与上述研究类似的一项工作，他们操纵不同说话者的整体预期有效性，使被试对说话者形成可靠与不可靠的印象，并将其作为稳定的预期线索，进而探讨理解者在不同预期可靠性线索下的预期效应。结果发现，预期效应会受到说话者可靠性的影响，当整体预期有效性较高时，理解者在句子加工中会诱发更强的预期。这表明，理解者能够内隐地追踪环境中的预期线索的可靠性，并实时调整自身的预期策略。我们的研究与布拉泽斯的两项工作探讨的问题相似，都讨论了预期有效性对预期加工的影响，但在实验范式、整体线索有效性和刺激呈现通道等方面有所不同，这些差异很可能也是导致研究结果有所不同的重要影响因素。我们将在下一章节中对这些差异进行详述，这里，我们希望读者据之初步了解探索预期加工策略的可能范式。

　　还有研究（Bulkes et al.，2020）则将语境约束性和阅读过程中的自我调控两个因素结合起来，设计实验讨论它们对预期加工的影响，并进一步考察这种影响是否会发生在单词的早期加工中。三个实验分别采用了快速视觉序列呈现范式（实验 1 和 2）以及自定步速阅读范式（实验 3），通过操纵目标词的拼写形成四种条件，分别是与预期词一致的目标词（storm）、翻转预期词内的其中两个字母而形成的目标词（sotrm）、改变预期词内其中一个元音而形成的伪词（starm）以及由辅音字母组成的非词，结果在自定步速阅读范式中发现了非预期条件下诱发的 N170 成分，该成分往往与文字加工有关，N170 成分越大意味着目标词与预期词的差距越大。研究者推论，如果理解者有越多的自我控制，预期也就可以越精细。

总体而言，当前的研究倾向于承认阅读既有自下而上的自动化激活过程，也存在着自上而下的策略性调控，两个系统如何协调运作是研究者关注的问题。

（三）预期的产生：并行抑或序列？

语言理解是一个信息增量的过程，即语境信息的丰富度会随着时间的推移而增加（Kuperberg & Jaeger，2016），相应地，预测的语境线索也呈现出多元化的特点。有大量研究已经证实，预期的产生往往需要依托于各层级的语境，如连接词（Xiang & Kuperberg，2015）、题元角色（Bornkessel-Schlesewsky & Schlesewsky，2009），但是，关于理解者如何利用这些语境信息产生预期加工仍有待研究。此外，根据语境信息，理解者可能会同时产生多个预期，此时预期的形成模式又是怎样的？对这两个问题的探究，有助于深入了解预期加工的机制。由于序列观和并行观的加工模式之争贯穿语言理解的整个过程中，而预期加工又是语言理解中的重要组成部分，因此从已有文献来看，也有不少研究尝试从序列和并行的角度来回答上述两个问题。

关于理解者如何利用多种语境信息进行预期这一问题，并行观认为，语言各层级的语境信息在预期过程中发生交互（Altmann & Mirković，2009）。相反，序列观认为，不同的语境信息以序列的方式作用于预期加工。为了从预期加工时效性的角度探讨预期的加工方式，周颖仪等（Chow et al.，2018）采用ERP 技术，利用汉语"把"字句的词序特性来考察论题元角色信息影响动词预期的时间进程，着重考察影响预期进程的因素是否并行起作用，还是某些因素可能出现延迟起作用。在保持语义不变的情况下，研究者通过操纵名词短语在句子中的位置，探讨题元角色（实施、被试）位置的变化是否实时地影响预期进程。结果发现，虽然题元角色信息会影响预期，但其影响发生在较晚的时程，并不十分即时。该结果提示我们，在考虑不同语言信息如何影响预期这一问题上，有必要考虑不同类型信息的加工时间（下一章将更详尽地讨论这一问题）。

关于在语境的作用下如何产生预期，同样也存在类似的争论。支持序列加工的研究者认为，理解者首先预期到具有最高补全概率的词汇（即最可能出现的单词），如果当前输入的词汇与预期词不一致时，那么理解者就会转向下一个可能出现的词汇（van Petten & Luka，2012）。然而，并行观认为，理解者在任何给定的时间内能够同时获取多个词，并根据词汇可能出现的概率赋予不同的权重。换句话说，在某一高限制性语境中，理解者能够根据语境同时对多个词产生预期：词 X 出现的概率为 55%，词 Y 为 25%，词 Z 为 20%，这些词汇出现的概率可以被看作理解者对不同词的信念。如果实际输入的词是 Z，那么理解者的信念就会发生变化和重新加权，即理解者对词 Z 的信念由 20% 提高到 100%（DeLong et al.，2005；Staub et al.，2015；Wlotko & Federmeier，2012b）。研究者通过探讨目标词的预测性和阅读时间的关系来解决上述争论。序列观认为，词汇在句子中的可预期性与其阅读时间呈线性关系。不少研究的确发现两者之间存在线性关系，并认为这可能这反映了理解者每次只能预期到一个词，因此，低预期词汇的阅读时间会随之延长（Dambacher et al.，2006；Schotter et al.，2015；van Petten，1993）。相反，有研究者认为，词汇的预期性和阅读时间并非呈线性关系（Smith & Levy，2013）。例如，有研究发现，低预期性（4%）词汇和中等预期性（41%）词汇的注视时间之间的差异要大于中等预期性词汇和高预期性（86%）词汇之间的差异（Rayner & Well，1996）。

综上所述，对于某一时间点上的目标词激活和提取时间，序列观会将之解释为阶段论的表现，而并行观则将之解释为不同信息激活强度动态变化的结果。使用动态激活的方法对这两种观点进行检测，即在不同的时间点上观察预期如何利用语境信息以及预期词汇的数量，毫无疑问将有助于我们更深入地理解语言预期加工中的序列观和并行观。

（四）语言预期加工的内容表征：抽象性抑或具象性？

先前的研究已经证明，在强语境条件下，理解者能够预期到目标词的某些具体特征。例如，当目标词和预期词在语义上相关时，其诱发的 N400 成分的波幅要小于两者语义不相关时诱发的 N400 成分，表明语义特征能够被预激活（Federmeier & Kutas，1999a）。研究者感兴趣的问题是：当理解者正在进行预期的时候，这种预期可以精确到何种程度，只是预期到一个大致的内容，还是会预测出一个相当具体的目标词？

　　近期一些研究对类似的问题进行了探讨，但是结果仍然存在较大争议。例如，在西文中，尽管已有研究证实，理解者可以对下一个词的语音信息产生预期，但正如前文所提到的，纽兰等（Nieuwland et al.，2018）的大规模重复实验却未能重复出语音预期效应，表明语言预期的精确性及其影响因素仍是值得探讨的问题。伊托等（Ito et al.，2020）认为冠词－名词搭配形式在英语书面表达中的比例仅为 33%，这可能使理解者在看到冠词后无法直接预期到具体名词，导致实验中的语音预期效应不稳定。为此，他们选用了以冠词－名词搭配形式为主的意大利语（Cardinaletti & Giusti，2011）作为实验材料，并操纵了名词的语音特征和性别标记特征（阴性词和阳性词）（Ito et al.，2020），结果发现了两种特征所产生的预期效应，并且性别标记特征预期效应产生的时间早于语音特征。研究结果一方面提示我们在语言预期研究中要关注不同语种本身固有的规律，另一方面表明词汇中不同特征的预期具有时序性。此外，有研究者也从神经机制探讨了语音预期加工（Lesage et al.，2017）。勒萨热等首先通过操纵句子的语境限制性，发现小脑参与到预期加工中。在此基础上，研究者进一步探讨了小脑具体参与到何种语言层级中。他们分别在语义、语音和字形层面上设计了与预期有关的 N-back 任务。结果发现，右侧小脑在语音任务中有较强的激活，表明小脑参与了语音预期加工的过程中（Lesage et al.，2017）。

　　有研究发现，预期也能精确到正字法水平，但这种效应的产生可能会受到研究范式和认知资源调控的影响。伊托等（Ito et al.，2016）在不同的 SOA 条件下操纵预期词和目标词在正字法水平上的差异，以探讨是否存在正字法违背现象，如果出现违背现象，则说明预期能够提前激活词汇的正字法水平。结果发现，在长 SOA（700ms）而非短 SOA（500ms）条件下，可以在正字法水平上观察到预期效应，表明在正字法特征上产生预期需要一定的加工时间。更有说服力的证据源于巴尔克斯等（Bulkes et al.，2020）的研究，他们采用了 RSVP 和自定步速阅读范式，探讨预期词与目标词在拼写规则上的一致性是否会影响与文字加工有关的 N170 成分。结果显示，仅在自定步速阅读范式下观察到了正字法预期，在这一范式下，理解者可以根据自身的阅读习惯和理解能力来调整每个词的加工时间，即他们在认知资源的投入上具有自主性。上述正字法预期的研究结果在一定程度上表明，当理解者有充分的时间和认知资源进行语言加工时，预期的内容可以精确到具体特征水平。

　　最后，还有研究发现，预期能够精确到词长水平。雷纳等（Rayner et al.，

2011）采用眼动追踪技术，探讨被试在阅读高限制性或低限制性语境的句子时，对不同长度的预期词和非预期词的略读情况。具体来讲，目标词长度一共有三种，分别是短目标词（4～6个字母）、中等目标词（7～9个字母）以及长目标词（10～12个字母）。结果发现，目标词的长度和目标词的预期性都会对目标词的略读率和注视总时间产生影响。这一结果表明理解者的预期可以精确到词汇的长度水平。

总体而言，语言预期的内容在一定程度上可以精确到语言信息的具体特征，但关于影响不同水平特征的因素，以及这些因素的加工方式，仍然还存在许多值得深入探讨的问题。

（五）语言预测错误后的加工模式：主动抑制还是被动加工？

尽管先前的研究者可以观察到与预期词不一致的情况所诱发的 ERP 成分，但是，关于个体在预期出现错误后进行了何种认知加工，目前仍不清楚。关于预测错误的讨论，主要源于部分研究者对预期在语言理解中的作用产生了质疑。由于在日常生活中，我们遇到的并不总是高限制性语境的信息，因此理解者很有可能会无法准确地预期到下一个信息，因而可能会产生预期错误。预期错误通常会在以下两种情况下对理解者产生影响：第一种情况是当理解者意识到实际输入的词汇和预期词不一致时，他们会检测到这种预测错误。例如，在句子"爸爸在我生日的那天买了一个……"中，理解者可能会预期到"蛋糕"这一词汇，但是，如果实际出现的词汇是"面包"，此时预测错误就发生了。在这种情况下，非预期词的出现完全否定了理解者之前的预期加工，迫使他们对预期词进行抑制，进而改变对信息的理解。有 ERP 研究的证据表明，在高限制性语境条件下，非预期词会在晚期诱发正向的成分（DeLong et al.，2014），这一正向激活通常被认为是对原始预期的抑制（van Petten & Luka，2012）。相反，在另外一种情况下，理解者并不是在关键目标词输入后才对原来的预期进行抑制，而是会根据语境信息不断调整自身的预期。例如，在句子"这本书有三……"中，理解者可能会预期到接下来出现的词是"卷"或者"版"。但是，如果实际上出现的词汇是反映数量的"百"，此时理解者可能会意识到原先的预期发生了错误，并即时调整对关键信息的预期。

关于理解者是否可以根据语境线索主动地抑制最初的预期，并即时地对预期做出调整，还是说，他们要在目标词输入后才会被动地进行重加工，研究者有不同的观点：一方面，研究者认为理解者能够快速地整合各种语境信息

（Kamide et al., 2003；Sedivy et al., 1999；Traxler et al., 1998）。确实，关于句法预期的研究表明，一旦理解者意识到实际输入的句法结构和预期中的不一致，句法结构就会重新得到分析（Frazier & Rayner，1982）。因此，理解者会根据语境线索即时地对预期做出调整。另一方面，也有研究者认为，预测错误的修正需要消耗时间和认知资源（包括抑制当前的预期和重新调整预期），对信息加工并无太多增益，即使理解者遇到与预期不一致的语境线索后不去修正预期，他们也能够在目标词出现后对其进行加工。

有研究者通过研究预期和预测错误对学习的影响，为预测错误是否被即时修正这一问题提供了间接的支持证据。罗伊特等（Reuter et al., 2019）采用视觉情景范式，探讨在目标词出现之前，3～5岁母语为英语的被试在预期词所对应的参照物上的注视模式，以精细了解预测和预测错误对学习产生影响的加工过程。实验目的是判断被试能否做出正确的预期，以及当出现预测错误后，注视点能否从预期刺激中进行转移，并对随后的测试产生良好的影响。研究者以听觉的方式向理解者呈现高限制性语境句子（如 "Yummy! Let's eat soup. I'm going to stir it with a..."），并同时呈现两张图片，其中一张与预期词 [fork（汤匙）] 相对应，另外一张呈现的是无意义图形。实验逻辑是，如果理解者能够做出预期，那么在目标词出现之前，他们会把注视点落在预期刺激上；但是，如果随后呈现的目标刺激和预期不匹配，此时理解者就会把注视点转移到无意义图形上，这一过程说明了预期的修正。结果发现，在目标词出现之前，理解者的注视点主要落在预期刺激上；但是，当目标刺激和预期不一致时，理解者很快能够将注视点从预期刺激转移到无意义刺激上。这一研究表明理解者能够对预测错误进行修正，但是，这一研究检测的是理解者在目标词出现后的注视点变化，无法很好地体现理解者能否根据语境信息不断修正错误的预期。

随后一些研究通过巧妙的实验设计为检测预测错误修正的即时性提供了证据。有研究（Chow & Chen，2020）利用汉语普通话中丰富的量词，探讨了在高限制性语境条件下，当理解者遇到与预期不一致的线索时是否会对原有的预期进行修正。在实验中，研究者向被试呈现包含目标词刺激的四张图片（"叶""鸟""糖""花"）的同时，追踪理解者在听到句子（"在花园里玩耍时，小男孩送给小女孩……"）的过程中观看图片刺激的眼动轨迹。在目标词出现之前会出现与预期词一致的量词（"一朵"）或者不一致的量词（"一片"），抑或没有特别指向的量词（"一些"）。需要注意的是，有些中文量词只能运用在特定的名词范围中，而有些却可以运用在各类名词中，没有特定的指向性，这也就意味着句子中的量词能够向被试提供判断预期是否正确的线索。结果发现，在量词出现之前，理解者能够根据语境注视到预期刺激（"花"），当随后他们听到与预期词（"花"）不一致的量词（"一片"）时，他们能够迅速将注视点从最初的预期刺激（"花"）上转移，并转向最初与实际出现的量词相匹配的刺激（"叶"）。这一研究结果表明，理解者可以实时地利用与预期目标不匹配的语境线索，即时地对原有的预期进行修正。

总体来说，我们能够有效地利用语境信息或线索，即时地对错误的预期做出修正，以获取精确的预期。但是，由于大多数类似的实验采用了视觉情景范式，而实验情境中的视觉图片又会在一定程度上限制理解者预期到的词汇范围，因此，未来的研究需要探讨在没有视觉图片的辅助下，理解者如何对错误的预期进行修正。此外，关于预期修正发生在何种语言层级中也是值得探讨的问题。未来研究可以在不同的语言层级中操纵预期词信息和实际信息之间的差异程度，探讨预测错误出现后是否会进行调整，并且这种调整又是何时以及以何种方式进行的，能够调整到何种程度，以更深入地了解预期加工及其对理解加工产生的影响。

四、未来研究的方向

目前已有大量研究围绕预期的内容、机制等方面展开不同程度的讨论，越来越多的证据也强调语境效应可以发生在自下而上的信息输入前。然而，相关的研究仍然有很多争议，这些争议聚焦于预期加工的模式和特征。要解决这些争议，有必要明晰导致争议的源头。基于以往的研究，不难发现，不少研究测量的是预期的结果而非预期加工本身，这导致预期的界定或相关指标依然不明确。同时，预期是一个复杂的加工过程，是多个脑区共同参与的结果，单一的采集技术和传统的分析方法可能也无法揭示预期的全貌。此外，预期的复杂性导致加工过程容易受多种因素的影响，忽略影响因素将不利于揭示预期的加工机制。以下将结合当前相关研究的不足和争议，探讨未来研究可能的方向。

（一）对预期概念要有更精准概念框架

对语言理解中的预期这一概念需要进行更加精确的界定。不少研究者在谈论预期加工的时候，通常把预期看作一个"黑匣子"。实际上，对预期通过何种机制来实现这一问题不应该持不可知论的观点，否则就难以对这一现象进行清楚的界定和科学的研究。目前对预期概念的界定存着以下几个问题：首先，关于预期的核心概念不明确。研究者对于预期的定义并没有达成足够的共识，导致不同研究者对预期概念的理解不同，进而在相关研究中的侧重点也有所偏倚。其次，某些预期理论的假设难以验证。例如，在递归神经网络的观点中，对隐藏层的含糊定义不利于证伪，进而无法探寻预期的神经基础。最后，越来越多的研究者尝试把其他学科领域中关于预期的描述应用于语言理解加工中，这能帮助我们从多个角度理解预期，但同时也容易导致我们忽略不同领域对于预期概念定义的差别，以及忽略语言加工中预期的独有特点。

　　总的来说，对预期的精准界定十分重要，这种界定需要囊括内容、加工机制和处理模式等方面。在未来研究中，有必要采用特定的研究范式和研究技术，区分不同的预期概念，并从预期的成分结构、内容，以及加工的可能进程等方面明确预期的操作定义，区分不同的预期概念，并凝练重要的科学问题。只有系统地界定语言预期加工的各种可能的认知成分，如预期信息的激活和选择、预期的错误和修正等，思考在不同语言情境和变量操纵中预期加工的实质，才能有助于在统一的视角下对研究者所感兴趣的预期过程进行探索，使不同的研究结果具有可比性，最终推动预期研究的发展。在这一过程中，我们需要重视不同理论的核心成分，对预期进行更精细的思考和界定，并从多维度的角度对预期进行系统归类，有效地把预期这一"黑匣子"透明化。

（二）加强对语言理解中预期研究范式的改进

　　以往在研究语言理解中的预期时，重要的观测变量常常落在目标词上，即在目标词出现之后反过来推导预期加工的特性。本质上，这是从预期的结果来推断预期加工本身，这也是导致研究结果难以区分预期阶段和整合阶段的重要原因。尽管已有不少研究利用语言的特性着眼于测量目标词出现之前的信息，如在汉语中测量量词（Chow & Chen，2020；Kwon et al.，2017）、在英语中测量不定冠词（Boudewyn et al.，2015；DeLong et al.，2005；Ito et al.，2017；Nieuwland et al.，2018）、在西班牙语中测量带有性别标记的冠词（Wicha et al.，2003，2004）、在荷兰语中测量带有性别标记的形容词（Kochari & Flecken，2019；Otten et al.，2007；Otten & van Berkum，2008）、在波兰语中测量带有生命性标记的冠词或形容词（Szewczyk & Schriefers，2013，2018）等，但是，一方面，相关研究目前尚未获得无争议的结果，如纽兰等（Nieuwland et al.，2018）未能在不定冠词上重复出语音预期效应的结果；另一方面，如果预期是一个动态变化的过程，那么在目标词出现前的某一特定区间内所检测到的信息可能也仍然只是预期进行中的一个阶段性结果，而非预期的动态过程。因此，未来研究有必要思考如何采用更精巧而严谨的实验设计，分离目标刺激呈现前后的影响，以区分早期预测误差与后期信息决策的过程。此外，已有研究表明，在语境信息的使用中，不同因素的作用进程可能也有所不同。因此，在特定时间内没有观察到某一变量的影响，可能仅仅说明这一变量起作用的时程更晚而非不起作用（Chow et al.，2018）。因此，研究者还要考虑如何更有效地分离预期加工内部的各认知成分，通过操纵每一个（或每一组）认知成分的加工时间，适当地探索随着外界信息的不断输入，不同来源的语境信息如何影响理解者的预期，以及预测错误的解决过程。

（三）重视不同研究技术的辐合性运用

以往的研究主要采用眼动技术和 ERP 技术，利用眼动轨迹和特定的 ERP 成分，尤其是 N400 成分（因为多数研究所发现的最稳健的预期效应来自语义层面），实时地探讨语言理解中的预期加工。但无论是眼动指标，还是语义层面的 N400 成分，实际上反映的都仍是多种认知加工交互作用的结果（Nieuwland et al.，2019）。因此，传统的采集方法和分析技术可能难以使研究者较为纯净和敏感地观察到预期加工本身。此外，作为一种认知神经活动指标，ERP 成分的空间定位不清，也难以据之推断预期加工的深层机制。未来研究应尽可能从空间和时间维度全方位地了解预期加工过程，对不同时窗的神经激活模式进行全面采集，为预期加工提供不同角度的潜在指标。例如，在 EEG/MEG-MRI-TMS 相结合的方法中，EEG/MEG 技术可测量预期产生的时序，MRI 技术可提供功能定位，TMS 可提供脑区参与的因果性证据（Esposito et al.，2020）。在数据分析方面，随着计算智能在认知心理学的广泛应用，同样有许多新的方法不断涌现。表征相似分析和深度神经网络方法的使用，使研究者能够追踪语言理解过程中不同时间点所表征的认知加工，为预期的界定提供依据。例如，王琳等（Wang et al.，2018a，2020）结合 MEG 技术和表征相似分析方法，对比生命性词汇和非生命性词汇在大脑表征中的相似性，以探讨个体能否预先激活词汇的生命性特征。结果发现，生命性词汇的激活模式要大于非生命性词汇。通过使用类似的实验设计和分析方法，有研究者在建立神经活动的时空模式的同时，分离了承担不同认知功能的脑区（Brennan et al.，2020）。此外，神经振荡分析技术同样也能够很好地反映脑区间的交互模式，探讨不同频段的活动在相同或不同脑区之间的交互作用，这将有助于我们了解大脑在不同时空尺度上的信息传递和加工策略。

（四）探寻反映预期加工的直接指标

正如前文所述，目前关于预期的研究大多采用 ERP 技术，并以 N400 为指标。虽然研究者普遍同意 N400 与语义加工有关，但一些研究者强调 N400 代表着语义整合的过程，而另一些研究者则认为 N400 也反映了预期。实际上，作为一个相对较晚期的脑电成分，N400 也许更多地反映了对目标词语义的预激活及其与句子层级水平意义的整合过程（Nieuwland et al.，2019）。有研究表明，词形预期在 N400 时窗之前就可能影响到早期成分，如 ELAN（Lau et al.，2006）、P130（Kim & Lai，2012）、N1/P2（Lee et al.，2012；Penolazzi et al.，2007）、N250（Brothers et al.，2015）等。可见，仅关注 N400，并将其作为反映预期加工的直接指标，不利于对预期机制本身进行深入的挖掘。

此外，事件相关电位反映的是试次平均叠加后的结果，反映的只是事件相关的 EEG 信号的某些方面，除此以外，非严格锁相的振荡活动也是神经活动的表现（Buzsáki，2006）。未来的研究应该对脑电指标的多种信息进行更全面的分析，例如，可以采用神经振荡技术测量不同类型刺激诱发的各频率的神经振荡及其随时间发生的变化，并结合表征相似性等编码方法，从频域角度探寻反映预期的指标。此外，由于预期会受语境变化的影响，采用有别于传统 ERP 研究的单试次分析方法也许可以使我们看到理解者在预期加工中如何调整策略，以做出准确的预期。

应该承认，目前关于预期的神经机制的探索还不足够，因此对反映预期加工的关键神经指标也还需要进行深入的探索。对于预期加工，目前的脑成像研究确实发现了一些相关的脑区，如左半球主要负责预期加工（Federmeier，2007）的脑区主要涉及腹侧纹状体（ventral striatum）和枕叶皮层，其中腹侧纹状体对错误的预期尤为敏感（Johnson et al.，2016）。还有证据表明，右侧小脑也参与了语言理解中的预期加工（Lesage et al.，2012，2017）。此外，额叶和颞叶的一些相关区域也被观察到和预期相关。例如，韦伯等（Weber et al.，2016）使用语义启动范式，操纵了总体语义关联比例作为预期线索有效性，在线索有效性高的条件下观察到了较强的启动效应，主要激活了左侧额下回和左侧后部颞上回 / 颞中回（Fedorenko & Thompson-schill，2014）。亨德森等（Henderson et al.，2016）采用逐字呈现的阅读范式，发现左侧额下回对预测效应敏感，但没有在颞叶后部观察到预期效应。然而，在以听觉方式呈现的自然阅读范式中，威廉斯等（Willems et al.，2016）发现，反映预测词汇和实际输入信息的匹配程度（Kuperberg & Jaeger，2016）的单词概率分布惊异值（surprisal）可以敏感地反映在颞叶后部，但在左侧额下回中却没有发现类似的敏感性。这些研究之间的分歧表明，我们仍需更深入地探究预期的神经机制，未来研究也需要更多地关注不同脑区之间连接的密切程度。

总体上说，对于预期加工的指标，目前仍然缺乏一致的观点。未来研究需要采用更严谨的实验设计，通过分离目标刺激呈现前后的影响、区分早期感知偏差与后期信息决策的过程，来厘清预期加工中每一阶段对应的神经机制。例如，许多研究发现了小脑在预期中的作用，但对于小脑的功能而言，未来研究也许应该更精细地讨论小脑各子区域在预期中所发挥的作用，并进一步思考在预期过程中小脑和大脑是否存在某种映射模式，小脑和大脑参与预测的区域是否以及以何种方式进行映射或连接。在数据分析等技术层面上，研究者通过结合脑成像和行为数据，可以采用不同的计算模型尝试分离承担不同功能的子区域。例如，布伦南等（Brennan et al.，2020）根据理解者听有声文本采集的fMRI 数据，采用递归神经网络语法分析器（recurrent neural network grammars）评估了语言理解中的相关指标，分离了参与不同功能的子区域。结果发现，新异词与外侧裂语言区（perisylvian language regions）有关，层级结构加工与左侧颞叶后部有关，句子派生的复杂性与左侧颞叶和额下回有关。这些研究将有利于对预期加工各阶段的直接指标提供更清晰的证据。

（五）重视个体差异，完善预期理论

语言预期会受到个体差异的影响。前面我们也已经讨论过工作记忆（Huettig & Janse，2012）、年龄（Wlotko & Federmeier，2012a），以及读写能力（Mani & Huettig，2014）对语言预期的影响。实际上，许多其他因素都可在这一过程中起作用，如执行控制资源。尽管执行控制具有领域一般性的特点，但其在语言预期中的作用仍然存在争议。例如，执行控制资源较低的人群（如儿童和老年人）往往会表现出较少的语言预期行为（Pickering & Gambi，2018）。这提示我们，未来的研究也需要更多地考虑预期加工可能存在的个体差异。除了关注正常个体的差异，从更宏观的角度来看，关注不同特殊群体的预期加工情况将能为预期问题的探索提供更丰富的资料。相关的研究可以达到两个目的：一是聚焦于预期理论如何解释特殊群体的行为；二是考虑如何从特殊群体异常表现的角度进一步完善预期的理论和机制。

如果我们把大脑类比成一台统计概率估算的机器，那么它可能会犯一些统计学上的错误，从而对预测误差给予过多或过少的关注。以自闭症和精神分裂症（schizophrenia）群体为例，确实有研究者尝试借助预期编码理论的框架来解释自闭症（Lawson et al.，2014；van Boxtel & Lu，2013）和精神分裂症（Horga et al.，2014；Wacongne，2016）患者的病症。劳森等（Lawson et al.，2014）认为，自闭症群体总是期待具有重复性和预测性的环境，这是因为他们无法忽略与感官相连接的低级神经活动的误差。基于此理论框架，精神分裂症在某种程度上可以被看作自闭症的对立面。对于精神分裂症患者而言，大脑可能过分关注其做出的预测，而无视那些与预测背离的感官信息（Horga et al.，2014）。简单而言，在自闭症中，感觉信号不断地推翻个体大脑中的模型，从而导致个体出现心理和行为问题；而在精神分裂症中，预期的模型却压制了感官的输入，这同样会导致障碍的产生。尽管自闭症和精神分裂症的机理远远不止那么简单，但毋庸置疑，预期框架的提出为理解不同病症提供了新角度。未来的研究有必要对不同特殊群体的预期特点进行更深入的探讨。

目前在语言加工领域中仍缺乏个体差异如何影响预期的研究，例如，感知、注意或记忆障碍患者（memory disorder）在语言预期中是否以及会出现何种缺陷？这一缺陷发生在哪个语言层级中？某一语言层级的认知缺陷是否会影响以及如何影响其他层级的预期加工？研究者通过特定的个体差异分析对这些有价值的问题进行研究，将能得到有价值的结论。

总而言之，预期在人类语言理解中起着重要作用。当前对预期机制和相关理论的研究取得了一定进展，但是仍存在一些亟待解决的核心问题。解决这些问题除了需要在关键术语的界定方面进行努力，还需要结合多种脑成像采集技术和计算机科学技术，从时间和空间的角度，全面探讨预期对语言各层级加工的影响是如何在大脑中表征的。未来的研究需要结合多种脑成像技术以获取反映预期的敏感指标，进而构建全面和精确的预期机制，推动语言理解加工的发展。这些努力将有助于研究者全方位、多角度地揭示语言预期的本质，为构建全面和精确的语言加工的预期理论模型奠定坚实的基础。

第十章
语境限制性对语言预期加工的影响

为了减轻感官处理的负担，研究者相信，理解者可以利用他们先前的语言知识和当前句子上下文的约束，在下一个词出现之前，对其进行预测（Christiansen & Chater，2016；Elman，1991）。正因为存在这种高效的加工机制，不论是在日常讲话中，还是在文字阅读中，我们均可以相当迅速地加工一个个连续进入系统的单词。甚至在不到半秒的时间内，我们已经解码了输入的原始声音、视像，将这些物理信息连接到心理词典，并将该单词的句法形式和含义整合到句子不断更新的意义表征中。在上面一章，我们综述了阅读理解中预期研究的一些基本的理论问题。总体上来说，与其他认知心理学领域的基本研究问题一样，研究者关注的问题与这个领域中一些基本的理论问题有关，如预期加工的具体内容（如音、形、义等层级信息的预激活）、相关的预激活是并行的还是序列的，以及预期加工的方式（如预期的自动化与策略性、加工成分的模块化与相互作用等）。

本章主要介绍我们怎样利用 ERP 技术，分别从语境信息如何影响预期的加工方式以及时间进程两个角度对语义理解中的预期加工进行一些初步探讨。

一、预期加工的模块性与灵活性

虽然预期是一种有效的机制，持续的概率预测可以为语言处理瓶颈提供一个潜在的解决方案，使我们更高效地完成语言信息的处理，但它也带来了一系列新的计算上的挑战，特别是语言环境可变性的挑战。尽管正常的语句建立在普遍而公认的一些语言规则上，但理解者在语义和句法加工偏好方面可能存在着很大的差异。语言理解中的一个重要问题是，听众如何发现其语言环境中的变化，不断调整其内部模型以继续准确地预测即将到来的信息。例如，若个体的预期总是得不到支持，经常出现预期无效所导致的损耗，那么个体能否调整策略，实时降低预期的强度而避免出现语义重分析所导致的损耗？在当前的实验中，我们探讨了阅读理解过程中预期机制的灵活性。尤其是理解者是否跟踪了预测处理成败这一信息，并使用此信息来调整基于上下文的预测的强度。对这一问题的关注，有助于把握语言理解中的预期产生是语言系统内一个强制性、模块化的加工过程，还是会受语言外的其他因素的实时调节。更具体地说，先前的很多研究表明，个体对环境中的统计信息有很高的敏感度，而预期的有效性本身也是统计信息的一种表现。因此，如果预期是一个强制性、模块化的加工过程，则这一过程可能并不易受先前预期有效性概率因素的影响，反之，则更容易受这一概率因素的调制。以下我们首先介绍这一问题的相关文献，随后报告我们研究组进行的一项相关研究及得到的启示。

（一）阅读理解中，预期有效性对预期加工的影响

以往的研究发现，情境可预测性对刺激加工的影响是非常稳健且普遍存在的，实时的语言加工更是如此（如 Altmann & Kamide，1999；Kutas & Federmeier，2011；Kuperberg & Jaeger，2016）。前面我们已经看到，在可预测的语义环境中呈现单词时，不管是言语的还是文字的刺激（Fischler & Bloom，1979；Ehrlich & Rayner，1983；Staub et al.，2015；Traxler & Foss，2000），读者或听者都可以更快、更准确地识别新出现的单词（Schwanenflugel & Shoben，1985）。ERP 研究则发现，可预测和不可预测词汇会引发 N400（单词呈现后在 $300 \sim 500$ms 处出现的负向 ERP 成分）的变化，这一成分也已被证明对上下文的可预测性高度敏感，随着词汇可预测性的提高，N400 的波幅也呈线性下降（Kutas & Hillyard，1984a；Wlotko & Federmeier，2012b）。

尽管有明确的证据表明理解者能够使用各种上下文信息来预测即将到来的信息，但对于这些预期机制在不断变化的语言环境中是否能保持一定的灵活性则知之甚少。如果预测即将到来的单词需要将信息从较高的表征水平传递到较低的表征水平，则此过程必然会导致一些基本的代谢成本（如增加神经放电活动，Clark，2013；Kuperberg & Jaeger，2016）。在某些环境下，主动预测所产生的成本可能会超过收益，尤其是在预测错误相对频繁的情况下。如果情况的确如此，理解者可能需要适应语言环境的变化（Johnson & Brown，2005；Liberman et al.，1952），同时也需要适应语言环境中可变的预测水平，并通过改变不同情境下预期加工的强度来纠正错误（Huettig，2015；Lupyan & Clark，2015）。

关于语言理解中存在灵活的预期机制，以往也发现了一些研究证据，最重要的证据来自单词语义启动任务（den Heyer et al.，1983；Holcomb，1988；Lau et al.，2013b）。在这些研究中，相对于不相关的启动（烟草－护士），语义相关的启动（医生－护士）导致目标词（如护士）的响应时间更快且 N400 波幅较小。尤其重要的是，相对于相关比例较低的情况，当被试在实验中遇到相关比例较高的词对时，这种语义相关引发的启动效果会增强（参见 Neely，2012）。研究者认为，在低相关比例情景下所发现的语义启动效应反映了语义相关的单词之间存在一种自动的扩展激活，而在高相关比例的情况下，增强的语义启动效应可能反映了一种独立的预期机制。此时，被试可以使用启动项来生成特定的行为，对即将出现的目标词产生预测。

由于这种相关比例的效应主要是在启动信息和目标信息之间间隔较长的情况下所观察到的（Posner & Snyder，2004；Stolz & Neely，1995），同时对于执行功能低的被试，这种效应有所减小（Hutchison，2007），因此，以往的研究者认为这种相关性概率可能是策略性的，且高度依赖于加工资源，因而可能难以在实时的句子理解加工中表现出来（Seidenberg et al.，1984；Traxler & Foss，2000）。

在最近一项使用阅读时间为指标的研究中（Brothers et al.，2017），研究者观察到一些与先前研究有所不同的证据。实验中，研究者通过操纵句子的语境，使理解者关于目标词的预期在随后得到证实（预期正确）或未得到证实（预期错误）的概率有所不同。在高有效性条件下，被试所读到的句子大部分是预期可以得到证实的；而在低有效性条件下，被试虽然也会对随后的目标词有强预期性，但这种预期却常常得不到证实，出现预期违背现象。实验结果表明，与语义启动的概率范式相似，单词可预测性与语境之间存在着相互作用，因此，当理解者处于一个足以产生预期的语境，但所预期的准确性又总体较低的情况下，他们从一个高预测性的句子语境中所获得的收益就会大为减少。值得注意的是，由于上述实验采用的是自定步速阅读范式（self-paced reading paradigm），其测量的是被试在阅读每个单词时按下按钮所花费的总时间，而这一时间不仅会受单词的初始加工的影响，还会受按键之前所有认知加工过程的影响。此外，已知自定步速阅读中的"溢出"效应，影响特定单词的处理的变量（如词频）可能也会影响后续单词的加工时间。也就是说，自定步速阅读时间提供的是许多认知过程的综合测量，其中一些因素甚至可能与该词本身的处理无关，而这些因素的掺杂有可能会影响预期加工的过程。

为了更好地理解预期有效性这种非语言因素在实时语言理解的预期加工中的促进（或削弱）作用，采用能更直接反映个体对单词如何进行实时处理的ERP方法，可以对大脑相关的认知加工的时间进程进行精确的测量。以往的研究证明，ERP中的N400成分与长时语义表征相关，并且其对单词的预期水平也具有一定的敏感性，因此，可以利用这一指标进行相关研究，也就是说，通过测量个体的ERP来考察句子理解中的策略预期假设是否成立。以下将分别介绍来自我们研究组（Zhang et al., 2019）和布拉泽斯等（Brothers et al., 2019）两项聚焦于同一问题的研究，这两项研究分别从阅读和言语理解两个角度对预期机制的模块性与适应性问题进行直接探讨。有趣的是，尽管使用了同样的ERP技术，也同样操纵了预期性线索的有效性这一变量，但两个研究的主要结果本质上却是相反的。我们首先简述这两个研究，随后也对两个研究的结果进行总结和分析，以了解这两个不同的研究结果能给未来开展相关方面的研究带来何种启示。

（二）预期有效性对实时预期加工的影响：两项 ERP 的研究

接下来报告的实验均将高限制高预期的目标句或高限制低预期的目标句置于预期一致或违背的填充句中，借此操纵在一个区组内实验刺激整体预期的有效性，以此考察这种预期有效性是否会实时地调控目标句的预期水平，从而影响关键词在句子中的加工。下面首先介绍我们研究组的工作。

1. 预期线索的有效性对阅读理解中词汇预期的影响

为了探讨预期有效性如何影响实时阅读中的预期加工，我们设计了两个分实验。分实验一使用了高限制高预期词的目标句，同时使用同等数量的两类句子作为填充材料：一类与目标词相同，也是高限制高预期的句子，另一类则是高限制的违背句。这两种填充材料分别在两个实验区组中引入，因而造成预期有效性的变化：引入高限制高预期的填充材料，增加了该阶段阅读材料的预期有效性；相比之下，引入高限制违背的填充句，则降低了该阶段阅读材料的预期有效性。分实验二中，我们仍然采用与分实验一相同的填充材料，目标句的主干也与第一个实验相同，都是高限制性句，但目标句的关键词均为低预期词（两个分实验的材料参见表 10-1），同样位于句末。因此，两个实验的重点是通过操纵不同类型填充句的比例，造成预期有效性的差异。在每个分实验中，虽然预期有效性改变了，但目标句为同一个句子，通过同一目标句在不同预期有效性下的表现，可以深入探索在实时句子理解过程中，预期有效性如何影响句子内部的预期加工。同时，因为两个分实验的句子主干和填充信息都是相同的，我们也对两个分实验进行综合分析，通过联合分析来考察句子目标词预期性的高低所造成的预期效应是否会受预期有效性的调制。

表 10-1 两个分实验中目标句和填充句示例

句子类型		例句
目标句	高限制高预期（分实验一）	张律师 赢了 这场 <u>官司</u>。
	高限制低预期（分实验二）	张律师 赢了 这场 <u>球赛</u>。
填充句	高限制高预期	数学家 成功地 解开了 <u>难题</u>。
	高限制违背	舞台上 明星们 正在 演唱 <u>法国</u>。

注：下划线为关键词

在分实验一中，我们将以高预期词结尾的句子分别置于由预期有效或预期无效的填充句组成的实验区组中，以探讨读者在不同预期有效性条件下对目标句高预期词的 ERP 反应是否有所不同，进而推断预期有效性对句子内部高预期目标词加工的实时影响。

实验刺激由 80 个实验句和 80 个填充句（40 个预期填充句 +40 个违背填充句）组成，句子长度和句法复杂性相当。将 80 个实验句和 80 个填充句平均分配到两个区组中，在高预期有效性区组中，实验句和填充句均为高预期的句子，因此每一句子中目标词的总体预期有效性为 100%；而在低总体有效性区组中，填充句均为语义违背的句子，因此每一句子中目标词的总体预期有效性为 50%（表 10-2）。在材料准备阶段，我们先用填空法确定了实验句的限制性，30 名不参加实验的、母语为普通话的本科生被试对目标词进行完形填空，证实所有实验句和填充句均为高语境限制句，平均限制性为 0.82。高预期的目标词均选用评定者认为最可能出现的词汇作为目标词，而低预期的则选用那些虽然合理，但评定者在完形填空中极少提及的词汇。而填充句中违背句的目标词是与句子的意义相违背的，在完形实验中，其出现的可能性为 0。此外，另外 27 名未参加 ERP 实验的评定者对每一个句子的合理性进行评定，以确保所有句子的语义合乎要求。评定的结果也证实高限制高预期与高限制低预期下实验句的语义均合理，而违背句下的语义合理性则较低。所有句子都被分割成词，以便在 ERP 实验中逐一呈现，确保实验句和填充句之间的平均词汇数没有差异。

表 10-2　两个分实验中区组的有效性及其具体构成

实验	区组类型	句子的类型及构成比例
分实验一	高总体有效性区组（100% 有效）	高限制高预期目标句（50%）
		高限制高预期填充句（50%）
	中等总体有效性区组（50% 有效）	高限制高预期目标句（50%）
		高限制违背填充句（50%）
分实验二	中等总体有效性区组（50% 有效）	高限制低预期目标句（50%）
		高限制高预期填充句（50%）
	低总体有效性区组（0% 有效）	高限制低预期目标句（50%）
		高限制违背填充句（50%）

（引自：Zhang et al.，2019）

当区组内的填充刺激均为高预期句时，所有刺激（即填充句和实验句）均以高预期词结尾，此为高预期有效性条件。相比之下，当区组内的填充刺激均为违背句时，则区组内将只有一半的刺激以预期词结束，此为低预期有效性条件。在策略预期假设下，当预期总体有效性较高时，个体更可能会进行预期加工，导致对目标词有更强的预期。当关键词的语义表征被预先激活并且易于提取时，关键词将会诱发波幅更小的 N400。因此，如果同一实验句中的高预期目标词将在高预期有效条件下（填充句为高预期合理句）诱发波幅更小的 N400，而在低预期有效条件下（填充句为违背句）诱发波幅更大的 N400，这将支持策略预期假设。相反，如果被试对实验刺激的处理不受总体预期有效性的调节，那么目标词应该在预期和违背的填充条件下诱发相似的 N400。

16 名母语为普通话、右利手、无阅读障碍或神经系统疾病的学生参加了实验。实验刺激的呈现采用 RSVP 范式，以词为单元，以 400ms 的呈现时间逐屏呈现，单元与单元的呈现间隔（ISI）为 200ms。在每个句子的句末词出现后，被试需要以 7 点评分的方式来评定句子的语义合理性（分数越高表明越合理）。被试在高预期句子组合和低预期句子组合开始之前均会完成 10 个练习试次，程序与正式实验完全一致。此外，为了进一步分离高预期有效性与低预期有效性这两个条件，在完成任一任务的两个句子组合之后的休息时间内，被试被要求完成简单的西蒙任务（Simon task）作为分心任务（Kelly et al.，2008）。

记录被试的行为数据，如正确率和反应时，同时也记录并分析 ERP 数据，以探索预期有效性对预期加工的实时影响。重点关注的是 N400（300～500ms）和 P600（600～900ms）平均波幅的统计分析，考察预期有效性高低因素对 9 个兴趣区（图 10-1）ERP 平均波幅的影响。

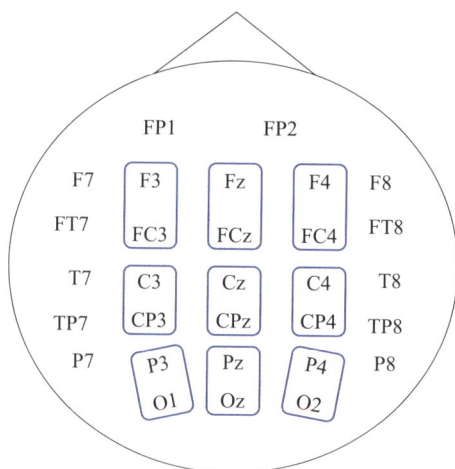

图 10-1　实验中所用的 30 导电极布局以及 9 个用于统计分析的兴趣区

行为数据的分析表明，预期有效性对句子的合理性等级和反应时这两个指标均未产生显著影响，合理性等级及反应时参见表 10-3。

表 10-3　分实验一中句子的合理性等级和反应时

材料类型		合理性等级 *	反应时（ms）
高总体有效性区组（100% 有效）	预期的实验句	6.41（0.12）	717（54）
	预期的填充句	6.46（0.12）	749（59）
中等总体有效性区组（50% 有效）	预期的实验句	6.46（0.10）	727（55）
	违背的填充句	1.42（0.09）	718（73）

注：* 分数越高表明越合理，最高等级为 7 分；括号内数据为标准差（引自：Zhang et al.，2019）

图 10-2 呈现了不同填充条件下，两个时窗内目标词的平均 ERP 波幅和地形分布。我们推断，在预期填充条件下，如果预期有效性的增加可以促进预期加工，那么被试应该更有可能进行预期加工，此时在预期填充条件下预期目标词诱发的 N400 波幅应该比在违背填充条件下更小。然而，实际的研究结果似乎并未证实这一假设。事实上，我们看到了相反的效应：被试在预期填充条件下由目标词所诱发的 N400 波幅比在违背填充条件下更大，在左侧和中线兴趣区信号上的表现尤其如此。这表明当实验环境鼓励预期加工时，被试并不会因此更容易地对预期的目标词进行加工。此外，在 600 ～ 900ms 时窗中，填充类型的变化似乎也并不会对目标句的预期词产生显著影响，尽管从 ERP 地形图

来看，个体在违背填充条件下似乎在右后部产生一个更大的正波，但却没达到统计学上的显著性水平。

随后，我们进行了分实验二。在该分实验中，我们采用了低预期（零填充概率）但意义连贯的词作为关键词（如"张律师赢得了这个球赛"）。填充句的操纵则与分实验一保持相同。该实验希望通过考察被试对低预期的目标词的实时反应，再次讨论预期的有效性对预期加工的影响。

与分实验一一样，分实验二的实验刺激由 80 个实验句和 80 个填充句组成（40 个预期填充句 +40 个违背填充句）。两个分实验使用的刺激之间的唯一区别在于，所有实验项目中高限制性句的句末目标词是高预期的（分实验一）或低预期但语义连贯的（分实验二）。分实验二中低预期目标词的预期性为 0，并且所有句子均合理。此外，分实验二的所有实验材料中的低预期目标词与分实验一中的高预期目标词相匹配，均为同一个词。

通过与分实验一类似的操纵，这些高限制低预期的目标句将被置于两种预期有效性的区组条件下，当填充句均为高限制高预期句时，整个区组预期的有

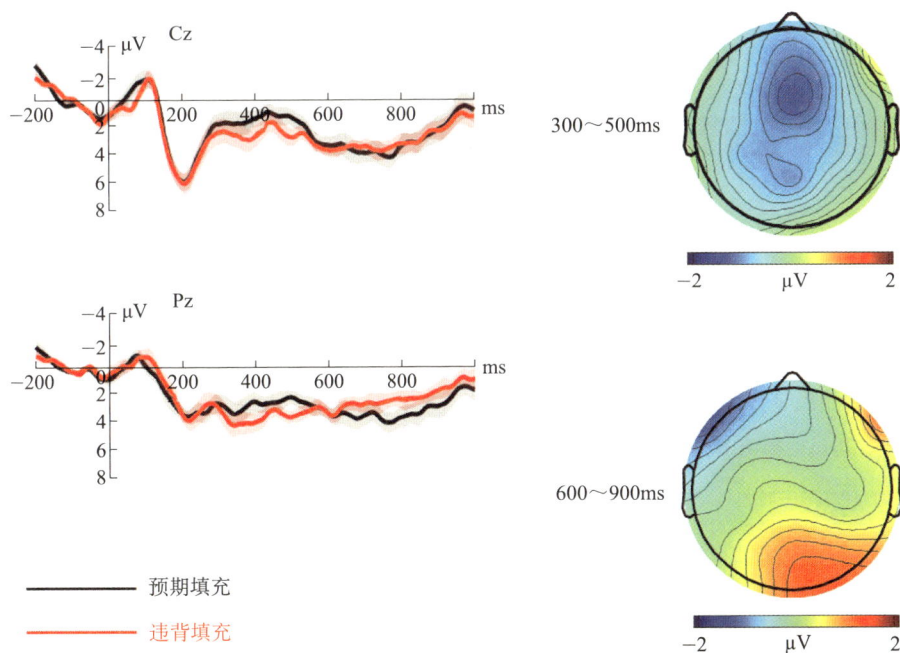

图 10-2　不同填充条件下目标词的平均 ERP 波幅及其在 300～500ms 和 600～900ms 两个时窗内 ERP 的地形分布（引自：Zhang et al., 2019）

效性为50%，而当填充句为高限制违背句时，整个区组预期的有效性为0%。这与分实验一中预期线索有效性为高（100%）和中等（50%）之间的差异值相一致。在分实验二的操纵下，预期线索总体有效性分别为中等（50%）和低（0%）。根据我们的假设，预期线索有效性降低，尤其是降低到随机水平以下时，这种预期线索有效性的因素对语言内部的预期加工的影响将会减弱，将会影响被试对于预期词的预期加工，此时的N400波幅与高预期有效性的区组内部的情况有所不同。因此该实验中N400对低预期目标词的响应在高预期填充条件与低预期填充条件之间应该是相类似的，因为被试对低预期目标词并不倾向于产生预期。但是，预期填充句与违背填充句的存在可能会影响被试对实验句子合理性的判断。

未参加分实验一的18名本科生被试参与了分实验二，实验程序、脑电记录方法均与前述实验相同。

高限制低预期句在不同填充条件下的合理性等级及反应时参见表10-4。行为结果的统计分析显示，被试在预期和违背的两类填充区组下的合理性等级并没有表现出显著差异，但在反应时方面，预期填充条件下评定的反应时显著长于违背填充条件下的反应时，这表明填充句的类型确实会影响被试对实验句子的加工。

表 10-4 分实验二中句子的合理性等级和反应时

材料类型		合理性等级 *	反应时（ms）
中等总体有效性区组（50% 有效）	低预期的实验句	4.45（0.15）	1181（90）
	高预期的填充句	6.49（0.10）	718（79）
低总体有效性区组（0% 有效）	低预期的实验句	4.73（0.18）	1065（70）
	违背的填充句	1.23（0.04）	537（59）

注：* 分数越高表明越合理，最高等级为 7 分；括号内数据为标准差（引自：Zhang et al., 2019）

图10-3 显示了低预期目标词的平均 ERP 波幅以及填充句类型效应在 300～500ms 和 600～900ms 时窗内的地形分布。在 300～500ms 时窗，重复测量方差分析显示，填充句类型的主效应边缘显著，填充类型和兴趣区位置之间没有相互作用。与分实验一的结果相类似的是，N400 波幅在违背填充条件下比在预期填充条件下更小，但此差异在本实验中并未达到统计学上的显著性水平。在 600～900ms 时窗，填充类型没有产生任何效应。

通过上述两个分实验，我们发现，不管预期线索的总体有效性是高还是低，其对高预期关键词或者低预期关键词的加工均没有产生显著影响，与此同时，在违背填充条件下（即预期线索总体有效性更低的情况下），我们观察到波幅更小的 N400，尽管这种差异并没有达到统计学上的显著性水平。

为了进一步考察预期加工是否以及如何受预期有效性的调节以检验策略预期假设，我们把两个实验的数据，包括行为数据与 ERP 数据联合起来进行分析，计算预期性的影响及其与填充句类型可能存在的相互作用。如果被试在整体预期线索有效性降低时并不进行预期加工，那么与高预期有效性的情况相比，在违背填充条件下，预期性对 N400 的影响应该更小。当然也存在另一种可能：即使整体预期有效性较低，如果读者仍然进行预期加工，那么应该在预期和违背的填充条件下仍能观测到预期词的 N400 效应。

在行为数据方面，我们检验了实验的主要操纵在句子合理性等级和反应时上的效应；而在 ERP 数据方面，我们则对每一时窗（即 N400 时窗 300～500ms 和 P600 时窗 600～900ms）中的 ERP 波幅进行分析。其中，预期性为被试间因素，而填充句类型和兴趣区为被试内因素。

图 10-4 显示了两个实验中实验句子的平均合理性等级和反应时。在这两个指标上，我们均观察到预期性产生了显著的主效应。被试对高预期句子的反

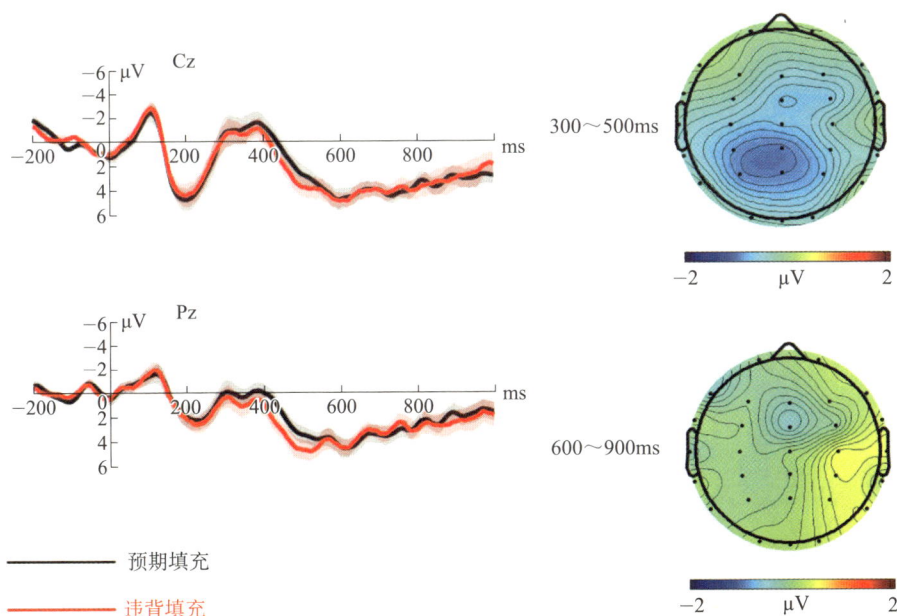

图 10-3　不同填充类型下低预期目标词的平均 ERP 波幅及其在 300～500ms 和 600～900ms 时窗内的地形分布（引自：Zhang et al., 2019）

应比低预期句子更快，并且他们对预期句子的合理性等级也高于低预期句子。此外未发现存在其他显著效应。

我们还尤其关注不同类型的填充条件对预期 ERP 效应（即低预期与高预期目标词的差异）的影响（图 10-5）。结果发现，在 300～500ms 时窗内的确可以观察到预期性和填充类型的主效应，高预期目标词的 N400 波幅比低预期目标词的小，违背填充条件下的 N400 波幅比预期填充条件下的小，但预期性和填充类型之间没有显著的交互作用，表明预期性效应在预期和违背这两种填充条件之间并没有差异。

在 600～900ms 时窗内，我们没有观察到预期性或填充类型的主效应。为了更细致地考察预期性和填充类型的潜在影响，我们又在每个兴趣区中对两因素的效应进行检验，其中，预期性为被试间因素，填充类型为被试内因素。结果发现，在右后侧的兴趣区中被试的 ERP 波幅在预期填充条件下比违背填充条件下大；在左前侧的兴趣区中，相比于高预期目标词，低预期目标词诱发了一个波幅比较大的正波。

该研究通过将目标句与高预期或违背填充句一起呈现，操纵预期有效性。基于策略预期假设，我们推断，被试在预期线索总体有效性较高时，应倾向于更积极地使用预期策略来进行预期加工，因此他们会预先激活预期的目标词，从而使 N400 波幅变得更小。但是，实验数据却并没有支持这一假设，无论是在高预期目标词（第一个分实验）还是低预期目标词（第二个分实验）的

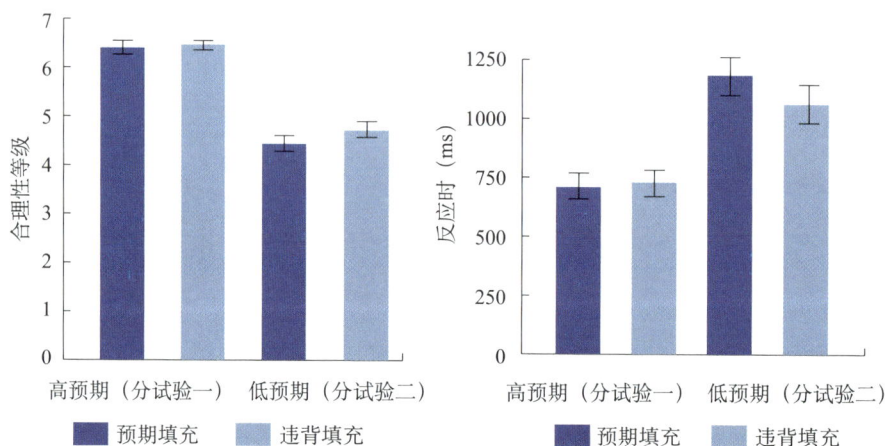

图 10-4　两个分实验中高预期和低预期句的平均合理性等级和反应时（引自：Zhang et al., 2019）

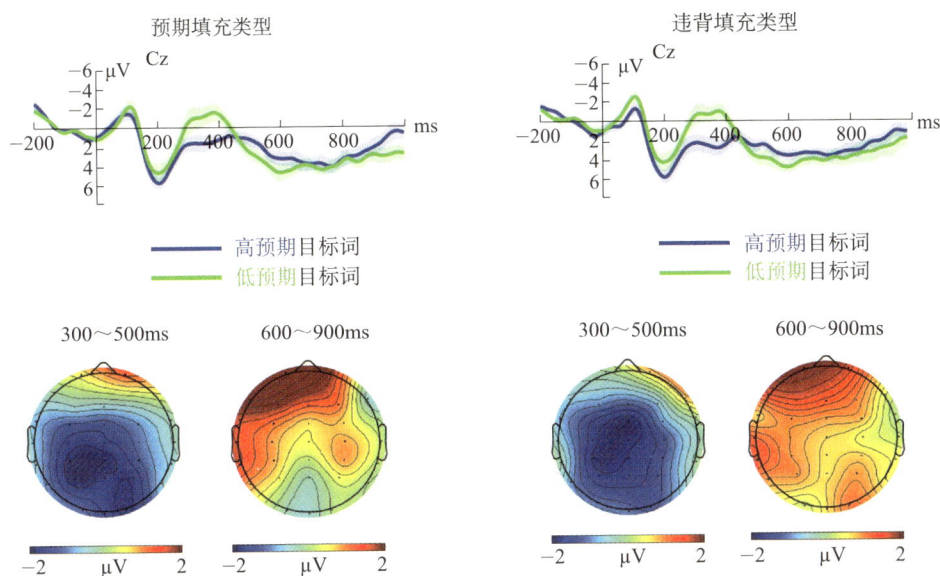

图 10-5　预期和违背的填充条件下预期性的影响

注：该图显示了在预期填充条件（左）和违背填充条件（右）中，Cz 的高预期和低预期的目标词的平均 ERP 值。地形图显示了在 300～500ms 和 600～900ms 时窗内预期性（低预期减去高预期）影响的地形分布（引自：Zhang et al., 2019）

句子中，都没有发现类似的效应。相反，我们观察到的是与实验预期相反的结果，即被试的 N400 波幅在违背填充条件下小于预期填充条件下。或者说，当刺激的预期线索整体有效性比较低的时候，被试对预期词的加工更容易一些；而当刺激的预期线索整体有效性比较高的时候，预期词的加工并没有得到促进。将两个实验数据相结合并进行进一步分析后，我们发现，无论是在违背还是预期的填充句条件下，关键词预期性加工均未受到填充类型的影响，而是出现了与过去研究相似的情况，即高预期关键词诱发的 N400 波幅比低预期关键词诱发的 N400 小，而且诱发了晚期正波（并未达到统计学上的显著性水平）（van Petten & Luka，2012）。总体上说，本研究结果显示，预期的总体线索有效性并没有影响预期关键词的加工，因而就这一研究而言，我们并没有发现能支持策略预期假设的直接证据。

　　有趣的是，布拉泽斯等（Brothers et al.，2019）近期也报告了一个研究，与我们的工作有着类似的思路，然而结果迥异。为了更好地对比这两个研究，以下将对他们的实验进行简单报告。

2. 布拉泽斯等（Brothers et al., 2019）的研究：预期加工的灵活性——来自听理解的证据

在这项研究中，布拉泽斯等探讨了预测性线索的整体可靠性将如何影响言语听理解过程中句子限制性信息的使用。被试听了由男性或女性说话者说出的一系列句子，同时记录被试在句子理解过程中产生的 ERP。被试共听到 330 个句子，其中男女声音各 165 句，一位说话者是可靠的，在他/她所讲的 165 个句子中有 133 个句子包含高限制性语境以及高度可预测的目标词（如"奶牛生产大量牛奶"）。而另一位说话者是不可靠的，在他/她所讲的 165 个句子中有 133 个句子总是违背听众根据语境所产生的期待（即高语境低预期词，如"奶牛产生大量的噪声"）。研究者的目标是确定听众是否会发现说话者的预测线索存在这种可靠性的差异，并利用这些信息来调节他们对两位说话者言语的实时理解情况。

被试需听完可靠以及不可靠的声音所讲出的 330 个句子，在听完每个句子后回答一定的问题，记录被试对目标词的 ERP 数据。

研究者对关键句目标词的 N400 成分（300～600ms）的平均波幅进行了 2（目标词是否预期：符合、不符合）×2（说话者是否可信：可信、不可信）的方差分析，结果发现存在显著的预期主效应，被试加工不符合预期的词所诱发的 N400 波幅显著大于加工符合预期的词；但更重要的是，对于这种预期违背所诱发的 N400 效应，说话者可信条件与不可信条件相比，两者差异达到 2 倍之多，可信条件下预期所引发的 N400 效应更大。进一步地，对于不符合预期的词，可信和不可信条件所诱发的 N400 波幅差异并不显著，而对于符合预期的词，可信条件下诱发的 N400 波幅显著小于不可信条件。这再一次表明，对说话者的信任性可以对预期产生调节作用。

这一结果总体上表明，当刺激的预期线索总体有效性较低时，预期所起的作用也减弱；而在刺激的预期线索总体有效性较高时，被试对关键词的预期加工会得到促进。这一结果与布拉泽斯等（Brother et al., 2017）的研究也是一致的，只不过在 2017 年的研究中，他们是通过自定步速阅读范式，分析被试对句子进行阅读理解的时间，而该范式可能无法深入探讨预期加工的精细的认知加工机制，因为自定步速阅读范式允许被试以更自然的速度阅读以理解句子，有可能是根据刺激的整体预期有效性来调整他们的阅读速度（或阅读策略）的，而当大多数刺激均为低预期时，他们的阅读速度可能会更慢并更多地依赖自下而上的信息。所以，布拉泽斯等（Brother et al., 2017）发现预期性

对被试的阅读时间几乎没有影响的结果说明了这一点。但在他们 2019 年的这个听理解的实验中，语言材料的呈现更接近自然状态，因而其结果也更有参考价值。

3. 两项研究的对比：总结与启发

对比这两个研究目的类似而研究结果却有所不同的实验，可以对未来有关这一问题的新探索和研究提供一些启示。

第一，预期有效性线索的稳定性可能是一个需要考虑的问题。布拉泽斯等的研究利用两个不同的人声来提供不同的目标词预期有效性线索。人的嗓音与人的身份识别有着密切的关系，可能提供了一种更为稳定的信息来源，这可能会导致言语理解者赋予这种可信度以更高的权重，进而使这一因素成为一个更有效的影响因素。

第二，两个研究使用了不同的任务。布拉泽斯等的研究采用了回答问题的任务，这个任务相对侧重理解，而我们的实验采用了句子意义的合理性判断作为任务，这个任务可能更强调对语言材料本身的处理，这可能也在一定程度上改变了语言理解者加工当前信息时依据不同因素的权重。相比之下，意义的合理性判断任务只需要确认违背即可，而理解任务往往需要读者进行更深度的加工与记忆，加工深度的不同可能会导致语境有效性线索的使用也有所不同。

第三，我们的实验材料与布拉泽斯等的实验材料使用了不同的通道来呈现。同样是 ERP 研究，我们使用的是阅读理解的范式，而布拉泽斯等的研究使用的是听觉理解的范式。在听觉加工中，信息的展开是序列性的，每个信息的呈现又是短暂和一次性的。因此在加工听觉信息时，读者可能会更多地依赖语境所提供的各种信息，以对接下来即将出现的语音信息进行最大限度的预测。相比之下，尽管当前我们的研究采用了 RSVP 的呈现方式以便于记录 ERP，但在更正常的阅读过程中，语言信息的呈现往往是并行分布式的，读者甚至可能通过预视等获得目标词自下而上所提供的信息，因而影响预测处理的语言学内部的因素会更复杂，客观上可能会降低语言外部约束因素的作用。

第四，两个实验中预期线索的有效性是在不同水平上进行操纵的。布拉泽斯等的研究中，有效的预期刺激分别控制在 80% 和 20% 这两个水平。我们的研究控制的是线索有效性的绝对差异，对于高限制高预期材料和低限制低预期材料而言，高低预期线索有效性之间都存在 50% 的差异，但对于高限制高预期的材料来说，这种差异总体上来自高预期有效性的语境（100% 或 50%），而对于高限制低预期的材料来说，这种差异总体上来自中等到低预期有效性的语境（50%和0%）。如果外在预期线索有效性对预期机制本身的影响并非线性的，在预期线索有效性较高与有效性较低的水平内，与50%的有效性差异（我们的研究）相比，预期线索从高有效性（80%）到低有效性（20%）内的这种操纵（布拉泽斯等的实验）虽然绝对数值上仅有60%的差异，但因为跨越有效和无效两个极端，可能会更容易导致差异出现。本质上，未来对线索有效性是否表现出差异这一问题仍然值得进一步研究。

　　总体上，不管出于何种原因，这两个实验结果的不一致事实上揭示了预期加工机制的复杂性。其一，很明显，在正常句子理解中，读者必须启用积极的预期机制，对自下而上输入中尚未出现的相关词汇的语义特征产生前馈激活（Brothers et al.，2015；Schwanenflugel & Shoben，1983；Schwanenflugel & LaCount，1988）。其二，至少在布拉泽斯等的言语听理解实验中，这种预期机制能对预测错误的动态变化表现出一定的敏感性，不仅仅是在单个句子水平层面，还会表现出超越单个句子水平的敏感性。因此，在特定的条件下，语言处理者能随着时间的推移内隐地跟踪预期加工的有效性概率，并使用此信息来调节将来自上而下模块参与的强度。也就是说，在一个语言环境中，如果预测误差很高，理解系统将进行较少的参与性加工，而是将更多的资源用于自下而上的刺激评估。相反，在上下文预测特别成功的环境中，理解者将更加依赖自上而下的预测，从而在预测正确的情况下更快、更有效地识别单词。其三，这种灵活的调节机制是不是一定会在语言加工中自动化地进行，可能取决于许多未知的因素，因此值得未来的研究更深入地进行探讨。总体上，语言理解的架构远远比我们想象的要灵活，即使在预期加工中也表现得十分灵活（Huettig，2015；Lupyan & Clark，2015；Kuperberg & Jaeger，2016）。运用ERP技术，我们的研究以及布拉泽斯等的研究，为我们理解适应性预测机制的存在及其影响因素，提供了实验证据的支持和进一步深入研究的方向。

二、不同信息的预期进程：语境约束的作用

　　当语境提供了同一个目标词的高限制性句子主干，此时，同一个词的完形概率可能可以达到极高，也就是说，人们有更高的概率想到同一个随后可能的目标词。在这种情况下，一个有趣的问题是，是否一个具有较高预期概率的目标词就一定可以被实时地提取？从本章前面所介绍的两个研究中，一方面，我们可以发现，预期加工是在语言理解中普遍存在的，而且能够在非常短的时间内就根据语境的限制性提示信息预激活即将出现的信息，从而促进语言加工；

另一方面，从本书的前面几章中，我们也能看到阅读理解的加工具有高度即时性的许多证据。根据这些知识，对预期加工是否能即时进行的问题，答案似乎也应该是确定的。然而，值得注意的是，虽然即时性是阅读的一个基本原则，考虑到在阅读的过程中，读者所要处理的信息是多层面的，而读者的工作记忆又存在某些限制，因此，一些特定维度的信息构建却也可能会表现出延迟的特点，这与即时性处理的大原则并不相互矛盾。尤其是填充概率这一指标本质上是要求理解者主动进行预期，不排除虽然多数读者的预期一致（导致高填充概率），但这种高填充概率却并不能被直接反映在实时的指标上。确实，最近有研究发现（如 Bornkessel-Schlesewsky et al.，2011；Chow & Phillips，2013；Chow et al.，2016；Kim & Osterhout，2005；Kolk et al.，2003；Stroud & Phillips，2012；Ye & Zhou，2008），在某些特定情况下，尤其是在题元角色加工中，可能会出现高预期性的关键词无法即时引发预期加工的现象。这似乎表明并不是所有影响预期的因素都可以通过并行的方式同时起作用。以下我们首先介绍这一问题的一些相关理论，随后报告我们研究组的一项工作，该研究揭示了题元角色对动词所引发的预期有可能会产生延时的现象，并就这一现象提出一些值得深入思考的问题。

（一）阅读理解中题元角色的预期

先前的研究发现，在涉及题元角色的预期中，高预期性的动词有时并不会导致理解者的预期效应产生即时的变化（如 Chow et al.，2013）。例如，在两个特定的题元"警察"和"小偷"中，读者对动词"抓了"的宾语所产生的预期性可能会有很大差异，取决于哪个题元占用了施事者或受事者的角色。更具体地说，如果"警察"扮演施事者角色并且"小偷"扮演受事者的角色，如在句中"小偷被警察……"，此时被试对动词"抓了"的预期就会很高。但如果在题元相反的情况下，即"小偷把警察……"，那么此时动词"抓了"的预期性就会小得多。虽然题元角色反转前后，无论是语义的预期性还是动词的预期性均会产生巨大的差异，但是，许多研究，不管是使用荷兰语、中文、日语抑或英语等语言的研究都表明，反转题元角色并没有即时影响动词 N400 的波幅（Chow & Phillips，2013；Chow et al.，2016；Hoeks et al.，2004；Kolk et al.，2003；Oishi & Sakamoto，2010；van Herten et al.，2005，2006；Ye & Zhou，2008；Bornkessel-Schlesewsky et al.，2011）。

这些结果与我们关于预期性的理解似乎并不符合。过去的大量研究以及我们在本章中前述所讨论的两个研究都表明，关键词的可预期性应该会影响被试的预期加工，并导致 N400 的波幅出现差异。许多研究确实也表明，在语言理解过程中，个体并不会简单地忽略题元角色，他们可以很容易地发现因题元角色反转而导致的语义违背（Kolk et al., 2003）。此外，不同语言的 ERP 研究也表明，题元角色反转会引发更大的晚期正波（前额 P600 效应）（Kim & Osterhout，2005；Kolk et al., 2003；Stroud & Phillips，2012；Ye & Zhou，2008），并且该正波与错误探测和再分析均有关系（Coulson et al., 1998；Hagoort et al., 1993；Hahne & Friederici，1999；Kuperberg，2007；Osterhout & Holcomb，1992；van de Meerendonk et al., 2010）。这些结果似乎都支持关于题元角色的信息可以立即影响被试对语义合理还是语义违背的解释。然而，与此相反，先前的研究证据普遍并不支持题元角色反转会影响与 N400 相关的认知加工。

对此，一种观点认为，题元角色反转之所以不影响 N400 波幅，是因为不管题元角色反转后对动词预期性的影响如何，动词总是可以与题元形成合理的题元关系，说明 N400 对语义的整合更敏感。但是，另一种称为链接假设（linking hypothesis）的观点则认为，N400 更多地受到词汇语义表征程度预先激活的调控，这一观点本质上认为 N400 对预期应该是敏感的。假如 N400 的确反映了语言加工中的预期，则先前研究所观察到的结果可能表明动词预期并不总是对题元角色信息敏感，或者说题元角色信息对在线动词预期的影响并不是那么实时（Chow & Phillips，2013；Chow et al., 2016），我们称之为"慢速预期"（slow prediction）假设。

在近期的一项研究中，一些研究者讨论了涉及动词预期的不同认知机制，并讨论了题元角色信息的违背没有立即产生影响的原因（Chow et al., 2016）。他们将动词预期的过程理解为记忆检索问题，其中，个体使用关于事件的信息来提取他们在长期记忆中的事件知识，以使个体能够预期哪些事件最有可能被句子描述。这就存在一种可能性，即在个体的事件知识表征中，语言编码的题元角色也许不是有效的检索信息，因此个体需要额外的时间对题元角色进行重新表征，由此才能从先前的内部储存中成功地识别和检索出可能的事件。而在延时的填充任务中，因为读者有充足的时间去思考题元角色的作用，所有他们仍然有极高的概率填充同一个目标词，但这种延时的任务表现并不会即时反映在对目标词的加工上。

确实，从以往的研究来看，相当多涉及题元角色反转的研究所具有的一个共同之处在于题元与目标动词之间的距离太过紧密。例如，胡克斯等（Hoeks et al.，2004）的研究材料中，第二个题元和目标动词之间的 SOA 只有 480ms（2004），而在周颖仪等（Chow et al.，2016）的研究中也仅有 530ms，在周颖仪等（Chow & Phillips，2013）的另一项研究中为 600ms，而在科尔克等（Kolk et al.，2003）和范·赫滕等（van Herten et al.，2005，2006）的研究中则是 645ms。因此，虽然个体可能通过使用题元角色信息来预期即将发生的动词，但是当动词紧跟在题元后出现时，他们极有可能并没有足够的时间来完成这一加工过程。

有趣的是，先前有不少研究的确发现，时间操纵是可以调节预期性效应的（Dambacher et al.，2012；Ito et al.，2016；Kutas，1993）。因此，假如题元角色对预期的作用的确需要额外的时间，则 N400 对题元角色反转的敏感性也应该能被观察到，尽管这种效应也许并不是即时出现的，其出现取决于动词的预期性和理解者将题元角色信息纳入动词的预期加工所需要的时间。为了验证这种可能性，我们将使用普通话中常用的"把"字句结构来设置角色正常和角色反转的句子，通过 3 个 ERP 实验来考察加工时间对动词预期效应的影响。

（二）题元角色与动词的预期：ERP 实验

在这一系列实验中，我们首先设计了多个中文"把字句"结构的句子，每个句子通过题元角色的反转形成另一个对应的把字句，例如，"警察把小偷……"及其角色反转的句子"小偷把警察……"，这样就形成待评定的实验句子共 190 对。由 60 名不参加正式实验的被试对预期性进行评定，评出了合适的 120 对句子，用于以下一系列 ERP 实验。

研究首先考察题元角色反转是否会对动词预期加工产生即时影响。在接下来谈及的第一个实验中，句子的动词总是紧跟题元出现，我们重点考察反映预期加工的 N400 是否也会对动词的违背产生即时影响。随后，我们又在动词和前述关键的题元之间插入填充的短语，观察对填充信息进行加工所提供的额外时间是否可以影响题元信息对动词语义 N400 效应的调控。

1. 紧跟题元的动词：预期性的作用

这一个实验关注的是紧跟题元出现的动词，通过操纵题元角色反转对目标动词的预期性的影响，进而考察不同预期性条件对动词预期加工的影响。

这一实验所用的高预期句子中，目标动词在正常条件下具有高预期性；在低预期句子中，动词在正常条件下具有低预期性。在这两种情况下，当题元角色反转时，动词的预期性降为 0。因此，题元角色反转导致高预期句子条件和角色反转条件之间目标词的预期性差异显著。句子在正常条件下是合理的，而在角色反转的条件下则不合理。由于正常句和角色反转的句子包含相同的词集，因此题元角色反转范式可以有效地分离题元结构角色的影响，同时其他因素，如词汇语义之间的相关，则保持恒定。如果 N400 对动词的预期性敏感，则当角色正常和角色反转（在高预期句子中）存在显著的预期性差异时，题元角色反转应引发 N400 效应的增大。或者，如果题元角色反转未能引发 N400 效应，这可能是因为题元角色信息不能快速地影响完整性的动词预期（慢速预期假设），或个体暂时无法检测角色反转中的句子不合理（语义错觉假设），那么在高预期和低预期句子中都不应该观察到 N400 效应。

本实验的刺激材料由 120 对句子组成，其中高低预期句各 60 对。高预期句子和低预期句子具有相同的"把字句"结构，但包含不同的题元和动词。每对句子都有正常和反转的两种题元顺序。因此，实验条件共有 4 种，即高预期正常 / 反转，以及低预期正常 / 反转条件。在高预期句子中，目标动词在正常条件下的平均预期性为 64%（范围为 41%～97%）；在低预期句子中，动词在正常条件下的平均预期性为 7%（范围为 3%～21%）。所有句子在正常条件下都是合理的，在角色反转的条件下是不合理的，此时动词的预期性为 0。此外，实验中还包括 60 个合理的填充句子作为对照以考察预期操纵的影响。在每个项目中，相同的目标词与两个不同的句子语境配对，使得目标词在一个句子中具有高预期性（平均预期性为 88%），而在另外一个句子中具有低预期性（平均预期性为 27%）。48 名不参加正式实验的被试对这些句子的合理性进行 5 点评分（1 代表非常不合理，5 代表非常合理）。高预期和低预期句子都被评为非常合理（高预期和低预期下的合理性程度分别为 4.3 和 4.1）。实验句子分布在两个实验列表中，使得每个列表中仅出现每个项目的一个版本。每个列表包含 120 个实验句子（每种条件各 30 个），以及 120 个用于对照比较的合理的填充句子，包括 60 个合理的填充句子和 60 个长度与结构复杂性相似的中性填充句子。

句子根据意义分成类词的语义区组，每个区组由 1～4 个字符组成，如"/去年初，/老刘/把/鹦鹉/训练了/好一段/时间。/"，并以 RSVP 的方式逐一呈现语义区组。呈现时屏幕为黑色背景，语义区组在屏幕中间以白色字体一次一个分段的方式呈现。每个句子出现前都会有 500ms 的"+"。每个区组在屏幕上显示 400ms，然后是 200ms 的空白屏幕。每个句子的最后一个词之后呈现一个 1000ms 的提示线索"？"。要求被试在句子呈现期间避免做眨眼动作，认真阅读每个句子，在提示线索出现时判断句子意义是否合理，并按下相应的按键。实验分为 4 个部分，每个部分各有 60 个句子，中间有短暂的休息时间，实验时间平均约为 1.5 小时。

EEG 的记录使用电极帽中的 30 个 AgCl 电极连续进行，中线位置为 Fz、FCz、Cz、CPz、Pz、Oz，侧向位置为 FP1/2、F3/4、F7/8、FC3/4、FT7/8、C3/4、T7/8、CP3/4、TP7/8、P3/4、P7/8 和 O1/2。在每种实验条件下，以目标动词出现之前 100ms 为基线，在目标动词出现之后 1000ms 为分析时窗。N400 的分析时窗为 350～450ms，P600 的分析时窗为 600～800ms。由于我们的假设主要集中在角色反转对 N400 和 P600 的影响上，因此我们主要分析了角色反转对每个预期水平的 ERP 成分的影响。由于 N400 和 P600 效应在中线中后部出现最大值，我们选择了一组中后部的电极进行分析，以便使用相同的电极获得 N400 和 P600 效应（Ito et al.，2016）。此外，为了更全面地评估全脑电位的影响，我们对每个时窗进行了综合方差分析，以测试主效应和与电极位置的交互作用。

行为分析结果显示，不论是高预期句子还是低预期句子，被试均认为正常句子是合理的，角色反转句子则是不合理的，总体正确率为 90.6%（低预期正常句为 88.3%；低预期角色反转句为 90.4%；高预期正常句为 90.3%；高预期角色反转句为 93.3%）。这说明被试能够对句子的合理性进行正确的判断。

图 10-6 显示了高低预期的正常句及题元角色反转句对动词 ERP 效应的影响。结果表明，当一个动词在其题元后立即出现时，题元角色反转并没有诱发 N400 波幅的改变。由于题元角色反转可引起预期性的差异，可见理解者对题元角色反转所导致的预期性差异缺乏敏感性。相比之下，控制组中预期性的操纵则会引发 N400 效应的变化。两相对比，这种差异尤其令人惊诧，说明 N400 可以受到词汇预期性的调控，反转条件下 N400 效应的缺失并不是由受试对实验条件的操纵的不敏感所导致。相比之下，P600 则表现出对题元角色反转的敏感性。应该说，当前的研究结果与以前关于题元违背的研究未检测到 N400 效应是一致的，表明这种现象在不同的语言中是相似的（Chow & Phillips，2013；Chow et al.，2016；Hoeks et al.，2004；Kolk et al.，2003；Oishi & Sakamoto，2010；van Herten et al.，2005，2006；Ye & Zhou，2008）。

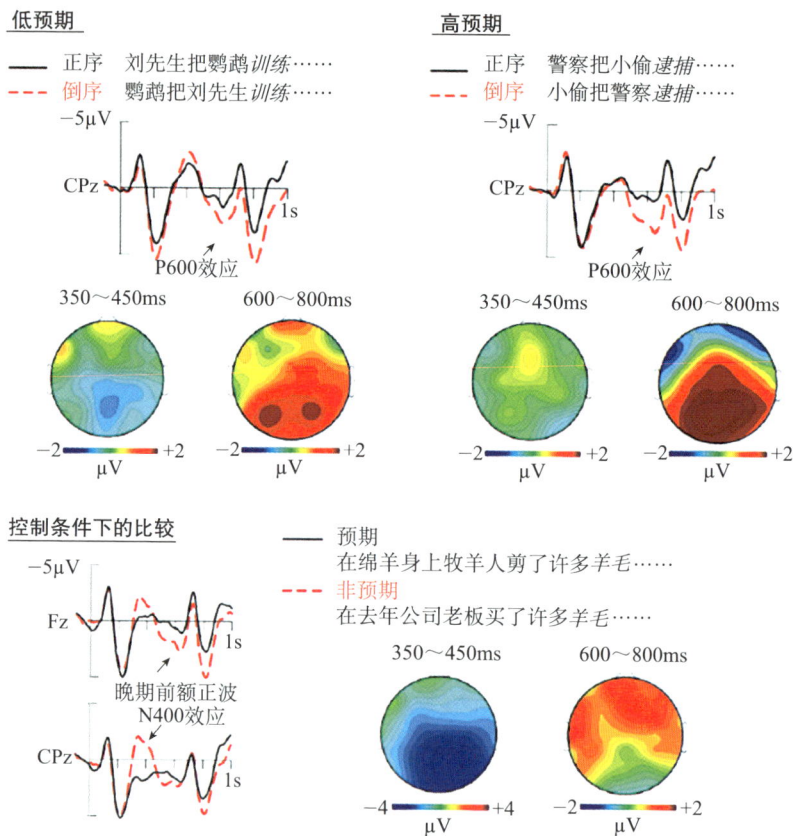

图 10-6　目标动词的不同预期在题元角色正常句、反转句以及控制句中引发的 ERP 效应（引自：Chow et al., 2018）

同时，与先前的研究类似的是，被试在合理性判断中的准确性很高，并且在题元角色反转时诱发出显著的 P600 效应。这表明，被试可以对句子进行准确解释，也可以在动词出现后检测到由于题元角色反转而产生的语义违背。此外，填充句中所发现的预期词 N400 效应，也表明读者对实验刺激的加工深度和预期加工并没有减少。

2. 时间间隔对题元角色反转预期加工的调控

题元角色反转信息可以导致动词预期的变化，但为何又不能实时地反映在动词的 N400 中呢？在接下来这一实验里，我们采用与上一个实验相同的设计，但是在第二个题元和动词之间增加了一个时间状语，例如，在"警察把小偷逮捕了"一句中插入时间状语"上周"，形成"警察把小偷在上周逮捕了……"，时间状语的引入会使动词出现时间的延迟，这时题元和目标动词之间的 SOA 从 600ms 增加到 1800ms。我们重点考察这种时间上的延迟是否有机会使题元角色反转带来的预期变化影响到动词的 N400。

我们首先验证时间状语的加入是不是会影响动词的预期性。为此，我们选取 60 名未参加正式实验的被试，重新评定增加时间状语后句子目标动词的预期性。结果显示，此时，动词的预期性与未加入时间状语时并无显著差异。正常条件下，目标动词的平均预期性为 57.1%（高预期）和 8.7%（低预期）。当题元角色反转后，动词的预期性接近于 0（高预期句子为 1.9%，低预期句子为 0.4%），这说明时间状语的引入本身没有改变题元顺序对目标动词预期性的影响。

实验程序和分析方法与上一个实验是类似的。行为分析结果显示，对于所有正常句（合理）及其角色反转句（不合理），被试进行语义合理性判断的总体正确率为 90.9%（低预期正常句为 88.0%；低预期角色反转句为 89.5%；高预期正常句为 90.7%；高预期角色反转句为 95.1%）。

图 10-7 显示了高预期、低预期与相应的题元角色反转句所引发的 ERP 效应，同时也呈现了控制句中预期性的效应。

与上一个实验相比，我们所发现的一个重要结果是，通过插入中性的时间状语来加大题元和动词之间的时间间隔后，高预期条件下出现了题元角色反转的 N400 效应，但在低预期条件下没有观察到题元角色反转的 N400 效应。除此以外，本实验的其他结果则与上一个实验相同。首先，与上一个实验相同的是，题元角色反转容易被检测到，且诱发了显著的 P600 效应，但在高预期和低预期句子之间，题元角色反转所引发的 P600 效应并没有显著差异。其次，填充句中的预期性操作引起了 N400 效应，随后也引发了晚期前额正波的效应。

此外，与上一个实验相比，本实验最重要的发现是高预期和题元角色反转诱发了 N400 效应，但这一效应并没有在低预期及题元角色的反转中出现。这一结果与预期加工的慢速预期假设一致，表明上一个实验中 N400 对题元角色反转不敏感可能是因为个体没有足够的时间将关于题元结构角色的信息纳入其动词的预期加工中。本实验的主要操纵是时间状语的引入增加预期加工的可用时间，由于时间状语的引入并不影响动词的完形率或句子限制性，因此动词预期加工的 N400 效应应该直接与题元角色有着密切的关系。在下一个研究中，我们进一步操纵题元和动词之间的时间间隔，以更精细地探讨时间变量对预期加工的影响。

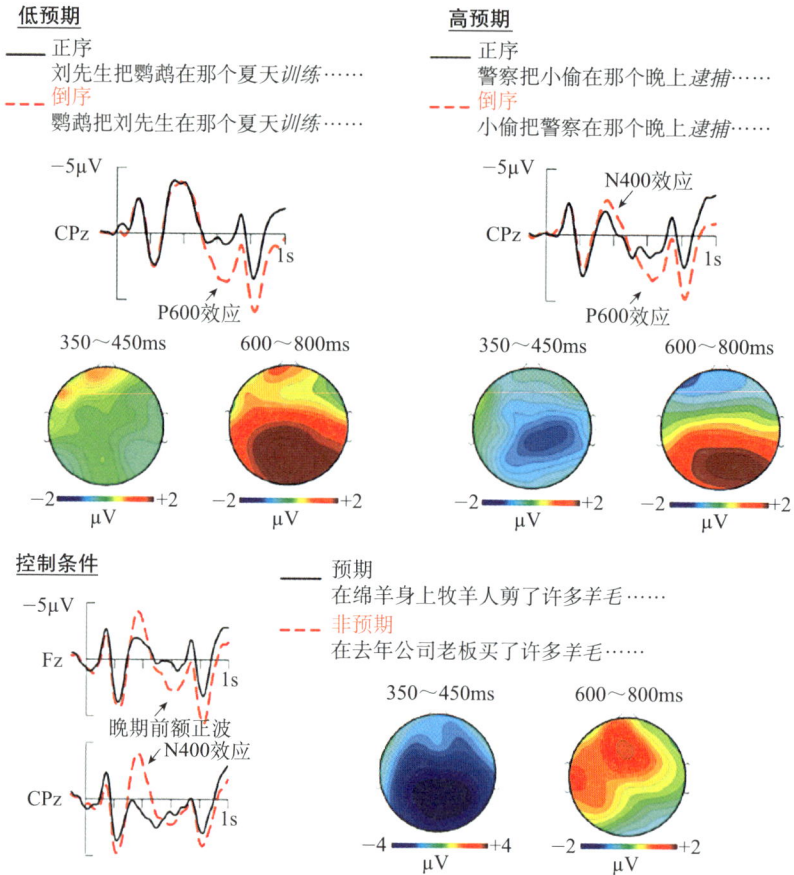

图 10-7　延迟出现条件下，目标词的不同预期在题元角色正常句、反转句以及控制句中引发的 ERP 效应（引自：Chow et al., 2018）

3. 时间变量对题元角色预期加工的影响：慢速预期假设的直接检验

在该实验中，我们在同一实验内操纵延迟时间，而不改变句子语境的主要信息，以确证时间变量的确会影响题元角色信息的加工，继而影响动词预期加工，我们只使用题元角色反转对动词的预期性有明显影响的句子，即前两个实验中的高预期条件。我们在同一组材料中改变时间状语的位置，分别设置短时间间隔和长时间间隔两种时间间隔条件。在短时间间隔条件下，时间状语出现在句子的开头，第二个题元和目标动词之间的 SOA 为 600ms；在长时间间隔条件下，时间状语出现在第二个题元和目标动词之间，它们之间的 SOA 就变成了 1800ms。由于短时间间隔和长时间间隔条件中的句子是同义的，仅在时间状语的位置上有所不同，因此动词预期加工过程中涉及的语境信息也是完全相同的。慢速预期假设的观点认为，如果当题元和动词之间的时间间隔增加时，题元角色信息可以影响个体对动词的预期，那么当动词远离题元时，N400应该会对题元角色反转敏感。我们直接对这一理论进行检验。

刺激由120组句子组成。采用2（时间间隔：短时间间隔、长时间间隔）×2（题元角色：正常、反转）实验设计。在4个条件中，句子在动词之前包含相同的内容词，这些词汇仅在呈现顺序上有所不同。这有效地改变了题元和动词之间的线性距离，确保在操纵时间变量的同时并没有改变用于动词预期加工的上下文信息。实验流程参见图10-8。

在短时间间隔句子中，目标动词在正常条件下的预期性为37%，在角色反转条件下的预期性为0%。在长时间间隔句子中，目标动词在正常条件下的预期性为31%，在角色反转条件下的预期性为0.4%。正常和角色反转句子中动词的预期性差异，在短距离条件下比长距离条件下更小。换句话说，如果短时间间隔和长时间间隔条件之间的预期性差异是有意义的，那么它实际上会对我们的假设产生影响，即角色反转应该对长时间间隔条件下的N400产生更大的影响。

我们也让一批不参与实验的评定者对材料的语义合理性进行评定，结果表明，被试对上述不同条件下句子合理性的判断是准确的，总体正确率为90%（短时间间隔下的正常句为93%；短时间间隔下的角色反转句为88%；长时间

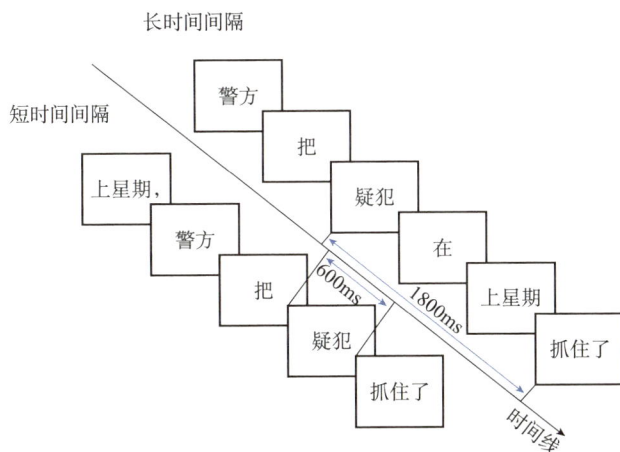

图 10-8　题元－动词间不同时间间隔操纵的实验流程（引自：Chow et al., 2018）

间隔下的正常句为 90%；长时间间隔下的角色反转句为 87%）。

图 10-9 显示了题元和动词在不同时间间隔下，题元角色反转所造成的预期性差异对 ERP 效应的调控。结果表明，在长时间间隔条件下，题元角色反转会影响 N400 在目标动词处的波幅，但在短时间间隔条件下，即动词紧跟着题元时，角色反转所导致的预期性的变化并不会引发 N400 效应的改变。在 P600 时窗内，研究结果显示，在短时间间隔和长时间间隔条件下，读者都能检测到题元角色的反转，并在两类时间间隔下均引发 P600 效应。而对于填充材料来说，预期性操纵首先引起显著的 N400 效应，然后是引发晚期正波的改变，因此，填充材料的结果与前述两个实验是一致的。

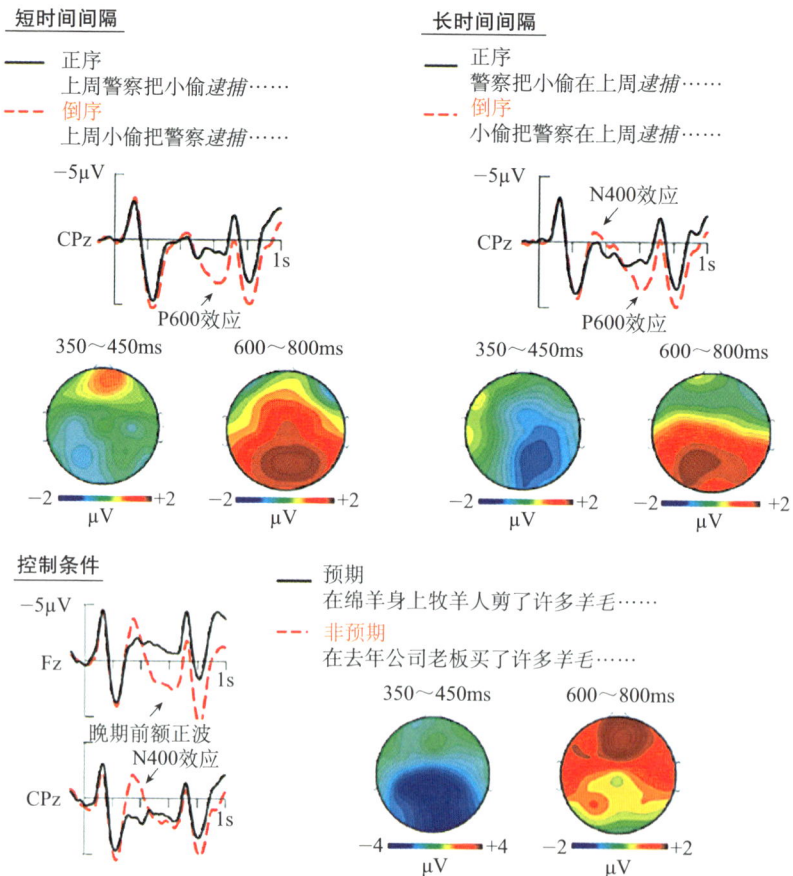

图 10-9   不同题元 – 动词时间间隔下，题元角色反转的预期性差异对 ERP 效应的影响（引自：Chow et al.，2018）

　　这一系列研究最重要的结果是，题元角色反转在短时间间隔条件下引起P600效应，在长时间间隔条件下引起N400效应和P600效应。这似乎表明，N400对目标动词的敏感性依赖于题元和动词之间的间隔时间，当动词在题元后立即出现时，预期和违背都不会诱发N400效应差异。当在题元和动词之间插入时间状语时，与违背动词相比，预期动词所产生的N400效应降低了。N400对长时间间隔下的题元角色反转具有敏感性，这与其在短时间间隔下，以及之前许多研究中所发现的题元角色违背不敏感的特性形成鲜明对比。由于短时间间隔和长时间间隔条件下的句子是同义的，同时，时间间隔的操纵没有影响正常句子之间、角色反转句子之间的预期性，它所造成的区别仅仅是时间状语所处的位置不同，因此我们的实验中所观察到的N400效应的变化也主要是由时间间隔变量引起的。由于时间距离的操纵，在第二个题元和动词之间加入短时间间隔（600ms）和长时间间隔（1800ms）会直接影响目标动词是否能诱发N400效应，N400效应仅在长时间间隔条件下出现这一事实支持了慢速预期假设，表明至少题元角色这种特定的信息会对个体的动词预期产生延迟影响。

　　4. 题元角色对动词预测加工的影响——延迟效应的启示

　　本研究发现，虽然话语的题元角色结构是构建阅读表征所依据的重要信息，但它也可能会对实时的动词预测产生延迟影响（慢速预期假设）。通过上述三个ERP实验，题元和动词之间的线性距离得以操纵，因而我们可研究它如何影响理解者对题元角色正常句和角色反转句中的动词实时预测加工。几个实验都检测到由题元角色反转所引起的不合理性始终在动词上引起强烈的P600效果，这与先前的发现是一致的（Chow & Phillips，2013；Chow et al.，2016；Hoeks et al.，2004；Kolk et al.，2003；van Herten et al.，2005，2006），表明理解者在遇到动词时会可靠地使用题元角色信息来解释题元关系。

　　本研究也发现，题元角色反转也有可能引发N400的变化，但只有在题元角色反转对动词的完形概率产生很大影响，而且动词远离前一题元的情况下才会发生。长距离条件，以及高预测题元角色正常句的反转（因而导致动词变得不可预测）才会引发N400波幅的改变，这表明N400所反映的是对动词可预测性这一因素的作用。这一结果显然与语义错觉假说不符。根据错觉假说，当理解者最初遇到动词时，他们可能将题元的语义和动词语义进行错觉性结合，而无法注意到角色互换所带来的语义不合理（如Bornkessel-Schlesewsky & Schlesewsky，2008；Hoeks et al.，2004；Kim & Osterhout，2005；Kolk et al.，2003；Kuperberg，2007）。这种假设认为 N400 反映的是整合过程，无论动词和题元之间的距离如何，N400 都对题元角色不敏感，因为它们在所有情况下都可能形成合理的题元关系。但是，当前的研究观察到题元角色转换还是可以引发 N400 的变化，这并不支持语义错觉假说。相反，这些发现与 N400 的预测理论相符，并为慢速预期假设提供了支持，根据该假设，题元角色信息是可以为理解者的动词预测提供信息的，但读者需要更多的时间才能处理到相关的信息，因此，在题元和动词之间留出足够的时间是一个关键的因素。此外，只有条件之间在动词的完形概率存在明显差异时，N400 才会对题元角色的反转比较敏感，因此，动词可预测性的变化是 N400 效应重新出现的基础。

还要注意的一点是，本系列研究所观察到的只是题元结构信息对预期的延迟作用，而不是无作用，因此，也不能说这一研究结果支持的是语言理解"足够好"的模型（如 Christianson et al.，2001；Ferreira et al.，2002），或任何其他认为在理解过程中可能会忽略特定信息（如语法信息）的模型（如 Townsend & Bever，2001）。因为理解者对句子合理性的准确判断，以及所有实验中均可以观察到的、稳健的 P600 效应都表明，读者的确使用了题元角色信息来对句子进行实时解释。但与此同时，N400 的结果又表明，理解者对题元角色信息的敏感性可能不是实时发生的。也就是说，当动词出现时，理解者会立即可靠地使用题元角色信息来解释题元关系，但是他们却无法足够快地使用此信息来预测即将出现的动词。

为什么与题元的词汇语义信息相比，关于题元角色的信息会对动词预测产生延迟影响？在这里，可以简要地考虑三种可能性来解释题元角色信息对从内存中检索可能事件的进程的影响。更详细的讨论参见周颖仪等（Chow et al.，2016）的研究。

第一种可能性是，延迟发生在记忆装置在检索线索出现并开始进行检索的时候。在中英文这类语言中，题元的结构角色在很大程度上取决于词序，而理解者可能在确定题元角色之前就能够提取题元的词汇表征（与词序无关）而不是结构表征。如果理解者在确定题元的结构角色之前就开始从与题元相关的记忆事件中进行检索，那么对结构的加工就可能出现延迟。在这种观点下，题元角色线索出现的时间即使稍有延迟，也可能在整个检索过程中产生层叠效应，并导致其对理解者动词预测的影响大大延迟。然而，在日语等其他以格标记作为题元角色线索的语言中也观察到类似的延迟，这种解释似乎不太合理（Momma et al.，2015）。尽管日语的阅读者似乎可以迅速处理格信息，但他们也类似地报告了类似的延迟效应，证明题元角色信息不会在题元出现后 800ms 内影响理解者对动词的预测。

第二种可能性是，延迟可能在于预测线索（Kuperberg，2016）和部分匹配的候选信息（Lewis et al.，2006）之间的竞争动态。其中一种理论认为，当题元角色信息在动词预测中更加突出或强烈启动时，可能会更快地影响动词预测。如果前面的语境一直强调"谁在做什么？"，让被试集中于题元角色信息，则读者可能会更快地处理该信息，并将其整合到后续句子的预测中。

第三种可能性是，由于事件知识存在特定的编码方式，题元角色信息不能用于直接提取事件知识。在这种观点下，语言输入中可能有信息对即将讨论的事件进行约束，但却不能直接用作从内存中检索那些事件的线索。例如，尽管题元与语言输入中的主语和宾语等语法角色相关联，但事件表征却不会使被试自动化地用这些术语对事件进行编码。因此，理解者至少可以使用某一题元及其语法作用来识别其可能的题元功能（例如，有生命的主体相对来说可能是施事者），然后他们才能查询将这个题元当作特定角色的事件。此外，句子或动词的含义是引用诸如施事和受事之类的抽象的题元角色，还是同样地，这些角色是否为非语言事件表征的基本元素，仍然存在争议（参见 Williams，2015）。这样，当在动词之前遇到题元时，理解者可能需要更间接的机制才能通过使用语法或题元角色信息从内存中检索事件。

在周颖仪等（Chow et al.，2016）的研究中，他们讨论了使用题元角色信息进行动词预测可能涉及间接机制的可能性，在这种机制中，题元（或事件受事）最初用于检索事件（以及与这些事件相关的动词），而不论其角色如何（例如，提供服务和给小费的事件都可能涉及到客户和服务员），然后评估一组候选动词，以挑选出匹配题元特定角色的动词（例如，给小费这一事件通常会将客户做为施事而将服务员做为受事，而提供服务这一事件却可能正相反）。未来需要进一步研究以考察事件知识如何在长期记忆中进行编码以及在语言理解过程中可以访问这种存储的表征方式。

三、预期加工中语境信息的作用：作用的方式与时间进程

本章报告了两个系列研究，本质上关心的是语境信息对预期加工的作用。第一个系列研究操纵的是语境中预测线索所提供的有效性，第二个系列研究探讨的是语境所提供的题元角色地位的变化如何影响实时的预期。有趣的是，这两个系列实验都发现，特定的实验操纵是否会对预期加工起作用仍然存在一些

已知或未知的限定条件。这些限定条件在一定程度上能帮助我们更好地思考预期加工中先行信息如何被激活与提取。

（一）预期加工对语境信息的敏感性

尽管对目标词的预期主要取决于当前阅读材料所提供的约束和限制，但是我们的认知系统又实时追踪着更广阔情境下的信息，因此，预期加工并不完全是一个模块化的过程，预期的计算也会考虑到来自当前语句内外的各种统计性信息，并实时地改变对下一个输入信息的预期和整合。这里说的预期，强调的是这种加工发生在自下而上的信息输入以前。事实上，在本章所报告的、我们研究组所进行的关于预测线索有效性如何调控预期加工的研究中，我们发现，这种预期在实时语言理解中总是会出现，而不是仅仅出现在鼓励预期的环境中（高预期线索总体有效性语境）。这表明，即使当语境所提供的信息表明预期有效性较低时，理解者也可能减慢阅读速度，但最终仍然可以即时产生对语言的预期，进而观察到预期的促进作用。

我们研究组的研究结合布拉泽斯等的研究结果总体上说明，预期加工可能是受多层级、多种类型的信息的影响，即使同样是预期线索有效性这一变量，其是否会影响预期的过程也取决于许多未知的因素，如线索有效性这一变量本身的可靠性（来自特定噪音所代表的固定身份的人，抑或来自短时间呈现的文本信息中的一种概率分布）、线索有效性的范围等。同样，题元角色反转的研究结果提供了另一个重要的证据，即一个变量对预期的影响也可能出现在不同的时间进程上，即时条件下没有观察到这个变量的影响可能仅仅说明这一变量对预期加工的作用时程要更晚一些。总体上，两个主题的研究都观察到同一变量在不同条件或不同时程上对预期加工的影响，这表明，预期的机制和影响因素同样是复杂的，对于这一领域，未来仍然需要积累更多的研究证据。

（二）时间因素在预测加工中的作用

理解的最终目标不是推断句法结构、音素类别、语义类别或主题。相反，它要求读者推断输入的全部意义，即推断说话者打算进行沟通的信息（Altmann & Mirković，2009；Jaeger & Ferreira，2013；Kuperberg，2013；McClelland et al.，1989；Zwaan & Radvansky，1998；Bock，1986；Bock & Levelt，1994）并形成情景模型（Johnson-Laird，1983；van Dijk & Kintsch，1983）。为了推断出这个信息，个体必须利用多种不同类型的知识存储。关于预测加工，一种简化的模型认为所有相关信息都会立刻影响预测（Altmann &

Mirković，2009；Demberg & Keller，2008；Elman，1990；Hale，2001；Levy，2008；Smith & Levy，2013）。然而，本章所报告的研究结果却表明，至少理解者在动词预测时，最初对题元角色信息并不敏感。这一结果也使我们怀疑预测加工简化模型的合适性。相反，这些证据强调了时间因素在预测研究中的重要性，为"加工时间中的量的变化可能导致特定语义与特定输入之间的关联出现性质上的差异"这一观点（Laszlo & Federmeier，2009）提供了一些实证支持。

我们的研究帮助我们更深入地思考导致预期失败的不同可能性。事实上，即使是健康的年轻人群面对着具有凸显性的、明确的语境信息（如词汇顺序），其预测加工也可能并不会立即受到影响。这也表明我们需要更审慎地看待一个词的延时可预测性（填充概率）的评估任务，这一延时（离线）的评估与目标词汇实时在线的可预测性之间可能存在着重要却常被忽略的区别（Chow et al.，2016）。由于在语言语料库和延时任务中获得的离线可预测性度量不一定能捕获实时的语言预测加工，因此基于延迟的可预测性度量的语言理解模型也可能无法有效地解释某些特定的语境信息对理解者实时预测的直接影响。

（三）预期失败现象的再审视

本章的两个研究虽然关注的是不同类型的语境变量，但相同的变量在不同的设计条件下有可能或不能对词汇的预测加工产生影响，这也提醒我们在未来的研究中要更多地留意一个因素对预测加工起作用的条件，并且重视那些预期失败的情景，深入地分析可能的原因。确实，近期许多研究尤其关注认知加工中的个体差异。研究发现，在某些特殊情况下（Chwilla et al.，2011）以及在不同语言能力的人群，如词汇量较低的孩子（如 Borovsky et al.，2012；Mani & Huettig，2012）、老年人（DeLong et al.，2012；Federmeier & Kutas，2005；Federmeier et al.，2002；Wlotko et al.，2012）、第二语言学习者（Grüter et al.，2012；Kaan，2014；Martin et al.，2013）、不识字的成年人（Mishra et al.，2012）和精神分裂症患者（如 Ford & Mathalon，2012；Kuperberg，2010）身上，都有可能观察不到预期效应。尽管这样的结果也可能表明某些群体确实不能（或没有）进行预测处理，但这种预期"失能"的原因也可能更为复杂，例如，他们事实上可以预测到随后的输入，只是认知计算所需要的时间更长，因此，当相关输入呈现的时候所涉及的某些计算仍在进行或进行得并不完整，这些因素均有可能导致预测的失败。重要的是，预期失能只是一种结果的综合表现，真正的原因可能出现在预测加工的不同阶段或不同层面，可能是因为可用于预测的信息无法完全被提取，也可能是因为这种提取的过程需要更多的时间……为了检测导致预期失能的潜在原因，本章第二个系列研究提供了一种可参考的研究方法：把与预测相关的不同认知成分适当地间隔开来，给每一个（或每一组）认知成分足够的时间进行运算，并检测随着外界刺激的不断输入，不同来源的语境信息如何影响理解者的预测。也许，特殊人群存在特殊困难是因为他们无法同时处理多个不同的成分，如果能减慢输入的速度，可以提高他们对不同维度信息（如语用信息和句法信息）处理的可能性，或更好地进行某一特定认知成分的加工，再来看其在多大程度上会影响预测的效果，这也许是未来研究可以考虑的研究思路（Ito et al.，2017）。

结　篇　理论思考、启示与展望

第十一章
理论思考与启示

　　我们已经知道，语言的出现和使用对人类的发展至关重要，因此，语言的研究也是人文社会科学和自然科学领域都十分关注的课题。语言认知的探索对理解人类的心智尤其重要，这一进程十分复杂，既包含具有模块化特性的词汇识别过程，又包含多个词或信息在工作记忆中的整合以及交互，因此，对这一人类高级认知加工的核心活动进行深入探索，不仅有助于回答关于人类认知机制一些重要的基本理论问题，如序列和并行加工的机制、认知加工的模块性与交互性等，还有助于深化人类对自身独特性的认识。本书所呈现的研究主要从对句子理解中语义加工机制的探索入手，探讨语言加工过程的一般规律。作为连贯性意义表征的最小载体，句子的理解过程可以最集中地反映人类语言加工的本质机制，从抽象的符号到具体而连贯的信息与意义，句子理解的过程也充分反映了人类语言认知的复杂性。

　　本书呈现的一系列工作，事实上仅仅触及了语义加工中的两个相当基本的操作过程，即词汇语义提取和语义整合，但这两个过程又是语言理解和交流的基础。从不同的基本加工过程入手，了解它们在何时得以完成，并如何在语言理解过程中产生交互，这是传统认知心理学研究的一种常规思路。但是，仅仅通过时间进程的指标来回答某些问题可能并不足够，随着心理学研究方法的发展，尤其是无创性脑功能成像技术等认知神经科学研究技术在心理学各研究领域中的广泛应用，我们又利用与认知加工相伴随的大脑活动这一窗口来对这些问题进行探索。总体上说，研究的测量手段既包括常规的口头报告和行为学技术，又结合了认知加工中的大脑活动变化，如 EEG 信号、BOLD 信号以及 EROS 等。新的研究测量技术及研究范式的引入，为理解我们感兴趣的问题提供了多个模态的数据和信息。借助时间和空间的指标，我们对语义提取和整合加工过程及机制也有了更精细的描绘。综合这些研究数据，我们提出，句子理解中的语义加工具有两个不同的通路，分别表现出相当不同的时空特性。

下面首先总结我们一系列工作对未来语义加工进行深入研究的启示；随后具体讨论这些研究工作从哪些角度上加深了对语义处理加工的理解，并介绍语义处理的双通路假设；最后讨论研究工作中存在的一些问题，并对未来的研究趋势进行展望。

一、高时间／空间分辨率的研究技术对理解语义加工过程的启示

句子理解中的语义加工涉及词汇语义提取、整合等核心的认知操作，在不同的理解环境、刺激材料，以及不同的理解任务下，均可受认知资源的影响；根据不同的任务和加工目的，个体可以在不同认知控制水平下构建连贯的语义表征。因此，虽然研究的重点是提取和整合这两个语义加工过程中相当基本的认知操作，但这两个基本操作发生在整个理解进程中，涉及不同的认知加工阶段，并在这些不同的认知进程中发生交互。从脑机制来看，两个过程也必然牵涉多个脑区的作用，表现出复杂、交互的神经机制。

在过去的几十年间，得益于认知神经科学技术的发展，研究者对句子理解过程中语义加工时间进程和空间定位的认识都有了突破性的进展。语义 N400 的发现，以及对语言处理神经网络的探索，都证实了从时间与空间测量上来观察语义加工的必要性。一方面，我们在语义加工系列研究中所观察到的实时而稳健的语义预视效应，以及预视时窗内语境对语义提取和整合的早期影响，极大地拓展了原有的研究，表明原来关注的许多问题有必要结合能展示更早期加工的研究技术和范式来进行探索。同时，关于自上而下以及自下而上加工的争论也需要在极早期的时窗内以更精细的时间分辨率来进行讨论。另外，在空间定位的探索方面，我们证实了语义整合加工中既有语言特异性的成分，也有认知普遍性的成分，且这两种加工分别与左侧额下回前后部不同子区有着密切关系。很显然，之所以能够更好地分离复杂认知加工中的不同成分，既得益于精细的实验设计，又得益于时间和空间上神经活动指标的使用，两者相得益彰，既可帮助我们确认不同认知成分分离的神经现实性，并理解其神经机制，也可使我们在理论的描绘上更为具体而直观。与此同时，对语义处理相关脑网络特性的探索又可帮助我们更好地认识语言理解的整体特性，即语义加工需要不同的脑区参与，如颞中回、颞叶前部、额中回、额下回、角回等，以及不同脑区间高效联结的支持是通过不同脑区的互动而得以实现的。

语义加工所展示出的复杂性对未来进一步深化认知语义加工研究也提供了

重要的启示：既然语义加工如此复杂，在研究思路上应该坚持系统性原则。首先，在研究变量的选择上，不仅要精细分离语义加工中的各种特异性的认知过程、发展特定的范式对其进行有效的操纵，同时也应注意到非语言特异性的一般认知加工变量所产生的影响，根据实验目的，考虑是否以及如何对这些变量加以分离。其次，在研究设计方面，不仅要重视异法同证，即对同一变量采用多种不同的研究设计范式协同实验，以获得辐合性证据，也要从语义变量之间的关系、语义变量和一般认知加工之间的关系等角度有针对性地采用实验认知的研究范式，开展精细的实验设计。最后，在研究方法的选择上，异法同证仍然是一种重要的研究思路，研究者需要深入地思考和探索相关问题所适合的技术。例如，不同研究过程的对比分析是否仅仅依靠时程及加工内容的差异就足以说明；又比如，结合高空间分辨率的神经基础的证据，以及能够同时提供高时间和空间分辨率的技术，如 MEG 和 EROS 技术，如何能帮助研究者更加准确地追踪语言加工中所涉及的大脑复杂的互动机制。这些思考在本书所呈现的一系列研究工作中都有所涉及，也初步展示了不同研究技术如何为复杂认知加工过程的研究提供助力。

二、语义加工双通路神经模型的建构

本书呈现的研究工作主要总结了过去十余年来我们对句子理解过程中语义加工的认知和神经机制的工作和思考，多模态技术（包括高时间分辨率的眼动和脑电技术以及高空间分辨率的 fMRI 技术）的使用使我们有机会对语义加工的精细时间进程和大脑空间定位展开细致的分析；同时，兼具相对较高的时间和空间分辨率的 EROS 技术，又帮助我们初步追踪了语义加工的大脑动态进程。不同研究技术和研究范式下所获得的辐合性证据，在一定程度上能让我们更好地思考语义加工的机制，并对语义加工研究领域中几个关键的理论和实验问题产生较为清晰的答案。在此基础上，我们提出语义加工双机制的理论。以下对这一理论的假设进行介绍。

（一）语义加工是一个长时间、多加工共同参与的系统进程

采用高时间分辨率技术对语义加工的研究，尤其是 ERP 研究，特别重视反映实时语义加工的 N400 成分。由于这一成分对语义变量的操纵如此敏感，多数研究者将 N400 效应作为反映语义处理加工的"金指标"。无论在理论建构上还是实验设计上，都主要围绕语义 N400 效应变化的各种因素和条件来思考，

以讨论这一成分对何种语义变量更为敏感，在此基础上获得关于语义加工的许多证据。这种研究思路，一方面促使研究者更为关注语义加工的研究主题，关注实时性机制的探索，因而对语义领域的研究产生了深远的影响；但另一方面，过度强调这一指标在客观上也影响了研究者对语义加工全貌的理解。

结合不同的研究主题，我们力图采用多种实时技术，包括擅长推论阅读加工内容的、实时的眼动技术，以及在时空分辨率上均有一定优势的 ERP 结合 EROS 的同步采集技术等，使用适合发挥这些技术优势的多种研究范式，如边界范式、伴侧序列快速视觉呈现技术等对语义加工过程开展系统研究。不同范式、方法和技术所得到的辐合性证据表明，语义加工的效应不仅反映在经典的 N400 时窗，在 N400 之前的早期时窗，以及 N400 之后的晚期时窗都能清楚地展现，且不同时窗内的语义加工过程机制有所不同。这些结果以及来自其他研究组的一些相关证据均清楚地显示，对语义加工的精细刻画，需要在一个长时间、动态性的框架下来进行。

（二）语义加工是一个多系统的、机制复杂的认知过程

虽然认可语义加工存在着复杂性，但是先前研究多倾向于假设语义加工以一种较为单一的规律来运作，也就是说，把语义加工当成一个运行规则较为一致的系统，常常没有对不同的子成分进行精细地分解和区别对待。然而，越来越多的研究，尤其是来自认知神经科学的研究结果表明，对于语义加工，研究者要用一种复杂系统的方式来进行思考更为合适。一方面，从操作的角度来看，语义加工本身就可以划分出许多不同的操作成分，如预期、通达、整合、更新等；另一方面，语义加工的内容不同，加工机制也有所不同。因此，对一般语义信息、常识信息、语用信息等也需要独立开展研究，不同内容的信息以及不同的认知操作在不同的时间进程内可能会表现出不同的特性。它们之间是否存在着一种核心加工成分，这种成分和一般认知加工的关系怎样，又如何进行交互等，这些问题逐渐成为研究者关注的重点，而对它们的理解均可以从时间进程和大脑空间关系的角度上进行。

从单一的抽象的语义加工概念转向精细化的描述，这种研究思路的转变，也改变了研究者对语义加工研究中一些基本概念的认识，进而使研究工作日渐深入。例如，对于语义整合的概念，以往的观点多是强调这一操作是将多个词的语义关系进行重新组织以形成更大的语义表征的过程。但是越来越多的研究表明，语义整合的类型也是不一样的，简单地将信息组合在一起的机制和将不

同信息组合而形成新的概念，这两种整合形式可能完全不同。它们对一般认知加工成分的依赖也有所不同，在不同的时间进程中与不同的脑区卷入有关。需要明确的是，对概念进行精细界定和区分，这是研究的手段而非目的。对于科学研究来说，本质上，我们仍然希望更简单地描述一件事情的机理，但精细地区分不同的场景来进行讨论，可以帮助我们更好地进行比较和分析，以理解哪些是最基本、核心的加工机制，这也是研究的一种进步。

（三）语义加工的双通路神经模型

基于过去十余年来我们对语义加工的系统研究，结合其他相关研究组的工作，我们假设，语义整合是一个双通路的过程。首先，句子理解中的语义加工起始于立即而迅捷地对当前词汇语义信息的提取，这主要与左侧颞中回的活动有关。此后，依照所加工信息的特性，整合过程沿着两个不同的通路来进行。当读者遇到的目标词与语境所提供的信息相一致，例如，与语境所提供的预期相一致，读者可以快速地建立起连贯的整体意义表征，这一过程发生得极快，涉及的脑区和网络较为集中，主要与左侧颞叶前部的活动有关。而当读者遇到的句子意义不合理，或者是有歧义的，则需要经由另一个通路或网络来建立整体句子意义的表征。后者的整合过程会跨越更广的时窗，需要多个语言加工核心脑区的参与。此外，一般认知控制也会在语义加工的晚期参与调控。不同的成分在不同的时窗进行互动，最终建立起整体句子意义的表征。以下将对该理论进行详细介绍。

1. 词汇语义提取发生在语义加工的早期时窗，其中左侧颞中回是最相关的脑区

虽然研究者普遍认可，句子层面的语义加工开始于单个词汇的语义信息提取，但是这个过程可以进行得多快？通过 ERP、fMRI，以及高时间和空间分辨率的 EROS 技术，结合词汇启动、短语和句子语义违背，以及预期违背等多种范式，我们对与词汇语义提取密切相关的左侧颞中回区域的激活性质和激活时间进程进行了追踪。结果发现，句子理解过程中词汇语义的提取发生在词汇呈现后极早期的时窗，大约 100～200ms 就已经可以观察到与词汇提取最密切相关的脑区的激活。

事实上，100～200ms 是词汇通过自定步速地呈现或被孤立呈现所观察到的结果，而在自然情景下的阅读，读者总是能通过预视对目标词汇提前进行加工，这时将会观察到语义的提取进行得更早。尤其是在中文阅读理解中，以往

我们关于中文句子理解加工的研究基本上证实，几乎所有的语义提取和整合加工都可以在预视窗口完成，这说明在语言处理中，自下而上的信息输入，哪怕仅发生在极短时间的预视窗口，都能引发整个语义信息的处理，并观察到不同来源的信息的高度交互。当然，由于预视的时间过短，为了更清晰地观察不同来源信息如何进行提取和整合，研究者往往更多地依赖于没有预视加工的实验操纵，如通过 RSVP 技术或自定步速的阅读技术对语义加工进行分析。因此，我们所能确定的是语义提取发生得远早于 N400 时窗。100～200ms 的这个时间范围并不被视为一个绝对的时窗，还要视研究的范式而定。

2. 语义加工存在着两条不同特性的整合通路

随着单个词汇的语义信息得以提取，语义整合过程也在启动，以获取连贯性的整体句子语义表征。从研究数据来看，依据语言材料的特性，语义整合会沿着两个不同的通路进行，表现出相当不同的机制：一条为快速语义整合通路，另一条为慢速语义加工通路（图 11-1）。

（1）快速语义整合通路

快速而自动化的语义整合通路主要发生在合理／符合预期的信息整合通路中，如其名称所示，这种整合表现出快速和自动化的特点。在日常的语言加工中，我们所遇到的句子的大多数意义均是合理的，当一个并不意外的（如符合预期的或合理的）信息进入我们的加工系统，理解者对它们的加工往往也表现

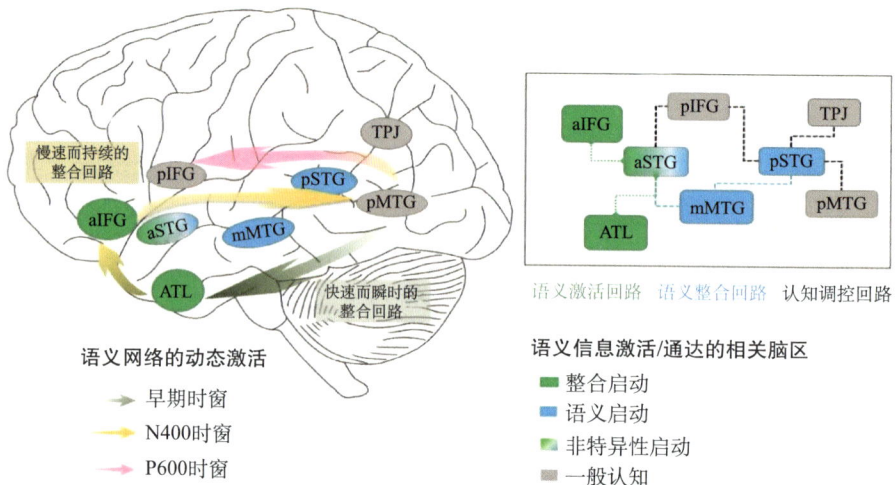

图 11-1　词汇和句子理解中语义加工的关键脑区及动态大脑网络

得极为迅速和自动化，可以将其快速地与先前的语境信息进行整合。

从大脑功能定位上看，这种快速而自动的整合加工涉及的脑区较少，主要为与语义和概念整合加工密切相关的颞叶前部。确实，我们的一系列研究利用fMRI技术都较为稳定地发现，颞叶前部主要与合理信息的整合关系密切，而左侧额下回与不合理语义信息的整合关系更紧密。

在加工的时间进程方面，这种整合也发生在较早的时窗，大约为200～300ms。这从我们采用ERP和EROS技术同步采集的数据中也能找到相关的痕迹。我们观察到，读者在加工正常句/合理句的过程中，颞叶前部的激活主要发生在词汇呈现后的200～300ms。

结合前文所谈到的词汇语义提取的时窗可以看到，尽管词汇语义提取和语义整合加工都进行得十分实时，但当放大时间标尺，仍然可以看到这两种操作存在着一定的序列性。一个语义合理并与先前语境相符合的目标词，其语义信息可以在100～200ms得以提取，相应地可以观察到与词汇语义提取相关的颞叶中后部的激活增强，而后在200～300ms，颞叶前部活动开始增强，反映出理解者在此时窗内迅速进行语义整合，构建连贯的语义表征。但值得注意的是，这样的结果还需要未来在时空维度均具有更高分辨率的研究技术来进行重复，毕竟EROS信号虽然已经在这两个维度上均有一定的优势，但因为数据采集点较为稀疏，这种时程上的微弱差异仍然需要更多的重复检验。

（2）慢速语义加工通路

尽管在日常交流中，我们所遇到的大部分词汇输入与情景相适合，但在某些情况下，输入的信息与我们对情景的预判可能是不同的，甚至可能出现语义（暂时的）不合理或暂时的歧义，这时信息的整合就会发生困难。从我们的研究来看，这种相对较为困难的信息整合则遵循另一种有别于快速语义加工的机制，这一条加工通路所耗费的时间更长，涉及的脑区也更为复杂，我们将其命名为慢速语义加工通路。

在加工性质上，慢速语义整合加工主要用于整合与先前语境意义不合理或有歧义的信息。正如它的名称一样，这种加工启动的时间略晚，持续时间较长，受认知控制的影响程度较大。与快速语义整合加工相比，在慢速语义整合中，由于自动通达的词汇语义信息无法有效地与先前语境相整合，语言理解者需要重新提取合适的词汇语义信息（控制性地提取），从不同的角度尝试进行整合加工。与此同时，由于先前激活的语义信息不合理或存在歧义，一般认知控制加工也会更多地参与其中，如进行错误的监控与协调。这种一般性的认知加工与语义加工的核心成分产生交互，协助构建起连贯的语义表征。

在大脑功能定位上，慢速语义加工通路涉及的脑区更广，包括左侧额下回、左侧颞中回等区域。我们所采集的时空多模态实验数据表明，上述不同的脑区在慢速语义整合中可能扮演着不同的角色。具体来说，左侧额下回可能存在着不同的功能分区，其中前部与语义整合性加工是关系较为密切，而后部主要与一般认知加工有关。在词汇整合中，左侧颞中回仍然承担着词汇语义信息提取的功能，但从这些区域的动态激活进程中可以明显地观察到，左侧颞中回的激活与额下回有着密切的关系，更多地反映了慢速语义加工通路中的控制性语义信息提取。

最后，从时间进程上来看，这一通路主要发生在 N400 和晚期正成分出现的时窗中。来自 ERP 和 EROS 同步采集技术的数据表明，慢速语义加工通路所牵涉的脑区，其激活持续时间较长，较为稳定地伴随着 N400 和晚期正成分的改变。通过 EROS 信号可清楚地看到，在 N400 时窗下，左侧额下回的激活主要出现在前部，反映的是一种特异于语言加工的语义整合加工。这种激活模式也伴随着左侧颞中回激活程度的再一次改变，第一次改变发生在词汇呈现后 100ms 左右，而第二次的激活改变显然发生得较晚。从时间进程，以及其与其他脑区的激活时序来看，其所反映的加工可能与语义快速整合失败后的语义再提取关系密切。在晚期正波的时窗中，可以观察到左侧额下回后部的激活，结合先前关于晚期正波性质的许多讨论，这个时间段发生的加工与一般认知控制关系更为密切。这种结果一方面说明在语义整合加工的晚期，一般认知控制加工可能会卷入（或许与阅读的任务有关），另一方面，仅有左侧额下回后部在晚期正波时窗内出现变化，这似乎又说明，整个语义处理过程具有一定的模块化特性，当特异于语义加工的认知成分完成之后，才能观察到一般认知加工的参与，当然这一结论的合理性，在未来还需要结合更多需要一般认知加工的任务来进行进一步地验证。

（四）语义加工：预期视角下的解释

虽然语义提取和整合可以解释我们所观察到的大部分实验结果，我们也留意到，近年来，越来越多的研究关注快速语言理解加工中的自上而下机制，即预期的作用。如何理解预期与语义整合的关系呢？这也是我们需要思考的一个问题。

一些研究者指出，预期是人类认知的一个关键特征（Friston，2010），而预期行为正逐渐引起不同领域研究人员的兴趣。人们根据原有的图式，对即将发生的事件进行预期，并根据这种预期主动调整某些行为。这一概念已在许多实验研究中得到证明，相关的研究也激发了预期信息加工理论的产生和认知计算方面的解释。事实上，早在亥姆霍兹（Helmholtz）的时代，他就已经将概率的、知识驱动的推理纳入他的人类感官系统模型。更精细的预测加工理论和计算模型也得到许多证据的支持，克拉克甚至声称大脑是"本质上的预测机器"（Clark，2013）。语言加工是一个与预测加工密切相关的研究领域（Huettig，2015），语言加工的预测性也是一个持续争论的问题，最近的研究更倾向于将预期和与其相关的概念［如预激活、期待（expectation）和整合］区分开来（有关评论请参见 Kuperberg & Jaeger，2016）。

　　语言处理中的预测性加工强调在自下而上的信息输入之前，理解者就已经对随后的输入产生了某种预判。一些研究者强调，正是这种预判的存在，理解者在随后遇到目标信息的时候就可以减少提取负荷，并且快速将预判的信息与呈现的目标信息进行匹配或修正，如果目标刺激并没有太"出乎意料"，则将这一信息整合进原有的表征也就是一个快速的过程。这也符合我们在 EROS 研究中所观察到的状况，在与预期相符的目标词呈现之后，短时间内启动的语义词汇提取相对较为简单，因此会造成与词汇语义提取相关的左侧颞中回更低的激活，但却会极快地在与语义整合相关的左侧颞叶前部造成较强的激活，表明在这一条件下，虽然词汇语义信息的提取负荷较小，但整合加工却可以更为快速地进行，并获得较为连贯的语义表征。

　　关于理解者在缺乏自下而上物理刺激的输入之前可以形成一种什么样的预期表征，以及这种表征的精确性如何等问题，目前的研究仍然存在许多争议，但我们认为，对这些问题的思考本质上其实仍然离不开对整合加工的探索。只是在预期框架下，研究者更关心的问题也许是，在目标刺激呈现之前，理解者对原有句子的框架所提供的信息已经进行了何种整合，形成了何种表征，并且在关键词呈现之前，是否已经可以实时地形成超出原有语言材料所描述的表征，以对随后出现的目标刺激有足够的预判。这事实上仍然可被看作一个与整合关系十分密切的问题，毕竟语言加工者能在一个更高层次且更抽象的水平上对先前的信息进行整合，并且在目标词呈现之前完成这一整合，这是产生预测加工的一个重要前提。如果在目标词出现之前，整合的表征足够抽象，则自上而下的预激活过程就可以产生，这就是大多数研究者存在共识的、自上而下的预测机制。如果对先前语言材料的整合未能达至抽象的信息水平，则虽然加工者对下一个刺激仍有机会产生预激活，但这种预激活更多地由自下而上的、自动化的激活所产生。

因此，对预期加工（预测）的深入考察，首先可以转化为在高度实时的条件下个体对先前呈现的信息能进行何种水平的整合，并产生什么样的心理表征。根据金奇（Kintsch，1988）的语段阅读模型，在阅读时，读者对所读的文本可形成三个层面的心理表征：表层表征、基于文本的表征以及情景模型表征。先前也已经有许多研究表明，在实时的加工过程中，理解者可以相当高效地构建起情景的模型，这种情景模型在许多层面上已经超出了原有文本的描述，显示出理解者根据文本信息产生推论的努力。情景模型存在的证据在一定程度上表明预期加工完全可以在实时的阅读进程中构建。只是因为大多数早期的研究需要利用违背范式来进行检测，因此，关于这种情景模型的构建是不是需要在违背线索下才得以引发又成为需要澄清的问题，目前这仍然是学界关注的重点。一些研究者尝试利用高时间分辨率技术，结合不需要外显反应的神经解码技术对这一问题进行探索（Wang et al.，2020），尝试为这一问题提供新的证据。

预期失败是否会调整随后的语言加工过程，这又是另一个与整合问题密切相关的研究主题。在语言加工中，实时的预期表征可能会出现错误。有些情况下，例如，在加工到"他离开学校后很少联系……"时，理解者可能想到的是"同学"，而真实的情况却是"朋友"。这时尽管预期并不是非常精确，但理解者只需要对原有的情景进行微小的调整即可继续下去。但在有些情况下，理解者可能会遇到与预期表征相当不同的输入，例如，在上面一个句子中，目标词是"亲戚"，这时理解者就可能需要对形成的表征进行整体调整，甚至可能需要放弃原有的情景模型，而对整个情景产生新的解释。这种重新的解释，毫无疑问，又会影响他们对随后信息的预测。这种预测错误如何被整合，在需要进行微小的调整或者不得不更新整个情景模型的情况下，预测错误又将如何影响个体随后对新输入信息的预测和整合，这也值得研究者在未来的工作中投入精力。

在我们的一系列 EROS 实验中，我们观察到，高语境限制条件下的理解更容易对语境信息形成较清晰的情境表征，他们可以根据这一表征预测文本中还未直接呈现的信息。在随后遇到与预测信息符合程度有所不同的目标词之后，这一表征与目标词之间就形成了两类不同性质的整合加工：快速的整合与高预期目标词的出现关系较为密切，可能更多地涉及当前信息与预期表征的匹配；而慢速的整合可能是传统意义上的整合加工，因为预期的信息与当前的目标词并不匹配，因此个体需要根据自下而上的信息完成语义的提取，再与先前的语境进行整合，这一整合过程开始时间较晚，持续时间较长。

总体上，尽管采用了与整合不同的术语，但预期加工仍然与整合的机制关系密切。在目标词呈现之前，理解者能对即将呈现的信息进行何种水平的预测，这取决于他们对先前所呈现的信息进行了何种水平或何种层次的整合。在高限制性语境下，理解者也许更有可能清晰地预测到具体的目标信息，因而在音、形、义等各表征层面上都能产生清晰的表征。与整合过程相类似，这个过程也是渐进增量式的，虽然在某个时间点上可以达到十分精准的水平，但达到这个水平却是渐进的，随着语境信息的累积而最终形成一个精确的预期。因此，即使是从预期框架下来思考语义加工，对整合问题的探索也极其重要。

第十二章
未来研究展望

正如上文所强调的，我们在本书中所呈现的工作只是触及语义加工中非常基本的一些认知成分，包括提取和整合，尽管我们也使用了多种研究范式和多种研究技术，但这种探索仍然极其初步，在研究中也发现了许多问题，值得未来的研究加以注意。以下呈现这些粗浅的思考，希望对下一步的研究有所帮助。

一、语义整合概念的进一步精确界定

虽然语义整合这一术语在心理语言学的使用中如此普遍，但这一过程是发生在 N400 时窗内还是该时窗之前，是发生在颞叶前部还是在左侧额下回等，不同的研究结论差异较大（具体论述见第七章）。造成这种冲突的一个可能的原因是研究者对于语义整合的概念并不是非常统一而确切的。所谓整合，大多数研究者强调的是将词汇之间的意义进行组合而形成更大、更复杂的意义的过程。但这种较为宽泛的语义整合定义更多的是量上的差别，而非加工性质上的差异，例如，随机词汇组合的句子、语义合理句和语义违背句之间的差异。这种较为宽泛的界定导致不同研究者在对不同的材料，如语义合理句和随机词汇组合的句子，以及语义违背句和语义合理句进行对比时，默认他们所操纵的是相似的语义整合变量，并将之放在同一个尺度上展开对比分析，所观察到的结果往往却各不相同，或者相互冲突。显然，这种较为宽泛的定义还不足以描述语义整合的复杂性。

我们的研究组在对已有文献进行详细梳理的基础上，通过多种技术，发现语义整合加工至少存在两种不同的类型：①发生在 200ms 左右，且主要激活颞叶前部的快速语义整合加工，与可预期语境下的语义整合有关；②发生在 N400 时窗左右，且主要激活与额下回和颞中回所构成的网络较为相关的慢速

语义整合加工，主要负责不可预期的信息整合。这一结果提示，在未来的语义整合研究中，很有必要对语义整合的概念进行更加精细的界定和细致的分类。这种分类应该更多地结合心理学和语言学的一些理论，从加工的内容、信息呈现的模态等多个维度进行，并利用实证研究从时间进程和空间的大脑动态网络等层面进行系统探索，这样的结果将有助于我们更加准确地把握语义整合的认知和神经机制。

　　本书对整合的界定还仍局限在语义单元的大小上，在整合的内容、信息呈现的模态等方面还未进行细化分类，这些值得未来进一步研究。事实上，在语言理解中，所谓整合，包括理解者将不同的语义概念加以捆绑，形成一个大的语义单元，与语境和理解者原有的知识进行链接，并对即将出现的事件产生预测的加工过程。尽管其中最基本的加工是捆绑，单元从小变大是一种最直接的描述，但应注意，这种捆绑的性质不同，如把当前的信息与语境中的信息进行捆绑，把文本的意义与原有的知识进行捆绑等也有可能产生不同的加工过程。因此，对于整合，未来的研究可以更细致地区分不同水平和层次，以及探讨不同内容的信息的捆绑如何进行。举个例子，对语义整合的概念可以考虑从语言信息整合和非语言信息整合的角度进行探索。语言作为传达意义的抽象符号，一方面可以通过纯粹语义加工的方式建立连贯的意义表征；另一方面，连贯的意义表征还可以通过非语言的形式，如手势等方式进行传达。目前少量的研究发现，相比于语言材料，在对非语言材料进行意义整合的过程中，似乎也会出现额下回的激活，但是往往并没有颞中回的稳定激活（Willems et al., 2007, 2008）。未来的研究可以更进一步地厘清不同形式、不同内容、不同水平的意义信息在整合中的共性和特异性机制，以及不同形式的信息之间的同步整合加工机制，这将使研究者更加全面和完整地理解意义整合的本质。

二、语义加工过程的再思考：过程与结果的分离

　　从认知心理学的角度来分析，在考虑一种心理加工或心理操作时，我们也许要区分加工的过程和结果。本书重点讨论了两类核心的语义加工：一个是提取，另一个是整合。在对两者进行探讨的时候，同样也要思考加工的努力和结果的区分。加工的努力持续地表现在整个认知操作的动态过程中，完成认知操作所需的认知资源随认知进程的动态变化。其中，加工的难度是重要的影响因素。而加工的结果则关注认知操作所形成的产品。例如，整合的目的是形成连贯性表征，但有些条件下的整合却可以形成一种新的、在个体经验中原本并

不存在的心理表征；还有的整合也许只是把多个单独的概念进行简单的拼合，形成一个更大且更为熟悉的概念单元，如"校园里的咖啡馆"。整合形成的心理表征，不论在内容、形式还是在储存媒介上也同样会随着操作的进程而不断改变，这就需要研究者以一种动态的视角来进行探讨。

利用减法法则的研究思路所得到的结果更多地是从心理努力这个层面来界定认知操作的。根据这一界定，在语义提取方面，如果理解者遇到一个低频的词汇信息，通过自动化的扩散激活难以理解其意义，此时的提取就需要更大的提取努力。对于整合来说，如果理解者已提前激活某一信息，而这一信息却与实际呈现的目标词不同，此时的整合难度必然提升，所需要的整合努力也要增加。值得注意的是，由于语言理解通常服务于概念和意义的获取，即使遇到一个与上下文意义有所违背的关键词，读者也会花费更多的认知资源尝试对信息进行合理化。此时，违背或与预期不相符的信息会比连贯信息更强地激活语义整合的加工区域。另外，这种过程也会更多地牵涉到认知控制等一般认知加工过程。这种侧重于过程的描述可以利用许多经典的对时间进程敏感的方法来加以探索，减法逻辑的应用可以较清楚而简单地分离这一过程，而加因素法的逻辑，又可以帮助我们确认不同认知成分之间的相互关系。

如果从整合结果的角度来看待语义加工，则情况又有所不同，尤其对于语义整合的理解更是如此。对于连贯的信息，虽然信息整合所需要的努力较少，但最终却可以形成一个完整的表征，意义也进而得以理解；而对于不连贯的信息，虽然理解者很努力地去尝试整合，最终的意义整合却可能是不完整、片断式和有缺陷的。理解者是否会继续坚持整合加工，以及他们会最终建立起何种表征，也许会依语言任务以及理解者的个体特征而定，从而表现出较大的个体差异。以往的文献表明，在阅读或言语理解过程中，理解者所建立的可能只是一个"足够好"的表征，而不是一个完整且完美的表征。因此，在某些歧义状态下，个体甚至不会觉察到语言材料的异样，而只是建构起他们觉得合理的表征，只是在随后遇到特定的信息而不得不对表征进行更改时，这种表征的重构才会发生。

总体上，从整合的结果来看，尽管具体的加工过程可能有所不同，但与合理或合乎预期信息的整合相比，不合理或歧义信息的整合表征可能存在着较大的个体差异，因理解者以及语言材料的特性不同而有所不同，因而也更难在实验中观察到统一的结果。此时，单纯采用减法法则，也许我们并不能很好地分离不同类型的加工。事实上，因为在合理条件下理解者所构建的表征可能更为一致，单独使用减法逻辑进行研究也许还会发现，负责表征暂时存储的脑区的反应模式可能是在加工连贯/合理信息的条件下出现更强的激活，并与那些反映整合努力的区域的激活模式完全不同。这也是我们在理解研究整合加工的文献结果时必须留意的问题。在探索大脑激活模式的动态变化过程中，我们看到左侧颞叶前部与左侧额下回的研究模式完全相反，这也正是基于上述的思考所做出的解释，即颞叶前部所涉及的语义整合加工更多地与语义表征的存储关系更为密切，而左侧额下回在语义整合中的机制或许与整合的努力更为相关。这种假设未来仍需要进行更深入而详细的检验。总体上，由于我们在考虑整合表征时不仅关注加工的过程，也关注加工的内容和结果，因此我们在探讨整合表征的认知神经机制时，也需要考虑其他范式，如适合研究表征内容的神经解码（neural decoding）方法，以对整合表征的差异进行更直接的探讨。

三、语义加工和句法加工之间的关系

在本书中，我们关注的是句子阅读过程中的语义加工，主要是词汇语义信息的提取，以及语义信息之间的整合，通过这些加工，读者最终可以获得连贯的意义表征。但值得注意的是，研究者通常赞同的是，在词汇语义的提取的过程中，读者同样会提取词汇的语法信息，并在此基础上对词汇层面的语法信息进行整合，形成句子整体的句法表征。这种整体的句法表征信息会和语义信息进行相互映射、相互促进，使连贯意义表征的构建更为准确和完善。

在句子中，句法和语义同属于核心成分（Chomsky，1965；Jackendoff，1999），越来越多的研究，尤其是认知神经科学的研究发现，在实时的句子加工过程中，语义和句法的加工具有一定的独立性，具有领域特异性（domain-specific）的认知特点。例如，在高时间分辨率的 ERP 研究中，研究者发现，分别操纵语义和句法变量会诱发不同的 ERP 成分：语义变量稳定地诱发了 N400 成分（详细论述请见第八章），而句法变量的操纵则会引发与 N400 完全不同的 ERP 成分，例如，词汇形态句法信息（morphosyntactic information）的操纵会在关键词出现后的 180～200ms 稳定地诱发一个早期负成分，主要发生于左侧前额，因此被命名为早期左前负波（Friederici et al.，1993，2000；Herrmann et al.，2011）。近期的一些研究发现，ELAN 可能出现于更早的时窗。例如，MEG 研究表明，词汇形态句法信息的操纵可在词汇出现后的 40～90ms 反映在 ELAN 成分的变化上（Herrmann et al.，2011）。

除了高时间分辨率的技术，来自高空间分辨率的技术，如 fMRI 研究也从

大脑空间定位上观察到语义加工和句法加工存在一定的分离。一项大样本元分析的结果证实（Hagoort & Indefrey，2014），虽然语义加工和句法加工都涉及额叶和颞叶的关键网络，但句法加工主要发生在左侧的额颞网络，而语义加工则更多地涉及双侧的额颞网络。此外，在额颞网络上，语义和句法加工涉及的网络节点以及对应的通路也都存在一定的差异。例如，虽然颞叶与词汇信息的提取可能存在较为密切的关系，但句法信息和语义信息的提取在颞区的具体位置上可能存在一定的分离。具体来说，句法信息的提取主要发生在颞上回和颞中回，而语义信息的提取主要发生在颞中回和颞下回。相似地，虽然左侧额下回与整合加工存在着密切关系，但是语义信息和句法信息的整合可能发生在额下回的不同位置：句法信息的整合主要与额下回后部，即 BA45/44 区相关，而语义信息的整合主要与额下回的前部，如 BA45/47 区相关。此外，进一步的研究还发现，整合加工除了涉及了额下回外，还牵涉另一个关键脑区——颞叶前部（Hickok & Poeppel，2007；Saur et al.，2008），同样的，语义整合和句法整合虽然都与颞叶前部有关，但其在这一区域中的具体位置似乎也存在一定的空间分离。其中颞叶前部更靠近前部的位置可能与句法整合加工的关系更加密切，而颞叶前部的后部区域可能与语义整合加工的关系更加密切（Humphries et al.，2006）。

　　综合起来，虽然无论是在时间进程还是空间定位上，都可以观察到语义加工和句法加工相分离的证据，但读者要建立连贯的句子意义表征，就必须对语义信息和句法信息进行一定的整合或者映射。两者之间的关系，尤其是在认知进程中的互动关系，是研究者十分关注的一个重要问题。来自西方的早期经典研究大多证实，在句子加工的过程中，句法信息和语义信息是以序列的方式进行加工的，经典的花园路径模型（garden path model，Frazier，1987）就认为，在句子加工过程中，读者会遵循句法加工优先的认知规则来进行。具体来说，读者首先基于词汇的词类信息快速地建立其短语结构，随后提取词汇语义信息并进行意义整合。这些过程随后反映在 ELAN 和 N400 上，表明这两个成分分别与句法和语义加工有关，这似乎在一定程度上为语义加工和句法加工的序列理论提供了较为充足的证据。然而，随着大量的研究证实词汇语义信息的提取可以发生在 N400 之前（详细请见第八章），目前，研究者更加倾向于认为，在词汇信息的提取阶段，词汇语义信息和语法信息的提取可能是独立、平行地进行的（Skeide & Friederici，2016；Hagoort，2013）。然而，随后语义信息和句法信息之间又如何发生交互，其对应的发生时间以及大脑网络如何，则仍然是研究者十分关注的焦点问题。

弗里德里希及其同事提出了一个较为全面的理论，尝试解释语义信息和句法信息交互的神经机制（Friederici，2002，2011，2012；Skeide & Friederici，2016）。他们认为在阅读过程中，词汇语义信息和句法信息各自的提取与整合，在某种程度上都是平行和独立进行的，该过程分别发生在早期时窗和 N400 时窗内。两者的整合主要发生在额下回的不同位置。语义信息和句法信息两者的交互和整合发生在语义信息整合和句法信息整合分别完成之后，约在 600ms，也就是主要发生在晚期时窗。此时，额下回的两个不同区域分别整合完成的语义信息和句法信息通过不同的白质纤维通路，同时回到左侧的颞上回／沟后部，并在此构建整合的、连贯的句子表征。这一理论从时间和空间上解释了不同脑区在句法加工和语义加工进程中的作用，但语义加工和句法加工如何交互，是否会受不同类型语义信息和句法信息的影响，目前仍未有非常清晰的结论，仍然是未来研究值得关注的关键问题。展望未来的研究，除了应该对语义变量和句法变量进行更加严格的操纵，从而观察这两个变量之间的交互机制外，由于句法和语义之间的交互可能主要反映在动态机制的变化上，还应采用高时间和空间分辨率的技术，如 MEG 和 EROS 等，这可能有助于理解这个问题。

此外，考虑语言类型的差异也会对句法和语义之间互动机制的理解产生一定的作用。作为汉藏语系代表语言的中文，和印欧语言相比在句法表达上有许多明显差异。具体来说，中文本身几乎没有性、数、格等形态变化，此外，中文的词汇往往含有多个句法类型的兼类词，例如，"花"既可以是名词，也可以是动词，其具体的词类属性取决于语境等相关的语义信息，例如，"花时间"中的"花"是动词，"花朵"中的"花"则是名词。正因为如此，一些研究者认为，不同于印欧语言，中文句子理解中语义信息可能比句法信息起更重要的作用（陆俭明，1997；邢福义，1995；马庆株，1998；邵敬敏，1998；徐通锵，1997；Zhang，1997a，1997b）。相应地，一些研究者认为，在中文句子的认知过程中，读者可能并非像印欧语言一样快速地提取词汇语法信息，并利用这些信息建立起短语结构。事实上，ERP 研究也发现，即使句法信息存在一定的破坏，实时的中文语义信息加工并没有立刻遭受破坏，这一特点显然与印欧语言的加工极为不同（Liu et al.，2010a；Wang et al.，2013；Zhang et al.，2010，2013）。然而有趣的是，尽管有 fMRI 研究发现中文的语义加工和句法加工涉及相似的大脑区域（Luke et al.，2002），但我们研究组近期的一些研究却更多地支持语言普遍性的结论：一方面，在行为上，通过采用句法启动范式，我们分离了句法变量和语义变量，句法启动的结果倾向于支持在中文句子阅读中，和印欧语言一样，句法加工和语义加工具有一定的独立性（Huang et al.，2016；Chen et al.，2020）；另一方面，借助 fMRI 技术，利用语义句法双违背的范式，我们发现句法加工和语义加工的大脑空间定位也存在一定的分离，且这种分离跟印欧语言的发现较为一致（Wang et al.，2008c）。很显然，这些冲突的实验结果很可能与中文句法和语义操纵的层次、内容和形式的差异有一定的关系。未来的研究仍需要坚持采用多种研究范式，并结合语言学理论对句法和语义的特性分别进行细致的操纵，这对于未来建构一个兼具语言一般性和特异性的语义和句法加工模型将有着重要的意义。

四、自然语言交流中的意义加工：生态性的考虑

本书所报告的工作主要关注语义加工，尤其是词汇语义提取和整合加工，大部分研究使用了文字材料。应当承认，这些结论主要适用于阅读理解的加工过程。然而，从更大的背景来看，阅读理解所展示出来的结果又是否能推广到自然的语言交流中去呢？

人类的自然语言是从面对面的交互中进化出来的（Levinson，2016），主要发生在动态、交互的三维空间中。在自然语言理解过程中，理解者要面对更复杂的情景和更多源的信息，因而在理解过程中可能会更强烈地表现出与环境交互的特性（Holler & Levinson，2019）。日常交流时，信息的表现方式也是多层面、多模态的，我们可以通过多种方式表达想法和意图，例如，通过听觉和视觉言语、肢体动作和表情可传递不同层面的社交信息（Perniss，2018），其中涉及复杂的跨层面和跨通道信息的提取整合（Holler & Levinson，2019）。从更宏观的视角来看，自然状态下多维度信息的提取和整合与语义提取和整合之间存在何种关联？它们如何共同支撑人类的语言加工系统？是否存在更为基本的语言或认知加工规律在其中起作用？对这些问题的理解对于思考人类普遍性的认知计算机制有着重要的作用。

遗憾的是，以往对人类语言理解和交流的认知和神经基础研究通常发生在严格控制的、静态和非交流的实验室环境中。在这种环境下，单模态刺激通常通过耳机或二维形式在电脑上呈现。几乎所有的理论都主要建立在这种"被动旁观者式的科学研究"的基础之上（Hari et al.，2015）。毫无疑问，传统的语言心理学研究中大多采用严格的实验控制，这种控制有明显的好处，为研究者提供了对关键变量的作用进行推断的机会。例如，当向一组被试展示两组完全

匹配的刺激时，我们会尽量匹配和控制其他无关变量，而只在某一个特定变量（如词的预期性）上进行操纵，并发现被试对这些刺激的反应（如反应时或 ERP 信号中）是否存在差异，据此我们可以适当地推断出所操纵的变量在加工中的作用。然而，我们应该承认，这些研究者所感兴趣的现象在实际生活中与实验测试环境之间存在巨大差异。的确，一些研究者认为，这些理论在很大程度上以语言为中心，通过限制刺激的复杂性的确有效地加强了对感兴趣变量的实验控制，但这些结果在考虑日常沟通的多模态、丰富性和动态性方面则有所不足（Knoeferle，2015）；而另一些研究者则完全质疑先前研究结果的生态有效性，并质疑随之产生的理论与日常情景下人类交流行为的稳健性和相关性（de Ruiter & Albert，2017；Willems，2015），认为以往的研究结果在能否扩展到日常语言加工的普遍性方面仍然存在争议（Henderson & Ferreira，2004）。

　　近期一些研究者开始尝试使用虚拟现实（virtual reality，VR）的研究手段探索多来源信息的整合问题，同时也据此检验以往建立在纯语言研究中所得到的理论的生态有效性问题。虚拟环境是一个数字空间，其中研究者可以重新创建感官体验并跟踪用户的动作（Fox et al.，2009）。VR 可以用来创造一个人们可以移动和互动的三维世界（Fox et al.，2009），与现实世界一样具有动态性、交互式和信息丰富（甚至更丰富）性。在这种环境下，被试不是被动地观察计算机屏幕上的刺激物，而是沉浸在真实的外部世界环境中，使自己成为所描绘场景的一部分。此时刺激和被试之间并不存在人为的空间鸿沟，被试亲身进入所描绘的场景，从内部与真实世界的各种信息进行交互。相比之下，计算机的显示器在表现日常交流的动态性、交互性和多模式丰富性方面则存在固有的物理限制。

　　VR 为传统心理学和语言学的研究打开了一扇新的窗户。作为关注内在效度的研究人员，研究者显然希望在实验中将可靠的实验控制与高生态有效性结合起来。这种理想乍一看完全不可能实现，因为实验控制与生态性通常总被认为是单连续体上的两个极端。常见的心理语言学实验范式，如语义启动范式，通常忽略日常交流的丰富性，但为研究人员提供了高水平的实验控制。另外，像对话分析这样的方法则重视日常交流的动态性，但研究人员对被试的行为控制就要少得多。其他心理语言学的研究范式，如跨通道启动或视觉情景范式，则可能会置于连续体中间的某个位置。在这种一维连续体的假设下，研究者似乎确实要做取舍，因此他们没有采用接近于日常交流的实验方法，这也是完全合理的，毕竟自然情景下有太多的噪声，无法为他们提供感兴趣的变量（如词频）和语言加工中潜在而独特的信息。然而，VR 技术的最新发展及其在语言研究中的初步使用开始使研究者思考另一种可能性，即控制性与生态性并不是一个单维的连续体，而是两个可以发生正交的维度。事实上，通过重新创建非常复杂、丰富的日常环境，VR 允许研究人员提高研究的生态有效性，同时保持较有效的实验控制，这使得研究不同环境中人类语言交流的行为成为可能。与真实环境下的实验相比，VR 实验相对不受不可控线索的干扰，并允许对传统上难以在实验室中复制或控制的变量进行操作（Blascovich & Bailenson，2011；Blascovich et al.，2002；Fox et al.，2009）。虚拟个体的使用还能很好地替代传统意义上的"伪被试"（Kuhlen & Brennan，2013），并可以模拟多人情景，同时精细地控制虚拟人群的反应，这在真实条件下是难以实现的。

使用 VR 技术，海瑟拉尔等（Heyselaar et al.，2017）在一项研究中让被试与真人以及类人的虚拟个体执行相同的句法启动任务，结果发现，两种情况下都显示出类似的启动效果。此外，被试还会将自己的语速和音调进行调整，使其逐渐与虚拟个体和人类进行对话时的语速相接近（Casasanto et al.，2010；Gijssels et al.，2016）。特龙普等（Tromp et al.，2018）则将这项技术的应用扩展到神经生理学水平，证明可以使用 VR 和 EEG 技术在视觉丰富的三维环境中研究大脑在视觉和听觉语言信息不匹配情况下的电生理反应。艾彻特（Eichert，2018）等测试了在多模态三维环境中将 VR 和眼动追踪技术结合起来的方法，证明采用该方法研究实时语言加工也是可行的。因此，VR 已被证明是在行为层面研究语言过程的一种有用的工具。

总体上，VR 提供了一种相对可控的方法，能使研究者以更自然、动态的方式研究语言和交流的各个方面，通过与眼动以及电生理记录相结合的方式，有可能解决心理语言学和语言神经生物学领域的一些传统研究不足的问题。例如，当我们在环境中使用多种信息源时，这些信息源如何实时地被整合，这些整合的信息如何提供限制性的情景，以帮助交流者预测和加工随后出现的语言信息等。通过适当地使用 VR 技术，未来的语言研究将可以从一种被试为旁观者的范式转向更具互动性和现实性的范式，并利用这种范式来研究人的大脑和行为，从而更好地阐明我们在交互式现实世界中如何听和说。

五、对个体差异研究日益关注

虽然研究者也认为大部分认知的基础加工，如注意、记忆、思维等，都存在明显的个体差异。然而，近些年来，一些研究者开始主张对认知心理学的研究结果也要重视从个体差异的角度进行分析。但本书所报告的研究结果都建立在组分析的基础上，这是认知实验研究惯常的分析方式，即基于均值对不同实验条件下人群共有的反应特性进行分析，忽略（或控制）个体间的差异性。

个体差异的存在是不可否认的，可以说，人类在所有我们可以想象得到的方方面面都有所不同。因此，以智力和人格研究为重点的相关研究常常假设存在可以使用心理测量方法测量和量化的、有意义的个体差异；但与此同时，传统的理论和实验方法却往往将这些个体差异归类为误差，而淡化它们的重要性。这种做法可以在一定程度上确保稳定的科学进步，但必须承认，理想化地假设人类认知能力大部分相似的观点却有可能是错误的，或至少是不符合现实的。对于具有较大个体差异的认知加工，基于组水平的、小样本的统计方法可能夸大了实际的效应，影响研究结果的可靠性（Magnotti & Beauchamp，2018）。正因为如此，越来越多的研究者认为，关注语言能力中的个体差异有可能为长期存在的理论争论（如语言各认知成分与跨领域的普遍性认知加工之间的关系）提供新的思路，并使我们更接近对人类语言的详细机制的理解。

具体到语言这一领域中，个体差异研究目前主要围绕以下几方面展开：在语言的不同层面刻画其中的个体差异情况；从个体差异视角分析语言内部不同成分的关系，以及语言功能和非语言功能之间的关系；揭示个体语言加工中差异的构成和产生机制；建构兼顾一般性语言加工规律和个体差异的语言理论。

语言作为一个复杂、动态的信号系统，其个体差异随着语言加工的不同水平（如音节、词汇、句子和语法等）、任务类型、加工通道和个体认知发展水平而表现出不同的特点（Kidd et al.，2018）。

第一，从语言加工的不同水平来看，研究者对词汇层面和言语操作过程的个体差异存在着不同认识。研究者一般认为，词汇层面的个体差异是必然存在的，因为单词的获得和表征的构建随个体的生活经验不同而有所不同，也因语言的差异而有所变化。然而，在语言的操作成分，如通达与整合这种加工过程中，对个体差异问题的思考相对较少。但实际上，以往的研究已经表明，在语言习得中，词汇量与儿童实时通达单词的速度有关，并且词汇量也是语法发展的有力预测指标。在成人语言加工中，词汇知识的可变性能有效预测在具有挑战性的条件下个体的口语词汇通达。目前已有研究表明，词汇表征的质量可以预测阅读或更高层面理解加工的个体差异，并可能导致人在发展过程中形成质量有所不同的阅读策略，这种差别同样可以表现在词汇语义提取（如控制性或自动化提取会影响语义启动效应）以及整合加工（如语义与背景信息的整合，以及语义和语法、语用等其他语言信息的整合加工）的过程中。

第二，在言语加工通道上，优势感觉通道（听觉）的和非优势感觉通道（视觉）的语言加工也存在较大的个体差异，双通道语言加工中的个体差异随实验设置和材料的变化而变化。例如，在视听刺激可靠性较低的麦格克错觉（Mallick et al.，2015）或噪声环境中（MacLeod & Summerfield，1987），个体差异更为明显。而在自然语言交流中，个体差异的来源和结构更复杂，既存在来自语言加工本身的差异，也存在自下而上感知觉加工差异和自上而下知识经验调控的差异。

第三，相比正常发育群体，语言功能的个体差异在临床群体中更为突出，这种个体差异也受到更多研究者的关注。例如，一些研究关注听力障碍人士（Pisoni & Cleary，2003；Pénicaud et al.，2013）、自闭症群体（Charman et al.，2003；Lai et al.，2015）和阅读障碍群体（Hoeft et al.，2011；Ozernov-Palchik et al.，2021）等，通过精细地分离不同语言成分（或加工），考察这些语言成分的缺陷及其与其他认知加工成分、神经活动和基因的关联，研究者在行为、神经和遗传层面探索稳定的言语发展个体差异指标，将可为了解一般人群中语言的个体差异提供借鉴。

第四，个体差异问题还可以从文化的角度来进行思考。虽然基本的语言认知过程、能力或策略在各种文化中都存在，但不同的文化有可能改变语言加工的进程或表现方式。在语言和认知问题上，人类学家萨皮尔和语言学家沃尔夫所提出的语言相对性假说，即萨皮尔－沃尔夫假说就认为，不同文化下的语言性质可以影响一个人的思考方式（Whorf，2012）。已有的研究也证明了不同语言的语言学特性确实可以影响人们感知和体验世界的方式（Boroditsky et al.，2011；Majid & Burenhult，2014）。一方面，语言模式中的图式、概念、类别和隐喻深深植根于言语社区的文化经验，可以塑造认知过程和表征（Sharifian，2017）；另一方面，文化习俗也会影响人们如何加工、组织和呈现言语信息。例如，一种文化中普遍存在的阅读和写作习惯（英语是从左向右书写的，而希伯来语主要是从右向左书写的）在很大程度上决定了人们对空间信息组织的主导性方向，反过来又会影响个体的记忆组织和加工方式（Mccrink & Shaki，2016）。在书写系统方面，中文具有高度的视觉复杂性和区分性。因此，与学习欧洲语言等字母系统的阅读相比，学习中文阅读对视觉注意力、知觉分析、视觉空间工作记忆和语义整合的认知要求更高（Kazi et al.，2012）。可见，关注不同语言的语言学特性，并深入探索其如何影响个体对语言本身的加工，以及更普遍的，对整个认知系统的影响仍是十分值得关注的课题。

在本书第一篇关于加工时程的探讨中，我们也从中文与印欧语言的某些语言学特性出发，对中文使用者语义提取和整合加工的时间进程如何受这些不同语言学特性的影响进行了论述；但在随后讨论空间定位时，关于不同语言的语言学特性是否也会影响语义提取和整合加工的大脑定位，本书并未做更多的探讨。这一方面是因为提取和整合加工是两种非常基本的认知加工过程，在讲不同语言的个体身上都会存在。具体到语义加工上，并没有足够的证据表明这两个基本的过程在不同语言使用者大脑中存在空间定位差异。然而，这也并不意味着语言学特性对这两个加工过程完全没有影响，当我们更进一步地思考语义的内容，以及语义加工与其他加工，如句法加工的关系时，不同语言特性对语言信息的提取和整合极有可能也会产生不同的效应。更进一步地，当结合语义信息的具体内容时，如果个体所加工的语义信息涉及那些在不同语言模式中有所不同的图式、概念、类别和隐喻，则这些信息的表征和存储也有可能在不同语言使用者的大脑中就有所不同，进而使语言信息的提取和整合加工也表现出不同的大脑机制。未来的研究显然需要更多地对这些问题进行思考。

总体来说，完善的语言加工理论在揭示群组一般性的语言加工机制的同时，需要准确刻画其中的个体差异，揭示语言加工中个体差异的产生机制，对个体的语言功能进行更准确的预测，以深入理解语言个体差异在认知功能发展中的作用。

六、对计算建模方法的强调

本书介绍了我们对句子语义理解过程中语义提取与整合这两种基本的加工的时间进程与神经机制，应该说，从整个研究思路来看，其仍然是严格的实验研究，即通过操纵少数几个我们关心的变量，控制其他可能影响因变量的额外变量，来理解我们所关心的认知过程。这种控制有明显的好处，它为研究者提供了对关键变量的效应进行推断的机会，但是这种过于精巧的实验设计也常被批评为难以反映真实的认知过程。毕竟人的各种高级心理现象和心理规律通常是复杂情景下多个变量在不同的时间进程中产生交互作用的复杂结果，因而只改变某一个或某几个简单变量而严格控制多数变量的实验设置，有时的确难以反映众多的因素如何参与真实的认知加工过程。此外，传统的研究方法还不能对语义加工的多变量和多进程的动态交互全过程进行准确描述，因为仅仅依靠显著检验的统计结果来推测某个变量对加工过程的影响是否显著，距离深入理解真实情境下人的复杂的高级语义加工模式还有很大的距离。例如，我们利用语义违背范式，发现在高限制性语境条件下语义违背会出现更大的 N400 效应，的确可以推断高层级的先验知识会对预期加工产生影响；而词频低的目标词的 N400 效应更大，可以说明低层级的物理特征也会影响预期加工。但是，这些研究中关于显著与否的结论仅仅只能反映所操纵的变量是否参与语义加工过程，据之而形成的、用言语来表述的理论还是难以具体说明高层级语言先验知识如何影响句子语义加工，也未能提供一种具体、准确的方法来估计加工特定单词所需的实际时间，因此本质上仍然还是一种较为模糊的、定性的结论。这种结论一方面可能导致对研究结果的复制较为困难，不同的研究者难以就需要解释的现象得出有共识的理论；另一方面，因为对规律发生原因的因果表述不够精确，在特定的实验情景下也难以对个体具体的语言行为生成精准的预测。因此，越来越多的研究者开始关注使用定量的数学模型来模拟和解释语义加工的过程。

以句子理解中单词的加工为例，研究者可通过建立线性或非线性模型来准确预测句子理解的语义加工的单词 n 的加工时间。例如，在如下线性模型中

$$identify(word_n) = encoding - (\beta.predictability_n)$$

识别单词 n 所需的时间 $identify(word_n)$（以 ms 为单位）是对单词的正字法形式进行编码所需的基线时间 $encoding$ 的线性函数，如果该单词可以从其前一句上下文中预测的可预期程度为 $predictability_n$，系数 β 为标度，则该时间会减少 $\beta.\ predictability_n$，即 $predictability_n$ 和 β 共同控制可预测性在多大程度上会减少识别该单词所需的总时间。这一过程同样也可以用非线性模型来表述，比较经典的非线性模型包括贝叶斯模型和深度神经网络模型等（McClelland & Rumelhart，1988；McClelland，1988；Rao & Ballard，1999），二者均已被用于人类高级认知加工过程的模拟。其中贝叶斯模型（DeLong et al.，2005）根据概率规则将当前数据与先前经验相结合，使研究者能够设想和验证具体信息加工过程，并且其实现不一定需要生物上合理的成分，因此更适用于高级认知领域。通过将以往的语言理论"转换"为数学模型的理论，使用不同的形式模型或计算机程序来描述，可进一步量化高层级语言先验知识对单词识别的影响程度，并对任意场景下个体预期单词的时间进行准确预测。

不仅是对语言认知及其行为表现可以采用数学建模的方式进行理论构建，在探讨语言认知的脑基础问题上，基于数学建模的方法同样十分有价值，这是一种相对较新的融合实验心理学、数学心理学和认知神经科学等学科的跨学科

方法，被称为基于模型的认知神经科学。假设在每个实验中观察到的数据来自等效的心理过程，我们就可以将这些数据用于估计认知模型的参数，然后结合数学模型与大脑测量（如 EEG 或 fMRI 等信号）的优点，将数学模型假设的隐参数与神经生理学提供的语义加工具体度量联系起来，并相互验证，这种方法可以弥合大脑测量与语义加工过程之间的鸿沟。总体上，这是一种理解大脑计算的综合性思路，我们构建模型来执行认知任务，而大脑的生物学基础提供了可接受的硬件功能，这种计算机制被不断优化以解释大脑活动和行为的详细模式。

总体上，人类语言加工的复杂度远超出我们的想象，虽然我们的工作澄清了这一领域中的一些问题，并对语义加工的认知和动态脑机制进行了一定的描述，但目前的研究工作离准确而定量地描述语义加工的全过程这个目标还有相当大的差距，而要完全弄清这个高级复杂认知加工过程的机理和相关的神经基础，路途更是充满荆棘。即使有一天我们完全了解了人类大脑的每个局部细节，甚至细致到每一个神经元在语义加工过程中发挥的功能，我们又是否能完全预测人的语义加工行为，应该说也仍未可知。毕竟人类的认知本身有其特殊的一面，完全量化的研究有时候也未必可以解释人类认知的本质。但至少在当前阶段，对语义加工这一问题进行量化研究有着深刻的意义，这也是使研究过程和研究结果更客观、可靠和科学的必要手段。

参考文献

陈烜之.（1997）.中文阅读的认知历程 // 彭聃龄，舒华，陈烜之（编），汉语认知研究（pp.159-194）.济南：山东教育出版社.

崔磊，王穗苹，闫国利，白学军.（2010）.中文阅读中副中央凹与中央凹相互影响的眼动实验.心理学报，42（5），547-558.

梁夏，王金辉，贺永.（2010）.人脑连接组研究：脑结构网络和脑功能网络.科学通报，55（16），1565-1583.

陆俭明.（1997）.关于语义指向分析 // 黄正德（编），中国语言学论丛（第一辑）（pp. 34-38）.北京：北京语言文化大学出版社.

马国杰，李兴珊.（2012）.阅读中的注意分配：序列与平行之争.心理科学进展，20（11），1755-1767.

马庆株.（1998）.汉语语义语法范畴问题.北京：北京语言文化大学出版社.

邱丽景，王穗苹，陈烜之.（2012）.阅读理解中的代词加工：先行词的距离与性别刻板印象的作用.心理学报，44（10），1279-1288.

邵敬敏.（1998）.句法结构中的语义研究.北京：北京语言文化大学出版社.

王穗苹，黄健.（2012）.句子理解中的语义加工回路——研究热点与未来的展望.华南师范大学学报（社会科学版），6，47-55.

王穗苹，黄健.（2019）.语言理解中的语义加工：不同模态神经影像的研究.生理学报，71（1），127-139.

王穗苹，莫雷.（2001）.篇章阅读理解中背景信息的通达.心理学报，33（4），312-319.

王穗苹，陈烜之，莫雷，邹艳春.（2004a）.语篇理解中背景信息的激活：情景限制的共振过程.心理学报，36（6），644-653.

王穗苹，黄时华，杨锦绵.（2004b）.语言理解的 ERP 研究.华南师范大学学报（社会科学版），6，107-113+160.

王穗苹，黄时华，杨锦绵.（2006）.语言理解眼动研究的争论与趋势.华东师范大学学报（教育科学版），*24*（2），59-65.

王穗苹，佟秀红，杨锦绵，冷英 .（2009）. 中文句子阅读中语义信息对眼动预视效应的影响 . *心理学报，41*（3），220-232.

吴岩，高约飞，赵思敏，王穗苹 .（2019）. 常识性知识和语篇语境对代词指认的影响 . *心理学报，51*（3），293-303.

邢福义 .（1995）. 汉语语法学 . 长春：东北师范大学出版社 .

徐通锵 .（1997）. 语言论 ——语义型语言的结构原理和研究方法 . 长春：东北师范大学出版社 .

杨亦鸣 .（2003）. *语言的神经机制与语言理论研究* . 上海：学林出版社 .

杨玉芳 .（2015）. *心理语言学* . 北京：科学出版社 .

张积家，张启睿 .（2016）. *心理语言学：研究及其进展* . 武汉：华中科技大学出版社 .

张文嘉，李楠，关少伟，王穗苹 .（2014）. 中文阅读中副中央凹语义信息的提取：来自 ERPs 的证据 . *心理学报，46*（9），1261-1270.

朱祖德，王穗苹，冯刚毅，李国超 .（2011a）. 语言理解中语义整合的神经机制 . *心理科学，34*（5），1062-1067.

朱祖德，王穗苹，冯刚毅，刘颖 .（2011b）. 左侧额下回在句子语义整合加工中的作用 . *心理科学进展，19*（8），1147-1157.

朱祖德，王穗苹，吴岩 .（2006）. 语言理解中语义与句法加工的脑功能定位研究 . *华南师范大学学报（社会科学版），*（2），117-124.

国家语言文字工作委员会，国家标准局 .（1992）. *现代汉语字频统计表* . 北京：语文出版社 .

Aaronson，D.，& Ferres，S.（1986）. Sentence processing in Chinese-American bilinguals. *Journal of Memory and Language，25*（2），136-162.

Aaronson，D.，& Scarborough，H. S.（1977）. Performance theories for sentence coding：Some quantitative models. *Journal of Verbal Learning and Verbal Behavior，16*（3），277-303.

Agosta，F.，Henry，R. R.，Migliaccio，R.，Neuhaus，J.，Miller，B. L.，Dronkers，N. F.，Brambati，S. M.，Filippi，M.，Ogar，J. M.，Wilson，S. M.，& Gorno-Tempini，M. L.（2010）. Language networks in semantic dementia. *Brain，133*（1），286-299.

Albrecht，J. E.，& O'Brien，E. J.（1993）. Updating a mental model：

Maintaining both local and global coherence. *Journal of Experimental Psychology*: *Learning*, *Memory*, *and Cognition*, *19* (5), 1061-1070.

Allen, P. J., Polizzi, G., Krakow, K., Fish, D., & Lemieux, L. (1998). Identification of EEG events in the MR scanner: The problem of pulse artifact and a method for its subtraction. *NeuroImage*, *8* (3), 229-239.

Altarriba, J., Kambe, G., Pollatsek, A., & Rayner, K. (2001). Semantic codes are not used in integrating information across eye fixations in reading: Evidence from fluent Spanish-English bilinguals. *Perception & Psychophysics*, *63* (5), 875-890.

Altmann, G. T., & Kamide, Y. (1999). Incremental interpretation at verbs: Restricting the domain of subsequent reference. *Cognition*, *73* (3), 247-264.

Altmann, G. T., & Mirković, J. (2009). Incrementality and prediction in human sentence processing. *Cognitive Science*, *33* (4), 583-609.

Altmann, G. T., Garnham, A., & Dennis, Y. (1992). Avoiding the garden path: Eye movements in context. *Journal of Memory and Language*, *31* (5), 685-712.

Amunts, K., & Zilles, K. (2012). Architecture and organizational principles of Broca's region. *Trends in Cognitive Sciences*, *16* (8), 418-426.

Anderson, J. E., & Holcomb, P. J. (1995). Auditory and visual semantic priming using different stimulus onset asynchronies: An event-related brain potential study. *Psychophysiology*, *32* (2), 177-190.

Andreatta, R. D., Stemple, J. C., Joshi, A., & Jiang, Y. (2010). Task-related differences in temporo-parietal cortical activation during human phonatory behaviors. *Neuroscience Letters*, *484* (1), 51-55.

Angele, B., Slattery, T. J., Yang, J., Kliegl, R., & Rayner, K. (2008). Parafoveal processing in reading: Manipulating n+1 and n+2 previews simultaneously. *Visual Cognition*, *16* (6), 697-707.

Angrilli, A., Penolazzi, B., Vespignani, F., De Vincenzi, M., Job, R., Ciccarelli, L., Palomba, D., & Stegagno, L. (2002). Cortical brain responses to semantic incongruity and syntactic violation in Italian language: An event-related potential study. *Neuroscience Letters*, *322* (1), 5-8.

Arias-Trejo, N., & Plunkett, K. (2009). Lexical-semantic priming effects during infancy. *Philosophical Transactions of the Royal Society B*: *Biological Sciences*, *364*（1536）, 3633-3647.

Arias-Trejo, N., & Plunkett, K.（2013）. What's in a link: Associative and taxonomic priming effects in the infant lexicon. *Cognition*, *128*（2）, 214-227.

Aron, A. R., Behrens, T. E., Smith, S., Frank, M. J., & Poldrack, R. A.（2007）. Triangulating a cognitive control network using diffusion-weighted magnetic resonance imaging（MRI）and functional MRI. *Journal of Neuroscience*, *27*（14）, 3743-3752.

Ashby, J., & Rayner, K.（2004）. Representing syllable information during silent reading: Evidence from eye movements. *Language and Cognitive Processes*, *19*（3）, 391-426.

Ashby, J., Treiman, R., Kessler, B., & Rayner, K.（2006）. Vowel processing during silent reading: Evidence from eye movements. *Journal of Experimental Psychology*: *Learning*, *Memory*, *and Cognition*, *32*（2）, 416-424.

Assadollahi, R., & Pulvermüller, F.（2001）. Neural network classification of word evoked neuromagnetic brain activity. *Emergent neural computational architectures based on neuroscience*: *Towards neuroscience-inspired Computing*. Springer Berlin Heidelberg, 311-319.

Assadollahi, R., & Pulvermüller, F.（2003）. Early influences of word length and frequency: A group study using MEG. *Neuroreport*, *14*（8）, 1183-1187.

Awad, M., Warren, J. E., Scott, S. K., Turkheimer, F. E., & Wise, R. J.（2007）. A common system for the comprehension and production of narrative speech. *Journal of Neuroscience*, *27*（43）, 11455-11464.

Axelrod, V., & Yovel, G.（2013）. The challenge of localizing the anterior temporal face area: A possible solution. *NeuroImage*, *81*, 371-380.

Bader, M., & Lasser, I.（1994）. German verb-final clauses and sentence processing: Evidence for immediate attachment. In C. Clifton Jr., L. Frazier, & K. Rayner（Eds.）, *Perspectives on sentence processing*（pp. 225-242）. Hillsdale: Lawrence Erlbaum Associates, Inc.

Badham, S. P., Estes, Z., & Maylor, E. A.（2012）. Integrative and semantic relations equally alleviate age-related associative memory deficits. *Psychology and Aging*, *27*（1）, 141-152.

Badre, D., & Wagner, A. D. (2007). Left ventrolateral prefrontal cortex and the cognitive control of memory. *Neuropsychologia*, *45* (13), 2883-2901.

Badre, D., Poldrack, R. A., Pare-Blagoev, E. J., Insler, R. Z., & Wagner, A. D. (2005). Dissociable controlled retrieval and generalized selection mechanisms in ventrolateral prefrontal cortex. *Neuron*, *47* (6), 907-918.

Baggio, G., & Hagoort, P. (2011). The balance between memory and unification in semantics: A dynamic account of the N400. *Language and Cognitive Processes*, *26* (9), 1338-1367.

Balota, D. A., Pollatsek, A., & Rayner, K. (1985). The interaction of contextual constraints and parafoveal visual information in reading. *Cognitive Psychology*, *17* (3), 364-390.

Bar, M. (2007). The proactive brain: Using analogies and associations to generate predictions. *Trends in Cognitive Sciences*, *11* (7), 280-289.

Bar, M. (2009). The proactive brain: Memory for predictions. *Philosophical Transactions of the Royal Society B: Biological Sciences*, *364* (1521), 1235-1243.

Bar-On, A., Oron, T., & Peleg, O. (2021). Semantic and syntactic constraints in resolving homography: A developmental study in Hebrew. *Reading and Writing*, 1-24.

Barber, H. A., Ben-Zvi, S., Bentin, S., & Kutas, M. (2011). Parafoveal perception during sentence reading? An ERP paradigm using rapid serial visual presentation (RSVP) with flankers. *Psychophysiology*, *48* (4), 523-531.

Barber, H. A., Doñamayor, N., Kutas, M., & Münte, T. (2010). Parafoveal N400 effect during sentence reading. *Neuroscience Letters*, *479* (2), 152-156.

Barber, H. A., van der Meij, M., & Kutas, M. (2013). An electrophysiological analysis of contextual and temporal constraints on parafoveal word processing. *Psychophysiology*, *50* (1), 48-59.

Bastiaansen, M., & Hagoort, P. (2015). Frequency-based segregation of syntactic and semantic unification during online sentence level language comprehension. *Journal of Cognitive Neuroscience*, *27* (11), 2095-2107.

Baumgaertner, A., Weiller, C., & Büchel, C. (2002). Event-related fMRI reveals cortical sites involved in contextual sentence integration. *NeuroImage*, *16* (3), 736-745.

Bavelier, D., Corina, D., Jezzard, P., Padmanabhan, S., Clark, V. P., Karni, A., ...& Neville, H. (1997). Sentence reading: A functional MRI study at 4 Tesla. *Journal of Cognitive Neuroscience*, *9* (5), 664-686.

Becker, M., Sommer, T., & Kühn, S. (2020). Inferior frontal gyrus involvement during search and solution in verbal creative problem solving: A parametric fMRI study. *NeuroImage*, *206*, 116294.

Bemis, D. K., & Pylkkänen, L. (2011). Simple composition: A magnetoencephalography investigation into the comprehension of minimal linguistic phrases. *Journal of Neuroscience*, *31* (8), 2801-2814.

Bemis, D. K., & Pylkkänen, L. (2013). Basic linguistic composition recruits the left anterior temporal lobe and left angular gyrus during both listening and reading. *Cerebral Cortex*, *23* (8), 1859-1873.

Bénar, C. G., Schön, D., Grimault, S., Nazarian, B., Burle, B., Roth, M., Badier, Jean-Michel., Marquis, P., Liegeois-Chauvel, C., & Anton, J. L. (2007). Single-trial analysis of oddball event-related potentials in simultaneous EEG-fMRI. *Human Brain Mapping*, *28* (7), 602-613.

Bentin, S., & Frost, R. (1987). Processing lexical ambiguity and visual word recognition in a deep orthography. *Memory & Cognition*, *15* (1), 13-23.

Bentin, S., Mouchetant-Rostaing, Y., Giard, M. H., Echallier, J. F., & Pernier, J. (1999). ERP manifestations of processing printed words at different psycholinguistic levels: Time course and scalp distribution. *Journal of Cognitive Neuroscience*, *11* (3), 235-260.

Bilenko, N. Y., Grindrod, C. M., Myers, E. B., & Blumstein, S. E. (2008). Neural correlates of semantic competition during processing of ambiguous words. *Journal of Cognitive Neuroscience*, *21* (5), 960-975.

Binder, J. R., Desai, R. H., Graves, W. W., & Conant, L. L. (2009). Where is the semantic system？ A critical review and meta-analysis of 120 functional neuroimaging studies. *Cerebral Cortex*, *19* (12), 2767-2796.

Binney, R. J., Embleton, K. V., Jefferies, E., Parker, G. J. M., & Lambon Ralph, M. A. (2010). The ventral and inferolateral aspects of the anterior temporal lobe are crucial in semantic memory: Evidence from a novel direct comparison of distortion-corrected fMRI, rTMS, and semantic dementia. *Cerebral Cortex, 20* (11), 2728-2738.

Blascovich, J., & Bailenson, J. (2011). *Infinite reality: Avatars, eternal life, new worlds, and the dawn of the virtual revolution.* New York: William Morrow.

Blascovich, J., Loomis, J., Beall, A. C., Swinth, K. R., Hoyt, C. L., & Bailenson, J. N. (2002). Immersive virtual environment technology as a methodological tool for social psychology. *Psychological Inquiry, 13* (2), 103-124.

Bock, J. K. (1986). Syntactic persistence in language production. *Cognitive Psychology, 18* (3), 355-387.

Bock, K., & Levelt, W. J. M. (1994). Language production: Grammatical encoding. In M. A. Gernsbacher (Ed.), *Handbook of psycholinguistics* (pp. 945-984). San Diego: Academic Press.

Boland, J. E. (1997). The relationship between syntactic and semantic processes in sentence comprehension. *Language and Cognitive Processes, 12* (4), 423-484.

Boland, J. E., Tanenhaus, M. K., Garnsey, S. M., & Carlson, G. N. (1995). Verb argument structure in parsing and interpretation: Evidence from wh-questions. *Journal of Memory and Language, 34* (6), 774-806.

Bonhage, C. E., Mueller, J. L., Friederici, A. D., & Fiebach, C. J. (2015). Combined eye tracking and fMRI reveals neural basis of linguistic predictions during sentence comprehension. *Cortex, 68,* 33-47.

Bookheimer, S. (2002). Functional MRI of language: New approaches to understanding the cortical organization of semantic processing. *Annual Review of Neuroscience, 25* (1), 151-188.

Booth, J. R., Lu, D., Burman, D. D., Chou, T. L., Jin, Z., Peng, D. L., Zhang, L., Ding, G. S., Deng, Y., & Liu, L. (2006). Specialization of phonological and semantic processing in Chinese word reading. *Brain Research, 1071* (1), 197-207.

Bornkessel, I., & Schlesewsky, M. (2006). The extended argument dependency model： A neurocognitive approach to sentence comprehension across languages. *Psychological Review*， *113*（4），787-821.

Bornkessel, I., Zysset, S., Friederici, A. D., Von Cramon, D. Y., & Schlesewsky, M.（2005）. Who did what to whom？ The neural basis of argument hierarchies during language comprehension. *NeuroImage*， *26*（1），221-233.

Bornkessel-Schlesewsky, I., & Schlesewsky, M.（2008）. An alternative perspective on "semantic P600" effects in language comprehension. *Brain Research Reviews*， *59*（1），55-73.

Bornkessel-Schlesewsky, I., & Schlesewsky, M.（2009）. The role of prominence information in the real-time comprehension of transitive constructions： A cross-linguistic approach. *Language and Linguistics Compass*， *3*（1），19-58.

Bornkessel-Schlesewsky, I., Staub, A., & Schlesewsky, M.（2016）. The time course of sentence processing in the brain. In G. Hickok, & S. L. Small （Eds.）， *Neurobiology of language*（pp. 607-620）. Amsterdam： Academic Press.

Bornkessel-Schlesewsky, I., Kretzschmar, F., Tune, S., Wang, L., Genç, S., Philipp, M., Roehm, D., & Schlesewsky, M.（2011）. Think globally： Cross-linguistic variation in electrophysiological activity during sentence comprehension. *Brain and Language*， *117*（3），133-152.

Boroditsky, L., Fuhrman, O., & McCormick, K.（2011）. Do English and Mandarin speakers think about time differently？ *Cognition*， *118*（1），123-129.

Borovsky, A., Elman, J. L., & Fernald, A.（2012）. Knowing a lot for one's age： Vocabulary skill and not age is associated with anticipatory incremental sentence interpretation in children and adults. *Journal of Experimental Child Psychology*， *112*（4），417-436.

Bottini, G., Sterzi, R., Paulesu, E., Vallar, G., Cappa, S. F., Erminio, F., …& Frackowiak, R. S.（1994）. Identification of the central vestibular projections in man： A positron emission tomography activation study. *Experimental Brain Research*， *99*，164-169.

Botvinick, M. M., Cohen, J. D., & Carter, C. S.（2004）. Conflict monitoring and anterior cingulate cortex： An update. *Trends in Cognitive Sciences*， *8*（12），539-546.

Boudewyn, M. A., Gordon, P. C., Long, D., Polse, L., & Swaab, T.

Y. (2012). Does discourse congruence influence spoken language comprehension before lexical association? Evidence from event-related potentials. *Language and Cognitive Processes*, *27* (5), 698-733.

Boudewyn, M. A., Long, D. L., & Swaab, T. Y. (2015). Graded expectations: Predictive processing and the adjustment of expectations during spoken language comprehension. *Cognitive, Affective, & Behavioral Neuroscience*, *15*, 607-624.

Bousquet, K., Swaab, T. Y., & Long, D. L. (2020). The use of context in resolving syntactic ambiguity: Structural and semantic influences. *Language, Cognition and Neuroscience*, *35* (1), 43-57.

Brauer, J., & Friederici, A. D. (2007). Functional neural networks of semantic and syntactic processes in the developing brain. *Journal of Cognitive Neuroscience*, *19* (10), 1609-1623.

Braze, D., Shankweiler, D., Ni, W., & Palumbo, L. C. (2002). Readers' eye movements distinguish anomalies of form and content. *Journal of Psycholinguistic Research*, *31* (1), 25-44.

Brennan, J. R., & Pylkkänen, L. (2012). The time-course and spatial distribution of brain activity associated with sentence processing. *NeuroImage*, *60* (2), 1139-1148.

Brennan, J. R., Dyer, C., Kuncoro, A., & Hale, J. T. (2020). Localizing syntactic predictions using recurrent neural network grammars. *Neuropsychologia*, *146*, 107479.

Bressler, S. L., & Richter, C. G. (2015). Interareal oscillatory synchronization in top-down neocortical processing. *Current Opinion in Neurobiology*, *31*, 62-66.

Briihl, D., & Inhoff, A. W. (1995). Integrating information across fixations during reading: The use of orthographic bodies and of exterior letters. *Journal of Experimental Psychology: Learning, Memory, and Cognition*, *21* (1), 55-67.

Britt, M. A., Perfetti, C. A., Garrod, S., & Rayner, K. (1992). Parsing in discourse: Context effects and their limits. *Journal of Memory and Language*, *31* (3), 293-314.

Brothers, T., Dave, S., Hoversten, L. J., Traxler, M. J., & Swaab, T.

Y.（2019）. Flexible predictions during listening comprehension：Speaker reliability affects anticipatory processes. *Neuropsychologia*，*135*，107225.

Brothers，T.，Swaab，T. Y.，& Traxler，M. J.（2015）. Effects of prediction and contextual support on lexical processing：Prediction takes precedence. *Cognition*，*136*，135-149.

Brothers，T.，Swaab，T. Y.，& Traxler，M. J.（2017）. Goals and strategies influence lexical prediction during sentence comprehension. *Journal of Memory and Language*，*93*，203-216.

Brothers，T.，Wlotko，E. W.，Warnke，L.，& Kuperberg，G. R.（2020）. Going the extra mile：Effects of discourse context on two late positivities during language comprehension. *Neurobiology of Language*，*1*（1），135-160.

Brouwer，H.，Fitz，H.，& Hoeks，J.（2012）. Getting real about Semantic Illusions：Rethinking the functional role of the P600 in language comprehension. *Brain Research*，*1446*，127-143.

Brouwer，H.，Crocker，M. W.，Venhuizen，N. J.，& Hoeks，J. C. J.（2017）. A neurocomputational model of the N400 and the P600 in language processing. *Cognitive Science*，*41*，1318-1352.

Brouwer，S.，Mitterer，H.，& Huettig，F.（2013）. Discourse context and the recognition of reduced and canonical spoken words. *Applied Psycholinguistics*，*34*（3），519-539.

Brown，C.，& Hagoort，P.（1993）. The processing nature of the N400：Evidence from masked priming. *Journal of Cognitive Neuroscience*，*5*（1），34-44.

Bulkes，N. Z.，Christianson，K.，& Tanner，D.（2020）. Semantic constraint，reading control，and the granularity of form-based expectations during semantic processing：Evidence from ERPs. *Neuropsychologia*，*137*，107294.

Buzsáki，G.（2006）. *Rhythms of the brain*. New York：Oxford University Press.

Cai，Q.，& Brysbaert，M.（2010）. SUBTLEX-CH：Chinese word and character frequencies based on film subtitles. *PLoS One*，*5*（6），e10729.

Calvo，M. G.，& Meseguer，E.（2002）. Eye movements and processing stages in reading：Relative contribution of visual，lexical，and contextual factors. *Spanish Journal of Psychology*，*5*（1），66-77.

Canal, P., Garnham, A., & Oakhill, J. (2015). Beyond gender stereotypes in language comprehension: Self sex-role descriptions affect the brain's potentials associated with agreement processing. *Frontiers in Psychology*, *6*(1953), 1-17.

Caplan, D., & Chen, E., & Waters, G. (2008). Task-dependent and task-independent neurovascular responses to syntactic processing. *Cortex*, *44*(3), 257-275.

Cardinaletti, A., & Giusti, G. (2011). The acquisition of adjectival ordering in Italian. In M. Anderssen, K. Bentzen, & M. Westergaard (Eds), *Variation in the input. Studies in theoretical psycholinguistics* (pp. 65-93). Berlin: Springer Netherlands.

Carreiras, M., & Perea, M. (2002). Masked priming effects with syllabic neighbors in a lexical decision task. *Journal of Experimental Psychology*: *Human Perception and Performance*, *28*(5), 1228-1242.

Casasanto, L. S., Jasmin, K., & Casasanto, D. (2010). Virtually accommodating: Speech rate accommodation to a virtual interlocutor. In S. Ohlsson, & R. Catrambone (Eds.), *32nd Annual Meeting of the Cognitive Science Society* (pp. 127-132). Austin: Cognitive Science Society.

Catani, M., & Mesulam, M. (2008). The arcuate fasciculus and the disconnection theme in language and aphasia: History and current state. *Cortex*, *44*(8), 953-961.

Catani, M., Jones, D. K., & Ffytche, D. H. (2005). Perisylvian language networks of the human brain. *Annual of Neurology*, *57*(1), 8-16.

Cattell, J. M. (1886), The time taken up by cerebral operations. *Mind*, *11*(42), 220-242.

Chace, K. H., Rayner, K., & Well, A. D. (2005). Eye movements and phonological parafoveal preview: Effects of reading skill. *Canadian Journal of Experimental Psychology*, *59*(3), 209-217.

Chan, A. M., Halgren, E., Marinkovic, K., & Cash, S. S. (2011). Decoding word and category-specific spatiotemporal representations from MEG and EEG. *NeuroImage*, *54*(4), 3028-3039.

Chang, F., Dell, G. S., & Bock, K. (2006). Becoming syntactic. *Psychological Review*, *113*(2), 234-272.

Charman, T., Baron-Cohen, S., Swettenham, J., Baird, G., Drew, A., & Cox, A. (2003). Predicting language outcome in infants with autism and pervasive developmental disorder. *International Journal of Language & Communication Disorders*, 38 (3), 265-285.

Chee, M. W., Caplan, D., Soon, C. S., Sriram, N., Tan, E. W., Thiel, T., & Weekes, B. (1999). Processing of visually presented sentences in Mandarin and English studied with fMRI. *Neuron*, 23 (1), 127-137.

Chen, H. C. (1992). Reading comprehension in Chinese: Implications from character reading times. In H. C. Chen, & O. J. L. Tzeng (Eds.), *Language processing in Chinese* (pp. 175-205). Amsterdam: NorthHolland.

Chen, H. C. (1996). Chinese reading and comprehension: A cognitive psychology perspective. In M. H. Bond (Ed.), *The handbook of Chinese psychology* (pp. 43-62). Hong Kong: Oxford University Press.

Chen, H. C. (1999). How do readers of Chinese process words during reading for comprehension? In J. Wang, A. W. Inhoff, & H. C. Chen (Eds.), *Reading Chinese script: A cognitive analysis* (pp. 257-278). Mahwah: Erlbaum.

Chen, H. C., & Juola, J. F. (1982). Dimensions of lexical coding in Chinese and English. *Memory & Cognition*, 10 (3), 216-224.

Chen, H. C., & Tang, C.-K. (1998). The effective visual field in reading Chinese. *Reading and Writing*, 10 (3), 245-254.

Chen, H. C., Cheung, H., Tang, S. L., & Wong, Y. T. (2000). Effects of antecedent order and semantic context on Chinese pronoun resolution. *Memory & Cognition*, 28, 427-438.

Chen, H. C., Song, H., Lau, W. Y., Wong, K. F. E., & Tang, S. L. (2003). Developmental characteristics of eye movements in reading Chinese. In C. McBride-Chang, & H. C. Chen (Eds.), *Reading development in Chinese children* (pp. 157-169). Westport: Praeger.

Chen, X., Branigan, H. P., Wang, S., Huang, J., & Pickering, M. J. (2020). Syntactic representation is independent of semantics in Mandarin: Evidence from syntactic priming. *Language, Cognition and Neuroscience*, 35 (2), 211-220.

Cheung, H., Chen, H. C., Lai, C. Y., Wong, O. C., & Hills, M.

(2001). The development of phonological awareness: Effects of spoken language experience and orthography. *Cognition*, *81* (3), 227-241.

Chomsky, N. (1965). *Aspects of the theory of syntax*. Cambridge: The MIT Press.

Chomsky, N., & Miller, G. A. (1963). Introduction to the formal analysis of natural languages. In R. D. Luce, R. R. Bush & E. Galanter (Eds.), *Handbook of mathematical psychology*, vol. II, (pp. 269-321). New York: John Wiley.

Chow, W. Y., & Chen, D. (2020). Predicting (in) correctly: Listeners rapidly use unexpected information to revise their predictions. *Language, Cognition and Neuroscience*, *35* (9), 1149-1161.

Chow, W. Y., & Phillips, C. (2013). No semantic illusions in the semantic P600 phenomenon: ERP evidence from mandarin Chinese. *Brain Research*, *1506*, 76-93.

Chow, W. Y., Lau, E., Wang, S., & Phillips, C. (2018). Wait a second ! Delayed impact of argument roles on on-line verb prediction. *Language, Cognition and Neuroscience*, *33* (7), 803-828.

Chow, W. Y., Momma, S., Smith, C., Lau, E., & Phillips, C. (2016). Prediction as memory retrieval: Timing and mechanisms. *Language, Cognition and Neuroscience*, *31* (5), 617-627.

Christiansen, M. H., & Chater, N. (2016). The Now-or-Never bottleneck: A fundamental constraint on language. *Behavioral and Brain Sciences*, *39*, (e62), 1-52.

Christianson, K., Hollingworth, A., Halliwell, J. F., & Ferreira, F. (2001). Thematic roles assigned along the garden path linger. *Cognitive Psychology*, *42* (4), 368-407.

Chwilla, D. J., & Kolk, H. H. J. (2005). Accessing world knowledge: Evidence from N400 and reaction time priming. *Cognitive Brain Research*, *25* (3), 589-606.

Chwilla, D. J., Virgillito, D., & Vissers, C. T. W. (2011). The relationship of language and emotion: N400 support for an embodied view of language comprehension. *Journal of Cognitive Neuroscience*, *23* (9), 2400-2414.

Clark, A. (2013). Whatever next ? Predictive brains, situated agents, and the future of cognitive science.*Behavioral and Brain Sciences*, *36*（3）, 181-204.

Clarke, A., & Tyler, L. K.（2014）. Object-specific semantic coding in human perirhinal cortex. *Journal of Neuroscience*, *34*（14）, 4766-4775.

Clifton, C., Staub, A., & Rayner, K.（2007）. Eye movements in reading words and sentences. In R. P. G. van Gompel, M. Ficsher, W. S. Murray, & R. L. Hill（Eds.）, *Eye movements: A window on mind and brain*（pp. 341-371）. Amsterdam: Elsevier.

Collins, A. M., & Loftus, E. F.（1975）. A spreading-activation theory of semantic processing. *Psychological Review*, *82*（6）, 407-428.

Coltheart, M., Rastle, K., Perry, C., Langdon, R., & Ziegler, J. C.（2001）. DRC: A dual route cascaded model of visual word recognition and reading aloud. *Psychological Review*, *108*（1）, 204-256.

Constable, R. T., Pugh, K. R., Berroya, E., Mencl, W. E., Westerveld, M., Ni, W., & Shankweiler, D.（2004）. Sentence complexity and input modality effects in sentence comprehension: An fMRI study. *NeuroImage*, *22*（1）, 11-21.

Cook, A. E., & Myers, J. L.（2004）. Processing discourse roles in scripted narratives: The influences of context and world knowledge. *Journal of Memory and Language*, *50*（3）, 268-288.

Copland, D. A., de Zubicaray, G. I., McMahon, K., Wilson, S. J., Eastburn, M., & Chenery, H. J.（2003）. Brain activity during automatic semantic priming revealed by event-related functional magnetic resonance imaging. *NeuroImage*, *20*（1）, 302-310.

Corps, R. E., Crossley, A., Gambi, C., & Pickering, M. J.（2018）. Early preparation during turn-taking: Listeners use content predictions to determine what to say but not when to say it. *Cognition*, *175*, 77-95.

Correia, J., Formisano, E., Valente, G., Hausfeld, L., Jansma, B., & Bonte, M.（2014）. Brain-based translation: fMRI decoding of spoken words in bilinguals reveals language-independent semantic representations in anterior temporal lobe. *Journal of Neuroscience*, *34*（1）, 332-338.

Costello, F. J., & Keane, M. T.（2000）. Efficient creativity: Constraint guided conceptual combination. *Cognitive Science*, *24*（2）, 299-349.

Coulson, S., & van Petten, C.（2007）. A special role for the right hemisphere in metaphor comprehension？ ERP evidence from hemifield presentation. *Brain Research*, *1146*, 128-145.

Coulson, S., King, J. W., & Kutas, M.（1998）. Expect the unexpected: Event-related brain response to morphosyntactic violations. *Language and Cognitive Processes*, *13*（1）, 21-58.

Coulson, S., Federmeier, K. D., van Petten, C., & Kutas, M.（2005）. Right hemisphere sensitivity to word-and sentence-level context: Evidence from event-related brain potentials. *Journal of Experimental Psychology*: *Learning*, *Memory*, *and Cognition*, *31*（1）, 129-147.

Coutanche, M. N., Thompson-Schill, S. L.（2015）. Creating concepts from converging features in human cortex. *Cerebral Cortex*, *25*（9）, 2584-2593.

Crinion, J. T., Lambon-Ralph, M. A., Warburton, E. A., Howard, D., & Wise, R. J. S.（2003）. Temporal lobe regions engaged during normal speech comprehension. *Brain*, *126*（5）, 1193-1201.

Crinion, J., Turner, R., Grogan, A., Hanakawa, T., Noppeney, U., Devlin, J. T., Aso, T., Urayama, S., Fukuyama, H., Stockton, K., Usui, K., Green, D. W., & Price, C. J.（2006）. Language control in the bilingual brain. *Science*, *312*（5779）, 1537-1540.

Cristescu, T. C., Devlin, J. T., & Nobre, A. C.（2006）. Orienting attention to semantic categories. *NeuroImage*, *33*（4）, 1178-1187.

Crocker, M. W.（1994）. On the nature of the principle-based sentence processor. In C. Clifton Jr., L. Frazier, & K. Rayner（Eds.）, *Perspectives on sentence processing*（pp. 245-266）. Hillsdale: Erlbaum.

Crocker, M. W., Pickering, M., & Clifton Jr., C.（2000）. *Architectures and mechanisms for language processing*. London: Cambridge University Press.

Cutler, A., & Otake, T.（1994）. Mora or phoneme？ Further evidence for language-specific listening. *Journal of Memory and Language*, *33*（6）, 824-844.

Dale, A. M., & Halgren, E.（2001）. Spatiotemporal mapping of brain activity by integration of multiple imaging modalities. *Current Opinion in Neurobiology*, *11*（2）, 202-208.

Dale, A. M., Liu, A. K., Fischl, B. R., Buckner, R. L., Belliveau, J. W., Lewine, J. D., & Halgren, E.（2000）. Dynamic statistical parametric mapping: Combining fMRI and MEG for high-resolution imaging of cortical activity. *Neuron*, *26*（1）, 55-67.

Dambacher, M., Dimigen, O., Braun, M., Wille, K., Jacobs, A. M., & Kliegl, R.（2012）. Stimulus onset asynchrony and the timeline of word recognition: Event-related potentials during sentence reading. *Neuropsychologia*, *50*（8）, 1852-1870.

Dambacher, M., Kliegl, R., Hofmann, M., & Jacobs, A. M.（2006）. Frequency and predictability effects on event-related potentials during reading. *Brain Research*, *1084*（1）, 89-103.

Dambacher, M., Rolfs, M., Göellner, K., Kliegl, R., & Jacobs, A. M.（2009）. Event-related potentials reveal rapid verification of predicted visual input. *PLoS One*, *4*（3）, e5047.

Danks, J. H.（1986）. Identifying component processes in text comprehension: Comment on Haberlandt and Graesser. *Journal of Experimental Psychology: General*, *115*（2）, 193-197.

Danks, J. H., Bohn, L., & Fears, R.（1983）. Comprehension processes in oral reading. In G. B. Flores d'Arcais, & R. J. Jarvella（Eds.）, *The process of language understanding*（pp. 193-223）. Chichester: Wiley.

Dapretto, M., & Bookheimer, S. Y.（1999）. Form and content: Dissociating syntax and semantics in sentence comprehension. *Neuron*, *24*（2）, 427-432.

Davidson, P. R., & Wolpert, D. M.（2005）. Widespread access to predictive models in the motor system: A short review. *Journal of Neural Engineering*, *2*（3）, S313.

Davis, M. H., Coleman, M. R., Absalom, A. R., Rodd, J. M., Johnsrude, I. S., Matta, B. F., ...& Menon, D. K.（2007）. Dissociating speech perception and comprehension at reduced levels of awareness. *Proceedings of the National Academy of Sciences of the United States of America*, *104*（41）, 16032-16037.

de Lange, F. P., Heilbron, M., & Kok, P.（2018）. How do expectations shape perception? *Trends in Cognitive Sciences*, *22*（9）, 764-779.

de Ruiter, J. P., & Albert, S.（2017）. An appeal for a methodological fusion of conversation analysis and experimental psychology. *Research on Language and*

Social Interaction, *50*（1）, 90-107.

de Ruiter, J. P., Mitterer, H., & Enfield, N. J.（2006）. Projecting the end of a speaker's turn: A cognitive cornerstone of conversation. *Language*, *82*（3）, 515-535.

de Schotten, M., Dell'Acqua, F., Valabregue, R., & Catani, M.（2012）. Monkey to human comparative anatomy of the frontal lobe association tracts. *Cortex*, *48*（1）, 82-96.

Deacon, D., Dynowska, A., Ritter, W., & Grose-Fifer, J.（2004）. Repetition and semantic priming of nonwords: Implications for theories of N400 and word recognition. *Psychophysiology*, *41*（1）, 60-74.

Debener, S., Ullsperger, M., Siegel, M., & Engel, A. K.（2006）. Single-trial EEG-fMRI reveals the dynamics of cognitive function. *Trends in Cognitive Sciencs*, *10*（12）, 558-563.

Debener, S., Ullsperger, M., Siegel, M., Fiehler, K., Von Cramon, D. Y., & Engel, A. K.（2005）. Trial-by-trial coupling of concurrent electroencephalogram and functional magnetic resonance imaging identifies the dynamics of performance monitoring. *Journal of Neuroscience*, *25*（50）, 11730-11737.

Dell, G. S., & Chang, F.（2014）. The p-chain: Relating sentence production and its disorders to comprehension and acquisition. *Philosophical Transactions of the Royal Society B: Biological Sciences*, *369*（1634）, 20120394.

DeLong, K. A., Groppe, D. M., Urbach, T. P., & Kutas, M.（2012）. Thinking ahead or not？ Natural aging and anticipation during reading. *Brain and Language*, *121*（3）, 226-239.

DeLong, K. A., Quante, L., & Kutas, M.（2014）. Predictability, plausibility, and two late ERP positivities during written sentence comprehension. *Neuropsychologia*, *61*（1）, 150-162.

DeLong, K. A., Urbach, T. P., & Kutas, M.（2005）. Probabilistic word pre-activation during language comprehension inferred from electrical brain activity. *Nature Neuroscience*, *8*（8）, 1117-1121.

DeLong, K. A., Urbach, T. P., Groppe, D. M., & Kutas, M.（2011）. Overlapping dual ERP responses to low cloze probability sentence continuations.

Psychophysiology, *48*（9），1203-1207.

Demberg, V., & Keller, F.（2008）. Data from eye-tracking corpora as evidence for theories of syntactic processing complexity. *Cognition*, *109*（2），193-210.

Den Heyer, K., Briand, K., & Dannenbring, G. L.（1983）. Strategic factors in a lexical-decision task: Evidence for automatic and attention-driven processes. *Memory & Cognition*, *11*（4），374-381.

Desai, R., Conant, L. L., Waldron, E., & Binder, J. R.（2006）. fMRI of past tense processing: The effects of phonological complexity and task difficulty. *Journal of Cognitive Neuroscience*, *18*（2），278-297.

Deschamps, I., Baum, S. R., & Gracco, V. L.（2014）. On the role of the supramarginal gyrus in phonological processing and verbal working memory: Evidence from rTMS studies. *Neuropsychologia*, *53C*, 39-46.

Deutsch, A., & Bentin, S.（2001）. Syntactic and semantic factors in processing gender agreement in Hebrew: Evidence from ERPs and eye movements. *Journal of Memory and Language*, *45*（2），200-224.

Deutsch, A., Frost, R., Pelleg, S., Pollatsek, A., & Rayner, K.（2003）. Early morphological effects in reading: Evidence from parafoveal preview benefit in Hebrew. *Psychonomic Bulletin & Review*, *10*（2），415-422.

Deutsch, A., Frost, R., Pollatsek, A., & Rayner, K.（2005）. Morphological parafoveal preview benefit effects in reading: Evidence from Hebrew. *Language and Cognitive Processes*, *20*（1-2），341-371.

Devauchelle, A. D., Oppenheim, C., Rizzi, L., Dehaene, S., & Pallier, C.（2009）. Sentence syntax and content in the human temporal lobe: An fMRI adaptation study in auditory and visual modalities. *Journal of Cognitive Neuroscience*, *21*（5），1000-1012.

Devereux, B. J., Clarke, A., Marouchos, A., & Tyler, L. K.（2013）. Representational similarity analysis reveals commonalities and differences in the semantic processing of words and objects. *Journal of Neuroscience*, *33*（48），18906-18916.

Devlin, J. T., Russell, R. P., Davis, M. H., Price, C. J., Wilson, J., Moss, H. E., Matthews, P. M., & Tyler, L. K.（2000）. Susceptibility-induced loss of signal: Comparing PET and fMRI on a semantic task. *NeuroImage. 11*（6）, 589-600.

Diaz, M. T., & Swaab, T. Y.（2007）. Electrophysiological differentiation of phonological and semantic integration in word and sentence contexts. *Brain Research, 1146*, 85-100.

Dick, A. S., & Tremblay, P.（2012）. Beyond the arcuate fasciculus: Consensus and controversy in the connectional anatomy of language. *Brain, 135*（12）, 3529-3550.

Dien, J., Franklin, M. S., Michelson, C. A., Lemen, L. C., Adams, C. L., & Kiehl, K. A.（2008）. fMRI characterization of the language formulation area. *Brain Research, 1229*, 179-192.

Dijk, T. A., & Kintsch, W.（1983）. *Strategies of discourse comprehension*. New York: Academic Press.

Dikker, S., & Pylkkanen, L.（2011）. Before the N400: Effects of lexical-semantic violations in visual cortex. *Brain and Language, 118*（1-2）, 23-28.

Dikker, S., Rabagliati, H., & Pylkkänen, L.（2009）. Sensitivity to syntax in visual cortex. *Cognition, 110*（3）, 293-321.

Dikker, S., Rabagliati, H., Farmer, T. A., & Pylkkanen, L.（2010）. Early occipital sensitivity to syntactic category is based on form typicality. *Psychological Science, 21*（5）, 629-634.

Ding, J., Chen, K., Liu, H., Huang, L., Chen, Y., Lv, Y., ... & Lambon Ralph, M. A.（2020）. A unified neurocognitive model of semantics language social behaviour and face recognition in semantic dementia. *Nature Communications, 11*（1）, 1-14.

Dimigen, O., Kliegl, R., & Sommer, W.（2012）. Trans-saccadic parafoveal preview benefits in fluent reading: A study with fixation-related brain potentials. *NeuroImage, 62*（1）, 381-393.

Donchin, E., & Coles, M. G.（1988）. Is the P300 component a manifestation of context updating? *Behavioral and Brain Sciences, 11*（3）, 357-374.

Dosenbach, N. U. F., Fair, D. A., Miezin, F. M., Cohen, A. L., Wenger, K. K., Dosenbach, R. A. T., Fox, M. D., Snyder, A. Z., Vincent, J. L., Raichle, M. E., Schlaggar, B. L., & Petersen, S. E.（2007）. Distinct brain networks for adaptive and stable task control in humans. *Proceedings of the National Academy of Sciences of the United States of America*, *104*（26）, 11073-11078.

Drake, E., & Corley, M.（2015）. Articulatory imaging implicates prediction during spoken language comprehension. *Memory & Cognition*, *43*（8）, 1136-1147.

Drieghe, D., Rayner, K., & Pollatsek, A.（2005）. Eye movements and word skipping during reading revisited. *Journal of Experimental Psychology*: *Human Perception and Performance*, *31*（5）, 954-969.

Drieghe, D., Rayner, K., & Pollatsek, A.（2008）. Mislocated fixations can account for parafoveal-on-foveal effects in eye movements during reading. *Quarterly Journal of Experimental Psychology*, *61*（8）, 1239-1249.

Dronkers, N. F., Wilkins, D. P., van Valin Jr, R. D., Redfern, B. B., & Jaeger, J. J.（2004）. Lesion analysis of the brain areas involved in language comprehension. *Cognition*, *92*（1-2）, 145-177.

Duffy, S. A., & Keir, J. A.（2004）. Violating stereotypes: Eye movements and comprehension processes when text conflicts with world knowledge. *Memory & Cognition*, *32*（4）, 551-559.

Duncan, J.（2010）. The multiple-demand（MD）system of the primate brain: Mental programs for intelligent behaviour. *Trends in Cognitive Sciences*, *14*（4）, 172-179.

Duncan, J., & Owen, A. M.（2000）. Common regions of the human frontal lobe recruited by diverse cognitive demands. *Trends in Neurosciences*, *23*（10）, 475-483.

Ehrlich, K., & Rayner, K.（1983）. Pronoun assignment and semantic integration during reading: Eye movements and immediacy of processing. *Journal of Verbal Learning and Verbal Behavior*, *22*（1）, 75-87.

Eichele, T., Calhoun, V. D., Moosmann, M., Specht, K., Jongsma, M. L., Quiroga, R. Q., Nordby, H., & Hugdahl, K.（2008）. Unmixing concurrent EEG-fMRI with parallel independent component analysis. *International Journal of Psychophysiology*, *67*（3）, 222-234.

Eichele, T., Specht, K., Moosmann, M., Jongsma, M. L., Quiroga, R. Q., Nordby, H., & Hugdahl, K.（2005）. Assessing the spatiotemporal evolution of neuronal activation with single-trial event-related potentials and functional MRI.

Proceedings of the National Academy of Sciences of the United States of America, *102*（49）, 17798-17803.

Eichert, N., Peeters, D., & Hagoort, P.（2018）. Language-driven anticipatory eye movements in virtual reality. *Behavior Research Methods*, *50*（3）, 1102-1115.

Elman, J. L.（1990）. Finding structure in time. *Cognitive Science*, *14*（2）, 179-211.

Elman, J. L.（1991）. Distributed representations, simple recurrent networks and grammatical structure. *Machine Learning*, 7, 195-225.

Elman, J. L.（1993）. Learning and development in neural networks: The importance of starting small. *Cognition*, *48*（1）, 71-99.

Engbert, R., Longtin, A., & Kliegl, R.（2002）. A dynamical model of saccade generation in reading based on spatially distributed lexical processing. *Vision Research*, *42*（5）, 621-636.

Engbert, R., Nuthmann, A., Richter, E. M., & Kliegl, R.（2005）. SWIFT: A dynamical model of saccade generation during reading. *Psychological Review*, *112*（4）, 777-813.

Engel, A. K., & Fries, P.（2010）. Beta-band oscillations-signalling the status quo？ *Current Opinion in Neurobiology*, *20*（2）, 156-165.

Esaulova, Y., Reali, C., & von Stockhausen, L.（2014）. Influences of grammatical and stereotypical gender during reading: Eye movements in pronominal and noun phrase anaphor resolution. *Language*, *Cognition and Neuroscience*, *29*（7）, 781-803.

Esposito, F., Mulert, C., & Goebel, R.（2009）. Combined distributed source and single-trial EEG-fMRI modeling: Application to effortful decision making processes. *NeuroImage*, *47*（1）, 112-121.

Esposito, R., Bortoletto, M., & Miniussi, C.（2020）. Integrating TMS, EEG, and MRI as an approach for studying brain connectivity. *The Neuroscientist*, *26*（5-6）, 471-486.

Estes, Z.（2003a）. A tale of two similarities: Comparison and integration in conceptual combination. *Cognitive Science*, *27*（6）, 911-921.

Estes, Z.（2003b）. Attributive and relational processes in nominal combination. *Journal of Memory and Language*, *48*（2）, 304-319.

Estes, Z., & Jones, L. L.（2006）. Priming via relational similarity: A copper horse is faster when seen through a glass eye. *Journal of Memory and Language*, *55*（1）, 89-101.

Estes, Z., & Jones, L. L.（2009）. Integrative priming occurs rapidly and uncontrollably during lexical processing. *Journal of Experimental Psychology*: *General*, *138*（1）, 112-130.

Estes, Z., Golonka, S., & Jones, L. L.（2011）. Thematic thinking: The apprehension and consequences of thematic relations. *Psychology of Learning and Motivation*, *54*, 249-294.

Farell, B.（1985）. Same-different judgments: A review of current controversies in perceptual comparisons. *Psychological Bulletin*, *98*（3）, 419-456.

Federmeier, K. D.（2007）. Thinking ahead: The role and roots of prediction in language comprehension. *Psychophysiology*, *44*（4）, 491-505.

Federmeier, K. D., & Kutas, M.（1999a）. Right words and left words: Electrophysiological evidence for hemispheric differences in meaning processing. *Cognitive Brain Research*, *8*（3）, 373-392.

Federmeier, K. D., & Kutas, M.（1999b）. A rose by any other name: Long-term memory structure and sentence processing. *Journal of Memory and Language*, *41*（4）, 469-495.

Federmeier, K. D., & Kutas, M.（2001）. Meaning and modality: Influences of context, semantic memory organization, and perceptual predictability on picture processing. *Journal of Experimental Psychology*: *Learning*, *Memory*, *and Cognition*, *27*（1）, 202-224.

Federmeier, K. D., & Kutas, M.（2002）. Picture the difference: Electrophysiological investigations of picture processing in the two cerebral hemispheres. *Neuropsychologia*, *40*（7）, 730-747.

Federmeier, K. D., & Kutas, M.（2005）. Aging in context: Age-related changes in context use during language comprehension. *Psychophysiology*, *42*（2）, 133-141.

Federmeier, K. D., Kutas, M., & Dickson, D. S.（2016）. A common neural progression to meaning in about a third of a second. In G. Hickok, & S. L. Small

（Eds.），*Neurobiology of language*（pp. 557-567）. Holland：Elsevier Inc.

Federmeier, K. D., Kutas, M., & Schul, R.（2010）. Age-related and individual differences in the use of prediction during language comprehension. *Brain and Language*, *115*（3）, 149-161.

Federmeier, K. D., McLennan, D. B., de Ochoa, E., & Kutas, M.（2002）. The impact of semantic memory organization and sentence context information on spoken language processing by younger and older adults：An ERP study. *Psychophysiology*, *39*（2）, 133-146.

Federmeier, K. D., Wlotko, E. W., de Ochoa-Dewald, E., & Kutas, M.（2007）. Multiple effects of sentential constraint on word processing. *Brain Research*, *1146*, 75-84.

Fedorenko, E.（2014）. The role of domain-general cognitive control in language comprehension. *Frontiers in Psychology*, *5*, 335.

Fedorenko, E., & Thompson-schill, S. L.（2014）. Reworking the language network. *Trends in Cognitive Sciences*, *18*（3）, 120-126.

Fedorenko, E., Behr, M. K., & Kanwisher, N.（2011）. Functional specificity for high-level linguistic processing in the human brain. *Proceeding of the National Academy of Sciences of the United States of America*, *108*（39）, 16428-16433.

Feng, G, Chen, Q., Zhu, Z., & Wang, S.（2015）. Separate brain circuits support integrative and semantic priming in the human language system. *Cerebral Cortex*, *26*（7）, 3169-3182.

Feng, G., Miller, K., Shu, H., & Zhang, H.（2001）. Rowed to recovery：The use of phonological and orthographic information in reading Chinese and English. *Journal of Experimental Psychology*：*Learning*, *Memory*, *and Cognition*, *27*（4）, 1079-1100.

Ferreira, F., & Çokal, D.（2016）. Sentence processing. In G. Hickok, & L. Small（Eds.），*Neurobiology of language*（pp. 265-274）. Cambridge：Academic Press.

Ferreira, F., Bailey, K. G. D., & Ferraro, V.（2002）. Good-Enough representations in language comprehension. *Current Directions in Psychological Science*, *11*（1）, 11-15.

Ferstl, E. C., Rinck, M., & Von Cramon, D. Y. (2005). Emotional and temporal aspects of situation model processing during text comprehension: An event-related fMRI study. *Journal of Cognitive Neuroscience*, *17* (5), 724-739.

Fiebach, C. J., Friederici, A. D., Müller, K., & Von Cramon, D. Y. (2002). fMRI evidence for dual routes to the mental lexicon in visual word recognition. *Journal of Cognitive Neuroscience*, *14* (1), 11-23.

Fischler, I., & Bloom, P. A. (1979). Automatic and attentional processes in the effects of sentence contexts on word recognition. *Journal of Verbal Learning and Verbal Behavior*, *18* (1), 1-20.

Fiser, J., Berkes, P., Orbán, G., & Lengyel, M. (2010). Statistically optimal perception and learning: From behavior to neural representations. *Trends in Cognitive Sciences*, *14* (3), 119-130.

Fodor, J. A. (1983). *Modularity of mind*. Cambridge: The MIT Press.

Fodor, J. A., & Lepore, E. (2002). *The compositionality papers*. Oxford: Oxford University Press.

Ford, J. M., & Mathalon, D. H. (2012). Anticipating the future: Automatic prediction failures in schizophrenia. *International Journal of Psychophysiology*, *83* (2), 232-239.

Forster, K. I. (1981). Priming and the effects of sentence and lexical contexts on naming time: Evidence for autonomous lexical processing. *The Quarterly Journal of Experimental Psychology*, *33* (4), 465-495.

Fox, J., Arena, D., & Bailenson, J. N. (2009). Virtual reality: A survival guide for the social scientist. *Journal of Media Psychology*, *21* (3), 95-113.

Frazier, L., & Clifton Jr., C. (1996). *Construal*. Cambridge: The MIT Press.

Frazier, L., & Rayner, K. (1982). Making and correcting errors during sentence comprehension: Eye movements in the analysis of structurally ambiguous sentences. *Cognitive Psychology*, *14* (2), 178-210.

Frazier, S. E. (1987). Introversion-extraversion measures in elite and nonelite distance runners. *Perceptual and Motor Skills*, *64* (3), 867-872.

Friederici, A. D. (1995). The time course of syntactic activation during language processing: A model based on neuropsychological and neurophysiological data. *Brain and Language*, *50*（3）, 259-281.

Friederici, A. D.（2002）. Towards a neural basis of auditory sentence processing. *Trends in Cognitive Sciences*, *6*（2）, 78-84.

Friederici, A. D.（2011）. The brain basis of language processing: From structure to function. *Physiological Reviews*, *91*（4）, 1357-1392.

Friederici, A. D.（2012）. The cortical language circuit: From auditory perception to sentence comprehension. *Trends in Cognitive Sciences*, *16*（5）, 262-268.

Friederici, A. D.（2017）. Evolution of the neural language network. *Psychonomic Bulletin & Review*, *24*, 41-47.

Friederici, A. D., & Frisch, S.（2000）. Verb-argument structure processing: The role of verb-specific and argument-specific information. *Journal of Memory and Language*, *43*（3）, 476-507

Friederici, A. D., & Gierhan, S. M.（2013）. The language network. *Current Opinion in Neurobiology*, *23*（2）, 250-254.

Friederici, A. D, & Weissenborn, J.（2007）. Mapping sentence form onto meaning: The syntax-semantic interface. *Brain Research*, *1146*, 50-58.

Friederici, A. D., Bahlmann, J., Heim, S., Schubotz, R. I., & Anwander, A.（2006）. The brain differentiates human and non-human grammars: Functional localization and structural connectivity. *Proceedings of the National Academy of Sciences of the United States of America*, *103*（7）, 2458-2463.

Friederici, A., Hahne, A., & Mecklinger, A.（1996）. Temporal structure of syntactic parsing: Early and late event-related brain potential effects. *Journal of Experimental Psychology*: *Learning*, *Memory*, *and Cognition*, *22*（5）, 1219-1248.

Friederici, A. D., Hahne, A., & Saddy, D.（2002）. Distinct neurophysiological patterns reflecting aspects of syntactic complexity and syntactic repair. *Journal of Psycholinguistic Research*, *31*（1）, 45-63.

Friederici, A. D., Meyer, M., & Von Cramon, D. Y.（2000）. Auditory language comprehension: An event-related fMRI study on the processing of syntactic and lexical information. *Brain and Language*, *74*（2）, 289-300.

Friederici, A. D., Pfeifer, E., & Hahne, A.（1993）. Event-related brain potentials during natural speech processing: Effects of semantic, morphological and syntactic violations. *Cognitive Brain Research*, *1* (3), 183-192.

Friederici, A. D., Rüschemeyer, S. A., Hahne, A., & Fiebach, C. J. (2003). The role of left inferior frontal and superior temporal cortex in sentence comprehension: Localizing syntactic and semantic processes. *Cerebral Cortex*, *13* (2), 170-177.

Friederici, A. D., von Cramon, D. Y., & Kotz, S. A. (1999). Language related brain potentials in patients with cortical and subcortical left hemisphere lesions. *Brain*, *122* (6), 1033-1047.

Frisch, S., & Schlesewsky, M. (2001). The N400 reflects problems of thematic hierarchizing. *Neuroreport*, *12* (15), 3391-3394.

Frisch, S., Hahne, A., & Friederici, A. D. (2004). Word category and verb-argument structure information in the dynamics of parsing. *Cognition*, *91* (3), 191-219.

Frisch, S., Kotzv S. A., von Cramon D. Y., & Friederici A. D. (2003). Why the P600 is not just a P300: The role of the basal ganglia. *Clinical Neurophysiology*, *114* (2), 336-340.

Frisson, S. (2009). Semantic underspecification in language processing. *Language and Linguistics Compass*, *3* (1), 111-127.

Friston, K. (2005). A theory of cortical responses. *Philosophical Transactions of the Royal Society B: Biological Sciences*, *360* (1456), 815-836.

Friston, K. (2010). The free-energy principle: A unified brain theory? *Nature Reviews Neuroscience*, *11* (2), 127-138.

Friston, K. J., Price, C. J., Fletcher, P., Moore, C., Frackowiak, R. S. J., & Dolan, R. J. (1996). The trouble with cognitive subtraction. *NeuroImage*, *4* (2), 97-104.

Fu, S., Chen, Y., Smith, S., Iversen, S., & Matthews, P. M. (2002). Effects of word form on brain processing of written Chinese. *NeuroImage*, *17* (3), 1538-1548.

Gagné, C. L. (2002). Lexical and relational influences on the processing of novel compounds. *Brain and Language*, *81* (1-3), 723-735.

Gagné, C. L., & Shoben, E. J. (2002). Priming relations in ambiguous noun-noun combinations. *Memory & Cognition*, *30*（4）, 637-646.

Gagné, C. L., & Spalding, T. L.（2004）. Effect of relation availability on the interpretation and access of familiar noun-noun compounds. *Brain and Language*, *90*（1-3）, 478-486.

Gagné, C. L., & Spalding, T. L.（2009）. Constituent integration during the processing of compound words: Does it involve the use of relational structures？ *Journal of Memory and Language*, *60*（1）, 20-35.

Gagnepain, P., Henson, R. N., & Davis, M. H.（2012）. Temporal predictive codes for spoken words in auditory cortex. *Current Biology*, *22*（7）, 615-621.

Gandour, J., Wong, D., Lowe, M., Dzemidzic, M., Satthamnuwong, N., Tong, Y., & Li, X.（2002）. A cross-linguistic fMRI study of spectral and temporal cues underlying phonological processing. *Journal of Cognitive Neuroscience*, *14*（7）, 1076-1087.

Ganis, G., Kutas, M., & Sereno, M. I.（1996）. The search for "Common Sense": An electrophysiological study of the comprehension of words and pictures in reading. *Journal of Cognitive Neuroscience*, *8*（2）, 89-106.

Gao, Z., Zheng, L., Chiou, R., Gouws, A., Krieger-Redwood, K., Wang, X., ... & Jefferies, E.（2021）. Distinct and common neural coding of semantic and non-semantic control demands. *NeuroImage*, *236*, 118230.

Garnham, A.（2001）. *Mental models and the interpretation of anaphora*. London: Psychology Press.

Garrod, S., & Terras, M.（2000）. The contribution of lexical and situational knowledge to resolving discourse roles: Bonding and resolution. *Journal of Memory and Language*, *42*（4）, 526-544.

Garrod, S., Freudenthal, D., & Boyle, E. A.（1994）. The role of different types of anaphor in the on-line resolution of sentences in a discourse. *Journal of Memory and Language*, *33*（1）, 39-68.

Gaskell, M. G., & Marslen-Wilson, W. D.（2002）. Representation and competition in the perception of spoken words. *Cognitive Psychology*, *45*（2）, 220-266.

Gatti, D., van Vugt, F., & Vecchi, T.（2020）. A causal role for the cerebellum in semantic integration: A transcranial magnetic stimulation study. *Scientific Reports*, *10*（1）, 18139.

Gavit, L., Baillet, S., Mangin, J. F., Pescatore, J., & Garnero, L.（2001）. A multiresolution framework to MEG/EEG source imaging. *IEEE Transactions on Biomedical Engineering*, *48*（10）, 1080-1087.

Gennari, S. P., Mirković, J., & MacDonald, M. C.（2012）. Animacy and competition in relative clause production: A cross-linguistic investigation. *Cognitive Psychology*, *65*（2）, 141-176.

Gerrans, P.（2002）. Modularity reconsidered. *Language & Communication*, *22*（3）, 259-268.

Geschwind, N.（1970）. The organization of language and the brain: Language disorders after brain damage help in elucidating the neural basis of verbal behavior. *Science*, *170*（3961）, 940-944.

Geukes, S., Huster, R. J., Wollbrink, A., Junghöfer, M., Zwitserlood, P., & Dobel, C.（2013）. A large N400 but no BOLD effect: Comparing source activations of semantic priming in simultaneous EEG-fMRI. *PLoS One*, *8*（12）, e84029.

Geyer, H., Seyfarth, A., & Blickhan, R.（2006）. Compliant leg behaviour explains basic dynamics of walking and running. *Proceedings of the Royal Society B: Biological Sciences*, *273*（1603）, 2861-2867.

Gibson, E.（1998）. Linguistic complexity: Locality of syntactic dependencies. *Cognition*, *68*（1）, 1-76.

Gibson, E.（2000）. The dependency locality theory: A distance-based theory of linguistic complexity. In A. Marantz, Y. Miyashita, & W. O'Neil（Eds.）, *Image, language, brain*（pp. 95-126）. Cambridge: The MIT Press.

Gibson, E. A. F.（1991）. *A Computational Theory of Human Linguistic Processing: Memory Limitations and Processing Breakdown*. Ph.D. Dissertation. Pittsburgh: Carnegie Mellon University.

Gijssels, T., Casasanto, L. S., Jasmin, K., Hagoort, P., & Casasanto, D.（2016）. Speech accommodation without priming: The case of pitch. *Discourse Processes*, *53*（4）, 233-251.

Glaser, Y. G., Martin, R. C., van Dyke, J. A., Hamilton, A. C., & Tan,

Y. (2013). Neural basis of semantic and syntactic interference in sentence comprehension. *Brain and Language*, *126* (3), 314-326.

Glasser, M. F., & Rilling, J. K. (2008). DTI tractography of the human brain's language pathways. *Cerebral Cortex*, *18* (11), 2471-2482.

Godbolt, A. K., Waldman, A. D., MacManus, D. G., Schott, J. M., Frost, C., Cipolotti, L., Fox, N. C., & Rossor, M. N. (2006). MRS shows abnormalities before symptoms in familial Alzheimer disease. *Neurology*, *66* (5), 718-722.

Gold, B. T., Balota, D. A., Jones, S. J., Powell, D. K., Smith, C. D., & Andersen, A. H. (2006). Dissociation of automatic and strategic lexical-semantics: Functional magnetic resonance imaging evidence for differing roles of multiple frontotemporal regions. *Journal of Neuroscience*, *26* (24), 6523-6532.

Gold, B. T., Balota, D. A., Kirchhoff, B. A., & Buckner, R. L. (2005). Common and dissociable activation patterns associated with controlled semantic and phonological processing: Evidence from fMRI adaptation. *Cerebral Cortex*, *15* (9), 1438-1450.

Graesser, A. C., Singer, M., & Trabasso, T. (1994). Constructing inferences during narrative text comprehension. *Psychological Review*, *101* (3), 371-395.

Grainger, J., & Ferrand, L. (1996). Masked orthographic and phonological priming in visual word recognition and naming: Cross-task comparisons. *Journal of Memory and Language*, *35* (5), 623-647.

Grainger, J., & Holcomb, P. J. (2009). Watching the word go by: On the time-course of component processes in visual word recognition. *Language and Linguistics Compass*, *3* (1), 128-156.

Grainger, J., & Jacobs, A. M. (1996). Orthographic processing in visual word recognition: A multiple read-out model. *Psychological Review*, *103* (3), 518-565.

Gratton, G., & Fabiani, M. (2010). Fast optical imaging of human brain function. *Frontiers in Human Neuroscience*, *4* (52), 1-9.

Graves, W. W., Binder, J. R., Desai, R. H., Conant, L. L., & Seidenberg, M. S. (2010). Neural correlates of implicit and explicit combinatorial semantic processing. *NeuroImage*，*53*（2），638-646.

Grice，P.（1989）. *Studies in the way of words.* Cambridge：Harvard University Press.

Griffiths，J. D.，Marslen-Wilson，W. D.，Stamatakis，E. A.，Tyler，L. K.（2012）. Functional organization of the neural language system：Dorsal and ventral pathways are critical for syntax. *Cerebral Cortex*，*23*（1），139-147.

Grisoni，L.，Miller，T. M. C.，& Pulvermüller，F.（2017）. Neural correlates of semantic prediction and resolution in sentence processing. *Journal of Neuroscience*，*37*（18），4848-4858.

Grodner，D.，Gibson，E.，& Watson，D.（2005）. The influence of contextual contrast on syntactic processing：Evidence for strong-interaction in sentence comprehension. *Cognition*，*95*（3），275-296.

Grodzinsky，Y.，& Friederici，A. D.（2006）. Neuroimaging of syntax and syntactic processing. *Current Opinion in Neurobiology*，*16*（2），240-246.

Grodzinsky，Y.，& Santi，A.（2008）. The battle for Broca's region. *Trends in Cognitive Sciences*，*12*（12），474-480.

Grüter，T.，Lew-Williams，C.，& Fernald，A.（2012）. Grammatical gender in L2：A production or a real-time processing problem？ *Second Language Research*，*28*（2），191-215.

Guillem，F.，Rougier，A.，& Claverie，B.（1999）. Short-and long-delay intracranial ERP repetition effects dissociate memory systems in the human brain. *Journal of Cognitive Neuroscience*，*11*（4），437-458.

Gunter，T. C.，Friederici，A. D.，& Schriefers，H.（2000）. Syntactic gender and semantic expectancy：ERPs reveal early autonomy and late interaction. *Journal of Cognitive Neuroscience*，*12*（4），556-568.

Gunter，T. C.，Wagner，S.，& Friederici，A. D.（2003）. Working memory and lexical ambiguity resolution as revealed by ERPs：A difficult case for activation theories. *Journal of Cognitive Neuroscience*，*15*（5），643-657.

Gusnard，D. A.，& Raichle，M. E.（2001）. Searching for a baseline：Functional imaging and the resting human brain. *Nature Reviews Neuroscience*，*2*（10），685-694.

Hagoort，P.（2005）. On Broca，brain，and binding：A new framework.

Trends in Cognitive Sciences, *9*（9）, 416-423.

Hagoort, P. （2008a）. Should psychology ignore the language of the brain？ *Current Directions in Psychological Science*, *17*（2）, 96-101.

Hagoort, P. （2008b）. The fractionation of spoken language understanding by measuring electrical and magnetic brain signals. *Philosophical Transactions of the Royal Society B: Biological Sciences*, *363*（1493）, 1055-1069.

Hagoort, P. （2013）. MUC（memory, unification, control）and beyond. *Frontiers in Psychology*, *4*（416）, 1-13.

Hagoort, P. （2017）. The core and beyond in the language-ready brain. *Neuroscience & Biobehavioral Reviews*, *81*, 194-204.

Hagoort, P. （2019）. The neurobiology of language beyond single-word processing. *Science*, *366*（6461）, 55-58.

Hagoort, P., & Brown, C. （1994）. Brain responses to lexical ambituity resolution and parsing. In C. C. Jr., L. Frazier, & K. Rayner（Eds.）, *Perspectives on sentence processing*（pp. 45-80）. Hillsdale: Lawrence Erlbaum Associates.

Hagoort, P., & Indefrey, P. （2014）. The neurobiology of language beyond single words. *Annual Review of Neuroscience*, *37*, 347-362.

Hagoort, P., & van Berkum, J. （2007）. Beyond the sentence given. *Philosophical Transactions of the Royal Society B: Biological Sciences*, *362*（1481）, 801-811.

Hagoort, P., Baggio, G., & Willems, R. M. （2009）. Semantic unification. In M. S. Gazzaniga（Ed.）, *The new cognitive neurosciences*（4ed., pp. 819-836）. London: The MIT Press.

Hagoort, P., Brown, C. M., & Groothusen, J. （1993）. The syntactic positive shift（SPS）as an ERP measure of syntactic processing. *Language and Cognitive Processes*, *8*（4）, 439-483.

Hagoort, P., Hald, L., Bastiaansen, M., & Petersson, K. M. （2004）. Integration of word meaning and world knowledge in language comprehension. *Science*, *304*（5669）, 438-441.

Hagoort, P., Wassenaar, M., & Brown, C. （2003）. Real-time semantic compensation in patients with agrammatic comprehension: Electrophysiological evidence for multiple-route plasticity. *Proceedings of the National Academy of*

Sciences of the United States of America，*100*（7），4340-4345.

Hahne，A.，& Friederici，A. D.（1999）. Electrophysiological evidence for two steps in syntactic analysis：Early automatic and late controlled processes. *Journal of Cognitive Neuroscience*，*11*（2），194-205.

Hahne，A.，& Friederici，A. D.（2002）. Differential task effects on semantic and syntactic processes as revealed by ERPs. *Cognitive Brain Research*，*13*（3），339-356.

Hald，L. A.，Bastiaansen，M. C. M.，& Hagoort，P.（2006）. EEG theta and gamma responses to semantic violations in online sentence processing. *Brain and Language*，*96*（1），90-105.

Hale，J.（2001）. A probabilistic earley parser as a psycholinguistic model. In *Proceedings of the Second Meeting of the North American Chapter of the Association for Computational Linguistics*. Pittsburgh，PA.

Halgren，E.，Boujon，C.，Clarke，J.，Wang，C.，& Chauvel，P.（2002a）. Rapid distributed fronto-parieto-occipital processing stages during working memory in humans. *Cerebral Cortex*，*12*（7），710-728.

Halgren，E.，Dhond，R. P.，Christensen，N.，van Petten，C.，Marinkovic，K.，Lewine，J. D.，& Dale，A. M.（2002b）. N400-like magnetoencephalography responses modulated by semantic context，word frequency，and lexical class in sentences. *NeuroImage*，*17*（3），1101-1116.

Hämäläinen，M.，Hari，R.，Ilmoniemi，R.，Knuutila，J.，& Lounasmaa，O. V.（1993）. Magnetoencephalography-theory，instrumentation，and applications to noninvasive studies of the working human brain. *Reviews of Modern Physics*，*65*（2），413-497.

Han，Z.，Ma，Y.，Gong，G.，He，Y.，Caramazza，A.，& Bi，Y.（2013）. White matter structural connectivity underlying semantic processing evidence from brain damaged patients. *Brain*，*136*（10），2952-2965.

Hare，M.，Jones，M.，Thomson，C.，Kelly，S.，& McRae，K.（2009）. Activating event knowledge. *Cognition*，*111*（2），151-167.

Hari，R.（1990）. The neuromagnetic method in the study of the human auditory cortex. In F. Grandori，M. Hoke，& G. Romani（Eds.），*Auditory evoked magnetic fields and electric potentials. Advances in Audiology*（Vol 6.，pp. 222-

282 ）. Karger：Basel.

Hari，R.，Henriksson，L.，Malinen，S.，& Parkkonen，L.（2015）. Centrality of social interaction in human brain function. *Neuron*，*88*（1），181-193.

Hartwigsen，G.，Golombek，T.，& Obleser，J.（2015）. Repetitive transcranial magnetic stimulation over left angular gyrus modulates the predictability gain in degraded speech comprehension. *Cortex*，*68*，100-110.

Hartwigsen，G.，Henseler，I.，Stockert，A.，Wawrzyniak，M.，Wendt，C.，Klingbeil J.，Baumgaertner A.，& Saur，D.（2017）. Integration demands modulate effective connectivity in a fronto-temporal network for contextual sentence integration. *NeuroImage*，*147*，812-824.

Hauk，O.，& Pulvermüller，F.（2004）. Neurophysiological distinction of action words in the fronto-central cortex. *Human Brain Mapping*，*21*（3），191-201.

Hauk，O.，Davis，M.H.，Ford，M.，Pulvermüller，F.，& Marslen-Wilson，W.D.（2006）. The time course of visual word recognition as revealed by linear regression analysis of ERP data. *NeuroImage*，*30*（4），1383-1400.

He，Y.，& Evans，A.（2010）. Graph theoretical modeling of brain connectivity. *Current Opinion in Neurology*，*23*（4），341-350.

Heim，I.，& Kratzer，A.（1998）. *Semantics in generative grammar*. New York：Blackwell.

Helenius，I.J.，Rytilä，P.，Metso，T.，Haahtela，T.，Venge，P.，& Tikkanen，H.O.（1998）. Respiratory symptoms，bronchial responsiveness，and cellular characteristics of induced sputum in elite swimmers. *Allergy*，*53*（4），346-352.

Helenius，P.，Salmelin，R.，Richardson，U.，Leinonen，S.，& Lyytinen，H.（2002）. Abnormal auditory cortical activation in dyslexia 100 msec after speech onset. *Journal of Cognitive Neuroscience*，*14*（4），603-617.

Henderson，J.M.，& Ferreira，F.（1993）. Eye movement control during reading：Fixation measures reflect foveal but not parafoveal processing difficulty. *Canadian Journal of Experimental Psychology*，*47*（2），201-221.

Henderson，J.M.，& Ferreira，F.（2004）. Scene perception for psycholinguists. In J.M. Henderson，& F. Ferreira（Eds.），*The interface of language*，*vision*，*and action*：*Eye movements and the visual world*（pp. 1-58）. New York：Psychology Press.

Henderson，J. M.，Choi，W.，Lowder，M. W.，& Ferreira，F.（2016）. Language structure in the brain：A fixation-related fMRI study of syntactic surprisal in reading. *NeuroImage*，132，293-300.

Henderson，J. M.，Dixon，P.，Petersen，A.，Twilley，L. C.，& Ferreira，F.（1995）. Evidence for the use of phonological representations during transsaccadic word recognition. *Journal of Experimental Psychology*：*Human Perception and Performance*，21（1），82-97.

Henson，R. N.（2003）. Neuroimaging studies of priming. *Progress in Neurobiology*，70（1），53-81.

Herrmann，B.，Maess，B.，Hahne，A.，Schröger，E.，& Friederici，A. D.（2011）. Syntactic and auditory spatial processing in the human temporal cortex：An MEG study. *NeuroImage*，57（2），624-633.

Hess，D. J.，Foss，D. J.，& Carroll，P.（1995）. Effects of global and local context on lexical processing during language comprehension. *Journal of Experimental Psychology*：*General*，124（1），62-82.

Heyselaar，E.，Hagoort，P.，& Segaert，K.（2017）. In dialogue with an avatar，language behavior is identical to dialogue with a human partner. *Behavior Research Methods*，49，46-60.

Hickok，G.（2009）. The functional neuroanatomy of language. *Handbook of Clinical Neurophysiology*，10，121-143.

Hickok，G.，& Poeppel，D.（2000）. Towards a functional neuroanatomy of speech perception. *Trends in Cognitive Sciences*，4（4），131-138.

Hickok，G.，& Poeppel，D.（2004）. Dorsal and ventral streams：A framework for understanding aspects of the functional anatomy of language. *Cognition*，92（1-2），67-99.

Hickok，G.，& Poeppel，D.（2007）. The cortical organization of speech processing. *Nature Reviews Neuroscience*，8（10），393-402.

Hinojosa，J. A.，Martín-Loeches，M.，Muñoz，F.，Casado，P.，Fernández-Frías，C.，& Pozo，M. A.（2001）. Electrophysiological evidence of a semantic system commonly accessed by animals and tools categories. *Cognitive Brain*

Research，*12*（2），321-328.

Hintz，F.，Meyer，A. S.，& Huettig，F.（2014）. Prediction using production or production engaging prediction？ In *the 20th Architectures and Mechanisms for Language Processing Conference*（*AMLAP 2014*），Edinburgh，Sctotland.

Hodges J. R.，& Patterson，K.（2007）. Semantic dementia：A unique clinicopathological syndrome. *The Lancet Neurology*，*6*（11），1004-1014.

Hoeft，F.，McCandliss，B. D.，Black，J. M.，Gantman，A.，Zakerani，N.，Hulme，C.，... & Gabrieli，J. D.（2011）. Neural systems predicting long-term outcome in dyslexia. *Proceedings of the National Academy of Sciences of the United States of America*，*108*（1），361-366.

Hoeks，J. C. J.，& Brouwer，H.（2014）. Electrophysiological research on conversation and discourse processing. In T. Holtgraves（Ed.），*The Oxford handbook of language and social psychology*（p. 47）. Oxford：Oxford University Press.

Hoeks，J. C. J.，Stowe，L. A.，& Doedens，G.（2004）. Seeing words in context：The interaction of lexical and sentence level information during reading. *Cognitive Brain Research*，*19*（1），59-73.

Hohenstein，S.，& Kliegl，R.（2014）. Semantic preview benefit during reading. *Journal of Experimental Psychology*：*Learning*，*Memory*，*and Cognition*，*40*（1），166-190.

Hohenstein，S.，Laubrock，J.，& Kliegl，R.（2010）. Semantic preview benefit in eye movements during reading：A parafoveal fast-priming study. *Journal of Experimental Psychology*：*Learning*，*Memory*，*and Cognition*，*36*（5），1150-1170.

Holcomb，P. J.（1988）. Automatic and attentional processing：An event-related brain potential analysis of semantic priming. *Brain and Language*，*35*（1），66-85.

Holcomb，P. J.，& Grainger，J.（2009）. ERP effects of short interval masked associative and repetition priming. *Journal of Neurolinguistics*，*22*（3），301-312.

Holcomb，P. J.，& Neville，H. J.（1990）. Auditory and visual semantic priming in lexical decision：A comparison using event-related brain potentials. *Language and Cognitive Processes*，*5*（4），281-312.

Holcomb, P. J., Grainger, J., & O'rourke, T. (2002). An electrophysiological study of the effects of orthographic neighborhood size on printed word perception. *Journal of Cognitive Neuroscience*, *14* (6), 938-950.

Holler, J., & Levinson, S. C. (2019). Multimodal language processing in human communication. *Trends in Cognitive Sciences*, *23* (8), 639-652.

Hoosain, R. (1992). Psychological reality of the word in Chinese. In H. C. Chen, & O. J. L. Tzeng (Eds.), *Language processing in Chinese. Advances in psychology* (pp. 111-130). Amsterdam: Elsvier.

Horga, G., Schatz, K. C., Abi-Dargham, A., & Peterson, B. S. (2014). Deficits in predictive coding underlie hallucinations in schizophrenia. *Journal of Neuroscience*, *34* (24), 8072-8082.

Horovitz, S. G., Rossion, B., Skudlarski, P., & Gore, J. C. (2004). Parametric design and correlational analyses help integrating fMRI and electrophysiological data during face processing. *NeuroImage*, *22* (4), 1587-1595.

Hoshi, E., & Tanji, J. (2004). Differential roles of neuronal activity in the supplementary and presupplementary motor areas: From information retrieval to motor planning and execution. *Journal of Neurophysiology*, *92* (6), 3482-3499.

Hsu, S. H., & Huang, K. C. (2000). Effects of word spacing on reading Chinese text from a video display terminal. *Perceptual and Motor Skills*, *90* (1), 81-92.

Huang, J., Pickering, M. J., Yang, J., Wang, S., & Branigan, H. P. (2016). The independence of syntactic processing in Mandarin: Evidence from structural priming. *Journal of Memory and Language*, *91*, 81-98.

Huang, J., Wang, S., Jia, S., Mo, D., & Chen, H.-C. (2013). Cortical dynamics of semantic processing during sentence comprehension: Evidence from event-related optical signals. *PLoS One*, *8* (8), e70671.

Huang, J., Zhu, Z., Zhang, J. X., Wu, M., Chen, H.-C., & Wang, S. (2012). The role of left inferior frontal gyrus in explicit and implicit semantic processing. *Brain Rresearch*, *1440*, 56-64.

Huettig, F. (2015). Four central questions about prediction in language processing. *Brain Research*, *1626*, 118-135.

Huettig, F., & Janse, E. (2012). Anticipatory eye movements are modulated by working memory capacity: Evidence from older adults. In *The 18th Annual Conference on Architectures and Mechanisms for Language Processing*(*AMLaP 2012*), Riva Del Garda, Italy.

Huizeling, E., Arana, S., Hagoort, P., & Schoffelen, J. M.(2022). Lexical frequency and sentence context influence the brain's response to single words. *Neurobiology of Language*, *3*(1), 149-179.

Humphreys, G. F., & Gennari, S. P.(2014). Competitive mechanisms in sentence processing: Common and distinct production and reading comprehension networks linked to the prefrontal cortex. *NeuroImage*, *84*, 354-366.

Humphries, C., Binder, J. R., Medler, D. A., & Liebenthal, E.(2006). Syntactic and semantic modulation of neural activity during auditory sentence comprehension. *Journal of Cognitive Neuroscience*, *18*(4), 665-679.

Humphries, C., Binder, J. R., Medler, D. A., & Liebenthal, E.(2007). Time course of semantic processes during sentence comprehension: An fMRI study. *NeuroImage*, *36*(3), 924-932.

Humphries, C., Willard, K., Buchsbaum, B., & Hickok, G.(2001). Role of anterior temporal cortex in auditory sentence comprehension: An fMRI study. *Neuroreport*, *12*(8), 1749-1752.

Hutchison, K. A.(2003). Is semantic priming due to association strength or feature overlap? A microanalytic review. *Psychonomic Bulletin & Review*, *10*(4), 785-813.

Hutchison, K. A.(2007). Attentional control and the relatedness proportion effect in semantic priming. *Journal of Experimental Psychology: Learning, Memory, and Cognition*, *33*(4), 645-662.

Hutchison, K. A., Balota, D. A., Neely, J. H., Cortese, M. J., Cohen-Shikora, E. R., Tse, C.-S., Yap, M. J., Bengson, J. J., Niemeyer, D., & Buchanan, E.(2013). The semantic priming project. *Behavior Research Methods*, *45*(4), 1099-1114.

Hyönä, J., & Häikiö, T.(2005). Is emotional content obtained from parafoveal words during reading? An eye movement analysis. *Scandinavian Journal of Psychology*, *46*(6), 475-483.

Indefrey, P., & Levelt, W. J. M.(2004). The spatial and temporal signatures of word production components. *Cognition*，*92*（1-2），101-144.

Indefrey，P.，Brown，C. M.，Hellwig，F.，Amunts，K.，Herzog，H.，Seitz，R. J.，& Hagoort，P.（2001a）. A neural correlate of syntactic encoding during speech production. *Proceedings of the National Academy of Sciences of the United States of America*，*98*（10），5933-5936.

Indefrey，P.，Hagoort，P.，Herzog，H.，Seitz，R. J.，& Brown，C. M.（2001b）. Syntactic processing in left prefrontal cortex is independent of lexical meaning. *NeuroImage*，*14*（3），546-555.

Inhoff，A. W.（1989）. Lexical access during eye fixations in reading：Are word access codes used to integrate lexical information across interword fixations？ *Journal of Memory and Language*，*28*（4），444-461.

Inhoff，A. W.（1990）. Integrating information across eye fixations in reading：The role of letter and word units. *Acta Psychologica*，*73*（3），281-297.

Inhoff，A. W.，& Liu，W.（1998）. The perceptual span and oculomotor activity during the reading of Chinese sentences. *Journal of Experimental Psychology：Human Perception and Performance*，*24*（1），20-34.

Inhoff，A. W.，Radach，R.，Eiter，B. M.，& Juhasz，B.（2003）. Distinct subsystems for the parafoveal processing of spatial and linguistic information during eye fixations in reading. *The Quarterly Journal of Experimental Psychology Section A*，*56*（5），803-827.

Inhoff，A. W.，Starr，M.，& Shindler，K. L.（2000）. Is the processing of words during eye fixations in reading strictly serial？ *Perception & Psychophysics*，*62*（7），1474-1484.

Inouchi，M.，Kubota，M.，Ferrari，P.，& Roberts，T. P. L.（2005）. The elicitation of phonological and semantic neuromagnetic field components by non-words in human auditory sentence comprehension. *Neuroscience Letters*，*380*（1-2），116-121.

Ito，A.，Corley，M.，Pickering，M. J.，Martin，A. E.，& Nieuwland，M. S.（2016）. Predicting form and meaning：Evidence from brain potentials. *Journal of Memory and Language*，*86*，157-171.

Ito，A.，Gambi，C.，Pickering，M. J.，Fuellenbach，K.，& Husband，E. M.（2020）. Prediction of phonological and gender information：An event-related potential study in Italian. *Neuropsychologia*, *136*, 107291.

Ito, A., Martin, A. E., & Nieuwland, M. S. (2017). Why the A/AN prediction effect may be hard to replicate: A rebuttal to Delong, Urbach, and Kutas. *Language*, *Cognition and Neuroscience*, *32*(8), 974-983.

Iwabuchi, T., & Makuuchi, M. (2021). When a sentence loses semantics: Selective involvement of a left anterior temporal subregion in semantic processing. *European Journal of Neuroscience*, *53*(3), 929-942.

Jack, B. N., Le Pelley, M. E., Griffiths, O., Luque, D., & Whitford, T. J. (2019). Semantic prediction-errors are context-dependent: An ERP study. *Brain Research*, *1706*, 86-92.

Jackendoff, R. (1978). An argument about the composition of conceptual structure. *American Journal of Computational Linguistics* (pp. 69-73). Cambridge: The MIT Press.

Jackendoff, R. (1999). The representational structures of the language faculty and their interactions. In C. M. Brown, & P. Hagoort (Eds.), *The neurocognition of language* (pp. 37-79). Oxford: Oxford University Press.

Jackendoff, R. (2002). *Foundations of language* (*brain*, *meaning*, *grammar*, *evolution*). Oxford: Oxford University Press.

Jackendoff, R. (2007). Linguistics in cognitive science: The state of the art. *Linguistic Review*, *24*(4), 347-401.

Jackson, R. (2021). The neural correlates of semantic control revisited. *NeuroImage*, *224*, 117444.

Jaeger, T. F., & Ferreira, V. (2013). Seeking predictions from a predictive framework. *The Behavioral and Brain Sciences*, *36*(4), 359-360.

January, D., Trueswell, J. C., & Thompson-Schill, S. L. (2009). Co-localization of stroop and syntactic ambiguity resolution in Broca's area: Implications for the neural basis of sentence processing. *Journal of Cognitive Neuroscience*, *21*(12), 2434-2444.

Jefferies, E. (2013). The neural basis of semantic cognition: Converging evidence from neuropsychology, neuroimaging and TMS. *Cortex*, *49*(3), 611-625.

Johnson, M. A., Turk-Browne, N. B., & Goldberg, A. E. (2016). Neural systems involved in processing novel linguistic constructions and their visual referents. *Language*, *Cognition and Neuroscience*, *31*（1）, 129-144.

Johnson, T. A., & Brown, C. J. (2005). Threshold prediction using the auditory steady-state response and the tone burst auditory brain stem response: A within-subject comparison. *Ear and Hearing*, *26*（6）, 559-576.

Johnson-Laird, P. N. (1983). *Mental models: Towards a cognitive science of language, inference, and consciousness*. Cambridge: Harvard University Press.

Jones, L. L. (2010). Pure mediated priming: A retrospective semantic matching model. *Journal of Experimental Psychology: Learning, Memory, and Cognition*, *36*（1）, 135-146.

Jones, L. L. (2012). Prospective and retrospective processing in associative mediated priming. *Journal of Memory and Language*, *66*（1）, 52-67.

Jones, L. L., & Estes, Z. (2012). Lexical priming: Associative, semantic, and thematic influences on word recognition. In J. S. Adelman (Ed.), *Visual word recognition volume 2: Meaning and context, individuals and development* (pp. 44-72). Hove: Psychology Press.

Jones, L. L., & Golonka, S. (2012). Different influences on lexical priming for integrative, thematic, and taxonomic relations. *Frontiers in Human Neuroscience*, *6*（205）, 1-17.

Jones, L. L., Estes, Z., & Marsh, R. L. (2008). An asymmetric effect of relational integration on recognition memory. *Quarterly Journal of Experimental Psychology*, *61*（8）, 1169-1176.

Jones, M. N., & Mewhort, D. J. (2007). Representing word meaning and order information in a composite holographic lexicon. *Psychological Review*, *114*（1）, 1-37.

Jonides, J., Schumacher, E. H., Smith, E. E., Koeppe, R. A., Awh, E., Reuter-Lorenz, P. A., Marshuetz, C., & Willis, C. R. (1998). The role of parietal cortex in verbal working memory. *Journal of Neuroscience*, *18*（13）, 5026-5034.

Juhasz, B. J., White, S. J., Liversedge, S. P., & Rayner, K. (2008). Eye movements and the use of parafoveal word length information in reading. *Journal of Experimental Psychology: Human Perception and Performance*, *34*（6）, 1560-

1579.

Jung-Beeman，M.（2005）. Bilateral brain processes for comprehending natural language. *Trends in Cognitive Sciences*，*9*（11），512-518.

Just，M. A.，& Carpenter，P. A.（1980）. A theory of reading：From eye fixations to comprehension. *Psychological Review*，*87*（4），329-354.

Just，M. A.，& Carpenter，P. A.（1987）. *The psychology of reading and language comprehension.* Newton：Allyn & Bacon.

Just，M. A.，Carpenter，P. A.，Keller，T. A.，Eddy，W. F.，& Thulborn，K. R.（1996）. Brain activation modulated by sentence comprehension. *Science*，*274*（5284），114-116.

Kaan，E.（2014）. Predictive sentence processing in L2 and L1：What is different？ *Linguistic Approaches to Bilingualism*，*4*（2），257-282.

Kaan，E.，& Swaab，T. Y.（2003a）. Electrophysiological evidence for serial sentence processing：A comparison between non-preferred and ungrammatical continuations. *Cognitive Brain Research*，*17*（3），621-635.

Kaan，E.，& Swaab，T. Y.（2003b）. Repair，revision，and complexity in syntactic analysis：An electrophysiological differentiation. *Journal of Cognitive Neuroscience*，*15*（1），98-110.

Kaan，E.，Harris，A.，Gibson，E.，& Holcomb，P.（2000）. The P600 as an index of syntactic integration difficulty. *Language and Cognitive Processes*，*15*（2），159-201.

Kahneman，D.（2011）. *Thinking，fast and slow.* London：Macmillan.

Kambe，G.，Rayner，K.，& Duffy，S. A.（2001）. Global context effects on processing lexically ambiguous words：Evidence from eye fixations. *Memory & Cognition*，*29*（2），363-372.

Kamide，Y.，Altmann，G. T. M.，& Haywood，S. L.（2003）. The time-course of prediction in incremental sentence processing：Evidence from anticipatory eye movements. *Journal of Memory and Language*，*49*（1），133-156.

Kanai，R.，Komura，Y.，Shipp，S.，& Friston，K.（2015）. Cerebral hierarchies：Predictive processing，precision and the pulvinar. *Philosophical Transactions of the Royal Society B：Biological Sciences*，*370*（1668），20140169.

Kang，A. M.，Constable，R. T.，Gore，J. C.，& Avrutin，S.（1999）. An event-related fMRI study of implicit phrase-level syntactic and semantic processing. *NeuroImage*, *10*（5）, 555-561.

Karimi, H., Swaab, T. Y., & Ferreira, F.（2018）. Electrophysiological evidence for an independent effect of memory retrieval on referential processing. *Journal of Memory and Language*, *102*, 68-82.

Kazi, S., Demetriou, A., Spanoudis, G., Zhang, X. K., & Wang, Y.（2012）. Mind-culture interactions: How writing molds mental fluidity in early development. *Intelligence*, *40*（6）, 622-637.

Kelly, A. M. C., Uddin, L. Q., Biswal, B. B., Castellanos, F. X., & Milham, M. P.（2008）. Competition between functional brain networks mediates behavioral variability. *NeuroImage*, *39*（1）, 527-537.

Kennedy, A., & Pynte, J.（2005）. Parafoveal-on-foveal effects in normal reading. *Vision Research*, *45*（2）, 153-168.

Kennedy, A., Murray, W., & Boissiere, C.（2004）. Parafoveal pragmatics revisited. *European Journal of Cognitive Psychology*, *16*（1-2）, 128-153.

Kennedy, A., Pynte, J., & Ducrot, S.（2002）. Parafoveal-on-foveal interactions in word recognition. *The Quarterly Journal of Experimental Psychology Section A*, *55*（4）, 1307-1337.

Kennison, S. M., & Trofe, J. L.（2003）. Comprehending pronouns: A role for word-specific gender stereotype information. *Journal of Psycholinguistic Research*, *32*（3）, 355-378.

Kerns, J. G., Cohen, J. D., Stenger, V. A., & Carter, C. S.（2004）. Prefrontal cortex guides context-appropriate responding during language production. *Neuron*, *43*（2）, 283-291.

Khachatryan, E., de Letter, M., Vanhoof, G., Goeleven, A., van Hulle, M. M.（2017）. Sentence context prevails over word association in aphasia patients with spared comprehension: Evidence from N400 event-related potential. *Frontiers in Human Neuroscience*, *10*, 684-699.

Kho, K. H., Indefrey, P., Hagoort, P., van Veelen, C. W. M., van Rijen, P. C., & Ramsey, N. F.（2008）. Unimpaired sentence comprehension after anterior temporal cortex resection. *Neuropsychologia*, *46*（4）, 1170-1178.

Kidd, E., Donnelly, S., & Christiansen, M. H.（2018）. Individual differences in language acquisition and processing. *Trends in Cognitive Sciences*, 22（2）, 154-169.

Kiehl, K. A., Laurens, K. R., & Liddle, P. F.（2002）. Reading anomalous sentences: An event-related fMRI study of semantic processing. *NeuroImage*, *17*（2）, 842-850.

Kim, A., & Lai, V.（2012）. Rapid Interactions between Lexical Semantic and Word Form Analysis during Word Recognition in Context: Evidence from ERPs. *Journal of Cognitive Neuroscience*, *24*（5）, 1104-1112.

Kim, A., & Osterhout, L.（2005）. The independence of combinatory semantic processing: Evidence from event-related potentials. *Journal of Memory and Language*, *52*（2）, 205-225.

Kintsch, W.（1988）. The role of knowledge in discourse comprehension: A construction-integration model. *Psychological Review*, *95*（2）, 163-182.

Kintsch, W.（1998）. *Comprehension: A paradigm for cognition.* Cambridge: Cambridge University Press.

Kliegl, R.（2007）. Toward a perceptual-span theory of distributed processing in reading: A reply to Rayner, Pollatsek, Drieghe, Slattery, and Reichle. *Journal of Experimental Psychology: General*, *136*（3）, 530-537.

Kliegl, R., Hohenstein, S., Yan, M., & McDonald, S. A.（2013）. How preview space/time translates into preview cost/benefit for fixation durations during reading. *Quarterly Journal of Experimental Psychology*, *66*（3）, 581-600.

Kliegl, R., Nuthmann, A., & Engbert, R.（2006）. Tracking the mind during reading: The influence of past, present, and future words on fixation durations. *Journal of Experimental Psychology: General*, *135*（1）, 12-35.

Knoeferle, P.（2015）. Language comprehension in rich non-linguistic contexts: Combining eye tracking and event-related brain potentials. In R. M. Willems（Ed.）, *Cognitive neuroscience of natural language use*（pp. 77-100）. Cambridge: Cambridge University Press.

Kochari, A. R., & Flecken, M.（2019）. Lexical prediction in language comprehension: A replication study of grammatical gender effects in Dutch. *Language, Cognition and Neuroscience*, *34*（2）, 239-253.

Kok, A.（2001）. On the utility of P3 amplitude as a measure of processing capacity. *Psychophysiology*, *38*（3）, 557-577.

Kolk, H. H. J., & Chwilla, D. J.（2007）. Late positivities in unusual situations. *Brain and Language*, *100*（3）, 257-261.

Kolk, H. H. J., Chwilla, D. J., van Herten, M., & Oor, P. J.（2003）. Structure and limited capacity in verbal working memory: A study with event-related potentials. *Brain and Language*, *85*（1）, 1-36.

Kornrumpf, B., Niefind, F., Sommer, W., & Dimigen, O.（2016）. Neural correlates of word recognition: A systematic comparison of natural reading and rapid serial visual presentation. *Journal of Cognitive Neuroscience*, *28*（9）, 1374-1391.

Kosslyn, S. M., Thompson, W. L., & Ganis, G.（2006）. *The case for mental imagery*. Oxford: Oxford University Press.

Kotchoubey, B., & El-Khoury, S.（2014）. Event-related potentials indicate context effect in reading ambiguous words. *Brain and Cognition*, *92*, 48-60.

Kotz, S. A., Cappa, S. F., von Cramon, D. Y., & Friederici, A. D.（2002）. Modulation of the lexical-semantic network by auditory semantic priming: An event-related functional MRI study. *NeuroImage*, *17*（4）, 1761-1772.

Kounios, J., & Holcomb, P. J.（1994）. Concreteness effects in semantic processing: ERP evidence supporting dual-coding theory. *Journal of Experimental Psychology*: *Learning*, *Memory*, *and Cognition*, *20*（4）, 804-823.

Kuhlen, A. K., & Brennan, S. E.（2013）. Language in dialogue: When confederates might be hazardous to your data. *Psychonomic Bulletin & Review*, *20*, 54-72.

Kuhnke, P., Meyer, L., Friederici, A. D., & Hartwigsen, G.（2017）. Left posterior inferior frontal gyrus is causally involved in reordering during sentence processing. *NeuroImage*, *148*, 254-263.

Kukona, A., Fang, S. Y., Aicher, K. A., Chen, H., & Magnuson, J. S.（2011）. The time course of anticipatory constraint integration. *Cognition*, *119*（1）, 23-42.

Kuperberg, G. R.（2007）. Neural mechanisms of language comprehension: Challenges to syntax. *Brain Research*, *1146*, 23-49.

Kuperberg, G. R. (2010). Language in schizophrenia Part 1: An Introduction. *Language and Linguistics Compass*, *4*(8), 576-589.

Kuperberg, G. R. (2013). The proactive comprehender: What event-related potentials tell us about the dynamics of reading comprehension. In B. Miller, L. Cutting, & P. McCardle (Eds.), *Unraveling the behavioral, neurobiological, and genetic components of reading comprehension* (pp. 176-192). Baltimore: Paul Brookes Publishing.

Kuperberg, G. R. (2016). Separate streams or probabilistic inference? What the N400 can tell us about the comprehension of events. *Language, Cognition and Neuroscience*, *31*(5), 602-616.

Kuperberg, G. R., & Jaeger, T. F. (2016). What do we mean by prediction in language comprehension? *Language, Cognition and Neuroscience*, *31*(1), 32-59.

Kuperberg, G. R., Brothers, T., & Wlotko, E. W. (2020). A tale of two positivities and the N400: Distinct neural signatures are evoked by confirmed and violated predictions at different levels of representation. *Journal of Cognitive Neuroscience*, *32*(1), 12-35.

Kuperberg, G. R., Deckersbach, T., Holt, D. J., Goff, D., & West, W. C. (2007). Increased temporal and prefrontal activity in response to semantic associations in Schizophrenia. *Archives of General Psychiatry*, *64*(2), 138-151.

Kuperberg, G. R., Holcomb, P. J., Sitnikova, T., Greve, D., Dale, A. M., & Caplan, D. (2003a). Distinct patterns of neural modulation during the processing of conceptual and syntactic anomalies. *Journal of Cognitive Neuroscience*, *15*(2), 272-293.

Kuperberg, G. R., McGuire, P. K., Bullmore, E. T., Brammer, M. J., Rabe-Hesketh, S., Wright, I. C., Lythgoe, D. J., Williams, S. C., & David, A. S. (2000). Common and distinct neural substrates for pragmatic, semantic, and syntactic processing of spoken sentences: An fMRI study. *Journal of Cognitive Neuroscience*, *12*(2), 321-341.

Kuperberg, G. R., Sitnikova, T., & Lakshmanan, B. M. (2008a). Neuroanatomical distinctions within the semantic system during sentence comprehension: Evidence from functional magnetic resonance imaging.

NeuroImage, *40*（1）, 367-388.

Kuperberg, G. R., Sitnikova, T., Caplan, D., & Holcomb, P. J.（2003b）. Electrophysiological distinctions in processing conceptual relationships within simple sentences. *Cognitive Brain Research*, *17*（1）, 117-129.

Kuperberg, G. R., West, W. C., Lakshmanan, B. M., & Goff, D.（2008b）. Functional magnetic resonance imaging reveals neuroanatomical dissociations during semantic integration in Schizophrenia. *Biological Psychiatry*, *64*（5）, 407-418.

Kutas, M.（1993）. In the company of other words: Electrophysiological evidence for single-word and sentence context effects. *Language and Cognitive Processes*, *8*（4）, 533-572.

Kutas, M., & Federmeier, K. D.（2000）. Electrophysiology reveals semantic memory use in language comprehension. *Trends in Cognitive Sciences*, *4*（12）, 463-470.

Kutas, M., & Federmeier, K. D.（2011）. Thirty years and counting: Finding meaning in the N400 component of the event-related brain potential（ERP）. *Annual Review of Psychology*, *62*（1）, 621-647.

Kutas, M., & Hillyard, S. A.（1980a）. Reading senseless sentences: Brain potentials reflect semantic incongruity. *Science*, *207*（4427）, 203-205.

Kutas, M., & Hillyard, S. A.（1980b）. Reading between the lines: Event-related brain potentials during natural sentence processing. *Brain and Language*, *11*（2）, 354-373.

Kutas, M., & Hillyard, S. A.（1983）. Event-related brain potentials to grammatical errors and semantic anomalies. *Memory & Cognition*, *11*（5）, 539-550.

Kutas, M., & Hillyard, S. A.（1984a）. Brain potentials during reading reflect word expectancy and semantic association. *Nature*, *307*（5947）, 161-163.

Kutas, M., & Hillyard, S. A.（1984b）. Event-related brain potentials（ERPs）elicited by novel stimuli during sentence processing. *Annals of the New York Academy of Sciences*, *425*（1）, 236-241.

Kwon, H., Kuriki, S., Kim, J. M., Lee, Y. H., Kim, K., & Nam, K.（2005）. MEG study on neural activities associated with syntactic and semantic violations in spoken Korean sentences. *Neuroscience Research*, *51*（4）, 349-357.

Kwon, N., Sturt, P., & Liu, P.（2017）. Predicting semantic features in Chinese: Evidence from ERPs. *Cognition*, *166*, 433-446.

Lai, M. C., Lombardo, M. V., Ecker, C., Chakrabarti, B., Suckling, J., Bullmore, E. T., ... & Baron-Cohen, S.（2015）. Neuroanatomy of individual differences in language in adult males with autism. *Cerebral Cortex*, *25*（10）, 3613-3628.

Lambon Ralph, M. A.（2014）. Neurocognitive insights on conceptual knowledge and its breakdown. *Philosophical Transactions of the Royal Society B: Biological Sciences*, *369*（1634）, 20120392.

Laszlo, S., & Federmeier, K. D.（2009）. A beautiful day in the neighborhood: An event-related potential study of lexical relationships and prediction in context. *Journal of Memory and Language*, *61*（3）, 326-338.

Lau, E. F., Gramfort, A., Hämäläinen, M. S., & Kuperberg, G. R.（2013a）. Automatic semantic facilitation in anterior temporal cortex revealed through multimodal neuroimaging. *Journal of Neuroscience*, *33*（43）, 17174-17181.

Lau, E. F., Holcomb, P. J., & Kuperberg, G. R.（2013b）. Dissociating N400 effects of prediction from association in single-word contexts. *Journal of Cognitive Neuroscience*, *25*（3）, 484-502.

Lau, E. F., Phillips, C., & Poeppel, D.（2008）. A cortical network for semantics:（de）Constructing the N400. *Nature Reviews Neuroscience*, *9*（12）, 920-933.

Lau, E. F., Stroud, C., Plesch, S., & Phillips, C.（2006）. The role of structural prediction in rapid syntactic analysis. *Brain and Language*, *98*（1）, 74-88.

Laufs, H.（2008）. Endogenous brain oscillations and related networks detected by surface EEG-combined fMRI, *Human Brain Mapping*, 29（7）, 762-769.

Laufs, H., Kleinschmidt, A., Beyerle, A., Eger, E., Salek-Haddadi, A., Preibisch, C., & Krakow, K.（2003）. EEG-correlated fMRI of human alpha activity. *NeuroImage*, *19*（4）, 1463-1476.

Law, R., & Pylkkänen, L. (2021). Lists with and without syntax: A new approach to measuring the neural processing of syntax. *Journal of Neuroscience*, *41* (10), 2186-2196.

Lawson, R. P., Rees, G., & Friston, K. J. (2014). An aberrant precision account of autism. *Frontiers in Human Neuroscience*, *8* (302), 1-10.

Lee, C. Y., Liu, Y. N., & Tsai, J. L. (2012). The time course of contextual effects on visual word recognition. *Frontiers in Psychology*, *3* (285), 1-13.

Lee, D., Pruce, B., & Newman, S. D. (2014). The neural bases of argument structure processing revealed by primed lexical decision. *Cortex*, *57*, 198-211.

Ledoux, K., Camblin, C. C., Swaab, T. Y., & Gordon, P. C. (2006). Reading words in discourse: The modulation of lexical priming effects by message-level context. *Behavioral and Cognitive Neuroscience Reviews*, *5* (3), 107-127.

Lerner, Y., Honey, C. J., Silbert, L. J., & Hasson, U. (2011). Topographic mapping of a hierarchy of temporal receptive windows using a narrated story. *Journal of Neuroscience*, *31* (8), 2906-2915.

Lesage, E., Hansen, P. C., & Miall, R. C. (2017). Right lateral cerebellum represents linguistic predictability. *Journal of Neuroscience*, *37* (26), 6231-6241.

Lesage, E., Morgan, B. E., Olson, A. C., Meyer, A. S., & Miall, R. C. (2012). Cerebellar rTMS disrupts predictive language processing. *Current Biology*, *22* (18), R794-R795.

Levelt, W. J. M. (1989). *Speaking: From intention to articulation*. Cambridge: The MIT Press.

Levelt, W. J. M. (1992). Accessing words in speech production: Stages, processes and representations. *Cognition*, *42* (1-3), 1-22.

Levelt, W. J. M. (1999). Producing spoken language: A blueprint of the speaker. In C. M. Brown, & P. Hagoort (Eds.), *The neurocognition of language* (pp. 83-122). Oxford: Oxford University Press.

Levinson, S. C. (2016). Turn-taking in human communication-origins and Implications for language processing. *Trends in Cognitive Sciences*, *20* (1), 6-14.

Levy, B. J., & Anderson, M. C. (2002). Inhibitory processes and the control of memory retrieval. *Trends in Cognitive Sciences*, *6* (7), 299-305.

Levy, R. P. (2008). Expectation-based syntactic comprehension. *Cognition*, *106* (3), 1126-1177.

Lewis, R. L., & Vasishth, S. (2005). An activation-based model of sentence processing as skilled memory retrieval. *Cognitive Science*, *29* (3), 375-419.

Lewis, R. L., Vasishth, S., & van Dyke, J. A. (2006). Computational principles of working memory in sentence comprehension. *Trends in Cognitive Sciences*, *10* (10), 447-454.

Li, N., Niefind, F., Wang, S., Sommer, W., & Dimigen, O. (2015). Parafoveal processing in reading Chinese sentences: Evidence from event-related brain potentials. *Psychophysiology*, *52* (10), 1361-1374.

Li, N., Wang, S., Mo, L., & Kliegl, R. (2018). Contextual constraint and preview time modulate the semantic preview effect: Evidence from Chinese sentence reading. *Quarterly Journal of Experimental Psychology*, *71* (1), 241-249.

Li, S., Mayhew, S. D., & Kourtzi, Z. (2012). Learning shapes spatiotemporal brain patterns for flexible categorical decisions. *Cerebral Cortex*, *22* (10), 2322-2335.

Li, X., Rayner, K., & Cave, K. R. (2009). On the segmentation of Chinese words during reading. *Cognitive Psychology*, *58* (4), 525-552.

Li, X., Shu, H., Liu, Y., & Li, P. (2006). Mental representation of verb meaning: Behavioral and electrophysiological evidence. *Journal of Cognitive Neuroscience*, *18* (10), 1774-1787.

Liberman, A. M., Delattre, P., & Cooper, F. S. (1952). The role of selected stimulus-variables in the perception of the unvoiced stop consonants. *The American Journal of Psychology*, *65* (4), 497-516.

Lichtheim, L. (1885). On Aphasia. *Brain*, *7* (4), 433-484.

Liljeström, M., Hultén, A., Parkkonen, L., & Salmelin, R. (2009). Comparing MEG and fMRI views to naming actions and objects. *Human Brain Mapping*, *30* (6), 1845-1856.

Lima, S. D. (1987). Morphological analysis in sentence reading. *Journal of Memory and Language*, *26* (1), 84-99.

Lima, S. D., & Inhoff, A. W. (1985). Lexical access during eye fixations in reading: Effects of word-initial letter sequence. *Journal of Experimental Psychology: Human Perception and Performance*, *11* (3), 272-285.

Lin, E. L., & Murphy, G. L. (2001). Thematic relations in adults' concepts. *Journal of Experimental Psychology: General*, *130* (1), 3-28.

Liu, B., Wang, Z., & Jin, Z. (2010a). The effects of punctuations in Chinese sentence comprehension: An ERP study. *Journal of Neurolinguistics*, *23* (1), 66-80.

Liu, H., Hu, Z., Peng, D., Yang, Y., & Li, K. (2010b). Common and segregated neural substrates for automatic conceptual and affective priming as revealed by event-related functional magnetic resonance imaging. *Brain and Language*, *112* (2), 121-128.

Liu, W., Inhoff, A. W., Ye, Y., & Wu, C. (2002). Use of parafoveally visible characters during the reading of Chinese sentences. *Journal of Experimental Psychology: Human Perception and Performance*, *28* (5), 1213-1227.

Logothetis, N. K. (2008). What we can do and what we cannot do with fMRI. *Nature*, *453* (7197), 869-878.

Lucas, M. (2000). Semantic priming without association: A meta-analytic review. *Psychonomic Bulletin & Review*, *7* (4), 618-630.

Luke, K. K., Liu, H. L., Wai, Y. Y., Wan, Y. L., & Tan, L. H. (2002). Functional anatomy of syntactic and semantic processing in language comprehension. *Human Brain Mapping*, *16* (3), 133-145.

Lupyan, G., & Clark, A. (2015). Words and the world: Predictive coding and the language-perception-cognition interface. *Current Directions in Psychological Science*, *24* (4), 279-284.

McCrink, K., & Shaki, S. (2016). Culturally inconsistent spatial structure reduces learning. *Acta Psychologica* (*Amst*), *169*, 20-26.

MacDonald, A. W., Cohen, J. D., Stenger, V. A., & Carter, C. S. (2000). Dissociating the role of the dorsolateral prefrontal and anterior cingulate cortex in cognitive control. *Science*, *288* (5472), 1835-1838.

MacDonald, M. C., & Seidenberg, M. S. (2006). Constraint satisfaction accounts of lexical and sentence comprehension. In M. J. Traxler, & M. A. Gernsbacher (Eds.), *Handbook of psycholinguistics* (pp. 581-611). New York:

Academic Press.

MacDonald, M. C., Pearlmutter, N. J., & Seidenberg, M. S. (1994). The lexical nature of syntactic ambiguity resolution. *Psychological Review*, *101* (4), 676-703.

MacGregor, L., Pulvermüller, F., van Casteren, M., & Shtyrov, Y. (2012). Ultra-rapid access to words in the brain. *Nature Communications*, *3* (711), 1-7.

MacLeod, A., & Summerfield, Q. (1987). Quantifying the contribution of vision to speech perception in noise. *British Journal of Audiology*, *21* (2), 131-141.

MacLeod, C. M., & MacDonald, P. A. (2000). Interdimensional interference in the Stroop effect: Uncovering the cognitive and neural anatomy of attention. *Trends in Cognitive Sciences*, *4* (10), 383-391.

Maess, B., Herrmann, C. S., Hahne, A., Nakamura, A., & Friederici, A. D. (2006). Localizing the distributed language network responsible for the N400 measured by MEG during auditory sentence processing. *Brain Research*, *1096* (1), 163-172.

Maess, B., Mamashli, F., Obleser, J., Helle, L., & Friederici, A. D. (2016). Prediction signatures in the brain: Semantic pre-Activation during language comprehension. *Frontiers in Human Neuroscience*, *10* (519), 1-11.

Magliano, J. P., Graesser, A. C., Eymard, L. A., Haberlandt, K., & Gholson, B. (1993). Locus of interpretive and inference processes during text comprehension: A comparison of gaze durations and word reading times. *Journal of Experimental Psychology*: *Learning*, *Memory*, *and Cognition*, *19* (3), 704-709.

Magnotti, J. F., & Beauchamp, M. S. (2018). Published estimates of group differences in multisensory integration are inflated. *PloS One*, *13* (9), e0202908.

Majid, A., & Burenhult, N. (2014). Odors are expressible in language, as long as you speak the right language. *Cognition*, *130* (2), 266-270.

Maki, W. S., & Buchanan, E. (2008). Latent structure in measures of associative, semantic, and thematic knowledge. *Psychonomic Bulletin & Review*, *15* (3), 598-603.

Makuuchi, M., Bahlmann, J., Anwander, A., & Friederici, A. D.

(2009). Segregating the core computational faculty of human language from working memory. *Proceedings of the National Academy of Sciences of the United States of America*, *106* (20), 8362-8367.

Mallick, D. B., Magnotti, J. F., & Beauchamp, M. S. (2015). Variability and stability in the McGurk effect: Contributions of participants, stimuli, time, and response type. *Psychonomic Bulletin & Review*, *22* (5), 1299-1307.

Mani, N., & Huettig, F. (2012). Prediction during language processing is a piece of cake—But only for skilled producers. *Journal of Experimental Psychology*: *Human Perception and Performance*, *38* (4), 843-847.

Mani, N., & Huettig, F. (2014). Word reading skill predicts anticipation of upcoming spoken language input: A study of children developing proficiency in reading. *Journal of Experimental Child Psychology*, *126*, 264-279.

Mani, N., & Plunkett, K. (2011). Phonological priming and cohort effects in toddlers. *Cognition*, *121* (2), 196-206.

Marinkovic, K., Dhond, R. P., Dale, A. M., Glessner, M., Carr, V., & Halgren, E. (2003). Spatiotemporal dynamics of modality-specific and supramodal word processing. *Neuron*, *38* (3), 487-497.

Marslen-Wilson, W. D. (1984). Function and process in spoken word recognition: A tutorial review. In H. Bouma, & D. Bouwhuis (Eds.), *Attention and performance X*: *Control of language processes* (pp.125-150). Hillsdale: Erlbaum.

Marslen-Wilson, W. D. (1987). Functional parallelism in spoken word-recognition. *Cognition*, *25* (1-2), 71-102.

Marslen-Wilson, W., & Tyler, L. K. (1975). Processing structure of sentence perception. *Nature*, *257* (5529), 784-786.

Marslen-Wilson, W., & Warren, P. (1994). Levels of perceptual representation and process in lexical access: Words, phonemes, and features. *Psychological Review*, *101* (4), 653-675.

Martin, C. D., Branzi, F. M., & Bar, M. (2018). Prediction is production: The missing link between language production and comprehension. *Scientific Reports*, *8* (1), 1079.

Martin, C. D., Thierry, G., Kuipers, J.-R., Boutonnet, B., Foucart, A., & Costa, A. (2013). Bilinguals reading in their second language do not predict upcoming words as native readers do. *Journal of Memory and Language*, *69*（4），574-588.

Matin, E.（1974）. Saccadic suppression: A review and an analysis. *Psychological Bulletin*, *81*（12），899-917.

Marx, C., Hutzler, F., Schuster, S., & Hawelka, S.（2016）. On the development of parafoveal preprocessing: Evidence from the incremental boundary paradigm. *Frontiers in Psychology*, *7*（514），1-13.

Mason, R. A., & Just, M. A.（2007）. Lexical ambiguity in sentence comprehension. *Brain Research*, *1146*, 115-127.

Mather, E., Jones, L. L., & Estes, Z.（2014）. Priming by relational integration in perceptual identification and Stroop colour naming. *Journal of Memory and Language*, *71*（1），57-70.

Matsumoto, A., Iidaka, T., Haneda, K., Okada, T., & Sadato, N.（2005）. Linking semantic priming effect in functional MRI and event-related potentials. *NeuroImage*, *24*（3），624-634.

Mazoyer, B., Tzourio, N., Frak, V., Syrota, A., Murayama, N., Lévrier, O., Salamon, G., Dehaene, S., Cohen, L., & Mehler, J.（1993）. The cortical representation of speech. *Journal of Cognitive Neuroscience*, *5*（4），467-479.

McCarthy, G., Nobre, A. C., Bentin, S., & Spencer, D. D.（1995）. Language-related field potentials in the anterior-medial temporal lobe: I. Intracranial distribution and neural generators. *Journal of Neuroscience*, *15*（2），1080-1089.

McClelland, J. L.（1979）. On the time relations of mental processes: An examination of systems of processes in cascade. *Psychological Review*, *86*（4），287-330.

McClelland, J. L.（1988）. Connectionist models and psychological evidence. *Journal of Memory and Language*, *27*（2），107-123.

McClelland, J. L., & Elman, J. L.（1986）. The TRACE model of speech perception. *Cognitive Psychology*, *18*（1），1-86.

McClelland, J. L., & Rumelhart, D. E.（1981）. An interactive activation model of context effects in letter perception: I. An account of basic findings.

Psychological Review, *88*（5），375-407.

McClelland, J. L., & Rumelhart, D. E.（1988）. *Explorations in parallel distributed processing*: *A handbook of models*, *programs*, *and exercises*. Cambridge: The MIT Press.

McClelland, J. L., Mirman, D., Bolger, D. J., & Khaitan, P.（2014）. Interactive activation and mutual constraint satisfaction in perception and cognition. *Cognitive Science*, *38*（6），1139-1189.

McClelland, J. L., St. John, M., & Taraban, R.（1989）. Sentence comprehension: A parallel distributed processing approach. *Language and Cognitive Processes*, *4*（3-4），SI287-SI335.

McConkie, G. W., Kerr, P. W., Reddix, M. D., & Zola, D.（1988）. Eye movement control during reading: The location of initial eye fixations on words. *Vision Research*, *28*（10），1107-1118.

McDaniel, M. A., Schmalhofer, F., & Keefe, D. E.（2001）. What is minimal about predictive inferences？ *Psychonomic Bulletin & Review*, *8*（4），840-846.

McElree, B., & Griffith, T.（1995）. Syntactic and thematic processing in sentence comprehension: Evidence for a temporal dissociation. *Journal of Experimental Psychology*: *Learning*, *Memory*, *and Cognition*, *21*（1），134-157.

McKoon, G., & Ratcliff, R.（1986）. Automatic activation of episodic information in a semantic memory task. *Journal of Experimental Psychology*: *Learning*, *Memory*, *and Cognition*, *12*（1），108-115.

McKoon, G., & Ratcliff, R.（1992）. Inference during reading. *Psychological Review*, *99*（3），440-466.

McKoon, G., Greene, S. B., & Ratcliff, R.（1993）. Discourse models, pronoun resolution, and the implicit causality of verbs. *Journal of Experimental Psychology*: *Learning*, *Memory*, *and Cognition*, *19*（5），1040-1052.

McNamara, T. P.（2005）. *Semantic priming*: *Perspectives from memory and word recognition*. New York: Psychology Press.

McRae, K., & Boisvert, S.（1998）. Automatic semantic similarity priming. *Journal of Experimental Psychology*: *Learning*, *Memory*, *and Cognition*, *24*（3），558-572.

McRae, K., Khalkhali, S., & Hare, M. (2012). Semantic and associative relations in adolescents and young adults: Examining a tenuous dichotomy. In V. F. Reyna, S. B. Chapman, M. R. Dougherty, & J. Confrey (Eds.), *The adolescent brain: Learning, reasoning, and decision making* (pp. 39-66). American Psychological Association.

Medaglia J. D., Harvey D. Y., Kelkar A. S., Zimmerman J. P., Mass J. A., Bassett D. S., & Hamilton R. H. (2021). Language tasks and the network control role of the left inferior frontal gyrus. *eNeuro*, *8* (5), 1-18.

Menenti, L., Petersson, K.M., Scheeringa, R., & Hagoort, P. (2009). When elephants fly: Differential sensitivity of right and left inferior frontal gyri to discourse and world knowledge. *Journal of Cognitive Neuroscience*, *21* (12), 2358-2368.

Metusalem, R., Kutas, M., Urbach, T. P., Hare, M., McRae, K., & Elman, J. L. (2012). Generalized event knowledge activation during online sentence comprehension. *Journal of Memory and Language*, *66* (4), 545-567.

Meyer, L., Obleser, J., Anwander, A., & Friederici, A. D. (2012). Linking ordering in Broca's area to storage in left temporo-parietal regions: The case of sentence processing. *NeuroImage*, *62* (3), 1987-1998.

Miellet, S., & Sparrow, L. (2004). Phonological codes are assembled before word fixation: Evidence from boundary paradigm in sentence reading. *Brain and Language*, *90* (1-3), 299-310.

Miller, E. K., & Cohen, J. D. (2001). An integrative theory of prefrontal cortex function. *Annual Review of Neuroscience*, *24* (1), 167-202.

Mirman, D., Landrigan, J. F., & Britt, A. E. (2017). Taxonomic and thematic semantic systems. *Psychological Bulletin*, *143* (5), 499-520.

Mirman, D., Walker, G. M., & Graziano, K. M. (2011). A tale of two semantic systems: Taxonomic and thematic knowledge. In L. Carlson, C. Hoelscher, & T. F. Shipley (Eds.), In *Proceedings of the Annual Meeting of the Cognitive Science Society* (pp. 2211-2216). Austin: Cognitive Science Society.

Mirman, D., Britt, A. E. (2014). What we talk about when we talk about access deficits. *Philosophical Transactions of the Royal Society B: Biological Sciences*, 369 (1634), 20120388.

Mishra, R. K., Singh, N., Pandey, A., & Huettig, F. (2012). Spoken language-mediated anticipatory eye-movements are modulated by reading ability-evidence from Indian low and high literates. *Journal of Eye Movement Research*, *5* (1), 1-10.

Mitterer, H., & Russell, K. (2013). How phonological reductions sometimes help the listener. *Journal of Experimental Psychology*: *Learning*, *Memory*, *and Cognition*, *39* (3), 977-984.

Mo, L., Liu, H. L., Jin, H., & Yang, Y. L. (2005). Brain activation during semantic judgment of Chinese sentences: A functional MRI study. *Human Brain Mapping*, *24* (4), 305-312.

Momma, S., Sakai, H., & Phillips, C. (2015). Give me several hundred more milliseconds: The temporal dynamics of verb prediction. *In Talk given at the 28th annual CUNY conference on human sentence processing*, Los Angeles, CA.

Moosmann, M., Eichele, T., Nordby, H., Hugdahl, K., & Calhoun, V. D. (2008). Joint independent component analysis for simultaneous EEG-fMRI: Principle and simulation. *International Journal of Psychophysiology*, *67* (3), 212-221.

Moreno, E. M., Federmeier, K. D., & Kutas, M. (2002). Switching languages, switching palabras (words): An electrophysiological study of code switching. *Brain and Language*, *80* (2), 188-207.

Morgan, H. M., Jackson, M. C., Klein, C., Mohr, H., Shapiro, K. L., & Linden, D. E. (2010). Neural signatures of stimulus features in visual working memory: A spatiotemporal approach. *Cerebral Cortex*, *20* (1), 187-197.

Morris, R. K. (1994). Lexical and message-level sentence context effects on fixation times in reading. *Journal of Experimental Psychology*: *Learning*, *Memory*, *and Cognition*, *20* (1), 92-103.

Morris, R. K., Rayner, K., & Pollatsek, A. (1990). Eye movement guidance in reading: The role of parafoveal letter and space information. *Journal of Experimental Psychology*: *Human Perception and Performance*, *16* (2), 268-281.

Morton, J. (1969). Interaction of information in word recognition. *Psychological Review*, *76* (2), 165-178.

Mosconi, L., Perani, D., Sorbi, S., Herholz, K., Nacmias, B., Holthoff, V., Salmon, E., Baron, J. C., de Cristofaro, M. T., Padovani, A., Borroni, B., Franceschi, M., Bracco, L., & Pupi, A. (2004). MCI conversion to dementia and the APOE genotype: A prediction study with FDG-PET. *Neurology*, *63* (12), 2332-2340.

Moss, H. E., Ostrin, R. K., Tyler, L. K., & Marslen-Wilson, W. D. (1995). Accessing different types of lexical semantic information: Evidence from priming. *Journal of Experimental Psychology*: *Learning*, *Memory*, *and Cognition*, *21* (4), 863-883.

Müller, O., & Hagoort, P., (2006). Access to lexical information in language comprehension: Semantics before syntax. *Journal of Cognitive Neuroscience*, *18* (1), 84-96.

Murphy, K., Bodurka, J., & Bandettini, P. A. (2007). How long to scan? The relationship between fMRI temporal signal to noise ratio and necessary scan duration. *NeuroImage*, *34* (2), 565-574.

Murray, W. S., & Rowan, M. (1998). Early, mandatory, pragmatic processing. *Journal of Psycholinguistic Research*, *27* (1), 1-22.

Myers, J. L., O'Brien, E. J., Albrecht, J. E., & Mason, R. A. (1994). Maintaining global coherence during reading. *Journal of Experimental Psychology*: *Learning*, *Memory*, *and Cognition*, *20* (4), 876-886.

Näätänen, R., Gaillard, A. W., & Mäntysalo, S. (1978). Early selective-attention effect on evoked potential reinterpreted. *Acta Psychologica*, *42* (4), 313-329.

Nakajima, J., Matsuzawa, T., Hasegawa, A., & Zhao, D. (2001). Three-dimensional structure of Vp, Vs, and Vp/Vs beneath northeastern Japan: Implications for arc magmatism and fluids. *Journal of Geophysical Research*: *Solid Earth*, *106* (B10), 21843-21857.

Nation, K., & Snowling, M. J. (1999). Developmental differences in sensitivity to semantic relations among good and poor comprehenders: Evidence from semantic priming. *Cognition*, *70* (1), B1-B13.

Nation, K., Marshall, C. M., & Altmann, G. T. M. (2003). Investigating individual differences in children's real-time sentence comprehension using language-mediated eye movements. *Journal of Experimental Child Psychology*，*86*（4），314-329.

Neath，I.，Farley，L. A.，& Surprenant，A. M.（2003）. Directly assessing the relationship between irrelevant speech and articulatory suppression. *The Quarterly Journal of Experimental Psychology Section A*，*56*（8），1269-1278.

Nee，D. E.，Wager，T. D.，& Jonides，J.（2007）. Interference resolution：Insights from a meta-analysis of neuroimaging tasks. *Cognitive*，*Affective*，*& Behavioral Neuroscience*，*7*（1），1-17.

Neely，J. H.（2012）. Semantic priming effects in visual word recognition：A selective review of current findings and theories. In D. Besner，& G. W. Humphreys（Eds.），*Basic processes in reading*（pp. 272-344）. New Jersey：Lawrence Erlbaum Associates，Inc.

Neely，J. H.，& Keefe，D. E.（1989）. Semantic context effects on visual word processing：A hybrid prospective-retrospective processing theory. *Psychology of Learning and Motivation*，*24*，207-248.

Neely，J. H.，Keefe，D. E.，& Ross，K. L.（1989）. Semantic priming in the lexical decision task：Roles of prospective prime-generated expectancies and retrospective semantic matching. *Journal of Experimental Psychology：Learning，Memory，and Cognition*，*15*（6），1003-1019.

Nelson，D，L.，McKinney，V. M.，Gee，N. R.，& Janczura，G. A.（1998）. Interpreting the influence of implicitly activated memories on recall and recognition. *Psychological Review*，*105*（2），299-324.

Ness，T.，& Meltzer-Asscher，A.（2018）. Predictive preupdating and working memory capacity：Evidence from event-related potentials. *Journal of Cognitive Neuroscience*，*30*（12），1916-1938.

Newman，A. J.，Pancheva，R.，Ozawa，K.，Neville，H. J.，& Ullman，M. T.（2001a）. An event-related fMRI study of syntactic and semantic violations. *Journal of Psycholinguistic Research*，*30*（3），339-364.

Newman，S. D.，Twieg，D. B.，& Carpenter，P. A.（2001b）. Baseline conditions and subtractive logic in neuroimaging. *Human Brain Mapping*，*14*（4），228-235.

Newman，S. D.，Lee. D.，& Ratliff，K. L.（2009）. Off-line sentence processing: What is involved in answering a comprehension probe? *Human Brain Mapping*, *30* (8), 2499-2511.

Ni, W., Constable, R. T., Mencl, W. E., Pugh, K. R., Fulbright, R. K., Shaywitz, S. E., Shaywitz, B. A., Gore, J. C., & Shankweiler, D. (2000). An event-related neuroimaging study distinguishing form and content in sentence processing. *Journal of Cognitive Neuroscience*, *12* (1), 120-133.

Ni, W., Fodor, J. D., Crain, S., & Shankweiler, D. (1998). Anomaly detection: Eye movement patterns. *Journal of Psycholinguistic Research*, 27 (5), 515-539.

Niefind, F., & Dimigen, O. (2016). Dissociating parafoveal preview benefit and parafovea-on-fovea effects during reading: A combined eye tracking and EEG study. *Psychophysiology*, *53* (12), 1784-1798.

Nieuwland, M. S. (2014). "Who's he?" Event-related brain potentials and unbound pronouns. *Journal of Memory and Language*, 76, 1-28.

Nieuwland, M. S. (2019). Do 'early' brain responses reveal word form prediction during language comprehension? A critical review. *Neuroscience & Biobehavioral Reviews*, *96*, 367-400.

Nieuwland, M. S., & van Berkum, J. J. A. (2005). Testing the limits of the semantic illusion phenomenon: ERPs reveal temporary semantic change deafness in discourse comprehension. *Cognitive Brain Research*, *24* (3), 691-701.

Nieuwland, M. S., & van Berkum, J. J. (2006a). Individual differences and contextual bias in pronoun resolution: Evidence from ERPs. *Brain Research*, *1118* (1), 155-167.

Nieuwland, M. S., & van Berkum, J. J. (2006b). When peanuts fall in love: N400 evidence for the power of discourse. *Journal of Cognitive Neuroscience*, *18* (7), 1098-1111.

Nieuwland, M. S., Barr, D. J., Bartolozzi, F., Busch-Moreno, S., Darley, E., Donaldson, D. I., ... & von Grebmer Zu Wolfsthurn, S. (2019). Dissociable effects of prediction and integration during language comprehension: Evidence from a large-scale study using brain potentials. *Philosophical Transactions of the Royal Society B: Biological Sciences*, 375 (1791), 20180522.

Nieuwland, M. S., Politzer-Ahles, S., Heyselaar, E., Segaert, K.,

Darley, E., Kazanina, N., ... & Huettig, F. (2018). Large-scale replication study reveals a limit on probabilistic prediction in language comprehension. *eLife*, *7*, e33468.

Nina, K., Lau E. F., Lieberman, M., Yoshida, M., & Phillips, C. (2007). The effect of syntactic constraints on the processing of backwards anaphora. *Journal of Memory and Language*, *56*(3), 384-409.

Nobre, A. C., & Mccarthy, G. (1994). Language-related ERPs: Scalp distributions and modulation by word type and semantic priming. *Journal of Cognitive Neuroscience*, *6*(3), 233-255.

Noonan, K. A., Jefferies, E., Visser, M., & Lambon-Ralph, M. A. (2013). Going beyond inferior prefrontal involvement in semantic control: Evidence for the additional contribution of dorsal angular gyrus and posterior middle temporal cortex. *Journal of Cognitive Neuroscience*, *25*(11), 1824-1850.

Noppeney, U., & Price, C. J. (2004). An fMRI study of syntactic adaptation. *Journal of Cognitive Neuroscience*, *16*(4), 702-713.

Norris, D. (1994). Shortlist: A connectionist model of continuous speech recognition. *Cognition*, *52*(3), 189-234.

Norris, D., McQueen, J. M., & Cutler, A. (2000). Merging information in speech recognition: Feedback is never necessary. *Behavioral and Brain Sciences*, *23*(3), 299-325.

Novais-Santos, S., Gee, J., Shah, M., Troiani, V., Work, M., & Grossman, M. (2007). Resolving sentence ambiguity with planning and working memory resources: Evidence from fMRI. *NeuroImage*, *37*(1), 361-378.

Novick, J. M., Trueswell, J. C., & Thompson-Schill, S. L. (2005). Cognitive control and parsing: Reexamining the role of Broca's area in sentence comprehension. *Cognitive*, *Affective*, *& Behavioral Neuroscience*, *5*(3), 263-281.

Novick, J. M., Hussey E., Teubner-Rhodes, S., Harbison, J. I., & Bunting, M. F. (2014). Clearing the garden-path: Improving sentence processing through cognitive control training. *Language*, *Cognition and Neuroscience*, *29*(2), 186-217.

Novick, J. M., Trueswell, J. C., & Thompson-Schill, S. L. (2010). Broca's area and language processing: Evidence for the cognitive control connection. *Language and Linguistics Compass*, *4*（10）, 906-924.

Núñez-Peña, M. I., & Honrubia-Serrano, M. L.（2004）. P600 related to rule violation in an arithmetic task. *Cognitive Brain Research*, *18*（2）, 130-141.

Nuthmann, A., Engbert, R., & Kliegl, R.（2005）. Mislocated fixations during reading and the inverted optimal viewing position effect. *Vision Research*, *45*（17）, 2201-2217.

O'Brien, E. J., & Albrecht, J. E.（1992）. Comprehension strategies in the development of a mental model. *Journal of Experimental Psychology*: *Learning*, *Memory*, *and Cognition*, *18*（4）, 777-784.

O'Brien, E. J., Rizzella, M. L., Albrecht, J. E., & Halleran, J. G.（1998）. Updating a situation model: A memory-based text processing view. *Journal of Experimental Psychology*: *Learning*, *Memory*, *and Cognition*, *24*（5）, 1200-1210.

O'Brien, E. J., Shank, D. M., Myers, J. L., & Rayner, K.（1988）. Elaborative inferences during reading: Do they occur on-line？ *Journal of Experimental Psychology*: *Learning*, *Memory*, *and Cognition*, *14*（3）, 410-420.

Obleser, J., & Kotz, S. A.（2011）. Multiple brain signatures of integration in the comprehension of degraded speech. *NeuroImage*, *55*（2）, 713-723.

Ohta, S., Fukui, N., & Sakai, K. L.（2013）. Syntactic computation in the human brain: The degree of merger as a key factor. *PLoS One*, *8*（2）, e56230.

Oishi, H., & Sakamoto, T.（2010）. Immediate interaction between syntactic and semantic outputs: Evidence from event-related potentials in Japanese sentence processing. In *Poster presented at the 22nd annual CUNY human sentence processing conference*, Davis, CA.

Olulade, O. A., Seydell-Greenwald, A., Chambers, C. E., Turkeltaub, P. E., Dromerick, A. W., Berl, M. M., ... & Newport, E. L.（2020）. The neural basis of language development: Changes in lateralization over age. *Proceedings of the National Academy of Sciences of the United States of America*, *117*（38）, 23477-23483.

Osterhout, L.（1997）. On the brain response to syntactic anomalies: Manipulations of word position and word class reveal individual differences. *Brain and Language*，*59*（3），494-522.

Osterhout, L., & Holcomb, P. J.（1992）. Event-related brain potentials elicited by syntactic anomaly. *Journal of Memory and Language*，*31*（6），785-806.

Osterhout, L., & Mobley, L. A.（1995）. Event-related brain potentials elicited by failure to agree. *Journal of Memory and Language*，*34*（6），739-773.

Osterhout, L., & Nicol, J.（1999）. On the distinctiveness, independence, and time course of the brain responses to syntactic and semantic anomalies. *Language and Cognitive Processes*，*14*（3），283-317.

Osterhout, L., Holcomb, P. J., & Swinney, D. A.（1994）. Brain potentials elicited by garden-path sentences：Evidence of the application of verb information during parsing. *Journal of Experimental Psychology*：*Learning*，*Memory*，*and Cognition*，*20*（4），786-803.

Otten, M., & van Berkum, J. J.（2008）. Discourse-based word anticipation during language processing：Prediction or priming？ *Discourse Processes*，*45*（6），464-496.

Otten, M., Nieuwland, M. S., & van Berkum, J. J. A.（2007）. Great expectations：Specific lexical anticipation influences the processing of spoken language. *BMC Neuroscience*，*8*（1），1-9.

Owen, A. M., McMillan, K. M., Laird, A. R., & Bullmore, E.（2005）. N-back working memory paradigm：A meta-analysis of normative functional neuroimaging studies. *Human Brain Mapping*，*25*（1），46-59.

Ozernov-Palchik, O., Centanni, T. M., Beach, S. D., May, S., Hogan, T., & Gabrieli, J. D.（2021）. Distinct neural substrates of individual differences in components of reading comprehension in adults with or without dyslexia. *NeuroImage*，*226*，117570.

Paczynski, M., & Kuperberg, G. R.（2011）. Electrophysiological evidence for use of the animacy hierarchy, but not thematic role assignment, during verb-argument processing. *Language and Cognitive Processes*，*26*（9），1402-1456.

Paczynski, M., Kreher, D. A., Ditman, T., Holcomb, P., & Kuperberg, G. R.（2006）. Electrophysiological evidence for the role of animacy and lexico-semantic associations in processing nouns within passive structures. In *Annual Meeting of the Cognitive Neuroscience Society*，San Francisco，CA.

Pallier, C., Devauchelle, A. D., & Dehaene, S. (2011). Cortical representation of the constituent structure of sentences. *Proceedings of the National Academy of Sciences of the United States of America*, *108* (6), 2522-2527.

Pallier, C., Sebastian-Galles, N., Dupoux, E., Christophe, A., & Mehler, J. (1998). Perceptual adjustment to time-compressed speech: A cross-linguistic study. *Memory & Cognition*, *26*, 844-851.

Papoutsi, M., Stamatakis, E. A., Griffiths, J., Marslen-Wilson, W. D., & Tyler, L. K. (2011). Is left fronto-temporal connectivity essential for syntax？ Effective connectivity, tractography and performance in left-hemisphere damaged patients. *NeuroImage*, *58* (2), 656-664.

Partee, B. H. (1984). Compositionality. In F. Veltman, & F. Landmand (Eds.), *Varieties of formal semantics.* Dordrecht: Foris.

Patel, A. D., Gibson, E., Ratner, J., Besson, M., & Holcomb, P. J. (1998). Processing syntactic relations in language and music: An event-related potential study. *Journal of Cognitive Neuroscience*, *10* (6), 717-733.

Patterson, K., Nestor, P. J., & Rogers, T. T. (2007). Where do you know what you know？ The representation of semantic knowledge in the human brain. *Nature Reviews Neuroscience*, *8* (12), 976-987.

Pénicaud, S., Klein, D., Zatorre, R. J., Chen, J. K., Witcher, P., Hyde, K., & Mayberry, R. I. (2013). Structural brain changes linked to delayed first language acquisition in congenitally deaf individuals. *NeuroImage*, *66*, 42-49.

Penke, M., Weyerts. H., Gross, M., Zander, E., Münte, T. F., & Clahsen, H. (1997).How the brain processes complex words: An event-related potential study of German verb inflections. *Cognitive Brain Research*, *6* (1), 37-52.

Penolazzi, B., Angrilli, A., & Job, R. (2009). Gamma EEG activity induced by semantic violation during sentence reading. *Neuroscience Letters*, *465* (1), 74-78.

Penolazzi, B., Hauk, O., & Pulvermüller, F. (2007). Early semantic context integration and lexical access as revealed by event-related brain potentials. *Biological Psychology*, *74* (3), 374-388.

Pereira, F., Mitchell, T., & Botvinick, M. (2009). Machine learning classifiers and fMRI: A tutorial overview. *NeuroImage*, *45* (1), S199-S209.

Perniss, P. (2018). Why we should study multimodal language. *Frontiers in Psychology*, *9*(1109), 1-5.

Perraudin, S., & Mounoud, P. (2009). Contribution of the priming paradigm to the understanding of the onceptual developmental shift from 5 to 9 years of age. *Developmental Science*, *12*(6), 956-977.

Perry, C., Ziegler, J. C., & Zorzi, M. (2007). Nested incremental modeling in the development of computational theories: The CDP+model of reading aloud. *Psychological Review*, *114*(2), 273-315.

Pickering, M. J., & Frisson, S. (2001). Processing ambiguous verbs: Evidence from eye movements. *Journal of Experimental Psychology: Learning, Memory, and Cognition*, *27*(2), 556-573.

Pickering, M. J., & Gambi, C. (2018). Predicting while comprehending language: A theory and review. *Psychological Bulletin*, *144*(10), 1002-1044.

Pickering, M. J., & Garrod, S. (2007). Do people use language production to make predictions during comprehension? *Trends in Cognitive Sciences*, *11*(3), 105-110.

Pickering, M. J., & Garrod, S. (2013). An integrated theory of language production and comprehension. *Behavioral and Brain Sciences*, *36*(4), 329-347.

Pickering, M. J., & Traxler, M. J. (2000). Parsing and incremental understanding during reading. In M. W. Crocker, M. Pickering, & C. Clifton Jr. (Eds.), *Architectures and mechanisms for language processing*, (pp. 238-258). New York: Cambridge University Press.

Pisoni, D. B., & Cleary, M. (2003). Measures of working memory span and verbal rehearsal speed in deaf children after cochlear implantation. *Ear and Hearing*, *24*(1 Suppl), 106S.

Pobric, G., Jefferies, E., & Ralph, M. A. L. (2007). Anterior temporal lobes mediate semantic representation: Mimicking semantic dementia by using rTMS in normal participants. *Proceedings of the National Academy of Sciences of the United States of America*, *104*(50), 20137-20141.

Poeppel, D., & Hickok, G. (2004). Towards a new functional anatomy of language. *Cognition*, *92*(1-2), 1-12.

Poldrack, R. A. (2006). Can cognitive processes be inferred from neuroimaging data？ *Trends in Cognitive Sciences*, *10*（2）, 59-63.

Poldrack, R. A.（2008）. The role of fMRI in Cognitive Neuroscience：Where do we stand？ *Current Opinion in Neurobiology*, *18*（2）, 223-227.

Poldrack, R. A., & Wagner, A. D.（2004）. What can neuroimaging tell us about the mind？ Insights from prefrontal cortex. *Current Directions in Psychological Science*, *13*（5）, 177-181.

Pollatsek, A., Reichle, E. D., & Rayner, K.（2006）. Tests of the E-Z Reader model：Exploring the interface between cognition and eye-movement control. *Cognitive Psychology*, *52*（1）, 1-56.

Pollatsek, A., Tan, L. H., & Rayner, K.（2000）. The role of phonological codes in integrating information across saccadic eye movements in Chinese character identification. *Journal of Experimental Psychology：Human Perception and Performance*, *26*（2）, 607-633.

Pollatsek, A., Lesch, M., Morris, R. K., & Rayner, K.（1992）. Phonological codes are used in integrating information across saccades in word identification and reading. *Journal of Experimental Psychology：Human Perception and Performance*, *18*（1）, 148-162.

Posner, M. I., & Snyder, C. R. R.（2004）. Attention and cognitive control. In D. A. Balota, & E. J. Marsh（Eds.）, *Cognitive psychology：Key readings*（pp. 205-223）. New York：Psychology Press.

Potter, M. C., Stiefbold, D., & Moryadas, A.（1998）. Word selection in reading sentences：Preceding versus following contexts. *Journal of Experimental Psychology：Learning, Memory, and Cognition*, *24*（1）, 68-100.

Pouget, A., Beck, J. M., Ma, W. J., & Latham, P. E.（2013）. Probabilistic brains：Knowns and unknowns. *Nature Neuroscience*, *16*（9）, 1170-1178.

Price, A. R., Bonner, M. F., Peelle, J. E., & Grossman, M.（2015）. Converging evidence for the neuroanatomic basis of combinatorial semantics in the angular gyrus. *Journal of Neuroscience*, *35*（7）, 3276-3284.

Price, A. R., Peelle, J. E., Bonner, M. F., Grossman, M., & Hamilton, R. H.（2016）. Causal evidence for a mechanism of semantic integration in the angular gyrus as revealed by high-definition transcranial direct current stimulation. *Journal of Neuroscience*, *36*（13）, 3829-3838.

Price, C. J. (2000). The anatomy of language: Contributions from functional neuroimaging. *Journal of Anatomy*, *197* (3), 335-359.

Price, C. J. (2010). The anatomy of language: A review of 100 fMRI studies published in 2009. *Annals of the New York Academy Sciences*, *1191* (1), 62-88.

Price. C. J. (2012). A review and synthesis of the first 20 years of PET and fMRI studies of heard speech, spoken language and reading. *NeuroImage*, *62* (2), 816-847.

Pulvermüller, F., Shtyrov, Y., & Hauk, O. (2009). Understanding in an instant: Neurophysiological evidence for mechanistic language circuits in the brain. *Brain and Language*, *110* (2), 81-94.

Pulvermüller, F., Kujala, T., Shtyrov, Y., Simola, J., Tiitinen, H., Alku, P., ... & Näätänen, R. (2001). Memory traces for words as revealed by the mismatch negativity. *NeuroImage*, *14* (3), 607-616.

Pulvermüller, F., Lutzenberger, W., Preissl, H., & Birbaumer, N. (1995). Spectral responses in the gamma-band: Physiological signs of higher cognitive processes? *Neuroreport*, *6* (15), 2059-2064.

Pylkkänen, L., & McElree, B. (2007). An MEG study of silent meaning. *Journal of Cognitive Neuroscience*, *19* (11), 1905-1921.

Pynte, J., & Kennedy, A. (2006). An influence over eye movements in reading exerted from beyond the level of the word: Evidence from reading English and French. *Vision Research*, *46* (22), 3786-3801.

Pynte, J., Kennedy, A., & Ducrot, S. (2004). The influence of parafoveal typographical errors on eye movements in reading. *European Journal of Cognitive Psychology*, *16* (1-2), 178-202.

Qiu, L., Swaab, T. Y., Chen, H. C., & Wang, S. (2012). The role of gender information in pronoun resolution: Evidence from Chinese. *PLoS One*, *7* (5), e36156.

Quante, L., Bölte, J., & Zwitserlood, P. (2018). Dissociating predictability, plausibility and possibility of sentence continuations in reading: Evidence from late-positivity ERPs. *PeerJ*, *6*, e5717.

Rao, R. P. N., & Ballard, D. H. (1999). Predictive coding in the visual cortex: A functional interpretation of some extra-classical receptive-field effects.

Nature Neuroscience，*2*（1），79-87.

Raposo，A.，Moss，H. E.，Stamatakis，E. A，& Tyler，L. K.（2006）. Repetition suppression and semantic enhancement：An investigation of the neural correlates of priming. *Neuropsychologia*，*44*（12），2284-2295.

Rapp，B.，Folk，J.，& Tainturier，M.-J.（2001）. Word reading. In B. Rapp， J. R. Folk，& M. J. Tainturier（Eds.），*The handbook of cognitive neuropsychology*： *What deficits reveal about the human mind*（pp. 233-262）. Philadelphia：Psychology Press.

Rastle，K.，Davis，M. H.，& New，B.（2004）. The broth in my brother's brothel：Morpho-orthographic segmentation in visual word recognition. *Psychonomic Bulletin & Review*，*11*（6），1090-1098.

Rauschecker，J. P.（2011）. An expanded role for the dorsal auditory pathway in sensorimotor control and integration. *Hearing Research*，*271*（1-2），16-25.

Rauschecker，J. P.，& Scott，S. K.（2009）. Maps and streams in the auditory cortex：Nonhuman primates illuminate human speech processing. *Nature Neuroscience*，*12*（6），718-724.

Rauschecker，J. P.，& Tian，B.（2000）. Mechanisms and streams for processing of "what" and "where" in auditory cortex. *Proceedings of the National Academy of Sciences of the United States of America*，*97*（22），11800-11806.

Rayner，K.（1975）. The perceptual span and peripheral cues in reading. *Cognitive Psychology*，*7*（1），65-81.

Rayner，K.（1978）. Eye movements in reading and information processing. *Psychological Bulletin*，*85*（3），618-660.

Rayner，K.（1998）. Eye movements in reading and information processing： 20 years of research. *Psychological Bulletin*，*124*（3），372-422.

Rayner，K.，& Duffy，S. A.（1986）. Lexical complexity and fixation times in reading：Effects of word frequency，verb complexity，and lexical ambiguity. *Memory & Cognition*，*14*（3），191-201.

Rayner，K.，& Frazier，L.（1989）. Selection mechanisms in reading lexically ambiguous words. *Journal of Experimental Psychology*：*Learning*，*Memory*，*and Cognition*，*15*（5），779-790.

Rayner，K.，& Morris，R. K.（1992）. Eye movement control in reading：

Evidence against semantic preprocessing. *Journal of Experimental Psychology*: *Human Perception and Performance*, *18*（1）, 163-172.

Rayner, K., & Pollatsek, A.（1989）. *The psychology of reading.* Englewood Cliffs: Prentice-Hall.

Rayner, K., & Well, A. D.（1996）. Effects of contextual constraint on eye movements in reading: A further examination. *Psychonomic Bulletin & Review*, *3*（4）, 504-509.

Rayner, K., Balota, D. A., & Pollatsek, A.（1986）. Against parafoveal semantic preprocessing during eye fixations in reading. *Canadian Journal of Psychology*, *40*（4）, 473-483.

Rayner, K., Carlson, M., & Frazier, L.（1983）. The interaction of syntax and semantics during sentence processing: Eye movements in the analysis of semantical bias sentences. *Journal of Verbal Learning and Verbal Behavior*, *22*（3）, 358-374.

Rayner, K., Kambe, G., & Duffy, S. A.（2000）. The effect of clause wrap-up on eye movements during reading. *The Quarterly Journal of Experimental Psychology*: *Section A*, *53*（4）, 1061-1080.

Rayner, K., Schotter, E. R., & Drieghe, D.（2014）. Lack of semantic parafoveal preview benefit in reading revisited. *Psychonomic Bulletin & Review*, *21*, 1067-1072.

Rayner, K., Li, X., Juhasz, B. J., & Yan, G.（2005）. The effect of word predictability on the eye movements of Chinese readers. *Psychonomic Bulletin & Review*, *12*, 1089-1093.

Rayner, K., Pollatsek, A., Drieghe, D., Slattery, T. J., & Reichle, E. D.（2007）. Tracking the mind during reading via eye movements: Comments on Kliegl, Nuthmann, and Engbert（2006）. *Journal of Experimental Psychology*: *General*, *136*（3）, 520-529.

Rayner, K., Sereno, S. C., Morris, R. K., Schmauder, A. R., & Clifton Jr, C.（1989）. Eye movements and on-line language comprehension processes. *Language and Cognitive Processes*, *4*（3-4）, SI21-SI49.

Rayner, K., Slattery, T. J., Drieghe, D., & Liversedge, S. P.（2011）. Eye movements and word skipping during reading: Effects of word length and predictability. *Journal of Experimental Psychology*: *Human Perception and Performance*, *37*（2）, 514-528.

Rayner, K., Warren, T., Juhasz, B. J., & Liversedge, S. P.（2004）. The effect of plausibility on eye movements in reading. *Journal of Experimental Psychology*: *Learning*, *Memory*, *and Cognition*, *30*（6）, 1290-1301.

Rayner, K., White, S. J., Johnson, R. L., & Liversedge, S. P.（2006）. Raeding wrods with jubmled lettres: There is a cost. *Psychological Science*, *17*（3）, 192-193.

Reichle, E. D., Pollatsek, A., & Rayner, K.（2006）. E-Z reader: A cognitive-control, serial-attention model of eye-movement behavior during reading. *Cognitive Systems Research*, *7*（1）, 4-22.

Reichle, E. D., Pollatsek, A., Fisher, D. L., & Rayner, K.（1998）. Toward a model of eye movement control in reading. *Psychological Review*, *105*（1）, 125-157.

Reichle, E. D., Rayner, K., & Pollatsek, A.（2003）. The E-Z Reader model of eye movement control in reading: Comparisons to other models. *Behavioral and Brain Sciences*, *26*（4）, 445-476.

Reilly, R. G., & Radach, R.（2006）. Some empirical tests of an interactive activation model of eye movement control in reading. *Cognitive Systems Research*, *7*（1）, 34-55.

Reuter, T., Borovsky, A., & Lew-Williams, C.（2019）. Predict and redirect: Prediction errors support children's word learning. *Developmental Psychology*, *55*（8）, 1656-1665.

Reynolds, M. E., & Givens, J.（2001）. Presentation rate in comprehension of natural and synthesized speech. *Perceptual and Motor Skills*, *92*（3_suppl）, 958-968.

Rissman, J., Eliassen, J. C., & Blumstein, S. E.（2003）. An event-related fMRI investigation of implicit semantic priming. *Journal of Cognitive Neuroscience*, *15*（8）, 1160-1175.

Rodd, J. M., Davis, M. H., & Johnsrude, I. S.（2005）. The neural mechanisms of speech comprehension: fMRI studies of semantic ambiguity. *Cerebral Cortex*, *15*（8）, 1261-1269.

Rodd, J. M., Johnsrude, I. S., & Davis, M. H. (2012). Dissociating frontotemporal contributions to semantic ambiguity resolution in spoken sentences. *Cerebral Cortex*, *22* (8), 1761-1773.

Rodd, J. M., Longeb, O. A., Randall, B., & Tyler, L. K. (2010). The functional organisation of the fronto-temporal language system: Evidence from syntactic and semantic ambiguity. *Neuropsychologia*, *48* (5), 1324-1335.

Rodríguez-Fornells, A., Cunillera, T., Mestres-Missé, A., & de Diego-Balaguer, R. (2009). Neurophysiological mechanisms involved in language learning in adults. *Philosophical Transactions of the Royal Society B: Biological Sciences*, *364* (1536), 3711-3735.

Rogalsky, C., & Hickok, G. (2009). Selective attention to semantic and syntactic features modulates sentence processing networks in anterior temporal cortex. *Cerebral Cortex*, *19* (4), 786-796.

Rogalsky, C., & Hickok, G. (2011). The role of Broca's Area in sentence comprehension. *Journal of Cognitive Neuroscience*, *23* (7), 1664-1680.

Rogers, T. T., & Mcclelland, J. L. (2004). *Semantic cognition: A parallel distributed processing approach.* Cambridge: The MIT Press.

Rogers, T. T., Lambon Ralph, M. A., Garrard, P., Bozeat, S., McClelland, J. L., Hodges, J. R., & Patterson, K. (2004). Structure and deterioration of semantic memory: A neuropsychological and computational investigation. *Psychological Review*, *111* (1), 205-235.

Rolheiser, T., Stamatakis, E. A., & Tyler, L.K. (2011). Dynamic processing in the human language system: Synergy between the arcuate fascicle and extreme capsule. *Journal of Neuroscience*, *31* (47), 16949-16957.

Rommers, J., Meyer, A. S., Praamstra, P., & Huettig, F. (2013). The contents of predictions in sentence comprehension: Activation of the shape of objects before they are referred to. *Neuropsychologia*, *51* (3), 437-447.

Rossell, S. L., Price, C. J., & Nobre, A. C. (2003). The anatomy and time course of semantic priming investigated by fMRI and ERPs. *Neuropsychologia*, *41* (5), 550-564.

Ruschemeyer, S. A., Fiebach, C. J., Kempe, V., & Friederici, A. D., (2005). Processing lexical semantic and syntactic information in first and second language：fMRI evidence from German and Russian. *Human Brain Mapping*, *25* (2), 266-286.

Rüschemeyer, S. A., Zysset, S., & Friederici, A. D. (2006). Native and non-native reading of sentences：An fMRI experiment. *NeuroImage*, *31* (1), 354-365.

Rugg, M. D. (1990). Event-related brain potentials dissociate repetition effects of high-and low-frequency words. *Memory & Cognition*, *18* (4), 367-379.

Sachs, O., Weis, S., Zellagui, N., Huber, W., Zvyagintsev, M., Mathiak, K., & Kircher T. (2008). Automatic processing of semantic relations in fMRI：Neural activation during semantic priming of taxonomic and thematic categories. *Brain Research*, 1218, 194-205.

Sachs, O., Weis, S., Zellagui, N., Sass, K., Huber, W., Zvyagintsev, M., ... & Kircher, T. (2011). How different types of conceptual relations modulate brain activation during semantic priming. *Journal of Cognitive Neuroscience*, *23* (5), 1263-1273.

Saffran, J. R., Aslin, R. N., & Newport, E. L. (1996). Statistical learning by 8-month-old infants. *Science*, *274* (5294), 1926-1928.

Salisbury, D. F. (2004). Semantic memory and verbal working memory correlates of N400 to subordinate homographs. *Brain and Cognition*, *55* (2), 396-399.

Samuel, A. G. (2001). Knowing a word affects the fundamental perception of the sounds within it. *Psychological Science*, *12* (4), 348-351.

Sanides, F. (1962). The architecture of the human frontal lobe and the relation to its functional differentiation. *International Journal of Neurology*, *5*, 247-261.

Santos, A., Chaigneau, S. E., Simmons, W. K., & Barsalou, L. W. (2011). Property generation reflects word association and situated simulation. *Language and Cognition*, *3* (1), 83-119.

Sass, K., Krach, S., Sachs, O., & Kircher, T. (2009a). Lion-tiger-stripes：Neural correlates of indirect semantic priming across processing modalities. *NeuroImage*, *45* (1), 224-236.

Sass, K., Sachs, O., Krach, S., & Kircher, T. (2009b). Taxonomic and thematic categories: Neural correlates of categorization in an auditory-to-visual priming task using fMRI. *Brain Research*, *1270*, 78-87.

Saur, D., Kreher, B. W., Schnell, S., Kummerer. D., Kellmeyer, P., Vry, M.S., ... & Weiller, C. (2008). Ventral and dorsal pathways for language. *Proceedings of the National Academy of Sciences of the United States of America*, *105*(46), 18035-18040.

Scheeringa, R., Petersson, K. M., Oostenveld, R., Norris, D. G., Hagoort, P., & Bastiaansen, M. C. (2009). Trial-by-trial coupling between EEG and BOLD identifies networks related to alpha and theta EEG power increases during working memory maintenance. *NeuroImage*, *44*(3), 1224-1238.

Schiller, N. O., Horemans, I., Ganushchak, L., & Koester, D. (2009). Event-related brain potentials during the monitoring of speech errors. *NeuroImage*, *44*(2), 520-530.

Schirmer, A., Tang, S. L., Penney, T. B., Gunter, T. C., & Chen, H. C. (2005). Brain responses to segmentally and tonally induced semantic violations in Cantonese. *Journal of Cognitive Neuroscience*, *17*(1), 1-12.

Schotter, E. R. (2013). Synonyms provide semantic preview benefit in English. *Journal of Memory and Language*, *69*(4), 619-633.

Schotter, E.R., Angele, B., & Rayner, K. (2012). Parafoveal processing in reading. *Attention*, *Perception & Psychophysics*, *74*, 5-35.

Schotter, E. R., Lee, M., Reiderman, M., & Rayner, K. (2015). The effect of contextual constraint on parafoveal processing in reading. *Journal of Memory and Language*, *83*, 118-139.

Schroyens, W., Vitu, F., Brysbaert, M., & D'Ydewalle, G. (1999). Eye movement control during reading: Foveal load and parafoveal processing. *The Quarterly Journal of Experimental Psychology Section A*, *52*(4), 1021-1046.

Schwanenflugel, P. J., & LaCount, K. L. (1988). Semantic relatedness and the scope of facilitation for upcoming words in sentences. *Journal of Experimental Psychology*: *Learning, Memory, and Cognition*, *14*(2), 344-354.

Schwanenflugel, P. J., & Shoben, E. J. (1983). Differential context effects in the comprehension of abstract and concrete verbal materials. *Journal of Experimental Psychology*: *Learning, Memory, and Cognition*, *9*(1), 82-102.

Schwanenflugel, P. J., & Shoben, E. J. (1985). The influence of sentence constraint on the scope of facilitation for upcoming words. *Journal of Memory and Language*, *24* (2), 232-252.

Schwartz, M. F., Kimberg, D. Y., Walker, G. M., Brecher, A., Faseyitan, O. K., Dell, G. S., ... & Coslett, H. B. (2011). Neuroanatomical dissociation for taxonomic and thematic knowledge in the human brain. *Proceedings of the National Academy of Sciences of the United States of America*, *108* (20), 8520-8524.

Sedivy, J. C., Tanenhaus, M. K., Chambers, C. G., & Carlson, G. N. (1999). Achieving incremental semantic interpretation through contextual representation. *Cognition*, 71 (2), 109-147.

Segalowitz, S. J., & Zheng, X. (2009). An ERP study of category priming: Evidence of early lexical semantic access. *Biological Psychology*, *80* (1), 122-129.

Seghier, M. L., Fagan, E., & Price, C. J. (2010). Functional subdivisions in the left angular gyrus where the semantic system meets and diverges from the default network. *Journal of Neuroscience*, *30* (50), 16809-16817.

Seidenberg, M. S., Waters, G. S., Barnes, M. A., & Tanenhaus, M. K. (1984). When does irregular spelling or pronunciation influence word recognition? *Journal of Verbal Learning and Verbal Behavior*, *23* (3), 383-404.

Senkfor, A. J., & van Petten, C. (1998). Who said what? An event-related potential investigation of source and item memory. J*ournal of Experimental Psychology*: *Learning*, *Memory*, *and Cognition*, *24* (4), 1005-1025.

Sereno, S. C., & Rayner, K. (2003). Measuring word recognition in reading: Eye movements and event-related potentials. *Trends in Cognitive Sciences*, *7* (11), 489-493.

Sereno, S. C., Brewer, C. C., & O'Donnell, P. J. (2003). Context effects in word recognition: Evidence for early interactive processing. *Psychological Science*, *14* (4), 328-333.

Sereno, S. C., Rayner, K., & Posner, M. I. (1998). Establishing a time-line of word recognition: Evidence from eye movements and event-related potentials. *Neuroreport*, *9* (10), 2195-2200.

Service, E., Helenius, P., Maury, S., & Salmelin, R. (2007). Localization of syntactic and semantic brain responses using magnetoencephalography. *Journal of Cognitive Neuroscience*, *19* (7), 1193-1205.

Shallice, T. (1988). *From neuropsychology to mental structure*. Cambridge: Cambridge University Press.

Sharifian, F. (2017). Cultural linguistics and linguistic relativity. *Language Sciences*, *59*, 83-92.

Shelton, J. R., & Martin, R. C. (1992). How semantic is automatic semantic priming? *Journal of Experimental Psychology*: *Learning*, *Memory*, *and Cognition*, *18* (6), 1191-1210.

Shima, K., & Tanji, J. (2000). Neuronal activity in the supplementary and presupplementary motor areas for temporal organization of multiple movements. *Journal of Neurophysiology*, *84* (4), 2148-2160.

Shivde, G., & Thompson-Schill, S. L. (2004). Dissociating semantic and phonological maintenance using fMRI. *Cognitive*, *Affective*, *& Behavioral Neuroscience*, *4* (1), 10-19.

Shtyrov, Y., & Pulvermüller, F. (2002). Neurophysiological evidence of memory traces for words in the human brain. *NeuroReport*, *13* (4), 521-525.

Shtyrov, Y., & Pulvermüller, F. (2007). Language in the mismatch negativity design: Motivations, benefits, and prospects. *Journal of Psychophysiology*, *21* (3-4), 176-187.

Shtyrov, Y., Osswald, K., & Pulvermüller, F. (2008). Memory traces for spoken words in the brain as revealed by the hemodynamic correlate of the mismatch negativity. *Cerebral Cortex*, *18* (1), 29-37.

Sierpowska, J., Gabarrós, A., Fernández-Coello, A., Camins, A., Castañer, S., Juncadella, M., ... & Rodríguez-Fornells, A. (2019). White-matter pathways and semantic processing: Intrasurgical and lesion-symptom mapping evidence. *NeuroImage*: *Clinical*, *22*, 101704.

Silva-Pereyra, J. F., & Carreiras, M. (2007). An ERP study of agreement features in Spanish. *Brain Research*, *1185*, 201-211.

Simos, P. G., & Molfese, D. L. (1997). Electrophysiological responses from a temporal order continuum in the newborn infant. *Neuropsychologia*, *35* (1), 89-

98.

Singer, M., Graesser, A. C., & Trabasso, T. (1994). Minimal or global inference during reading. *Journal of Memory and Language*, *33* (4), 421-441.

Siok, W. T., Perfetti, C. A., Jin, Z., & Tan, L. H. (2004). Biological abnormality of impaired reading is constrained by culture. *Nature*, *431* (7004), 71-76.

Skeide, M. A., & Friederici, A. D. (2016). The ontogeny of the cortical language network. *Nature Reviews Neuroscience*, *17* (5), 323-332.

Smith, N. J., & Levy, R. P. (2013). The effect of word predictability on reading time is logarithmic. *Cognition*, *128* (3), 302-319.

Snedeker, J., & Trueswell, J. C. (2004). The developing constraints on parsing decisions: The role of lexical-biases and referential scenes in child and adult sentence processing. *Cognitive Psychology*, *49* (3), 238-299.

Solomyak, O., & Marantz, A. (2009). Lexical access in early stages of visual word processing: A single-trial correlational MEG study of heteronym recognition. *Brain and Language*, *108* (3), 191-196.

Souter, N. E., Wang, X., Thompson, H., Krieger-Redwood, K., Halai, A., Lambon Ralph, M. A., ... & Jefferies E. (2022). Mapping lesion, structural disconnection, and functional disconnection to symptoms in semantic aphasia. *Brain Structure and Function*, *227* (9), 3043-3061.

Spalding, T. L., & Gagné, C. L. (2011). Relation priming in established compounds: Facilitation? *Memory & Cognition*, *39*, 1472-1486.

Spitsyna, G., Warren, J. E., Scott, S. K., Turkheimer, F. E., & Wise, R. J. (2006). Converging language streams in the human temporal lobe. *Journal of Neuroscience*, *26* (28), 7328-7336.

Starr, M. S., & Inhoff, A. (2004). Attention allocation to the right and left of a fixated word: Use of orthographic information from multiple words during reading. *European Journal of Cognitive Psychology*, *16* (1-2), 203-225.

Starr, M. S., & Rayner, K. (2001). Eye movements during reading: Some current controversies. *Trends in Cognitive Sciences*, *5* (4), 156-163.

Staub, A., & Clifton Jr., C. (2006). Syntactic prediction in language comprehension: Evidence from either... or. *Journal of Experimental Psychology*:

Learning，*Memory*，*and Cognition*，*32*（2），425-436.

Staub，A.，Grant，M.，Astheimer，L.，& Cohen，A.（2015）. The influence of cloze probability and item constraint on cloze task response time. *Journal of Memory and Language*，*82*，1-17.

Staub，A.，Rayner，K.，Pollatsek，A.，Hyönä，J.，& Majewski，H.（2007）. The time course of plausibility effects on eye movements in reading：Evidence from noun–noun compounds. *Journal of Experimental Psychology*：*Learning*，*Memory*，*and Cognition*，*33*（6），1162-1169.

Sternberg，S.（1966）. High-speed scanning in human memory. *Science*，*153*（3736），652-654.

Stites，M. C.，Payne，B. R.，& Federmeier，K. D.（2017）. Getting ahead of yourself：Parafoveal word expectancy modulates the N400 during sentence reading. *Cognitive*，*Affective*，*& Behavioral Neuroscience*，*17*，475-490.

Stolz，J. A.，& Neely，J. H.（1995）. When target degradation does and does not enhance semantic context effects in word recognition. *Journal of Experimental Psychology*：*Learning*，*Memory*，*and Cognition*，*21*（3），596-611.

Stowe，L. A.，Broere，C. A. J.，Paans，A. M. J.，Wijers，A. A.，Mulder，G.，Vaalburg，W.，& Zwarts，F.（1998）. Localizing components of a complex task：Sentence processing and working memory. *Neuroreport*，*9*（13），2995-2999.

Stowe，L. A.，Haverkort，M.，& Zwarts，F.（2005）. Rethinking the neurological basis of language. *Lingua*，*115*（7），997-1042.

Stroud，C.，& Phillips，C.（2012）. Examining the evidence for an independent semantic analyzer：An ERP study in Spanish. *Brain and Language*，*120*（2），108-126.

Sturt，P.（1996）. Monotonic syntactic processing：A cross-linguistic study of attachment and reanalysis. *Language and Cognitive Processes*，*11*（5），449-494.

Suzuki，K.，& Sakai，K. L.（2003）. An event-related fMRI study of explicit syntactic processing of normal/anomalous sentences in contrast to implicit syntactic processing. *Cerebral Cortex*，*13*（5），517-526.

Swets，B.，Desmet，T.，Clifton，C.，& Ferreira，F.（2008）. Underspecification of syntactic ambiguities：Evidence from self-paced reading. *Memory & Cognition*，*36*（1），201-216.

Swinney, D. A., Onifer, W., Prather, P., & Hirshkowitz, M. (1979). Semantic facilitation across sensory modalities in the processing of individual words and sentences. *Memory & Cognition*, *7*(3), 159-165.

Szewczyk, J. M., & Schriefers, H. (2013). Prediction in language comprehension beyond specific words: An ERP study on sentence comprehension in Polish. *Journal of Memory and Language*, *68*(4), 297-314.

Szewczyk, J. M., & Schriefers, H. (2018). The N400 as an index of lexical preactivation and its implications for prediction in language comprehension. *Language, Cognition and Neuroscience*, *33*(6), 665-686.

Taft, M. (1992). The body of the BOSS: Subsyllabic units in the lexical processing of polysyllabic words. *Journal of Experimental Psychology: Human Perception and Performance*, *18*(4), 1004-1014.

Tan, B. T., Gu, Y., & Thomas, T. (2000). Utterance verification based speech recognition system. In *Sixth International Conference on Spoken Language Processing*, Beijing, China.

Tan, B. T., Gu, Y., & Thomas, T. (2001). Word level confidence measures using n-best sub-hypotheses likelihood ratio, In *Seventh European Conference on Speech Communication and Technology*, 2565-2568.

Tan, L. H., Liu, H. L., Perfetti, C. A., Spinks, J. A., Fox, P. T., & Gao, J. H. (2001). The neural system underlying Chinese logograph reading. *NeuroImage*, 13(5), 836-846.

Tan, L. H., Spinks, J. A., Gao, J. H., Liu, H. L., Perfetti, C. A., Xiong, J. H., Stofer, K. A., Pu, Y. L., Liu, Y. J., & Fox, P. T. (2000). Brain activation in the processing of Chinese characters and words: A functional MRI study. *Human Brain Mapping*, *10*(1), 16-27.

Tanenhaus, M. K., Leiman, J. M., & Seidenberg, M. S. (1979). Evidence for multiple stages in the processing of ambiguous words in syntactic contexts. *Journal of Verbal Learning and Verbal Behavior*, *18*(4), 427-440.

Tanenhaus, M. K., Spivey-knowlton, M. J., Eberhard, K. M., & Sedivy, J. C. (1995). Integration of visual and linguistic information in spoken language comprehension. *Science*, *268*(5217), 1632-1634.

Tarkiainen, A., Helenius, P., Hansen, P. C., Cornelissen, P. L., &

Salmelin, R. (1999). Dynamics of letter string perception in the human occipitotemporal cortex. *Brain*, *122* (11), 2119-2132.

Tesink, C. M. J. Y., Petersson, K. M., van Berkum, J. J. A., van den Brink, D., Buitelaar, J. K., & Hagoort, P. (2009). Unification of speaker and meaning in language comprehension: An fMRI study. *Journal of Cognitive Neuroscience*, *21* (11), 2085-2099.

Thompson-Schill, S. L., Bedny, M., & Goldberg, R. F. (2005). The frontal lobes and the regulation of mental activity. *Crrent Opinion in Neurobiology*, *15* (2), 219-224.

Thompson-Schill, S. L., D'Esposito, M., Aguirre, G. K., & Farah, M. J. (1997). Role of left inferior prefrontal cortex in retrieval of semantic knowledge: A reevaluation. *Proceedings of the National Academy of Sciences of the United States of America*, 94 (26), 14792-14797.

Thompson-Schill, S. L., Kurtz, K. J., & Gabriele, J. D. (1998). Effects of semantic and associative relatedness on automatic priming. *Journal of Memory and Language*, *38* (4), 440-458.

Thornhill, D. E., & van Petten, C. (2012). Lexical versus conceptual anticipation during sentence processing: Frontal positivity and N400 ERP components. *International Journal of Psychophysiology*, *83* (3), 382-392.

Thothathiri, M., Asaro, C. T., Hsu, N. S., & Novick, J. M. (2018). Who did what? A causal role for cognitive control in thematic role assignment during sentence comprehension. *Cognition*, *178*, 162-177.

Townsend, D. J., & Bever, T. G. (2001). *Sentence comprehension: The integration of habits and rules*. Cambridge: The MIT Press.

Traxler, M. J., & Foss, D. J. (2000). Effects of sentence constraint on priming in natural language comprehension. *Journal of Experimental Psychology: Learning, Memory, and Cognition*, 26 (5), 1266-1282.

Traxler, M. J., Foss, D. J., Seely, R. E., Kaup, B., & Morris, R. K. (2000). Priming in sentence processing: Intralexical spreading activation, schemas, and situation models. *Journal of Psycholinguistic Research*, *29* (6), 581-595.

Traxler, M. J., Pickering, M. J., & Clifton Jr., C. (1998). Adjunct attachment is not a form of lexical ambiguity resolution. *Journal of Memory and Language*, *39*（4）, 558-592.

Treisman, A., & Gormican, S.（1988）. Feature analysis in early vision: Evidence from search asymmetries. *Psychological Review*, *95*（1）, 15-48.

Tromp, J., Peeters, D., Meyer, A. S., & Hagoort, P.（2018）. The combined use of virtual reality and EEG to study language processing in naturalistic environments. *Behavior Research Methods*, *50*, 862-869.

Trueswell, J. C., & Tanenhaus, M. K.（1994）. Toward a lexicalist framework of constraint-based syntactic ambiguity resolution. In C. Clifton, Jr., L. Frazier, & K. Rayner（Eds.）, *Perspectives on sentence processing*（pp. 155-179）. Hillsdale: Lawrence Erlbaum Associates, Inc.

Trueswell, J. C., Tanenhaus, M. K., & Garnsey, S. M.（1994）. Semantic influences on parsing: Use of thematic role information in syntactic ambiguity resolution. *Journal of Memory and Language*, *33*（3）, 285-318.

Tsai, J. L., Kliegl, R., & Yan, M.（2012）. Parafoveal semantic information extraction in traditional Chinese reading. *Acta Psychologica*, *141*（1）, 17-23.

Tsai, J. L., Lee, C. Y., Tzeng, O. J. L., Hung, D. L., & Yen, N. S.（2004）. Use of phonological codes for Chinese characters: Evidence from processing of parafoveal preview when reading sentences. *Brain and Language*, *91*（2）, 235-244.

Tse, C. Y., Lee, C. L., Sullivan, J., Garnsey, S. M., Dell, G. S., Fabiani, M., & Gratton, G.（2007）. Imaging cortical dynamics of language processing with the event-related optical signal. *Proceedings of the National Academy of Sciences of the United States of America*, *104*（43）, 17157-17162.

Turken, A. U., & Dronkers, N. F.（2011）. The neural architecture of the language comprehension network: Converging evidence from lesion and connectivity analyses. *Frontiers in System Neuroscience*, *5*（1）, 1-20.

Ulrich, M., Hoenig, K., Grön, G., & Kiefer, M.（2013）. Brain activation during masked and unmasked semantic priming: Commonalities and differences. *Journal of Cognitive Neuroscience*, *25*（12）, 2216-2229.

Underwood, G., Clews, S., & Everatt, J.（1990）. How do readers know where to look next ? Local information distributions influence eye fixations. *The*

Quarterly Journal of Experimental Psychology，*42*（1），39-65.

van Berkum，J. J. A.，Brown，C. M.，Zwitserlood，P.，Kooijman，V.，& Hagoort，P.（2005）. Anticipating upcoming words in discourse：Evidence from ERPs and reading times. *Journal of Experimental Psychology*：*Learning*，*Memory*，*and Cognition*，*31*（3），443-467.

van Berkum，J. J. A.，van den Brink，D.，Tesink，C. M.，Kos，M.，& Hagoort，P.（2008）. The neural integration of speaker and message. *Journal of Cognitive Neuroscience*，*20*（4），580-591.

van Boxtel，J. J. A.，& Lu，H.（2013）. A predictive coding perspective on autism spectrum disorders. *Frontiers in Psychology*，*4*（19），1-3.

van de Meerendonk，N.，Indefrey，P.，Chwilla，D. J.，& Kolk，H. H.（2011）. Monitoring in language perception：Electrophysiological and hemodynamic responses to spelling violations. *NeuroImage*，*54*（3），2350-2363.

van de Meerendonk，N.，Kolk，H. H. J.，Chwilla，D. J.，& Vissers，C. T. W.（2009）. Monitoring in language perception. *Language and Linguistics Compass*，*3*（5），1211-1224.

van de Meerendonk，N.，Kolk，H. H. J.，Vissers，C. T. W.，& Chwilla，D. J.（2010）. Monitoring in language perception：Mild and strong conflicts elicit different ERP patterns. *Journal of Cognitive Neuroscience*，*22*（1），67-82.

van Gompel，R. P. G.，& Majid，A.（2004）. Antecedent frequency effects during the processing of pronouns. *Cognition*，*90*（3），255-264.

van Herten，M.，Chwilla，D. J.，& Kolk，H. H. J.（2006）.When heuristics clash with parsing routines：ERP evidence for conflict monitoring in sentence perception. *Journal of Cognitive Neuroscience*，*18*（7），1181-1197.

van Herten，M.，Kolk，H. H. J.，& Chwilla，D. J.（2005）. An ERP study of P600 effects elicited by semantic anomalies. *Cognitive Brain Research*，*22*（2），241-255.

van Petten，C.（1993）. A comparison of lexical and sentence-level context effects in event-related potentials. *Language and Cognitive Processes*，*8*（4），485-531.

van Petten，C.，& Kutas，M.（1990）. Interactions between sentence context and word frequency in event-related brain potentials. *Memory & Cognition*，*18*

（4），380-393.

van Petten，C.，& Luka，B. J.（2006）. Neural localization of semantic context effects in electromagnetic and hemodynamic studies. *Brain and Language*，*97*（3），279-293.

van Petten，C.，& Luka，B. J.（2012）. Prediction during language comprehension：Benefits，costs，and ERP components. *International Journal of Psychophysiology*，*83*（2），176-190.

van Petten，C.，& Rheinfelder，H.（1995）. Conceptual relationships between spoken words and environmental sounds：Event-related brain potential measures. *Neuropsychologia*，*33*（4），485-508.

Vandenberghe，R.，Nobre，A. C.，& Price，C. J.（2002）. The response of left temporal cortex to sentences. *Journal of Cognitive Neuroscience*，*14*（4），550-560.

Vatansever，D.，Smallwood，J.，& Jefferies，E.（2021）. Varying demands for cognitive control reveals shared neural processes supporting semantic and episodic memory retrieval. *Nature Communications*，*12*（2134），1-11.

Vartiainen，J.，Liljeström，M.，Koskinen，M.，Renvall，H.，& Salmelin，R.（2011）. Functional magnetic resonance imaging blood oxygenation level-dependent signal and magnetoencephalography evoked responses yield different neural functionality in reading. *Journal of Neuroscience*，*31*（3），1048-1058.

Vigneau，M.，Beaucousin，V.，Hervé，P. Y.，Jobard，G.，Petit，L.，Crivello，F.，... & Tzourio-Mazoyer，N.（2011）. What is right-hemisphere contribution to phonological，lexico-semantic，and sentence processing？ Insights from a meta-analysis. *NeuroImage*，*54*（1），577-593.

Visser，M.，Embleton，K. V.，Jefferies，E.，Parker，G. J.，& Ralph M. L.（2010）. The inferior，anterior temporal lobes and semantic memory clarified：Novel evidence from distortion-corrected fMRI. *Neuropsychologia*，*48*（6），1689-1696.

Visser，M.，Jefferies，E.，Embleton，K. V.，& Lambon Ralph，M. A.（2012）. Both the middle temporal gyrus and the ventral anterior temporal area are crucial for multimodal semantic processing：Distortion-corrected fMRI evidence for a double gradient of information convergence in the temporal lobes. *Journal of*

Cognitive Neuroscience, *24*（8）, 1766-1778.

Visser, M., & Lambon Ralph, M. A.（2011）. Differential contributions of bilateral ventral anterior temporal lobe and left anterior superior temporal gyrus to semantic processes. *Journal of Cognitive Neuroscience*, *23*（10）, 3121-3131.

Vosse, T., & Kempen, G.（2000）. Syntactic structure assembly in human parsing: A computational model based on competitive inhibition and lexicalist grammar. *Cognition*, *75*（2）, 105-143.

Vuong, L. C., & Martin, R. C.（2011）. LIFG-based attentional control and the resolution of lexical ambiguities in sentence context. *Brain and Language*, *116*（1）, 22-32.

Wacongne, C.（2016）. A predictive coding account of MMN reduction in schizophrenia. *Biological Psychology*, *116*, 68-74.

Wager, T. D., Keller, M. C., Lacey, S. C., & Jonides, J.（2005）. Increased sensitivity in neuroimaging analyses using robust regression. *NeuroImage*, *26*（1）, 99-113.

Wagner, A. D., Pare-Blagoev, E. J., Clark, J., & Poldrack, R. A.（2001）. Recovering meaning: Left prefrontal cortex guides controlled semantic retrieval. *Neuron*, *31*（2）, 329-338.

Wahl, M., Marzinzik, F., Friederici, A. D., Hahne, A., Kupsch, A., Schneider, G. H., ... & Klostermann, F.（2008）. The human thalamus processes syntactic and semantic language violations. *Neuron*, *59*（5）, 695-707.

Wang, L., Kuperberg, G., & Jensen, O.（2018）. Specific lexico-semantic predictions are associated with unique spatial and temporal patterns of neural activity. *eLife*, *7*, 1-24.

Wang, L., Wlotko, E., Alexander, E., Schoot, L., Kim, M., Warnke, L., & Kuperberg, G. R.（2020）. Neural evidence for the prediction of animacy features during language comprehension: Evidence from MEG and EEG Representational Similarity Analysis. *Journal of Neuroscience*, *40*（16）, 3278-3291.

Wang, S., Chen, H. C., Yang J., & Mo, L.（2008b）. Immediacy of integration in discourse comprehension: Evidence from Chinese readers' eye movements. *Language and Cognitive Processes*, *23*（2）, 241-257.

Wang, S., Mo, D., Xiang, M., Xu, R., & Chen, H. C. (2013). The time course of semantic and syntactic processing in reading Chinese: Evidence from ERPs. *Language and Cognitive Processes*, *28* (4), 577-596.

Wang, S., Yang, J., & Chen, H. C. (2008a). Immediacy of processing intra-sentential and inter-sentential information in reading Chinese. In K. Rayner, D. Shen, X. Bai, & G. Yan (Eds). *Cognitive and cultural influences on eye movements*. Tianjin: Tianjin People's Press/ London: Psychology Press.

Wang, S., Zhu, Z., Zhang, J. X., Wang, Z., Xiao, Z., Xiang, H., & Chen, H. C. (2008c). Broca's area plays a role in syntactic processing during Chinese reading comprehension. *Neuropsychologia*, *46* (5), 1371-1378.

Weber, K., Christiansen, M. H., Petersson, K. M., Indefrey, P., & Hagoort, P. (2016). fMRI syntactic and lexical repetition effects reveal the initial stages of learning a new language. *Journal of Neuroscience*, *36* (26), 6872-6880.

Westerlund, M., & Pylkkänen, L. (2014). The role of the left anterior temporal lobe in semantic composition vs. semantic memory. *Neuropsychologia*, *57* (1), 59-70.

Wheatley, T., Weisberg, J., Beauchamp, M. S., & Martin, A. (2005). Automatic priming of semantically related words reduces activity in the fusiform gyrus. *Journal of Cognitive Neuroscience*, *17* (12), 1871-1885.

White, S. J., Bertram, R., & Hyönä, J. (2008). Semantic processing of previews within compound words. *Journal of Experimental Psychology*: *Learning*, *Memory*, *and Cognition*, *34* (4), 988-993.

Whitney, C., Jefferies, E., & Kircher, T. (2011). Heterogeneity of the left temporal lobe in semantic representation and control: Priming multiple versus single meanings of ambiguous words. *Cerebral Cortex*, *21* (4), 831-844.

Whorf, B. L. (2012). *Language, thought, and reality: Selected writings of Benjamin Lee Whorf*. Cambridge: The MIT Press.

Wible, C. G., Han, S. D., Spencer, M. H., Kubicki, M., Niznikiewicz, M. H., Jolesz, F. A., ... & Nestor, P. (2006). Connectivity among semantic associates: An fMRI study of semantic priming. *Brain and Language*, *97* (3), 294-305.

Wicha, N. Y. Y., Bates, E. A., Moreno, E. M., & Kutas, M. (2003).

Potato not Pope: Human brain potentials to gender expectation and agreement in Spanish spoken sentences. *Neuroscience Letters*, *346* (3), 165-168.

Wicha, N. Y. Y., Moreno, E. M., & Kutas, M. (2004). Anticipating words and their gender: An event-related brain potential study of semantic integration, gender expectancy, and gender agreement in Spanish sentence reading. *Journal of Cognitive Neuroscience*, *16* (7), 1272-1288.

Willems, R. M. (2015). *Cognitive neuroscience of natural language use.* Cambridge: Cambridge University Press.

Willems, R. M., Frank, S. L., Nijhof, A. D., Hagoort, P., & van den Bosch, A. (2016). Prediction during natural language comprehension. *Cerebral Cortex*, *26* (6), 2506-2516.

Willems, R. M., Özyürek, A., & Hagoort, P. (2007). When language meets action: The neural integration of gesture and speech. *Cerebral Cortex*, *17* (10), 2322-2333.

Willems, R. M., Özyürek, A., & Hagoort, P. (2008). Seeing and hearing meaning: ERP and fMRI evidence of word versus picture integration into a sentence context. *Journal of Cognitive Neuroscience*, *20* (7), 1235-1249.

Williams, A. (2015). *Arguments in syntax and semantics.* Cambridge: Cambridge University Press.

Wilson, S. M., Galantucci, S., Tartaglia, M. C., Rising, K., Patterson, D. K., Henry, M. L., ... & Gorno-Tempini, M. L. (2011). Syntactic processing depends on dorsal language tracts. *Neuron*, *72* (2), 397-403.

Wisniewski, E. J. (1997). When concepts combine. *Psychonomic Bulletin & Review*, *4* (2), 167-183.

Wlotko, E. W., & Federmeier, K. D. (2007). Finding the right word: Hemispheric asymmetries in the use of sentence context information. *Neuropsychologia*, *45* (13), 3001-3014.

Wlotko, E. W., & Federmeier, K. D. (2012a). Age-related changes in the impact of contextual strength on multiple aspects of sentence comprehension. *Psychophysiology*, *49* (6), 770-785.

Wlotko, E. W., & Federmeier, K. D. (2012b). So that's what you meant! Event-related potentials reveal multiple aspects of context use during construction of message-level meaning. *NeuroImage*, *62*（1）, 356-366.

Wlotko, E. W., Federmeier, K. D., & Kutas, M.（2012）. To predict or not to predict: Age-related differences in the use of sentential context. *Psychology and Aging*, *27*（4）, 975-988.

Wolpert, D. M., Doya, K., & Kawato, M.（2003）. A unifying computational framework for motor control and social interaction. *Philosophical Transactions of the Royal Society of London. Series B*, *Biological Sciences*, *358*（1431）, 593-602.

Wong, F. C. K., Chandrasekaran, B., Garibaldi, K., & Wong, P. C. M.（2011）. White matter anisotropy in the ventral language pathway predicts sound-to-word learning success. *Journal of Neuroscience*, *31*（24）, 8780-8785.

Wright, P., Randall, B., Marslen-Wilson, W. D., & Tyler, L. K.,（2011）. Dissociating linguistic and task-related activity in the left inferior frontal gyrus. *Journal of Cognitive Neuroscience*, *23*（2）, 404-413.

Wu, L. L., & Barsalou, L. W.（2009）. Perceptual simulation in conceptual combination: Evidence from property generation. *Acta Psychologica*, *132*（2）, 173-189.

Xiang, H., Fonteijn, H. M., Norris, D. G., & Hagoort, P.（2010）. Topographical functional connectivity pattern in the perisylvian language networks. *Cerebral Cortex*, *20*（3）, 549-560.

Xiang, M., & Kuperberg, G.（2015）. Reversing expectations during discourse comprehension. *Language*, *Cognition and Neuroscience*, *30*（6）, 648-672.

Xu, K., & Duann, J.-R.（2020）. Brain connectivity in the left frontotemporal network dynamically modulated by processing difficulty: Evidence from Chinese relative clauses. *PLoS One. 15*（4）, e0230666.

Xu, K., Wu, D., & Duann, J. R.（2020a）. Enhanced left inferior frontal to left superior temporal effective connectivity for complex sentence comprehension: fMRI evidence from Chinese relative clause processing. *Brain and Language*, *200*, 1-10.

Xu, K., Wu, D., & Duann, J. R.（2020b）. Dynamic brain connectivity attuned to the complexity of relative clause sentences revealed by a single-trial analysis. *NeuroImage*, *217*, 116920.

Xu, X., Jiang, X., & Zhou, X. (2013). Processing biological gender and number information during Chinese pronoun resolution: ERP evidence for functional differentiation. *Brain and Cognition*, *81*(2), 223-236.

Xu, Y., Pollatsek, A., & Potter, M. C. (1999). The activation of phonology during silent Chinese word reading. *Journal of Experimental Psychology*: *Learning, Memory, and Cognition*, *25*(4), 838-857.

Yan, M. (2015). Visually complex foveal words increase the amount of parafoveal information acquired. *Vision Research*, *111*, 91-96.

Yan, M., Kliegl, R., Shu, H., Pan, J., & Zhou, X. (2010). Parafoveal load of word N+1 modulates preprocessing effectiveness of word N+2 in Chinese reading. *Journal of Experimental Psychology*: *Human Perception and Performance*, *36*(6), 1669-1676.

Yan, M., Richter, E. M., Shu, H., & Kliegl, R. (2009). Readers of Chinese extract semantic information from parafoveal words. *Psychonomic Bulletin & Review*, *16*(3), 561-566.

Yan, M., Risse, S., Zhou, X., & Kliegl, R. (2012). Preview fixation duration modulates identical and semantic preview benefit in Chinese reading. *Reading and Writing*, *25*(5), 1093-1111.

Yang, J. (2010). *Word recognition in the parafovea*: *An eye movement investigation of Chinese reading.* Ph.D. Dissertation, University of Massachusetts Amherst.

Yang, J., Staub, A., Li, N., Wang, S., & Rayner, K. (2012a). Plausibility effects when reading one-and two-character words in Chinese: Evidence from eye movements. *Journal of Experimental Psychology*: *Learning, Memory, and Cognition*, *38*(6), 1801-1809.

Yang, J., Wang, S., Chen, H.-C., & Rayner, K. (2009). The time course of semantic and syntactic processing in Chinese sentence comprehension: Evidence from eye movements. *Memory & Cognition*, *37*(8), 1164-1176.

Yang, J., Wang, S., Tong, X., & Rayner, K. (2012b). Semantic and plausibility effects on preview benefit during eye fixations in Chinese reading. *Reading and Writing*, *25*, 1031-1052.

Ye, Z., & Zhou, X. (2008). Involvement of cognitive control in sentence comprehension: Evidence from ERPs. *Brain Research*, *1203* (1), 103-115.

Ye, Z., & Zhou, X. (2009a). Conflict control during sentence comprehension: fMRI evidence. *NeuroImage*, *48* (1), 280-290.

Ye, Z., & Zhou, X. (2009b). Executive control in language processing. *Neuroscience & Biobehavioral Reviews*, *33* (8), 1168-1177.

Yen, M.-H., Tsai, J.-L., Tzeng, O. J. L., & Hung, D. L. (2008). Eye movements and parafoveal word processing in reading Chinese. *Memory & Cognition*, *36* (5), 1033-1045.

Yngve, V. H. (1960). A model and an hypothesis for language structure. *Proceedings of the American Philosophical Society*, *104* (5), 444-466.

Yue, Q., Zhang, L., Xu, G., Shu, H., & Li, P. (2013). Task-modulated activation and functional connectivity of the temporal and frontal areas during speech comprehension. *Neuroscience*, *237*, 87-95.

Zempleni, M.-Z., Renken, R., Hoeks, J. C. J., Hoogduin, J. M., & Stowe, L. A. (2007). Semantic ambiguity processing in sentence context: Evidence from event-related fMRI. *NeuroImage*, *34* (3), 1270-1279.

Zhang, J. X., Leung, H. C., & Johnson, M. K. (2003). Frontal activations associated with accessing and evaluating information in working memory: An fMRI study. *NeuroImage*, *20* (3), 1531-1539.

Zhang, L. (1997a). What is parataxis? *Chinese Language Learning* (*Hanyu Xuexi in Chinese Pinyin*), *97*, 58-61.

Zhang, L. (1997b). Issue on semantic categories. *Chinese Language Learning* (*Hanyu Xuexi in Chinese Pinyin*), *100*, 8-13.

Zhang, M., Chen, C., Xue, G., Lu, Z., Mei, L., Xue, H., ... & Dong, Q. (2014). Language-general and-specific white matter microstructural bases for reading. *NeuroImage*, *98*, 435-441.

Zhang, W., Chow, W. Y., Liang, B., & Wang, S. (2019). Robust effects of predictability across experimental contexts: Evidence from event-related potentials. *Neuropsychologia*, *134*, 107229.

Zhang, W., Li, N., Wang, X., & Wang, S. (2015). Integration of sentence-level semantic information in parafovea: Evidence from the RSVP-flanker paradigm. *PloS One*, *10*（9）, 0139016.

Zhang, Y., Yu, J., & Boland, J. E.（2010）. Semantics does not need a processing license from syntax in reading Chinese. *Journal of Experimental Psychology*: *Learning*, *Memory*, *and Cognition*, *36*（3）, 765-781.

Zhang, Y., Li, P., Piao, Q., Liu, Y., Huang, Y., & Shu, H.（2013）. Syntax does not necessarily precede semantics in sentence processing: ERP evidence from Chinese. *Brain and Language*, *126*（1）, 8-19.

Zhao, J., Maurer, U., He, S., & Weng, X.（2019）. Development of neural specialization for print: Evidence for predictive coding in visual word recognition. *PLoS Biology*, *17*（10）, e3000474.

Zhao, Y., Song, L., Ding, J., Lin, N., Wang, Q., Du, X., ... & Han, Z.（2017）. Left anterior temporal lobe and bilateral anterior cingulate cortex are semantic hub regions: Evidence from behavior-nodal degree mapping in brain-damaged patients. *Journal of Neuroscience*, *37*（1）, 141-151.

Zhou, W., Kliegl, R., & Yan, M.（2013）. A validation of parafoveal semantic information extraction in reading Chinese. *Journal of Research in Reading*, *36*（S1）, S51-S63.

Zhou, X., Tang, Y., Wengt, X., Ma, L., & Li, D.（2001）. Brain activation in reading regular and irregular Chinese characters. *NeuroImage*, *13*（6）, 634.

Zhu, Z., Bastiaansen, M., Hakun, J. G., Petersson, K. M., Wang, S., & Hagoort, P.（2019）. Semantic unification modulates N400 and BOLD signal change in the brain: A simultaneous EEG-fMRI study. *Journal of Neurolinguistics*, *52*, 100855.

Zhu, Z., Feng, G., Zhang, J. X., Li, G., Li, H., & Wang, S.（2013）. The role of the left prefrontal cortex in sentence-level semantic integration. *NeuroImage*, *76*, 325-331.

Zhu, Z., Hagoort, P., Zhang, J. X., Feng, G., Chen, H. C., Bastiaansen, M., & Wang, S.（2012）. The anterior left inferior frontal gyrus contributes to semantic unification. *NeuroImage*, *60*（4）, 2230-2237.

Zhu, Z., Zhang, J. X., Wang, S., Xiao, Z., Huang, J., & Chen, H. C.（2009）. Involvement of left inferior frontal gyrus in sentence-level semantic integration. *NeuroImage*，*47*（2），756-763.

Zwaan，R. A.，& Radvansky，G. A.（1998）. Situation models in language comprehension and memory. *Psychological Bulletin*，*123*（2），162-185.

Zwitserlood，P.（1989）. The locus of the effects of sentential-semantic context in spoken-word processing. *Cognition*，*32*（1），25-64.

附　录
术语表：重要术语及简称

中文全称	英文全称	英文缩写
阿尔茨海默病	Alzheimer's disease	AD
白质纤维束	white matter fiber tract	
半视野	visual half-field	
贝叶斯推论	Bayesian inference	
边界范式	boundary paradigm	
边界位置	boundary location	
边缘视区	peripheral area	
边缘系统	paralimbic	
编码	encoding	
表层表征	surface code	
表象语义系统	imagistic semantic system	
表征	representation	
表征相似分析	representational similarity analysis	RSA
并行加工	parallel processing	
波幅	amplitude	
布罗德曼分区	Brodmann area	BA
布罗卡失语症	Broca's aphasia	
参数调节效应	parametric modulation effect	
参数式	parametric	
长时记忆	long-term memory	
冲突解决	conflict resolution	
重读时间	rereading time	
重复启动	repetition priming	
初级皮层	primary cortex	

中文全称	英文全称	英文缩写
纯插入	pure insertion	
词汇的词频效应	word frequency effect	
词汇判断任务	lexical decision task	LDT
词汇识别	word recognition	
记忆控制双加工模型	two-process model of mnemonic control	
词汇提取	lexical retrieval	
词汇形态句法信息	lexical morphosyntactic information	
词汇语义	lexical semantic	
词汇再解释模型	lexical reinterpretation model	
词频	word frequency	
词频效应	word frequency effect	
词形家族性容量	orthographic neighborhood size	
刺激呈现间隔	inter stimulus interval	ISI
刺激呈现异步性	stimulus-onset asynchrony	SOA
错误相关负波	error-related negativity	ERN
大脑功能网络	brain functional network	
代词指认	pronoun resolution	
单次注视时间	single fixation duration	SFD
单分离	single dissociation	
顶叶	parietal lobe	
顶上小叶	superior parietal lobule	SPL
左侧/右侧顶上小叶	left/right superior parietal lobule	L/RSPL
顶下小叶	inferior parietal lobule	IPL
左侧/右侧顶下小叶	left/right inferior parietal lobule	L/RIPL
豆状核	lenticular nucleus	
岛叶	insula	
递归神经网络	recurrent neural networks	
递归神经网络语法	recurrent neural network grammars	
第二遍阅读时间	second-pass reading time	
顶内沟	intraparietal sulcus	IPS
动态超声成像	dynamic ultrasound imaging	
动态因果模型	dynamic causal modeling	DCM

续表

中文全称	英文全称	英文缩写
独立成分	independent component	IC
独立成分分析	independent component analysis	ICA
多体素模式	multi-voxel pattern	
额－颞语义网络区	frontotemporal semantic network	
额上回	superior frontal gyrus	SFG
左侧／右侧额上回	left/right superior frontal gyrus	L/R SFG
额上回中部	middle superior frontal gyrus	mSFG
背侧内侧额上回	dorsomedial superior frontal gyrus	dmSFG
眶部额上回	superior frontal gyrus，orbital part	ORBsup
左侧眶部额上回	left superior frontal gyrus，orbital part	LORBsup
额下回	inferior frontal gyrus	IFG
额下回前部／后部	anterior/posterior inferior frontal gyrus	a/pIFG
双侧额下回	bilateral inferior frontal gyrus	bIFG
额下回岛盖部	inferior frontal gyrus，pars opercularis	IFGoperc
额下回眶部	inferior frontal gyrus，pars orbitalis	ORBinf
额下回三角部	inferior frontal gyrus，pars triangularis	IFGtriang
左侧／右侧额下回	left/right inferior frontal gyrus	L/R IFG
左侧额下回三角部	left inferior frontal gyrus，pars triangularis	LIFGtriang
左侧额下回岛盖部	left inferior frontal gyrus，pars opercularis	LIFGoperc
右侧额下回眶部	right inferior frontal gyrus，orbital part	RORBinf
额叶	frontal lobe	
前额叶	prefrontal	
额叶盖部深部区	deep frontal operculum	
背外侧前额叶	dorsolateral prefrontal cortex	DLPFC
右侧内侧眶额皮层	right medial orbitalfrontal cortex	RORBmed
额枕下束	inferior fronto-occipital fasciculus	IFOF
额中回	middle frontal gyrus	MFG
左侧／右侧额中回	left/right middle frontal gyrus	L/R MFG
双侧额中回	bilateral middle frontal gyrus	bMFG
反馈学习	feedback learning	
反应决策	decision making	
反应时	reaction time	RT

续表

中文全称	英文全称	英文缩写
非言语信息	non-verbal information	
分类关系	taxonomy relation	
分类学	taxonomic	
分类学关系	taxonomic relation	
分离	dissociations	
辅助运动区	supplementary motor area	SMA
前辅助运动区	pre- supplementary motor area	preSMA
右侧辅助运动区	right supplementary motor area	RSMA
腹侧纹状体	ventral striatum	
负激活	deactivation	
副中央凹	parafovea	
副中央凹预视效应	parafoveal preview effect	
副中央凹－中央凹效应	parafoveal-on-foveal effect	POF
概率示踪成像	probabilistic tractography	
概念	concept	
感知	perception	
感知模拟	sensation simulation	
高限制性	high constraint	
格	case	
格兰杰因果分析	Granger causality analysis	GCA
工作记忆	working memory	
功能磁共振成像	functional magnetic resonance image	fMRI
功能连接	functional conectivity	
弓状束	arcuate fascicle	AF
功能性近红外光谱	functional near-infrared spectroscopy	fNIRS
共现频率	co-occurrence frequency	
固定步速	fixed pace	
关键词位置	critical word location	CWL
关系整合激活模型	activation model of relational integration	
钩状束	unciform fasciculus	UF
规则学习	rule-based learning	
过渡概率	transitional probability	

中文全称	英文全称	英文缩写
哈佛－牛津图集模板	Harvard-Oxford atlas template	HOA
海马旁回	parahippocampal gyrus	PHG
右侧海马旁回	right parahippocampal gyrus	RPHG
赫氏回	heschl gyrus	
花园路径模型	garden path model	
回视率	regression rate	
回视路径时间	go-pass time	
获得性语言障碍	acquired language disorder	
基线	baseline	
基于分类学的语义系统	taxonomic semantic system	
基于题元的语义系统	thematic semantic system	
基于言语产出的预期理论	production-based models	
基于文本的表征	text-based representation	
激活	activation	
级联模型	cascade model	
即时性	immediacy	
记忆－统合－控制模型	memory-unification-control model	MUC model
记忆障碍	memory disorder	
基底神经节	basal ganglia	
极囊纤维系统	extreme capsule fiber system	ECFS
极外囊	extreme capsule	EC
加工策略	processing strategy	
假词	pseudo word	
减法法则	subtraction rule	
建构整合模型	construction-integration model	
建构主义理论	constructionist theory	
渐进性加工	incremental processing	
交互式模型	interaction model	
交互性的	interactive	
交互激活模型词	interactive activation model	
交界面	interface	
角回	angular gyrus	AG

续表

中文全称	英文全称	英文缩写
节点	node	
节点度	node degree	
结构网络	structural network	
结束效应 / 总结效应	wrap-up effect	
解码	decoding	
经颅磁刺激	transcranial magnetic stimulation	TMS
重复经颅磁刺激	repetitive transcranial magnetic stimulation	rTMS
经颅直流电刺激	transcranial direct current stimulation	tDCS
惊异值	surprisal	
精神分裂症	schizophrenia	
径向偶极子	radial dipole	
静息状态	resting state	
局部场电位	local field potential	
局部连贯	local coherence	
局部效率	local efficiency	
句法	syntax	
句法复杂度	syntactic complexity	
句法加工	syntactic processing	
句法结构	syntactic structure	
句法散文句范式	syntactic prose paradigm	
具体性	concreteness	
聚类系数	clustering coefficient	
卷积	convolution	
可拼读	pronounceable	
可通达性	accessibility	
空间定位	spatial localization	
扣带回	cingulate gyrus	
前扣带回	anterior cingulate cortex	ACC
后扣带回	posterior cingulate gyrus	PCG
右侧后扣带回	right posterior cingulate gyrus	RPCG
正中扣带回	middle cingulate gyrus	MCG
双侧前扣带回	bilateral anterior cingulate cortex	bACC

续表

中文全称	英文全称	英文缩写
眶额皮层	orbitofrontal cortex	OFC
跨模态	cross modality	
快速启动	fast priming	
快速序列视觉呈现	rapid serial visual presentation	RSVP
伴侧 RSVP 范式	rapid serial visual presentation with flankers	RSVP with flankers
捆绑消解模型	bonding-resolution model	
扩散激活	spreading activation	
扩散激活模型	spread activation model	
扩散张量成像	diffusion tensor imaging	DTI
类别	taxonomic	
离线	offline	
连接效率	connection efficiency	
联合皮层	association cortex	
联想关系	association relation	
联想路径	association route	
联想启动	associative priming	
链接假设	linking hypothesis	
领域特异性	domain-specific	
领域一般化	domain-general	
略读率	skipping rate	
麦格克错觉	McGurk illusion	
慢速启动	slow priming	
慢速预期	slow prediction	
命名任务	naming task	
模仿路径	imitation route	
模块化	modular	
模态	modality	
目标词	target	
脑磁图	magnetoencephalography	MEG
脑电图	electroencephalogram	EEG
脑功能成像	brain functional image	
脑脊液	cerebrospinal fluid	

中文全称	英文全称	英文缩写
内隐	implicit	
内源性光学成像	intrinsic signal optical imaging	
逆向推论问题	inverse problem	
颞顶联合区	temporo-parietal junction	TPJ
左侧 / 右侧颞顶联合区	left/right temporo-parietal junction	L/RTPJ
颞顶枕联合区	temporoparietal occipital joint	TPO
左侧 / 右侧颞顶枕联合区上部	left/right superior temporoparietal occipital joint	L/RTPOsup
颞极	temporal pole	
颞上沟	superior temporal sulcus	
颞上回	superior temporal gyrus	STG
颞上回前部 / 后部	anterior/posterior superior temporal gyrus	a/pSTG
左侧 / 右侧颞上回	left/right superior temporal gyrus	L/R STG
颞下回	inferior temporal gyrus	ITG
右侧颞下回	right inferior temporal gyrus	RITG
颞叶	temporal lobe	
左侧颞叶	left temporal lobe	
颞叶前部	anterior temporal lobe	ATL
双侧颞叶前部	bilateral anterior temporal lobe	bATL
左侧颞叶后部	left posterior temporal lobe	
颞中回	middle temporal gyrus	MTG
颞中回中部	middle middle temporal gyrus	mMTG
颞中回后部	posterior middle temporal lobe	pMTG
左侧颞中回	left middle temporal lobe	LMTG
左侧颞中回后部	left posterior middle temporal gyrus	LpMTG
凝视时间	gaze duration	GD
耦合扰动	coupling disturbance	
偏侧化效应	lateral effect	
偏差刺激	deviant stimuli	
期待	expectation	
奇异球范式	odd-ball paradigm	
歧义范式	ambiguity paradigm	

续表

中文全称	英文全称	英文缩写
歧义解决	ambiguity resolution	
启动范式	priming paradigm	
启动性预激活	pre-activation through priming	
前馈信息	feed-forward information	
前向模型	forward model	
潜伏期	latency	
潜在语义分析	latent semantic analysis	
切向偶极子	pair tangential dipole	
情节记忆	episodic memory	
情景层	situation level	
情景模型	situation model	
区组	block	
全局效率	global efficiency	
认知控制	cognitive control	
认知资源	cognitive resources	
上纵束	superior longitudinal fasciculus	SLF
舌尖现象	tip of the tongue	TOT
深度学习	deep learning	
神经解码	neural decoding	
神经增强	neural enhancement	
神经振荡	neural oscillation	
生命性	animacy	
失匹配负波	mismatch negativity	MMN
失语症	aphasia	
施事	subject	
世界性知识	world knowledge	
世界性知识违背	world knowledge violation	
事件	event	
事件相关电位	event-related potentials	ERP
事件相关光学成像	event-related optical signal	EROS
试次	trial	
视觉皮层	visual cortex	

续表

中文全称	英文全称	英文缩写
视觉情景范式	visual world paradigm	
首次注视时间	first fixation duration	FFD
受事	object	
梭状回	fusiform gyrus	FFG
左侧/右侧梭状回	left/right fusiform gyrus	L/R FFG
双侧激活、整合和选择模型	bilateral activation, integration, and selection	BAIS
双侧缘上回	bilateral supramarginal gyrus	bSMG
双分离	double dissociations	
双通路模型	dual-route model	
双系统理论	two-systems accounts	
缩略表模型	shortlist model	
溯源分析	source localization	
随机网络	random network	
弹舌	tongue-tapping	TT
拓扑	topology	
题元	thematic	
题元角色	thematic role	
题元关系	thematic relation	
体素	voxel	
通达	access	
通道	modality	
同形异义词	homonym	
统合	unification	
统计学习	statistical learning	
图论	graph theory	
外侧裂	sylvian fissure	
外侧裂语言区	perisylvian language regions	
外显	explicit	
完形概率	cloze probability	
完形填空作业	cloze task	
晚期前额正波	late frontal positivity	
晚期正成分	late positivity component	LPC

续表

中文全称	英文全称	英文缩写
威尔尼克失语症	Wernicke's aphasia	
违背范式	violation paradigm	
无创脑功能成像	invasive brain functional image	
无向功能连接	unidirectional functional connection	
西蒙任务	Simon task	
稀疏度	sparsity degree	
纤维路径	fiber path	
纤维束	fiber tract	
相同预视效应	identical preview effect	
下纵束	inferior longitudinal fasciculus	ILF
小世界属性	small-worldness	
小世界网络	small world network	
小脑后叶	posterior lobe	
右侧小脑后叶	right posterior lobe	
小脑山坡	declive	
左侧小脑山坡	left declive	LDeclive
楔前叶	precuneus	PCUN
左侧 / 右侧楔前叶	left/right precuneus	L/RPCUN
心理表象	mental imagery	
心理表征	mental representation	
心理词典	mental lexicon	
心理生理交互	psychophysiological interaction	PPI
信息流	information flow	
信噪比	signal-to-noise ratio	SNR
时间信噪比	temporal signal-to-noise ratio	tSNR
杏仁核	amygdala	AMYG
兴趣区	region of interest	ROI
虚拟现实	virtual reality	VR
序列加工	serial processing	
选择模型	selection model	
学习效应	learning effect	
血氧动力学响应函数	hemodynamic response function	HRF

续表

中文全称	英文全称	英文缩写
血氧水平依赖	blood oxygenation level dependent	BOLD
血氧依赖水平信号	blood oxygen dependent level signal	
延迟效应	delayed effect	
掩蔽启动	masked priming	
眼动	eye movement	
眼动随动呈现技术	eye movement contingent display technology	
眼动追踪	eye tracking	
眼跳	saccade	
眼跳宽度	saccade length	
眼跳停留位置	saccade landing position	
一般线性模型	general linear modeling	GLM
抑制	inhibition	
易化	facilitation	
溢出效应	spill-over effect	
音节发生	syllable production	SP
音节听力	syllable listening	SL
音素	phoneme	
映射	mapping	
语法角色分配	thematic role assignment	
语境	context	
语境约束	context constraint	
语素	morpheme	
语言产出系统	production system	
语言处理	language processing	
语言相对性假说（萨皮尔－沃尔夫假说）	the Sapir-Whorf hypothesis of linguistic relativity	
语言一般化	linguistic-general	
语言语义系统	linguistic semantic system	
语义 P600	semantic P600	
语义表征	semantic representation	
语义痴呆	semantic dementia	
语义错觉	semantic illusion	
语义丰富度	semantic richness	

续表

中文全称	英文全称	英文缩写
语义关系	semantic relation	
语义合理性	semantic plausibility	
语义合理性判断任务	semantic plausibility task	
语义记忆	semantic memory	
语义加工	semantic processing	
语义控制	semantic control	
语义启动	semantic priming	
语义特异化	semantic-specific	
语义特征	semantic feature	
语义提取	semantic retrieval	
语义违背	semantic violation	
语义相似性	semantic similarity	
语义预视效应	semantic preview effect	
语义整合	semantic integration	
语音特征	phonological features	
语音重复	speech repetition	
预测编码理论	predictive coding account	
预激活	pre-activation	
预期	prediction	
预期范式	prediction paradigm	
预期性	predictability	
预期性预激活	predictive pre-activation	
预视	preview	
预视效应	preview effect	
缘上回	supramarginal gyrus	SMG
左侧缘上回	left supramarginal gyrus	LSMG
约束	constraint	
运动皮层	motor area	
真词	real word	
整合	integration	
整合关系	integrative relation	
整合启动	integrative priming	

续表

中文全称	英文全称	英文缩写
整体连贯	global coherence	
正电子发射断层扫描	positron emission tomography	PET
正确率	accuracy	
正则网络	regular network	
正字法	orthography	
执行功能	executive function	
执行控制	executive control	
中枢节点	hub	
中心度	centrality	
中央凹	fovea	
中央脑回	cental gyrus	CG
左侧中央脑回	left cental gyrus	LCG
中央前回	precental gyrus	PreCG
左侧/右侧中央前回	left/right precental gyrus	L/R PreCG
中纵束	medial longitudinal fasciculus	MLF
种子区	seed region	
逐词	word by word	
逐试次	trial-by-trial	
逐试次整合方法	trial-by-trial integration approach	
注视点	fixation point	
注视时间	fixation duration	
注意梯度导向	guidance by attentional gradient	GAG
注意序列转移	sequential attention shift	SAS
注意资源	attentional resource	
自定步速	self-paced	
自定步阅读范式	self-paced reading paradigm	
自动化	automatic	
自上而下	top-down	
自下而上	bottom-up	
自由联想	free association	
枕叶	occipital lobe	
枕中回	middle occipital gyrus	MOG

续表

中文全称	英文全称	英文缩写
左侧枕中回	left middle occipital gyrus	LMOG
"足够好"的加工	"good enough" processing	
最低限度假说	minimalist hypothesis	
最短路径长度	shortest path length	
左侧颞上回	left superior temporal gyrus	LSTG
左侧前额负波	left anterior negativity	LAN
早期左前负波	early left anterior negativity	ELAN
BAIS 模型	bilateral activation, integration, and selection model	BAIS model
E-Z 读者模型	E-Z reader model	
N-back 任务	N-back task	
PACS 多机制预期理论	production-, association-, combinatorial-, and simulation-based prediction	PACS
Stroop 任务	Stroop task	
SWIFT 模型	saccade generation with inhibition by foveal targets model	SWIFT model
γ 频段	gamma band	

索　引

B

把字句　345，346

白质纤维束　35

伴侧 RSVP 范式　24，82，84，103，104，105，106，113，114，244

贝叶斯概率论　313

贝叶斯推论　311

背侧通路　34，35，127，203

边界范式　81，82，84，85，364

表层表征　302，370

表征单元　5，29，30

表征相似分析　324

并行加工　8，25，79，99，112，114，215，240，267，361

并行模型　76，79，214

布罗卡区　120，128

布罗卡失语症　24

C

参数调节效应　143，166，168，170，173，196

策略性加工　169，315，316

策略性语义信息重新分析　294

层叠式加工　304

产出机制　307，309

常识性知识　8，48，62，63，64，65，66，68，72

冲突监控　22

重复经颅磁刺激　29，147

重复启动范式　245

词汇命名　87

词汇提取　20，30，36，78，121，157，172，188，365，369

词汇违背　48

词汇语义关系　277，278，292

词汇语义联想关系　275，276，278，294

词汇语义联想水平　276

词汇语义提取　25，35，119，183，188，207，208，210，211，214，215，216，218，220，235，236，239，240，242，243，244，245，246，247，248，249，250，254，255，256，257，258，259，261，262，264，265，266，268，270，271，287，291，293，294，295，296，297，361，362，365，367，369，378，381

词汇再解释模型　64，74，75

词界　45，58，60，74，110

词频效应　80，245，257，268，269

刺激呈现异步性　84

D

大脑定位　13，14，15，120，211，220，268，
　　383

大脑动态机制　205，226，227，294

大脑外侧裂　120

大小违背对比　134，135，139

代词的指认　62，63，65

单分离　15

低限制性语境　99，111，112，262，264，283，
　　286，288，289，293，296，303，308，
　　309，320

递归神经网络　310，311，323，326

递归神经网络语法　326

动态变化的焦点结构　5

动态的脑激活模式　250

动态加工过程　1，37

动态因果模型　125，126，221

独立成分分析　124，125，127，141，143，144

短语结构　31，36，199，271，376，377

短语结构违背　271

多模态语义加工中枢　121

E

额-颞语义网络区　126

额枕下束　35，124

EEG-fMRI 整合分析　142，144，146，147，
　　148，149

ERP 技术　14，18，23，82，84，103，105，
　　134，208，219，220，221，222，237，
　　244，245，248，249，258，266，268，
　　312，316，317，324，325，328，331，
　　342

ERP 与眼动同步记录　24

E-Z 读者模型　78

F

发音运动　308

反馈学习　313

反身代词加工　64

分级激活　36

分类关系　184，185，186，187

符号系统　1，19

负载　127，150，151，152，181，308

副中央凹　23，77，79，80，81，82，83，84，
　　85，89，92，95，97，98，101，102，
　　103，106，107，110，111，112，113，
　　244

副中央凹-中央凹效应　80，85，95，97，101，
　　102，103，110，112，113

腹侧通路　34，35，124，125，126

G

概率示踪成像　196

概率纤维追踪　126

概念分布式表征　200

高限制性语境　21，98，99，111，112，156，
　　210，212，228，262，264，270，279，
　　280，282，283，286，288，289，292，
　　293，303，304，307，308，309，311，
　　314，315，318，320，321，340，371，
　　384

弓状束　28，34，35，127，196，203

功能磁共振成像　15，189

功能连接　124，125，126，127，157，170，314

功能网络分析　124，125

钩状束　31，35，124，196，203

关系整合激活模型　199

过渡概率　314

H

花园路径模型　376

汇聚表征　200

获得性语言障碍　186

J

基底神经节　34

基于产出、联想、组合及模仿的预期理论 /
　　PACS 多机制预期理论　306

基于产出的理论　306

基于文本的表征　302，370

激活的时间进程　223，250，258，266

级联　3，301

级联模型　301

极外囊　28，126，196，203

即时性加工　72

计算建模　210，383

记忆-统合-控制模型　31

间接通路　124

减法法则　130，131，374

建构整合模型　63，74，75

建构主义理论　305，306

交叉验证分析　177

交互性　6，8，9，12，25，36，109，361，379

焦点　5，54，76，128，132，139，284，377

角回　25，123，124，129，212，362

节点　29，36，38，125，126，127，158，159，
　　165，221，278，296，315，376

结束效应 / 总结效应　7

介数中心度　159，162，164

精神分裂症　327，357

局部结构构建　31

局部连贯　43，46，48，54，303，305

局部效率　160，163，164，181

句法表征　271，375

句法结构违背　271

句法散文句范式　29

句法特征　3，32，303

句法形态违背　271

句法优先性　69

句法预期　282，321

句法约束　6

句法再分析和修复　34

句子理解双机制模型　37

聚类系数　158，159，160，163，181

K

可整合度评分　189

刻板印象　63，64，66，67，68，72，74，306

空间分辨率　10，16，17，27，38，135，211，
　　216，220，221，226，227，231，235，
　　249，250，252，254，258，259，261，
　　266，268，285，287，362，363，365，
　　375，377

控制性的语义加工　174，296

控制性加工　133，139，172，173，179

控制性语义启动　201，246

跨模态　19，141

快速光学成像技术　16，17

快速系列视觉呈现范式　82

捆绑消解模型　64，74，75

扩散激活　10，82，201，203，249，296，297，
　　307，374

扩散张量成像　28

L

连贯的语义表征　170，213，214，224，237，239，292，296，297，362，367，368，369

连贯性表征　9，224，225，373

连接词　317

联想路径　309

链接假设　344

领域特异性　180，286，292，293，313，375

领域一般化　180

落点位置的误差　85

M

慢速预期假设　346，349，350，351，353，354

模仿路径　309

模块化理论　30，215

模块性　328，331，361

MUC 模型　31，35，36，37，139，140，173

N

N1 成分　20，247，257，268

N400 产生源模型　37

脑磁图　16

内隐任务　150，152，153，155，156，157，163，169，170，277

内源性光学成像　222

颞顶联合区　121，123，124，190，192，193，194，195，196，202，292

颞上回前部　31，35，121，122，123，125，190，192，193，194，196，197，198，199，200，201，203

P

P2 成分　20，209

拼写规则　319

Q

奇异球范式　20，21，25，209，211，247，281

歧义词　3，44，80，172

歧义范式　12，132

启动性预激活　315

前向模型　307，309，312

潜在语义分析　276

情景模型　2，4，22，72，297，302，356，370

权重　8，111，318，341

R

人称代词　48，67

认知负荷　151，152

认知交互模型　80

认知控制　6，9，22，24，27，132，133，134，135，136，140，150，151，152，157，163，170，171，172，173，174，179，180，181，182，212，213，214，239，240，245，281，285，362，365，367，368，374

认知普遍性　362

认知资源　26，84，85，114，164，165，173，181，209，212，224，235，259，295，306，314，319，321，362，373，374

S

三阶段加工模型　31

三元的认知架构　4

深度学习　313

神经损伤　14

神经振荡　312，324，325

生命性违背　239，240，275，276，277，278，279，280，282，292

生命性线索　274，275，277

生态效度　20，114，219，220，222，225，269

失语症　24，27，120，126，128

施事　4，274，297，343，355

时间分辨率　10，16，17，18，24，34，47，
　　134，135，148，208，215，219，220，
　　221，222，225，226，227，230，244，
　　248，249，250，265，266，287，362，
　　363，370，375

世界性知识　8，11，12，199，209

事件　3，4，17，22，184，185，250，278，279，
　　282，296，297，301，302，303，305，
　　310，311，325，344，354，355，369，
　　373

视觉单词识别理论　3

视觉情景范式　6，321，322，379

视敏度　23，77，78

受事　4，274，277，279，297，343，355

熟悉性检测　78

双侧激活、整合和选择模型　37

双侧缘上回　146，147，148，149

双分离　15

双加工理论　174

双系统理论　306

Stroop 任务　126，132，133，172，174，175，
　　177，179，180，181

T

题元关系　32，33，184，185，186，187，210，
　　272，273，274，275，276，277，278，
　　279，280，292，293，344，353，354

题元角色　4，21，22，34，133，239，274，279，
　　282，297，317，343，344，345，346，
　　347，348，349，350，351，352，353，
　　354，355，356，357

题元角色反转　343，344，345，346，347，348，
　　349，350，351，352，353，356

题元角色分配　34

题元角色指派　133，239

题元结构模型　37

填充概率　335，343，357

跳读　78，79

听觉加工双通路模型　37

统合加工　224，239

图论分析　125，158，164

W

外显任务　152，153，155，163，170，171，173，
　　277，278

晚期前额正波　22，171，210，270，282，283，
　　284，285，286，287，288，291，292，
　　293，294，297，349

晚期正波　21，22，23，171，209，210，216，
　　226，233，234，235，239，240，252，
　　253，282，306，339，344，352，368

晚期正波时窗　23，210，216，233，234，239，
　　368

晚时窗交互假设　215

威尔尼克区　120

威尔尼克失语症　24，126，128

违背范式　11，26，47，48，49，54，63，87，
　　103，113，121，126，128，129，130，
　　131，132，133，134，135，140，142，
　　151，153，209，211，212，214，216，
　　217，218，221，227，236，261，265，
　　266，272，273，277，280，281，295，
　　370，384

无创性脑功能成像技术　15，24，361

X

稀疏度　159

下纵束　28，35，124

先验知识　9，310，384

相关效应　80，111，222，242

相同预视效应　92，93，106，107，109

小脑　120，124，308，319，325，326

小世界网络　158，159

效应量　69，75，115，188

心理词典　2，3，10，328

信息整合　2，26，43，48，69，71，75，106，
　　128，180，225，235，366，367，369，
　　373，374，377

行为学技术　14，361

虚拟现实　379

序列加工　7，8，25，78，80，112，113，210，
　　215，256，257，267，318

序列模型　76，79，84，214

选择性激活　36，123，128

Y

延迟加工　6

言语流畅性　309

掩蔽语义启动范式　246

眼动控制　77

眼动随动呈现技术　81，87

眼动追踪　13，23，47，48，49，56，71，208，
　　301，303，320，380

眼跳编程　79

眼跳计划　78，115

一般性的认知控制　133，171，172，173，174，
　　180，182，214

一般性的选择加工　132，180

抑制　9，12，27，36，37，79，82，126，133，
　　164，171，173，179，180，194，201，
　　202，213，285，286，297，308，315，
　　320，321

溢出效应　67

隐藏层　310，311，323

印欧语言文字　6

语境的强度　75，277

语言层级　303，304，311，312，319，322，327

语言产出系统　307，308，309

语言和非语言信息　4，8，297

语言特异性　22，44，75，132，180，181，182，
　　214，239，240，281，282，285，292，
　　362，363

语义 N400 成分　18

语义 P600　21，270，273，274，275，276，277，
　　278，279，280，281，282，283，284，
　　286，287，288，290，291，292，293，
　　294，297

语义表征　7，29，30，123，126，131，136，
　　163，170，172，200，207，213，214，
　　224，228，235，237，239，267，270，
　　271，278，283，285，286，288，291，
　　292，293，296，297，304，331，333，
　　344，362，364，366，367，368，369，
　　375

语义层面的整合加工　2

语义痴呆　27，28，29

语义错觉　272，346，353，354

语义单位　28，45，49，72

语义的分类　5

语义合理性判断任务　133，166，218，225

语义记忆　19，29，35，124，148，186，201，278，280，285，296，306，307

语义检索　122，123，163，170，202

语义控制加工　123，165

语义启动范式　10，25，142，147，199，211，212，245，246，247，250，254，265，294，325，379

语义晚期正成分　273

语义违背　12，21，26，48，49，50，51，52，53，58，69，70，71，75，88，90，126，128，129，130，131，132，134，135，136，138，140，146，151，153，166，175，209，210，212，216，217，218，221，223，227，229，245，256，259，261，263，265，266，270，272，273，277，280，281，282，288，289，291，292，294，307，332，344，348，365，372，384

语义限制性　6，265

语义相关关系　188

语义预期　228，229，280，303，304

语义预视效应　23，24，82，84，85，87，90，91，94，95，96，97，98，101，103，105，110，111，112，113，244，362

语义整合的大脑功能网络　125

语义整合负荷　142，146，168，170，199

语义整合关系　122，134，135，188，214，238

语义整合难度　140，142，144，146，147，149，150，151，165，167，169，171，173，175，178，217

语义整合效应　129，135，150，165，168，169，

174，175，177

语义中枢　29

语义重分析　280，281，329

语音预期　303，304，319，323

预测编码理论　310，311，312

预测误差　311，324，327，342

预激活　302，305，306，315，318，325，328，342，369，370

预期范式　26，121，155，209，212，217，218，222，225，235，284，285，295

预期线索　316，325，331，336，337，338，339，340，341，342，356

预期性预激活　315

预视加工　23，24，80，81，82，83，84，85，86，88，90，91，94，97，98，99，101，104，106，110，111，112，114，244，366

预视时间　80，91，98，102，111，112

预视效应　23，24，79，80，81，82，83，84，85，86，87，88，90，91，92，93，94，95，96，97，98，101，103，105，106，107，109，110，111，112，113，114，115，244，309，362

预视信息　23，76，77，79，80，82，84，85，86，87，88，91，94，97，102，104，105，109，111，114，115

元分析　120，121，123，133，284，376

约束　3，6，7，8，9，37，142，288，316，328，341，342，355，356

Z

早期脑电成分　20

早期左前负波　32，375

早时窗交互假设　215

真假词变量　21

整合关系　122，128，134，135，184，185，186，187，188，200，214，238，367，369

整体连贯　2，26，43，46，48，55，56，57，224，305

正电子发射断层扫描　15

正字法　3，59，83，84，86，87，97，109，303，309，315，319，384

知觉单位　45，49，72

知觉广度　56，78，79，86，112

执行功能　133，330

直接通路　124

中央凹　23，76，77，79，80，82，83，84，85，87，89，92，95，97，98，101，102，103，104，105，106，107，109，110，111，112，113，114，243，244

逐试次整合分析方法　142

主谓一致性　46，69

注意梯度导向理论　78，104

注意序列转移理论　77，78

自闭症　327，382

自定步速阅读范式　49，317，319，330，340

自动化加工　35，224，247，315

自动化语义信息提取　294，296

自动激活扩散　201

自由组合评分　196

"足够好"的加工　5

最低限度假说　305

左侧额下回　25，26，27，35，36，38，71，119，121，126，127，128，129，130，132，133，134，135，138，139，140，142，146，147，148，149，150，151，152，154，155，156，162，164，165，168，169，170，171，172，173，174，175，177，179，180，181，182，194，199，202，211，212，213，214，216，217，218，220，221，222，223，224，226，227，228，232，233，234，235，238，239，240，241，270，285，287，291，293，294，325，326，362，367，368，372，375，376

左侧额下回后部　132，133，156，170，171，173，174，175，177，179，180，194，202，213，233，235，270，285，287，291，294，368

左侧额下回前部　27，35，126，127，133，156，169，171，173，174，175，179，180，181，199，213，232，233，234，235，238，239，240，287

左侧角回　123，129

左侧颞叶前部　25，27，28，29，30，38，196，200，212，216，217，220，224，226，227，228，234，235，236，237，238，239，270，291，292，293，365，369，375

左侧颞中回　25，26，27，121，122，126，127，146，154，155，157，175，190，192，211，218，226，227，228，232，235，236，237，238，239，241，242，250，253，254，258，259，261，262，264，265，266，268，270，287，291，292，293，365，368，369

左侧颞中回后部　121，122，126，190，192，292

左侧前额负波　32